主编：张应杭　蔡海榕

中国传统文化概论

（第三版）

·杭州·

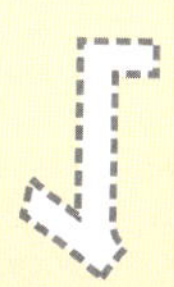

图书在版编目(CIP)数据

中国传统文化概论 / 张应杭，蔡海榕主编. —3 版
. —杭州：浙江大学出版社，2023.4(2024.1 重印)
ISBN 978-7-308-21375-2

Ⅰ. ①中… Ⅱ. ①张… ②蔡… Ⅲ. ①中华文化—概
论 Ⅳ. ①K203

中国版本图书馆 CIP 数据核字 (2021)第 093051 号

中国传统文化概论(第三版)

主　编　张应杭　蔡海榕

责任编辑　李海燕
责任校对　黄伊宁
责任印制　范洪法
装帧设计　黄伊宁
出版发行　浙江大学出版社
(杭州市天目山路 148 号　邮政编码 310007)
(网址：http://www.zjupress.com)
排　　版　杭州青翊图文设计有限公司
印　　刷　杭州杭新印务有限公司
开　　本　787mm×1092mm　1/16
印　　张　20.5
字　　数　486 千
版 印 次　2023 年 4 月第 3 版　2024 年 1 月第 2 次印刷
书　　号　ISBN 978-7-308-21375-2
定　　价　59.00 元

前言

进入新时代的中国共产党在深刻反思引领中国人民进行现代化探索的过往历史之后，明确地提出了"以中国式现代化全面推进中华民族伟大复兴"①的重要命题。毋庸置疑的是，中国式现代化的实现需要文化自信的构筑以提供软实力的支撑。这其中我们尤其需要着力继承与创新好中华优秀传统文化，因为它具有源头性和基础性的地位。这就正如习近平总书记论及的那样："如果没有中华五千年文明，哪里有什么中国特色？如果不是中国特色，哪有我们今天这么成功的中国特色社会主义道路？我们要特别重视挖掘中华五千年文明中的精华。"②

这正是新时代对大学生进行优秀传统文化教育最重要的历史与现实语境。也就是说，对高校开设中国传统文化课的必要性与重要性我们应当形成基本的共识。在将这一共识付诸实施的过程中，从教师到学生都迫切希望有一本既系统全面又简明扼要的教材。我们编写这本《中国传统文化概论》，正是为了适应这样的教学需要。

我们深知中国传统文化博大精深，要编撰好这样一本教材实非易事。但我们依然不揣浅陋，知难而上。这既是因为我们处于教学第一线，对编撰这样一本教材的必要性和迫切性极为认同，同时也是因为在这一领域里的前辈和时贤已做了大量研究工作，有丰富的成果可供我们汲取和借鉴。正是这两个理由支撑着、激励着、感召着我们来齐心协力地共同编撰了本书。

作为编撰者，首先要说明的是本教材在中国传统文化之内容取舍上所依据的基本原则。我国古代对文化的分类，至少从孔子开始起就有不同的标准。从孔子的"六艺"说发展至西汉刘向的"七略"说，再到唐代长孙无忌修撰《隋书》时提出的经、史、子、集"四部"说，这些都是对古代文化分类的传统观点。从现代分类学的眼光看，传统分类中的大部未免过疏，而大部之下的类目则又嫌过细。我们在本书中采用的是当代的学科分类法，即将传统文化分为文学、史学、哲学、宗教、伦理、艺术、教育、科技八类。当然，丰闳博大的中国传统文化远非这八个方面内容可以概括，如在政治、经济、军事、语言以及民俗学等方面，我国古代文化也留下了极为丰厚的文化遗产；又如在考据、版本、校勘学等方面中国古代文化也同样成就斐然。但由于篇幅所限，我们的论述只能集中在中国传统文化中最基本、最富有特色、对世界贡献也最大的这八方面内容，而其他的方面只能暂时付诸阙如了。

在全书的编撰体例方面，要说明的是本教材所遵循的是历史与逻辑相统一的叙述方法。每章在介绍有关传统文化的具体形态时先交代历史的发展线索；然后再以逻辑的方法对其内容、特征及对其他文化领域的影响展开论述；最后再根据中国现代化建设的实践以及学生的思想认识实际，进一步开掘这一传统文化的现代意义。我们认为，传统文化之现代意义的

---

① 习近平：《高举中国特色社会主义伟大旗帜为全面建设社会主义现代化国家而团结奋斗——在中国共产党第二十次全国代表大会上的报告》，人民出版社 2022 年版，第 21 页。

② 《习近平谈治国理政》(第 4 卷)，外文出版社 2022 年版，第 315 页。

开掘既是我们学习传统"察古以鉴今,彰往而知来"的宗旨所明确了的,也是提高学生对本课程学习兴趣的一个重要途径。除此之外,我们还精心选择了一些图片,以帮助读者更好地理解传统文化深沉理性内涵之外的感性魅力。

由于篇幅和教学时数的限制,本教材无论在观点陈述还是史料铺排方面都只是概要性的。对于学习和了解整个中国传统文化,它只能起到类似于向导的作用。如果希望进一步详尽探究传统文化的具体内容,读者无疑还需进一步阅读其他相关的著述。正是基于这样的考虑,本教材末尾所附的"主要参考文献"亦可视为我们向读者提供进一步阅读的一份选读书单。

在编撰过程中,我们深感中国传统文化犹如一口泉水常新的井。唯愿本教材所汲取的内容能让读者品尝到它隽永清新的味道。但是,中国传统文化又是一口幽深的井,由于绠短汲深,我们在汲取其内涵时又总有力不从心之感。本教材因此肯定存在着这样或那样的欠缺之处,我们诚恳地希望读者能够给予批评指正。

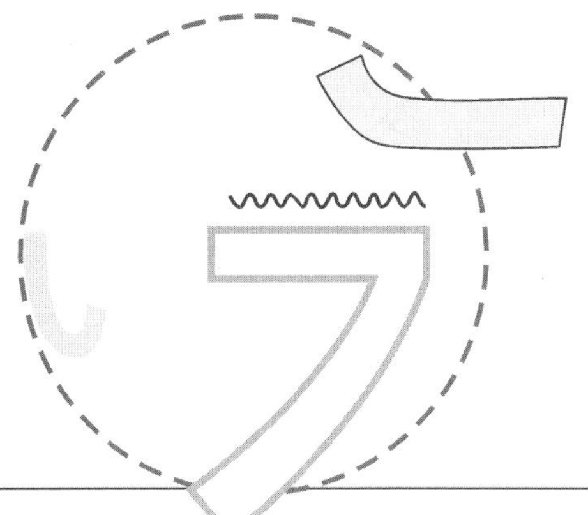

目录

导论
中国传统文化的演进、特质与现代意义

第一节　中国传统文化的历史演进　001
　一、远古时代多元多姿的文化源头　002
　二、百家争鸣与中国古代文化的全面产生　003
　三、“有容乃大”与中国古代文化的繁荣昌盛　005
　四、闭关锁国与中国古代文化的衰落　008
第二节　中国传统文化的特质与基本特征　010
　一、中国传统文化的特质　010
　二、中国传统文化的基本特征　013
第三节　中国传统文化的现代意义　018
　一、科学合理地评价中国传统文化　019
　二、传统文化现代意义开掘所必须遵循的基本原则　020
　三、中国传统文化的世界意义　023

第一章
中国古代的文学传统

第一节　中国古代文学的发展历程　026
　一、中国古代文学的奠基　026
　二、中国古代文学的发展　028
　三、中国古代文学的全面繁荣　030
　四、中国古代文学的总结　033
第二节　中国古代文学的文化性格与基本特色　036
　一、中国古代文学的文化性格　036
　二、中国古代文学的基本特色　041
第三节　中国古代文学的现代意义　047
　一、中国古代文学思想内容和艺术手法的鉴赏　047
　二、中国古代文学现代意义的开掘　050

第二章
中国古代的史学传统

第一节　中国古代史学的发展历程　053
一、中国古代史学的奠基　053
二、中国古代史学的自觉确立　055
三、中国古代史学的发展与完善　058
第二节　中国古代史学的伟大成就　065
一、“史家之绝唱”的《史记》　065
二、贯通古今的编年史杰作《资治通鉴》　067
三、纪事本末体之经典《通鉴纪事本末》　069
四、史学理论的巨著《史通》　071
第三节　古代史学传统与中国传统文化　073
一、古代史学在中国传统文化中的地位　073
二、优秀的古代史学文化传统　075
三、学习古代历史的现代意义　078

第三章
中国古代的哲学传统

第一节　中国古代哲学的逻辑发展　081
一、中国古代哲学的萌芽　081
二、中国古代哲学的奠基与形成　083
三、中国古代哲学的全面成熟与嬗变　089
第二节　中国古代哲学探讨的主要问题　095
一、天人之辩　095
二、动静（常变）之辩　099
三、名实之辩　103
四、知行之辩　108
五、形神（身心）之辩　111
第三节　中国古代哲学影响下的传统文化　115
一、天人合一的理想境界　115
二、知行合一的安身立命之道　118
三、践形的实践理性态度　120

第四章
中国古代的宗教传统

第一节　中国古代宗教的发展历程　124
一、早期宗法性宗教的产生与发展　124
二、儒教的创立、发展和完成　125

三、佛教传入中国及其中国化的历程 129
四、道教的产生、发展和演变 133
第二节 儒、释（佛）、道三教的基本精神特质 137
一、儒学的基本思想与精神特质 137
二、佛教的基本信仰、教规和特征 140
三、道教的基本信仰、教规及基本特征 144
第三节 儒、释（佛）、道与中国传统文化 147
一、儒、释（佛）、道三教合一的文化特质 148
二、儒教与中国传统文化 150
三、佛教与中国传统文化 151
四、道教与中国传统文化 154

第五章 中国古代的伦理道德传统

第一节 中国古代伦理道德思想的发展历程 156
一、中国古代伦理道德思想的全面产生 156
二、中国古代伦理道德思想的发展与完备 158
三、中国古代伦理道德思想的批判总结 162
第二节 中国古代伦理道德思想的主要内容 164
一、人性的善恶之辩 164
二、义利、欲（道）理、人我、志功、生死之辩 169
三、理想人格的培养造就 177
第三节 传统伦理道德遗产的现代价值开掘 184
一、传统伦理道德的清理与开掘 185
二、传统伦理道德遗产对当今道德建设的启迪 187

第六章 中国古代的艺术传统

第一节 中国古代艺术的发展历程 192
一、中国古代艺术的萌芽 192
二、中国古代艺术的诞生 195
三、中国古代艺术的全面发展 196
四、中国古代艺术的总结 203
第二节 中国古代艺术的具体成就 206
一、建筑 206
二、雕塑 211
三、书法 214
四、绘画 217
五、音乐 221

六、戏曲　224
第三节　中国古代艺术的民族特色与世界意义　227
一、中国古代艺术的民族特色　227
二、中国古代艺术的世界意义　230

第七章 中国古代的教育传统

第一节　中国古代教育的发展历程　234
一、中国古代教育的兴起与奠基　234
二、中国古代教育的全面繁荣　238
三、中国古代教育的延续与转型　242
第二节　中国古代教育的成就　245
一、中国古代的教育家　245
二、中国古代的教育典籍　261
三、中国古代的主要教学理论　266
第三节　中国古代优秀的教育传统与当代社会　271
一、中国古代传统教育观对当代教育的启迪意义　271
二、中国古代优秀的教育传统对世界的影响　277

第八章 中国古代的科技文化传统

第一节　中国古代科技文化的发展历程　283
一、中国古代科技文化的产生　283
二、中国古代科技文化的发展　288
三、中国古代科技文化的高峰　290
四、中国古代科技文化的停滞与转型　292
第二节　中国古代科学技术的伟大成就及其对世界的贡献　295
一、中国古代科学所取得的成就　295
二、中国古代技术的伟大成就　303
三、中国古代科技的传播和影响　307
第三节　中西科学传统的比较与互补　309
一、中西科学传统的比较　309
二、中国科技在近代落后的原因　313
三、中国传统科学文化的现代价值　314
结束语　316
主要参考文献　319
修订版后记　321

导论 中国传统文化的演进、特质与现代意义

我们伟大的祖国雄踞在亚洲大陆的东部，她不仅有着广袤的锦绣河山，而且有着历史悠久、成就辉煌的传统文化。从170万年前的“元谋人”起，我们的祖先就劳动生息在这片广袤的土地上。在有文字可考的4000多年的漫长岁月里，勤劳、善良、智慧的祖先以非凡的创造力，给我们留下了极为丰富的文化遗产。它不仅对中华民族的历史和现实产生着深刻的影响，而且对世界文化的发展也起着重要的推进作用。因此，我们了解、学习和研究我国传统文化的珍贵遗产，不仅有助于增强民族自信心和自豪感，而且也有助于提升走向世界、走向未来所应具备的基本人文素养。

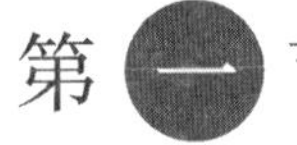

第一节 中国传统文化的历史演进

从整个世界的文明与文化[①]发展来看，中国与古埃及、古巴比伦、古印度并称世界四大文明古国。作为世界文明与文化发展最古老的发源地之一，中国古代文明虽然在时间上稍晚于古埃及、古巴比伦与古印度文明，但与它们不同的是，中国古代文明从它诞生直至今日，一直绵延不绝，体现了非凡的生命延续力和时空穿透力。正是中国古代文明发展的这一特性，使得中国古代文化遗产极为丰富多彩，不仅让中华儿女为之骄傲与自豪，也令整个世界为之瞩目。

① 关于“文化”的概念，宽泛地理解可以认为是与人的活动相关的一切存在。在先秦的典籍里，“文”与“化”往往单独使用，只是西汉以后，“文”与“化”才合成为一个名词，如“圣人之治天下也，先文德而后武力。凡武之兴，为不服也；文化不改，然后加诛”（《说苑·指武》）。这里指谓的“文化”是与无教化的“质朴”“野蛮”对举。可见，在汉语语境中，“文化”的本义就是“以文教化”，它表示对人的性情陶冶，品德教化，本属精神领域之范畴。但是，精神的东西往往要物化为制度、典章、器物等形态。因此，我们在本书中把文化理解成人类实践活动的成果总和，它包含思想、制度、典章、器物等内容。就这一点而言，“文化”与“文明”的概念大致相同，只不过我们在本书中所指称的文化概念更侧重于思想观念方面。

一、远古时代多元多姿的文化源头

历史学家习惯把文字产生以前的历史称为远古(或上古)时期。中国古代文化正是起源于这一现代人看来极为遥远的时期。人类学家发现,距今约1500万年到800万年之前的拉玛古猿,是人类的先祖之一。在我国云南的禄丰县和开远县均发现了这一古猿的化石。尤其是元谋人的系统考古发现更是有力地证明了中国是人类的真正发源地之一。[①]

有了人就有了历史,也就有了人在历史活动中所创造的文化。中国文化的远古源头正是因此而被逻辑地确定的。从禄丰古猿、开远古猿到元谋人(云南元谋)、蓝田人(陕西蓝田)、北京人(北京周口店)到马坝人(广东曲江)、长阳人(河北长阳)、丁村人(山西汾县)再到柳江人(广西柳江)、资阳人(四川资阳)、河套人(内蒙古河套)、北京山顶洞人,在这样一个从猿到人的发展过程中,中华的远古文化逐渐萌生并发展起来。

依据出土的头盖骨复原的北京猿人像

特别值得指出的是,中华文化在中国大地上的发生一开始即呈多元状态。不仅黄河流域,而且长江流域、珠江流域,甚至东三省等北方地区以及青藏高原,都有旧石器及新石器时代文化遗址的广泛发现。因此,我国远古时期的文化呈现出多姿多彩的状态。火的使用是旧石器时代先民的一项具有划时代意义的文化创举。北京猿人文化遗址内发现了猿人用火后的灰烬,出土了大量因烧灼而变色或破裂的石块、骨骼,甚至还有木炭的遗迹。这一切确凿地证明了距今50万年前的北京猿人已能熟练地使用火,并能有效地保存从自然界取来的火种。关于火在人类历史中的作用和地位,恩格斯曾有这样精辟的论述:"就世界性的解放作用而言,摩擦生火还是超过了蒸汽机,因为摩擦生火第一次使人支配了一种自然力,从而最终把人同动物界分开。"[②]他还肯定地指出:"甚至可以把这种发现看作人类历史的开端。"[③]

除了火的使用以外,在仰韶文化[④]的典型遗址——半坡村遗址中还可以看到,我们的原始先民已学会了农作、狩猎、制陶,发明了彩绘陶画和简单的音乐舞蹈;在大汶口文化遗址中除了有更加精美的陶器外,还出现了冶铜、酿酒、制玉、象牙雕刻等新的工艺。

与物质文化的发展相适应,远古时期的观念文化也呈现出繁花初绽的现象。这其中原

① 1934年美国耶鲁大学的学者在印度的西瓦立克山区发现了被认为是现代人类最早的直系祖先的古猿化石。同类化石在我国云南禄丰、开远也有所发现。1929年在距禄丰、开远古猿不过百里之遥的元谋县上那蚌村,我国考古工作者发掘出了我国境内最早的人类化石——元谋人化石。

② 《马克思恩格斯选集》(第4卷),人民出版社1972年版,第154页。

③ 恩格斯:《自然辩证法》,人民出版社1973年版,第91页。

④ 仰韶文化是黄河中下游地区重要的新石器时代文化。1921年在河南省三门峡市渑池县仰韶村被发现,所以被命名为仰韶文化。它持续时间为距今约7000年至5000年,范围以渭、汾、洛诸黄河支流汇集的关中豫西、晋南为中心。

始宗教与原始艺术便是最主要的存在形态。中华先民原始宗教崇拜的对象非常广泛，大致可分为自然崇拜、生殖—祖先崇拜和图腾崇拜[①]三大类。对大自然（如太阳、大地）的崇拜是先民最原始的崇拜形式之一，在仰韶文化遗址出土的陶器上，人们常常发现太阳图形的纹饰。与此同时，出于对自身繁衍的自然关注，又产生了炽热的生殖崇拜，比如从辽宁牛河梁和东山嘴红山文化遗址发掘出来的高腹丰臀、乳房硕大的陶塑女神像，在相当广阔的新石器文化遗址中发现的男性生殖崇拜物——石祖、陶祖和发现于新疆呼图壁县境内的大型生殖崇拜岩画，都展示了先人们对生命祭祀的庄严情感。与自然崇拜和生殖—祖先崇拜相比，图腾崇拜则是较为高级的宗教形式。从考古发掘和神话传说中，发现和保留了我国远古时代丰富的图腾崇拜资料。比如远古神话中黄帝率熊、罴、貔、貅、豹、虎六兽同炎帝殊死搏斗，这六兽其实就是指以其为各自图腾的六个氏族。另外，还有鱼、鸟、蛙、龟、蛇、猪、马，以及人们想象出来的动物，如龙、凤、麒麟等都曾是中华先民崇拜并奉为本族徽帜的图腾物。

红山文化遗址出土的玉龙

二、百家争鸣与中国古代文化的全面产生

中华文化在走过了远古的萌生时期之后，至夏、商、周开始进入了真正意义上的发生期。商代甲骨文的发现则使这一时期的文化样式第一次有了文字的记载。由于生产水平的落后和认知水平的局限，这一时期的文化是以神为本位的，用《礼记·表记》中的话来描述就是"殷人尊神，率民以事神"。这种以"天帝""上帝"为最高存在的神学观念曾广泛地见诸我国古代最早的传说、典籍以及青铜艺术品之中。

公元前 770 年，周平王被迫东迁。这不仅标志着周天子权威的失落，而且意味着中国历史从此进入了诸侯纷争的春秋战国时代。这是一个"争地以战，杀人盈野；争城以战，杀人盈城"（《孟子·离娄下》）的时代。然而，就在这充满血火与战乱的动荡时代，中国文化却进入了自己的第一个辉煌时期——百家争鸣时期。

春秋战国时期的社会大变革、大动荡不仅为当时的知识分子提供了丰富多样的思想素材，而且也使他们"救世治弊"的社会责任感倍增。这可以说是百家争鸣出现的最重要的文化背景。按照《汉书·艺文志》记载，在气象恢宏的先秦诸子百家争鸣中，最重要的有儒、墨、道、名、法、阴阳、农、纵横、杂、小说十家。[②]

孔子是儒家学派的创始人。他通过对周礼的研究和整理，把带有天道神学色彩的礼转换成伦理道德之礼，而这个礼的核心就是仁。仁的基本含义就是爱人。孔子周游列国，为的就是传播自己的这一仁学思想。作为孔子之孙子思的再传弟子——孟子则进一步阐发了孔

---

① "图腾"一词源自美洲印第安人奥基华斯部落。人类学家有足够的考古材料和远古传说证明，在原始思维中，类比和联想是原始人思维的主要方法，比如原始人一般都相信自己的氏族与某种动物、植物或无机物之间有一种特殊的亲密联系，并以之作为氏族内部崇拜的对象。这就是"图腾"一词的基本含义。

② 《汉书·艺文志》将战国时期的主要思想学派分为十家，即儒、墨、道、法、阴阳、名、纵横、杂、农、小说。西汉的刘歆在《七略·诸子略》中则将"十家"中的小说家去掉，称为"九流"。故后世有"十家九流"之称谓。

吴道子《孔子行教图》(唐)

文徵明《老子像》(明)

子的仁学思想，他提出了仁、义、礼、智的四端说，并将儒家学说发展成一套比较完整的“达则兼善天下，穷则独善其身”(《孟子·尽心上》)的修身理论。这一理论在先秦就有“显学”之称。在汉武帝“独尊儒术”以后，孔孟之道便成为中国传统文化的道统之学。

墨家学派的创始人是墨子。如果说自春秋末年到战国初期是儒家学说广为流行的话，那么到战国中期就是“孔墨显学”并行天下。墨子出身贫贱，史籍中称其为“贱人”“鄙人”。从《墨子》一书中看出，他不仅是个思想家，还是个社会活动家。他组织了我国最早的学术社团，加入的人大多是“耕稼树艺”“纺绩织纤”之人。可见其信徒多系直接从事劳作的下层群众，尤以手工业者为多。也因此，墨家学说强调物质生产劳动在社会生活中的地位(“尚力”)，反对满足生存最基本需要之外的消费(“节用”)，企图以普遍的爱停止战乱取得太平(“兼爱”)，与此同时又尊崇天神(“天志”)，认同大一统的统治(“尚同”)。这些思想典型地映现出小生产者的文化性格。秦汉之后，曾作为显学的墨家学说逐渐衰落。

道家学派的始祖是老子。相传老子曾做过周王室史官，他还曾和孔子讨论过“周礼”。但面对着礼崩乐坏的争霸局面，与孔子倡导仁爱的积极有为精神相反，他主张无为而治。在他看来，“人法地，地法天，天法道，道法自然”(《老子》二十五章)，而自然是无为的。为此，他创立了崇尚自然无为之学的道家。老子后来离开周王朝而做“隐士”正是这一自然无为思想的体现。与孟子大约同时代的庄子进一步发挥了老子的这一自然无为思想，并在自己的人生活动中处处遵循这种无为逍遥的生存方式。比如《史记》中就曾记载有庄子拒聘为相的故事。道家这一思想的影响极为深远，比如陶渊明选择“采菊东篱下，悠然见南山”的田园生活、李白“人生在世不称意，明朝散发弄扁舟”的吟唱，以及严子陵拒绝汉光武帝刘秀的多次征召，寄情富春江山水，终老于林泉间，后人很容易从中寻觅到老庄的影子。

除了儒、墨、道三家之外，名家、法家、阴阳家、农家在当时也非常有影响。名家的代表人物是惠施与公孙龙。名家好辩，当时被称为辩者。惠施与庄子不仅交往甚多，而且有过许多著名的辩论。《庄子》一书中保存了惠施“合同异”等一些著名的命题。公孙龙的著名命题则有“离坚白”“白马非马”等。名家的好辩固然因为其混淆名与实、一般与个别的区别而流于诡辩，但其辩证思维对于启迪人的智慧无疑是有积极意义的。

法家的主要代表人物有李悝、商鞅、申不害、慎到、韩非子等。李悝著《法经》,商鞅实行"法治",申不害、慎到则相继提出重"术"、重"势"的思想,到韩非集法(政令)、术(策略)、势(权势)之大成,建构成一套完备的法家理论。史书记载秦王嬴政读《韩非子》一书,竟至废寝忘食的程度。法家也是战国时期的"显学",后来成为秦王朝统治天下的政治理论。汉代以后,虽然统治者独尊儒学,但法家学说仍或隐或显地发挥着重要的影响作用。

以邹衍为重要代表人物的阴阳家,其特点是"深观阴阳消息"。所谓阴阳消息,即阴盛则阳衰,阳盛则阴衰的变易之道。阴阳家认为阴阳的矛盾双方互为消长,一生一灭,构成自然界与社会万事万物运动发展的终极原因和基本方式。运用阴阳消长模式来论证和预测社会人事是阴阳家的一大创造,而从时间、空间的流转变化中去把握世界则是阴阳家别具特色的思维方式。

与孟子同时的楚国人许行则是农家的代表,其学说只散见于《孟子·滕文公上》。他主张统治者应与民同耕、同食。这种平均主义的农民意识对中国古代历史的影响也极为深远。

除了上述诸子学说之外,以张仪、苏秦为代表的纵横家,主张合纵连横,由于其直接为君主权术作论证,故其思想影响不大。"兼儒道,合名法"的杂家则主要是折中糅合了诸家学说,故也无太大的影响力。小说家则被认为是记录"街谈巷语"的小道而不被看重。可见,真正构成百家争鸣核心的是儒、道、法、墨诸家。这些思想作为一种文化传统对尔后的中国历史产生了极为广泛而深远的影响。

三、"有容乃大"与中国古代文化的繁荣昌盛

公元前221年,经过多年的兼并战争后,秦王嬴政终于完成统一大业,中国历史上第一个专制主义君主集权的统一帝国——秦王朝建立。但秦王朝统治不久,便因过于严酷的崇法统治政策而被农民起义所推翻,取而代之的是刘邦建立的西汉王朝。

秦汉帝国的强大根植于新兴地主阶级的勃勃生气、雄姿英发。据此,由统治阶级精神状况所决定的社会文化基调也具有一种不可抑制的开拓、创新精神蕴含其中。万里绵延、千秋巍然的秦长城;"覆压三百余里,隔离天日"(杜牧:《阿房宫赋》)的阿房宫;气势磅礴、规模浩大的秦始皇陵兵马俑;水域总面积超过北京颐和园五倍的长安昆明池;"包括宇宙,总览人物""控引天地,错综古今"的汉赋;以百科全书式的恢宏眼光审视历史的《史记》等,无一不是在秦汉时期产生出来的辉煌文化成果。

秦始皇像

秦汉时期文化的另一个基本特征是儒学因董仲舒向汉武帝的建言而被定为一尊。因为强大、统一的帝国需要有统一的思想文化与之相适应。与秦始皇焚书坑儒、独尊法家的强硬专制做法不同,董仲舒

建议汉朝统治者独尊倡导仁爱之道的儒学。从此之后，不仅有关儒学的经典之学——"经学"成为历代统治者的官方哲学，而且儒家思想在政治、思想、文化、学术诸领域的统治地位一直延续至清代，前后长达2000多年之久。

汉末的董卓之乱，最终导致了汉王朝的瓦解，中国历史进入了三国两晋南北朝的分裂与战乱时期。由于分裂割据，地方政权林立，大一统时期思想上的专制主义有所放松，因此源于先秦的诸子学说在某种程度上开始复兴，道家、法家学说则最为活跃。有学者把这一时代誉为先秦以后又一个"百家争鸣"时代。尤其是这一时期由于佛教的传入[①]和道教的发展，基本上奠定了隋唐以后儒、释(佛)、道三家并立的基本文化格局。

特别值得指出的是，这一时期由于边疆少数民族进入中原，与广大汉族人民逐渐融合，在文化上也表现出多民族交融的特点。比如在制度上出现了均田制、府兵制等，在文学、绘画、音乐、服饰、饮食及社会生活各方面也都受到少数民族文化的影响。盛行于隋唐的西凉乐就是少数民族乐舞与汉族传统乐舞融合的产物。因此，文化上的开放是这一时期文化发展的重要特点。比如佛教原是从古印度传入的外来宗教，佛法西来改变了两汉以来封建文化的单一封闭状态，使中国文化吸收到外来文化的营养，从而在文化各个领域都呈现出丰富多姿的新面貌。诸如石窟艺术、各种莲花纹装饰的建筑物、大莲花尊的青瓷等，都是这一时期中外文化交流的见证。

公元590年，隋文帝统一南北，结束了数百年来社会动乱、南北对峙的局面。此后，隋王朝和代之而起的唐王朝又积极经营边疆少数民族地区，拓展疆域，形成了国土空前辽阔的、统一的多民族的封建国家。在大一统的局面下，南北文化合流，各民族之间的文化交流日益加强和密切，中外政治经济文化交流也空前扩大。这一时期的中国古代文化发展可以说充满了兼容并蓄的宏大气派。

以强盛的国力为依据，唐代文化首先体现出来的是一种充满自信、无所畏惧的兼容并蓄气派。在文化政策上，唐太宗李世民与以魏徵为首的儒生官僚集团，不仅在政治上实行"开明专制"，而且在文艺创作上积极鼓励创作风格的多样性，在意识形态上奉行儒、释(佛)、道三家并行的文化政策。因此，这一时期的文化发展以博大的胸襟广为吸收外域文化。南亚的佛学、历法、医学、语言学、音乐、美术；中亚的音乐、舞蹈；西亚和西方世界的袄教、景教、摩尼教、回回教以及医术、建筑艺术乃至马球运动等，如同"八面来风"，从大唐帝国开启的国门一拥而入。首都长安成为那一时代中外文化汇聚的中心，是一个具有盛大气象的世界性都市。大唐文化对外域文化的大规模吸收，不仅在中国文化史上，而且在世界文化史上均可称为卓越范例。比如英国学者威尔斯在《世界简史》中比较欧洲中世纪与中国盛唐时代的差异时曾这样写道："当西方人的心灵为神学所缠迷而处于蒙昧黑暗之中，中国人的思想却是开放的，兼收并蓄而好探求的。唐代确是中国封建社会的鼎盛时代，是文化史上最为绚丽多彩的篇章。文苑艺林，不拘一格，气魄闳放，襟怀豁达。"[②]

---

① 佛教传入中国的具体时间和年代传说很多，很难考定。有确切史籍记载的是，汉明帝永平七年(公元64年)派遣使者十二人前往西域访求佛法。几年后他们同两位天竺僧人迦叶摩腾和竺法兰回到洛阳。汉明帝命人在洛阳建造了中国第一座佛教寺院——白马寺。这个寺据说也是以当时驮载经书佛像的白马而得名。可见，佛教传入中国也许并不始于此，但它作为一种外来文化得到官方的承认可以说是始于汉明帝时期。

② 威尔斯：《世界简史》，余贝译，新世界出版社2012年版，第293页。

规模空前的强盛与文化宽容营造了这一时期思想文化方面的辉煌成就。在思想意识形态方面，佛教的广为传播、高度发展和日趋中国化，对中国传统思想的发展产生了重大影响。隋朝的智顗，唐朝的玄奘、义净、神秀、慧能等高僧在不同层次上对天竺佛教进行钻研、探究、加工改造，使佛教的教义逐渐中国化，以适应于社会各阶层的信仰需求。也因此，隋唐时期佛教在中国化过程中产生了诸多宗派，最主要的有天台宗、法相宗、华严宗和禅宗，其中尤以禅宗流行最广，信众最多。隋唐佛教各宗各派的形成，是佛教高度发展和中国化进程的重要事件，更是中国佛教正式诞生的重要标志。

隋唐史学也成就斐然。自唐太宗开始，国家专设史馆，置史官修撰前代及本朝历史，由宰相监修，确立了官修史书的中国古代史学传统。唐朝共编撰正史 8 部，即《晋书》《梁书》《陈书》《北齐书》《周书》《隋书》《南史》《北史》。二十四史中的 8 部在此时修成，可见唐朝正史编撰成绩之显著。刘知几撰写的《史通》则是中国历史上第一部历史学理论著作，对后世史学的发展有着深远的影响。

隋唐文学更是光彩夺目、盛况空前，尤其是其诗歌创作达到了我国古典诗歌的高峰。学者闻一多曾这样评价说："一般人爱说唐诗，我欲要讲'诗唐'。诗唐者，诗的唐朝也。"[①]清朝康熙年间编成的《全唐诗》，辑录唐诗 48900 多首，作者达 2200 余人。其数量之众多，内容之丰富，风格流派之多样，远远超出以往任何一个朝代。而且，诗歌创作在当时甚至成为社会文化生活的重要内容之一。《全唐诗》《唐诗纪事》所载的作者，除帝王将相、官宦士人外，还有大量的伶工、商贾、僧道、医卜、渔夫、樵子、歌伎和闺阁女子，这充分反映出唐诗创作具有广泛的社会基础。正是在这丰厚、肥沃的文化土壤上，以李白、杜甫、白居易为代表的著名诗人横空出世，名篇佳作大量涌现，广为流传，有些还远播日本、新罗等邻国。这一被史家称为"唐诗气象"的时代无疑在中国文化史上矗立了一座丰碑。

此外，在散文创作方面以韩愈、柳宗元为代表的反对骈文、倡导新散文的古文运动，也留下了不少脍炙人口的传世佳作。在书法方面以阳冰为代表的篆书，张旭、怀素为代表的草书竞相争辉，颜真卿、柳公权这两位书法宗师则几乎将楷书的书法艺术推向登峰造极的地步。在绘画方面，以"画圣"吴道子为代表的人物、动物画，不仅画法极为精妙，而且在笔法上出新意于法度之中，极大地推动了中国画的发展；王维的山水画则有"诗中有画，画中有诗"之赞誉。至于隋唐时以莫高窟为代表的壁画艺术，其想象之丰富、画法之飘逸则更是令后人叹为观止。

爆发于公元 755 年的安史之乱，引发了唐王朝的危机，从此大唐国势日渐萎靡。五代十国之后，宋王朝的建立使中国传统文化的历史演进开始进入了一

敦煌莫高窟壁画(局部)

① 闻一多：《闻一多论古典文学》，重庆出版社 1984 年版，第 82 页。

个转型时期。如果说盛唐文化中如李白的诗、张旭的狂草、吴道子画中的飘逸线条无不体现着唐文化昂扬开放的文化气势的话，那么随之而来的宋元文化则较为内倾精致。宋代文化最重要的标志是以朱熹为代表的理学的兴起。在朱熹看来，“天理”是一种绝对的存在，它的具体表现就是伦理纲常。至于如何认识这一“天理”，朱熹精心改造了汉儒编纂的《大学》，突出了“正心、诚意”的修身公式：“古之欲明明德于天下者，先治其国；欲治其国者，先齐其家；欲齐其家者，先致其知；致知在格物。”这也就是“正心、诚意、修身、齐家、治国、平天下”的修养功夫。理学思想一方面由于将“天理”与“人欲”对立起来，进而以天理遏制人欲，约束带有个人色彩的情感欲求，因而有着浓厚的禁欲主义色彩；但另一方面，理学强调通过道德自觉达到理想人格的建构与实现，也塑造并强化了中华民族注重人格气节和德性情操、注重社会责任与历史使命感的文化性格。

宋元时期的文学成就以宋词和元曲为代表。宋代是我国词发展的黄金时代。词是由诗发展而来的，但又与诗不同，它的句式有长短，可以配乐歌唱，后来在音节和句型方面都形成了一套固定的格律。据《全宋词》一书所辑，当时的词家超过千人，篇章超过两万。这一时期最有代表性的词人有苏轼、辛弃疾、李清照等。他们的作品或豪放或婉约，或壮怀激烈或浅唱低吟，成为中国文学史上最珍贵的遗产之一。以关汉卿、王实甫、马致远等为代表的元曲，则是元代文学成就的主要标志。《窦娥冤》《西厢记》等作品已成为文学史上的经典之作。元曲和唐诗、宋词一道成为我国古代文学的三颗璀璨明珠。

特别值得一提的是，这一时期由忽必烈所建立的横跨欧亚大陆的大元帝国不仅使中国版图空前扩大，而且使元代中国的西部和北部边界实际上处于一种开放状态。于是，一方面，不仅指南针、活字印刷术、火药武器等宋代科技文化中最杰出的成就不断向世界传播，而且中国的历法、瓷器、茶叶、丝绸、绘画术、算盘等亦通过不同途径流传到阿拉伯与欧洲各国，世界古代文化的总体面貌因此而更为辉煌灿烂；另一方面，国外的先进科技，尤其是当时处于世界领先水平的阿拉伯天文学、数学，也经开放的国门传入中国的科技文化界。比如元代天文学家郭守敬在发展中国传统天文学的基础上充分吸收阿拉伯天文学的成果，制定了中国历史上使用时间最长的历法《授时历》。可以说，这是中国古代文化发展继唐代之后又一个对外开放、兼容并蓄的时代。

四、闭关锁国与中国古代文化的衰落

自 1368 年朱元璋建立明朝至 1840 年鸦片战争前的清王朝，中国社会开始进入了封建社会的末期。与此相对应的是，中国古代文化也发展到了它盛极而衰的最后阶段。

明清两代的文化，一方面是文化专制主义空前强化，文字狱盛行；另一方面，与资本主义萌芽相适应，又出现了多少具有市民反叛意识的早期启蒙思潮。明清之际三大思想家——黄宗羲、顾炎武、王夫之，以及颜元、戴震等人，从不同侧面与封建社会晚期的正统文化——程朱理学展开论战，有的批判锋芒直指专制君主。

明清的文学成就主要体现在小说创作方面。事实上，明代中后期以长篇小说《金瓶梅》、短篇小说集“三言”“二拍”为代表的市民文学的兴起，正是城市经济发展和资本主义生产方式开始萌芽这一社会现实的反映。生动活泼、富于民间生活情趣的市民文学，较之明代前期“文必秦汉，诗必盛唐”的文学复古运动，无疑是一个巨大的跃进。至于清代出现的《儒林外史》《红楼梦》等作品，则在更大的广度和深度上揭露了封建制度的弊端，将古典现实主义文学推向了高峰。这一时期由于白话文体的发展与流行，以史为鉴的历史演义小说也空前发展起来，《三国演义》《水浒传》《封神演义》等堪称其中的经典之作。

我们也许有理由说，明清两代已进入了中国传统文化的总结性时代。这一总结性的特征主要体现在如下几个方面。

其一，在图书典籍方面，明清统治者调动巨大的人力物力，对几千年浩如烟海的典籍文物进行收集、钩沉、求证、考辨，编纂了大型类书《永乐大典》《古今图书集成》，大型字典《康熙字典》，大型丛书《四库全书》等。其中《永乐大典》被公认为世界上最早、最大的一部百科全书；《康熙字典》是那个时代出现最早、字数最多的字典；《四库全书》至今为止依然是世界上页数最多的丛书。显然，大型图书的编纂，不仅是传统文化成熟的象征，其本身也包含着文化大总结的意蕴。

其二，在古典科技方面，明清之交出现了一批科学技术巨著。如李时珍的《本草纲目》，在药物学和植物分类方面达到了当时世界的先进水平；潘季驯的《河防一览》，作为一部治理黄河的专书，总结了我国历代治河经验；徐光启的《农政全书》，记载了我国自古以来的农学理论，总结了元、明两代劳动者的农业生产经验，还介绍了欧洲的农田水利技术，成为我国古代最完备的一部农学著作；宋应星的《天工开物》，记录了明末清初的生产新技术，是一部称誉海内外的工艺学百科全书。此外，《徐霞客游记》、方以智的自然科学专著《物理小识》等，都代表着中国古代封建社会晚期的最高科学文化成就。

其三，在学术文化方面，清代乾隆、嘉庆时期的学者对中国古代文献展开了空前规模的整理与考据。对于中国传统学术文化的绵延不辍以及向前推进来说，乾嘉学派无疑作出了不可抹煞的学术贡献。

但也就在这一时期，随着传统文化走向顶峰，其背后已隐藏着文化衰落的危机。这个危机的根源除了日益加剧的文化专制政策外，就文化自身的发展规律而论，更主要的还源于明清统治者的闭关锁国政策。

鸦片战争之前，中国在几千年的历史发展中，形成了儒家文化为核心的古老而悠久的文明，它曾以自己宽容的气魄接纳并融合了周边少数民族文化乃至古印度的佛教文化，从而形成了生生不息、千古不绝的文化长河。也正因为如此，中国的帝王和士大夫们不自觉地养成了一种历史文化的优越感。他们向来称周边少数民族为“东夷”、“西戎”、“南蛮”和“北狄”，视其为野蛮落后的民族。即便是航海东来的西方殖民者，也难免落个“西夷”的蔑称。正是在这样一种文化优越意识的主导之下，专制没落的清王朝把国门关闭了。闭关自守与骄傲自大便成为一对孪生兄弟。在鸦片战争之前，上至皇帝，下至庶民，对世界的无知程度是令人吃惊的。明朝末年著名的传教士利玛窦曾以亲身经历对中国人尤其是士大夫的心态作过如下的描述：“他们不知道地球的大小而又夜郎自大，所以中国人认为所有各国中只有中国值得称羡。就国家的伟大，政治制度和学术名气而论，他们不仅把所有别的民族都看成是野蛮人，而且看成是没有理性的动物。在他们看来，世上没有其他地方的国王、朝代或者文化是值得夸耀的。”①

① 参见阙道隆主编：《中国文化精要》，中国青年出版社 1996 年版，第 117 页。

然而，就在明清统治者驱逐传教士，封关锁国，沉醉于唯我华夏独尊之优越感的同时，西方已在进行着引起世界面貌根本改观的工业革命。古老而庞大的农业古国——中国便成为西方列强眼中最好的商品倾销地和原料生产地。于是，1840 年爆发的鸦片战争终于使西方列强以其坚船利炮把中国推向了衰落与耻辱的时代。中国古代文化的发展也由此进入了一个衰落、蜕变与新生并存的历史新阶段。

第二节 中国传统文化的特质与基本特征

中国传统文化博大精深，源远流长。在它的长期发展过程中，由于人民群众社会实践的推动和思想家们的概括提炼，逐渐积淀形成了一系列优秀的文化品质。这些优秀文化传统固然有文明与文化的一般共性，但由于其是在中国特定的自然环境和社会历史条件下孕育的，故而更具有鲜明的中国特质，它对于中国社会的文明进步，对于中华民族的成长壮大，有着不可替代的促进作用。因而，对中国传统文化特质及由此所衍生的基本特征作一概况式的了解，无疑构成我们学习、领会和发掘传统文化的基本认知前提。

一、中国传统文化的特质

任何一种文化的产生都离不开特定的自然条件和社会历史条件。中国文化的特质正是由其特定的自然、社会历史条件所决定的。从地理环境看，我国处于一种半封闭的、高度稳定状态的大陆性地域，与西方地中海沿岸的民族所处地域有很大的不同；从物质生产方式看，我国文化根植于农业社会的基础之上，封建的小农经济在中国有几千年的历史，这与中亚、西亚的游牧民族，工商业比较发达的海洋民族相比也有很大的不同；从社会组织结构看，宗法制度在我国漫长的历史中成为维系社会的重要纽带，专制制度在中国延续两千多年，这在世界历史上更是罕见的。

正是上述独特的自然、历史条件的相互影响和制约，使得与之相适应的中国传统文化带有鲜明的个性色彩。如果从整个世界文明与文化发展的历史来考察和比较，我们就可以发现，中国传统文化的特质大致表现在如下几个方面。

其一，中国传统文化有着无与伦比的生命延续力。就世界范围而论，中国古代文化虽然是世界上最古老的文化之一，但却不是最早的。然而，在世界上所有古老文明与文化的演变中，唯有中国传统文化表现出最顽强的生命延续力和时空穿透力。正是这种无与伦比的延续力和穿透力，使得中国传统文化成为世界上唯一绵延不绝发展至今的一种文化类型。古印度文化因雅利安人入侵而雅利安化；古埃及文化先后因亚历山大的占领而希腊化、恺撒的占领而罗马化、阿拉伯人移入而伊斯兰化；古希腊、古罗马文化则因日耳曼人的入侵而中断并沉睡千年。但是在中国历史上，此类情形却从未发生过。

中国传统文化这种强健的生命延续力的成因是多方面的。东亚大陆特殊地理环境提供了相对隔绝的状态，是其缘由之一。华夏文化长期以来以明显的先进性多次“同化”以武力入主中原的北方游牧民族，反复上演着“征服者反被征服”的历史戏剧，也是一个重要的原因。事实上，在漫长的历史发展过程中，中国古代文化虽未受到远自欧洲、西亚、南亚而来的威胁，但也屡屡遭到北方游牧民族的军事冲击，比如春秋以前的“南夷”与“北狄”交侵，十六国时期的“五胡乱华”，宋元时期契丹、女真、蒙古人接连南下，直至明末的满族入关。这些勇猛剽悍的游牧民族虽然在军事上大占上风，甚至多次建立起强有力的统治王朝，但在文化方面却总是自觉不自觉地被以华夏农耕文化为代表的中原文化所同化。匈奴、鲜卑、突厥、契丹、女真、蒙古等游牧或半农半牧民族在与先进的中原文化的接触过程中，几乎都发生了由氏族社会向封建社会的过渡或飞跃。军事征服的结果，不是被征服者的文化毁灭与中断，而是征服者的文化皈依和进步。在这一过程中，华夏传统文化又多方面地吸收了新鲜养料，如游牧民族的骑射技术，边疆地区的物产、技艺等，从而增添了新的生命活力。

正是从这个意义上可以说，中国传统文化犹如万里长江，是由无数高山上的涓涓细流汇合而成的一条奔腾的大河，它一直向前发展，从未中断，直到汇入浩瀚的大海。由此，中国传统文化在其发展中既一脉相承，又汇入了我国各民族的智慧。正是这样的缘由，形成了它独特的具有强盛生命力的文化传承体系，成为世界文化史上的一道亮丽奇观。

其二，中国传统文化有着非凡的包容会通精神。从文化的演进而言，中国传统文化在自己的发展历程中，从不抱残守缺，故步自封，总是能以非凡的包容和会通精神来丰富和完善自己。传统文化的这一精神首先表现在对诸家学说采取兼容并蓄的学术会通。所以，中国古代思想家虽各有所尊，但又提倡“万物并育而不相害，道并行而不相悖”(《礼记·中庸》)，并把这当作文明与文化发展的理想境界。所以，春秋战国时虽百家争鸣，互相驳难，但也互相吸收，取长补短。比如吕不韦就主张统揽百家，这一思想集中体现在他主持编撰的《吕氏春秋》中。事实上，在中国传统文化中，儒、释(佛)、道三者得以长期并存，更是典型地反映了这一包容会通精神。所以，在中国古代，儒、释(佛)、道三教的神可以并祀于一堂，在《西游记》《红楼梦》等古典小说中更是可以见到三者合一的许多具体描写。唐太宗在《大秦景教流行中国碑》序文里，甚至表达了任何宗教都可以融合在一起的思想。不仅如此，古代中国除了儒、释(佛)、道三家并存外，甚至还以宽厚的心态接受了基督教、伊斯兰教等其他宗教的传入。

正是这种包容会通精神，使得中国文化具有了非凡的融合力。而这种文化融合力也就成为凝聚中华民族大家庭的一种亲和力。中国历史上各民族的融合与亲和在世界上也是少见的，它曾令世界上许多著名的学者称羡不已。英国历史学家汤因比在20世纪70年代初，曾与日本学者池田大作有过一次著名的对话。在这次对话中，他曾这样指出：“就中国人来说，几千年来，比世界任何民族都成功地把几亿民众，从政治上文化上团结起来。他们显示出这种在政治、文化上统一的本领，具有无与伦比的成功经验。”[①]

中国传统文化的这种包容会通精神同样也表现在对外来文化的吸纳与同化上。特别值得推崇的是，中国传统文化在与外来文化交汇接触时，既能包容吸纳，但又始终是以本土自创的文化为主体。所以，虽然经历了几千年的吸收、融合过程，中华文化仍有始终一贯的体系和特点。这也是其他古代文化所没有的独特现象。比如古印度的佛教传入中国后就发生了文化变异，成就的是中国佛教的教义与修行方式。这其中就连佛像进入中国后，经过中国人的塑造，也越来越像中国人。这一中国佛教甚至漂洋过海，走向全世界。以至于对佛教历

① 汤因比：《历史研究》，曹未风等译，上海人民出版社1986年版，第16页。

杭州灵隐飞来峰的弥勒像

来有“源于印度，成于中国”一说。在外来文化中国化的过程中，中国传统文化自身也得到了丰富和充实。比如对古印度佛教文化的吸收，在艺术上丰富了中国的绘画、雕塑、舞蹈、音乐；古印度梵文的传入，使中国产生了音韵学；由达摩开创的禅学思想丰富了中国文学作品的精神内涵，提高了中国文学作品的艺术境界，以至到了“不懂禅，不足以言诗”“不懂禅，不足以论书画”的地步。

其三，中国传统文化特别推崇天人和谐的思想。中西文化的基本差异之一就是在人与自然的关系问题上，中国文化比较重视人与自然的和谐统一，而西方文化则强调人要征服自然、改造自然，才能求得自己的生存和发展。诚然，中国古代如荀子也有过“明于天人之分”和“人能胜乎天”(《荀子·天论》)的思想，但这种思想并未占主导地位。中国古代思想家一般都反对把天和人割裂、对立起来的观念与做法，而是竭力主张天人协调、天人合一。在先哲们看来，天与人、天道与人道、天理与人性是相类相通的，因而完全可以达到天人和谐统一的境界。

按照中国哲学史家张岱年先生的划分，在天人关系问题上中国古代思想家主要有三种学说：一是道家的“任自然”之说，即庄子认为的“不以人助天”(《庄子·大宗师》)；二是荀子的改造自然之说，“大天而思之，孰与物畜而制之？从天而颂之，孰与制天命而用之？”(《荀子·天论》)三是儒家的“辅相天地”之说，“天地交泰，后以裁成天地之道，辅相天地之宜，以左右民”(《周易大传》)。[①] 儒道互补构成中国传统文化的主导方面，而道家和儒家对天人关系的基本观点是一致的，这就是强调天人和谐。比如道家称“法天”“忘已入天”，儒家称“畏天”“天人合一”。作为儒家经典的《周易大传》对天人和谐的基本内涵曾作了如下的概括：“夫大人者，与天地合其德，与日月合其时，与四时合其序，与鬼神合其吉凶。先天而弗违，后天而奉天时。”从中可见，在古人看来人应遵循不违天时、不逆地利的天人和谐原则。

显然，中国传统文化把人生处世的理想目标确立为天人和谐、天人合一，其积极意义是明显的。钱穆先生在其《中国文化对人类未来可有的贡献》一文中曾经断言：中国文化中的天人合一观可对世界人类的未来求生存作出最主要的贡献。[②] 近代西方尤其是从16世纪开始发展起来的自然观，在“人定胜天”“征服自然”等戡天思想的支配下，一方面取得了巨大的物质文明成就，但另一方面，随着工业文明的发达，生态平衡、环境污染、能源危机等令人忧虑的社会问题迭起。这无疑是破坏天人和谐的结果。也因此，当代西方许多学者对中国传统文化中天人和谐、天人合一的思想开始表现出极大的关注和向往。英国学者汤因比甚至断言：人类未来的文明如果不以此作为范式的话，人类的前途将是可悲的。[③]

其四，中国传统文化还贯穿了“以人为本”的人文精神。“以人为本”用中国传统文化的

---

① 张岱年：《中国哲学大纲》，中国社会科学出版社1982年版，第181页。

② 参见张光直：《考古人类学随笔》，生活·读书·新知三联书店1999年版，第59页。

③ 汤因比：《历史研究》，曹未风等译，上海人民出版社1986年版，第16页。

话语来表达，就是肯定在天地人之间，以人为尊；在人与神之间，以人为本。由此，中国传统文化自孔子起就有超越宗教，对鬼神敬而远之的基本文化传统。也因此，与西方曾出现过漫长的中世纪的神本主义历史相异，在中国历史上，不仅宗教神学的东西从未占主导地位，而且诸如佛教、伊斯兰教（在古代称回回教）、基督教等外来宗教也无一例外地或多或少被儒家的人文精神所同化。

正是在这种以人为本的人文精神熏陶下，不仅历代贤明的君主几乎都把重生好德求百姓生活安定作为其基本的统治思想，而且能自觉地把自己置于现实社会关系中来考量自我的生存之道。比如政治上的君臣关系，家庭中的父子、夫妇、兄弟关系，社会上的朋友关系，构成所谓的“五伦”。这五种伦常关系，各有其特定的道德行为规范，如君仁臣忠、父慈子孝、夫敬妇从、兄友弟恭、朋友有信等。每一个人既处于五伦的关系网络之中，又同时处于整个社会家国一体的宗法政治关系网络之中。整个社会并因此而成就有一整套与之相应的道德规范。每个人依此规范，在社会中扮演一定的角色，履行一定的义务，彼此之间相互关联、相互制约，维系社会生活的正常有序运转，从而实现各自的人生价值目标。整个社会也因此而显得稳定有序。

《孔子圣迹图》之“在川观水”

特别值得指出的是，中国古代文化的这一人文传统还培养了中华民族重德性的人生价值观。在儒家那里，人与动物的根本区别就在于人有仁爱之心，有道德伦理的观念。人的一生所应追求的理想人格，也就是能够坚持和践履以“仁义”为核心的君子之道。由此出发，在古人看来甚至自然物也有了“比德”的意义，比如孔子就有“仁者乐山，智者乐水”（《论语·雍也》）一说。汉代学者刘向则更是演绎出了孔子的如下一段比德思想。子贡问曰：“君子见大水必观焉，何也？”孔子曰：“夫水者，君子比德焉。遍予而无私，似德；所及者生，似仁；其流，卑下句倨，皆循其理，似义；浅者流行，深者不测，似智；其赴百仞之谷不疑，似勇；绰弱而微达，似察；受恶不让，似包蒙；不清以入，鲜洁以出，似善化；主量必平，似正；盈不求概，似度；其万折必东，似志。是以君子见大水观焉尔也，是知之所以乐也。”（《说苑·杂言》）中国传统文化中这一重德性的文化传统显然是从“以人为本”的人文精神中衍生出来的。

二、中国传统文化的基本特征

中国传统文化的特质决定着它所表现出来的种种特征。由于中国传统文化源远流长，内容博大精深，因而其基本特征在表现形式上就不可能是单一的，一定是丰富多彩，有着众多层次和方面的一个系统结构。但从最基本的层面审视，我们也许可以说，传统文化的特征主要包括如下几个方面。

其一，以德性修养为安身立命之本。在中国传统的安身立命观念中，最注重的是个人的自我德性修养。这个传统甚至早在西周时期制定的周礼中就被凸显。周礼作为一种制度文化、行为文化和观念文化的集合体，其精髓就是以德配天，即所谓的“道德仁义，非礼不成；教训正俗，非礼不备”（《礼记·曲礼》）。著名史学家范文澜认为，周朝的文化就是一种尊礼文化。[①] 孔子继承并弘扬光大了这样一个以德配天的周礼文化传统。在孔子看来，要变“天下无道”为“天下有道”，就要求志士仁人在德性修养方面达到仁、智、勇的“三达德”境界。一旦一个人达到了这一德性修养的境界，就能做到“仁者不忧，知（智）者不惑，勇者不惧”（《论语·宪问》）。孔子自己的人生实践无疑就是孜孜追求这一德性充实于内心的一生。

到了宋代，朱熹提出了一整套“居敬察省”的德性修养理论。所谓居敬，就是念念之间存一个郑重而不苟且的态度，对人、对事、对学问、对根本的义理，都郑重其事；所谓察省就是做到时时反省检查自己。正是鉴于德性修养对于一个人安身立命的重要性，他把《礼记》中的一篇《大学》单独抽取出来，列为“四书”之首。《大学》之所以如此被朱熹看重，原因就在于它强调了自我修养的八个步骤，并以天下太平和谐为其终极目的。这一修养功夫最初的两个步骤是诚意、正心，这说的是立志；其次两个步骤是格物、致知，目的在于了解世界；接下来的一个步骤是前面两个步骤的总括，即修身，其目的在于使自身变得完美，以便使自己能担负起社会历史责任；最后三个步骤是齐家、治国、平天下，其目的是践行自己的德行，在治国安邦的社会活动中实现一个人最终的生命价值。在古代，《大学》是每个文化人接触的第一本经典，具有发凡启蒙和确定人生宗旨的作用。可以说，后来整个中国文化关于修养方面的论述无一不是以它为基调的。

中国传统的德性修养理论讲诚意、正心、格物、致知、修身、齐家、治国、平天下，其中心环节是修身。因为诚意、正心、格物、致知是工夫，目的是修身；齐家、治国、平天下是修身的必然结果，身修好了，自然就会家齐、国治、天下太平。故在儒家看来，修身是立身之道，也是立国之道。传统文化中的德性修养理论，强调了个人道德修养对社会生活的重要作用，这显然是非常合理的。这一德性修养传统的积极结果是在历史上造就了无数个像范仲淹那样的“先天下之忧而忧，后天下之乐而乐”（《岳阳楼记》）的志士仁人，他们身上所体现的崇高德性已成为我们民族在道德人格追求方面的楷模。这一注重德性修养、善守道德人格的历史文化传统对中华民族的历史与现实显然产生了积极而深远的影响。

其二，以中庸为基本处世之道。中庸之道作为儒家最推崇的为人处世之道，一直贯穿于整个中国古代的传统观念之中。按照孔子以及后世儒家的解释，“中庸”的“中”，有中正、中和、不偏不倚等含义；“庸”字是“用”的意思，“中庸”即“中用”之意。可见，中庸意即把两个极端统一起来，采取适度的中间立场，即守持不能过，也不能不及的平衡法则。

从历史上看，中正平和的思想在孔子之前就被先贤提倡了。尧在让位于舜时就强调治理社会要公正、执中。《周易》中也体现了“尚中”的观点，所以它的中爻的爻辞大多是吉利的，亦即是说只要不走极端是不太会有不利的局面出现的。春秋时期，中正平和的思想进一

① 范文澜：《中国通史》（第1卷），人民出版社1987年版，第143页。

步扩展到其他领域。比如晏子就认为，食物、色彩、声音等，以能使人们心平德和为善。

孔子及以后的儒者则在上述基础上，对中庸思想作了广泛的发挥：在政治上，依照中庸之道的原则，既不能一味宽容、宽厚，采取无为的态度，也不能使政策过于刚猛，刑罚过重，二者要相互协调，相互补充，以中和的态度处理政治问题。在经济上，依照中庸之道的原则，要给予百姓实惠，但不能浪费；要使百姓勤于劳作，但不能过度压榨，使他们产生怨恨；要允许各种欲望得到满足，但不能鼓励贪婪，没有限度。在伦理道德上，中庸更是被视为最高的道德原则。只有遵循中庸原则的人，才能成为君子；行为过激的人，只能被看作小人。比如孔子就曾评论他的两个学生说，子张放肆过了头，子夏则过于拘谨，他们都没有做到中庸。在日常行为方面，依中庸之道看来，做事只考虑实际的质朴以致忽视了文采，就会显得粗野；而只考虑外表的文采以致忽视了质朴，又会显得虚浮。在处世态度方面，主观、武断而不留余地，自我中心，固执己见都不符合中庸之道。在审美欣赏上，依照中庸之道的原则，可以追求美的享受，但不能沉溺于其中；可以有各种忧思悲哀，但要适度，不能伤害身体；如此等等。正是基于这样的理解，朱熹曾对中庸有过这样的概括："中只是个恰好道理。"（《朱子语类》卷三十三）

中庸之道还被后世儒家进一步概括为世界的普遍规律，认为它不但体现了事物发展的运行规律，也构成人们实践所必须遵循的普遍原则。由此，中庸之道成为社会教化的重要内容，被视为做人所必须达到的一种境界。《礼记·中庸》把这种境界称为"极高明而道中庸"。至于如何达到这一境界，《中庸》认为有五个步骤："博学之，审问之，慎思之，明辨之，笃行之。"这一思想对我国古代知识分子安身立命与为人处世的实践产生了极其重要的影响。

作为一种根本的处世之道，中庸之道使人们普遍认识到自己的行为态度要适度，从而避免过激行为的出现，这使得中国社会有着某种特殊的稳定性，这是它积极的一面。但另一方面，它也为折中主义、明哲保身的处世哲学提供了理论土壤。这又在一定程度上阻碍了社会的向前发展。显然，这是我们把握这一文化特征时所必须注意的。

其二，以耕读传家为根本的治家之道。在古代家国同构的社会结构下，治家之道历来被看得很重。这其中，耕读传家被视为最基本的治家之道。"耕"是指农耕，"读"则是指读书。这一注重耕读的传统观念显然是与我国两千多年的农业社会发展相适应的。

我国古代社会的基本结构是以农养天下，以士治天下。这也就是说，养天下须重农耕，治天下须重读书。我们知道，农业是中国古代社会的根基，历代统治者对此深有认识，故而往往会把"重农"作为安邦兴国的基本国策。比如《吕氏春秋》里就断言："霸王有不先耕而成霸王者，古今无有。"所以，春秋战国以来，"重农"已成为历代君主既定的兴国之道。与此同时，古代的统治者也看到了读书人在治国安邦中的重要作用，于是采用各种方式把读书人中的佼佼者吸收到统治阶层中来，置其于官位，供之以俸禄，使读书人为其所用。正是统治者的这种重农耕、尚读书的长久治国策略影响到民间社会，就形成了中国家庭"耕读传家"的基本观念。

其实，中国的黎民百姓自古也有尚农的传统。这一传统的本质是把农桑视作生存之根本。《周易》就有"不耕获，未富也"的记载。从秦朝开始的历代统治者的重农抑商政策，更是把人们牢固地牵制在土地上，天下百姓莫不以农耕作为根本的生存和生活手段。长期的经验积淀使得古代中国人树立了一个牢固的信念:农耕是最可靠、最稳定的生存、生活手段,除非万不得已它是不可放弃的。正是在这样一种观念影响下,在我国古代,即使是通过工商业致富或为官发财的人,最终也以购置田产作为根本生存与发展之计。因为相比较而言,这乃是最稳定的保存家产的办法。

虽然农耕是生存的基础,而若要求发展、求成就、求财富,在中国古代社会,唯一的正道就是读书。因为“学而优则仕”,读书人可以通过读书入仕谋生,乃至发财致富,光宗耀祖。比如孟子就说过这样的话:“士之仕也,犹农之耕也。”(《孟子·滕文公下》)这句话的意思是说,读书人做官就像农夫耕地一样可以安身立命。

可见,“耕读传家”这一观念既有重生计之“俗”,又有求高贵之“雅”,实在是我国古代传统文化中一种融雅俗于一体的生存智慧。它是古人在重农尚仕的社会之中所能采用的最好的治家方式。也因此,“耕读传家”作为根本的治家观念深植于传统文化之中,几千年来一直为世人所接受。

其四,以经学为治学之根本。在中国传统文化中,经学成为一以贯之的学术之根本。“经”本来是孔子所整理的上古文化典籍,总称为“六经”,即《周易》《尚书》《诗经》《礼》《乐》《春秋》。它涵盖了古代的政治、历史、哲学、文学、音乐、典章制度等丰富的文化内容。孔子去世后,儒家分为许多流派,但这些不同派别的思想家对“六经”都非常重视。比如荀子就认为,做学问“始乎诵经,终乎读礼”(《荀子·劝学》)。也许正因为这一缘故,荀子被认为是经学的最初倡导者。到了汉代,汉武帝采纳董仲舒的建议,罢黜百家,独尊儒术,“经”的地位也因此而大大提高。研究“六经”及儒家经典的学问被称作“经学”,是当时学术文化领域中压倒一切的学问。“经”也不断扩充与增加,到宋朝时扩充为“十三经”,除了孔子整理的“六经”外,《论语》《孟子》,以及阅读古代经书的语言文字工具书《尔雅》等都包括在内,成为一切学术文化之根本。

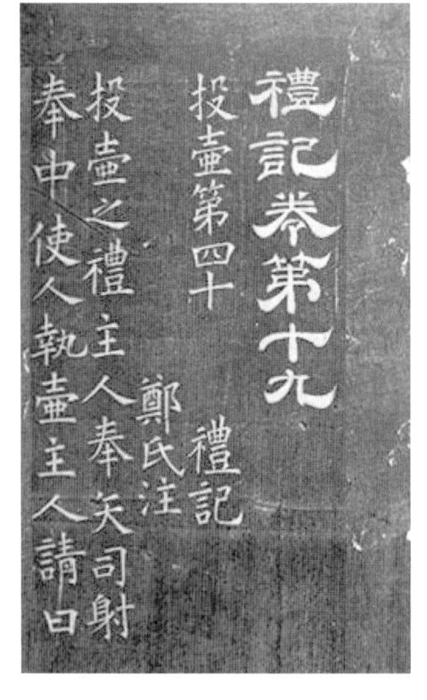
禮記卷第十九
投壺第四十
禮記
鄭氏注
投壺之禮主人奉矢司射
奉中使人執壺主人請曰

《开成石经》拓片(局部)

因此,在我国古代,“经”具有不可更改和不容怀疑的权威性。西汉王朝推行“以经取士”的选官制度,更是引导读书人只从“经”处做学问。此后,传授经典和注解经典都成了专门的学问,并逐步形成了自汉代至清代的官方哲学——“经学”。

而且,作为一切文化学术的指导性经典,这些“经”常常被刻在石碑上,以显示其权威性。据史籍记载,在中国历史上曾经有过七次大规模的刻经运动。比如在西安碑林博物馆内,就完整地保存着唐代的《开成石经》。除刻经外,历代对“十三经”的注疏、训解、发挥,更是层出不穷。仅据清代乾隆年间的《四库全书总目》记载,“经部”的著作就有1773部,20427卷。可以说,在汉代以后经学的发展取得了驾驭和主导一切学术文化领域的至高无上的地位。

事实上,经学是一门内容涉及广泛的学科,仅就“六经”而言,就已经包含了人文科学及某些自然科学。比如孔子就曾说过，读《诗经》，甚至可以增加对鸟兽虫鱼草木之名的博物知识。因此，经学本身并不排斥自然科学，相反，儒家经学中的理性主义以及某些思辨方法，对自然科学甚至还有启迪意义。但问题的关键是，经学以它自成一套的体系，凌驾于一切知识之上，无形之中就排斥了科学的独立性。这对古代自然科学的发展显然又是不利的。它至少是明清以后中国科学技术落后的一个重要文化根源。

其五，以义利合一为基本价值追求。追求义利合一是中国传统文化中基本的价值观，它是在古代思想家们漫长的义利之辩的争论中逐步形成的。这里所说的“义”是指道义，而“利”则指利益，一般多指物质利益。

从先秦开始，中国古代思想家们就纷纷对义与利的关系问题发表自己的看法。以孔孟为代表的儒家主张重义轻利。比如孔子就说“君子喻于义，小人喻于利”（《论语·里仁》）。孔子虽然并没有否定“利”，但他反对见利忘义，主张君子要“义以为上”“见利思义”（《论语·宪问》）。孟子继承了孔子的思想，但更强调义与利的对峙。他说“何必曰利，亦有仁义而已”（《孟子·梁惠王上》），并以“为利”还是“为义”作为区别小人与君子的价值取舍标准。荀子则认为任何人不可能不考虑个人利益，然而应该使个人利益的考虑服从道义原则的主导：“义与利者，人之所两有也，虽尧、舜不能去民之欲利，然而能使其欲利不克其好义也。虽桀、纣亦不能去民之好义，然而能使其好义不胜其欲利也。故义胜利者为治世，利克义者为乱世。”（《荀子·大略》）所以，荀子认为虽尧舜不能排除民之欲利，虽桀纣不能去民之好义。由此，荀子认为处理义利关系的基本原则是“见利思义”。这与孔子的思想也是基本一致的，只不过他更承认人有好利之心这一基本事实。

到了汉代，董仲舒提出了“正其谊不谋其利，明其道不计其功”（《汉书·董仲舒传》）的著名命题，以尚义反利的观点片面发展了先秦儒家的重义轻利的价值观。所以，后来清初的启蒙学者颜元针锋相对地提出“正其谊以谋其利，明其道而计其功”（《四书正误》）的相反命题。他认为“义中之利君子所贵也”，主张要把义与利相互结合起来。可见，颜元在古代思想史上第一次对董仲舒以来的道义论价值观作了可贵的纠正。

当然，在义利统一问题上，中国传统文化由于正统儒家思想一直占主导地位，所以重义轻利甚至是尚义反利的思想一直是一个道统。这一道统一方面维持了中国古代社会的稳定和延续，塑造了中国人以道义为上，重气节、重人格的民族性格；另一方面，也有压抑人的物质欲望，扭曲人性的弊端。对于中国传统价值观中的这一“反利”传统，无疑又是我们今天所应该批判和否定的。

其六，以直观意象为基本的思维方式。与西方文化传统中比较强调逻辑推理的思维方式不同，中国传统文化在思维方式上以直观意象为主。这是一种通过直观、直觉来直接体悟和把握对象的思维方式。这种思维首先是直观和直觉的，儒、释（佛）、道三家的认识论都带有这一思维的特点，最典型的表现就是充分体现儒、释（佛）、道三家合一的理学思维。宋明理学家把“太极”“天理”作为包容了宇宙人生一切真理的本体存在。但对这个本体的认识，他们认为只有通过直觉顿悟才能实现。只不过以朱熹为代表的理学派强调“格物致知”“即物穷理”（《大学章句·补传》），把经验知识的积累作为顿悟的必要条件，最后通过顿悟而“豁然贯通”，由渐而悟，完成心理合一、天人合一的整体认识。与朱熹不同，以陆九渊、王阳明为代表的心学派则主张当下参悟，明心见性，“立其大者”“点铁成金”。

张岱年先生曾指出过这一点:“中国哲学只重生活上的实证,或内心之神秘的冥证,而不注重逻辑的论证。体验之久,忽有所悟,以前许多疑难涣然消释,日常的经验乃得到贯通,如此即是有所得。中国思想家的习惯,即直截将此悟所得写出,而不更仔细证明之。”[①]可见,与讲究分析、注重普遍、偏于抽象的西方传统思维方式不同,中国的直觉思维更着重于从特殊、具体的直观领悟中去把握真理。这一思维方式固然有其偏重感性的缺陷,但是它超越概念的抽象性、不拘于逻辑,却是一种创造性思维,显示出中国人在思维过程中活泼不滞、长于悟性的高度智慧。

中国传统文化中所体现的这一思维方式又是意象的。这种意象性源于直观与直觉。比如在《周易》里,我们就可以看到这种极具中国特色的思维模式。《周易》中由阴阳、八卦、六十四卦和三百六十四爻组成的卦象,就充分显示着意象思维。它由象数符号表现整体意义。如泰(䷊)卦的象是地在上,天在下。但实际上应当天在上,地在下。这一卦象就象征着天和地的交感变化,所以是吉卦,预示着事物发展有前途。否(䷋)卦则与此相反,天和地没有交感,它预示事物发展没有前途,因此是凶卦。

中国传统的文学艺术则更注重意象的浑融一体,强调只有发现和形成了意象之后的创作,才能臻至独特意境。事实上,中国艺术就是营造意象的艺术。比如中国画就强调“意在笔先,画尽意在”,中国画中所要描绘的,与其说是客观对象,不如说是主观的意义和象征。中国书法艺术更是意象艺术,书法美是意象美,即所谓书为心画,是有意味的形式与象征。同样,中国古代的诗歌不同于西方偏于表现情节,而是借象寓意,借景抒情、情景交融,追求意和象、意和境的融通,比如:“昔我往矣,杨柳依依;今我来思,雨雪霏霏。”从中国最古老的诗歌总集《诗经》就开始的这一对意象的追求与营造,显示出中国传统文学所特有的韵致和意境。

独特的思维方式使中国传统的文学艺术不同于西方文学艺术偏于再现、摹仿、写实,追求美与真的统一,而是偏重象征、表现、写意,追求美与善的统一。正是在这一特有的文学艺术传统的规范与熏陶下,中国古代的艺术家们创作了大量绚丽多彩、意境深远的艺术作品。

第三节 中国传统文化的现代意义

在走进充满希望也充满挑战的21世纪后,摆在当代中国面前的根本任务无疑是尽快实现现代化。由此,我们可以肯定地说,21世纪的中国文化将是适应现代化建设的新型文化。但这个适应现代化的新型文化决不是无中生有骤然降临的,而一定是与传统文化有着内在的、必然的关联性。事实上,从世界上一些已完成现代化进程的国家来看,对传统文化现代意义的开掘几乎无一例外地成为文化现代化建设的一个必要环节。因此,传统并不是守旧僵化的代名词,传统文化作为一个国家、民族理性和智慧的积淀,对现代人的生存和发展总是有着多方面的启迪。这既是传统得以成为传统而不被历史长河所湮灭的缘由,更是我们

① 张岱年:《中国哲学大纲》,中国社会科学出版社1982年版,第8页。

了解、学习和开掘传统文化的内在根据之所在。

一、科学合理地评价中国传统文化

自20世纪80年代以来，一个新的、被人们称为“文化热”的现代文化运动骤然出现。在“文化热”中，有关中国传统文化再估价、中西文化冲突和融合等论题，开始走出学术沙龙的象牙塔，为全社会所思考和议论。这或许从一个侧面表现了我们这个古老国度时下正在进行着的社会变革的深度和广度，表现了民众对于建构与现代化相适应的新文化体系的强烈要求。

然而，我们发现，“文化热”中人们对中国传统文化之现代意义的评价异义纷生，莫衷一是。因此，要对中国传统文化的现代意义问题达成某种程度的共识，首先必须解决对中国传统文化的科学评价问题。这可以说是对中国传统文化内蕴的现代意义进行开掘的理性前提。我们在这里所指称的科学而合理地评价中国传统文化，实质上就是说要从整体上对中国几千年的传统文化的辩证发展作一规律性的探寻，从而不是主观随意而是客观理性地对中国传统文化作一总体评价。正是依据这一指导思想，我们在这里对中国传统文化作如下几方面概述性的评价。

其一，中国传统文化是统一性与多样性的对立统一。中国传统文化虽然在秦汉时期开始形成封建的大一统文化，董仲舒倡导的“独尊儒术”更是把这个统一性推向极致，但这并不意味着中国传统文化只有单一的内容。事实上，中国传统文化是多样性的统一。比如从内容上看，中国传统文化中既有对自然界的认知，又有关于社会人文的、政治的、经济的、科学技术的思考，其中无疑包含有或多或少的合理而深刻的认识。这是中华民族的共同精神财富，不能因为其是封建社会的意识而对其合理性也加以否定。从中国传统文化的时限上看，中国文化有远古和古代的传统，也有近代的传统。再从这一传统文化的学术派别上看，先秦时期就产生了儒、墨、道、法、阴阳、名、兵、农等诸子百家，在以后的发展中又有彼此的会通、融合和衍化，形成了新道家、新法家、新儒学及包容汇通的佛教、道教等文化。即便从马克思主义的哲学党性原则来看，中国古代哲学既有唯物主义的传统，也有唯心主义的传统，以及辩证法的传统和形而上学的传统，等等。此外，从文化形态上看，其人文价值追求既有大一统的、体现统治阶级意志的价值追求，又有个体对自我生命的、文学艺术之情趣的，甚至终极关怀的价值追求。所以，评价中国传统文化，如果仅仅局限于某一个领域或方面，往往会失之偏颇。

事实上，如果我们能正确理解中国传统文化中这种统一性与多样性的对立统一，我们就可以多方面、多层次、多角度地开掘这一文化所内蕴的现代意义，使其为建设适应社会主义现代化的新文化提供来自思想史的珍贵营养。

其二，中国传统文化也是连续性与变革性的对立统一。中国传统文化的连续性在世界文化发展史上是独一无二的。由远古文化到夏商周的三代文化，中国传统文化便开始呈现出一个长期发展、不断积累的过程。春秋时代，孔子整理和总结三代文化的成果，创立了影响深远的儒家学说。继孔子之后，出现了中国文化史上最活跃、最富创造性的百家争鸣局面。至秦汉，董仲舒倡导“独尊儒术”，建立其天人感应、阴阳五行、儒道法互补的儒学思想体系，开始成为中国封建社会中长期发挥影响的主流意识形态。由汉唐而至宋明理学时期，这一传统的封建大一统的文化开始走向自己的鼎盛时期。在这一历史过程中，中国古代社会曾历经战争动乱、社会分裂和王朝更替，但这个文化并未中断自己的传统，而是在继承已有成果的基础上，不断地获得发展更新的动力。

中国传统文化发展的连续性是惊人的，但它与变革性却并不对立。事实上，中国传统文化发展的这种连续性本身就是一个在传统的基础上不断创新的变化过程。仅就先秦而论，从周人对前人的文化维新到孔子对周礼的重新阐释；从孟子对孔子思想的深化与发展到荀子对先秦百家争鸣学术的总结与融合，就表现为一个连续性与变革性的统一过程。

重要的还在于，在中国传统文化发展的历程中，不同时代的思想家的每一次创新都是以传统为根基的，而每一次创新的思想文化成果又构成传统的新的组成部分。把握中国传统文化的这一发展规律，一方面可以消除我们在理解传统文化时把传统等同于守旧的偏见，另一方面更为我们今天如何以创新的方式继承传统文化，从中发掘出其特有的现代意义提供了重要的方法论启迪。

其三，中国传统文化又是独立性与融通性的统一。中国传统文化的独立性既指这个文化的主体是中国人自己独立创造的，也指这个文化在自己发展的历史中较早地形成了自己独特的体系。有足够的考古资料证明，中国传统文化作为一种本土文化源于远古时代。从这个时候起我们不仅有着独特的汉字语义和语音体系，而且还以这种方块汉字为载体独创了自己的哲学、道德、宗教、文学艺术的独特学术思想体系，形成了华夏民族独有的礼仪典章制度、风俗习惯和民族性格、民族心理，建立了独一无二的诸如中医学那样的医学理论体系。我们还有着独特的虚拟写意的戏曲艺术、气韵生动的中国书画，工整对仗、情理交融的楹联艺术，等等。

但中国传统文化与世界文化的发展又不是毫无关联的，它对许多的外来文化从来都有着很强的吸纳和融会贯通能力。事实上，如果我们仔细考察一下唐代文化繁荣的原因就可以发现，传统文化对外来文化具有非凡的吸纳力和交融贯通性是一个非常重要的原因。仅就宗教文化而言，在这个时期不仅源自古印度的佛教逐渐中国化，使佛教文化成为中国文化的一个有机组成部分，而且景教、伊斯兰教、犹太教也开始传入中国，使唐文化呈现一派胡曲雅乐互放异彩的繁荣景象。

对中国传统文化独立性与融通性对立统一特性的认识，至少向我们昭示，在对传统文化现代意义的认识过程中，既要反对全盘西化的民族虚无主义的偏激，又不能因此而拒绝吸纳世界文化的优秀成果为我所用。几千年中国传统文化的发展表明，既吸纳和融通外来文化之精华作为本民族文化的组成部分，同时又保持中华本土文化的主体性地位，正是中国传统文化能不断发展并始终充满活力的奥秘之所在。

二、传统文化现代意义开掘所必须遵循的基本原则

以 1840 年鸦片战争为标志，中国传统文化开始由古代向近、现代转型。在这个充满危机与痛苦的转型过程中，人们对待以儒家文化为代表的传统文化，产生了诸多的偏激情绪。20 世纪二三十年代，“全盘西化论”与中国文化本位论的争论正反映了这种偏激情绪。

以毛泽东为代表的中国共产党人在建构新民主主义新文化的过程中，开始科学地确立了对待中国传统文化所应持有的基本方法论原则。这就是毛泽东在《新民主主义论》中提出

的批判地继承中国传统文化的主张。毛泽东在论述新民主主义文化建构的基本思想时，特别论述了应当如何清理中国古代文化的问题："中国的长期封建社会中，创造了灿烂的古代文化。清理古代文化的发展过程，剔除其封建性的糟粕，吸收其民主性的精华，是发展民族新文化，提高民族自信心的必要条件；但是决不能无批判地兼收并蓄。必须将古代封建统治阶级的一切腐朽的东西和古代优秀的人民文化即多少带有民主性和革命性的东西区别开来。中国现时的新政治新经济是从古代的旧政治旧经济发展而来的，中国现时的新文化也是从古代的旧文化发展而来，因此，我们必须尊重自己的历史，决不能割断历史。但是这种尊重，是给历史以一定的科学的地位，是尊重历史的辩证法的发展，而不是颂古非今，不是赞扬任何封建的毒素。"[①]毛泽东的这段论述，概括了对传统文化的两个基本原则：一是不能割断历史；二是必须批判地继承。显然，这既和民族虚无主义划清了界线，又同文化保守主义划清了界线。

正是遵循着对传统文化批判继承的这一基本原则，我们借助于思维的抽象，可以对中国传统文化内容作不同的甄别与归类，然后在这个基础上对传统文化的现代意义加以开掘。

其一，对传统文化中的封建糟粕应持彻底批判与摈弃的态度。在传统文化的发展中，一个基本事实是，绵延了几千年的封建主义文化始终占据着主导地位，因而对传统文化中具有封建文化性质的观念形态，以及反映这些观念形态的一切"物化"了的存在，我们必须持彻底的批判态度。我们必须清醒地意识到，在道德伦理、秩序制度、价值观念、风俗习惯、民族心理、思维方式等方面，封建主义影响的痕迹几乎随处可见：大如专制制度、等级观念、宗法思想、人治传统之类，小如待人接物的礼教规范和为人处世的"不敢为天下先"的保守原则，等等。对于这些传统文化中遗留于现实社会的沉渣和糟粕，应当坚决予以抛弃。此外，还有一些虽然不为封建文化所独有，但反映了一般农业文明之局限的东西，诸如重农轻商的观念，狭隘短浅的目光，听天由命、求稳怕乱的思想，抱残守缺、不求进取的心态，等等，也应随着时代的进步而将它们彻底淘汰。

其二，对传统文化中那些糟粕与精华并存的成分则要善于辩证地扬弃，要以时代发展的要求为内在依据批判地予以继承。由于传统文化并不仅仅是封建文化，其中有一些东西在我们民族的诞生阶段就开始形成，在我们民族的整个发展过程中也始终存在。这些文化观念或风俗习惯已成为我们民族文化最基本的一些规范与原则。对传统文化中的这一类成分，我们应当在批判与改造的基础上予以继承。我们之所以要批判地继承，是因为这方面内容往往是精华与糟粕并存的，因而在开掘其现代意义的过程中，我们必须特别注重取其精华、去其糟粕。比如，我们今天出于避免工业文明的负面效应，不再重蹈西方国家曾经出现过的重物质、轻精神，重人类、轻自然之覆辙的需要，会自然地重温"天人合一"、"义利合一"以及"仁、义、礼、智、信""礼、义、廉、耻""忠、孝"等传统文化观念。但我们在重新评价和继承这些传统观念时，一定要赋予它们崭新的时代内容。比如把那种极端的、以单方面绝对服从为基础的旧式"孝道"转化为以相互理解、相互尊重为本质的新式"孝道"；从"礼"的观念中剔除等级名分的封建成分，而使之转化为人与人之间的真诚相待、文明礼貌；从"耻"的观念中去掉虚伪的、不正常的"面子"意识及落后于时代的"耻言利"思想，而代之以现代人的新式道

① 《毛泽东著作选读》(上)，人民出版社1986年版，第398—399页。

德观、荣辱观、义利观;如此等等。

其三,对传统文化中的优秀遗产则是我们必须着意继承并大力弘扬的。在中国传统文化中还有一部分是不为封建社会形态所特有,而是与我们中华民族的整个历史共存的积极成分。这些积极成分作为传统文化中的优秀遗产无疑是我们必须继承并大力弘扬的。比如,中华民族自古以来就有爱国主义传统,有注重人际关系和谐的传统,有一贯尊重事实的求实精神,有强烈的民族自尊心、自信心,有勤奋、勇敢、善良、吃苦耐劳的美德,有百折不挠、愈挫愈勇的抗争与自强精神。这些传统并不仅仅与农业文明同始终,而是我们民族过去、现在和将来始终需要的永恒精神。这些精神也并不与近代工业文明的优点和长处发生冲突,相反,却往往有匡补时弊之功效。因而,传统文化中的这些积极成分过去哺育了我们的祖先成长,今后也将伴随着我们的后代走向未来,它无疑是我们民族文化中应当刻意继承和弘扬光大的珍贵文化遗产。

概括地说,中国传统文化中具有积极意义和恒久价值、应当深入开掘和发扬光大的,主要有以下两个方面的内容:一是体现和表达民族精神的内容。如"天下兴亡,匹夫有责"的忧患意识和爱国主义精神;"兴利除弊"的改革精神;"民为贵,君为轻"的重民贵民的民本思想;"自强不息",不畏强暴、不怕困难的独立自主、自力更生、吃苦耐劳精神;注重和谐的"会通"精神;等等。二是扬善抑恶,注重人格和道德修养的伦理精神和人生价值观念。如"己所不欲,勿施于人"的"仁爱"精神;"勿以恶小而为之,勿以善小而不为"的律己观念;"三军可夺帅,匹夫不可夺志"的人格正气;"杀身成仁""舍生取义""以天下为己任"的重气节和"天下为公"的人生价值观念;等等。

孙中山书迹"天下为公"碑刻

但需要指出的是,即便是对于传统文化中的这一部分内容,我们也应该在立足于继承的同时,注意清除其中的封建主义痕迹,而代之以具有时代精神的先进内容。比如:从爱国主义传统中清除掉忠君思想、狭隘的民族主义思想,而加入必要的国际主义内容,做到爱国主义与国际主义的统一;从注重人际关系和谐的"群体观念"中剔除互相牵制和过分依赖他人、群体的消极成分,而吸收、补充近代工业文明中注重发挥个人作用和勇于自我实现的内容;等等。

正是基于对中国传统文化现代意义的如上理解,我们强调必须在当前的文化热潮中,旗帜鲜明地反对"全盘西化"论、"儒学复兴"论和彻底重建论的错误理论和实践主张。

当下的"全盘西化"论者继承20世纪二三十年代的全盘西化论的衣钵,不仅在政治经济上主张全盘西化,而且在文化上也主张全盘否定民族传统文化,让西方文化全方位引进中国。一些人甚至提出"中国要当三百年殖民地方能走上现代化"的奇谈怪论。显然,全盘西化论的理论主张实质上是彻底的民族虚无主义。这种观点不仅在理论上是荒谬的,而且在实践上一定也是极为有害的。

以新儒家[①]为代表的"儒学复兴"论者在对待传统文化问题上则持复古主义和保守的论调。在一些主张"复兴儒学"的学者们看来，中国现代化出路的解决在于文化出路的解决，文化出路的根本解决又在于儒学的复兴。由此，他们认为只要抓住复兴儒学这个"根本"，就可以解决当代中国包括信仰危机、道德建设、政治民主、经济发展等在内的一切问题。其实，历史早已证明，以儒学为代表的中国传统文化有着自身诞生于农业文明的固有局限性，因而除非中国的现代化是向古老农业文明的复归，否则，主张完全恢复儒学在中国文化的统治地位，并试图将其用以指导中国的现代化建设，不仅是一厢情愿的主观幻想，而且本身就是一种历史的倒退。

彻底重建论在对待中国传统文化问题上主张"以彻底的反传统来创立新传统"。这种观点之所以也是错误的，就在于它对传统的理解带有太强的主观性和情绪化，缺乏辩证的思考。其实，每个人都生活在一定的文化传统中，它是一个民族无法抹去的"集体记忆"。传统可以创新与转换，但却不能随便割断与抛弃。因此，对中国传统文化不加分析地全面否定，不仅在理论上是不可能的，而且在实践上也危害极大。因为这种把传统文化视为建设新文化的沉重包袱，甚至把民族文化中的优秀遗产也视为糟粕的错误观点只能导致人们丧失民族的自尊心和自信心，失去创造民族新文化的基础和方向，最终必然沦为西方文化的附庸。

对于传统文化的现代意义问题，人类学家早就提出过这样的观点：传统文化是保存先人的成就，并使继起的后代适应社会的一种既定存在形态；若没有传统文化，现代人绝不会比类人猿更高明。因为生物学意义上的遗传最多只能使我们在生理构造方面比类人猿更精细一些，只有传统文化的世代承袭才使我们成为真正的人。所以，从最一般的意义上讲，传统文化对现代人不可能没有意义，它既是我们赖以生存和发展的理性工具，更是我们现代人证诸过去、印证现在、指向未来的一种智慧积淀。

可见，传统文化是我们成为文化人的主要依据，每个人都借着传统文化在现实社会里成长。传统文化究竟是导致社会的进步还是退步，实际上完全取决于我们自己。也因此，在建设适应新世纪的新文化过程中，我们最大的问题并不在于要不要传统文化，而在于能否辩证地看待传统文化，能否把传统文化的现代意义充分发掘出来，从而创造出一种既适应于现代化建设又能够积极推动人类文明进步的新文化。这应该是坚定文化自信的科学含义之所在。

三、中国传统文化的世界意义

从世界历史的范围来考察，我们可以发现，作为世界文明与文化的重要组成部分的中国传统文化从来是令人神往的。如果说罗马帝国时代中国文化仅以物态——丝绸的形式影响西方的话，那么，到了 17—18 世纪在欧洲出现的"中国热"则表明西方人对中国的以儒

① 新儒家是指新文化运动以来面对全盘西化的思潮，一批学者坚信中国传统的儒家文化对中国仍有价值，从而探求儒家文化对现代化之意义的一个思想流派。学界将新儒家分为三代，第一代是 1921 年至 1949 年，代表人物为熊十力、梁漱溟、马一浮、张君劢、冯友兰、钱穆；1950 年至 1979 年为第二代，代表人物为方东美、唐君毅、牟宗三、徐复观；第三代是 1980 年至今，代表人物有成中英、刘述先、杜维明、余英时等。

家道德观念为主要形态的文化已产生了浓厚的兴趣。德国哲学家莱布尼茨的《中国近事》(1697),法国哲学家伏尔泰的《风俗论》(1756)以及法国经济学家和重农学派的创始人魁奈的《中国专制主义》(1767)等一系列著作相继出版。在这些著作里,中国被描绘成了一个物产丰富,经济发达,君主贤明,官员睿智,制度优越,社会文明有序,一个由哲人般的皇帝和官员管理的国家。德国启蒙哲学家沃尔夫1721年在德国哈勒大学的《论中国人的实践哲学》的演讲和他1728年在德国马堡大学的《哲人王与哲人政治》的演讲中,更是将中国的文化推崇为人类文明的极致,把中国文化背景下产生的政体夸奖为世界上最优秀的政体。在法国的思想启蒙运动中,伏尔泰等人则高举孔子人道思想的大旗,用以反对宗教神权、反对封建王权。他们对中国崇尚理性的道德观念深为推崇,他们甚至著文主张欧洲各国政府必须以中国为范本。在这一时期,中国古代的道德理性甚至由此而成为法国启蒙思想的一个重要理论武器。①

特别值得指出的是,即便是在现时代,中国传统文化对世界的意义依然得到许多西方著名学者的认同。比如汤因比就曾经这样说过,如果允许他自由选择时间和国度的话,他说希望自己能成为公元1世纪的中国人。值得一提的是,这位历史学家不仅认为中国古代文化是美好的,而且认为在世界的未来中国古代文化将进一步作出积极的贡献。他发现中国传统文化遗产中蕴含着一种无与伦比的伟大力量,这就是中华民族的世界精神,它包括儒学世界观中的人道主义思想、道教顺其自然的道德观等。由此,汤因比甚至断言:"将来统一世界的,大概不是西欧国家,也不是西欧化的国家,而是中国。"②

事实上,西方世界对以儒、释(佛)、道三教合一的中国传统文化的称羡与向往绝不仅仅是个别思想家的个人兴趣之所在,而是有着内在的历史必然性的。我们知道,尽管在人类发展史上工业文明是在农业文明以后出现的,因此就总体而言工业文明要较农业文明进步;但是,工业文明本身也并非尽善尽美,而是自有其弊病和缺陷。特别是在今天的一些工业文明高度发达的国家里,这些弊病已日益凸显和充分地暴露出来。因此,西方的学者在展望和设计"后工业社会"的时候,往往针对这些弊病,情不自禁地会从"前工业社会"的农业文明、特别是以中国传统文化为主要代表形态的"东方文明"中去寻找智慧的启迪。

当今西方世界对中国传统文化的肯定,在人与自然的关系问题上,主要表现为对中国传统的天人合一、天人和谐精神的推崇;在个人与社会的关系问题上,主要表现为对中国传统道德中的重德、贵和思想的汲取;在人与自身的关系问题上,则主要表现为自觉、自在、自由心性的充实与尽心、知性、知天的理想人格的向往与追求。

就世界范围而论,人们几乎都同意这样一个看法:21世纪的时代主题无论是东方还是西方都毫无例外地是实现可持续发展的现代化。面对这一时代主题,在经历了种种曲折和迷误之后,理性的烛照终于使现代人发现,现代化的进程不仅是物质文明的高度发达,它还要有精神文化的相应建构。的确,当今世界物质文明的发达已充分表明人类征服和改造自然的能力的确非常了不起:当克诺地下隧道将亚洲大陆、美洲大陆连成世界上最长的"捷

① 参见周宁:《天朝遥远》(上卷),北京大学出版社2006年版,第171—177页。

② 汤因比、池田大作:《展望21世纪——汤因比与池田大作对话录》,荀春生等译,中国国际文化出版社1999年版,第295—296页。

径”；当世界上第一台比人发还细小的超微型电动机给人类带来“一个新的科技革命的开端”；当转基因、克隆技术甚至能改变生物遗传的自然规律；当互联网技术可以把世界变成一个休戚相关的“地球村”；当登月和探测火星成为现实、技术不断改进和完善的宇宙飞船可以使人类憧憬外太空的生活方式……这些都会使人类为自己主宰世界的能力感到由衷的骄傲。

但是，人类能像征服自然那样征服自我的心性吗？现代社会发展的种种迹象使我们对这个问题感到深深的忧虑。我们不得不承认，当今世界，无论是经济发达的西方，还是正在崛起的中国，社会生活都面临着过度物质化、功利化和外向化的问题。从全球范围来看，近代以来工业革命的发展和科学技术的进步为消费主义(consumerism)、享乐主义(hedonism)的兴起打下了坚实的物质基础。但是也正如法兰克福学派的马尔库塞批判的那样，每一个自我的占有欲无限膨胀的结果必然地导致了物对人的压迫、摧残与统治，自我无时无刻必须面对与其内在需要相对立的物质世界这一“异己的世界”。[①] 正因如此，对名车豪宅的过度追逐导致的身心疲惫、因财富梦的破灭而抑郁乃至跳楼，以及吸毒、酗酒、沉湎网络游戏而无法自拔等问题才会困扰着当今西方社会。

令人忧虑的是，这些问题也开始在现如今中国社会出现并有日渐严重的趋势。人的心性问题被忽视，精神上的需求得不到满足似乎已成为一个普遍的问题。我们的文化建设落后于经济建设，尤其是作为社会精神支柱的人生理想与信仰问题没有得到很好的解决，以致人们在物质生活不断改善的同时，精神世界却在可怕地荒芜。在单纯的物质财富的追求中，现代人的生活出现了一系列令人为之不安的情形：人们不再崇尚利他主义和献身精神；不再关注自身善良、同情、博爱的优美人性的塑造；不再相信正义、气节和勇敢；在工作中更多地计较实惠、报酬；在爱情追求中更多地注目于肉体与性的相互取悦；在与社会和他人的相处中唯我主义、自我中心主义不可思议地膨胀；等等。正如许多有识之士指出的那样，在当今社会，由于对物欲的过度追逐，对财富人生的过度推崇，人的心灵世界正滋长着极为可怕的冷漠感、荒谬感和无意义感。这是现代人的不幸和悲哀。要走出这种不幸和悲哀的困境，首先必须摆脱物的羁绊。我们应该清醒地意识到，物毕竟不构成人生的全部，甚至也不构成人生最主要的部分。人作为人的存在，还应有更高的内涵。这个内涵便是人类以智慧、德性和审美情趣为表现形式的文化存在。否则，我们在走向现代化的过程中必然会使人性跌入异化的泥潭。

正是从这个意义上我们认为，以注重心性长于伦理为自己基本特征的中国传统文化，无疑能为现代人走出自我心性的迷失提供多方面的理性启迪。我们亟须在倾听传统且仁且智的教诲中，开心智、明事理。这也可以说是中国传统文化在现时代依然具有现代意义的一个根本体现。也因此，我们坚信，有着几千年历史的中国传统文化在完成由古代向现代的转型过程中，必将以其特有的智慧，继续启迪和烛照人类文明与文化的创造，从而为21世纪中国和世界文明的进步与发展作出自己独特的贡献。

① 马尔库塞：《理性和革命——黑格尔和社会理论的兴起》，程志民译，重庆出版社1993年版，第31页。

第一章 中国古代的文学传统

古代文学是中国传统文化最重要的载体之一。自先秦儒家把“诗教”视为最主要的政治教化手段以来，文学创作一直以其“文以载道”[①]的社会功效而被历代统治者所倡导。正因如此，中国古代文学才在长达几千年的发展历程中，不断产生出“一代有一代之所胜”的文学作品，以及反映不同时代内容的琳琅满目的文学表现形式，在诗歌、散文、词赋、小说、戏曲等方面积累了极为丰厚的、令世界为之瞩目的文化遗产。

第一节 中国古代文学的发展历程

中国古代文学的源头已难详考，但我们从已出土的甲骨卜辞中即可读到颇有诗意的辞句。即便是从这一时期算起，中国古代文学的发展也有3000多年绵延不绝的发展历程。在这漫长的从未间断的发展历程中，中国古代文学不仅文学表现形式渐趋丰富多样，而且反映社会生活的深度和广度也不断进入新的境界。我们在这里对这一源远流长、灿烂多姿、高峰迭起的发展历程只能作一简单的概括。

一、中国古代文学的奠基

先秦时期是中国古代文学的奠基时代。这一时期出现的《诗经》与《楚辞》，既是中国古代文学的源头，也是中国文学创作手法上现实主义和浪漫主义的文学创作手法的开端。它对以后的中国文学产生了极为深远的影响。

《诗经》作为我国古代第一部诗歌总集，收录了西周初期至春秋中叶的诗歌创作共305

---

① “文以载道”中的“载”，即承载；“道”，即道理、道义。此语出自宋代理学家周敦颐：“文所以载道也。轮辕饰而人弗庸，徒饰也，况虚车乎。”(《通书·文辞》)其实，这一思想在先秦的《荀子》中即已被初步提出，刘勰在《文心雕龙》中设有《原道》篇，也表达了类似的思想。后来的韩愈在倡导古文运动时明确地提出了“文以明道”的口号。其基本含义是指文学作品应当成为道义的承载体。这是中国古代文学一个鲜明的文化性格。

詩經

詩經卷之三

鄭一之七 鄭邑名本在西都畿內咸林之地宣王以封其弟友爲采地後爲幽王司徒而死於犬戎之難是爲桓公其子武公掘突定平王於東都亦爲司徒又得虢檜之地乃徙其封而施舊號於新邑是爲新鄭咸林在今華州鄭縣新鄭即今之鄭州是也其封域山川詳見檜風

緇衣之宜兮敝予又改爲兮適子之館兮還予授子之粲兮 叶古玩反 賦也緇黑色緇衣卿大夫居私朝之服也宜稱改更適之館舍粲餐也或曰粲粟之精鑿者○舊說鄭桓公武公相繼爲周司徒善於其職周人愛之故作是詩言子之服緇衣也甚宜敝則我將爲子更爲之且將適子之館既

《诗经》书影

篇。从它所包含的内容来看，显然不是成于一人一时，而是经过无数人长期采编、整理而集成的。相传《诗经》最后由孔子审订编辑而成。《诗经》共有《风》《雅》《颂》三部分。《风》采自各诸侯国不同地区的民谣，《雅》是宫廷乐歌，《颂》则分别为周王室及春秋前期鲁国、宋国用于宗庙祭祀的乐歌。《诗经》中的 300 多首诗从各个不同的角度反映了当时五六百年间古代社会广阔的生活画卷。

《诗经》之后，中国古代诗歌在沉寂了 300 年左右的时间后终于出现了另一部里程碑式的作品——《楚辞》。如果说《诗经》是以写实手法反映丰富多样的社会生活的话，那么《楚辞》则是以浪漫主义的瑰丽想象抒发了作者的思想情感。《楚辞》的主要作者是伟大的爱国主义诗人屈原，后继者则有宋玉、贾谊等人。屈原的作品流传下来的大约有 20 余篇，其中以《离骚》《九章》《九歌》《天问》最为有名。屈原作品中的许多名言佳句如“路漫漫其修远兮，吾将上下而求索”“亦余心之所善兮，虽九死其犹未悔”，对后世的文学创作乃至如何做人都产生了极为深远的影响。屈原虽身处列强纷争、战祸不息的年代，但仍志行高洁，在其诗作中执着地表现了对美好理想的向往和追求。屈原在其作品中所运用的浪漫主义的借喻、象征和神奇的想象力更是成为后世文学创作的典范。

在从《诗经》到《楚辞》的几百年的发展期间，由于百家争鸣，诸子散文随着私人著述风气日盛也异彩迭呈。诸子散文虽追求的是说理、叙事的实用功效，但其中的艺术性如比兴手法的大量运用，叠句排比的巧妙铺陈，使先秦诸子散文中出现了许多实用文与美文糅合为一体的经典之作。先秦散文早期以《论语》《墨子》为代表，主要采用语录体形式，其主要特点是说理简洁，语言洗练，行文自然明快。后期诸子散文以《孟子》《庄子》《荀子》《韩非子》等为代表，这些著作已不再采用语录体，而是在长篇巨制中从容展现作者的思想内容与艺术风格。其中，《孟子》中的文章气势充沛，富有鼓动力和说服力；《庄子》中的文章则恣意瑰丽，充满着神奇的想象和浪漫的情怀，在先秦散文中独具个性风采；《荀子》中的文章则以议论见长，通过旁征博引来辩明事理；《韩非子》中的文章不仅峻峭犀利而且善于运用诸如“自相矛盾”“守株待兔”这样的寓言故事进行说理。这一切都标志着先秦散文创作已走向成熟。

除此之外，先秦的历史散文也达到了较高的成就。如果说早期的《尚书》《春秋》可视为历史散文之滥觞的话，那么，随着古人对历史认识的加深和写作技巧的提高，以《左传》、《国语》和《战国策》为代表，历史散文的创作在先秦已初步成型。

正是基于先秦时期在诗歌与散文方面的开创性成就，我们说先秦文学是我国古代文学史上光辉灿烂的第一页，它作为整个古代文学史的奠基时期为尔后的文学发展打下了坚实的基础。

二、中国古代文学的发展

如果说中国古代文学发展的先秦时期可称为以四言体的《诗经》、骚体的《楚辞》为代表的诗骚时期，那么自秦统一中国经汉代至唐中叶则可称之为诗赋时期，因为这一时期的主要文学成就正是汉赋与唐诗。

公元前 221 年秦王嬴政统一中国，掀开了中国历史新的一页。但秦至秦二世而亡，其统治时间短促，再加上文化专制主义盛行，所以在文学方面几无建树。汉王朝建立后，尤其是汉武帝即位后采取了一系列相对宽松的文化政策，文学创作获得了生机，开始出现了一种新的文学形式：汉赋。汉赋介于诗与散文之间，是一种铺张激扬的用韵散文。奠定汉赋在汉代文坛主导地位的代表性作家是司马相如，其代表作是《子虚赋》《上林赋》。司马相如之后的重要赋家则有扬雄、班固、张衡、蔡邕等人。在这些作家的作品中又可区分为西汉时歌功颂德、描写汉朝赫赫声威的大赋与东汉时以抒情比兴为主的小赋。值得指出的是，从歌功颂德的大赋到抒情小赋的转变，其文学价值无疑大大地提高了。因为大赋往往以铺叙颂扬为主，较少个性色彩，而小赋则多能反映个人的情感和艺术风格，故其文学特征更为鲜明。

当然，除了赋以外汉代的散文也有新的成就。这其中以司马迁的《史记》成就最高。《史记》以洋洋 52 万余言记载了自传说中的黄帝至汉武帝间长达 3000 年的历史，开创了纪传体史书和传记文学的范例，被鲁迅先生称为“史家之绝唱，无韵之《离骚》”(《汉文学史纲要》)。代表两汉诗歌新成就的是乐府民歌和五言诗。汉乐府的名篇如《孔雀东南飞》甚至长达 1700 余字，是我国古代第一部长篇叙事诗。两汉的五言古诗则下启魏晋三曹及建安七子的诗歌创作。陶渊明的田园诗创作不仅是五言诗发展在魏晋南北朝时期的最高成就，而且为古典诗歌开辟了一个新领域。正是从他开始，田园诗不断得到发展，至唐代甚至形成了田园山水诗派。我们也是从这个意义上说，陶渊明的诗作是唐诗横空出世之前古代诗歌创作的一座丰碑。

中国古代文学发展至唐代进入了一个新的高峰时期，其主要标志是“唐诗气象”的出现。这一时期的诗歌发展几乎可以说达到了空前绝后的繁荣局面。唐代诗歌的这种繁荣局面的出现既是国力强盛、经济发达的民族自信心在文学创作中的反映，也得益于当时统治者实行儒、释(佛)、道三教并存的文化开放政策。这一时期除了李白、杜甫两位伟大的诗人外其他成就卓然的诗家也如群星灿烂,异彩纷呈。比如,作为唐诗气象孕育于斯的初唐时期就有王勃为代表的“初唐四杰”,他们努力开拓诗的新题材和新气象,创作了大量刚健清新、感情质朴的诗篇。陈子昂及其诗作《登幽州台歌》的出现则标志着唐诗勃兴时代的来临。

李白像

真正代表盛唐时期之唐诗气象的是李白和杜甫。李白作为盛唐文化精神哺育出来的我国古代继屈原之后最伟大的浪漫主义诗人,他生活的时期几乎与盛唐时期相伴始终。作为浪漫主义诗人,他不仅有着博大的胸襟和不羁的性格,而且有着纵横驰骋的非凡想象力。正是这种创作个性使他的诗作有一种吞云吐雾、排山倒海的气势和艺术感染力。比如《蜀道难》《将进酒》《赠孟浩然》《梦游天姥吟留别》等都是这样脍炙人口的名篇。杜甫在称赞李白的诗作时曾有这样的感叹:“笔落惊风雨,诗成泣鬼神。”(《寄李太白二十韵》)李白诗作中的这种无比神奇而浪漫的艺术风格,的确把唐诗发展带入了一个几乎令后人难以企及的高峰。

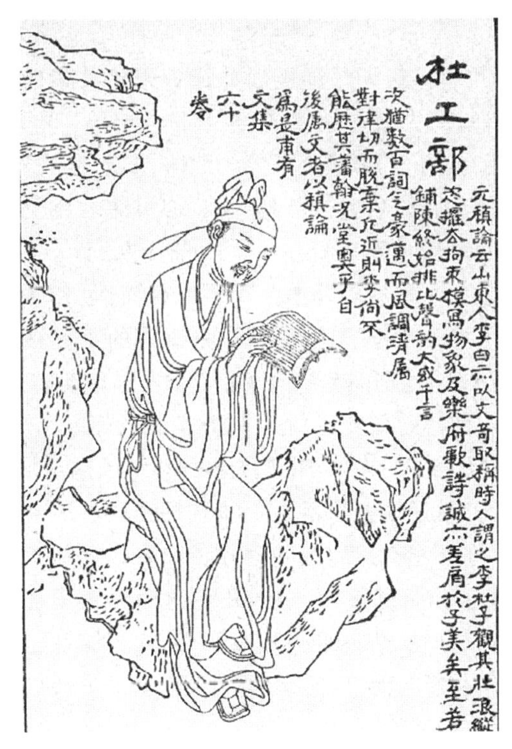

杜甫像

稍后于李白的杜甫则在现实主义的表现手法方面为唐诗发展建立了另一座丰碑。杜甫生活在唐中叶由盛向衰的转变时期,公元755年爆发的安史之乱是这一转变的关键性事件。杜甫经历了开元盛世,也亲历了安史之乱前后那万方多难的动乱岁月。他曾长期生活在社会生活的底层,这就使他有可能深刻地描绘出那个苦难时代的生活画卷并由此而登上古代现实主义诗歌创作的高峰。作为伟大的现实主义诗人,杜甫的诗不仅具有丰富的社会内容、鲜明的时代色彩和强烈的民本思想,而且充溢着爱国主义和不惜自我牺牲的崇高精神。因此可以说,自唐以来,他的诗就被誉为“诗史”。他的名篇比如《兵车行》《丽人行》《北征》《春望》以及“三吏”“三别”等都堪称诗史之作。杜甫诗作中的一些名句如“朱门酒肉臭,路有冻死骨”(《自京赴奉先咏怀五百字》)已成为那个时代的一种深刻写照。韩愈在论及李白和杜甫时不由地这样感叹道:“李杜文章在,光焰万丈长。”(《调张籍》)由此,我们可以肯定地说,如果没有李白和杜甫,就没有中国文学史上气韵非凡的唐诗气象。

当然,为盛唐时期的唐诗气象添光增彩的诗人还有很多,比如孟浩然、王维、高适、岑参、王昌龄、王之涣、元稹、韦应物、李益等。他们或以山水田园、或以边塞风光为题材,留下了极多的名篇佳作。倡导"新乐府运动"的现实主义诗人白居易则是唐代诗人中创作最丰富的诗人。他不仅留下了像《长恨歌》《琵琶行》那样的名作,而且由于语言的平易近人,他的诗曾广泛流传于社会各阶层乃至国外。中唐后期,以韩愈、孟郊、柳宗元、刘禹锡、李贺等人的诗歌创作为代表,出现了艺术风格多样、流派纷呈的全面繁荣景象。这无疑是这一时期唐诗气象缤纷璀璨的又一佐证。

这一时期值得一提的还有同是诗人的韩愈、柳宗元倡导的古文运动。韩愈、柳宗元在反对六朝以来流行已久的只重形式华丽之骈文的同时,竭力主张继承先秦散文的优秀传统。韩愈、柳宗元身体力行留下了像《师说》《永州八记》那样的传世佳作,极大地丰富了中国古代文学史的宝库。

三、中国古代文学的全面繁荣

从中国文学发展的内在逻辑而言,唐中叶至整个元代可称之为词曲与话本小说时期。这是中国古代文学进一步向精细化和多样化发展的时期。词原本是一种新诗体。像中唐时期的李白、韦应物、白居易、刘禹锡等人都曾填过词。[①] 五代时的南唐则出现了一个文学成就颇高的词人皇帝:李煜。他的作品如《虞美人》《浪淘沙》等堪称我国古代文学发展中早期词作的精品佳作。

进入宋代后,我国古代的词创作开始了其发展的鼎盛时期。词也因此成为宋代文学的主要标志,被称为宋词。仅《全宋词》所载,这一时期的词人就多达 1330 余家,词作约 20000 余首。这一时期的词家可谓群星璀璨,词坛出现了百花争艳的繁荣景象。北宋前期,晏殊、欧阳修、晏几道等致力于小令词的创作,形成宋词的婉约派风格。此时的宋词多有雍容闲雅的富贵气。宋词发展至柳永开始有革新,他对宋词的革新主要表现在:一方面把词从士大夫的小圈子里解放出来,开始面向市民生活;另一方面他一改宋初以小令为主的局面,创作了大量长调慢词,融叙事、写景和抒情为一体。再加上柳永在创作中特别注重语言的平实浅显,富有平民气息,从而流传极广,甚至达到"凡有井水饮处,即能歌柳词"(叶梦得:《避暑录话》卷下)的程度。比如他对清秋的描写"杨柳岸,晓风残月"(《雨霖铃》),他对杭州美景的概括"三秋桂子,十里荷花"(《望海潮》)等佳句无一不透出他借景寓情、平俗当中见大雅的艺术风格。

最能代表宋词成就的是苏轼。作为宋词大家的苏轼继柳永之后进一步拓展了词的表现题材,把艺术的笔触伸向更为广阔的社会现实生活和个人丰富的内心世界。在艺术上他大胆突破声律的束缚,自由挥洒,令人耳目一新;在内容上他也不拘一格,几乎达到无意不可入、无事不可言的程度。在苏轼的词中除通常的写景、抒情之外,还可以见到怀古、记游甚至谈理说禅之作。也因此,我们可以发现,苏轼的词作内容广博,风格多样,比如《江城子》《水

① 也有一些学者认为,像李白的《菩萨蛮》《忆秦娥》等作品系北宋年间文人伪托。但是,更多的学者倾向于认为,李白、白居易等唐代诗人填词创作是可能的,其流传下来的那些作品应是可信的。这不仅是因为诗与词本身就不可分,更因为一种文学表现形式绝不可能骤然出现,它本身往往表现为一个从零星出现到普遍流行的发展过程。

龙吟》笔法细腻，柔情婉转；《念奴娇》《水调歌头》则高歌入云，豪迈奔放。尤其是他的代表作《念奴娇·赤壁怀古》写江山人物，贯通古今，意境雄浑，开宋词豪放之风气，在“大江东去”的吟唱中把宋词的意境大大地提高和拓展了。

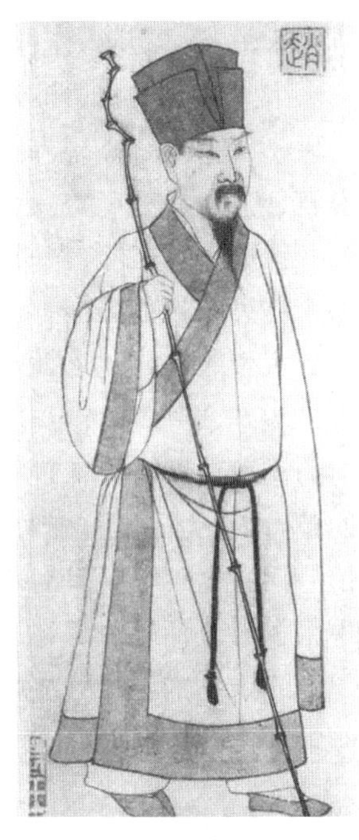
赵孟頫《东坡小像》(元)

在柳永与苏轼之后，秦观、黄庭坚、周邦彦等人也各以自己的创作成就共同创造了北宋词坛风格各异、色彩缤纷的繁荣局面。这其中的秦观，虽为苏轼的学生，但其词风却与苏轼迥异，在《鹊桥仙》等代表作品中流露出深沉而浓郁的柔婉情调。集北宋婉约词之大成的周邦彦，虽沿袭了柳永词的婉约风格，但由于他精通音律，善于把握章法结构的变化，从而使自己的作品显得特别行云流水，精美晓畅。因此，周邦彦的词标志着宋词艺术从内容到形式的完全成熟。

词作为宋代的代表文学形式在南宋时期依然有长足的发展。公元 1127 年遭遇“靖康之变”的宋皇室南渡，赵构在杭州建立南宋王朝。宋词的发展也进入了一个新的时期。在南北宋之交出现了我国古代最伟大的女词人李清照。她的词意境深远，感情宛曲，语言清新，尤其是避乱江南后的词作如《声声慢》等更是具有动人心魄的艺术感染力。正如在李清照的词中看到的那样，由于南宋初期的词人大都经历过惨痛的“靖康之变”，因而在他们的词作中往往能较多地反映出当时动荡的社会生活。这一时期的著名词人有张元幹、张孝祥、朱敦儒等人，他们上承苏轼词壮怀激烈的风格，下启辛弃疾雄奇阔大的词风。

南宋最伟大的爱国主义词人当推辛弃疾。他生逢南宋王朝的衰落之际，虽有出将入相、抗金报国之才却备受朝廷苟安政策的羁绊而壮志难酬。于是，在他的词作中处处可感受到郁愤深积的爱国情怀。在艺术风格上他继承了苏轼词的风格并发展得更为雄奇豪迈。他驾驭语言的功力极深，尤其善于将经史了集之语融丁词作中，使宋词的艺术表现手法得到新的突破。他的词作风格多样，《破阵子》《永遇乐》《南乡子》等壮怀激烈的豪迈之作虽是其词作的主要风格，但《摸鱼儿》的缠绵幽怨、《清平乐》的清新诙谐、《西江月》的奇崛淡雅等也反映了他词作风格的多样化。尤其如“众里寻他千百度，蓦然回首，那人却在，灯火阑珊处”(《青玉案·元夕》)的词句，更是展示了他词作中含蓄委婉的一面。特别值得一提的是，虽然辛弃疾与苏轼并称为宋代豪放派词家的代表，但他的题材显得更广泛，其思想感情也更激越，艺术表现手法也更丰富多彩。正是从这个意义上我们可以说，宋词的豪放风格至辛弃疾时已完全趋向成熟。

宋代除了词的巨大成就外，其他文学成就也不容忽视。宋诗的成就虽不及唐诗，但在思想内容和艺术表现手法方面也颇有特色，后人曾有“唐诗主情，宋诗主理”(杨慎《升庵诗话》)一说。北宋诗坛成就最高的是苏轼和黄庭坚。苏轼一生坎坷，屡遭贬谪，但在他的诗中却洋溢着乐观旷达的情怀，在杭州为官时还留下过“欲把西湖比西子，淡妆浓抹总相宜”(《饮湖上初晴后雨》)的千古佳句。与苏轼同时的黄庭坚则致力于诗歌艺术的革新，开创了以说理见长的江西诗派。南宋诗人中陆游成就最高，“中原北望气如山”(《书愤》)的爱国精神是陆游诗的永恒基调，其诗作慷慨激昂，铿锵雄浑。

宋代的散文则由欧阳修倡导的革新运动而勃兴。他的《醉翁亭记》等名篇一改前人奇涩之风，以富于情韵、平易畅达的艺术表现手法融理于情之中。在欧阳修的倡导和提携下，王安石、曾巩、"三苏"等一大批奇才俊杰为中国文学史留下了极多的散文名篇。

元灭宋后，随着城市经济的进一步繁荣，又迎来了中国文学史上通俗文学的大发展时期。经过长期的酝酿，元杂剧以它丰富的思想性和独特的艺术风格开辟了中国古代戏曲文学的黄金时代。也因此，元曲成为元代文学的代表性文学形式。在元代可考据的杂剧剧目就达600余种，流传至今的也多达150余种。元杂剧带有浓厚的民间意识和市民文化色彩，它的艺术成就主要体现在民间质朴的语言风格与文人俊美的文笔相结合，既明白如话，妇孺能解，又极为清新流畅，意境隽永。事实上，元杂剧中的精彩唱词，往往就是一首首优美的抒情诗词。这可以说是对中国古典诗词的抒情传统的直接继承和发展。也因此，我们可以说中国古典戏曲是属于诗剧的类型。

元杂剧的主要代表性作家有关汉卿、王实甫、马致远等人。作为元杂剧的奠基人和剧坛领袖，关汉卿创作的剧作题材广泛，艺术表现手法独特。关汉卿共创作了杂剧60余种，其中《窦娥冤》《救风尘》《拜月亭》《单刀会》等均是他的代表作。他善于将现实主义精神和理想主义色彩融为一体，使作品雅俗共赏。比如在《窦娥冤》中关汉卿通过一个普通妇女蒙冤屈死，使天地变异六月飞雪的悲剧故事，生动展现了当时底层的社会生活，表现了作者心系百姓疾苦，疾恶如仇，渴望公平正义的浪漫主义情怀，使作品极具思想性和艺术震撼力。王实甫的《西厢记》通过对贵族女子崔莺莺和书生张君瑞的爱情曲折与磨难的描写，揭露了封建礼教的罪恶，热情歌颂了青年男女冲破礼教勇敢追求自由生活的抗争精神。作品不仅情节曲折，结构严谨，心理刻画细致入微，而且语言运用生动华丽，从而使全剧充溢着诗意的境界。《西厢记》也因此成为元杂剧中一颗璀璨夺目的明珠。马致远的剧作则多描写文人或失意或隐逸的生活情趣，常用借古寓今的手法来表现自己的思想和情感。他的作品深得当时知识阶层的喜好。如《汉宫秋》写的是王昭君出塞的故事，马致远在故事中不落"红颜薄命"的窠臼，突出汉元帝对昭君的真爱和昭君的爱国爱民情怀，不仅主题深刻，而且曲词优美。正是鉴于

中国邮政发行的关汉卿纪念邮票

《汉宫秋》在艺术上的这一成就，后人甚至将其誉为“元杂剧的冠军”之作。

除了以上代表性作家的作品外，元杂剧的佳篇名作还有白朴的《梧桐雨》《墙头马上》，杨显之的《潇湘雨》，纪君祥的《赵氏孤儿》，康进之的《李逵负荆》，高文秀的《黑旋风双献功》，石君宝的《秋胡戏妻》，李好古的《张生煮海》，尚仲贤的《柳毅传书》等，可谓琳琅满目，美不胜收。

作为元代之代表性文学形式的元曲除了元杂剧（亦称剧曲）外，还有一种配合流行曲调清唱的抒情诗体，称为散曲。散曲有小令和套数两种，小令为单支曲子，而套数则是由两支及以上属同一宫调依次联缀而成的曲子。元散曲具有浓厚的通俗文学色彩，其内容十分广泛，可以讥世、叹世，也可以写隐逸、闺怨、失意之情，还可以写男欢女爱中的离情别绪。世俗生活的一切在散曲中几乎无不涉及。可见，元曲中散曲的出现无疑给当时诗坛注入了清新的空气。元代前期的散曲创作以关汉卿和马致远为代表。关汉卿的散曲细腻真切且用语平俗，能唱能诵。马致远的散曲在元代作家中不仅数量众多，而且题材极其广泛，在艺术风格上则追求诗词意境，文采斐然。其代表作《天净沙·秋思》堪称其艺术风格的集中体现：“枯藤老树昏鸦，小桥流水人家。古道西风瘦马。夕阳西下，断肠人在天涯。”寥寥数语却营造了浓浓的诗画意境。王国维称其“深得唐人绝句妙景”（《人间词话》）。后人也因此称马致远为“秋思之祖”。

元代后期著名的散曲作家有张可久、乔吉、张养浩等人。张可久创作并流传于世的小令有 751 首，套数 7 套，是元代散曲作家中作品留存数量最多的作家。他的散曲一改前期的俗文学本色而趋于雅正典丽，风格则透出恬静清秀。乔吉的散曲风格与张可久相近，但不刻意求工，遣词造句常有出奇制胜之处。张养浩的散曲作品风格与张可久、乔吉迥然相异，具有比较强烈的思想性和对现实社会的批判性。比如他在《山坡羊·潼关怀古》中就这样写道：“望西都，意踌躇，伤心秦汉经行处，宫阙万间都做了土。兴，百姓苦；亡，百姓苦。”这种通过对历史兴亡的吟唱来关注黎民百姓疾苦的民主思想在元曲作品中显然是不多见的。

与成就斐然的杂剧、散曲相比，元代的诗文创作相对衰落，基本上没有出现可圈可点的杰出作家及经典之作。这也可以说是元代文学发展比之于宋代的一个欠缺与遗憾之处。

四、中国古代文学的总结

中国古代文学发展史中的明清时期也可称为小说和传奇时期。这是中国古代文学进入反省和总结的时期。明代进入了中国封建社会的晚期，封建统治者实行着高度的中央集权，在思想文化领域里也采取了严厉的控制政策。尽管如此，由于城市经济的发展和市民意识的觉醒，特别是后来不断出现的资本主义经济的萌芽，这一切都为明代文学创作提供了新的环境因素，尤其是适应市民生活情趣的通俗文学如小说、传奇、戏曲等得以长足的发展。

明代的长篇章回小说就是在这样的文化背景下诞生的。长篇章回小说的开山之作是明初罗贯中所撰的《三国演义》。罗贯中的《三国演义》是在民间传说和艺人话本的基础上，以史料为核心，将虚构与写实相糅合创作而成，被后世称为旷古奇书。该书构思严谨，脉络清晰，情节曲折，通过对众多历史人物和历史事件的生动描写，再现了三国历史的宏大场面。小说共涉及 400 多个人物，主要人物如诸葛亮、刘备、关羽、张飞、曹操等都刻画得极有个性，其中诸葛亮的智谋、刘备的仁义、关羽的忠义、张飞的鲁莽、曹操的奸诈等甚至已成为古典乃至现代小说特定的典型性格的象征。明代长篇章回小说的另一巨著是施耐庵的《水浒传》。这是古典小说中第一部以农民起义为题材的小说。与《三国演义》相似,《水浒传》这部小说也源于民间流传的话本,施耐庵在此基础上给予了艺术的加工创造。小说通过一个个相对独立又环环相扣的故事,全景式地描绘了以宋江为首的农民起义的发生、发展和失败的全过程,并突出了"官逼民反"的进步主题。特别值得推崇的是,小说在主人公语言个性化方面的探索与《三国演义》相比已有了极大的进步。

明中叶以后,作为明清文学特有形式的长篇章回小说创作达到了高潮。这一时期的小说题材广泛,在讲史小说、神怪小说、世情小说、公案小说方面均有佳作问世。其中留传至今的有60多部。这些作品中,对中国古代及现代文学史产生较大影响的是吴承恩的《西游记》与作者已难以详考的《金瓶梅》。吴承恩在民间传说的基础上把唐初玄奘赴西方天竺取经的故事以神话的形式表现出来,创作了中国文学史上神怪小说的经典之作——《西游记》。《西游记》以人神合一的孙悟空出世、学道与大闹天宫为开篇,以唐玄奘师徒四人赴西方取经途中历九九八十一难的艰辛为线索,情节离奇曲折,充满了浪漫主义色彩。《金瓶梅》是明代由文人独立创作的第一部长篇小说,其作者署名为兰陵笑笑生,而真正的作者究竟是谁已经无法考证。《金瓶梅》承袭了宋元话本关注市井风情的传统,不以英雄为描写对象,只以西门庆、潘金莲、李瓶儿、春梅等市井人物为主人公;小说也不借助历史传说和神话传统,而是以细腻的艺术创作手法通过对日常生活场景和人物言行的描绘,为我们深刻地展示出晚明社会一幅幅生动的生活画卷。

明代的小说除了长篇章回体小说外,短篇小说的创作也成就不凡。这一时期短篇小说的主要形式是拟话本。这是一种由文人创作的模拟民间话本的短篇小说。著名的拟话本小说集有冯梦龙的《喻世明言》、《警世通言》和《醒世恒言》;凌濛初的《初刻拍案惊奇》和《二刻拍案惊奇》,文学史上合称"三言""二拍"。在这些短篇小说中,作者的艺术笔触几乎涉及明代社会生活的所有方面,其中对商人、手工业者及妓女生活和心态的描写显得特别的精彩和深刻。这些作品中的一些故事比如《杜十娘怒沉百宝箱》《卖油郎独占花魁》《乔太守乱点鸳鸯谱》等至今仍是一些地方戏曲演出的保留剧目。

明代文学的另一代表性和标志性文学形式是传奇。从明代初期开始,在戏曲领域中,明传奇便开始取代元杂剧的主导地位。到了明代后期,传奇创作更是高潮迭起。这其中独领风骚的是汤显祖。作为明代最杰出的剧作家,汤显祖留下了以《牡丹亭》为代表的"临川四梦"。《牡丹亭》作为古代戏曲史上的浪漫主义杰作,通过杜丽娘与柳梦梅生死离合的爱情波折描写,体现了反对封建礼教、追求爱情自由和个性解放的时代精神。全剧细腻的人物心理描写,瑰丽奇妙的艺术境界营造以及优美华丽的曲词,使得《牡丹亭》成为代表明传奇最高成就的剧目。这一时期著名的传奇作品还有周朝俊的《红梅记》、高濂的《玉簪记》、李开先的《宝剑记》、梁辰鱼的《浣纱记》等。

公元1644年,明亡清兴。清代的小说和传奇既秉承了明代的风格又有了进一步的提高,特别是这一时期的小说与明代相比其思想性和艺术性都达到了新的高度,其中的代表作有蒲松龄的《聊斋志异》、吴敬梓的《儒林外史》和曹雪芹的《红楼梦》。

蒲松龄创作的《聊斋志异》是一部文言短篇小说集。这部小说继承了六朝志怪小说和唐宋传奇小说的艺术风格,通过对众多花妖狐怪的离奇描写来抨击时弊,歌颂人间真情。其中的名篇如《促织》《崂山道士》《画皮》等寓意深远，颇有警策意义。《聊斋志异》中的人物形象鲜明，情节发展曲折多变，语言典雅极富感染力，实属古典短篇小说的纯熟之作。吴敬梓的《儒林外史》则可视为古代文学史上第一部文人述怀讽喻之作。小说以入木三分的笔调刻画了一群面目各异的知识分子形象，把批判讽刺的矛头直指八股取士的考试制度以及被这个制度所腐蚀的知识分子的虚伪和堕落。《儒林外史》也因此而成为我国古代文学史上少有的讽刺杰作。它对晚清谴责小说的出现产生了直接的影响。

就在《儒林外史》问世不久，代表着古典小说艺术高峰的长篇巨著《红楼梦》诞生了。作者曹雪芹在这部皇皇巨著中通过对贾、史、王、薛四大家族盛衰过程的描写，以贾宝玉、林黛玉的爱情悲剧为中心，深刻揭示了封建社会由盛世走向衰落的必然性。在艺术手法上，曹雪芹摆脱了传统的以离奇情节取胜的羁绊，代之以日常生活的细微而精深的描写，从而使全书引人入胜、意蕴隽永。甚至小说中借主人公之手而写的大量诗词歌赋也极富情趣与哲理，具有极高的艺术欣赏价值。《红楼梦》问世后以其深刻的思想性和艺术魅力征服了一代又一代的读者，甚至因此而诞生了专门的学问——“红学”。可见，在中国古代文学史上，《红楼梦》的确是一座高耸入云的丰碑。

孙温《红楼梦》插图（清）

清代传奇也有值得一提的创作成就。这其中堪称杰作的有洪昇的《长生殿》与孔尚任的《桃花扇》。洪昇积十余年之功数易其稿创作的《长生殿》，叙述了唐明皇与杨贵妃这一流传已久的爱情悲剧。在这部传奇中，作者一方面注入了新的思想内涵，另一方面在艺术表现手法上追求情节的宛曲动人和唱词的诗意抒情。此剧问世后，备受时人和后人的推崇。孔尚任的《桃花扇》则“借离别之情，写兴亡之感”（《桃花扇・开场》）。全剧通过主人公侯方域与李香君的爱情故事，深刻地展现了南明王朝兴亡的历史，达到了历史真实与艺术真实的交融统一。

但是，清代传奇在经历了“南洪北孔”的创作高潮之后，便日益衰落了。而与此形成鲜明对照的是，乾隆以后中国古代戏曲又出现了京剧与地方戏百花争艳的局面。这意味着中国古典戏曲开始了向近代戏曲的转变。

作为中国古代文学的总结时期，清代文学成就除了小说和传奇外，在诗、词、散文、骈文等方面虽未能超过前代，但也是名家迭出，流派众多。在诗歌创作方面颇具特色，既有清初遗民诗人黄宗羲、顾炎武、王夫之的悲壮沉郁之作，也有郑燮、袁枚的直抒性情之作；在词作方面不仅有“阳羡词派”“浙西词派”“常州词派”各领风骚，也有诸如纳兰性德那样在小令创作中自成一家的词人出现；在散文创作方面不仅有清初侯方域等人为代表的“国初三大家”的作品问世，而且还有“桐城派”“阳湖派”等著名散文流派以清丽雅正为创作宗旨的创作活动；在骈文方面亦有复兴之势，著名的作家如陈维崧、袁枚等人创作的骈文既得古韵又有新意。由此我们有理由说，清代对中国古代文学的总结不仅是深刻的而且是全面的。

第节 中国古代文学的文化性格与基本特色

中国古代文学深深植根于中国传统文化的丰沃土壤之中，形成了自己悠久的历史、丰富的内涵、独特的风格。与此同时，中国古代文学又成为中华民族整体文化精神形象而具体的展示。我们可以说，中国古代文学是中国传统文化的感性显现，它是我们了解和学习中国传统文化的一个重要途径。

一、中国古代文学的文化性格

中国古代文学作为中国传统文化博大体系中的一个重要组成部分，既反映了中国传统文化共性、普遍性的一面，也有着自己特殊的充满个性的文化性格。因而，我们如果要进一步了解和把握中国传统文化的内在精神，就必须深入分析和概括中国古代文学的基本文化性格。我们认为，中国古代文学在自己绵延数千年的发展历程中，形成了如下一些最基本的文化性格。

其一，中国古代文学是诗化的文学。如果要用简洁的语言来概括中国古代文学最显著的文化性格，那么“诗化”这两个字是非常恰当的。中国古代文学的诗化性格表现为在文学发展的历史长河中，诗歌始终是主流文学。中国诗歌发展的历史源远流长，如果从《诗经》算起已有3000余年的历史。从《诗经》《楚辞》以来的中国古代文学史，出现了浩如繁星的优秀诗人和名篇杰作，而且这种以诗歌为主流的传统一直没有中断过。特别是唐诗宋词，更是中国古代文学史上无法逾越的两座高峰。当时的文坛诗人辈出，佳作更是美不胜收。清代康熙年间编纂的《全唐诗》所录诗人就有2200多位，诗作共48900多首。至于宋词，仅唐圭璋所编的《全宋词》就收录了词人1300余家，词作20000多首。《全唐诗》《全宋词》所录的显然还远非唐诗宋词的全部。由此，我们可以感受到唐诗宋词在那个时代是何等的繁荣气象。纵观整个文学史，诗歌创作在古代中国不仅历史悠久、作品浩繁，而且达到了后人无法企及的艺术高峰。相比之下，中国的小说、戏剧则是很晚才汇入到古代文学发展的长河之中的。

中国古代文学的诗化性格还表现为古代文学的其他形式都内在地具有一种诗化的追

求。这种诗化追求在小说、戏剧中表现得尤为明显。从小说的发展历程来看，唐代以前虽已有小说的雏形，但因为只是粗放的“街谈巷语”，故不被世人所重视。到了诗歌高度发达的唐代，小说创作受到了诗歌艺术的滋养，开始有了自觉的独立的艺术追求。唐代传奇小说不仅内容和意境深受唐诗影响，而且许多作者本人就是诗人。所以，后人在唐传奇小说的代表作品比如《长恨歌传》《莺莺传》《柳毅传》《霍小玉传》中，都能感受到浓郁的诗意。宋元以后的长篇章回小说和短篇话本小说更是深受诗的影响，一些话本本身又称“诗话”或“词话”。即便是那些文人创作的长篇章回小说，其借助诗词艺术之处也是不胜枚举。这些章回小说不仅起首篇末有诗有词，而且正文之中更是穿插了许多的诗词。这些诗词有的本身就极具文学鉴赏价值，比如《红楼梦》中的诗词艺术在后世的“红学”研究中甚至形成了专门对其进行研究的学派。

中国古代戏剧的发展更是有着显而易见的诗化倾向。中国古代戏剧作为一种诗剧，离开了优美的唱词是无法想象的。无论是在元杂剧还是明清传奇中都可以发现戏的剧情往往非常简单，其引人入胜之处主要是优美雅致的唱词。在古代戏剧的代表性作品如《牡丹亭》中，女主人公杜丽娘唱的“良辰美景奈何天，赏心乐事谁家院”(《牡丹亭·惊梦》)之类充满诗意的唱词数不胜数。正如中国文学史家袁行霈先生指出的那样：“关汉卿、王实甫、白朴、马致远、高明、汤显祖、洪昇、孔尚任等大剧作家，哪一位不是才华横溢的诗人？《窦娥冤》《西厢记》《梧桐雨》《汉宫秋》《琵琶记》《牡丹亭》《长生殿》《桃花扇》等著名的剧作，哪一部不是华美的诗篇？”①

原來姹紫嫣紅開遍、似這般
都付與斷井頹垣。良辰美景
奈何天。便賞心樂事誰家院
朝飛暮卷、云霞翠軒。雨絲
風片、煙波畫船。錦屏人忒
看的這韶光賤。

汤显祖《牡丹亭》书影

事实上，中国文学的这一诗化性格，是中国古代社会生活中诗歌之重要地位的必然反映。在中国古代，诗歌与社会生活的联系可以说是极为密切的。比如在古代祭神时要唱诗，朋友宴饮或离别时要赠诗，青年男女表示爱慕之情也要以诗歌传情，外出游历至名胜古迹或名山大川往往更要题诗留念。在古代中国，甚至科举考试也要命题作诗，许多知识分子也正是以诗名而得以踏上治国安邦之仕途的。可见，我们说中国古代是诗的国度并不为过。在这样的背景下，中国古代文学形成诗化的文化性格也就十分自然的了。

其二，中国古代文学还是注重理趣的文学。与西方自古希腊开始的古典文学长于具体形象和典型性格塑造不同，中国古代文学则比较注重对哲理情趣的追求，其作品多深受儒、释(佛)、道三家思想的渗透。自先秦的儒家“诗教”开始，中国古代文学一直与中国古代的哲学、伦理道德思想相互渗透，使文学浸润在或儒，或佛，或道，或兼而有之的理性之中，形成了注重理趣的文化性格。

① 袁行霈：《中国文学概论》，高等教育出版社1990年版，第12—13页。

古代文学注重理趣的文化性格首先体现在儒家“诗教”思想对文学发展的深厚影响上。“诗教”一说最初源自《礼记·经解》篇：“孔子曰：入其国，其教可知也。其为人也温柔敦厚，《诗》教也。”可见，在儒家看来，诗的教化作用在于能通过诗的温柔敦厚的创作原则而达到政治教化的作用。温柔敦厚作为一个基本的文学创作原则，所追求的显然是文学理趣意味而不是形象塑造。儒家倡导的这种“诗教”思想后来发展为宋明时期“文以载道”的文学道德观，这就更是把文学的理趣追求视为文学创作的基本原则。

古代文学注重理趣还体现在佛家思想对文学创作的渗透与影响上，这其中禅宗对中国古代文学的影响最为明显。禅宗作为佛教中国化的一个重要流派，自唐代以后在中国古代的士大夫中产生了广泛的影响，它不仅影响了士大夫的日常生活、思维方式，也影响了他们的艺术趣味。也因此，我们很容易在唐诗气象中找到禅宗思想的印迹。唐诗中有许多诗作融禅意于笔墨之间，透出浓浓的禅味。比如著名诗人王维，不仅本人信奉禅宗，而且其作品中所表现出来的淡、空、寂这三种境界正是禅宗所追求的意境：禅以无念为宗，对人生采取淡化的处世态度，淡至极致就是空明，空明则无欲无执无求无念，这便是寂的境界。王维的山水诗所致力营造的，往往是那种身心两忘的禅境，如他的《鹿砦》诗：“空山不见人，但闻人语响。返景入深林，复照青苔上。”此诗虽处处只是写景，但却字字透出禅机。禅对中国古代诗歌的浸润还表现在禅的静思妙悟的修行方法，对古代诗歌乃至散文、小说、戏剧创作的启发上。比如《沧浪诗话》的作者严羽就认为诗歌创作中“妙悟”是第一位的，“学力”是第二位的，用他的话说就是“大抵禅道惟在妙悟，诗道亦在妙悟”。禅宗的机理对中国文学的影响并非仅在诗歌方面。我们在《红楼梦》等其他文学作品中都能深切地感受到佛家理趣对中国古代文学的广泛渗透和深刻影响。

中国古代文学形成注重理趣的文化性格，也还因其深受道家自然主义思想的影响。在道家看来，“人法地，地法天，天法道，道法自然”(《老子》二十五章)。这就是说，万事万物的生灭变化，都有其终极的原因，即自然。因此，自然是宇宙天地的基本规律，也是人必须遵循的最高原则。也因此，道家自先秦的老庄开始就反对执着人为，主张清静无为之道。道家思想对文学的影响，具体表现在文学创作中，就是追求返璞归真，追求自然美的审美情趣。比如东晋诗人陶渊明的创作活动，其核心就是“返归自然”。他在自己的田园诗作中处处流露了“久在樊笼里，复得返自然”(《归园田居·其一》)的欣喜快慰之情；他的诗作充满了如“采菊东篱下，悠然见南山”(《饮酒·其五》)那样的自然美。而且，陶渊明的诗作中体现出来的不饰辞藻、不追求奇特意境的自然主义风格，对中国文学的发展产生了深远的影响。唐代浪漫主义诗人李白则更是深受道家“法自然”思想的影响，在其作品中不仅充溢着自然主义的理趣，而且他本人也是道家思想的虔诚信奉者。他的艺术风格正如他在诗中所写的那样“清水出芙蓉，天然去雕饰”(《经乱离后天恩流夜郎忆旧游书怀赠江夏韦太守良宰》)。自李白之后，推崇自然主义理趣的代不乏人。所以，司空图在《诗品》中专对“自然”列一品目，进行了专论。宋代的欧阳修、苏轼等大家也都对文学中的清新自然风格推崇备至。明代的李贽主张“童心说”，他所言的“以童心作文”即是以自然纯真之心写作的意思。明代文人袁宏道提倡“真趣说”也是主张以自然为师的，用他的话说就是“夫趣，得之自然者深，得之学问者浅”(《叙陈正甫会心集》)。

可见，中国古代文学注重理趣的文化性格，是在儒、释(佛)、道三教合一的中国传统文化熏陶下逐渐形成的。了解和把握中国古代文学的这一文化性格，对于我们深入地把握中国传统文化的基本精神无疑是十分必要的。

其三，中国古代文学也还特别强调意境的营造。与西方古典文学注重塑造离奇的情节和人物性格的冲突不同，中国古代文学特别注重对意境的渲染和营造。意境作为作家的主观情趣与客观物象相互交融而形成的可令读者沉浸于其中的想象世界，常常是中国古代作家在创作活动过程中所刻意追求的。而且，意境的高下往往成为作品成功与否的一种重要标准。

在中国古代文学作品中，作家们对意境的营造大致可以分为两类：一类是圣贤意境（或称德性意境）；另一类是审美意境。就作家对圣贤意境的营造来说，从屈原的《楚辞》开始就有这样的传统。这种意境营造表现为一种对德性和品行的关照和体味。而且，这种关照和体味通过比兴的手法往往被渲染成一种超凡脱俗、澄明心性的道德修养境界。比如，后人可以在屈原的《离骚》"路漫漫其修远兮，吾将上下而求索"的喟叹中感受到作者追求理想的执着精神和他人格的刚正高洁；在《庄子》散文对鲲鹏展翅逍遥自在的诗意描绘中感受到摆脱物欲羁绊、淡泊功名而拥有的德性充实；在杜甫的诗句"水流心不竞，云在意俱迟"（《江亭》）中感受到守静居敬带给生命的一份美好感受。中国古代文学对这种圣贤意境的营造在咏物感怀的作品中几乎随处可见。这种圣贤意境的营造往往借物寓意，从咏物中感受到作者带给我们的德性意境。比如陆游的《卜算子・咏梅》。作者在这首词中借咏梅而喻示了自我人格中刚正孤傲、决不同流合污的可贵品性，词中最后两句"零落成泥碾作尘，只有香如故"，更是把德性意境的营造推向了至纯至洁至高的境地。

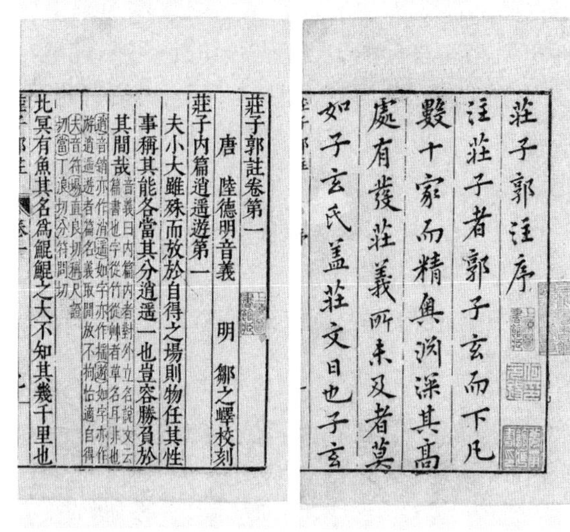
莊子郭注序

注莊子者郭子玄而下凡數十家而精奥淵深其高處有發莊義所未及者莫如子玄氏蓋莊文日也子玄

莊子郭註卷第一

唐　陸德明音義　明　郗之嶧校刻

莊子內篇逍遥遊第一

夫小大雖殊而放於自得之場則物任其性事稱其能各當其分逍遥一也豈容勝負於其間哉

北冥有魚其名爲鯤鯤之大不知其幾千里也

《庄子》书影

中国古代文学对意境营造的另一类型是审美意境。这种意境几乎是所有诗歌创作所追求的目标。在中国古代的诗歌中也处处可见。如在王维的"大漠孤烟直，长河落日圆"（《使至塞上》）诗句中，一个"直"字和一个"圆"字就为我们勾勒了一幅边塞风情的动人画面；在韦应物的诗句"春潮带雨晚来急，野渡无人舟自横"（《滁州西涧》）中，则以对比手法让我们处于一种悠然自在的情景之中；在冯延巳的词句"风乍起，吹皱一池春水"（《谒金门》）中，更是以看似不经意的风吹池水的场景描写把我们带入了一种欲说还休的无边冥想之中。至于诗人贾岛改"僧推月下门"为"僧敲月下门"（《题李凝幽居》）的典故，[①]更是形象地诠释了诗歌创作

① 据《苕溪渔隐丛话》记载，贾岛写好此诗后，对其中"僧推月下门"一句感到不满意，欲将"推"易为"敲"，即"僧敲月下门"。贾岛骑驴行路时仍在想着此事，一边念叨，一边比画，不知不觉间，他骑的驴子闯进了京兆尹（即京城行政长官）韩愈的出行队伍中间。扰乱京官出行，这可是要被问罪的。韩愈在了解情况后，不仅未责怪贾岛，还帮贾岛一块分析。韩愈认为"僧敲月下门"更好，敲门声在月光下响起别有韵味。这也即是"推敲"一词的来历。

中意境营造的重要审美价值。在这里，诗人通过一个“敲”字把月夜下空寂无声的寺庙蓦然传来一两声敲门声的意境渲染得特别恬静与空灵。

除了诗歌创作中注重意境的追求外，中国古代文学中的其他形式如散文、骈文、戏剧、小说等也都非常注重意境的营造。就散文、骈文而论，不仅那些抒情写景的散文比如王勃的《滕王阁序》、柳宗元的《永州八记》、苏轼的《赤壁赋》等有着浓郁的诗的意境，即便是先秦诸子散文也能让我们领略意境之美。比如在《论语·子罕》篇中有这样一段简洁的记载：“子在川上，曰：‘逝者如斯夫！不舍昼夜。’”这里虽只有寥寥数语，但却把一位哲人面对着川流不息的江河感慨人生岁月如流水的意境勾画得极其生动。至于中国古代戏剧对审美意境的营造更是高度自觉的。元杂剧中的许多唱词就极善于通过描摹景物，而烘托出一种极为优美的审美意境。比如王实甫《西厢记》“长亭送别”一折里的曲子：“碧云天，黄花地，西风紧，北雁南飞。晓来谁染霜林醉？总是离人泪。”这段唱词所营造的表现有情人离情别绪的伤感意境显得极为优雅。同样，中国古代小说对意境的营造也是高度自觉的。在中国古典长篇小说的代表作《红楼梦》中，曹雪芹对意境的营造可谓匠心独运，甚至那亦真亦幻的太虚幻境也都成为小说意境渲染的一个重要组成部分。正因为中国古代文学注重对意境的着意营造，所以，我们在鉴赏古典诗词、散文、戏剧、小说时只有进入它的意境，才可能真正领略它的道德、审美旨趣。

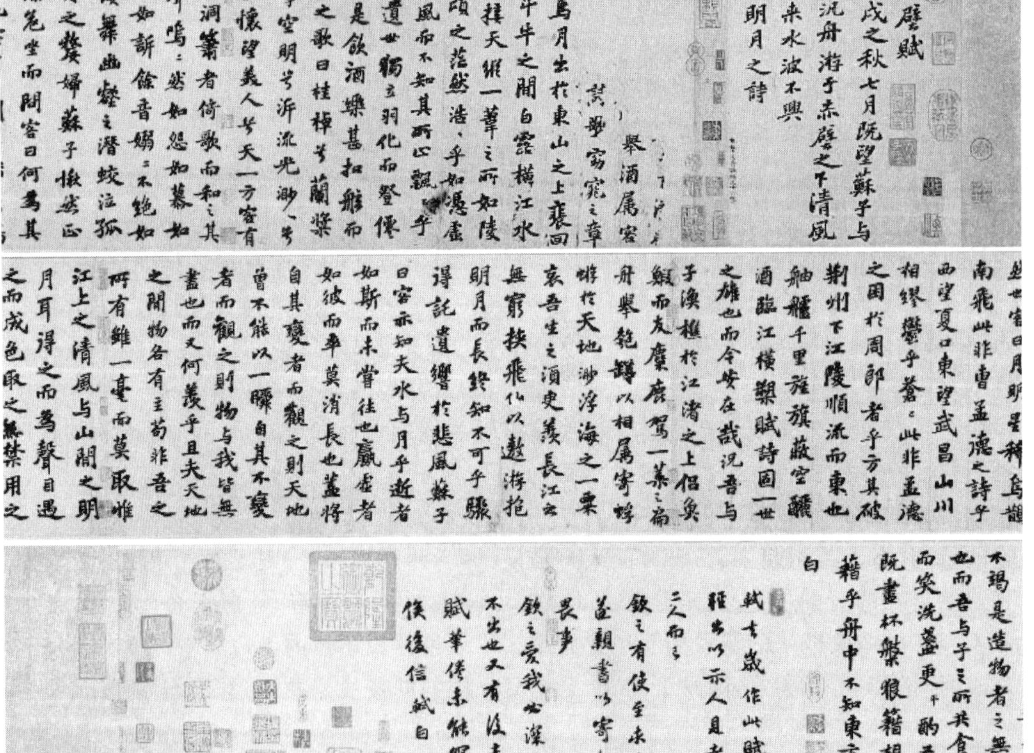

苏轼《赤壁赋帖》(北宋)

二、中国古代文学的基本特色

中国古代文学因其特有的文化性格，而走上了一条与西方古代文学同中见异的艺术道路，形成了自己独特的艺术风格和艺术形态。了解和把握中国古代文学的这些基本特色，不仅有助于我们进一步理解中国古代文学的文化性格，而且对于我们学习、鉴赏和体悟中国传统文学也是大有裨益的。由于中国古代文学遗产不仅内容上卷帙浩繁，而且在表现方式上也有宫廷文学、士林文学、市井文学、乡村文学等林立的派别，所以要罗列其中所有的特色几乎是不可能的，我们在这里只能就其要者概述如次。

其一，言志的人文气息。中国古代文学的主流是诗歌。在看待诗的社会功效问题上早在先秦的典籍《尚书·虞书》中便有"诗言志"之说。孔子、荀子等更是从不同的角度对这一"言志"思想作了发挥，从而形成了颇具中国特色的"诗教"理论。儒家的诗教学说自汉代统治者"罢黜百家，独尊儒术"以后，几乎成为整个古代文学创作的道统并绵延数千年。在这种成为道统的文学观看来，诗文所要表现的绝不是"文"而是"人"。亦即是说，作诗为文所表现的绝不仅仅是诗文本身而是诗文背后所承载的情志、德性等人文精神。儒家这一基本的文学观用韩愈在倡导古文运动时的口号来概括就是"文以明道"。

儒家的诗教说对中国古代文学的影响主要在于形成了重言志、重德性、重人文精神追求的中国文学特色。在这种诗教理论的规范下，古代作家们的文学创作总是和道德教化甚至治国安邦之道联系起来。这就如孔子在教诲他的学生时所说的那样："小子何莫学夫诗？诗，可以兴，可以观，可以群，可以怨。迩之事父，远之事君。"(《论语·阳货》)也正因为《诗经》所具有这种"事父事君"的道德伦理功能，所以孔子的诗教理论中又特别强调"思无邪""归于正"(《论语·为政》)的立场。

中国古代文学的这一注重言志的人文精神不仅表现在诗歌方面，也广泛渗透于古代文学的其他领域。比如在散文创作方面，有以韩愈为首、韩门弟子积极参与的古文运动。这一运动反对当时流行的内容空洞却饰之于骈词俪句的文学创作风气，主张向先秦注重人文、寄性寓志的文学创作传统的复归。以韩愈、柳宗元为代表的古文运动的作家们在"文以明道"的创作思想指导下，把道统与文学合二为一，留下了不少思想深刻且颇有艺术价值的作品。比如韩愈在他的《杂说四》中以"千里马常有，而伯乐不常有"为主题的议论，在一定程度上触及了埋没人才的封建制度的腐败现实；在他的《师说》中则打破了封建社会传统的师道观，提出了"无贵无贱，无长无少"，人人都可以为师的观点；在他的《送李愿归盘谷序》中甚至对当时洋洋自得的士大夫的官场丑态作了无情的讽刺和揭露；即便在他的叙事散文如《张中丞传后序》中也恪守着"文以明道"的创作原则，通过对文中主人公之历史功勋的追记，抒发了疾恶如仇、精忠报国的英雄主义情怀。全文语句激昂、义正词严，成为古代叙事散文的精品之作。至于同为古文运动倡导者的柳宗元不仅一生的文学创作极其丰富，而且也同样以注重言志的人文精神为创作的指导思想和审美旨趣。这种注重言志的风格不仅体现在他的政论性散文中，甚至也体现在他的一些山水游记中。特别值得一提的是他在贬官永州以后采取以寓言言志的形式，创作了大量讽刺社会时弊的散文小品。比如他写《临江之麋》：麋因得主人宠爱，家中的犬畏惧主人自然不敢吃它。可三年之后，麋离开了主人公外出，终于被外犬所食杀。此文尖锐地讽刺了那些依仗权贵而得意忘形的小人。他写《黔之驴》则是对另一类外强中干的小人的嘲讽。他说这些人就如黔之驴“形之庞也类有德，声之宏也类有能”，其实却是无德无能。柳宗元的这些寓言小品因语言锋利简洁、风格严峻深沉而在古代文学发展史上享有很高的地位。

中国古代文学的这一注重言志、强调道德与文章统一的传统不仅影响到古代几乎所有文学样式的创作，而且从时间上讲一直延续至五四新文化运动才终止。就这一传统的积极之处而言，是它构成了中国古代文学的人文道德性格，从而对黎民百姓起到教化德性、陶冶性情的作用；但它也有消极的一面，这就是极易因道德教化的立场而扼杀文学的灵性，从而降低或削弱了一些作品的文学艺术价值。

其二，乐观的人生态度。这是中国古代文学又一基本的特色。古代文学的这一乐观精神的文化根源在于深受传统哲学“天人合一”思想的影响。在这种世界观的影响下，作家们在作品中往往把人与自然、人与他人及人与自身的关系描写成一种亲密融合的关系，很少像古希腊文学那样表现一种人的自由意志与自然、命运、与社会整体的对立和抗争。由此，中国古代文学几乎没有古希腊文学所特有的那种以悲壮的毁灭为结局的英雄史诗和悲剧艺术，在中国古代文学中我们见到的通常是知天乐命的达观态度。这一传统从孔子主张的安贫乐道开始一直延续和贯穿了整个中国古代文学史。甚至在《红楼梦》这样伟大的现实主义作品中，在经历了诸如宝黛的爱情悲剧之后，我们在小说的结尾也看到的却是“兰桂齐芳”的大团圆结局。虽说这未必是原作者曹雪芹的初衷，但续作如此安排，也颇迎合了当时读者的审美心理。

中国古代文学所具有的这一乐观的人生态度可以说广泛地渗透于所有的文学样式之中，其中以古典戏剧尤为明显。在乐观精神的浸润和熏陶下，中国古代戏剧总有一个大团圆的结局。比如，一桩冤案最终总会以某种方式得到昭雪；一对有情人的生死离别总在重逢和喜庆后才落幕；公子的不幸落难也总是以状元及第来结束不堪回首的艰辛人生；如此等等。也正是在这种乐观精神的影响下，一些在最初流传时是以悲剧结束的故事，也在戏剧改编时渐渐演变成喜剧的大团圆。比如在民间传说及元稹的小说《莺莺传》中，是以崔莺莺终被抛弃为结局的，但在王实甫的《西厢记》里却被改编成大团圆的喜剧结尾。即使古代最伟大的戏剧家关汉卿的剧作也无一不浸透着乐观主义的精神。他的作品描写的往往是一些弱者和被侮辱者，而且正义的力量与邪恶的势力相比也总是显得极为单薄。但作家却总能在结尾处安排出正义战胜邪恶的大团圆结局。比如在透着浓郁悲剧色彩的《窦娥冤》里，窦娥虽然蒙冤被杀，但窦娥还是以自己的冤魂成功地为自己复了仇。对于中国古代戏剧的这一乐观精神，王国维曾这样说过，“善人必令其终，而恶人必遭其罚，此亦吾国戏剧小说之特征也”。[1]王国维并且认为这是中华民族作为知天乐命的民族在文学作品中的必然体现。

乐观的人生态度在中国古代的诗歌中也有充分的流露。自《诗经》《楚辞》以来，诗歌中固然一直有写“愁”写“怨”的传统，但这种描写却总是基于对人生的肯定和生命的热爱。在古代的诗人中有积极入世的诗人，也有主张出世归隐的诗人，但却没有悲观厌世的诗人。这其中，积极入世的诗人及其作品中凸现的固然是知天乐命、刚健有为的精神，但主张出世归隐的诗人及其诗作也同样充满着乐观的情绪，这种乐观情绪往往表现为对大自然的热爱，对

① 舒芜等选编：《中国近代文论选》，人民文学出版社1980年版，第48页。

田园生活的热爱，对清贫却自在的日常生活的热爱。所以，在陶渊明的诗作中既能读到“晨兴理荒秽，带月荷锄归”（《归园田居·其三》）的优雅闲适；也能读到“纵浪大化中，不喜亦不惧”（《形影神诗三首·神释》）的平和心境；甚至还能读到“刑天舞干戚，猛志固常在”（《读山海经·其十》）这样充满豪情壮志的诗句。显然，这里所流露的恰恰是一种与厌世相反的积极乐观的人生态度。

在古代小说里这种乐观精神也几乎无处不在。我们甚至可以发现，整个中国文学史从来没有产生像古希腊式的典型意义上的悲剧文学作品，随处可以读到的都是以大团圆为结尾的文学作品。比如唐代传奇小说的代表作《李娃传》、宋代话本小说的代表作《冯玉梅团圆》，明代拟话本“三言”“二拍”中的《玉堂春落难逢夫》《卖油郎独占花魁》《宋小官团圆破毡笠》《金玉奴棒打薄情郎》《灌园叟晚逢仙女》《宣徽院仕女秋千会》等都写的是深受百姓喜爱的大团圆结局。即便在蒲松龄的《聊斋志异》、曹雪芹的《红楼梦》中我们也都能读到充满乐观精神的情节描绘与结尾时的达观意境渲染。

中国古代文学所透露出的这种乐观主义精神，无疑有其积极的意义，因为它使我们从中感受到积极刚健的人生意蕴，并产生对人生、对生活的一种热爱之情。这种乐观豁达的人生态度，通过文学作品的熏陶与渲染，从而使我们在生活中相信生命逆境的极点就是顺境之开始的人生辩证法。这种人生态度对于“不如意常八九”的艰难人生而言不仅是必要的，而且也是极其可贵的。当然，这种乐观的人生态度一旦成为文学创作的一种模式，那么这不仅会使一些文学作品沦为廉价的自我安慰工具，而且在它熏陶下的国民性格往往会缺乏一种敢于抗争、敢于牺牲的悲剧性格。鲁迅甚至认为这种团圆主义乃是国民性弱点的一种表现，它只会导致遮掩缺陷和粉饰现实的自欺欺人，“中国人的不敢正视各方面，用瞒和骗，造出奇妙的逃路来，而自以为正路。在这路上，就证明着国民性的怯弱、懒惰而又巧滑”（《论睁了眼看》）。就中国古代文学的乐观主义倾向所带来的消极影响而言，鲁迅的批评无疑又是尖锐而深刻的。

其三，尚善的理想主义情怀。中国古代文学一直有着一种尚善的理想主义追求。在西方文学发展史上，以柏拉图、亚里士多德为代表的西方文学传统主张文学以摹仿为基本原则。这个原则的核心是求真，它所推崇的是以真为美。但是，在中国古代文学发展中却遵循以善为上的原则，这个原则的核心是尚善，它所推崇的文学创作理念是以善为美。这一尚善的文学创作原则也是儒家诗教理论的一个重要内容和基本的创作原则。据《论语》记载，孔子在评价《韶》乐时就说：“尽美矣，又尽善也”；在评价《武》乐时却批评道：“尽美矣，未尽善也。”（《论语·八佾》）可见，在孔子看来文学艺术仅仅追求美是不够的，应当达到尽善与尽美的统一。孔子之后，这一尚善和以善为美的文学观深深地影响了中国古代文学史的发展，它不仅使中国古代文学作品中充溢着尚善的理想主义情怀，而且其本身也往往成为评价一部作品的成就的最高评判标准。

中国古代文学的这种尚善精神体现在具体的文学创作中，就表现为一种推崇道德力量，讲求人格操行之高尚的理想主义。比如在伟大的诗人屈原那里，我们就能深切感受到这种以尚善为核心的理想主义和高尚人格的美。诗人一生为了自己挚爱的祖国，坚持不懈地追求进步理想，上下求索“虽九死其犹未悔”，不怕孤立、不怕迫害，表现出伟大的人格力量。当看见那些小人把祖国引上“幽昧”“险隘”的危途，他不顾一切地大声疾呼，“岂余身之惮殃兮？恐皇舆之败绩”。后人在屈原的《离骚》作品中既能感到诗人执着于美好政治理想的不懈追

求，又能体会到诗人追求中那种“宁溘死以流亡”的人格力量。正因如此，屈原成为中国古代文学家中最早的理想主义践行者。

从屈原开始的尚善精神，在中国文学史上可以说一直绵延不绝。唐代大诗人李白就充满着尚善的理想主义情怀，他借大鹏抒发其远大的志向：“大鹏一日同风起，扶摇直上九万里。”(《上李邕》)而他的这个理想又是超越了狭隘私利的：“松柏本孤直，难为桃李颜。”(《古风三十二首》)宋代大诗人陆游在自己的诗作中也充溢着尚善的理想主义情怀：“平生万里心，执戈王前驱。战死士所有，耻复守妻孥！”(《夜读兵书》)“僵卧孤村不自哀，尚思为国戍轮台。”(《十一月四日风雨大作》)在这些充满英雄主义气概的诗篇里，无不闪耀着因尚善而壮美的激情。元代杂剧大家关汉卿的剧作也充满着尚善的理性主义情怀。在他的剧作中无论是取材于现实生活还是取材于历史传说，都有着热情讴歌被压迫人民的斗争，揭露社会黑暗的尚善主题。明代施耐庵、罗贯中、吴承恩等人在长篇章回小说的创作中也无不体现出他们的尚善情怀。吴承恩的《西游记》中孙悟空的形象，可谓作者尚善的理想主义情怀的典型人物表现。在清代最伟大的作家曹雪芹的《红楼梦》中同样蕴含着尚善的理想主义传统。《红楼梦》不再以“洞房花烛、金榜题名”为小说描写的主题，而是通过贾宝玉、林黛玉、薛宝钗等贵族青年的爱情悲剧的展示，深刻揭露了封建专制的腐朽与罪恶，热情讴歌了对真善美新生活的朦胧理想，从而使这部作品具有了震撼心灵的艺术感染力。

陈洪绶《屈子行吟图》(明)

中国古代文学这一尚善的理想主义情怀，就其“尚善”的文化特性而言主要是由古代文学“文以载道”的文学道统观衍生而出的。以儒家诗教为代表的这一文化传统非常强调道德人格与诗文的内在统一性，也由此而形成了中国古代“铁肩担道义，妙手著文章”的文化传统。尚善的德性态度体现于作家的文学创作中又进一步形成了一种理想主义的情怀，这一情怀具体表现为追求进步的社会理想和坚守高尚的人格情操。也因此，“追求进步理想，坚守高尚人格，是中国文学最可贵的一个特点”。[①]

其四，含蓄写意的美学风格。含蓄写意作为中国古代文学的基本美学特色，在中国古代第一部系统的文论著作《文心雕龙》中就已被自觉地探讨了。刘勰在《文心雕龙》的《隐秀》篇中曾这样写道：“夫隐之为体，义生文外，秘响傍通，伏采潜发，譬爻象之变互体，川渎之韫珠玉也。”[②]刘勰在这里描述了含蓄(“隐”)的基本特征：像隐秘的声音从旁传来，像潜在的彩色暗中闪耀，像卦中的爻象变化，像川流蕴含着珍珠美玉。可见，含蓄的表现手法是以隐喻、以借代的语言去启发读者想象、体会、发现作品中的隽永旨趣和优美意境。以唐代诗论家司空

① 袁行霈：《中国文学概论》，高等教育出版社1990年版，第19页。

② 刘勰：《文心雕龙》，人民文学出版社1978年版，第633页。

图的话来说，含蓄就是“味外之旨”、“韵外之致”、“象外之象”和“景外之景”。他认为含蓄的艺术手法往往使读者在阅读文学作品中能体悟到“不著一字，尽得风流”(《诗品》)之韵味。

追求含蓄的艺术表现手法，也就派生了中国古代文学不重写实而重写意的另一个美学特征。用清代文论家叶燮的话来说就是：“妙在含蓄无垠，思致微渺，其寄托在可言不可言之间，其指归在可解不可解之会，言在此而意在彼，泯端倪而离形象，绝议论而穷思维，引人于冥漠恍惚之境，所以为至也。”(《原诗》)可见，重含蓄，重言外之意，追求言有尽而意无穷，构成中国古代文学自觉追求的又一基本审美特征。这也就决定了“中国古代文学追求的艺术境界不是真实而是空灵，不是形似而是神似”。[①]

中国古代文学含蓄写意的美学风格大量地体现在诗歌创作中。在读唐代诗人柳宗元的诗“千山鸟飞绝，万径人踪灭；孤舟蓑笠翁，独钓寒江雪”(《江雪》)时，便有一种言近意远、韵味无穷的感觉。诗人在这里没有正面写雪如何铺天盖地地下，而是借“鸟飞绝”与“人踪灭”两处描述，因小见大，使人感觉到漫天飞舞的江天雪景。这一景致的陪衬与烘托使得那种孤傲独立的人格情趣跃然于字里行间。类似于柳宗元《江雪》诗中的这种含蓄写意的表现手法，在古代的诗作中几乎随处可见。比如在我国古代最早的诗歌总集《诗经》中就有“昔我往矣，杨柳依依；今我来思，雨雪霏霏”(《小雅》)这样含蓄抒情而极富感染力的诗句。即使在以叙事见长的乐府诗中，也可见到这种含蓄写意的描述，比如《孔雀东南飞》中在诗的末段，就有用松柏梧桐交枝接叶，鸳鸯相向朝夕和鸣来含蓄地象征主人公爱情的优美。魏晋南北朝最杰出的诗人陶渊明可以说是唐诗崛起前在诗歌的含蓄写意方面成就最卓著的诗家。他在诸如“采菊东篱下，悠然见南山”(《饮酒》)、“蔼蔼堂前林，中夏贮清荫”(《和郭主簿·其一》)、“人生似幻化，终当归空无”(《归园田居·其四》)等诗句中，以平淡自然的语言勾勒出一个意境悠远、宁静安逸的艺术世界，使人沉醉不已。

朱端《寒江独钓图》(明)

中国古代文学这一含蓄写意的美学风格在唐诗中更是表现得淋漓尽致、登峰造极。比如，王勃有“况属高风晚，山山黄叶飞”(《山中》)；陈子昂有“迟迟白日晚，袅袅秋风生；岁华尽摇落，芳意竟何成?”(《感遇三十八首·其二》)；孟浩然有“春眠不觉晓，处处闻啼鸟；夜来风雨声，花落知多少?”(《春晓》)；王维有“空山不见人，但闻人语响”(《鹿砦》)，“林深人不知，明月来相照”(《竹里馆》)；王昌龄的边塞诗有“秦时明月汉时关，万里长征人未还”(《出塞》)，“烽火城西百尺楼，黄昏独坐海风秋”(《从军行》)；王之涣《凉州词》中有“羌笛何须怨杨柳，春风不度玉门关”(《凉州词》)；如此等等。在这些诗作中，我们都可深切地感受到诗人们以奇妙无比的含蓄写

① 张岱年、方克立主编：《中国文化概论》(修订版)，北京师范大学出版社2004年版，第176页。

意手法，把我们带入或优雅、或悲凉、或空灵的艺术情境之中。

唐代是中国诗歌创作的高峰期，而在唐代最伟大的浪漫主义诗人李白和最伟大的现实主义诗人杜甫的诗中，我们更是无处不感受到这一美学风格的自然流露。比如李白在他的名篇《蜀道难》中借“青泥何盘盘，百步九折萦岩峦”“又闻子规啼夜月，愁空山”等自然景观的描述，含蓄委婉地展示了他对人生与世道的感叹。即使在他意气风发的诗作里，也多有含蓄写意的如“两岸猿声啼不住”（《早发白帝城》）、“桃花潭水深千尺”（《赠汪伦》）这样的句子。作为杰出的现实主义诗人，杜甫一生忧国忧民，在他的叙事诗中，我们可以看到，杜甫极善于用一些细微的具体的动作含蓄地表达自己大悲大喜的内心情感。如《闻官军收河南河北》中的“漫卷诗书”，如《春望》中的“感时花溅泪”等的细节描写就属此类。他也善于以景寄情，甚至是通过纯粹的景色描写来含蓄地表露自己的丰富情感，如《登慈恩寺塔》诗中“秦川忽破碎，泾渭不可求；俯视但一气，焉能辨皇州”几句，便是借景致的描述而寄寓自己一腔的忧国忧民之心。

中国古代文学这一含蓄写意的美学风格也体现在戏剧小说中。戏剧在西方历来是以写实为主的，但中国古典戏剧往往强调写意，即注重表现作家对现实生活的洞悉和感受。元杂剧就典型地反映了这一写意重于写实的美学风格。明代戏剧理论家王骥德曾因此总结说：“剧戏之道，出之贵实，而用之贵虚。”（《曲律》）近代学者王国维也称元杂剧作家是“但摹写其胸中之感想，写时代之情状”（《宋元戏曲考》）。中国古代的小说也同样有着这种含蓄写意的风格，比如吴敬梓的《儒林外史》，鲁迅先生就说它“婉而多讽”（《中国小说史略》），这个“婉”就是含蓄的意思。的确，我们读《儒林外史》时最大的感受就是作者的讽刺手法是极为婉转含蓄的，作者的褒贬往往不是直抒己见而是寄寓在诸如范进守孝时吃大虾圆子，范进中举后喜极而狂等具体细节的描写之中，读来令人折服不已。同样，中国古典小说的代表作《红楼梦》也极具含蓄之美。曹雪芹对封建社会的揭露与批判，往往是非常含蓄地在一系列日常生活的描写中展示出来。所以有学者曾这样评价道：“我们读这部作品的时候，常常感到作者是把中国诗歌传统的比兴手法、象征手法运用到小说创作中来了。它有诗的委婉，诗的含蓄，这最接近中国的诗，最能代表中国文学的特色。”[①]

中国古代文学这一含蓄写意的文化特色显然与传统文化倡导的中庸之道精神有关。在儒家“温柔敦厚”的诗教传统下，文学创作中所表现出来的中庸之道，其基本精神正如孔子在论及《诗经》时所说的那样“乐而不淫，哀而不伤”（《论语・八佾》）。由此，中庸平和的儒家思想决定着中国古代文学在整体上呈现出含蓄写意的美学风格，即主张在文学作品中要有节制地宣泄情感，以“怨而不怒”“婉而多讽”的方式来批判现实。也正是因为这样一个原因，我们可以发现，中国古代文学在小说、戏剧、散文创作中很少以剑拔弩张的方式来表达狂喜或狂怒的内心情感，而多追求含蓄委婉、中和节制的表现风格；在诗歌创作中虽也不乏深挚动人的情感渲染，但却从未达到西方诗歌那种“酒神”式的迷狂程度，而是以一种简约、平和、朴实的手法追求意境的隽永深沉。如果说文学作品是社会生活和现实人生的一面镜子，那么，我们在中国古代文学作品的含蓄写意的美学风格中看到的正是中华民族平和、含蓄、偏重理性的文化性格。

① 袁行霈：《中国文学概论》，高等教育出版社1990年版，第25页。

第三节 中国古代文学的现代意义

中国古代文学在几千年的历史发展中取得了辉煌的成就。我们有世界文学史上最早的诗歌总集《诗经》,更有着独创的骈文、格律诗词和以抒情为主的诗化戏剧——剧曲。即便在小说戏剧创作方面,也有引以为豪的成就,特别是古代小说、戏剧创作在世界文学发展史上是较早进入成熟阶段的。[①] 更为重要的是,中国古代文学无论在诗歌、散文,还是在戏曲小说创作中都为我们留下了卷帙浩繁、灿若星辰的名篇佳作。作为中国传统文化宝库中丰厚而珍贵的遗产,中国古代文学具有永久的魅力。我们结合中国传统文学的基本文化精神,对中国古代文学的现代意义做一尝试性的发掘。

一、中国古代文学思想内容和艺术手法的鉴赏

对中国古代文学的鉴赏显然是我们讨论其现代意义的前提条件。"鉴赏"这个词在古代的原初含义是指赏识、赏玩之意,今天我们使用"鉴赏"这个词则是意指通过对文学作品的阅读理解,从中汲取对现实生活有用的营养成分这样一个能动过程。在此过程中,我们不仅有一个对古代文学作品进行了解和学习的"赏"的过程,而且还有一个对自我人生实践的"鉴"的反思过程。这是一个阅读、思考和践行相统一的过程。

对中国古代文学作品的鉴赏大致上可以从两个方面进行:其一是通过对古代文学作品中蕴含的深刻的思想内容(比如爱国主义、理想主义的情怀以及人本主义、德性主义的优良传统等)的解读,从中获得对自我人生的有益启迪与教诲;其二是通过对古代文学作品中艺术风格与表现手法(比如比兴、寄托、写意的手法,审美意境的营造等)的领略,体验文学艺术带给我们的审美情趣。在中国古代文学作品的鉴赏过程中,如下的思想内容无疑特别值得我们汲取。

其一是中国古代文学作品中伟大的爱国主义情怀。在我国古代文学中,爱国主义是一个永恒的主题,为历代的文学家所珍重。比如,"封建诸侯各世其位,欲使亲民如子、爱国如家"(荀悦:《汉纪·惠帝纪》);"爱国忧民有古风,米盐亲省尚嫌慵"(曾巩:《和酬赵宫保致政言怀·之二》);"位卑未敢忘忧国,事定犹须待阖棺"(陆游:《病起书怀》);"保天下者,匹夫之贱,与有责焉"(顾炎武:《日知录》卷十三);"爱国心难尽,忧时色每形"(汪懋麟:《奉送益都公致政归里》);如此等等。这里流露的眷眷爱国之情、忧国之心无疑让后人为之动容和折服。

此外,在我国古代有许多优秀的文学家、诗人,他们用自己的作品和诗篇描绘了祖国河山的壮美,人民的勤劳勇敢,歌颂了那些抗击异族侵略或反对民族分裂、为国家的自由独立而献身的英雄,表达了他们对于祖国人民,对于自己民族光荣历史的挚爱,以及对于美好未来的追求。这些作品以其蕴蓄深厚的激烈情感,足以唤起我们对于祖国的一种高尚的热爱

① 我国的唐宋传奇小说比西方最早的短篇小说作家薄伽丘和乔叟的作品要早5个世纪;关汉卿、王实甫的戏剧创作比莎士比亚也要早3个世纪。

之心。比如屈原的《离骚》，李白、杜甫的诗篇，陆游、辛弃疾、李清照、文天祥等人充满爱国主义精神的诗词，孔尚任的历史剧《桃花扇》……都是永远激励人心，能够向后人进行爱国主义教育的优秀作品。

这其中尤其是屈原的《离骚》，堪称爱国主义的杰作。诗人通过强烈的抒情和奇丽的想象，表现了他眷念祖国、热爱人民的崇高情怀和"虽九死其犹未悔"的执着精神，使诗篇迸发出一种异常灿烂的光彩。唐代大诗人李白、杜甫的许多不朽的诗篇，与屈原的作品一脉相承，也充溢着强烈的爱国精神。李白青年时代就怀有为国效力的远大理想。他曾出蜀远游，谋求实现自己理想的机会和途径。安史之乱发生后，他为国分忧，即使处于"不得开心颜"（《梦游天姥吟留别》）的心境，仍随时准备投笔从戎，报效祖国。杜甫诗篇里所表现的爱国精神，则更为执着深沉。杜甫在其"三吏三别"中，批判统治者昏聩误国的同时，为了实现"安得广厦千万间，大庇天下寒士俱欢颜"的理想，宁肯自己遭受"吾庐独破受冻死亦足"（《茅屋为秋风所破歌》）的苦难，表现了一种可贵的为国为民愿将生命奉献的高尚情操。

宋代的诗人继承了屈、李、杜的爱国主义传统美德，并在作品中加以发扬光大。南宋时代，北疆广大地区沦亡，只剩下半壁江山。当时国中群情激愤、义军蜂起，可南宋统治者却大多昏庸无能，妒贤嫉能，偏安江南。正是在国破家亡、社会急剧动荡的这一历史背景下，许多诗人悲愤交加，写下了大量感人肺腑的诗词。这些诗词有的揭露统治者国难当头，醉生梦死的丑行（如林升的《题临安邸》）；有的发泄自己报国无门的苦衷（如辛弃疾的《破阵子·醉里挑灯看剑》）；有的反映了战乱区人民的悲苦生活（如民歌《月儿弯弯照九州》）。这些作品处处体现着日益高涨的民族意识和爱国主义情怀。

在我国古典文学中所体现出来的爱国主义精神，内容是十分广泛的。作家们对祖国锦绣河山、灿烂文化和辉煌历史的尽情讴歌，也是他们表露爱国情愫的重要方面。如在孟浩然、王之涣、范成大等人的诗作里，无一不蕴含着对祖国大好河山的无比热爱之情。

其二是中国古代文学中体现出来的理想主义精神。中国古代文学从它诞生的那一刻起就闪耀着理想主义的光芒，如在我国最古老的文学样式——古代神话中，《女娲补天》《后羿射日》《愚公移山》《大禹治水》《精卫填海》等故事无不体现出先民们渴望征服自然的伟大理想。故事中补天、射日、移山、治水、填海等英雄壮举，不仅是先民在生产力极低的情况下，不畏艰险地与恶劣的自然条件作斗争之生活遭遇的曲折反映，也是他们勇敢无畏改造自然之精神的直接表现和豪情壮志的强烈抒发。

屈原作为我国第一位伟大的爱国主义诗人，在青壮年时代曾做过楚国三闾大夫和左徒，抱有修明法度、富国强兵、联齐抗秦、统一中国的远大理想。在被长期放逐的年月里，他仍然孜孜不倦地探索挽救祖国厄运的途径。所以，在《离骚》中，诗人通过奇丽的幻想、惊人的夸张、寓意深邃的象征等高超的手法，艺术地表现了自己理想主义的执着：主人公以羲和（太阳神）为御，望舒（月亮神）为先驱，飞帘（风神）为后卫，凤凰传令，诸神相随，朝发苍梧，暮叩天门，上游天宫，下求佚女……而主人公做这一切不是为了逃避现实，而是为了寻找理想人物来拯救祖国，救济民生。屈原这种为追求理想而奋斗不息的精神不仅对后世的仁人志士起了极大的教育作用，而且对于后人而言，同样可以从中汲取如何建构人生理想的可贵养分。

自屈原之后，中国古代文学内蕴的这一理想主义情怀无论在秦汉的诸子散文汉赋中，还是唐诗宋词元曲明清小说中，均被弘扬光大，一以贯之地积淀在诸多的传世名篇中。事实上，古代文学的这一理想主义传统对于塑造中华民族的民族精神和民族性格无疑起到了积极的影响作用。

其三是中国古代文学作品中凸现的美德情操。在论及中国古代劳动人民的美德时，毛泽东曾这样说过："中华民族不但以刻苦耐劳著称于世，同时又是酷爱自由、富于革命传统的民族。"[①]这种民族品格，在古代文学作品中有着十分鲜明而生动的表现。比如勤劳这一民族得以生存发展的宝贵品格，就表现得尤为突出。早在古代神话里，勤劳的主题就有了生动的反映。大禹治水，终日操劳历尽艰辛，脚上磨出厚厚的老茧，且三过家门而不入，他的勤劳品格达到了忘我的境地。炎帝小女溺于东海，化作精卫鸟，衔西山木石，以填东海，勤奋之力更是令人赞叹。《诗经》的首篇《关雎》，运用复沓手法反复歌咏"窈窕淑女"采摘荇菜时轻快、熟练的动作，令人直观地感受到古代女性勤劳的美德。《孔雀东南飞》的刘兰芝也是个勤劳善良的女性。她"十三能织素，十四学裁衣，十五弹箜篌，十六诵诗书……"，是个集勤劳、坚强、勇敢、坚贞诸美德于一身的典型。

除了勤劳的美德外，在古代文学作品中经常表现的美德还有助人为乐、见义勇为、伸张正义等。比如《水浒传》里的鲁智深，为人正直，富有正义感和同情心。他曾于酒楼间救下素不相识的金翠莲父女俩，并赠以银两，使之脱身返家。而且，他还敢于同欺压善良的恶霸斗争，三拳打死镇关西，为民除害。他忠于友谊，追踪至野猪林救了挚友林冲，使得林冲免遭杀身之祸。像鲁智深这样的人物，在我国古典文学中可以说是不胜枚举的。

古代文学中所表现的美德情操也大量表现为男女之间的纯真爱情。那"贫贱之交不可忘，糟糠之妻不下堂"的宋弘；那"孔雀东南飞，五里一徘徊"的刘兰芝、焦仲卿；《牡丹亭》中那因爱情而死、又因爱情而生的杜丽娘等，都是对爱情忠贞不渝、纯洁而专一的典型人物。这些以他们的爱情故事为题材的诗词、戏曲、小说，千百年来为历代的人们所吟诵传唱、称颂不已。

在古代文学作品的鉴赏中，除了要汲取其积极的思想内容之外，还要学会欣赏其独特的艺术风格和高超的表现手法。事实上，对中国古代文学作品艺术风格及诸多艺术表现手法的鉴赏也是我们现代人获得审美体验的一个重要途径。比如，中国古代文学表现手法中注重对文字的推敲，这使得我们在阅读具体的文学作品时常常能进入一种优美的情境之中。北宋诗人宋祁有一首题为《玉楼春·春景》的词，全词以一句"红杏枝头春意闹"结尾，这其中的一个"闹"字就把读者带入了一个极为生机盎然的世界。所以，王国维评价说："著一'闹'字而境界全出。"(《人间词话》)在中国古代文学作品中诸如此类因遣词造句而烘托出极美的艺术情趣的名篇佳作尚有很多。显然，我们在欣赏这类作品时无疑可以得到诸多审美情趣的感染和享受。

在对古代文学作品艺术形式的鉴赏中，对其寄托手法的领会和体悟也是我们获得审美享受的一个重要途径。比如，读元代诗人王冕的《白梅》诗："冰雪林中著此身，不同桃李混芳尘；忽然一夜清香发，散作乾坤万里春。"这就是一首典型的寄托之作。诗人以白梅高洁绝俗而又不孤芳自赏为寄寓，表达了诗人向往的理想人格。又比如，宋人周敦颐在其散文名篇《爱莲说》中以"出淤泥而不染"的莲花寄托自己的情怀，讴歌了坚守道德信念的人格力量。

---

① 《毛泽东选集》(第2卷)，人民出版社1991年版，第623页。

显然，在对这类文学作品的鉴赏中，我们不仅可以从中感受到比兴手法带给人的优美意境，而且更能从诗人咏物比德的用心中感受美德对于生命的美好价值。

现代画家齐白石的莲花图

在中国古代文学作品的艺术风格与形式的鉴赏中，最能使我们现代人感受和领略其审美情趣的是文学作品所营造的意境。比如李白的《望庐山瀑布》诗："日照香炉生紫烟，遥看瀑布挂前川；飞流直下三千尺，疑是银河落九天。"在这首短诗中，诗人以喜人的日光、美丽的山色、绚烂的山岚、雄奇的飞瀑营造了一个新奇壮丽而又令人心旷神怡的美学意境，从而使我们仿佛置身于这如诗如画的自然美景之中。在中国古代文学作品中，不仅诗歌，而且散文、戏曲、小说等也都特别注重这种审美意境的营造，这使得我们在鉴赏这些作品时，能领略到或雄奇或委婉、或悲壮或优雅的审美情趣。对于古代文学给予现代人的这一审美意境，袁行霈先生曾这样写道："中国文学的创作注重表现意境，文学的鉴赏当然也应该力求感受和进入意境。当我们读着那些意境深远的作品时，可能暂时忽略了周围的一切，视而不见，听而不闻，整个心灵沉浸在想象的世界之中，有时是自己过去的审美经验被唤起，并和诗人取得共鸣；有时会对一种新生活、新的性格，对宇宙和人生得到新的理解；有时会感到超越了故我，在人格和智力上走向更加光明和智慧的世界。"①

二、中国古代文学现代意义的开掘

在中国古代，文学创作活动向来如曹丕所总结的那样被视为"经国之大业，不朽之盛事"（《典论·论文》）。这种高度自觉的文学创作观一方面繁荣了中国古代的文学创作，诞生了浩如星辰的名篇佳作，另一方面也使中国古代的文学作品自觉地承载起诸多与"经国大业"相关的社会功能。比如孔子的"诗教"观、韩愈及周敦颐的"文以载道"理论就是文学自觉承载社会功能的直接体现。中国古代文学的这一传统，无疑为我们开掘其现代意义提供了一

① 袁行霈：《中国文学概论》，高等教育出版社 1990 年版，第 95—96 页。

个具体的思路。这个思路就是，我们不能就文学鉴赏本身来鉴赏中国古代文学，而是应该在鉴赏的基础上深入发掘其内蕴的诸多社会功效，在遵循着“取其精华，去其糟粕”之原则的过程中，发掘出对现代社会生活和自我人生有积极意义的东西。

在我们的理解看来，对中国古代传统文学之现代意义的具体开掘至少可以表现在如下几个方面。

其一，发掘中国古代文学所具有的对社会历史的认知价值。中国古代文学作品所具有的认知价值，一般说来是现当代作品所无法达到的，甚至其他社会科学著作在某种意义上说也不能与之相比。比如中国古代社会的面貌，古人同自然和社会所作的各种各样的斗争，还有古人的具体生活情景，往往可以在古代文学作品中有声有色地被呈现出来，使人能够感性地、立体地把握人类发展的历史。正因如此，我们才说中国古代文学作品就恰如一部形象的古代历史。

再现古代社会生活的面貌，仅仅是中国古代文学作品认知价值的一个方面。更为重要的另一个方面是，通过对古代社会生活的具体描绘，如朝代更替、历史人物沉浮等，我们可以从中总结出人类社会发展的规律以及人类同自然、社会、自我斗争的许多可贵的经验教训。这些东西作为历史的借鉴对现代人而言是十分重要的。马克思曾经这样称赞过英国的现实主义作家，他说：“他们那明白晓畅和令人感动的描写，向世界揭示了政治的社会的真理，比起政治家、政论家和道德家合起来所作的还多。”[①]我国古代的许多优秀作品，如《红楼梦》《水浒传》《三国演义》等，也同样有着这方面的启迪作用。

特别值得一提的是，古代文学作品的这种认知价值，往往会高于现当代文学作品。这当然并不是说现当代的优秀文学作品比古代文学作品提供的东西要少，而是因为现当代文学作品尤其是当代作品，由于还没有经过历史的检验和筛选，再加上种种社会因素的影响，因而它们的认知价值常常难以把握，有时人们甚至会对其作出错误的判断。古代文学作品则相反，由于年代的久远，当时各种社会因素的影响已不复存在，再加上经过长期历史发展的检验和鉴别，因而它提供给我们的认知价值往往是准确而公允的。

其二，发掘中国古代文学所具有的道德教化功能。中国古代文学由于其秉承了“文以载道”的传统，因而其道德教化的功能是十分明显的。这一道德教化功能自古代伟大诗人屈原“路漫漫其修远兮，吾将上下而求索”的吟唱开始一直延续至明清“三言”“二拍”的劝谕之言。虽然中国古代文学所承载的道德教化功能在不同时代、不同文学样式的作品中有程度深浅和境界高低之别，但只要我们留意发掘，它对于我们的启迪和警策意义显然是多方面的。比如在市井文学中，这一道德教化功能就以世情劝谕的形式而存在。早在宋元话本中，已有不少世情劝谕的成分。如《志诚张主管》讲述开线铺的张士廉年过六旬娶了个年轻的妻子，这妻子爱上了店中年轻的张主管张胜，张胜毅然拒绝了。她死后化作鬼魂带大量珠宝又来找张胜，想和他结为夫妻，再次遭拒绝。张胜因而得以免祸。话本末尾说：“亏杀张胜立心志诚，到底不曾有染，所以不受其祸，超然无累。如今财色迷人者纷纷皆是，如张胜者，万中无一。有诗赞云：谁不贪财不爱淫？始终难染正心人。少年得似张主管，鬼祸人非两不侵。”又如冯梦龙的“三言”，其书名为“喻世”“警世”“醒世”，更是明显地含有道德劝谕的意味。事实

① 《马克思恩格斯论艺术》(第2卷)，人民出版社1976年版，第402页。

现代版的《三言二拍》书影

上，在中国古代文学里，不仅是话本文学，在其他的文学形式诸如诗词、散文、戏曲，甚至志怪小说里都广泛地存在着德性修养、道德教化的因素，它显然给后人以积极的影响作用。

其三，发掘中国古代文学所具有的美育功能。中国古代文学作品的美育功能也是十分明显的，尤其是那些隽永清新的山水田园作品更是有着赏心悦目的审美功效。所以，我们在读曹操的《观沧海》、谢灵运的《入彭蠡湖口》、陶渊明的《归园田居》、王维的《汉江临眺》、李白的《望庐山瀑布》、杜甫的《望岳》、柳宗元的《永州八记》、苏轼的《饮湖上初晴后雨》、范成大的《四时田园杂兴》、张岱的《湖心亭看雪》等作品时，无不感受到大自然或雄奇壮观之美或优雅清新之美的熏陶。即便是像郦道元《水经注》那样的作品，我们也能感受到这种美的熏陶："自三峡七百里中，两岸连山，略无阙处。重岩叠嶂，隐天蔽日，自非亭午夜分，不见曦月。至于夏水襄陵，沿溯阻绝。或王命急宣，有时朝发白帝，暮到江陵，其间千二百里，虽乘奔御风，不以疾也。春冬之时，则素湍绿潭，回清倒影。绝巘多生怪柏，悬泉瀑布，飞漱其间。清荣峻茂，良多趣味。每至晴初霜旦，林寒涧肃，常有高猿长啸，属引凄异，空谷传响，哀转久绝。故渔者歌曰：'巴东三峡巫峡长，猿鸣三声泪沾裳。'"(《水经注・江水注》)作者在这里先写山后写水，接着山水并写，使我们不由地徜徉在水中那山之峰倒影、山之瀑的叠影之中，最后所引的渔歌则更是给人以一种隽永的审美回味。

除此之外，中国古代文学由于其偏重理性和写意的特点，会给我们以启迪理性和智慧的功能；由于其乐观旷达的品性，也能给我们实现人生以乐观主义的感染和熏陶；由于其长于抒情的艺术表现手法，还给我们以直观的美感享受功能；如此等等。从这个意义上我们可以说，中国古代文学所蕴含的现代意义几乎是不可穷尽的，因而我们对中国传统文化宝库中的这一珍贵文化遗产的继承和开掘，也将是一个没有止境的过程。

第二章 中国古代的史学传统

中华民族自古以来就是一个具有深刻历史意识的民族。这种历史意识不仅是悠久的历史所积累的丰富史学文化遗产哺育而生成的，更是基于历代统治者“以史为鉴”的统治意识和无数杰出史家丰富的史学著述所自觉建立起来的。自中华民族从蒙昧走向文明的那一刻起，史学的雏形便呈现了，那些最早的文化典籍几乎都可以说是史学著述。此后，在中华民族漫长的文明史中，不仅出现了众多的史学家，卷帙浩繁的历史典籍，完备的修史制度，而且还形成了极为丰富而深刻的史学文化传统。从这个意义上说，对中国古代史学文化传统的了解，构成我们学习和开掘古代传统文化的一个重要方面。

第一节 中国古代史学的发展历程

一部中国古代的历史就是中华民族生存与发展的历史。作为对这一生存和发展历史的一种自觉记载和思考，就构成中国古代的史学。在几千年的历史发展长河中，中国古代的史学成就与史学思想作为中国传统文化的一个有机组成部分，其自身也经历了一个由奠基、确立到成熟这样一个发展进程。我们学习和把握中国古代的史学传统，首先应当了解和把握这一历史进程。

一、中国古代史学的奠基

自有文字记载到汉朝建立以前，是中国古代史学的奠基时期。在文字出现之前，先民对历史的记忆、认识和传播，仅仅依靠口耳相传的传说。这种远古的传说是史学的源头。但这一时期并没有史学的产生。直到有了文字，历史记载方成为可能。甲骨文和金文，是中国历史上目前所知最早用以记载历史的文字。甲骨文是商周奴隶主贵族占卜的记录，因刻于龟甲、兽骨之上，故称甲骨文。金文因是铸在铜器上的铭辞，故又有铭文、钟鼎文之称。这些记载已包含时间、地点、人物、事件等完整历史记载所必须具备的基本因素，因而可以被看作历史记载的萌芽。负责记载的官员，在担当起草公文、记录时事、保管文书之责的同时，也就成为了最早的史家。[①] 从典籍的考证来看，我们的先民从来就重视总结历史经验，保存历史资料。比如《周易·系辞》说：“神以知来，知以藏往。”这里指的“藏往”就是为了总结经验而保存史料。甲骨文与金文正是殷商一代用以“知来藏往”的文字。

继甲骨文、金文之后，《尚书》作为官方编撰的第一部史书开始出现。《尚书》一书保存了虞、夏、商、周四朝政治活动的直接文献与史事追述，堪称中国文化史上最早出现的史书。当然，更加规范、更加系统的史书，则是到了春秋战国时才出现。从有关的记载来看，当时各诸侯国似乎都热衷编撰史书，但现在存世的是孔子依鲁史而写成的《春秋》。[②]《春秋》作为我国古代第一部编年史，它的出现具有划时代的意义。孔子开创私人讲学和私人撰史之风，从此开拓了中国史学的发展道路。从这个意义上我们也可以称孔子是中国古代第一个史学家。继孔子之后，战国时代私人撰述的史书又有了较大的发展，最有代表性的是《左传》《国语》《战国策》等。

《孔子圣迹图》之“杏坛礼乐”

《左传》是《春秋左氏传》的简称。《左传》是《春秋》的传，其写法是尽可能原原本本地写出《春秋》所写每一件事的本末。《左传》记载的历史起于鲁隐公元年（前 722 年），中经桓公、庄公、闵公、僖公、文公、宣公、成公、襄公、昭公、定公，终于鲁哀公二十七年（前 468 年），其中叙事则至鲁悼公十四年（前 454 年）为止，它记载了东周前半期的史事。后人能系统地知晓

① 传说在炎黄二帝时就有史官的建置：“古之王者，世有史官。”（《汉书·艺文志》）到了夏朝有确切的文献记载当时已有了记事、掌管档案之官——太史令。据《淮南子·汜论训》记载：“夫夏之将亡，太史令终古先奔于商，三年而桀乃亡。”可见，夏代史官太史令的设置，其职能不仅负责形成文书和保存档案文献，而且还可以据典劝谏君主。

② 依据《史记》的记载，孔子周游列国经历了 14 年之久，于 68 岁那年返鲁。孔子以“国老”身份问政，因此有条件阅读鲁国的相关文书档案。孔子为寄托自己的政治理想和治理主张，以便留给后人效法，倾其全力编纂了《春秋》等“六经”。孟子就曾断言孔子编《春秋》的根本意图是为了改变当时礼崩乐坏，臣弑其君，子弑其父的社会乱象。（参见《孟子·滕文公下》）

春秋时期的历史，基本上是依靠《左传》的记载。可见，《左传》作为我国第一部编年史书，其意义极为宏大深远。

《国语》是和《左传》差不多同时写成的春秋时期的别史。据《汉书・艺文志》记载其篇数为二十一篇。其中：《周语》三卷，《鲁语》二卷，《齐语》一卷，《晋语》九卷，《郑语》一卷，《楚语》二卷，《吴语》一卷，《越语》二卷。记载的内容上起周穆王，下至三家分晋。虽然《汉书・艺文志》将其列于杂史类，但它内容丰富，为先秦史籍中最重要的典籍之一。《国语》的编撰，以"国"分类，以"语"为主，其作者是鲁国的史官左丘明。这也许就是为什么作者在《国语》于《周语》之下首列《鲁语》的缘由。

《战国策》是现存战国时期唯一一部具有系统性的史书。其内容上接春秋，下接楚汉的兴起，共叙事245年。全书共十卷，计分东周、西周、秦、齐、楚、赵、魏、韩、燕、宋、卫、中山十二国策，主要记录了战国时期纵横家的言论。因为同时代并无其他史书可以援引，所以司马迁写作《史记》时记载的有关战国史事，多取材此书。《汉书・艺文志》中将此书与《国语》并入杂史类。可见，在汉代它就被认为是一部重要的史书。

从以上的基本事实出发，我们可以认为，从有文字记载开始到秦统一中国的这一时期可谓中国古代史学的奠基时期。这一时期不仅有了甲骨文、金文记载的零散史事，而且逐渐产生了各种史体的雏形之作。如编年体的《春秋》、纪言本末体的《尚书》等。当然，这一时期的史学尚缺乏自觉的意识，在学术上也缺乏独立地位。因而，这一时期只能说是中国古代史学的奠基时期。

二、中国古代史学的自觉确立

中国古代史学在经过先秦的奠基时期后，发展至汉代，以《史记》的横空出世为标志，开始进入了自觉确立的时期。这一时期的史学开始逐渐从"经学"中分化出来，取得了自己独立的学术地位，并创造了如《史记》那样的纪传体通史和《汉书》那样的断代史名著。

完整意义上的中国史学的真正开端是在西汉，其奠基人是司马谈、司马迁父子及他们所著的《太史公书》(即后世所称的《史记》)。司马氏父子是陕西韩城龙门人。司马谈本为汉太史，专治天文，熟悉史事，通晓先秦诸子之学，其所掌握的史料也很丰富。司马迁在其父亲的影响下也酷爱文史。据《史记・太史公自序》说："迁生龙门，耕牧河、山之阳，年十岁则诵古文，二十而南游江、淮，上会稽，探禹穴，窥九疑，浮于沅、湘，北涉汶、泗，讲业齐、鲁之都，观孔子之遗风，乡射邹、峄，厄困鄱、薛、彭城，过梁、楚以归。"可见，司马迁不仅是一位学有渊源之人，而且是一位信奉"读万卷书，行万里路"的有识之士。后因替友人李陵辩冤得罪朝廷下蚕室受了宫刑。从此，司马迁不得再"厕下士大夫之列"，于是，他发愤著述写就了《史记》一书。

《史记》作为我国第一部纪传体通史，其记事起于传说中的黄帝，迄于汉武帝太初年间，上下共3000年左右。全书共130卷，计"本纪"十二卷，自《五帝本纪》至《孝武本纪》，都是编年纪事；"表"十卷，自《三代世表》至《汉兴以来将相名臣年表》，一类是大事年表，一类是人物年表；"书"八卷计《礼书》《乐书》《律书》《历书》《天官书》《封禅书》《河渠书》《平书》等，系统地记述了政治、经济、天文、地理等方面的制度或重大事件；"世家"三十卷，自《吴太伯世家》至《三王世家》，基本上是以世为准加以叙述；"列传"七十卷，从《伯夷列传》至《太史公自序》，在记载人物传记的同时，也记载了一些我国边疆各少数民族和一些邻近国家的历史。

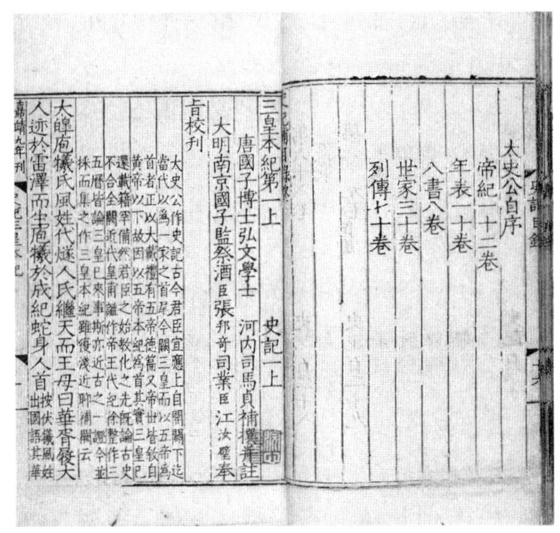

太史公自序
帝紀一十二卷
年表一十卷
八書八卷
世家三十卷
列傳七十卷

三皇本紀第一上　史記一上
唐國子博士弘文學士　河內司馬貞補撰并註
大明南京國子監祭酒臣張邦奇司業臣江汝璧奉
旨校刊
太史公作史記古今君臣宜應上自開闢下迄當代以為一家之首今闕三皇而以五帝為首者正以大戴禮有五帝德篇又帝世皆叙自黃帝以下故因以五帝本紀為首其實三皇已還載籍罕備然君臣之始教化之先既論古史不合全闕近代皇甫謐作帝王代紀徐整作三五曆皆論三皇已來事斯亦近古之一證今並採而集之作三皇本紀雖復淺近聊補闕云
太皞庖犧氏風姓代燧人氏繼天而王母曰華胥履大人迹於雷澤而生庖犧於成紀蛇身人首按伏犧風姓出國語其華
嘉靖九年刊

司马迁像与《史记》书影

从《史记》的体裁来看，其中有编年史，有世代史，有专门史，有史表，有个人传记，古今历史体裁，几乎可以说皆具其中。事实上，中国古代以后的官修史书，均以《史记》为范本。特别值得一提的是，司马迁的史观也极有独到之处。比如在他看来史学研究应该“究天人之际，通古今之变，成一家之言”（《史记·太史公自序》）。这显然已初步提出了用社会发展的观点来探索历史变化原因的可贵思想。

继《史记》之后的《汉书》是中国古代史学的又一基石之作。如果说《史记》是通史的典范，那么《汉书》则是断代史的典范。其开创者是东汉初年光武帝时的班彪。遗憾的是，既有高才又好写作的班彪在开始撰写后不久因病去世。于是，该书由他任史官的大儿子班固继承，其史料大多来自班彪。但班固仍有“八表”和《天文志》未能写完，又由其妹班昭续完。可见，《汉书》的撰写可谓备尝艰辛。《汉书》所记的史实从汉高祖元年（前 206 年）起，到王莽地皇四年（公元 22 年）止，共计 228 年，包括了整个西汉一代的历史。全书体例删去“世家”一类，并改《史记》之“书”为“志”，计“本纪”十二卷，“表”八卷，“志”十卷，“列传”七十卷，共计 100 卷。其中由于有些卷内所记内容繁多，又分为若干子卷。故全书最终多达 120 卷。《汉书》在中国史学发展史上有着重要的价值。它首创了断代史的体例，从内容上涵盖了整个西汉 200 多年的历史，资料丰富，叙事得当，首尾完整，自成一体。后世官修的纪传体断代史，几乎都以《汉书》为范例。

作为中国古代史学发展进入自觉阶段的标志，这一时期还出现了《东观汉记》与《汉纪》两书。《东观汉记》记载了东汉光武帝至灵帝一段历史。因朝廷于东观设馆修史而得名。它前后经班固、李尤、边韶、马日磾等人数次断续成章。写成后，汉桓帝曾诏令蔡邕修订完善。后蔡邕则因涉及董卓谋叛而获罪。他曾自请刖足以允其修撰此书，但司徒王允怕他写谤史，故不仅不许，还网罗罪名诛杀了蔡邕。《东观汉记》虽是一部不太完整的史书，但在当时仍能与《史记》《汉书》共称“三史”。《汉纪》不是官修之作，其作者是荀悦。相传，汉献帝好读史籍，曾认为班固的《汉书》篇幅繁杂，不便阅览，于是命荀悦作《汉纪》三十篇。《汉纪》[1]发展了

---

① 因在其之后有晋人袁宏作《后汉纪》，所以荀悦所作的《汉纪》亦称《前汉纪》。

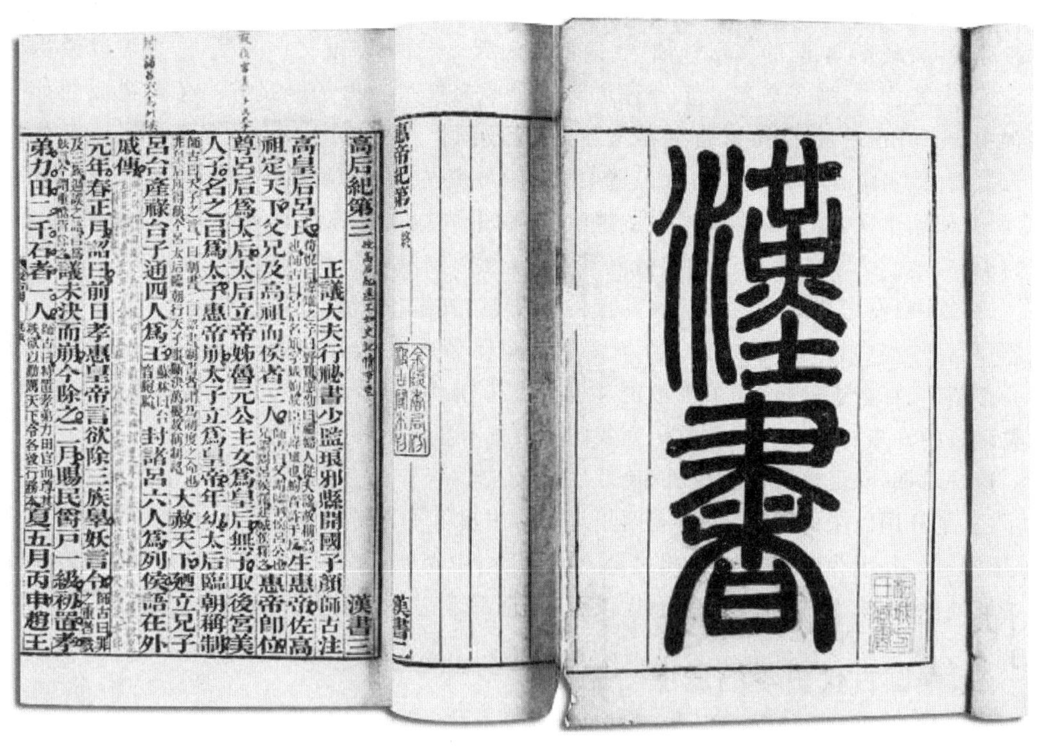
漢書

高后紀第三 漢書三

正議大夫行祕書少監琅邪縣開國子顏師古注

高皇后呂氏生惠帝佐高祖定天下父兄及高祖而侯者三人惠帝即位尊呂后爲太后太后立帝姊魯元公主女爲皇后無子取後宮美人子名之以爲太子惠帝崩太子立爲皇帝年幼太后臨朝稱制大赦天下迺立兄子呂台產祿台子通四人爲王封諸呂六人爲列侯語在外戚傳

元年春正月詔曰前日孝惠皇帝言欲除三族辠妖言令議未決而崩今除之二月賜民爵戶一級初置孝弟力田二千石者一人夏五月丙申趙王

《汉书》书影

《春秋》《左传》的体例，开创了编年体断代史体例，可以被认为是荀悦对古代史学的一个了不起的贡献。此外，这时期尚有七种散佚的“汉书”，再加上东汉人赵晔著《吴越春秋》，又开创了编写地方志的先例。所以，后世将汉代作为中国史学的自觉时期，应当是非常之精当的。

汉以后的三国两晋南北朝时期私家修史之风盛行，史籍数量激增，二十四史[①]中的《后汉书》《三国志》《宋书》《南齐书》《魏书》等都是在这一时期成书的。

《后汉书》120 卷，其中纪、传 90 卷，是南朝宋人范晔撰写；志 30 卷则由晋人司马彪所撰。《后汉书》记载了东汉一代的史事。其体例基本上同于《汉书》，但没有“表”，“志”缺《食货》《艺文》《河渠》；人物传记中既有论，又有赞；列传人物以类相从，不以时代为序。司马彪所撰的“志”还集中保存了东汉一代典章制度的史料。《三国志》65 卷，是晋朝时的陈寿所撰。陈寿在蜀汉时，曾任蜀观阁令史，因不愿附和宦官黄皓，屡遭贬黜。西晋王朝建立后他任著作郎，官至平阳侯相。时人称他“善叙事，有良史之才”。《三国志》分《魏书》30 卷，《蜀书》15 卷，《吴书》20 卷，比较详细地记载了魏、蜀、吴三国鼎立时期的历史。其体例仅设纪、传，而无志、表。该书叙事简要，剪裁得当，后人将其与《史记》《汉书》《后汉书》合称为“前四史”。《宋书》100 卷，是南朝时梁人沈约所撰。他是一位诗人，历仕宋、齐、梁三朝，从记言官一直做到尚书令。沈约在《宋书》中记载了南朝刘宋一代的历史，其体例有纪、传、志，无表。志中

① 二十四史是中国古代各朝撰写的二十四部史书的总称，因其被视为正统的史书，故又称“正史”。它上起《史记》里记载的传说中的黄帝（约前 2550 年），下止于《明史》的明朝崇祯十七年（1644 年），共计 3213 卷，约 4000 万字。乾隆四年至四十九年武英殿刻印的《钦定二十四史》，是中国古代正史最完整的一次大规模汇刻。

又缺《食货》和《艺文》。《宋书》的特点在于保存的史料较丰富,但叙事好忌讳;又因沈约作为一名诗人,又是齐、梁间的文坛领袖,故偏重文人历史,书中多录文章辞赋,这也可以说是《宋书》的一大特色。《南齐书》60卷,是南朝梁人萧子显撰写。萧子显是齐高帝萧道成的孙子,很有才学。齐亡后,虽然梁武帝颇器重他,但萧子显作为亡国之人不免忧谗畏讥。于是,他转为发愤而著《南齐书》。《魏书》130卷,由北齐人魏收编撰。魏收出身官僚家庭,以才学著称,深受朝廷重视,被委命修撰国史。魏收作《魏书》时,在北齐为官者中有很多是北魏大官僚的子孙,他们为了能给自己的祖先写篇好传,往往向魏收行贿,故《魏书》又有"秽史"的名声。但《魏书》在记载南北朝时北魏一代的历史时,其编撰体例有其独到之处,如新创了《官氏志》和《释老志》。《官氏志》记录了鲜卑统治集团诸部姓氏名称由来和所改汉姓名称以及有关官制。《释老志》则评述了佛教的起源及北方佛教的流传情况,并保留了北魏王朝对待佛教政策的许多有关材料。它对研究我国佛教史有重要的参考价值。

这一时期,除上述五部正史外,比较突出的史学著作还有西晋常璩的《华阳国志》,它记载了巴、蜀开国以来的历史,为研究四川地方古史提供了不可缺乏的史料。此书之所以名为《华阳国志》,是因为四川为古梁州之地,而《禹贡》中则有云"华阳黑水惟梁州"之故。另外,西晋谯周的《古史考》、东晋袁宏的《后汉纪》等也都是这一时期重要的历史文献。

三、中国古代史学的发展与完善

从唐代一直到清鸦片战争以前是中国古代史学的进一步发展与完善的时期。这一时期史馆修史制度得以正式确立,史学评论以《史通》的出现为标志而全面成熟,编年史巨著《资治通鉴》的成书、典制史《通典》等专门史的勃兴等,都无一不凸现出中国古代史学发展进入了它的发展与完善阶段。

在唐朝以前,一些史书如《史记》《汉书》等多出自私人撰述。《三国志》以来虽颇有奉帝王之命而修撰者,如陈寿、魏收等,但并未沿袭为一种制度。从颇重史鉴的唐太宗开始,朝廷正式建立修史制度,于是"贞观三年闰十二月,始移史馆于禁中,在门下省北,宰相监修国史,自是著作郎始罢史职"(《旧唐书》卷四三《职官志》)。我们根据《唐会要》和《旧唐书·职官志》等记载可以描绘出唐代史馆的组织大致为:监修国史1人,以宰相兼之;史馆修撰4人,以登朝官兼之;直馆若干人,以未登朝官任之;另有楷书手25人,典书4人,亭长2人,掌固6人,装潢直1人,熟纸匠6人。正因为有了这种完备的组织结构,再加上政府的重视,使唐代的史书编撰工作取得了空前的成就。二十四史中有八部是这一时期修成的:一是《晋书》130卷,此书为纪传体的晋代史,由房玄龄、褚遂良等人所撰。其中唐太宗曾亲自参与,宣帝司马懿、武帝司马炎二纪和陆机、王羲之两传即出自唐太宗之手。二是《梁书》56卷,是纪传体南朝梁代史,以及《陈书》36卷是纪传体南朝陈代史,此二书均由姚思廉所撰。三是《北齐书》50卷,属纪传体北周史,由李百药所撰。四是《隋书》85卷,属纪传体隋代史,由魏徵、于志宁等人所撰。在唐初官修史书中《晋书》和《隋书》是最主要的两种。《隋书》中的《五行志》《律历志》,甚至出自当时的大数学家李淳风之手,行文表述非常严谨。

从唐以后,前代史书由后代设馆纂修便成为一种惯例。这一时期除了几种官修史书外,还有李延寿私人所著的《南史》80卷、《北史》100卷。李延寿认为南朝和北朝的政治基础是建立在门阀之上的,因而在他看来断代作史很难看清脉络,于是他以南朝、北朝各为通史。

在《南史》与《北史》的编撰中，他以几大门阀士族的派系为脉络将史实撰写得层次清晰。这不但是该书的特色，同时也可见到唐代史学家中确有眼光如炬的人物。

唐朝除了修撰前代史外，记载唐朝本朝史实的有温大雅编著的《大唐创业起居注》，吴兢编著的《贞观政要》等。唐朝廷后来还开设史馆修国史实录。可见，置官设馆以修史，是唐代在历史学发展上的一件大事。它对发展和充实中国古代史学有不可替代的意义。

唐代史学的另一重大成就是史学理论专著的出现。唐代著名史学家刘知几完成了我国历史上第一部系统的史评类专著《史通》。刘知几，字子玄，是江苏彭城（今江苏徐州）人。据史籍记载，刘知几从小就对历史有兴趣，他父亲叫他读《尚书》，他读不上来，但听见哥哥读《春秋左氏传》却大感兴趣，"遂通览群史"。他一生三为史臣，预修国史几十年，因而在修史的实践与研究中建立了自己一套独特的历史观。尤其是他在史馆供职，因为当时制度所限，不能完全按照自己的意思来修史，所以他退而私撰《史通》以见其志。《史通》并非史书，而是一部"史学通论"。以现代人的眼光来看，《史通》的价值在于它是中国第一部史学通论。在这部著作中作者不仅对此前的历史著作几乎全部作了批语与总结，而且还独创了自己一套编纂史书的原则与方法，并在此基础上提出了自己独特的修史主张。

刘知几的《史通》共二十卷四十九篇，其中内篇三十六篇（原有三十九篇，后佚三篇），外篇十三篇。《内篇》专门讲述历史编撰学；《外篇》叙述史籍源流，杂评古人得失，议论广泛。在《史通》中刘知几还提出史学中的"六家二体"之说。"六家"是指《尚书》《春秋》《左传》《国语》《史记》《汉书》；"二体"则是指《春秋》的编年体和《史记》的纪传体。在刘知几看来"后来作者，不出二途"。特别值得一提的是，刘知几在《直书》篇中提出修史者应直言不讳，忌浮词曲笔的原则；在《言语》篇中则提出文字应该简练朴实，用当代语言叙事的观点。《史通》问世后，虽曾招来后代一些文人的非议，但作为中国古代第一部史学理论专著，它在中国史学史上享有崇高的地位。

这一时期还出现了通史式的政书，即记载历代政治、经济、文化等典章制度沿革史的专门史书。在唐朝以前，历朝的政治、经济、文化等典章制度的记载，均系附于断代史中，分别写成《职官志》《食货志》之类，并没有人从头到尾一以贯之写成一部专书。唐玄宗开元末年，著名史学家刘知几的儿子刘秩"采经史百家之言，取《周礼》六官所职"（《旧唐书》卷一四七《杜佑传》）作《政典》三十五卷，初具了这类专门史书的雏形。真正成熟的通史式政书当首推杜佑的《通典》。杜佑曾官至德宗、顺宗、宪宗三朝宰相，封岐国公。《通典》书成之后，"其书大传于时，礼乐刑政之源千载如指诸掌，大为士君子所称"（《旧唐书》本传）。全书上起传说中的黄帝，下迄唐玄宗天宝末年，内容分为：食货、选举、职官、礼、乐、兵、刑、州郡、边防九大门类。《通典》把有史以来政治、经济、文化以及周边民族的历史，原原本本条分缕析地写了出来。特别值得推崇的是，杜佑打破了从来史家专记帝王将相家谱的惯例，主张"夫理道之先，在乎行教化；教化之本，在乎足衣食"（《通典·食货典序》）。由此，他把"食货"列为第一位，"食货"又以田帛为先。可见，杜佑已看出了经济发展对于历史的重要性，并初步认识到经济是一切政治活动基础的道理。这是杜佑的首创和卓识。历代史家对《通典》的评价都很高，认为它义例严谨，内容丰富，考订有据，详而不烦。自《通典》问世后，后代史家纷纷进行这方面的研究，编撰了大量的此类专书。《通典》的出现是中国史学文化发展史上的长足进步。

还值得一提的是，这一时期的地理志也成就斐然。古代地理学与今日不同，它不是作为一门自然科学，而是作为历史学的附属学科而出现的，故诸史几乎都附有《地理志》。唐代由于疆域扩大，交通发达，随着国力的扩张与中央集权的加强，《地理志》也日益成为一门实用价值极高的学问。早在隋朝时，裴矩就写过《西域图记》3 卷，详细记载了西域当时 44 国的国名及所在的山川形势。唐高宗时期"遣使分往康国、吐火罗，访其风俗物产，画图以闻"编为《西域国志》60 卷。这是一部有地图、有画像、有说明的域外志书。在国内图志方面，唐朝曾三次修订《十道图》。地图测绘最成功者是唐德宗时的宰相贾耽。他采用东晋裴秀的"分章法"（即比例法）画平面图《海内华夷图》，其所绘山川地势与今天的地图相似，具有极高的科学与史料价值。贾耽除《海内华夷图》外，还著有《陇右山南图》《古今郡国四夷述》《皇华四达记》《关中陇右山南九州别录》《吐蕃黄河录》《贞元十道图录》等。

在隋唐史学繁荣的基础上，五代、宋、辽、金、元的史学继续有所发展。特别在宋代，史家辈出，可谓群星灿烂；史籍之多，为前代所无。与此同时，史籍的体裁更是日趋多样化。

继唐代编修《隋书》《晋书》诸史之后，后晋时期刘昫、张昭远等续修唐代历史，名为《唐书》。该书记载了唐朝自高祖武德元年（618）至哀帝天佑四年（907）共 290 年的历史。它是现存最早的系统记载唐代历史的史书。进入北宋后，欧阳修、宋祁等重修《唐书》，刘昫所撰的《唐书》因此改称为《旧唐书》，欧阳修等修的则称《新唐书》。欧阳修是个古文学家，讲究文字，又讲究所谓"《春秋》笔法"，故《新唐书》的文字比较简练，并且志的内容比较详细，又增加了表。但刘昫的《旧唐书》所保存的史料比较丰富，具有《新唐书》所不能代替的价值。因此，新旧《唐书》可谓各有所长。五代的历史，也是先有北宋薛居正著的《旧五代史》，后来欧阳修又改著为《五代史记》，补充了不少新史料，用力颇深。也因此，欧阳修编撰的一般称为《新五代史》，二书并行，同为后世研究五代十国历史的重要资料。

《宋史》《辽史》《金史》等三部史书则是到了元朝，由丞相脱脱等人奉敕所撰。其中《宋史》496 卷，是二十四史中篇幅最长的一部史书。《辽史》亦达 116 卷。《金史》虽不及《宋史》，只有 135 卷，但在元脱脱等所修的三史中最为完善。

宋代的史学巨著是司马光的《资治通鉴》。司马光是陕州夏县（今属山西省）涑水人，故后世又称其为涑水先生。他是宣仁太后垂帘听政时的执政者，他竭力反对王安石变法，是"旧党"的著名领袖。司马光学识渊博，史学之外，音乐、律历、天文、术数，几乎无所不通。《资治通鉴》作为我国古代史书编纂长河中的一部巨著，是中国古代历史编纂学发展史上的一个标志和总结。《资治通鉴》以编年纪事为体裁，年经事纬，把公元前 403 年（三家分晋，即周威烈王二十三年）至公元 959 年（后周显德六年）的史事，加以系统叙述，成为一部贯穿 1361 年史事的著作。由于这一编纂体裁的出现，使当时人们对古代史事的寻找变得方便。《资治通鉴》作为封建王朝历史书中的一部最大的编年体通史，前后一共修了十九年。在十九年的编纂过程中，司马光和他的同道刘攽、刘恕、范祖禹、司马康等人，分头编纂各个王朝的史事。据说他们广泛搜集的大量史料堆满十几间屋。司马光等人把这些史料按年排列，取舍谨慎，考证详密，先作长编，然后加以删削、剪裁和润色，直至最后编撰成书。更难能可贵的是，《资治通鉴》虽是一部集体著作，但体例谨严，内容一贯，行文如出一人之手。书成之后，宋神宗以为此书能"鉴于往事，有资于治道"，故赐名为《资治通鉴》。

宋代史学发展史上还值得一提的是《通鉴纪事本末》。此书为南宋人袁枢所作。袁枢喜读《资治通鉴》，但苦其卷帙浩繁，于是将《资治通鉴》中记录的史事，凡属于同一事件的，从逐年逐月中摘录出来，以事为主线按类编纂，因而使人们对某一事件的本末能一目了然。由于这部书是以事为主，故称为《通鉴纪事本末》。先秦以来的史籍，无外编年、纪传二体。袁枢纪事本末体的出现，意味着历史编纂学发展过程中一个重要的史书体裁的出现。从此事本末体不仅与编年、纪传二体鼎足三分，而且比编年、纪传的记事方法更进一步。可见，袁枢不愧为我国古代一个有创造性思维的杰出史家。在袁枢的《通鉴纪事本末》影响下，明、清两代此类作品不断出现，这其中主要有明代冯琦、陈邦瞻的《宋史纪事本末》，陈邦瞻的《元史纪事本末》，清代高士奇的《左传纪事本末》，清代谷应泰的《明史纪事本末》等数种历朝纪事本末史书。从此，纪事本末体在古代史学发展中蔚然成风。

宋元史学发展另一个重要成就是郑樵的《通志》与马端临的《文献通考》。郑樵所撰的《通志》有 200 卷。《通志》一书的记事时间，各部分颇不一致，“本纪”由三皇到隋，“列传”从周至隋，“二十略”则由远古迄唐。郑樵自己最引为自豪的是“二十略”。他颇为自得地认为：“凡二十略，百代之宪章，学者之能事，尽于此矣。”(《通志·总序》)《通志》“二十略”包括：氏族、六书、七音、天文、地理、都邑、礼、谥、器服、乐、职官、选举、刑法、食货、艺文、校雠、图谱、金石、灾祥、昆虫草木。郑樵的“二十略”的确有许多填补古代史学乃至学术文化的空白之功，如《校雠略》，便首开了校勘学的蹊径，在学术上是一个重大的贡献。《文献通考》348 卷，为元代的马端临所作。南宋亡国之后，马端临不忘宋室，隐居不仕，因此成为我国古代历史上一个颇具民族气节的史学家。马端临撰《文献通考》，是将唐代杜佑《通典》的体例加以扩大编纂而成的。其门类分为二十四门，其中十九门仍《通典》之旧。它是一部记载历代典章制度的通史，上起三代，下迄南宋嘉定末年(1224 年)。正如杜佑《通典》是研究隋唐历史的一部不可缺少的史学著作一样，《文献通考》也成为后人研究宋史的一部不可或缺的重要史书。《宋书》中有关宋代各种制度的记载大都从中摘引而来。所以，《文献通考》的史料价值超过现存的两宋同类著作。后人将唐代杜佑的《通典》、宋代郑樵的《通志》和元代马端临的《文献通考》合称为“三通”。“三通”已成为研究我国古代社会经济、政治、文化史的最详实的资料来源。

宋元时期史学发展的另一标志性成就是别、杂、野史大量出现和地理志著作蔚为壮观。宋元时期不仅别史大量出现，而且这一时期的杂史与野史著作也不少。这些著作包括宋代叶隆礼编撰的《契丹国志》29 卷，钱易编撰的《南部新书》10 卷，徐梦莘编撰的《三朝北盟会编》250 卷，熊克编撰的《中兴小记》40 卷，李纲编撰的《靖康传信录》3 卷，宇文懋昭编撰的《大金国志》40 卷；元代汪大渊编撰的《岛夷志略》等。与此同时，地方志、地理志在这一时期也大为发展。宋朝的地理学名著有乐史编撰的《太平寰宇记》，王存等编撰的《元丰九域志》，范成大编撰的《吴郡志》，潜说友编撰的《咸淳临安志》，梁克家编撰的《三山志》，王象之编撰的《舆地纪胜》，祝穆编撰的《方舆胜览》。此外，还有徐兢的《宣和奉使高丽图经》、赵汝适的《诸蕃志》、欧阳忞的《舆地广记》等，可谓百花齐放。元朝建国之后，出现了空前的大一统局面，经过多年的努力，则编成了一部全国性的地理志——《元一统志》。

史学在明、清之际进入了一个独特的发展阶段。明、清以前的史学，主要目的只是为了记叙历史，最流行的史学理论无非“寓褒贬，别善恶”的《春秋》笔法。唐代刘知几的《史通》也只是对收集史料、鉴别史料与写史等问题提出一些看法。到明、清两代，情况开始发生了变化，特别是以黄宗羲为首的浙东学派[①]的出现，已经将史学提高成为与经学同等地位的历史哲学。所以，章学诚提出“六经皆史”的观点，周太谷更明确地说“儒者知命，可由《易》而知也，亦可由史而知也”(《周氏遗书》卷八)。

正是基于这样的史学观，这一时期史籍巨著继续涌现。明代最大的一部史书，是二十四史中多达210卷的《元史》。它由宋濂等人奉敕而修，它以元代十三朝实录为据，保存了许多原始史料，尤以天文、历史、地理、河渠四方面的材料最为珍贵。这一时期由谷应泰所撰的《明史纪事本末》60卷和谈迁所撰的《国榷》104卷，也是研究明代历史的主要参考文献之一。尤其是《国榷》的作者谈迁鉴于经史官员垄断了明历代实录，很多地方忌讳失实，而各家编年史书又多肤浅伪陋，故寻访各种资料，广征博采，大量辑录了明天启、崇祯及南明弘光史事。相传明亡后，他甚至亲自到北京访问遗老，举凡青娥阿监、白头宫女都成为他邀访和辑录史实的对象。谈迁历时二十余年终于写成了这部洋洋巨著，其所载明朝万历以后明与后金的史实，为他书所不及。

清代官修的正史，就是《明史》。《明史》332卷，由张廷玉等奉敕而撰。其中本纪二十四卷，志七十五卷，表十三卷，列传二百二十卷。另有目录四卷。成书后，张廷玉在其《上明史表》中说：“冠百王而首出，因革可征百世之常；迈千祀以前驱，政教远追千古而上矣。”在后世史家眼中看来，二十四史中，除前四史外，以《隋书》与《明史》为最精当，而《明史》又更胜《隋书》一筹。《明史》所以能达到这样的水平，主要是因为从开馆修史到最后定稿，历时90余年，不仅时间足够，而且史料丰富，选取从容。王鸿绪所撰《明史稿》310卷，也是这一时期的重要史书，其书共计：十六本纪分十九卷，十五志分七十七卷，三表分九卷，一百七十三列传分二百零五卷，又目录三卷。张廷玉在奉敕所撰的《明史》最后定稿时，多以其史料为蓝本。

清代所编的编年史主要有《续资治通鉴》220卷，由毕沅主编。《续资治通鉴》为宋、元两代的编年史，历时20年编成。当时史学家章学诚也在毕沅幕中，从而使其书在续修史籍中成为不可多得的杰作。该书上起宋太祖建隆元年(960年)与《资治通鉴》相衔接，下迄元顺帝至正三十年(1370年)，宋、辽、金、元四朝史事并重。后人有评价此书时说：“宋、元、明人续《通鉴》者甚多，有此皆可废。”(张之洞：《书目答问》)

这一时期浙东学派的出现是中国古代史学发展特别值得一书的一件大事。这一学派以黄宗羲的思想为主，发展至章学诚时，渐渐形成较为完善的学术主张。

黄宗羲以自己的《明儒学案》开拓了新史学的格局。在此书中他主张学必本源于经而证明于史。所以他著《易学象数论》，彻底推翻宋人河图洛书的玄妙之说。黄宗羲在他的另一著作《明夷待访录》中则以箕子自命，更是突破了狭隘的民族思想，而以“济世启民”的态度期望新兴政权的出现，具有鲜明的启蒙思想特征。

---

① 浙东学派原指宋代吕祖谦、叶适、陈亮诸人有共同的学术主张，如他们共同主张“治经史以致用”，又因他们都是浙东人，故称“浙东学派”。明末清初黄宗羲、万斯大、万斯同、全祖望以及稍后的章学诚、邵晋涵、杭世骏等人均主张“尊经证史”“通经致用”，章学诚更是提出了“六经皆史”的观点，他们也同为浙江东部人，因而被称为史学理论的“浙东学派”。

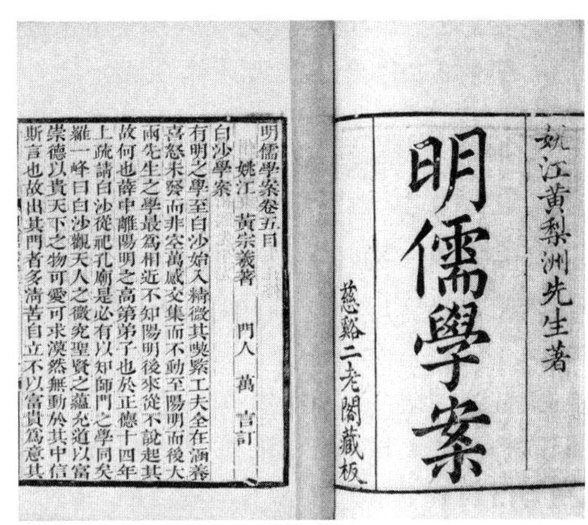

姚江黃梨洲先生著
明儒學案
慈谿二老閣藏板

明儒學案卷五目
姚江 黃宗羲著 門人 萬 言訂
白沙學案
有明之學至白沙始入精微其喫緊工夫全在涵養喜怒未發而非空萬感交集而不動至陽明而後大兩先生之學最爲相近不知陽明後來從不說起其故何也薛中離陽明之高第弟子也於正德十四年上疏請白沙從祀孔廟是必有以知師門之學同矣羅一峰曰白沙觀天人之微究聖賢之蘊充道以富崇德以貴天下之物可愛可求漠然無動於其中信斯言也故出其門者多清苦自立不以富貴爲意其

黄宗羲像与《明儒学案》书影

浙东学派在史学方面作出卓绝成就的，除黄宗羲以及参与修撰《明史》的万斯同外，还有章学诚、全祖望等人。章学诚一生著述甚多，后人曾编成《章氏遗书》多卷，其中最能代表章氏学术思想的是《文史通义》和《校雠通义》二书。章学诚在《文史通义》中的史学理论核心是“六经皆史”说。他在《书教》《诗教》篇中认为《书》《诗》之教就是强调史的作用。在《原道》中他认为“道”就是客观规律，在《原学》中他又认为“学”就是如何评议和运用“道”。在《博约》中他提出了史学治学的基本方法。在他看来，因为历史是无数的偶然的客观存在，故需要博；从中归纳出来的规律就是通和约，由博返约，就掌握了客观规律；再以此规律来认识处理客观社会历史，就是以约制博。可见，在章学诚的学术思想中，史学已经上升为历史哲学的层次。

浙东学派的另一代表人物是全祖望。全祖望博闻强记，尤好史籍，相传在翰林院时借读《永乐大典》，一天能读二十卷。他曾经七校《水经注》，三注《困学纪闻》，在史料校订方面贡献甚大。全祖望因黄宗羲《宋元学案》书稿未完，以十年之力为之续成100卷，从而使该书成为研究宋元学术思想的重要资料。他所著的《鲒埼亭集》，收明清之际碑传甚多，也极富有史料价值。

清代史学继浙东学派而起的是考史派。考史派也可以说是浙东学派的发展。浙东学派主张“尊经证史以致用”，而“证史致用”必先求真，这就必然要走上考史的道路。清代乾隆、嘉庆以来，考史一派人才辈出，尤以钱大昕、王鸣盛、赵翼等人为代表。钱大昕有《廿二史考异》100卷。这里所谓的廿二史，即是指从二十四史中除去《旧五代史》和《明史》。钱大昕于此二史外，对古代史皆有考订。《廿二史考异》也因此而成为当时史学的重要著作。此外，他的《疑年录》《三史拾遗》《宋辽金元四史朔闰考》《通鉴注辨正》《金石文字跋尾》等，也是颇有见地的史料学著作。考史学派的另一代表人物王鸣盛与钱大昕同乡、同年，又是钱大昕的妹丈。钱大昕著《廿二史考异》，王鸣盛也有《十七史商榷》100卷。所谓“十七史”，实际上就是上起《史记》，下迄五代的十九部正史，因从宋人习惯，称为十七史。所谓“商榷”，即校勘本文，考度史实。因此《十七史商榷》，对研究正史具有重要的参考价值。赵翼在史学考证方面的贡献则主要体现在其所著的《廿二史劄记》36卷。[①] 该书对重要史事、史制，多溯源归流，旁征博引，评其得失。

① 赵翼所著的《廿二史劄记》中所谓廿二史，与钱大昕的《廿二史考异》不同，它实际上是包括了《史记》至《明史》的全部二十四史，因《旧唐书》和《旧五代史》在当时尚未被清朝统治者正式承认为正史，故未计入数内，所以当时只称廿二史。

尤其对那些有关一代兴衰变革的重大历史事件的评述，特别给后人以启迪。

明清之际的古代史学发展还体现在地理志的成就方面。清代地理志成就，应首推顾祖禹的《读史方舆纪要》。该书共130卷，是顾祖禹闭户著书，积三十年之功编撰而成。内容是据正史考订地理，举凡山川形势险要，古今战争攻守成败，因果得失，无不详尽叙述。此外，该书对交通变迁，城市兴废，漕运情况，也略加论述，并附有作者自己的见地。该书是一本不可多得的历史地理名著，它成为后人治史地之学必不可或缺的参考书。这一时期有关海外地理志的著作，应首推魏源的《海国图志》。该书共100卷，是一部从介绍西方国家历史地理的角度出发，探索富国强兵之道，阐发作者政治理想的巨著。林则徐在广州主持禁烟期间，为了了解西方国家的历史与现状，让幕僚把英国人慕瑞所著的《世界地理大全》翻译出来，亲自加以润色、编辑，撰成《四洲志》一书。但此书过于简略。1841年林则徐在镇江与魏源相见，乃委托其编撰成《海国图志》。魏源在此书中主张学习西方之长，“师夷长技以制夷”，建议设船厂，置炮船，加强海防，抵抗外侮。在中国历史上，此书堪称国人认识西方的第一部系统著述。它使长期处在闭塞状态下的国人耳目为之一新。这本书不仅对后来的资产阶级改良运动有重要影响，而且据日本学者研究，其书对日本明治维新也起到了相当的启蒙作用。

湖南邵阳火车站广场的魏源塑像

方志的成就也是这一时期史学的一个亮点。作为史学的一个分支，方志之学从古就有，其性质是兼有历史、地理两个方面的区域史书。在唐代就有张旭的《吴郡志》，宋代有梁克家的《三山志》等。但方志成为一种专门之学，则是清代史学大师章学诚的贡献。章学诚认为方志是国史之重要组成部分，他不但在《文史通义》中提出“修志十要”，而且自己亲自动手修志。除全国性的方志外，方志又分“通志”(省志)、“州志”与“府志”、“县志”三级。章学诚除主修了全国性的方志《大清一统志》外，还主修过《湖北通志》《和州志》《永清县志》三志，给人们留下了一套完整的修志理论与范本。正是由于章学诚等人的不懈努力，清代成为修志成就最大的时代，所修方志体例严谨，种类齐全，数量甚多。比如清初修成的《大清一统志》达500卷之多。可见，修志学发展到清代，可说是已达到高峰。清代全国各省、府、州县都开馆修志，基本上达到了县县有志。有些地区甚至还有乡志、镇志、山志、水志、寺志等。从清代的方志成就也可以折射出中国古代史学在这一时期发展的辉煌成就。也正是从这个意义上我们可以说，中国古代史学无论就其修史制度、治史方式，还是史学人才的涌现等方面，在这一时期都已达到了它发展的高峰时期。

中国古代史学的伟大成就

中国古代史学成就极为辉煌,诸种体裁的史学著作可谓应有尽有。而且,这些不同体裁的史学著作既各有渊源,自成系统,又互相补充,彼此相互印证,共同汇成了波澜壮阔的历史文化长河。面对中国古代史学的伟大成就,梁启超曾断言:"中国于各种学问中,惟史学为最发达,史学在世界各国中,惟中国为最发达。"(《中国历史研究法》)西方学者李约瑟也曾这样感慨过:"中国所能提供的古代原始资料比任何其他东方国家、也确实比大多数西方国家都要丰富。譬如印度便不同,它的年表至今还是很不确切的。中国则是全世界伟大的有编纂历史传统的国家之一。"(《中国科学技术史・导论》)面对着中国古代史学灿若星辰的伟大成就,我们在这里仅就其中最有代表性的成就作一简单的介绍。

一、"史家之绝唱"的《史记》

《史记》无疑是中国古代史学成就首推的经典之作。因为它的出现标志着中国古代史学的正式形成,也因此,其作者司马迁被尊称为中国古代的"史学之父"。

《史记》在中国史学发展中的重要性集中体现在它在把握了极其宏丰的历史资料的基础上,以实事求是的态度创作了我国第一部规模宏伟的通史。在司马迁以前,我国虽然已经有了《春秋》《左传》《国语》《战国策》等极为重要的历史文献,但是,这些著作都只记载着某个时期,或是某些地方的历史,还不是从古至今,包容全面的通史。只是到了司马迁《史记》的出现,我们文化史上才有了一部真正的通史。《史记》叙述了中国古代自黄帝以来 3000 余年发展的历史,其内容既成系统,又极为丰富。它共计 130 篇,526500 多字,不论从内容上和体例上,都可以说是一部空前的史学巨作。

史记虽从黄帝写起,但是严谨的司马迁对于难以凭信的远古记载,实事求是地采取阙疑的态度。比如他就曾说:"唐虞以上,不可记已"(《史记》卷一二八《龟策列传》);"神农以前吾不知已"(《史记》卷一二九《货殖列传》)。由此,他在全书中,采取了详近略远的编撰原则。单就他叙述历代王朝的史实而论,五帝合为一纪;夏、殷、周三代也只各成一纪;到了秦代,既有《秦本纪》,又有《秦始皇本纪》;到汉代,便从高祖至武帝,每人各为一纪。同样,他在十表中,三代称世表,十二诸侯称年表,秦楚之际便称月表。这都体现出他时代越远的记载越简略,时代越近的记载越翔实的写作原则。所以,班固谈到《史记》时,特别指出"其言秦汉详矣"(《汉书》卷六二《司马迁传》)。从中可见司马迁对待历史科学严谨和求是的精神。

《史记》的另一个伟大成就是为我国史书开创了纪传体的新体裁。《史记》130 篇,分为十二"本纪"(近似于政治史)、十"表"(近似于年表)、八"书"(近似于社会制度史)、三十"世家"(近似于国别史和人物传记)、七十"列传"(近似于人物传记和民族史)。本纪、表、书、世家和列传就是南宋史学家郑樵所说的"五体",它开了中国史书纪传体的先河。虽然司马迁所用的五种体例也有它的渊源,而非司马迁所独创,但把这五种体例综合成为一种新的史书形式,这确为司马迁所首创。清代著名的史学家赵翼在论及司马迁《史记》的这一功绩时曾这样说过:“司马迁参酌古今,发凡起例,创为全史,本纪以序帝王,世家以记侯国,十表以系时事,八书以详制度,列传以志人物。然后一代君政事,贤否得失,总汇于一编之中。自此例一定,历代作史者,遂不能出其范围,信史家之极则也。”(《廿二史劄记》卷一《各史例目异同》)可见,纪传体的创立是司马迁对中国古代史学的巨大贡献。《史记》之后,纪传体的史学体裁便成为中国古代史学的主要体裁。

项羽像

特别值得一提的是,《史记》还具有相当的人民性。《史记》记载的当然主要是属于帝王将相等统治阶级的事迹,但是司马迁的笔触并不只局限在这里,他在列传中,还记述了不少游侠、刺客、货殖等下层社会的人物。尤其难能可贵的是,他敢于直书被封建统治阶级视为“叛逆”的人物,比如把农民起义的领袖陈胜也列入世家,描写陈胜大泽乡起义时的豪言壮语可谓栩栩如生:“且壮士不死则已,死即举大名耳,王侯将相宁有种乎?”(《史记·陈涉世家》)这显然是以极大的热情歌颂了下层人民对封建专制统治的反抗精神。司马迁也不以成败论英雄,为楚汉争雄中败北的项羽写下了本纪,并给予了他极高的评价。比如在《史记》中我们可以读到对项羽的如下赞美文字:“分裂天下而封王侯,政由羽出,号为霸王。”(《史记·项羽本纪》)而且,司马迁还从同情广大被压迫人民出发,一方面歌颂了许多反抗封建统治的英雄人物,另一方面,他也敢于揭发和抨击那些强暴的统治者及其大小爪牙的各种罪行。比如他在《平准书》中说汉武帝穷兵黩武,卖官鬻爵;在《封禅书》中说汉武帝迷信神仙,劳民伤财。他因为痛恨专制统治的严刑峻法,于是专列一章,在《酷吏列传》中给予了揭露;他怜恤劳动人民为徭役所累,所以在《蒙恬列传》中指责蒙恬“阿意兴功”;如此等等。可见,司马迁在叙述各种人物活动的历史时,是有所褒贬,也有所爱憎的。这种褒贬和爱憎在一定程度上是与当时广大被压迫人民的思想感情联结在一起的。这显然是《史记》富有人民性的表现。即此一点就如鲁迅所说,它已成“史家之绝唱”(《汉文学史纲要》),后代史家之作几乎无法望其项背。

《史记》在中国史学史及整个文化史上的贡献还是多方面的。鲁迅先生提及《史记》时曾称其为“无韵之《离骚》”(《汉文学史纲要》)。可见,即使从文学的角度看,《史记》也有值得推崇的地方,从一定意义上甚至可以说,《史记》不仅是一部伟大的历史著作,而且也是一部伟大的文学作品。司马迁在撰写人物传记的时候,根据自己对于人物的理解和认识,善于选择素材,加以剪裁和组织,通过生动的故事情节和简洁的语言,深刻地刻画出人物的性格,反映出社会的真实生活面貌。比如在《淮阴侯列传》里写韩信少时忍辱胯下;在《留侯世家》里写张良“亡匿下邳”,为圯上老人拾履,等等,都是在一些小事件上经过细致传神的描写,从而加强了人物的真实性。至于《项羽本纪》里写项羽的鸿门宴和垓下之围等,都是著名的有细节有场面的故事,为后世所熟知。这也许就是司马迁的许多人物传记区别于后来一些历史著作的人物传记而富有文学性的一个最大特色之所在。

二、贯通古今的编年史杰作《资治通鉴》

编年体作为中国古代史书的最主要体裁之一，其特点是以时间为线索记叙历史。从《春秋》开始，各诸侯国都曾有按年记事的编年史，这些编年史大抵以“春秋”命名。[①] 编年史的著作在《春秋》之后，还有《汉纪》与《后汉纪》问世，但它们都是以断代为基本格局。这一局面直到北宋司马光主持编撰的《资治通鉴》出现才得以改观。

司马光的《资治通鉴》上起战国下终五代，按年记载，上下贯通，剪裁得当，内容宏丰，成为继《史记》之后包容年代最长的通史之一。《资治通鉴》也因此成为中国古代史学史上又一划时代的巨著。鉴于司马光的巨大成就，后人把他同汉代的司马迁相提并论，视为中国古代史学史上的两大伟人，并称为“两司马”。

《资治通鉴》作为中国古代史学的又一鸿篇巨制，其成就无疑是多方面的。这个成就首先在于它既改变了汉唐以来以纪传体独居史学垄断地位的局面，又革新了自春秋以来编年史的叙事方法。由于纪传体如刘知几所说的“既举大略，又备细事”，所以自《史记》以后，汉唐年间它一直是史书的正统叙事方式。但纪传体也有如刘知几所说的“同为一事，分在数篇，断续相离，事后屡出”（《史通》卷二《二体》）的弊端。这种叙事不集中、不连贯，前后重复以及时间概念不明确的缺点也比较突出。正因为如此，正史卷帙浩繁而传习的人却很少。司马光就曾不无忧虑地说：“《春秋》之后，《史记》至《五代史》，一千五百卷，诸生历年莫能尽其篇第，毕世不暇举其大略，厌烦趋易，行将泯绝。”（《通鉴外纪后序》）正是在这种情况下，司马光发愤编写一部新的史书。他对这部史书的编写要求一是求简，二是求通，用以取代繁杂的汉唐以来的正史。《资治通鉴》正是因此而成为中国古代编年史的杰作。关于《资治通鉴》在这方面的贡献，清代学者浦起龙曾这样说过：“弃编年而行纪传，史体偏缺者五百余年，至宋司马氏光始有《通鉴》之作，而后史家二体到今两行。坠绪复续，厥功伟哉。”（《史通通释·古今正史·按语》）可见，一度中衰的编年体史书，正是因《资治通鉴》的出现才又蓬蓬勃勃地发展起来的。

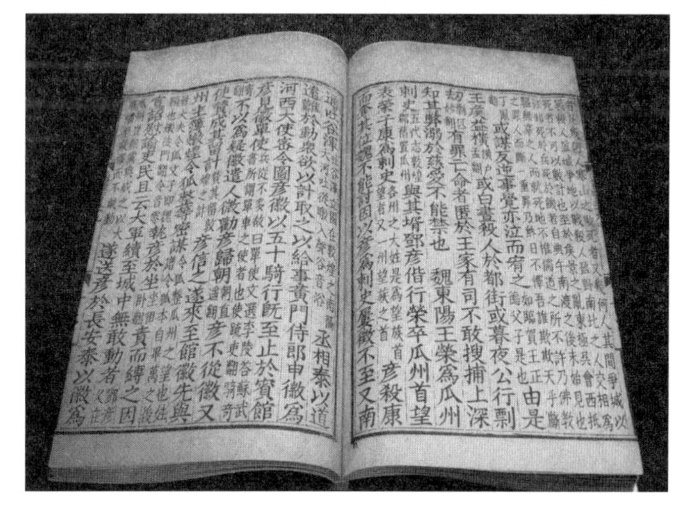

司马光《资治通鉴》书影

《资治通鉴》作为编年史的杰作其贡献还表现在改革和革新了叙事的方式。关于叙事之于史学的重要性，刘知几说过：“夫史之称美者，以叙事为先。”（《史通》卷六《叙事》）可见，叙事对史学具有基础性的意义。但在中国古代史

① 在古代汉语中“春秋”一语即作岁月、流年解，史书以“春秋”命名，事实上就是编年之意。

钦赐《资治通鉴》之名的宋神宗像

学发展史上,叙事对编年史来说,也有一个由简到繁、由低到高的发展过程。这个过程大致可以归纳为:草创于《春秋》,形成于《左传》《汉纪》,完善于《资治通鉴》。因为《资治通鉴》虽然编年纪事,但绝不是简单地按年月编排,形成流水账式的记载;它往往采用灵活叙事的各种方法把一些事件的前因后果和背景材料较为集中地予以叙述,从而使编年史的写作达到了一个新的高度。以著名的赤壁之战为例。在司马光之前,不曾有过一部书对赤壁之战有过完整性的描写,一些零星的资料散见于范晔《后汉书》、陈寿《三国志》、韦昭《吴书》等书中,仅《三国志》就涉及"武帝纪""刘璋传""先主传""诸葛亮传""吴主权传""周瑜传""鲁肃传""程普传""黄盖传"等。正是司马光将这些资料收集起来,甄别删削,加工润色,于是才有赤壁之战的经典名篇。概括地说,在《资治通鉴》叙事时,它主要采取了下列几种方法:一是提纲法。编年史记事不像纪传体史书都有篇题,因而需读完事件全文,否则不易掌握问题,这是编年史书的一个欠缺。司马光对此采取了"先提其纲,后原其详"的方法,这样就使得叙事眉目清楚,为研学者提供了很大的便利。后来朱熹的《通鉴纲目》更在这一基础上创造了大书为纲、分注为目的纲目体新体裁。二是追叙法。编年史记事,只记当年之事,因此对事件的起因,往往难以明其原委。司马光对此往往于叙述本事前,用"初""先是"等笔法以追溯它的由来,使事件的始末一览而知。后来袁枢在这一基础上编写《通鉴纪事本末》,创造了纪事本末的新体裁。三是连类法。凡叙述到历史事件的有关当事人时,《资治通鉴》对于有关的或同类的事和人,往往连同予以记载,这是一种既便于集中描述又可避免遗漏的叙述方法。四是带叙法。史书必载人物,但编年史多不详其邑里世系,使读史者颇费稽考。司马光于行文中,凡遇最初出现的人物都载明邑里或世系。比如记载"文帝前四年,以御史大夫阳武张苍为丞相"(《资治通鉴》卷十四)。这就标明了张苍是阳武人。这种叙事法在编年史中是颇为独特的。它显然有利于读者了解历史事件中其人其事的来龙去脉。

在古代史学著述中,编年史由于体例的限制,很难达到如纪传史那样"大端"与"细事"并举无遗。但司马光运用各种叙事方法采纪传之长,补编年之短,使《资治通鉴》的编写达到了更加完善的地步。宋神宗曾经称赞《资治通鉴》说:"前代未尝有此书,过荀悦《汉纪》远矣。"(《续资治通鉴》卷八七)显然,这番话并非溢美之词,而是对《资治通鉴》作出的精当评价。

司马光的《资治通鉴》在中国古代史学史上还有一个重要的贡献,就是它建立了比较完备的史料考异制度。众所周知,史书的编撰过程中,史料的异同、真伪的辨别显然是至关重要的。司马迁作《史记》,曾提出"考信于六艺"的原则,所以他对于那些荒诞不经的史料不予采用,开始表现出史家处理史料的慎重态度。杜佑《通典》中有不少专门考订史料真伪的注释。这些都可说是司马光《资治通鉴》考异法的前导,但《资治通鉴》的考异法却远远超过了前人的成就。在主持编撰《资治通鉴》的过程中,司马光运用史料固然比较重视正史、实录等官修的史书，但他和宋真宗时所修《册府元龟》的取材原则又有不同。《册府元龟》唯取六经子史，不录小说。司马光却认为："实录、正史未必皆可据，杂史小说未必皆无凭。"所以，他在《资治通鉴》中大量采用了正史、实录以外的资料。正因为司马光要求编撰时采用广泛的史料，在编写《资治通鉴》时有时一件史事往往要求用好几种材料参互写成，这就必然要遇到记载的异同与史实的真伪问题。为了弄清事实，决定取舍，司马光提出了独特的考异方法："先注所舍者云某书云云，今按某书证验云云，或无证验，则以事推理之云云，今从某书为定；若无以考其虚实是非者，则云今两从之。"(《司马文正公传家集》卷六三《贻范梦得》)现存《资治通鉴考异》三十卷中的条文，大体上都是按照这个公式写的。而且，《考异》的条文繁简不一，根据情况而定，有的条文不过寥寥数字。比如卷二汉灵帝光和六年"张角置三十六方"条说："袁《纪》作坊，今从范《书》"，非常简单。有的条文则字数多达 2500 多字。这足以说明《资治通鉴》在对待史料问题上的认真严谨态度。

《资治通鉴》还有一个值得一提的地方，就是它首创编年史的目录法。史书目录始于西汉，但仅限于纪传体的史书，至于编年史从来就没有目录。因为编年史按年记事，头绪繁多，详略不一，不如纪传史事有专篇，篇有定名，易为篇目。但目录的用处，在于有利研读者寻检相关内容。编年史既无目录，寻检自然就极为不便。大部头的编年史其寻检就更为困难。司马光意识到一点，因此在修编此书的同时，又编写了《资治通鉴目录》三十卷。这个目录和纪传史的目录不同，它在目录的上方，首载岁阳、岁名以纪年，又在目录的中间仿司马迁年表，略举事目。又撮书中精要之语，散于其间，具有《资治通鉴》节本的作用。最后则在目录的下方，标注卷数，使寻检者知某事在某年，某年在某卷，以便于查阅。司马光用年表之法，创编年史目录之体，无疑是其在历史编纂学方面的一个创新。

三、纪事本末体之经典《通鉴纪事本末》

自从司马光编撰《资治通鉴》以后，宋代学者在其影响下从事编年体历史著述的很多，如李焘撰《续资治通鉴长编》，李心传撰《建炎以来系年要录》，朱熹撰《通鉴纲目》，虽都卓有所成，但毕竟无法超越《资治通鉴》。只有袁枢所撰的《通鉴纪事本末》对史书的编纂，另辟蹊径，是一部具有创造性的著作。其创造性集中体现在他于纪传、编年以外，创造了第三种史书体裁，即纪事本末体。这是以历史事件为中心的一种史书新体裁。

中国是一个历史悠久的国家，同时又是一个历史典籍非常丰富的国家。后人要想获得系统的历史知识，面对那些汗牛充栋的典籍，往往会无从下手。因此编写一部简明完备的通史，便成为社会上的一种普遍要求。《资治通鉴》对于各种繁杂的史书来说，已是简化很多了，但是它仍然是一部拥有 354 卷(包括目录 30 卷、考异 30 卷)的大部头著作。据说，《资治通鉴》修成后，司马光希望编撰者以外的人再审看一遍，但使他大失所望的是，只有一个名叫王胜之的借去翻阅了一遍，别的人面对这部巨著，有的只翻了几卷，有的甚至只看了目录就望而却步了。司马光显然也意识到这一点，故晚年曾试图把《资治通鉴》再简化一番，但终因年事已高，心力不济，没能够完成这一心愿。正是在这样的历史背景下，袁枢摘录《资治通鉴》中的重要史实，分类编辑而成了《通鉴纪事本末》四十二卷。这对《资治通鉴》来说，无疑有了进一步的简化，为学者和一般读者读史提供了很大的便利。

袁枢根据《资治通鉴》记载的重要史实，以事件为中心，按照《通鉴》原来的年次，分类编辑，共汇编了二百三十九个事目。其事件始于《三家分晋》，终于《世宗征淮南》，记述了1300多年的史事，共四十二卷。袁枢跟司马光一样，始终恪守"专取关国家兴衰，系生民休戚，善可为法，恶可为戒"的编撰原则。因此他在编立标题、抄录史料时，对于灾异、符瑞、图谶、占卜、鬼怪等绝少加以采用，即使稍有涉及，也是作为警示作用而加以援引。这种反对天命、神学，而重视社会现实的史观，在当时无疑是相当进步的。当参知政事龚茂良得到《通鉴纪事本末》一书时，立即推荐给宋孝宗。宋孝宗阅读后情不自禁地赞叹说："治道尽在是矣。"(《宋史・袁枢传》)后来孝宗还传谕摹印十部，以赐太子等人，命其熟读此书，以从中汲取治国安邦的智慧。

袁枢所编的《通鉴纪事本末》的容量，比《资治通鉴》为少，而且以事为纲，眉目清楚，旨趣明白。因此我们可以说它是中国古代一部简明精粹的历史教科书，它在传播历史知识方面，在以史为鉴的治理实践中，曾经起到了非常积极的影响作用。但如果从中国古代史学发展的角度来看，这部书的主要价值还在于它为中国史书的编纂创立了一种新的体裁。关于这一点，《四库全书总目提要》曾这样分析过："古之史策，编年而已，周以前无异轨也。司马迁作《史记》，遂有纪传一体，唐以前亦无异轨也。至宋袁枢以《通鉴》旧文，每事为篇，各排比其次第，而详叙其始终，命曰纪事本末，遂又有此一体。"这就是说，唐以前中国史书只有编年体和纪传体这样两种体裁，它们虽然都各有优点，但是"纪传之法，或一事而复见数篇，宾主莫辨；编年之法，或一事而隔越数卷，首尾难稽"。袁枢于纪传、编年之外另创纪事本末一体，这较好地弥补了纪传与编年体之不足。

可见，袁枢《通鉴纪事本末》最大的贡献是开创了以纪事为主的本末体，实现了史书编纂体的突破，从此古代史书编撰出现了编年、纪传、纪事本末三足鼎立的格局。在此之前，以"时"为中心的编年体和以"人"为中心的纪传体虽然各有千秋，但检索不便则是它们的共同缺点。袁枢创立的以"事"为中心的纪事本末体裁，恰好弥补了编年与纪传体的欠缺。这种体裁，用清代著名史学家章学诚的话说是："因事命篇，不为常格"；"文省于纪传，事豁于编年。"(《文史通义・书教下》)事实上，袁枢的《通鉴纪事本末》是最接近于现代史书编撰的体裁。自袁枢创立此体之后，如《宋史纪事本末》《元史纪事本末》等接踵而起的代有其人，从中我们也可感受到袁枢所编的《通鉴纪事本末》对于历史编纂学的独特贡献。

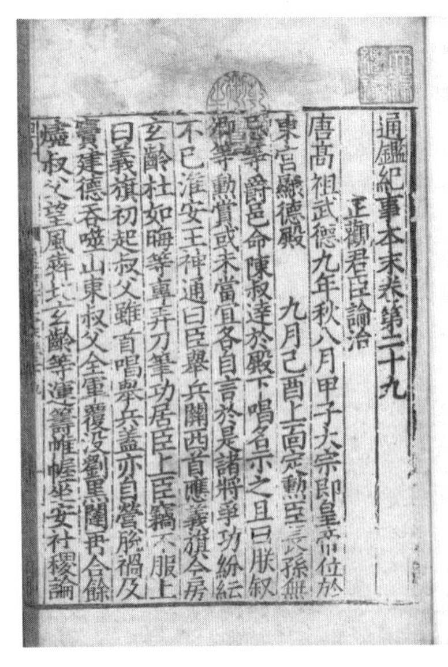
通鑑紀事本末卷第二十九
正觀君臣論治
唐高祖武德九年秋八月甲子太宗即皇帝位於
東宮顯德殿　九月己酉上面定勳臣長孫無
忌等爵邑命陳叔達於殿下唱名示之且曰朕叙
卿等勳賞或未當宜各自言於是諸將爭功紛紜
不已淮安王神通曰臣舉兵關西首應義旗今房
玄齡杜如晦等專弄刀筆功居臣上臣竊不服上
曰義旗初起叔父雖首唱舉兵蓋亦自營脫禍及
竇建德吞噬山東叔父全軍覆沒劉黑闥再合餘
燼叔父望風奔北玄齡等運籌帷幄坐安社稷論

袁枢《通鉴纪事本末》书影

四、史学理论的巨著《史通》

中国古代史学的辉煌成就还体现在史学理论方面。唐代著名的史学理论家刘知几编撰的《史通》二十卷，其内容广泛，不仅论及史书编撰、史学准则、史学史、史学流派等问题，而且还特别评论了史书编撰中的体例、书法、史料、行义和史家修养等史学理论的重要问题。因而《史通》一书可以视为对唐以前史学理论之系统而全面的总结，它标志着中国古代史学理论的正式确立。

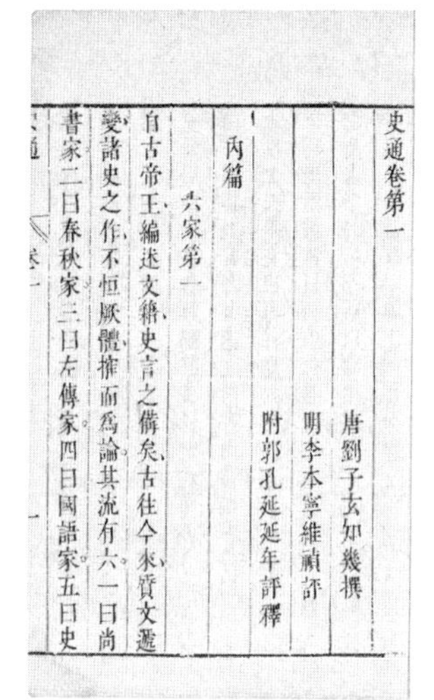

史通卷第一

唐劉子玄知幾撰

明李本寧維禎評

附郭孔延延年評釋

內篇

六家第一

自古帝王編述文籍史言之備矣古往今來質文遞變諸史之作不恒厥體榷而爲論其流有六一曰尚書家二曰春秋家三曰左傳家四曰國語家五曰史

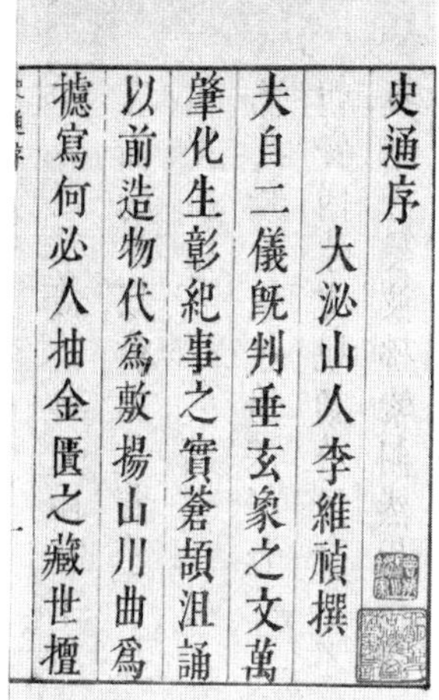

史通序　大泌山人李維禎撰

夫自二儀既判垂玄象之文萬肇化生彰紀事之實著頡沮誦以前造物代爲敷揚山川曲爲摅寫何必人抽金匱之藏世擅

刘知几《史通》书影

《史通》对于中国古代史学文化的影响，首先体现在它进步的历史观上。《史通》明确反对命定论的错误历史观。刘知几认为，天道和人事是截然不同的两种现象，不能混为一谈。历史上许多兴亡成败的事情，主要是由于人事的原因，跟天命没有什么关系。比如司马迁在评论魏国灭亡时曾说过这样一段话：“说者皆曰，魏以不用信陵君，故国削弱至于亡。余以为不然。天方令秦平海内，其业未成，魏虽得阿衡之徒，曷益乎？”(《史记·魏世家》)司马迁在这里流露出是天命让秦统一中国的想法。刘知几在《史通》中对司马迁的这一说法则不以为然。他说：“夫论成败者，固当以人事为主，必推命而言，则其理悖矣。”(《史通》卷十六《杂说上》)他还从历史上许多兴亡的事实中指出国家的兴亡往往在于国君有否才德：“夫推命而论兴灭，委运而忘褒贬，以之垂诫，不其惑乎？”(《史通》卷十六《杂说上》)很明显，刘知几认为历史属于“人事”范围，不能用命定论来解释。刘知几在这里论及史家不应以虚妄的“天命”解释历史的“事理”，这在当时显然是非常卓越的见解。

刘知几《史通》中的进步历史观还体现在他的历史进化论的观点上。刘知几认为历史是变化的，“古往今来，质文递变”(《史通》卷一《六家》)，因而每个时代都有其不同的历史特征。他在《模拟篇》中精辟地指出：“世异则事异，事异则备异。必以先王之道，持今世之人，此韩子所以著《五蠹》之篇，称宋人有守株之说也。”所以《史通》在谈到历史发展的情况时，往往用所谓“远古”(或上代)、“中古”(或中世)和“近古”(或近代)的概念来表示特定的历史阶段。刘知几当然不可能对社会历史发展阶段问题作出科学的说明，但是他对历史阶段的这种看法，并非全凭臆想，而是依据着一定的客观史实为依据的。

特别难能可贵的是，刘知几在《史通》中不但认为历史是变化的，是有其演变的阶段性的，而且指出这种变化的产生是由于“古今不同，势使之然”。关于什么是“势”的问题，刘知几在《史通》的《烦省》篇中根据古今史书详略不均的情况作了说明。他说：“当春秋之时，诸侯力争，各闭境相拒，关梁不通。”故《春秋》一书记载不详。在西汉全国统一的局面下，“华夏毕闻，远近无隔”，故《汉书》的记载远比《春秋》为详。东汉经济文化的发展超过西汉，所以《后汉书》的记载又比《汉书》为详。这就说明史书的详略决定于历史发展的客观条件。这个以经济发展形势表现出来的社会必然性就是刘知几所说的"势"。在《史通》中的这种历史形势决定论的观点虽不能完全说明历史发展的真正原因,但是刘知几毕竟认为历史的演变决定于客观的形势,而不取决于人们的主观意志,尤其不取决于天之命或君主之意志。在当时盛行以"天命论""君主决定论"等观念解释历史的时代条件下,刘知几的这种见识,无疑有着显著的进步意义。

《史通》的重要历史文化价值,还在于它在史料学和史学编纂学方面的独特贡献。刘知几的《史通》在史料学上的贡献首先表现在对于史料的分类上。《史通》在《杂述》篇中,把史书分为"正史"和"外传"两大类,又分"外传"为偏记、小录、逸事、琐言、郡书、家史、别传、杂记、地理书、都邑簿等十个门类。值得注意的是,他所说的正史,并不限于纪传体的史书,同时也包括编年体的史书,不仅指《史记》以下的诸史,而且包括《春秋》以上的群经。在《杂述》篇中,他还提到《吕氏春秋》《淮南子》《抱朴子》等诸子著作。以他的话说就是"多以叙事为宗,举而论之,抑亦史之杂也。"(《史通》卷三十四《杂述》)可见,《史通》在中国古代史学中最早把子书也归入了史类,这样就扩大了史学的范围,为治史者开辟了更广阔的研究途径。《史通》对史料学的贡献还体现在提出了史料的"博采"和"善择"相统一的原则。刘知几认为:"盖珍裘以众腋成温,广厦以众材合构。自古探穴藏山之士,怀铅握椠之客,何尝不征求异说,采摭群言,然后能成一家,传诸不朽。"(《史通》卷五《采撰》)这就是说,搜集史料应力求广泛,孤陋寡闻决不能成史家不朽之业。但是仅搜集众多的史料还是不够的,还必须对于史料的真伪加以考辨,去粗取精,去伪存真。所以刘知几不但对于"偏记小说"不敢轻信,对于"正史"的史料价值,也采取分析与批判的态度。由此,他主张对于《尚书》、《春秋》以及《史记》以下的各朝正史莫不采取"博采"与"善择"相统一的方法。刘知几曾这样写道:"假有学穷千载,书总五车,见良直而不觉其善,逢牴牾而不知其失,葛洪所谓藏书之箱箧,'五经'之主人。而夫子有云:虽多亦安用为?其斯之谓也。"(《史通》卷十八《杂说下》)

在历史编纂学的贡献方面,刘知几在《史通》中首先总结了旧史的体例,把唐以前的史书分为六家。他说:"诸史之作,不恒厥体,榷而为论,其流有六:一曰《尚书》家,二曰《春秋》家,三曰《左传》家,四曰《国语》家,五曰《史记》家,六曰《汉书》家。"(《史通》卷一《六家》)在刘知几看来,《尚书》的内容记载了古代统治者的号令训诰,是记言的史体;《春秋》的内容依年月编次统治者的行事和诸侯国间的交涉,是记事的史体;《国语》分国纪事,是国别史体;《史记》是通史体例;《汉书》是断代史体例。这六种史体,又可归为最基本的两种体裁。所以刘知几在《史通》中又有《二体》篇加以阐述:《春秋》《左传》属于编年体,《史记》《汉书》属于纪传体。刘知几在《史通》中对于这两种体裁的得失,还作了精辟的分析。在他看来,"备载其事"是编年史之优点,而"包举大端"则是纪传体的长处。由此,刘知几认为编年、纪传各有优劣,不可偏废。

除此之外,《史通》还探讨了编写历史的文风问题。在《言语》《浮词》《叙事》《模拟》各篇中,刘知几着重批判了史文中模仿和浮华的不良风气。他反对史文中模拟古人的做法,主张从精神实质上学习古人的长处,不要从文字外表上生搬硬套。由此,《史通》主张历史记载应该采用当代语言,即所谓方言世语。这显然是很有创造性的见解。也正由于主张史书中的方言世语,所以《史通》也明确反对以文代史、追求辞藻华丽的修史方法。《史通》中的这一主张显然对后来的史学发展产生了积极而深远的影响。

第三节 古代史学传统与中国传统文化

中华民族不仅有着悠久的历史，而且在这个悠久历史的发展中还形成了独特的历史文化传统。这一历史文化传统，既作为中国传统文化的一个重要组成部分，对整个传统文化产生重要的影响作用，又反过来受传统文化中以儒家为“道统”的整个古代文化的规范与制约。正是在这个双向作用的过程中，中国古代史学形成了自己的独特传统及文化性格。我们今天认识和了解这一独特的历史文化传统，将有助于弘扬光大其中的优秀内容，从而“以史为鉴”“古为今用”。

一、古代史学在中国传统文化中的地位

史学传统在整个中国传统文化中的地位是非常重要的。这种重要性在中国古代“经史并重”的传统中被集中地体现出来。自孔子整理《春秋》以来，中华文明史上，诞生了数以百计如司马迁、班固、司马光、刘知几那样的史家和以《史记》《资治通鉴》《汉书》《史通》等为代表的浩如烟海的史籍。关于史学在中国古代的发达程度，德国哲学家黑格尔在其《历史哲学》中曾经感叹道：“中国‘历史作家’的层出不穷，继续不断，实为任何民族所不及。”[①]的确，中国古代史学在统治者的倡导下，通过诸多史家一代又一代的努力，在中华文化发展史上留下了一份举世罕见、内容宏丰、理论精湛的珍贵遗产。这是一座我们在开掘传统文化的现代价值时特别值得流连、关注和珍惜的瑰丽宝库。

中国古代史学在整个传统文化中的地位，具体体现在中国古代传统的经、史、子、集的学术顺序上。从《隋书·经籍志》开始一直到清朝编撰的《四库全书总目》，史书在整个古代学术思想典籍中一直位居第二。这一基本事实足可看到史学在传统文化中的地位。中国是世界文明古国，正是因为它有着悠久的历史和灿烂的文化。这一悠久的历史和灿烂的文化，在很大程度上恰恰是通过历代的史家记录才保存下来的。从这个意义上可以说，史学及其史籍作为社会历史的一种再现形态，具有记录、整理与整合一个民族乃至整个人类的文化创造、文化积累和文化发展的职能。流传至今的中国历史文化典籍，比如二十四史，就涵盖了中国文化的方方面面。史学之所以具有这样的职能，不仅是因为文化的任何一个门类本身都有其发生、发展的历史，如哲学史、文学史、艺术史、宗教史、科技史、教育史等，而且这些文化门类，如哲学、文学、艺术、宗教、科技、教育等，也同整个社会的历史发生着密切关系，都要在历史的研究中加以阐述，才可以被深刻地理解和把握。从这个意义上完全可以说，如果不了解中国古代历史，不研读中国古代的基本史籍，就无法了解整个中国传统文化。

同样，如果不了解中国传统文化的基本特征和发生发展的规律，也就无法理解中国古代史学的基本文化传统。中国古代史学传统与中国整个传统文化的这种内在关系，经典地体

① 黑格尔：《历史哲学》，王造时译，上海书店出版社 2001 年版，第 161 页。

现在儒学与史学的内在关联上。因此,深入理解作为中国文化之“道统”的儒学,是我们理解中国古代史学发生、发展的历史,从而正确把握中国古代史学所形成的独特文化传统的关键。

中国古代史学从一开始就在儒学的指导之下。孔子整理的《春秋》虽然记录的是当时鲁国的历史,但正如有学者指出的那样:“严格说起来,《春秋》也不能算是史学著作,它只是孔子以鲁国为资料,用来表示自己政见的书。”[①]其实,这正反映了中国古代史学与儒家思想的内在一致性。继孔子《春秋》而起,最早出现的史学名著是《左传》、《国语》和《战国策》。《左传》本身就属于儒家的经传。《左传》具有纪事本末的性质,它按《春秋》的编年线索,补充叙述《春秋》中未详的史实。在当时思想界怀疑天道、重视人事的形势下,《左传》并不逆这个思想潮流而动去宣扬商周时代的天道观,而是想把天道和人事糅合在一起,着重从人事去解释历史的变化。这是《左传》受到儒家重视的根本原因。

西汉在专门研究儒家经典的经学盛行后,其史学更是在儒学指导下才得以蓬勃发展的。先是贾谊撰《过秦论》,指出秦朝灭亡的原因是由于“仁义不施”,以至于“百姓怨望而海内畔矣”。他在总结秦、汉历史时得出结论:“自古至于今,与民为仇者,有迟有速,而民必胜之。”(《新书·大政上》)贾谊秉承孔子以来的传统,以史论政,对史学的发展产生了重要的影响。司马迁的《史记》更是深受儒学的影响。司马迁写史的目的,就是要“稽其成败兴坏之理”;“述往事,思来者。”(《汉书·司马迁传》)可见,他的治史态度与孔子是一脉相承的。自汉代“独尊儒术”以来,史家治史,无一不是对孔孟之道的继承和弘扬。

东汉班固著《汉书》百篇,创纪传体断代史,成为后世正史之宗。《汉书》贬秦朝,鄙视历史上陈胜、项羽等建立的政权和非帝系的人物,独尊儒家和六经,思想内容不及《史记》博大,且神学色彩较为浓厚。但它记事从实,论势讲时,关注民心,对统治者不施仁政的不人道罪恶颇有揭发。从这个意义上说,它也是孔孟仁政思想影响下的产物。更重要的还在于,儒家的这一仁政道统一直被后世史家所信奉和守持。

司马光主持编撰的《资治通鉴》从其编撰的目的在于“鉴于往事,有资于治道”,同样可以看出儒学对其的影响。《资治通鉴》在全书中反复强调儒家礼教的要义,宣扬君主的仁政之道。也因此,此书在记载国家的盛衰过程中,记衰世的篇幅往往超过记盛世,其中以相当篇幅记载了百姓的悲欢休戚,末世统治者的作恶致乱,人民的苦难、怨愤及其揭竿而起的起义,颇寓微言大义。清代乾隆年间,朝廷诏定《史记》、《汉书》、《后汉书》、《三国志》、《晋书》、《宋书》、《南齐书》、《梁书》、《陈书》、《魏书》、《北齐书》、《周书》、《隋书》、《南史》、《北史》、《唐书》(旧唐书)、《新唐书》、《五代史》(旧五代史)、《新五代史》、《宋史》、《辽史》、《金史》、《元史》、《明史》等24部纪传体为正史。二十四史从《后汉书》、《三国志》到《明史》,皆步《汉书》后尘,都是以儒家经典的义理作为是非取舍的标准和遵奉的原则,以服务于社会的统治秩序。

对于儒学与史学的这一内在关联性,章学诚曾经通过对“六经皆史”命题所作新的解释予以了阐发。章学诚在其著作《文史通义》中认为,不是经包含了史,而是史包含了经。因为在他看来,中国古代的史籍史论无一不是在儒家经典指导和规范之下而成就的。而且,这些

① 刘蕙孙:《中国文化史述》,文化艺术出版社1997年版,第155页。

史籍史论所要达到的目的，无非是仁义立身、仁政治世之类的教化。

从以上考察可以看到，自汉代到清代，中国史学虽然从儒家的经学中分了出来，但始终与儒学保持着密切的联系。因此，儒学的特点规范了中国古代史学的基本精神面貌：比如儒学重政务、重人事，所以中国史学重要的成果如《史记》《资治通鉴》等也表现为强烈的资政性，具有高度的社会认知价值。又比如儒学重伦理、重道德，所以中国史学也以行使历史裁判为职责，许多虽无功绩但能立德的人物往往在列传中居于首要地位，身为平民的孝子、烈女也能在青史上留名。还比如儒学的尊中庸、贵和合、重礼教等传统，也无不在中国古代史学著述中留下了深刻的烙印。这些传统对于中华文明的发展和中华民族之民族精神的形成，显然产生了深远的历史影响。

二、优秀的古代史学文化传统

在中国古代史学漫长的发展过程中，逐渐形成了许多优秀的史学文化传统，它是古代史学家们德、才、学、识的集中表现。因此，我们所说的批判地继承古代的史学文化遗产，不仅要研读古代史家所积累的史学研究成果，还应从中概括和总结出体现在史学家身上的优秀的史学文化传统。概括地说，中国古代史学所体现的优秀文化传统主要包括如下几方面的内容。

其一是以史为鉴的经世致用精神。中国古代史学家所追求的治史理想目标可以用“学兼天人，会通古今”这样八个字来描述。[①] 由此，中国古代有代表性的史家及其著述，一般都具有宏廓的历史视野。他们往往用包容一切的气势来阐述历史的发展过程，探究历史的前因后果。比如司马迁撰《史记》时就提出“究天人之际，通古今之变，成一家之言”的著史宗旨。汉以后不论是通史家，抑或是断代史家，在他们的著作里，也都力图展示其“学兼天人”和“会通古今”的恢宏气象。班固的《汉书》是这样，司马光的《资治通鉴》更是如此。而且，史学家们“学兼天人，会通古今”的目的恰恰在于以史为鉴。正是在鉴古知今、以古为镜、古为今用的指导思想下，中国古代史家注重当代史的研究。详今略古、注重当代，可以说是我国史学的一贯传统。司马迁撰《史记》一百三十篇，写了3000年的历史，其中有关汉代史的内容则超过半数。在史学发展中的“实录”“国史”更直接就是当代史。清代屡兴文字狱，致使一些学者不敢谈论现实问题，把精力集中在古典文献的整理和考订上。但即便如此，这一时期还是有不少著名史家重视对近现代史的研究和相关撰著。比如浙东史学的几位大家如黄宗羲、万斯同、章学诚等，在近现代史的研究中都有丰硕的研究成果问世。

在古代史学发展中，以史为鉴的研究宗旨必然意味着注重史学研究的“古为今用”原则。早在史学诞生之时，史书中就已有了以史为鉴、借古鉴今的初步意识。《尚书·召诰》说：“不可不鉴于有夏，亦不可不鉴于有殷。”《诗经》上也有“殷鉴不远，在夏后之世”（《诗经·大雅·荡》）的诗句。随着史学的发展，以史为鉴、古为今用成了一个重要的史学传统。比如唐初的统治阶级就十分注重以史为鉴，当时史馆修《隋书》就明确贯彻了这一宗旨。据史书记载，贞观十年（636年），房玄龄、魏征等修五代史成，唐太宗大为高兴。他说：“朕睹前代史书，彰善瘅恶，足为将来之戒。”（《册府元龟》卷五五四《国史部·恩奖》）唐太宗的话可代表统治者对

① 张岱年、方克立主编：《中国文化概论》（修订本），北京师范大学出版社2004年版，第20页。

唐太宗像

修史目的的看法。由此,唐太宗还提出了“以古为镜”的思想。他曾对大臣魏征说自己有三面镜子:“以铜为镜,可以正衣冠;以古为镜,可以知兴替;以人为镜,可以明得失。”(《旧唐书·魏征传》)唐太宗这里说的“以古为镜”就是古为今用,借古鉴今,就是发挥史学的经世作用。这一思想也同样凸现于《资治通鉴》中。司马光主持编撰《资治通鉴》的目的就是给帝王“周览”,从中鉴戒得失。所以在编撰过程中,他和他的同道“专取关国家盛衰,系生民休戚,善可为法、恶可为戒者,为编年一书”。书写成后宋神宗特赐名为《资治通鉴》,这更是明确强调了以史为鉴、借古鉴今的作用。

也因此,在中国古代史学发展史上,史学家向来都对国家治乱兴衰给予极大关注,表现出饱满而深沉的务实情怀。这种务实情怀,大多以经世致用为其出发点和归宿。孟子论及孔子作《春秋》时就曾这样说过:“世道衰微,邪说暴行有作,臣弑其君者有之,子弑其父者有之。孔子惧,作《春秋》。”(《孟子·滕文公下》)可见,孟子以此来说明孔子作《春秋》所具有的自觉而明确的目的性。其实质就是强调史学为现实服务,也就是后代学者所强调的经世致用、知行合一的学问之道。

其二是追求德、识、才、学并举的史学人格。中国古代史学的发达固然得益于儒学向来注重“经史并重”的文化传统,但显然也与历代史学家们自觉追求德、识、才、学并举的理想人格有关。也就是说,中国古代史学之所以兴旺发达,也与史家十分注重自身德性和学识修养分不开。因此,史家重视德、识、才、学之修养,是中国古代史学又一优秀文化传统。

从中国古代史学发展来看,关于人格修养问题,史家历来都十分关注,他们在总结、评论前人的史学成果时,也同时就史家修养作了评论。比如班固评论司马迁《史记》时说:“自刘向、扬雄,博极群书,皆称迁有良史之才,服其善序事理,辨而不华,质而不俚。其文直,其事核,不虚美,不隐恶,故谓之实录。”(《汉书·司马迁传》)这里既肯定《史记》是部“实录”,又高度评价了司马迁的历史责任感,肯定他有“良史之才”。再比如《隋书·经籍志》史部后序说:“夫史官者,必求博闻强识、疏通知远之士,使居其位,百家众职,咸所贰焉。是故前言往行,无不识也;天文地理,无不察也;人事之纪,无不达也。”可见,在作者看来,作为一名史家,学识上要“博闻强识”,见识上要“疏通知远”。

从理论上系统而全面地提出史家修养问题的是唐代的刘知几。刘知几认为,史家必须兼有史才、史学、史识“三长”。刘知几所谓的“史才”,是指修史的才能,具体地说是指史料选编和文字表达方面的才华和能力;所谓“史学”,具体地说是指占有史料和掌握历史知识,要能搜集、鉴别和运用史料,要有广博丰富的知识,还要深思明辨,择善而从;所谓“史识”,是指史家的历史见识、见解、眼光、胆识,即观点和笔法,其中特别重要的是“善恶必书”的直笔精神。后来清代的章学诚肯定了“三长”理论,又补充了“史德”。章学诚把“史德”解释为“著书者之心术”。在章学诚看来,“盖欲为良史者,当慎辨于天人之际,尽其天而不益以人也。尽其天而不益以人，虽未能至，苟允知之，亦足以称著书者之心术矣。”(《文史通义·史德》)可见，德、才、学、识构成对史家素质的全面要求，也是历代史家的理想人格追求和社会评论史家之良莠的基本标准。

特别值得指出的是，在中国重伦理道德的传统文化熏陶下，史家向来以修身立德为己任，史书中往往以表彰忠臣孝子为要务。儒家修身、齐家、治国、平天下的政治理想自然也成为贯通中国古代史学的精神之流。比如司马迁评说《春秋》“采善贬恶，推三代之德，褒周室”，是“礼义之大宗”(《史记·太史公自序》)。这便是从伦理上评论的。司马迁自己写《史记》，也遵循其父的教诲，着重表彰贤明君主和功臣世家贤大夫的功名与德行。他选择和评论历史人物的功业和品德的标准正是儒家的君臣父子之义。班固撰《汉书》，更是把儒家礼教视为“所以通神明，立人伦，正情性，节万事者也”(《汉书·礼乐志》)。这种以“德”为上的传统在刘知几总结史学功用，讨论史家史才、史学、史识“三长”等问题时仍时有凸现。

我们几乎可以说，中国古代史书没有不宣扬纲常名教的，而宋明史学则较前代尤甚。比如司马光的《资治通鉴》、欧阳修的《新五代史》和朱熹的《通鉴纲目》等都无一不体现着儒家伦理纲常的内容。中国古代史学的这一传统固然由此不可避免地带有诸如“三纲”[①]、“三从”[②]之类的封建糟粕，但这一注重伦理道德之教化功能的史学文化传统对于我们今天进行爱国主义教育以及传统美德教育等无疑是有其积极意义的。

其三是以求实为荣、曲笔为耻的治史态度。从中国古代史学发展看，秉笔直书从来是我国古代史学的一个优良传统。我国古代史家历来把秉笔直书视为持大义、别善恶的神圣事业和崇高美德。由此，他们以直书为荣，曲笔为耻；他们为了直书，不畏风险，甚至不怕坐牢，不怕杀头，表现了中国古代史家人格上的高风亮节。

早在中国史学开始兴起之时，秉笔直书就成为史家的崇高美德并受到称赞。尽管孔子作《春秋》开了曲笔、隐笔之先河，但真正的史家是以直笔为基本治学态度的。比如《左传》就记述了齐国太史南史氏直书不惜以死殉职的故事：“太史书曰‘崔杼弑其君’，崔子杀之。其弟嗣书而死者二人。其弟又书，乃舍之。南史氏闻太史尽死，执简以往，闻既书矣，乃还。”(《左传·襄公二十五年》)从这个时候起，这种秉笔直书的精神就一直成为后世史家遵循的一个传统。刘知几在《史通》中，甚至专门写了《直书》、《曲笔》的专篇，来总结唐以前史家直书的优良传统。比如刘知几就极为推崇三国时期的史家韦昭和北魏史家崔浩。韦昭在主撰《吴书》时，当朝权贵孙皓要求为父作“纪”，韦昭不从。北魏崔浩主修魏史，无所阿容，甚至因此而遭杀害。这种直书精神一直被正直的史官与史家所自觉效仿。比如贞观年间，褚遂良负责记录太宗言行。太宗欲索取过目，褚遂良以“不闻帝王躬自观史”为由加以拒绝。太宗便问他：“朕有不善，卿必记之耶?”褚遂良慷然答道：“臣职当载笔，君举必记。”(《旧唐书·褚遂良传》)又比如，《贞观政要》的作者吴兢曾参与《则天皇后实录》的撰写，他曾如实记载

---

① “纲”的原意是系渔网的总绳，要想将渔网收起来，提总绳就可以，即所谓的纲举目张。“引其纲，万目皆张。”(《吕氏春秋·离俗览·用民》)后来引申为总的伦理规范，如董仲舒倡导的“三纲五常”。“三纲”，即“君为臣纲，父为子纲，夫为妻纲”。

② “三从”与“四德”并提，是中国古代对女子提出的行为规范。“三从”是指“未嫁从父、出嫁从夫、夫死从子”，“四德”是指“妇德、妇言、妇容、妇功”。

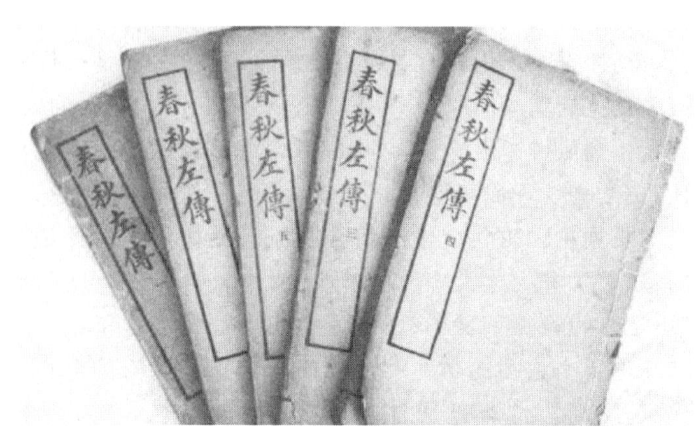

《左传》书影

了魏元忠事件的原委。宰相张说感到此事于己不利，想让史官“删削数字”，吴兢义正词严斥之道：“若取人情，何名为直笔！”还比如，《通鉴纪事本末》的作者袁枢任国史院编修期间，负责修《宋史》之列传部分。北宋奸相章惇的子孙以同乡之谊请托袁枢对章惇的传记多加文饰，袁枢当即拒绝：“吾为史官，书法不隐，宁负乡下，不可负天下后人公议！”（《宋史・袁枢传》）

毋庸讳言的是，治史中的曲笔也是中国古代史学发展中的一个客观存在。《史通》的作者刘知几曾剖析了它的种种表现，或者以实为虚，以是为非，或者虚美讳饰，任意褒贬。造成曲笔的原因，主要是一些史家为当权者的威势所慑。刘知几感慨道：古来唯闻以直笔见诛，不闻以曲词获罪，“世事如此，而责史臣不能申其强项之风，励其匪躬之节，盖亦难矣！”（《史通・直书》）即便如此，在古代曲笔也不可能成为公开提倡的行为，任何得计于一时的曲笔作史，终究要被后来的正直史家所揭露。唯有秉笔直书精神，千百年来始终成为史家秉承的优秀传统，从而成为中国史学文化的主流。

三、学习古代历史的现代意义

学习中国古代史学传统，除了有利于我们进一步了解传统文化，并在这个过程中弘扬中国传统的优秀文化外，还有利于我们增进学识和修养德性。关于这一点，当代史学家郭沫若曾这样说过：“青年人学习中国历史一是可以增长见识，二是可以学习古代那些杰出人物的高尚品行。”

对于我们现代人而言，学习中国古代历史首先是能让我们增长见识。这些见识作为我们知识结构中的一个重要组成部分是必不可少的，尤其是作为中国人如果我们对自己祖国的历史一无所知，那简直是不可思议的。比如我们正是在对中国古代历史的学习中，得以了解我们国家何以称“中国”，何以称“炎黄子孙”，孔子何以被尊为“至圣先师”；我们也是通过对中国古代史的学习知道秦始皇是如何统一中国的，楚汉的刘邦与项羽是如何争霸中原的，曹操、刘备、孙权是如何三足鼎立的，唐朝的贞观之治和开元盛世是怎样开创的，康乾盛世是如何出现的，以及郑成功又是如何收复台湾的；我们也是通过对中国古代史的学习，知晓了“仓颉造字”“助纣为虐”“胡服骑射”“合纵连横”“天人感应”“绿林好汉”“挟天子以令诸侯”“垂帘听政”“变法维新”等词有着什么典故，有着什么含义；如此等等。

而且，我们只有学习历史，才能更深刻地认识现实。比如，对我们的祖国——“中国”的认识，只有通过对整个古代史的学习才能有较为深入和完整的理解。通过对古代历史的学习，我们知道“中国”这个词在不同时代和场合有着不同的含义。在古代，它基本上是一个地域概念。远古时代的国，规模其实很小，若干人口聚居的邑就构成了国。中心邑称为都，其余的称为鄙，鄙的耕作地带称郊。郊之外，还有一个相当广阔的未开垦地带叫野。如果国与国毗邻，则各国对野的利用权就加以划定。这样，国界就包括郊野在内。在古代中国辽阔的土地上，这样的国曾经是很多的。所以古籍上常有“古者四海之内，分为万国”(《战国策·赵策》)，“古有万国”(《荀子·富国》)等说法。后来出现了一些中心国家，如夏、商、周三代所建立的国家。这时“中国”是指这些国家。从秦开始则出现了统一的国家。至 19 世纪中叶以后，中华民族的多民族国家已经完全形成，疆域也已奠定，所以这时西方各国对我国的入侵，已完全是一种侵略行径，其性质与古代“蛮夷戎狄”的争城夺地完全不一样。同样，我们也正是从历史的学习中培植起诸如爱国主义之类的情怀。我们生于斯、长于斯的这片土地如果从炎黄二帝算起，已有 5000 多年的历史，我们的列祖列宗，“筚路蓝缕，以启山林”(《左传·宣公十二年》)，把广袤的国土开发出来。从秦开始一直到明清又把它置于一个统一的、中央集权的政权统治之下，各族人民之间的经济、文化交流愈益频繁。我们的疆域国界，至清朝时已基本奠定：它西跨葱岭，西北达巴尔喀什湖北岸，北接西伯利亚，东北至黑龙江以北的外兴安岭和库页岛，东临太平洋，东南到台湾及其附近岛屿，南包括南海诸岛。各族人民结成一个密不可分的整体，世世代代生活在这片广袤而富饶的土地上。

对中国古代历史的学习也还能使我们在做人的德性方面有所增益。也就是说，我们通过对古代那些仁人志士、俊才伟杰身上所体现出来的崇高德性的了解，能自觉地敬仰和学习他们为人处世的德性品德。比如，通过中国古代历史的学习和了解，我们知道古代的爱国主义思想主要体现在精忠报国这一基本道德追求上。如我们所熟知的岳飞浴血奋战、抗击外侮无疑正是精忠报国的具体表现。此外，通过学习历史，我们也知道精忠报国还体现在为维护民族团结、国家安全而不惜牺牲个人利益方面。比如苏武出使匈奴，张骞出使西域，他们虽历经险阻，但始终不屈不挠，为国为民作出了杰出的贡献。精忠报国的思想也还大量地体现在许许多多忧国忧民、改革弊政的志士仁人身上。从屈原到范仲淹、王安石，从包拯到海瑞，他们关心国家的治乱和人民的疾苦，尽心尽责报效国家和人民，这都是精忠报国思想的生动体现。显然，这些志士仁人身上体现的精忠报国思想对于我们今天确立爱国主义的情怀无疑是非常有借鉴和启迪意义的。

杭州岳庙的尽忠报国碑

不仅如此，对中国古代史的学习也还有助于我们拥有追求真、善、美之理想的理想主义情怀。比如毛泽东在读史的过程中就曾对中国古代的大同理想发表过如下的见解：中国古代“大道之行也，天下为公”(《礼运·大同篇》)这一理想社会的构想，对于我们中国共产党人接受共产主义理想是有启发作用的。从中国古代历史的发展来看,“大同社会”一直是中国古代贤明的统治者与志士仁人追求的理想社会模式。[①] 从历史上看,这一大同理想由孔子最早提出。孔子面对春秋时期诸侯纷争的现实状况,出于强烈的社会责任感和道德使命感,以“仁爱”学说来游说各路诸侯,他一面谴责诸侯之争,一面疾呼仁政,试图建立一个没有战争、没有仇恨、没有人压迫人的社会。孔子认为,这个社会在古时候的尧、舜、周公时代曾出现过,这个社会的一个基本特征就是“大同”。这就是后来儒家向往的“大同社会”的缘起。孔子依照“天下为公”的最高理想,把和平美好的社会模式寄托于一个王道礼治的社会。

近代以来,随着西学的传入,人们的文化视野开阔了。出于批判现实社会、提供理想社会模式的需要,儒家的这一“大同”理想又被重新提起,并被赋予了新的思想内容。比如维新派领袖康有为曾发表《大同书》,基本沿用了儒家经典中的“大同”模式来设计社会改良的理想方案。但他所论述的“大同”理想,其内涵已有根本变化,其中不仅吸收了西方近代的社会思潮,而且加入了西方社会经济生活和科技实力的内容。这一“大同”理想在当时对促进社会的变革曾起到了积极的推动作用。孙中山甚至把“天下为公”的大同社会看成是体现自由、平等、博爱精神的最理想模式,曾亲自手书“天下为公”四字以勉励革命同志。今天的中国共产党人作为中华优秀传统文化的继承和创新者,在探索马克思主义中国化的历史进程中,同样深受这“大同”理想的感召,不仅把“大道之行,天下为公”语录写入党的政治报告[②]中,而且全党上下正以不忘初心、牢记使命的孜孜践行为实现中华民族的伟大复兴而砥砺前行,精进不已。

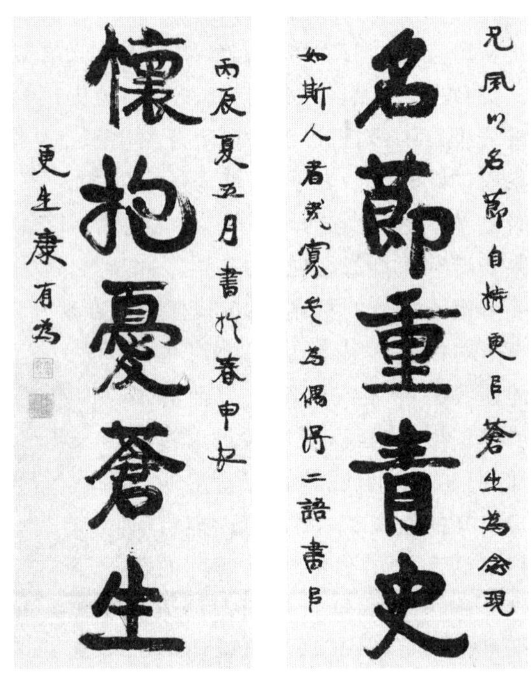

康有为书迹

可见,屡见于史籍的“大同”理想虽然反映的是小农经济条件下古代圣贤的乌托邦思想,但却鼓舞了一代又一代的志士仁人为这一美好社会的实现而努力奋斗。从这一点上讲,中国古代圣贤所提出的这一理想无疑有其值得肯定的地方。学习和了解这一“大同”理想及其历史上许多为这一理想的实现而孜孜奋斗、精进不已的志士仁人的事迹,对于我们确立理想主义的生命情怀显然是很有意义的。这也可以说是学习历史所具有的现代意义的又一个具体例证。

① “大同”的意思是指人与人之间社会地位的平等,指整个社会就犹如一个大家庭那样和谐。这个社会理想在儒家的经典著作《礼记·礼运》中有具体的描绘:“大道之行也,天下为公。选贤与能,讲信修睦。故人不独亲其亲,不独子其子,使老有所终,壮有所用,幼有所长,矜寡孤独废疾者皆有所养,男有分,女有归。货恶其弃于地也,不必藏于己,力恶其不出于身也,不必为己。是故谋闭而不兴,盗窃乱贼而不作。故外户而不闭,是谓大同。”

② 习近平:《决胜全面建成小康社会,夺取新时代中国特色社会主义伟大胜利——在中国共产党第十九次全国代表大会上的报告》,人民出版社 2017 年版,第 70 页。

第三章

中国古代的哲学传统

在中国传统文化中，中国古代哲学是中华民族智慧的理性积淀，代表了中华民族理论思维的最高水平。与此同时，中国古代哲学作为"道统"还是整个传统文化的核心，它在整个传统文化体系中起着主导和制约的作用。中国传统文化的诸形态如文学、史学、宗教、伦理、艺术、教育、科学技术等无一不受到哲学观念的影响和制约。因此，整理和开掘中国古代哲学的文化遗产，不仅有助于我们提高整个民族的理论思维能力和智慧水平，也有助于更深入地了解和把握诸种传统文化形态的内在本质和发展规律，从而更好地开掘其现代价值。

第一节 中国古代哲学的逻辑发展

从中国古代哲学发生和发展的历史来考察，中国古代哲学与源自古希腊罗马的西方哲学一样，可谓源远流长。在商周时期，最早的一批思想家便对天人关系问题以及宇宙的生成等问题作了初步的探讨。此后，从孔子到王夫之，在这两千多年的历史发展长河中，出现了许许多多的哲学家和哲学流派。对这样一部内容宏丰的哲学思想发展史，我们可以从逻辑的角度，大致划分为萌芽、奠基与形成和成熟与嬗变这样三个阶段。

一、中国古代哲学的萌芽

中国古代哲学在原始社会已开始萌芽。远古时期流传的神话如盘古开天地、女娲补天、后羿射日等，不仅体现了中华民族从一开始便具有的改天换地的雄伟气魄，而且也反映了古人对天人关系的最初思考。

商周时期是中国古代奴隶制的鼎盛时期。奴隶主贵族为了维护自己的统治，除了强化国家机器外，还利用原始的诸如对天命的崇拜心理，将自己视为天命的代表。比如《尚书·召诰》中称："有夏服(受)天命。"《诗经·商颂》中认为："帝立子生商。"《尚书·康诰》中称："天乃大命文王。"与此同时，在统治者周围还集中了一些号称懂"占卜""占梦""看相"等术数，能够窥测天意的人。这些"术数"当然以迷信为主，但由于也包含了一些朴素的自然知识，体现了古人最初的理性思维萌芽，可以认为是古代最初的哲学思维形式。这一哲学思维的最重要成果就是《易经》的问世。[①]

伏羲演八卦图

从《易经》一书所记载的内容来看，它是一本占卜以问天地鬼神之意的书。但正是这样一部占卜的书，却蕴含着极为丰富的哲学思想。这些思想集中体现在它的八卦说上。《易经》从人们生产生活实践中经常接触的自然物中提取了八种东西作为最基本的存在，它们分别是天（乾☰）、地（坤☷）、雷（震☳）、火（离☲）、风（巽☴）、泽（兑☱）、水（坎☵）、山（艮☶）。在这八种基本自然物中，天地又是最基本的存在。天地犹如父母，产生出雷、火、风、泽、水、山六个子女。这显然是一种极为朴素的有关万物生成的唯物主义观念，它比神创说要进步得多。

《易经》还根据八个基本的卦，两个一组，错综搭配，继而产生六十四卦。《易经》认为可以根据这些不同的搭配来预测一件事情的吉与凶。所谓的吉卦就是在这种两两搭配中能变化的卦，而凶卦则是静止不变的卦。比如泰卦，其卦象为䷊，这个卦象地（☷）在上，天（☰）在下，而实际上应当天在上，地在下。由于天属阳，地属阴，阳气必上升，阴气必下沉，这样就会发生交感变化，故为吉卦。与此相对的否卦，其卦象正好相反：䷋，天本来就在上，地本来就在下，故此卦不可能发生交感变化。由于没有发展变化，故是凶卦。可见，根据《易经》中卦的基本原则，只有变化发展的事物才是有前途的，是吉的；停滞不变化，就是没前途，就是凶的。这种朴素的辩证法思想出现在公元前12世纪，显然是非常难能可贵的。正是鉴于《易经》的这一理论成就，中国哲学史专家冯契先生认为，《易经》的出现标志着中国古代哲学思维的真正开始。[②]

除了《易经》之外，这一时期代表着中国古代哲学萌芽的还有《尚书·洪范》中提出的“五行”说。《洪范》中有这样一段记载：“一曰水，二曰火，三曰木，四曰金，五曰土。水曰润下，火曰炎上，木曰曲直，金曰从革，土爰稼穑。润下作咸，炎上作苦，曲直作酸，从革作辛，稼穑作甘。”可见，与古希腊哲学一样，中国古代哲人也在自觉地思考万物的“始基”。水、火、木、金、土这五种最基本的物质被古人认为是构成世界不可缺少的最基本元素。

用“五行”来概括世界的种种复杂现象，是在当时的农牧业、手工业生产活动的基础上，在对金、木、水、火、土这五种物质性质有了比较深入的观察和了解之后，对客观物质世界作出的理性概括。它同样体现了古代哲人对世界本质的最初的理论思考。

---

① 对于《易经》的确切成书年代及作者向来众说纷纭。据《史记》记载，《易经》源于殷周之际。虽然伏羲作八卦之说未必可信，但文王演为六十四卦，则是西汉以前学术界公认的说法。故《易经》通常又称《周易》。

② 冯契：《中国古代哲学的逻辑发展》（上册），上海人民出版社1983年版，第66—67页。

二、中国古代哲学的奠基与形成

春秋战国时期是中国古代哲学的奠基和全面形成时期。如果说春秋时期以孔子、老子、墨子为代表的儒、道、墨三家思想的形成，标志着中国古代哲学奠基的话，那么战国时期百家争鸣时代的到来，包括儒、墨、道、法、名、阴阳、纵横、农、杂诸子百家的出现，则意味着中国古代哲学的全面成熟。

春秋时期，一方面由于奴隶阶级与奴隶主阶级的对抗事件不断发生，使自命秉天行事的周王朝统治开始动摇和瓦解；另一方面，由于生产实践的推动，春秋时期的天文历法、数学、农业等领域的科学技术知识都有了比较系统的发展。正是在这样的历史条件下，这一时期不仅出现了反对神秘天命论的思潮，而且也开始对商周时期的“五行”说的朴素唯物论思想和《易经》为代表的朴素辩证法思想进行新的阐发。

这一时期的无神论思潮主要表现在对占星术等迷信活动产生了怀疑。据史籍记载，郑国占星家裨灶预言郑国将发生大火，人们劝子产按照裨灶的话，用玉器禳祭，以避免火灾。子产却回答说：“天道远，人道迩，非所及也。何以知之？”(《左传·昭公十八年》)这一时期的唯物主义思想家们还进一步发展了殷周以来的“五行”说的思想。西周末年史伯就说：“以土与金、木、水、火杂，以成百物。”(《国语·郑语》)春秋时宋国的子罕也说：“天生五材，民并用之，废一不可。”(《左传·襄公二十七年》)这里指的五材就是金、木、水、火、土。他们认为这些元素都是自然而生的，这五种物质不仅为黎民百姓生活所需，而且万物都是由这五种物质元素构成的。

这一时期的辩证法思想也得到了丰富和发展。春秋时代社会的急剧变化，促使人们的世界观中反映出更多辩证法的观念。约与子产同时的晋国大夫史墨就认为：“社稷无常奉，君臣无常位，自古以然。故《诗》曰：‘高岸为谷，深谷为陵’。”(《左传·昭公三十二年》)西周末年的史伯则最早提出了“和”与“同”的哲学范畴。他说：“和实生物，同则不继，以他平他谓之和”；“若以同裨同，尽乃弃矣。”(《国语·郑语》)后来的齐国大夫晏婴对“和”与“同”的范畴作了进一步的阐发。他认为“和”是集合许多不同的对立因素而成的统一，而“同”则是简单的同一。他比喻说，“和”如羹汤，鱼、肉，加上各种佐料，用一定的火力烹调，使各种味道调和，吃起来才会好吃。他又以音乐为例：必须有清浊、大小、短长、疾徐、哀乐、刚柔、迟速、高下、出入、周疏等，声音才能“相济”从而组成乐曲。简单的同一就不行。由此，他得出结论：“若以水济水，谁能食之？若琴瑟之专一，谁能听之？”(《左传·昭公二十年》)晏婴把这种“和”“同”观念运用到君臣关系上，认为君臣之间应该是“和”，而不是简单的“同”。这些哲学思想显然是难能可贵的。

这一时期标志着中国古代哲学奠基的主要理论成就是以孔子为代表的儒家学说、以老子为代表的道家学说和以墨子为代表的墨家学说的创立。

置身由奴隶制向封建制转变的春秋时代，孔子作为从奴隶主贵族中分离出来的士阶层的代表，面对“礼崩乐坏”“天下大乱”的时局，创立了儒家学说。他的哲学思想以“仁”为核心，并“一以贯之”(《论语·里仁》)。孔子曾这样解释仁：“夫仁者，己欲立而立人，己欲达而达人，能近取譬，可谓仁之方也矣。”(《论语·雍也》)在这里孔子实际上规定了“仁”的两个原则：一是人道(仁爱)原则，即肯定人的尊严，主张人和人之间要互相尊重，建立爱和信任的关系；二是理性原则，即肯定人同此心，心同此理，每个人的理性都能判断是非、善恶，所以“能近取譬”。孔子以“仁”为基本范畴，建立起他的哲学思想体系，从而为后来两千余年的儒学发展奠定了基础。

孔子还从仁知统一的角度提出了他的认识论思想。在他看来，“未知，焉得仁?”(《论语·公冶长》)这就是说，“知”是“仁”的必要条件，对伦理关系没有正确的认识，就不可能有自觉的仁义道德。所以“仁”与“知”是统一的。由此，孔子在认识论上提出了不少合理的见解。比如：“知之为知之，不知为不知，是知也。”(《论语·为政》)这里事实上涉及了认识过程中“知”与“不知”的矛盾。在他看来，自知“不知”，也是一种“知”，并且是进一步求知的开始。他又提出了“子绝四：毋意，毋必，毋固，毋我”(《论语·子罕》)。意即不要有私意，不要强加于人，不要固执，不要自以为是。这在认识论上初步提出了反对主观主义的原则。特别有意义的是，孔子的仁知统一观，即认为认识论就是伦理学，使得他的认识论命题都具有伦理学意义：从认识内容来说，“知”主要是“知人”；“学”主要是“学以致其道”；“思”主要是“言思忠，事思敬，见得思义”(《论语·季氏》)；等等。同样，认识过程也是德性培养的过程：“知”代替“不知”，克服“意、必、固、我”，也就是人的美德被培养起来的过程。这种观点与古希腊苏格拉底“美德即知识”的观点具有惊人的相似性。

孔子见老子图(砖雕)

老子是被《史记》称为“隐君子”的道家学派的创始人，其学说与主张积极入世的孔子儒学正好相反，他推崇隐世无为的处世哲学。从流传后世的《老子》一书看，老子的哲学思想主要体现在“自然”、“无为”、“无名”和“反者，道之动”这样一些著名的命题中。在天道与人道的关系上，老子认为“无为”是根本。因为天道自然，它本来就是“道常无为而无不为”(《老子》三十七章)，因而人之“德”作为对“道”的遵循，也必须“无为”。因为“人法地，地法天，天法道，道法自然”(《老子》二十五章)。老子对天道所作的唯物主义的解释无疑是深刻的，但他又因此把天道与人道完全相等同，主张“不为而成”，显然又有消极的倾向。

在认识论的名实关系问题上，老子主张“无名”。《老子》开篇就说：“道可道，非常道；名可名，非常名。”(《老子》一章)认为语言和概念，无法表达恒常的“道”和“名”。所以，老子又说：“道常无名。”(《老子》三十二章)那么，如何才能把握“道”呢？老子主张“致虚极，守静笃；万物并作，吾以观复”(《老子》十六章)。这就是说，要把心灵虚寂到极点，坚守清静无为，纵然外界事物纷繁复杂，我只静观道之反复。老子在这里显然否认了感性经验，他主张的是一种神秘的内心体验的认知方法。

老子的辩证法思想集中体现在“反者，道之动”(《老子》四十章)的命题上。老子认为，“道”虽不能用普通的概念、语言加以表达，但却可以采取“正言若反”(《老子》七十八章)的方式去把握。比如“大直若屈，大巧若拙，大辩若讷”(《老子》四十五章)；“生而不有，为而不恃，功成而弗居”(《老子》二章)；“曲则全，枉则直，洼则盈，敝则新”(《老子》二十二章)；等等。老子还列举了有无、难易、长短、高下、先后、善恶、美丑、智愚、损益、荣辱等多种矛盾的运动，来论证自己的这一思想：“有无相生，难易相成，长短相刑(形)，高下相倾，音声相和，先后相隋(随)。”(《老子》二章)就是说，矛盾对立的双方互相联系，互相转化，才是大道运行的规律，这就是所谓“反者，道之动”(《老子》四十章)的意思。老子对事物运动、变化、发展的普遍性及其方向一定是走向对立面的趋势的揭示，显然是非常深刻的。

墨子是先秦时期声望仅次于孔子的重要思想家。他所创立的墨家学派一开始就是作为儒家的对立面而出现的。如果说孔子的哲学思想具有贵族色彩，那么墨子则可以说是平民哲学家。据史籍记载，在当时，儒、墨并称为“显学”，可见其影响之大。儒、墨两派的争论几乎贯穿于整个战国时代。

与孔子主张“仁”不同，墨子学说的思想核心是“兼爱”。墨子认为，儒家虽然也讲仁爱，但这种仁爱是有限制和差异的。比如孔子就有“君子”与“小人”的区分。墨子反对儒家这种有限制、有差异的爱，而主张对天下人都应有一种兼爱之心。用他的话说，每个人爱别人犹如爱自己，就能人人相爱，从而社会就能达到和谐的状态，“夫爱人者，人必从而爱之；利人者，人必从而利之。”(《墨子·兼爱中》)墨子认为这才是真正的仁和义。从“兼爱”的基本观点出发，墨子公开反对当时诸侯之间的兼并战争，竭力主张“非攻”。而且，难能可贵的是，墨子并不是无条件地反对一切战争。在他看来，那些能解救百姓于水火之中的战争，比如周武王讨伐残暴的商纣王的战争就是正义的战争。这种战争在墨子看来当然是值得肯定的。在社会历史观上，墨子从“兼爱”的基本观点出发，还提出了“尚贤”(即推举贤能的人任国君和大臣)、“非乐”(即反对奢华排场)等主张。这些主张无疑也是进步的，但在当时的历史条件下它们又不免流于空想。

继孔子、老子、墨子之后，战国时期出现了诸子百家蜂起，诸多思想展开自由争鸣的学术繁荣时期。这是中国古代哲学发展的一个黄金时代。几乎可以说，中国哲学的一些基本内容都在这一时期得到了探讨。也因此，我们有理由把这一时期理解为中国古代哲学的全面形成时期。

战国时期出现的百家争鸣这样一个学术发展的黄金时期，有其特定的历史条件。当时新兴的封建制度在各诸侯国先后确立。随后，地主阶级运用政权力量进行变法，进一步打击奴隶主势力，以巩固和发展封建制。在战国初年，魏文侯任用李悝在魏国变法。接着吴起在楚国变法。稍后，齐威王任用孙膑、田忌等人，韩昭侯任用申不害，也都进行了一系列的改革。规模最大的是战国中期秦国的商鞅变法。新兴地主阶级的变法运动，在思想理论上必然有强烈的反映。围绕着社会制度变革中的许多问题，各个阶级阶层、各政治集团、各学术派别都纷纷提出了自己的见解和主张。同时，改革的推行促进了生产力的发展和科学文化的繁荣。这就使得开始于春秋末期的百家争鸣在战国中、后期达到了高潮。当时齐国首都临淄的稷下成为百家争鸣的一个集中场所。[①]

---

① 当时齐国的统治者给临淄的稷下学者以优厚的物质以及政治方面的某些待遇，让他们著书立说。临淄因此在当时云集了不同思想倾向的各国学者，这使其成为全国的学术文化中心。

在稷下的学者中，有不少法家学者。由于他们直接为统治者的变法作理论论证，所以其影响也特别大。这一时期的法家思想主要体现在《管子》一书中。《管子》特别强调法治对统治阶级的重要性："圣君任法而不任智，任数而不任说，任公而不任私，任大道而不任小物，然后身佚而天下治。"（《管子·任法》）这就是说，高明的君主治国，依靠法制而不依靠个人才智，依靠术数而不依靠说教，凭公正而不讲私利，掌握"大道"而不管琐碎小事。这样就可以"垂拱而天下治"。《管子》还为"法"提供了天道观的哲学论证："天覆万物，制寒暑，行日月，次星辰，天之常也；治之以理，终而复始。主牧万民，治天下，莅百官，主之常也；治之以法，终而复始。"（《管子·形势解》）"法"由于源于天道，所以在人道方面具有最高的权威："法者天下之仪也，所以决疑而明是非也，百姓所悬命也。"（《管子·禁藏》）特别值得一提的是，《管子》还看到了经济对政治的重要意义，认为"凡治国之道，必先富民"（《管子·治国》）。

以子思和孟子为代表的儒家也是百家争鸣中的重要一家。孔子之孙子思作《中庸》，把孔子的"中庸"思想作了进一步的阐发，他所理解的中庸之道就是："君子素其位而行，不愿乎其外。素富贵，行乎富贵；素贫贱，行乎贫贱；素夷狄，行乎夷狄；素患难，行乎患难。"（《礼记·中庸》）这就是说，君子总是安于素常所处的地位而为其所当为，并不企慕自己本分外的东西。

但受业于子思门人的孟子则发展了孔子的仁义学说。所以《孟子》中有如下的记载："孟子见梁惠王。王曰：'叟！不远千里而来，亦将有以利吾国乎？'孟子对曰：'王！何必曰利！亦有仁义而已矣。'"（《孟子·梁惠王上》）正是以仁义观为核心，孟子提出了他著名的"人性本善"和"善养吾浩然之气"的理论。人性问题是百家争鸣中的一个重要问题。法家主张性恶说："民之性，饥而求食，劳而求佚，苦则索乐，辱则求荣，此民之情也。"（《商君书·算地》）可见，在法家看来，人性就是趋乐避苦、好逸恶劳这样一些情欲。依据这一观点，统治者应利用赏罚手段来实行统治。所以法家认为人生来并无道德，只有凭借政治权力和法律规范的

山东邹城孟子故里

强制，才能使人为善而不为恶。孟子则与法家不同，明确主张人性是善的，人天生有“善端”：“恻隐之心，仁之端也；羞恶之心，义之端也；辞让之心，礼之端也；是非之心，智之端也。人之有是四端也，犹其有四体也。”（《孟子·公孙丑上》）由此，孟子认为，做学问就在于把一颗因物欲而被放逐了的善良本心找回来：“学问之道无他，求其放心而已矣。”（《孟子·告子上》）也因此，孟子进而探讨了如何才能做到回归善良本性，造就自觉的自由人格问题。他以自己为例，在强调了“尚志”（《孟子·尽心上》）的前提后，主要提出了如下两方面的后天努力：“我知言，我善养吾浩然之气。”（《孟子·公孙丑上》）孟子在这里实际上提出了理性自觉与意志坚定对理想人格塑造的重要性。冯契先生曾高度推崇孟子的这一思想，他认为：“孟子这种高度推崇理性的自觉与意志的坚定的理论，对培养民族正气起了积极作用。”[①]

老子开创的道家学派这一时期则发生了分化，一部分成为黄老之学，与法家相结合，为新兴地主阶级的统治服务；另一部分继续做“隐士”，与当权的封建统治者采取不合作的逍遥游态度。庄子便是这后一学派的代表。

庄子继承了老子的基本思想并作了进一步的阐发。在天人之辩上，庄子用自然无为的原则来反对人为，在他看来：“牛马四足，是谓天；落（络）马首，穿牛鼻，是谓人。故曰：无以人灭天，无以故灭命，无以得殉名。”（《庄子·秋水》）庄子认为，处世的最高境界是达到“有人之形，无人之情”（《庄子·德充符》）的境地。庄子的这种人道观以自然为原则，认为真正的自由（自得、自适）在于任其自然（天性）。在名实之辩上，庄子对“名”能否把握“实”作了相对主义和怀疑论的回答。在他看来，“知有所待而后当，其所待者，特未定也。”（《庄子·大宗师》）也就是说，知识与名言所要把握的对象是变化和不确定的，因而企图以不变的名词概念，去把握变化的世界一定是徒劳无益的。除非知识本身能够随变化的对象而变化。但生命的有限性却使人类做不到这一点。由此，庄子最终的结论是：“吾生也有涯，而知也无涯。以有涯随无涯，殆矣。”（《庄子·养生主》）

随着百家争鸣的展开和理论思维的发展，在战国时期出现了“名辩”思潮。一些思想家被称为“名家”“辩者”，其主要代表人物是惠施和公孙龙。名家特别注意对逻辑问题的研究。惠施、公孙龙及其门徒的许多命题从哲学思维的角度看，的确在诡辩论的形式下揭示了事物及思维活动的矛盾本性。所以，在名实之辩中有许多积极的

庄子《逍遥游》画意

① 冯契：《中国古代哲学的逻辑发展》（上册），上海人民出版社1983年版，第179页。

理论成果。比如惠施的“合同异”命题就认为个性不同的万物从共性而言都是“大同”的，揭示了共性与个性的矛盾。又比如公孙龙的“白马非马”论，则更是对个别与一般的相互关系的深刻揭示，只不过他不恰当地夸大了个别与一般的区别，最终导致了诡辩。

墨家在这一时期也依然是“显学”之一。墨子去世后，墨家分化成几个学派，哲学史上只统称他们为后期墨家，了解其主要思想的著作则是《墨经》(指今本《墨子》中的《经上》《经下》《经说上》《经说下》《大取》《小取》六篇)。后期墨家不仅与名家等不同学派进行过争论，其内部不同派别之间也进行了争论。后期墨家思想除了发展墨子的“兼爱”与“兼相爱，交相利”(《墨子・兼爱中》)功利主义思想外，还主要体现在名实之辩上提出的“举，拟实也”(《墨子・经上》)的以名举实观，强调概念要符合它所代表的客观事物。在天人之辩上，则形成了朴素唯物主义的自然观。特别值得一提的是，后期墨家认为，存在着物质世界的极微质点——“端”。当时按惠施一派的观点，“一尺之棰，日取其半，万世不竭”(《庄子・天下》)。这就是说，物体可以无限分割。《墨经》作者则认为有不可分割的物质粒子，即“端”：“非半弗斫，则不动，说在端。”(《墨子・经下》)这可以说是具有中国特色的古代原子论思想。

至战国后期，百家争鸣进入了总结阶段，其标志是荀子及韩非子的哲学思想的出现。至此可以说，中国古代哲学由奠基而走向全面形成的思想历程已基本完成。荀子作为战国时期杰出的哲学家，他生活的时代正是全国统一的封建政权即将形成的前夕。当时社会生产力和科学技术都有了新的发展，新兴地主阶级正处在上升时期，对改造自然和改造旧社会制度充满了积极进取的精神。荀子的哲学思想正反映了这一时代精神。

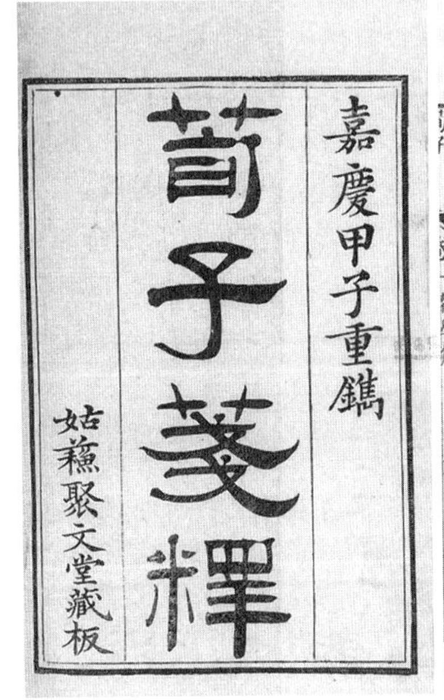
嘉慶甲子重鐫
荀子箋釋
姑蘇聚文堂藏板

荀子卷第一
唐登仕郎守大理評事楊倞注
勸學篇第一
君子曰學不可以已青取之於藍而青於藍冰水為之而寒於水木直中繩輮以為輪其曲中規雖有槁暴不復挺者輮使之然也故木受繩則直金

《荀子》书影

在天人关系问题上，荀子提出“明于天人之分”的思想。他认为“天行有常，不为尧存，不为桀亡”(《荀子・天论》)。这就是说，自然界有它自己的客观规律，不以社会政治的好坏为转移。荀子的这一思想，是与西周以来宗教唯心主义的天命、鬼神思想针锋相对的。自西周以来，孔子、孟子承认“天命”，墨子也有“天志”说，这事实上就是认可了天有意志，天能主宰社会人事。为此，荀子批判道：“知命者不怨天。”(《荀子・天论》)在认识论上，荀子也提出了极为可贵的思想，他既强调“耳、目、鼻、口、形”等感觉器官(天官)在认识中的重要性，又强调“心”(天君)在理性思维中的重要性：“心居中虚，以治五官。”(《荀子・天论》)尤其是在知行之辩中，荀子明确提出了学用一致的原则，他说："知之不若行之，学至于行之而止矣。"（《荀子·儒效》）这里已包含了"行"高于"知"的见解。在人性的善恶之辩问题上，荀子主张人性本恶的观点，并以此来反对先天的道德观。在他看来，人的先天之性是由人的生理要求决定的，是不学即会的本能。而礼义道德等社会规范，却不是与生俱来的，是在人们受到教育之后才形成的。荀子的这一思想反对了孟子的先天"性善"说，指明人的道德属性是社会环境与教育的结果。这无疑是更加合理的见解。可见，荀子的思想经过了对先秦以来诸家学说的系统总结，已标志着先秦哲学的成熟，并对后来的两汉哲学乃至整个中国古代哲学产生了深远的影响。

这一时期代表着中国古代哲学全面形成的还有集法家思想之大成的韩非的思想。韩非总结了商鞅、申不害、慎到三家的思想，克服了他们学说中片面的地方，提出了法、术、势相结合的观点。这一观点是对前期法家思想的发展。在韩非那里，"法"是指成文法令，"术"是指国君根据"法"控制官僚的手段，"势"是指权力。韩非认为国君依靠权力推行法令，并用权术防止奸宄发生。把法、术、势三要素有机地结合为一体，构成了韩非政治哲学的要义。

此外，韩非在天人之辩的问题上发展了老子、荀子等人的思想，首次提出了"道"与"理"，即事物的普遍规律与特殊规律的关系问题。韩非认为："物有理……万物各异理而道尽稽万物之理。"（《韩非子·解老》）可见，它主张一般规律寓于特殊规律之中。这是对先秦天道观的新发展。在认识论方面他提出了"重验"（《韩非子·八经》）的唯物主义认识论命题。这可以被认为是对先秦哲学名实之辩的一个新的总结。

三、中国古代哲学的全面成熟与嬗变

公元前221年前，秦灭六国，结束了诸侯国割据的局面，建立了中国历史上第一个统一的多民族的封建专制主义国家。这是春秋以来社会发展的必然趋势。但由于秦王朝所推行的主要是"车同轨、书同文、行同伦"的政治大一统策略，因而这一时期在哲学思想上并无多大建树。到了汉武帝时，秦末农民起义以来的割据局面已基本结束，中央集权进一步加强。与此同时北伐匈奴又取得了空前的胜利。这一切都意味着西汉封建社会发展到了鼎盛时期。经济文化的发展，推动汉武帝采纳了董仲舒"独尊儒术"的文化政策①，从而开始了中国古代哲学在西汉的新发展。

作为西汉时期最重要的哲学家，董仲舒在天人之辩问题上提出了"道之大原出于天，天不变，道亦不变"（《汉书·董仲舒传》）的著名命题。董仲舒把"天"说成宇宙间最高的主宰，他说："天者，百神之大君也。"（《春秋繁露·郊祭》）认为天是至高无上的神。而且，在他看来，由于人和天具有相同的气质和情感，因此天人可以感应。特别是君主代天治理人民，君主的政治好坏，天是知道的："天人相与之际，甚可畏也。国家将有失道之败，而天乃先出灾害以谴告之；不知自省，又出怪异以警惧之；尚不知变，而伤败乃至。"（《汉书·董仲舒传》）在名实之辩上，董仲舒发展了孔子以名正实的认识论思想。在他看来，"名者，大理之首章也。

① 西汉统治者之所以采纳董仲舒"独尊儒术"的主张，把统一思想视为首要的任务，主要是因为他们意识到先秦的百家争鸣不利于统一的封建专制制度的需要。但鉴于秦朝灭亡的历史教训，他们又意识到像秦始皇那样焚书坑儒，采用暴力手段来禁绝百家之说，效果也不理想。董仲舒提出的"独尊儒术"的主张显然正好适应了当时西汉王朝统治阶级的政治需要。

录其首章之意，以窥其中之事，则是非可知，逆顺自著，其几通于天地矣。”(《春秋繁露·深察名号》)在董仲舒看来，封建的纲常名教是宇宙间的最高原则。名成为一切事物的依据和标准，而事物只是名的体现，只要掌握了名，则事物的是非、逆顺就可以判断了。在人性善恶问题上，董仲舒则提出了著名的“性三品”说。他认为人性可分为三类，第一类是情欲很少，不教而能善的，这叫“圣人之性”；第二类是情欲很多，虽教也难为善，只能为恶，这叫“斗筲之性”；第三类是虽有情欲，但可以为善亦可以为恶的，这叫“中民之性”(《春秋繁露·实性》)。董仲舒的“性三品”说是对性善性恶之辩的一个精细化的发展，对后世影响颇大。

董仲舒像

董仲舒之后最有影响的哲学家是东汉时期的王充。王充不仅批判了董仲舒以来的天人感应的神学目的论，而且在政治思想上反对把孔子偶像化。他在《论衡》中写了著名的《问孔》《刺孟》等篇，敢于对孔孟之道提出怀疑和批判。在王充看来，自从汉武帝定儒家为一尊之后，造成“世儒学者好信师而是古，以为圣贤所言皆无非”(《论衡·问孔篇》)的盲从风气。王充对此极力反对。在宇宙论上，王充提出了唯物主义的元气自然论，即认为天地和自然界包括人在内的万物都是元气自然构成的，而元气是自然界原始的物质基础。王充依据其元气自然论还对当时盛行的社会迷信，如卜筮、祭祀以及善恶报应等进行了批判，他指出：“论祭祀，祭祀无补，论巫祝，巫祝无力；竟在人不在鬼，在德不在祀。”(《论衡·解除篇》)由此，王充认为人事的好坏全靠人为，企图以祭祀、巫祝的办法获得福佑是徒劳的。在认识论问题上，王充提出注重效验的唯物主义认识论。他认为人要获得知识，首先必须由人的感官与外界事物接触，即“须任耳目以定情实”“如无闻见，则无所状”(《论衡·实知篇》)，他认为这是认识的最根本的条件，就是圣人也不例外。

王充用元气自然论反对当时宗教神学目的论，他的这一勇敢精神，给后来的唯物主义者以极大的影响。南北朝时杰出的无神论者范缜，就是王充学说的直接继承人。范缜以后，如张载、王夫之、戴震等人，都在不同的历史时期发扬了他的无神论精神。

自东汉末年的黄巾军起义开始，中国社会进入了长达数百年的分裂与战乱时期。曹操父子在镇压农民起义的过程中发展自己的势力，建立了曹氏政权——魏。但这个王朝后来却被以司马懿父子为代表的司马氏家族所篡夺。在这个过程中，统治阶级内部几大集团你争我斗，使许多参与政事的名士因言谈无忌或观点不合而相继招致杀身之祸。这一残酷的现实直接导致当时的知识分子以不问世事、清谈玄学为时尚，以图安身保命。这就是魏晋玄学产生的社会历史背景。

当时的玄学思想家极为推崇《易经》、《老子》和《庄子》这三部著作。因为这些著作中所体现出来的神秘主义观点和自然无为、不辩是非的相对主义观点很能满足这一时期知识分子的精神需求。在魏晋时期这三部书成为贤士名流的时尚书目，号称"三玄"。

魏晋玄学以王弼的"贵无"说最为著名。据史书记载，王弼十余岁时就喜好老子的思想，且能言善辩。王弼的著述很多，但基本上是围绕着老子的思想进行阐发。在宇宙论上，王弼主张"以无为本"，他认为老子的"道"可以用一个字来概括，那就是"无"。天地万物都是因"无"而"有"的，故"无"是最重要的东西，用他的话说就是："道者，无之称也；无不通也，无不由也。"(《论语释疑》)在认识论的名实之辩(言意之辩)中，王弼也推崇道家的无名论而主张"言不尽意"。在他看来，只有"忘象(实)"才能"得意"(《周易注》)，这使他的认识论走向了某种程度的神秘主义。这一时期与王弼在"贵无"立场上持相同观点的还有郭象、何晏等人。

但与王弼、郭象等"贵无"派不同，这一时期也出现了"崇有"派，其主要代表人物是裴頠。裴頠论证了"无"不能生"有"的道理："济有者皆有也。"(《崇有论》)另一哲学家欧阳建则以"言尽意论"反对王弼等人的"言不尽意论"。他认为，名与物，言与意(理)，既有相随的一面，又有"名逐物而迁，言因理而变"(《言尽意论》)的一面，但这决不能成为言不尽意的理由。这可以说是名实之辩上的唯物主义立场。

魏晋南北朝时期最值得一提的是范缜的无神论思想。范缜针对当时盛行的佛教神学思想，在《神灭论》等文中集中批判了佛教哲学主张的神不灭论。范缜认为："神即形也，形即神也。是以形存即神存，形谢即神灭也。"(《神灭论》)他把这种形神关系叫做"形神不二"或形神"不得相异"。范缜这种形神一元论的观点在当时显然是非常可贵的。[①] 范缜也批判了佛教的因果报应说。据《梁书》和《南史》的范缜传记载，当范缜还在齐朝做官时，与齐竟陵王萧子良有一场关于因果报应问题的激烈辩论。萧子良质问范缜：你不相信因果报应，那么世界上为什么有人富贵，有人贫贱，有人享福，有人受苦呢？范缜运用元气自然论的偶然论去反驳说：生就好像树上的花，有些花瓣被风吹落到厅堂上，飘落在席上、坐垫上；也有些花瓣被风吹落到厕所里，这完全是偶然的，没有什么因果报应。像你，生在皇室，享受富贵，就像飘落在席上、坐垫上的花瓣一样；像我，一生不幸，就像飘落在厕所里的花瓣一样。这些都说明，人的富贵贫贱只不过是遭遇不同，绝不能把社会中的富贵贫贱现象作为论证因果报应的根据。

隋唐是佛教哲学的迅速发展时期，其内部形成了各种不同的派别和理论，如天台宗、华严宗、禅宗等。它们把从天竺传来的佛教学说进一步中国化，作了许多独创性的理论发挥。隋唐佛教哲学继承南北朝佛教主张的佛性论，大力宣传人人可以成佛，教人放弃对现实社会的不满和反抗。由于它在思想上和政治上都是积极维护当时的封建统治的，因而各宗各派都得到了统治者的支持。佛教在发达的寺院经济等物质条件支持下，深入到城乡各处，并利用文学、戏曲等形式在广大城乡展开宣传。于是，佛教在当时甚至成为占据统治地位的意识形态。与此同时，统治者也提倡道教和儒家学说。比如唐太宗一方面依然把孔子的思想奉为正统，但是另一方面，对佛教和道教也相当认同。后来的唐玄宗还把儒家的《孝经》、佛教

① 因为这种形神一元论的观点克服了先秦以来某些唯物主义哲学家把"神"当作某种特殊物质的理论缺陷。因为把精神说成是物质，如"气""精气"，很容易导致精神可以脱离身体而存在的结论，从而给"神不灭"论者钻空子。

的《金刚经》和道教的《道德经》以御注的方式颁行天下。可见，儒、释(佛)、道哲学在这一时期成了统治者最为推崇的思想形态。

中国古代哲学发展至宋元明时期则到了它的全面成熟时期。最具代表性的理论无疑是宋明理学的出现。宋明理学以儒学为主体，积极汲取佛学、道学的思想营养而渐渐形成其宏大而精致的理论体系。重要的还在于，“理学是思辨性的儒学”①，它使儒学开始摆脱了伦理说教式的浅显而具有了思辨的色彩。

宋代理学的开端者是周敦颐。周敦颐以儒学为基础，融合道学，提出“无极(无)生太极(有)”的宇宙生成论。他认为，太极能动能静，动则生阳，静则生阴；阴阳生两仪(即天地)；两仪生五行，即水、火、木、金、土。阴阳二气与五行之“精”巧妙凝合，又生成男女。在变化无穷的万物中，人得天地之“秀”而为万物之灵。人最灵秀之处在于守“至诚”“主静”之道。

二程和张载为理学奠定了基础。二程即程颢和程颐，二人都曾就学于周敦颐。二程首创了“理”这一最高的哲学范畴。“理”作为绝对本体而衍生出宇宙万物。二程的学说，特别是其“灭私欲则天理明矣”(《程氏遗书》卷十五)的核心观点，后来被朱熹所继承和发展，世称程朱学派。与二程同时代的张载继承了周敦颐的宇宙论思想，提出了“太虚即气”的自然观。而且，他还把气的运动变化(他称之为“气化”)看作有规律的过程，“由气化，有道之名”(《正蒙·太和篇》)。可见，他所谓的“道”(即“理”)就是指气的运动变化过程的规律性，它存在于事物之中。由此，他又说“万物皆有理”“理不在人，皆在物”(《张子语录》)。在人性善恶问题上，张载区分了人性中的天地之性与气质之性。在他看来，气质之性是恶的根源，它障蔽了天地之性的正常发展。因此，他认为气质之性不算是真正的人性，必须对气质之性加以改造才能恢复和保存天地之性。为此，他教人通过反省去体悟这种天地之性。后来理学的集大成者朱熹认为张载提出的“气质之性”的学说，“有功于圣门，有补于后学”(《朱子语类》卷四)。可见，正是从张载开始，古代的人性论才达到了比较精微的程度。

如果说周敦颐、二程、张载开了理学的先河，那么，宋明理学至朱熹则已集其大成。朱熹在前人的基础上建立了以“理”为核心的庞大而精致的理学思想体系。朱熹讲的“理”除了有通常所理解的“道理”的含义外，更重要的是指一种至高无上的存在物。在朱熹看来，正是由这种根本的存在物派生出世界上的万事万物。以他自己的话来说就是“理也者，形而上之道也，生物之本也”(《朱文公文集·答黄道夫书》)。朱熹认为“理”这个东西不仅是世界最根本的存在，而且正是由于这个最根本的存在才产生出其他的东西。朱熹称这种现象为“理一分殊”(《朱子语类》卷三)。朱熹理学思想的另一个重要内容是把“天理”和“人欲”对立起来。在朱熹看来，人的内心欲望是非常可怕的，它总会导致各种丑恶的事情发生。因此，一个人做学问最重要的事情就是用“天理”去消除“人欲”：“学者须是革尽人欲，复尽天理，方始为学。”(《朱子语类》卷十三)这无疑具有禁欲主义的色彩。但朱熹在论述“存理灭欲”的修养方法时，还是提出了一些有积极意义的思想。比如他提出了“穷理”的修养功夫。所谓“穷理”就是探求“所以然”。因为在朱熹看来，一个人只有知晓了道理，才可能自觉地去践行。也因此，在知行关系问题上，朱熹主张“知先行后”：“先知得，方行得”“论先后，知为先；论轻重，行为重”。(《朱子语类》卷九)

---

① 张立文：《宋明理学研究》，中国人民大学出版社1985年版，第80页。

朱熹的理学非常强调神秘而客观的“理”的作用，而与朱熹同时代的陆九渊却反对这一观点。① 在陆九渊看来，宇宙的最重要的东西不是“理”而是“心”。陆九渊认为，人心最为重要。由此，他提出哲学就是要教人“自存本心”。也就是说，无论是做学问还是做人，内省反思，从而发掘自己内心的善良心性是最重要的。一旦做到了这一点，人就到达了大彻大悟的境界。可见，陆九渊确立的心学基本原则是心即理。正因为“心即理”，所以只要内心做功就能懂得做人的道理。

“心学”在中国古代思想史上通常又被称为“陆王心学”，其中的“王”就是心学的另一个代表人物、明代的王守仁，又称王阳明。他不仅是我国古代心学思想的集大成者，也是一个颇有作为的政治家、军事家。王守仁的心学主要体现在他“去私欲”、“求本心”和“致良知”的学说上。王守仁认为，现实中具体的人，往往因为私欲的蒙蔽而远离了天理，倘若能找回良知，实践良知，就能克服蒙蔽。由此，他认为做人处事强调的根本在于找本心，而不是朱熹讲的“明事理”。在他看来，“心外无物”“心外无理”（《传习录》中）。由此，他强调反求本心。这个本心，就是良知，它是天赋的道德判断能力。王守仁认为，在日常生活中，每一个人都以他自己的身体躯壳为“我”，并和一切别的东西对立起来，这就是“私”。一个人的身体是“私”的根本。人有了私欲，他的本心就会被私欲所遮蔽，就像空中有浮云，太阳的光辉就要被遮蔽一样。但是，浮云不能完全遮蔽太阳的光辉，私欲也不能完全遮蔽“本心”的清明。“本心”的清明必然会有所表现，这个表现就是人有分别善恶的能力。这是每一个人不需学习而就有的能力，这种认识能力，就被称为“良知”“良能”。人和其他动物的分别就在于人能区别善恶，能作道德理性的判断。王阳明认为，要充分发扬人的这种良知天赋，要专心致志、一丝不苟地从内心做功。可见，陆王心学在强调人须注重内心修养方面无疑有相当积极的意义。

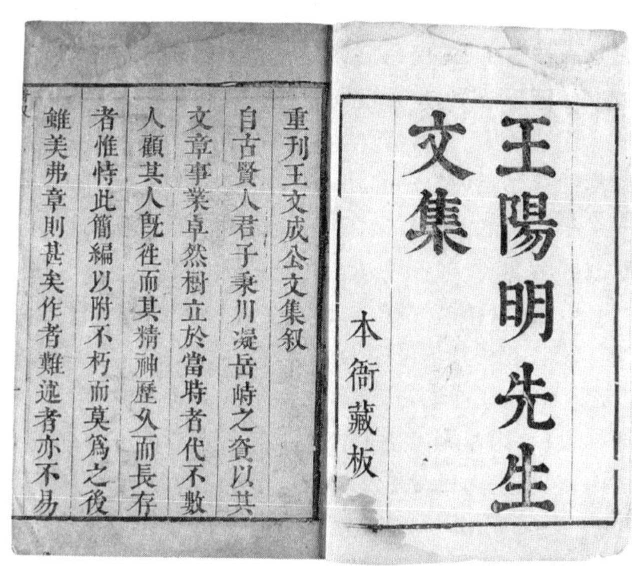
王陽明先生文集
本衙藏板

重刊王文成公文集叙
自古賢人君子秉川凝岳峙之資以其
文章事業卓然樹立於當時者代不數
人覩其人既往而其精神歷久而長存
者惟恃此簡編以附不朽而莫爲之後
雖美弗章則甚矣作者難述者亦不易

《王阳明文集》书影

从明中叶开始，中国古代哲学开始进入了它的嬗变时期。这一嬗变时期的出现有其深刻的社会历史背景。明中期以后，一方面是封建统治集团极端腐败，阶级矛盾日趋尖锐，明

① 宋淳熙二年（1175 年）六月，理学家吕祖谦为了调和朱熹“理学”和陆九渊“心学”之间的理论分歧，使两人的哲学观点“会归于一”，于是出面邀请陆九龄、陆九渊兄弟前来与朱熹见面。双方就各自的哲学观点展开了激烈的辩论。朱熹强调“格物致知”，主张多读书，多观察事物，然后得出结论。陆氏兄弟则从“心即理”出发，认为格物就是体认本心，心明则万事万物的道理自然贯通，不必多读书，也不必忙于考察外界事物。双方各执己见，互不相让，争论达三天之久。这就是著名的“鹅湖之会”。

末一百多年间农民起义接连不断地发生;另一方面则是明中叶以来出现的资本主义因素的不断发展,并在思想领域里留下了深刻的影响。于是,明末出现了以李贽为代表的一批反封建礼教的进步思想家。

自汉代的董仲舒提出“独尊儒术”以来,经朱熹理学、陆王心学的发展,孔孟之道一直成为中国古代社会唯一的正统之学。在这期间,几乎没有思想家对这一正统之学提出疑问甚至批判。这一局面直到明末才得以改观。倡导“童心说”的李贽公开以异端自居,对传统的孔孟之道中的教条和假道学进行了大胆的揭露和批判,他主张不能以孔子的是非为是非。李贽还把他的批判推及整个经学、道学。他说:所谓的经典,无非是那些迂阔的门徒,懵懵懂懂地记忆孔孟的学说,有头无尾,得后遗前,然后各随其所见而胡乱写到书上。后来的读书人不能细察真相,就以为出自圣人之口,奉为丝毫不可加以怀疑的经典。其实,其中大半不是圣人的言论,即使是出自圣人之口的,也不过是针对具体问题而发,就像因病发药、随时处方一样,怎么能当作万世不变的救世良方呢?

代表着中国古代哲学嬗变的另一个重要标志是明末清初兴起的启蒙思潮。明清之际,封建社会已走向它的晚期。资本主义萌芽和城市市民阶层开始出现,阶级矛盾、民族矛盾进一步激化。这些矛盾聚集在一起,造成了激烈的社会动荡,刺激着思想文化界。这就如同春秋战国时期一样,各种思想在这一时期纷纷出现,大放异彩,形成带有启蒙色彩的新思潮。代表着这一启蒙思潮的思想家主要是黄宗羲、顾炎武、王夫之。

黄宗羲在其学说中无情揭露和猛烈抨击了封建专制制度,认为封建君主的专制统治是“天下大害”。他说,封建君主在争夺天下的时候,残暴地屠杀人民,夺得天下以后,又残酷地压榨人民,因而人民仇视君主是理所当然的。与此同时,他还认为君主制定的法律只是君主的一家之法,人民没有义务遵守,因而必须制定天下之法来取代君主的一家之法。为此,他主张“公天下,分君权”(《明夷待访录·原君》)。黄宗羲这种反对封建专制的思想,对后来的中国民主革命运动显然产生了积极的影响。

顾炎武也是这一时期反封建的斗士。在政治方面,他反对君主专制,反对“独治”,主张“众治”。他认为“亡国”和“亡天下”是有区别的,亡国是改朝换代,只是君和臣的事;亡天下则是关系到民族存亡的大事。为此,他认为:“保国者,其君其臣、肉食者谋之;保天下者,匹夫之贱,与有责焉耳矣!”(《日知录·正始》)在治学方面,他反对空谈,反对脱离实际的心学,提倡经世致用的知行合一说,并由此认为不论是研究古代的或当今的事物,都应考虑到现实社会的需要。顾炎武在这里事实上是对宋明理学空谈心性的弊端进行了批判。

王夫之像

王夫之不仅在哲学上继承和发展了中国古代朴素唯物主义和辩证法的优秀传统,而且还以这一哲学世界观和方法论为依据,提出了许多极具启蒙意义的进步思想。王夫之认为:“尽天地之间,无不是气,即无不是理也。”(《读四书大全说》卷十)在他看来“气”是物质实体,而“理”则为客观规律。这是对朱熹以及陆王心学的批判。

王夫之也继承和发展了中国古代朴素辩证法的思想。他以“细蕴生化”来说明“气”变化日新的辩证性质，认为“阴阳各成其象，则相为对，刚柔、寒温、生杀，必相反而相为仇”；“天下惟器而已矣”；“无其器则无其道”(《周易外传》卷五)。由这一道器关系王夫之建立了其历史进化论，他认为“气化日新、生生不息”是社会历史的必然，那些“终古不易”的“道”是不存在的。因此，他认为董仲舒所谓的“天不变，道亦不变”的观点是荒谬的。在知行问题上，他认为认识离不开实践，必须坚持实践第一的观点。他举例说，要学会下棋，单靠看棋谱是不行的，须得亲自和人对弈，才能逐步精通它。理学唯心主义只讲棋谱之理，而不讲对弈练习，在他看来这显然是片面的。王夫之还在自己的学说中激烈反对封建君主专制。他认为，如果君主不以“天下之公”，只以一己私利而获罪天下百姓，就必须革除其君位。他还认为，天下的土地并非帝王的私有财产，应该归耕者所有。他的这些启蒙学说后来直接成为中国近代民主革命的理论先导。正是从这个意义上我们说，王夫之的哲学思想达到了中国古代朴素唯物论、辩证法和历史观发展的最高阶段，是中国传统哲学由古代向近代转变的理论前导。

第节 中国古代哲学探讨的主要问题

哲学作为研究世界观的理论，主要涉及人与自然、人与社会和人与自身等的基本关系。中国古代哲学以其独有的民族语言和思辨范畴探讨了这些基本关系，其内容主要包括天人之辩、动静(常变)之辩、知行之辩、名实之辩、形神之辩、人性善恶之辩、义利之辩、欲理(道)之辩、人我(群己)之辩、生死之辩等。[①] 中国古代哲学深入探讨了这些最基本的问题，并在其中形成了比较稳定的价值取向，成为中华民族最深层的精神文化传统。

一、天人之辩

中国古代哲学从其基本论题看，首先是一种天人之辩的学问。所谓天人之辩简单地说就是探讨天和人的关系问题。中国古代哲学虽然形态各异，派别林立，对“天”和“人”的理解存在着这样或那样的分歧，然而却从来不脱离人道去孤立地探索天道，也从来不脱离天道孤立地探讨人道，而是从天人的统一性角度，探讨天与人、主体与客体，自然与社会之内在的相互关系。哲人们力图通过这种探讨去寻找一种带有普遍性、规律性的法则，用以指导人们改造自然、治理社会以及完善人类自身的实践活动。

天人之辩作为中国古代哲学中最古老的问题之一，可以追溯到原始社会的自然崇拜。在先民眼中，头顶上的浩浩苍天，阴晴无据、喜怒无常，但却威力无比。它可以使高山为谷，大河干枯；它可以借狂风暴雨、地震、泥石流来无情地吞噬人的生命。人在大自然面前会感到自己的存在微不足道。先民们对自然之天的神化和崇拜，也许就这样产生了。这种对天地自然的崇拜，从远古至殷周时代一直占据主导地位。在古人看来，天既是百神之君、万物

① 鉴于人性善恶以及义利、欲理、人我、生死之辩将在“第五章伦理道德传统”中进行探讨，我们在这里仅就天人、动静(常变)、知行、名实、形神关系等问题进行逻辑梳理。

之主，更是社会政治、道德规范的制定者。国君只有“以德配天”，才能保证其对疆土及其臣民的绝对统治权力；相反，若违背天道，必然遭到天的摈弃。比如殷商的纣王昏庸残忍，殷商很快崩溃；周文王崇尚德教，任人唯贤，爱民如子，因而周朝必然取代殷商。这种政权的更迭被认为是天的意志。这就正如《诗经》所言：“天生蒸民，有物有则；民之秉彝，好是懿德。”（《诗经·大雅》）

春秋战国时期是社会大变革、大动荡时期。在思想领域里出现了百家争鸣的局面。原有的带有神秘色彩的天人合一思想开始解体，先哲们为适应社会大变革的要求，对天人关系作了新的理解。比如以注释《周易》为宗旨的《易传》对天人关系的理解，就既承袭了传统的天人合一观，又摒弃了其神秘主义的色彩。《易传》的作者认为：有天地，然后有万物；有万物，然后有男女。可见，人和万物一样是秉受了天地之大德而生，因而天人在本质上是一致的。人只要做到“与天地合其德，与日月合其明，与四时合其序，与鬼神合其吉凶，先天而天弗违，后天而奉天时”（《易传·文言》），就可以把握天道，获得自由。从表象上看，《易传》似乎在重复殷周以来的天命思想，但其实《易传》的“天”已不再是带有宗教色彩的、居人之上的存在，而是可以感觉到、可以认识到的阴阳变化之理的自然存在；“人”也不是只知畏惧，绝对服从于天的附庸，而是可以与客体之天并驾齐驱的主体存在。显然，在《易传》中，天的神秘权威在下降，人的主体地位在提升。

如果说《易传》是从自然客体的视阈来论证天人合一的话，那么，子思和孟子则立足于人的主体来论证这一问题。子思哲学的基本概念是“诚”。子思认为，诚不仅是人的一种笃厚信实的品格，而且也是天的一种品格。在子思看来，人的这种品格来源于天。由此，天人在“诚”的基础上是完全统一的。“诚者，天之道也；诚之者，人之道也。”（《中庸》）子思这一理论从思维方式上看，与传统的天人合一学说并无差别，它独出心裁之处在于不像《易经》那样先申明天道，然后通达人道，而是以人道来规范天道，反过来又以天道来说明人道。

孟子也讲“诚”，但他更重视“心”。孟子认为代表人的思维器官和功能的“心”是由天赋予的，人的本性与天的本性是相一致的。由此，他和子思一样，认为认识天道不需要与外在的客观事物相接触，只要充分地认识“心”即可。以他的话说就是：“尽其心者，知其性也；知其性，则知天矣。”（《孟子·尽心上》）孟子所谓的“尽心”，就是尽力发挥人心的作用；“知性”，就是通过发挥人心的作用，自我反省，理解、体认人的本性；“知天”，就是说只要理解了人的本性，也就通晓了“天道”。可见，在孟子那里，天道与人道在人的心性中也达到了统一。

《易传》侧重于自然，子思、孟子侧重于人心，二者虽然有很大差异，但殊途而同归，即他们在天人之辩上都已离开了宗教神学的解释，而在自然与社会的现实基础上阐发了天人合一的理论。但在子思与孟子的学说中有一个致命的缺陷，这就是没有意识到人的能动性的发挥要受到种种客观的条件制约。后来，道家的代表人物庄子，有鉴于儒家子思、孟子天人之辩中对人的主观能动性的夸大，提出了“天与人不相胜”（《庄子·大宗师》）的思想来加以补正。在庄子看来，天是有规律的，人必须遵循这一自然规律。人不能干预天，如果干预天就如在日月光照之下却举起火把，在大雨滂沱之时去浇灌田园那样可笑（《庄子·逍遥游》）。庄子认为，天人一致的根本就是要求人顺从自然，能与自然保持和谐，才能达到“天地与我并生，而万物与我为一”（《庄子·齐物论》）的境界。

庄子洞察先秦儒家天人之辩的弊端，在老子天道观的基础上重提尊重天道、尊重规律，这是难能可贵的。然而，庄子又走向了另一个极端，即否定和扼杀了人的主观能动性。正因此，他受到了荀子的批评。荀子从思维方法论上分析了庄子的理论偏差在于“蔽于天而不知人”。与此相反，荀子认为子思、孟子等人则“蔽于人而不知天”(《荀子·解蔽》)。荀子弃其所“蔽”，扬其所“见”，提出了“明于天人之分”“制天命而用之”(《荀子·天论》)的著名命题。他把天理解为客观存在的自然界，理解为日月星辰、山川草木、阴阳风雨、四时变化等的作用。荀子在此基础上，又提出天的运行有其自身的规律，这种规律并不随着社会治乱、人的好恶而改变，“天行有常，不为尧存，不为桀亡”(《荀子·天论》)。由此，荀子从两方面总结了天和人的关系，一方面是“天人相分”，即自然之天与人各有自己的职分或特殊规律，不能相互取代。另一方面是“天人相参”，人在自然面前不是消极的、被动的，不能一味地等待天的恩赐，盲目地顺从、听命于天，而应该充分发挥人的聪明才智。可见，荀子既重视天人相分，又倡导天人相参；既尊重自然法则，又强调人为作用。从当时看，无论是在深度还是在广度上，都达到了相当高的水平，成为中国古代哲学天人之辩中最有价值的思想遗产。

秦汉大一统的封建中央集权制的确立，使这一时代的天人之辩呈现为一种新的理论形态。董仲舒天人感应的神学目的论正是适应了历史发展的进程应运而生的。董仲舒继承了先秦的阴阳五行学说，又吸取了当时自然科学的声音共鸣、机械共振及生物学的同类相应等成就，提出“同类相应”“同类相动”的哲学命题，并以此为据推导出“天人之际，合而为一”(《春秋繁露·深察名号》)的结论，重建了一套以神学目的论为基础的天人之说。董仲舒首先恢复了天的至高无上的绝对地位。他把天和人作了详细比较，主张人是天的副本。按照他的看法，天与人相副；天有四时，人有四肢；等等。由人组成的社会也不例外，也是取法于天，如天有阴阳尊卑，社会有君臣、父子、夫妇；天有五行相生相辅，人间有父子等五伦相生相养关系；等等。由此，董仲舒又提出灾异说，认为天会降下灾异，对那些违背天道的人进行“谴告”和惩罚。

董仲舒的天人感应和神学目的论，给汉代封建大一统的局面提供了一种新的统治之道。从哲学思维发展来看，他使用了类比方法，将天人作了详尽的具体的类比，力图以定量的分析取代整体的模糊的论述，这也是哲学思维的一大进步。然而，它毕竟具有浓重的神学色彩，包含有许多主观臆断、任意比附的内容，这是与真理相悖的。因此，这一理论理所当然地遭到了一些进步思想家的批判。东汉的王充就是一个杰出的代表。他继承了道家的思想学说，把董仲舒歪曲了的天还原为自然。他指出，天与人异体，各有着自己运动变化的规律，不相感应，“人不晓天所为，天安能知人所行?”(《论衡·变虚》)“夫人不能以行感天，天亦不随行而应人。”(《论衡·明雩》)王充还概括了大量的科学事实和实践经验，揭露了天人感应的虚妄性和欺骗性。比如他就曾以阴阳观念来说明雷电的产生，抨击了神学家所谓雷电乃天怒的谎言。

在隋唐时期，以柳宗元和刘禹锡为代表沿着王充所开辟的道路，对天人关系作了带有创造性的论证，把先秦之后的天人之辩推进到一个更高的阶段。柳宗元在《天说》、《天对》与《答刘禹锡天论书》中，系统地阐发了自己的天人关系理论。他与有神论者针锋相对，把天看作是元气，是物质性的存在，它没有意志，更不会对人赏罚。柳宗元认为，人的功祸是由自己造成的，与天无关，所谓“功者自功，祸者自祸”“生殖与灾荒，其事各行，不相干预”(《答刘禹锡天论书》)。柳宗元观点被同时代的刘禹锡继承和发展。刘禹锡把历史上的天人之辩分为两大派，一派是“拘于昭昭者”(指天有意志)，主张天人相互影响，这一派他称为“阴骘之说”。另一派是“泥于冥冥者”(指天无意志)，主张天与人实相异，这一派他称为“自然之说”。他指责“阴骘之说”是诬妄，而对“自然之说”基本上持肯定的态度。但是他又认为以前的“自然之说”，如荀子、王充等人，还没有完全认清自然与社会、天与人的本质差别和内在联系，往往是强调了自然的规律性、绝对性，却轻视或抹杀了人类社会的特殊性和人的主观能动性，或者是强调了社会的特殊规律性和人的主观能动性，而忽略了自然规律的制约性。刘禹锡把自己的天人关系理论归结为“交相胜，还相用”(《天论上》)。所谓“交相胜”，是指天人各有自己的职能、作用，在不同的条件下可以相互制胜；所谓“还相用”是指天人虽有区别，但又相互联系、相互作用。可见，刘禹锡对天人之辩问题的解决实际上是把天人关系看作一种既相互对立、又相互统一的辩证关系，从而使中国古代天人之说所提出的问题得到了比较合理的解决。

至宋明时期，理学家们以高度抽象的概念，来规范和解释人与自然的关系，把天人之辩纳入其理学体系中。如程朱派提出天人是一体、一道、一理，“天即人，人即天”(《朱子语类》卷十七)，认为天人本无二，故不必言合。可见，程朱强调天人的同一性，把天人统一于理、道上。陆王派则把天人归结为一心。陆九渊提出：“宇宙即是吾心，吾心即是宇宙。”(《陆九渊集》卷三十六《年谱》)王守仁也认为：“人者，天地万物之心也；心者，天地万物之主也。心即天，言心，则天地万物皆举之矣。”(《传习录》)在陆王那里，天人是在心的基础上达到统一的。可见，无论是程朱，还是陆王，他们的天人合一论都高扬了人的主观能动性、自觉性，这是这一学说的长处。但他们所理解的天人合一，终极目标是要求人对含有社会伦理意义的天理的绝对服从。由此，他们明确提出“存天理，灭人欲”之类的口号，这使得他们的天人之学实质上最后导致的是对人性的束缚与摧残。

这一时期与程朱理学不同，对天人关系进行新探索的也大有人在。比如张载就是一个代表人物。张载继承了中国古代传统的天人相分和天人交相胜的思想。他明确区分了天人：“天地之雷霆草木，人莫能为之，人之陶冶舟车，天地亦莫为之。”(《性理拾遗》)特别值得推崇的是，张载虽然主张天人相分，但没有忽视天人相合。他从宇宙论高度对此加以论证：天地是万物和人的父母，人处天地之间，天地之气构成了人的身体，塑造了人的性格与气质。天地之性，就是人之性，人性是对天道的体现。由此，张载得出的结论是：“天地之塞，吾其体；天地之帅，吾其性；民吾同胞，物吾与也。”(《西铭》)这一把天道与人道统一起来的思想，尤其是主张天地之间人类是我的同胞、万物是我的朋友的思想对后世的影响极大。可以说，张载的天人观无论在理论深度上还是在涉及的内容上，都对前人有所突破。

明清之际的王夫之以当时的自然科学成就为基础，以张载的天人之学为出发点，从传统的天人之辩中吸收营养，把中国古代的天人之辩理论推向了高峰。在他看来，天人作为一对矛盾既有分又有合，表现为合中有分，分中有合。王夫之用“天人异用”说明“合中有分”；用“一人天”“体之不二”说明“分中有合”。对这一论点王夫之从两方面进行了论证：其一，从人的来源看，人秉受天之和气而生，天道造就了人性，人属于自然界的一部分，因而人和自然有相合的可能。由于人性与天道本来就无间隔，因而人的任务就是由认识人性进而认识天道，达到“以性合道，以道事天”(《张子正蒙注》)。其二，从人改造自然的角度看，人们可以根据对自然之天的认识，发挥人的主观能动性，并以此为基础改造和利用天。他使用了“竭”这个概念，在他看来："可竭者，天也；竭之者，人也。"(《续春秋左氏传博议》卷下)可见，王夫之所谓的"竭"就是指人认识、改造自然的能力。"可竭"是指天是能够被认识和改造的。据此，他得出人可以"胜天""裁天""造为"的结论。按照王夫之的看法，主观与客观、主体与客体、理论与实践本来就是统一的。人的任务就在于达到对这种统一的高度自觉，并且自觉地维护二者的统一。王夫之对天人关系的总结和新的论证，恢复了人在自然界中应有的地位，对于人的理性觉醒和解放有着重要意义。由此，我们可以说王夫之的天人理论标志着我国古代的天人之辩的理论总结。

中国古代天人之辩所提供的天人合一、天人和谐观念几乎贯穿、渗透到中国文化的一切领域。比如中国的文学艺术就以此为依据进行审美创造。从《诗经》的比兴，《离骚》的香草美人之喻，杜甫的"感时花溅泪，恨别鸟惊心"(《春望》)，一直到毛泽东诗词中"天高云淡，望断南飞雁"(《清平乐·六盘山》)的描绘，堪称情景交融，天人一体。中国绘画书法艺术更是推崇"外师造化"的技法，借以达到物我合一、天人合一之境界。事实上，中国古代的建筑、医学、气功、武术等的传承与发展方面也无一不以天人合一作为其哲学基础。

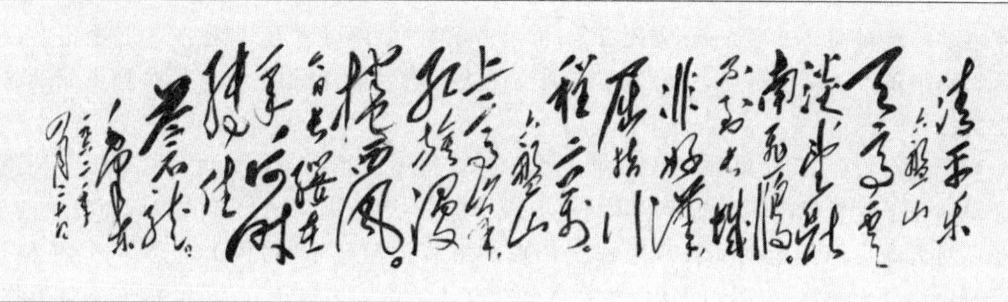

毛泽东《清平乐·六盘山》书迹

二、动静(常变)之辩

运动与静止的关系问题是辩证法的基本问题之一，它在中国古代哲学中以"常"与"变"的范畴被讨论和探究。"常"有恒久、常则、常住、不变等意义，因而和"静"的意思相通；"变"，有更、改、易、动、化、权等意思，指变易、变化，故"变"和"动"之意相通。因此，动静之辩，也可称常变之辩。

老子是先秦时代朴素辩证法思想最为丰富的哲学家。在动静(常变)之辩中，他有鉴于"社稷无常奉，君臣无常位"的社会历史现象，有鉴于"金玉满堂，莫之能守"(《老子》九章)的贫富贵贱的变化，从而作出了其哲学概括：天地万物都在不断地运动变化，世界上没有永恒不变的东西。这就是他"反者，道之动"(《老子》四十章)命题的意思。在老子看来，一切事物的发展都要向它的反面变化，这种变化是道的必然运动。老子还认为，所谓万物向反面转化，就是事物的动到了极点而转向静的方面。由此，他说："万物并作，吾以观其复。夫物芸芸，各复归其根。归根曰静。是谓复命。复命曰常。"(《老子》十六章)。在中国哲学史上，老子第一个把常和变、动和静作为一对范畴来考察，这具有重大的理论意义。而且，他的动静(常变)观对后世的影响是深刻而久远的。

先秦时代论述动变最深刻、最具思辨色彩的著作是《周易大传》。这部书着重从变化的原理出发，阐发了“变化日新”的重变哲学，其中又以《系辞传》和《序卦传》最具代表性。在《周易大传》的作者看来，变化对宇宙对社会对人生具有重要意义：“穷则变，变则通，通则久。”（《系辞传下》）可见，唯有变化，宇宙才可以不穷而久。《周易大传》还把变化的本质理解为“日新”：“盛德大业至矣哉。富有之谓大业。日新之谓盛德。生生之谓易。”（《系辞传上》）可见，在这种变化发展观看来，天地阴阳与万物都是新陈代谢、生生不已的。这也即是《易经》所讲的“易”即“变易”之道。这一见解显然是十分精彩的。

战国中期以后，思想界出现了一股名辩思潮。《庄子・天下篇》中保存了战国后期辩者学说中的一些著名命题，它们体现了辩者的运动与静止观，比如“轮不辗地”，“飞鸟之景（影）未尝动也”，“镞矢之疾，而有不行、不止之时”。从上述命题来看，辩者的动静观无疑是机智的，含有丰富的辩证法思想。

这一时期在动静观上取得较高理论成就的是庄子和荀子。《庄子》一书继承了《老子》“反者，道之动”的思想，十分强调世界万物的变化不居：“道无终始，物有死生，不恃其成；一虚一盈，不位乎其形。年不可举，时不可止；消息盈虚，终则有始。是所以语大义之方，论万物之理也。物之生也，若骤若驰，无动而不变，无时而不移。”（《庄子・秋水》）也因此，《庄子》强调运动的绝对性，“方生方死，方死方生；方可方不可，方不可方可”（《庄子・齐物论》）。庄子认识到宇宙万物变动不居，这含有丰富的辩证法思想因素，但是它否定相对静止无疑又是错误的。

荀子反对天命、反对鬼神迷信，他提出“天行有常，不为尧存，不为桀亡”（《荀子・天论》）的命题。荀子这里肯定了自然界的运行是有规律的，不因人世间统治者的好坏而发生改变。荀子还对天地自然的运动变异现象作出合理的解释：“星坠木鸣，国人皆恐。曰：是何也。曰：无何也，是天地之变，阴阳之化，物之罕至者也。”（《荀子・天论》）而且，荀子还对事物运动变化的积累过程有比较深刻的认识，他提出了“尽小者大，积微者著”（《荀子・大略》）的命题。这意思是说，尽量容纳小的就可变成大的，积累微细的就可变为显著的。由此，他强调了量变之“积”对于事物质变的意义：“积土成山，风雨兴焉；积水成渊，蛟龙生焉；积善成德，而神明自得，圣心备焉。”（《荀子・劝学》）这其中显然已包含有量变与质变关系的思想萌芽。这无疑是对古代变化学说的一个重要理论贡献。

董仲舒是在中国封建统治制度开始巩固的时代竭力为中央集权提供理论根据的哲学家。董仲舒的哲学十分重视常变观念，而且认为变化是有规律的：“天之道，有序而时，有度而节，变而有常。”（《春秋繁露・天容》）亦即是说，万物无时不息地在变化，这个变化有其常则。常则的内容是“应天之变”。由此，董仲舒说：“汤受命而正，应天变夏。”（《夏秋繁露・三代改制质文》）可见，他把历史上的重大变革，说成是顺应天意的结果。这一方面是承认变，一方面又把变的根据归于神秘的天意。所以他又说：“道之大原出于天，天不变，道亦不变。”（《汉书・董仲舒传・举贤良对策》）董仲舒着重讲“天不变，道亦不变”，这一哲学观反映了统一的封建政权确立以后，统治阶级维护封建制度在意识形态方面的内在需要。

魏晋时期的王弼继承和发展了老子和《周易》的动静观，以思辨的形式进一步阐发了动静关系问题，从而为其“以无为本”的本体论作了理论上的论证。王弼认为，天地万物之间运动变化是表象，静止不变是根本，“凡动息则静，静非对动者也；语息则默，默非对语者也。然则天地虽大，富有万物，雷动风行，运化万变，寂然至无是其本矣。”（《周易・复卦注》）由此，王弼提出了他的主静说："夫静为躁君，安为动主。故安者，上之所处也；静者，可久之道也。"（《周易·恒卦注》）也就是说，静安是躁动的主宰，只有以静制动，实行无为而治，才能保持统治的长治久安。董仲舒、王弼等人这一过度推崇不变的哲学观，其消极影响是显而易见的，它不仅使得统治者缺乏除旧更新的变革精神，也极易在民族性格中生成安逸、守旧、不思进取之类的弊病。

这一时期与董仲舒、王弼等人推崇常则，主张静安的观点迥然不同的是佛教哲学宣称的"无常"观。佛教自汉代传入中国以后，至隋唐之际有了很大的发展。其宣称的教义也渐渐为世人所熟悉。佛教将"诸行无常"、"诸法无我"和"涅槃寂静"称为"三法印"。可见，无常论是其最基本的教义之一。当年佛陀言说《金刚经》时总结经义于最后留下一首偈："一切有为法，如梦幻泡影，如露亦如电，应作如是观。"（《金刚经·应化非真》）这里揭示的就是无常、流变、轮回的道理。佛教认为，人只有确立了"无常"的念想，才可以解除痛苦。这也即是《涅槃经》中所说的："一切众生迹中，象迹为上；是无常想亦复如是，于诸想中最为第一。"可以肯定地说，无常论作为古代哲学动静（常变）之辩的一个结论，"是一种卓越的辩证观念，是佛教在理论上最重要、最有意义的贡献"[①]。但是，由于佛教的无常论最终要论证的是归于寂静的所谓涅槃境界，这显然又带有神秘主义的色彩。

北宋理学家张载从气一元论的角度对先秦的动静（常变）理论进行了阐发。他认为构成万物的气和由气生成的万物都是不断变化的，而且变化是有规律的。所以他说："天地之气，虽聚散、攻取百涂，然其为理也顺而不妄。"（《正蒙·太和篇》）张载还具体研究了气化过程的阶段和形式的问题，开创性地在中国哲学史上提出了"变"和"化"这两种运动形态："变，言其著；化，言其渐。"（《横渠易说·上经·乾》）张载在动静观上还提出如下一则命题："动而不穷，则往且来。"（《正蒙·乾称篇》）可见，在他看来，运动是无穷的，往而必来是永恒的。这可以说已初步地接触到了运动守恒的观念，具有重要的理论价值。

被列宁誉为"中国十一世纪改革家"[②]的王安石，为了给自己的变法革新主张作论证，修正了董仲舒的"天不变，道亦不变"的观点，积极宣传"尚变"论。他认为"尚变者，天道也"（《临川先生文集》卷六二《河图洛书义》）。在他看来，自然界和人类社会都在不断变化之中，一切皆变，人们应当崇尚变化、推动变化。王安石还深入研究变化的内容，首创"新故相除"的观点："有阴有阳，新故相除者，天也；有处有辨，新故相除者，人也。"（《杨龟山先生集·字说辩》引《王氏字说》）

在动静（常变）之辩中，宋明理学家也大都崇尚变化。程颢就认为运动是天地万物的基本原则，在他看来，"'生生之谓易'，是天之所以为是也，天只是以生为道"（《河南程氏遗书》卷二）。程颐也说："天地之化，一息不留；疑其速也，然寒暑之变甚渐。"（《河南程氏外书》卷第十一）而且，他认为变化是事物的根本之道："凡天地所生之物，虽山岳之坚厚，未有能不变者也，故恒非一定之谓也，一定则不能恒矣。唯随时变易，乃常道也。"（《周易程氏传》卷第三）特别重要的是，在动与静关系的问题上，程颐认为动是更重要和更根本的，"消长相因，天之理也"；"一阳复于下，乃天地生物之心也。先儒皆以静为见天地之心，盖不知动之端乃天

① 方立天：《佛教哲学》（增订本），中国人民大学出版社 1991 年版，第 127 页。

② 《列宁全集》第十二卷，人民出版社 1987 年版，第 226 页，注释二。

地之心也。非知道者，孰能识之？”（《周易程氏传》卷第二）

理学的集大成者朱熹继承和发挥了张载和二程的动静学说，丰富了具有理学色彩的动静理论，其主要内容有以下两个方面：其一，他认为理主动静。朱熹在宇宙论上持“理生万物”说，与此相应，在动静观上提出了“理有动静，故气有动静”（《朱文公文集》卷五十六《答郑子上》）的命题；其二，朱熹提出了“渐化”和“顿变”的学说。朱熹继承张载的思想，认为事物的变化有两种形式：“形是渐化，变是顿变。”（《朱子语类》卷七十一）特别值得一提的是，在朱熹看来，由于阴阳二气渐消渐盛，事物要经过渐化才达到顿变。而且，朱熹还认为渐化和顿变是互相转化的。他以刚柔为例这样说道：“刚柔变化，刚了化，化了柔，柔了变，变便是刚，亦循环不已。”（《朱子语类》卷七十四）由此，在朱熹看来，刚柔互转，变化也互转，循环不已。

明末清初的王夫之，继承《周易》、张载等人的思想，进一步吸取了当时自然科学的成果和总结了大动荡时期的社会新变化，对中国古代动静（常变）之辩作出了历史性的总结。其学说主要体现在他的“太虚本动”的理论上。王夫之首先认为运动是客观事物的运动，物质和运动是不可分割的，所以他说“太虚者，本动者也”（《周易外传》卷六）；“动静者乃阴阳之动静”（《张子正蒙注·太易篇》）。以这样一种“本动”的理论为出发点，王夫之继而又探讨了动与静的辩证关系。他认为在事物发展变化的全过程中，运动和静止是互相包含、互相渗透的。他说：“动静互涵，以为万变之宗。”（《周易外传·震》）王夫之还比较科学地揭示了运动是绝对的，静止是相对的原理：“静者静动，非不动也。”（《思问录·内篇》）所以在他看来，动静都是动，静者是静动，根本不存在“废然之静”。这种把静止看作运动的另一种表现形态的思想，无疑是很了不起的。

也是基于“太虚本动”的思想，王夫之还继承和发挥了《周易》的“日新之谓盛德”的思想，揭示了运动变化的基本过程和基本趋势：“天地之德不易，而天地之化日新。”（《思问录·外篇》）特别值得一提的是，王夫之还以其天才的理论思维能力在一定程度上猜测到了运动守恒规律的存在：“是故有往来而无死生。往者屈也，来者伸也，则有屈伸而无增减。屈者固有其屈以求伸，岂消灭而必无之谓哉！”（《周易外传》卷六）可见，在王夫之看来，天地万物的运动变化只有“往来”而无“生死”，即运动既没有创生也没有消亡。王夫之还以水为例这样说过：“如水唯一体，则寒可为冰，热可为汤，于冰汤之异，足知水之常体。”（《张子正蒙注·太和篇》）在这里，王夫之用中国哲学特有的语言论述了运动守恒规律的基本内容。这无疑是中华民族值得引以为豪的理论思维硕果。[①]

可见，中国古代哲学的动静（常变）之辩中虽然也有“天不变，道亦不变”的形而上学观，但占主导地位的还是崇尚变易、推陈出新的文化传统。这一传统以《易经》的变易之道和《老子》的“反者，道之动”为两大基本思想渊源，它在几千年的历史发展长河中，成为中华民族基本的宇宙观，也成为我们民族生存与发展的智慧之道。我们几乎可以断言，中华民族能够历经几千年的发展，而始终自强不息，很大程度上正是得益于宇宙观、社会历史观和人生观上这种崇尚变易、与时俱进的文化传统。

---

① 能量守恒和转化定律被公认为是法国的笛卡尔于公元 1644 年在其《哲学原理》中最先提出。但是，笛卡尔不仅是主张“物质实体”和“精神实体”同时独立存在的二元论者，而且他还把运动形态归结为单一的机械运动。王夫之却不同，他是在“物质不灭”的一元论的基础上肯定运动守恒观念。而且，王夫之并不否认运动形态的多样性。

三、名实之辩

在中国古代哲人思考、探究的诸多问题中，作为认识论与逻辑学的一个重要问题，自先秦以来一直就有着名实之辩。“名”指名称或概念；“实”则指实在，即名称或概念所指谓的客观事物。“名”和“实”构成中国古代哲学的又一对重要范畴。春秋末期社会动荡，“礼崩乐坏”，旧事物趋于崩溃，新事物不断诞生，旧名被废弃，新名不断涌现。因此，诸如名存实亡、名实不符之类的现象十分普遍与突出。老子与孔子的名实观正是在此历史背景下形成的。

福建泉州清源山老子石像

老子认为名与言不足以表述宇宙万物的本性。由此，《老子》开宗明义写道：“道可道，非常道；名可名，非常名。”（《老子》一章）这就是说，用概念表述的道和名，并不是恒常的道和名。老子的结论，“道常无名”（《老子》三十二章）；“道是无名之朴”（《老子》三十七章）。“道”既然是人们的感觉经验和理性思维所不能把握的，只有去掉名言，才可以真正理解和把握“道”。用他的话说就是：“知者不言，言者不知。”（《老子》五十六章）应当承认，老子认为“道”作为宇宙万物的本体及其发展规律，是感觉所不能把握的，也是难以用概念名称摹写的，这看到了人们感觉经验和理性思维的局限性，有一定的合理性。但是他过分夸大了这一局限性，以致完全否定感觉和概念的重要作用，这就只能导向神秘的直觉主义。老子的这一无名学说对于后来的庄子及魏晋玄学家都有极大的影响。

在名实关系上，与老子的无名论不同，孔子则提出了正名的主张。他认为：“名不正，则言不顺；言不顺，则事不成；事不成，则礼乐不兴；礼乐不兴，则刑罚不中，刑罚不中，则民无所措手足。”（《论语·子路》）可见，孔子的正名着重于道德方面内涵的开掘。所以他往往给传统的名词加进道德的含义。《论语·颜渊》篇中曾有这样的记载：“子张问：‘士何如斯可谓之达矣？’子曰：‘何哉，尔所谓达者？’子张对曰：‘在邦必闻，在家必闻。’子曰：‘是闻也，非达也。夫达也者，质直而好义，察言而观色，虑以下人。在邦必达，在家必达。夫闻也者，色取仁而行违，居之不疑。在邦必闻，在家必闻。’”从此文可见，子张认为“闻”与“达”是无区别的同义词，也没有道德含义。孔子则把闻达之名加以区分，指出“达”是真诚，“闻”是虚伪，两者一善一恶，泾渭分明，而且都具有道德含义。孔子关于正名的言论虽然不多，但对后世影响也很大。后来荀子、董仲舒的名实观，无疑都受到了孔子正名说的启发。

墨家创始人墨子，在名实之辩问题上也作出了重要的贡献。这主要体现在他的“以名取实”的思想上。墨子认为：“皑者白也，黔者黑也，虽明目者无以易之。兼白黑，使瞽取焉，不能知也。故我曰：瞽者不知白黑者，非以其名也，以其取也。”（《墨子·贵义》）可见，墨子的名实观充分地表明了他的朴素唯物主义认识论的立场。墨子的这一思想亦为后期墨家所继承和发展。

公孙龙像

先秦时期在名实之辩问题上的主要理论成就还体现在名家的学说中。以公孙龙为代表的名家在名与实的关系问题上显然作出了重要的理论建树。《公孙龙子·名实论》说:“夫名,实谓也。知此(名)非此(实)也,知此(实)之不在此(位)也,则不谓也;知彼(名)之非彼(实)也,知彼(实)之不在彼(位)也,则不谓也。”这就是说,名是用来称谓实的,名必须符合实。如果一个名所称谓的不是它所称谓的那个实,或者它所称谓的那个实已经发生变化,不在其位,就不能再称那个名了。显然,相比于孔子的“以名正实”观,这是对名实关系更为合理的看法。

此外,公孙龙还在《白马论》中应用正名的原则,阐述了概念与概念之间的关系。这主要表现在“白马非马”这个著名命题上。“白马非马”据传原来是战国时宋国的稷下辩士首先提出的命题。公孙龙对这个命题作了深入论证,从逻辑上区分了外延和内涵的不同,从哲学上揭示了一般概念与个别概念的区别:“求马,黄、黑马皆可致;求白马,黄、黑马不可致。使白马乃马也,是所求一也。”(《公孙龙子·白马论》)当然,公孙龙在指出了名的一般与个别的区别的同时,由于看不到两者的联系,故又难免陷于诡辩论的谬误。

战国时期道家代表人物庄子在名实之辩问题上明确反对儒、墨的正名观,反对他们的正名治国理论。也因此,庄子从多方面否定名言概念的作用。在庄子看来,无形的“道”是不可名言的:“道不可言,言而非也。知形形之不形乎。道不当名。”(《庄子·知北游》)而道之所以不可言、不当名,在庄子看来一方面是因为变化的万物是难以名言的,“化其万物而不知其禅之者,焉知其所终? 焉知其所始? 正而待之而已耳”(《庄子·山木》)。另一方面也因为语言概念自身也是不确定的,“夫言,非吹也,言者有言,其所言者,特未定也”(《庄子·齐物论》)。可见,在名实关系问题上,庄子尖锐地提出了名言概念能否反映、把握“道”的问题,一定程度上揭露了人的思维中抽象和具体、静止和运动、有限和无限的矛盾,揭示了名言概念的局限性。这显然是有认知价值的。但庄子以道的无形性、事物的流变性和名言的相对性,否定名言概念的作用,否定名实之间有可能达到的同一性,陷入了相对主义与怀疑论,无疑又是片面的。

后期墨家继承和发展了墨子“取实予名”的思想,在名实之辩上作出了新的理论贡献。这一理论贡献主要体现在如下两个方面,其一是“以名举实”的思想。《墨子·小取》篇明确提出“以名举实”的命题,由此阐发了名称、概念如何准确地表述客观实在的思想:“举,拟实也”(《墨子·经上》);“举,告以之名,举彼实也”(《墨子·经说上》)。这即是说,“名”是对“实”的反映,从逻辑上讲一定是先有其“实”而后才有其“名”。其二是区分了“名”的不同形态。后期墨家根据外延的大小,把“名”区分为三种:“名:物,达也;有实必待之名也。命之马,类也;若实也者,必以是名也。命之臧,私也;是命也,止于是实也。”(《墨子·经说上》)这里讲的达名，通于一切的名，即最高的类概念，是最普遍最一般的概念。凡是客观存在（“有实”），必得这个名称。比如“物”就是达名。类名是指一类具体事物所共有的名，即一般的类概念，普遍概念，如“马”。私名则是指某一个体的名称，不是类概念。因为它专指某一特定事物，不得移称于其他事物。可见，这里所讲的“达、类、私”，即名的普遍、特殊、个别三个层次的不同形态。

战国末期的荀子认为“正名”是治理国家的重要措施，因此他继承孔子的正名思想，吸取墨家逻辑学方面的成果，作《正名》篇，成为先秦时代正名学说的集大成者和总结者。荀子的《正名》篇对“名实”之辩作了全面的阐发，提出了“制名以指实”的著名论点。关于正名的目的和作用，荀子作了明确的论述：“异形离心交喻，异物名实玄纽。贵贱不明，同异不别。如是，则志必有不喻之患，而事必有困废之祸。故知者为之分别制名以指实，上以明贵贱，下以辨同异……此所为有名也。”（《荀子·正名》）这就是说，世界上事物各不相同，如果对不同的事物没有确定的名，就会出现社会等级贵贱不明、事物同异不分的情况。这样，人们的思想不能交流，从而产生彼此互不了解的弊病，做事也会遇到困阻而失败。因此必须分别事物，制定名称以表达客观事物，力求用名的统一、名实的相符，从而使贵贱、同异都有明确的区分和辨别。可见，荀子的“制名”说一方面是使“民莫敢托为奇辞以乱正名”（《荀子·正名》），以巩固社会的等级名分制度；另一方面他也认为“名闻而实喻，名之用也”“名定而实辩，道行而志通”（《荀子·正名》），因此正名同时也是沟通和交流思想的工具。

正是鉴于名在社会生活中的如上重要性，荀子在名实之辩中对于如何才能“制名以指实”的问题作了较为详尽的理论探讨。这些理论探讨主要体现在如下几方面，其一是关于“名”是什么和“名”的形成问题。荀子说：“名也者，所以期累实也。”（《荀子·正名》）这里指的“期累实”是指对大量的事物加以概括。荀子还认为名的形成和发展是一个“循旧作新”的过程：“若有王者起，必将有循于旧名，有作于新名。”（《荀子·正名》）这是符合人类思维发展进程和认识之辩证法的。其二是提出了“制名之枢要”的思想。这也即是提出了制名的要领和原则。这其中最重要的是“约定俗成”的原则。荀子认为：“名无固宜，约之以命，约定俗成，谓之宜，异于约则谓之不宜。名无固实，约之以命实，约定俗成，谓之实名。”（《荀子·正名》）可见，在荀子看来，名不但是由实决定的，而且还是社会历史和风俗习惯的产物。其三是荀子还对于“蔽于辞而不知实”（《荀子·解蔽》）的“三惑”进行了批判。所谓“三惑”，在荀子看来，一是“用名以乱名”（《荀子·正名》），比如墨家的“圣人不爱己”“杀盗非杀人”的命题，荀子认为“己”是人，“盗”也是人，墨家是改变“己”和“盗”的含义以乱“己”和“盗”的名。这对于强调概念的确定性和一贯性有重要启迪。二是“用实以乱名”（《荀子·正名》），比如惠施的“山渊平”的观点，荀子认为山和渊只在特殊情况下才是平的，一般情况总是山高渊低，惠施是以个别的事实来否定和混淆概念的确切含义。三是“用名以乱实”（《荀子·正名》），比如“有牛马非马也”的命题，荀子认为牛马包括了马，“牛马非马”是用牛马与马的“名”的不同来混淆事实。可见，荀子通过对名实关系的多方面论证，对我国古代哲学中的认识论和逻辑学作出了杰出的理论贡献。

西汉时的儒家代表人物董仲舒在名实之辩问题上继承和发展了孔子的正名思想。他一方面把它和天意联系起来而趋于神秘化，另一方面又把它和政治伦理更密切地结合起来而趋于政治化，从而在长期的封建社会中发挥了深刻的影响作用。在名是怎样形成的问题上，董仲舒认为:“名号之正,取之天地,天地为名号之大义也。古之圣人,謞而效天地,谓之号,鸣而施命,谓之名。”(《春秋繁露·深察名号》)这显然是一种神秘主义的概念生成说。

在董仲舒看来,正名的作用在于“正名以明义也。”(《春秋繁露·天地阴阳》)由此,董仲舒认为“治国之端,在正名”(《春秋繁露·玉英》)。因为名是天意的表达,治国之要必须体察天意。因此,替天行道,就应首先抓住正名这个关键。为了正名,董仲舒主张要做好“深察名号”的功夫。他说:“治天下之端,在审辨大;辨大之端,在深察名号。”(《春秋繁露·深察名号》)可见,董仲舒的正名思想是直接为政治服务的。

汉代后期统治阶层腐败衰朽,“名实不符”。比如一些举荐出来以备皇帝任用的“茂才”“孝廉”“方正”等,实际上缺德无才,与其名号背道而驰,出现了史书上所谓的“盛名之下,其实难副”(《后汉书》卷六一《黄琼传》)的状况。正是在这样的历史背景下,汉末哲学家、文学家徐干作《中论》,提出了“综核名实”的理论:“名者,所以名实也。实立而名从之,非名立而实从之也。”(《中论·考伪》)而且,徐干还十分重视名与言的证验:“事莫贵乎有验,言莫弃乎无征。言之未有益也,不言未有损也。”(《中论·贵验》)在他看来,验而无证的言说,是无益的空谈。

到了魏晋时期,玄学的奠基人王弼则继承了道家的思想,贬低名与言的作用。他认为宇宙的本体“道”是不可言和不可名的。所以他宣传“忘言忘象”的无名论主张。王弼首先继承了老子的观点,认为“道”是“不可道,不可名”(《老子》一章注)的,因为“名”有局限:“名则有所分,形则有所止。虽极其大,必有不周;虽盛其美,必有患忧。”(《老子》三十八章注)王弼还用《庄子·外物》篇的“得意忘言”思想来解释《易传》的言、象、意三者的关系,提出了其“得意忘象忘言”的理论:“然则,忘象者,乃得意者也;忘言者,乃得象者也。得意在忘象,得象在忘言。”(《周易略例·明象》)由此,在王弼看来,最后的结论只能是,“忘言”才能“得象”,“忘象”才能“得意”,“忘言”“忘象”是“得意”的条件,要“得意”必须“忘言”“忘象”。王弼的这一观点,看到了名与言不能表达天地万物及其变化的复杂性、丰富性,看到了语言、物象和义理三者的差别,这无疑是正确的。但是,他却走到另一极端,主张忘言忘象以求意,实际上是提倡神秘的直观认识论,以此去体认宇宙本体之“无”。这无疑又是片面的。所以,王弼的这一思想后来遭到欧阳建的批判。欧阳建在他的《言尽意论》中明确反对“言不尽意”的学说。这在当时玄学贵无论盛行的时代无疑是一个进步。

在名实之辩问题上,佛教的相关学说值得特别地予以梳理和讨论。佛教认为:“凡所有相,皆是虚妄;若见诸相非相,即见如来。”(《金刚经·如理实见品》)也即是说,人只有放下了对一切形相的执着,才可以觉悟成佛。佛教般若[①]学说进一步认为,并没有真实的表象及其反映形相的概念。由此,佛教宣传“无相”说。在佛家看来语言文字是妄相,它只是佛陀进行教化时方便诠释义理的工具。因此,对于佛经上的语言文字也决不能执着黏滞。这即是佛家所谓善权(即方便)。可见,佛教从根本上说是否认名言和客观存在的。在名实关系问题上,可谓是一种空名实论。

但佛教传入中国以后,僧人往往视佛经为圣典,字字句句都是绝对真理,如同金科玉律,

① “般若”一词源于古代印度梵文的音译,其意思大略可作“智慧”解。当时的般若学之所以主张“无相”“善权”就是因为在他们看来,智慧是无法用语言文字来表达的。故禅宗有“不立文字”的教义。

神圣不可侵犯。这样日积月累就形成了死守佛经文句、依语滞文的学风。东晋时著名佛家哲人竺道生，曾跟随般若学者鸠摩罗什学习多年，深得般若学“无相”“善权”的玄奥，并吸取中国道家和玄学家的思维和语言，认为研习佛法决不能执着于佛经上的语言文字。他反复强调“慧解”是探求佛道的根本方法。所谓慧解，就是“若忘筌取鱼，始可与言道矣”（《高僧传》卷七《竺道生传》）。可见，在竺道生看来，就比如捕鱼后要忘却工具“筌”一样，只有那些在把握佛理后能舍弃佛经之语言文字的人，才可以和他谈论佛教的道理。与竺道生相似，东晋时期另一佛教哲学家僧肇，也强调万物都是不真的结论。所谓不真就是“假号”（“假名”），即万物都只是人们命名的假号。在他看来，佛教的智慧（般若）应是无名的。可见，他宣传的同样也是一种既否认客观事物又否认语言概念的真实性的空名实观。佛家这一视名实为空相的世界观，与道家的无名论一起对古代哲学名实之辩产生的影响是形成了轻概念而重直觉或顿悟的认识论传统。

唐以后中国传统的名实之辩已不再引起普遍的关注。但值得一提的是唐代史学家刘知几，他把正名论应用于史学研究，提出了名号、观点都要符合历史事实的基本观点。他认为：“夫名以定体，为实之宾，苟失其途，有乖至理。”（《史通·题目》）由此，他认为史实是基础，考名立号都要详加审察。“苟立诡名，不依故实”，那就必然违反“史论立言，理当雅正”（《史通·称谓》）的原则。所以在他看来，古今称谓各有不同，其称谓是否恰当，其标准即名实称谓是否相允。刘知几在史学方面的杰出成就显然也得益于他的这一正确的名实观。

名实之辩在明末清初特定的社会历史背景下，又再次被哲学家们所论及。傅山这位明末清初的思想家，为了反对当时盛行的道统理学，独开“子学”研究的先例，著《读子》多卷，其中在注释《墨子》等著作中多有论及名实关系，阐发了“实在，斯名在”（《墨子·大取》释）的名实观。方以智则批评了先秦时代庄子在名实之辩上的无名论错误。他指出，庄子的思想“不过以无吓有，以不可知吓一切知见”（《药地炮庄·秋水篇评》）。他还批评《庄子》一书的内容，“其名与事，半真半假；其旨则所谓‘神鬼神帝’，‘生天生地’，惟心所造；其理则‘自古以固存’者矣”（《药地炮庄·大宗师篇评》）。

如果说荀子的正名论是先秦名实之辩的一个总结的话，那么，中国古代的名实之辩至王夫之这里达到了一个更高历史阶段的总结。王夫之比较深刻而全面地阐述了名与实的辩证关系。对古代名实理论作出了新的贡献。这一理论贡献主要表现在如下两个方面，其一，王夫之强调了“名从实起”的思想。他在注解张载讲的“谓之天”“谓之地”“谓之人”等时说：“‘谓之’云者，天、地、人亦皆人为之名，而无实不能有名。”（《张子正蒙注·大易篇》）这就是说，“天”“地”“人”都是人起的名，但又是实的反映，没有实就不能有名，所以他说“名从实起”（《思问录·外篇》）。其二，王夫之在强调“名从实起”之原则的同时也肯定了名的作用。他说：“名之与实，岂相离而可偏废者乎？名之与实，形之与象，声之与响也。”（《尚书引义》）可见，他认为名与实是不能分离也不能偏废的。正是由此出发，王夫之主张“名待实以彰，而实亦由名而立”（《尚书引义》）。这即是说，名虽然由实而生，但是产生了名以后，名又可立实，即人们按照名的意义去做，使自己的行为（“实”）符合名的要求。比如做君主的，要按照君这个“名”的标准与规定去做，使自己的行动符合君这个“名”的要求。这就是立名以致实。王夫之认为，乱名可以乱实，正名则可以正实，名对实有重要的反作用。这显然是关于名与实关系问题上的一种辩证观点。

由此，王夫之还对“知实而不知名”和“知名而不知实”两种错误倾向进行了批判。他批判“知实而不知名”的倾向时说：“目击而遇之，有其成象，而不能成为名。如是者，于体非芒(茫)然也，而不给于用。无以名之，斯无以用之也。”(《知性论》)在他看来，人们的认识倘若只停留在感性经验阶段，不能形成概念，这就只能直观地了解具体事物，而不能通过概念总结认识成果，从而发挥认识对实践的指导作用。与此同时，他又对“知名而不知实”的倾向进行了批判：“习闻而识之，谓有名之必有实，而究不能得其实。如是者，执名以起用，而芒(茫)然于其体，虽有用，固异体之用，非其用也。”(《知性论》)这就是说，根据一些“习闻”来制名，以为有了名必有与之相应的实，这终究是不能得其实的。对于具体事物没有真切的认识，即使有了名词概念，在使用时也必然要张冠李戴，实际上并不能真正地发挥名的作用。

如果要对中国古代哲学的名实之辩问题作一总结，那么我们可以说，中国古代哲学关于“名”的作用，在理解上始终有两种不同的主张：一种是重视名的作用，其中名家和墨家以及后来的王夫之都极为重视名，强调名对实的反映作用。儒家也重视名的作用，但它把名的作用纳入名分、道德和政治的范围，从而使哲学色彩淡化，政治色彩增强，限制和束缚了对名的理论研究；另一种是道家和佛家则都贬低甚至否定名与言的作用。老子、庄子主张无名论，玄学家王弼和佛学家竺道生、僧肇也都认为，得意就应忘言，不能停留在名与言上。由于道家和佛家都注重追求精神性、观念性的本体，而这种本体是语言所难以真实表达的，这就必然会程度不同地导向直觉主义和神秘主义。

四、知行之辩

在中国传统哲学中，“知”属于认识问题；“行”则大致相当于实践问题。就知行的关系而论，中国古代哲人对知行合一的原则几乎没有分歧，不同观点的争论主要是从知行的难易、知行的先后、知行的轻重、知行的分合这样几个角度进行探讨的。哲人们提出了诸如“知易行难”或“知难行易”、“知先行后”或“行先知后”、“知轻行重”或“知重行轻”、“知行相合”或“知行相分”、“知行兼举”与“知行相资”等不同的观点或见解。

中国古代哲学中最早出现的关于知行关系的论述，应当说是“知易行难”说。此说出于《尚书》。该书记载了殷高宗武丁与他的大臣傅说的一段对话。其中傅说提出了如下一则命题：“非知之艰，行之惟艰。”(《尚书·说命中》)及至后来，《尚书》成了儒家的重要经典之一，这一“知易行难”说自然就对中国哲学乃至整个思想文化界产生了巨大影响。在“知易行难”的观点看来，认识一件事情、懂得一个道理，并不困难；难就难在能否将它落实到实际行动中去。这显然是一种朴素的却又极其可贵的知行观。

在古代哲学史上，第一个自觉探讨知行关系问题的哲学家是孔子。孔子非常强调言行一致。他说，古人之所以说话谨慎，就是因为“耻躬之不逮也”(《论语·里仁》)。也即是说，古之圣贤最怕的事是说了之后却做不到。由此，孔子教导人们说话务必慎重，切记不要说大话，真正的君子从来都是“耻其言之过其行”(《论语·宪问》)。可见，孔子主张少说多做，说到做到：“讷于言而敏于行。”(《论语·里仁》)、“言之必可行”(《论语·子路》)而且，孔子还把能否做到言行一致，视为在道德上划分“君子”与“小人”的重要标准。孔子的这一言行观，显然有其认识论上的积极意义。

孔子之后，荀子比较集中地就知行关系问题作了探讨。重视行，是荀子认识论思想的一个鲜明而又重要的特点。与孔子相类似,荀子所说的行主要指的是人的德行或道德活动,但有时也不限于道德活动,而泛指人的一切有目的的活动。荀子十分强调行是获得知的基础。他说:“不登高山,不知天之高也;不临深溪,不知地之厚也。”(《荀子·劝学》)荀子还认识到,人们如果长期从事于某一专门的实践活动,经验积累得多了,知识就会变得很丰富,从而成为各种专门家。比如,“人积耨耕而为农夫,积斫削而为工匠,积反(贩)货而为商贾,积礼义而为君子。”(《荀子·儒效》)特别值得一提的是,荀子还提出了行比知更为重要的观点:“不闻不若闻之,闻之不若见之,见之不若知之,知之不若行之。学至于行而止矣。”(《荀子·儒效》)可见,在荀子看来,无论是作为间接知识的“闻”,直接感性知识的“见”,还是作为理性知识的“知”,它们都比不上“行”的重要。荀子之所以强调行比知更为重要,是因为他主张知要具体落实到行,即行乃知的目的。在荀子的许多论述中,他固然申明学习的重要性,但是他更重视学以致用:“君子之学也,入乎耳,箸(著)乎心,布乎四体,形乎动静;端而言,蠕而动,一可以为法则。”(《荀子·劝学》)这种不尚空谈、崇尚践行的思想充分体现了处于上升时期的新兴地主阶级朝气蓬勃的进取精神。

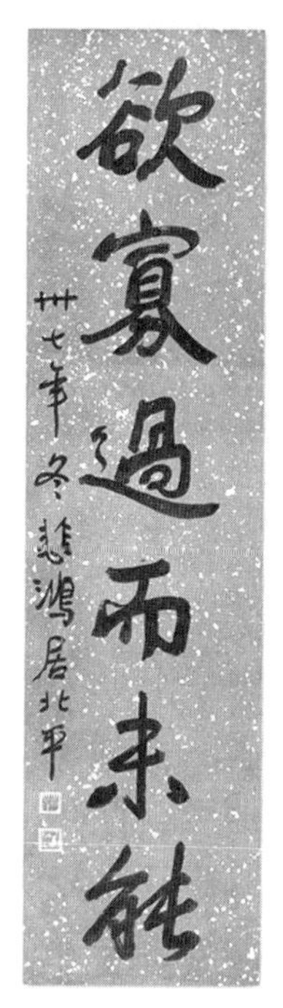

现代画家徐悲鸿依《论语》“耻躬之不逮”意而撰的对联

古代哲学知行之辩中诸如知行合一、重践行的观点在神学目的论和谶纬神学盛行、学风日趋虚浮的汉代,发挥了它的疾虚、反浮、务实的作用,并借此使古代的知行学说得到了进一步的发展。王充在批判神学家认为圣人“神而先知”“生而知之”的先验论时,针锋相对地指出人的知识与技能皆来源于后天的实践,而不单是靠人的天资敏巧。他说:“齐都世刺绣,恒女无不能;襄邑俗织锦,钝妇无不巧。”(《论衡·程材》)王充在这里是举例说,齐都那个地方世代都从事刺绣,一般女子都会;襄邑那个地方有织锦的习俗,就连天资愚钝的妇女也都是这方面的巧手。正是由此出发,他尖锐地指出:“方今论事,不谓希更,而曰材不敏;不曰未尝为,而曰知不达,失其实也。”(《论衡·程材》)可见,在王充看来,材无不敏,知无不达,关键看其是否亲自参加实践。实践经验越丰富,知识与技能就会越高明。

特别值得指出的是,针对经学盛行之后,儒生专以背诵儒经为要事,学界学风日趋浮泛虚妄的现状,王充进一步重申了学用结合、知实统一的原则。他提出“凡贵通者,贵其能用之也”(《论衡·超奇》)的重要论断,明确主张博通的目的乃是为了应用。由此,他辛辣地嘲讽那些只会诵读诗书,而不会实际运用的人为“鹦鹉能言之类”。

宋代以后,知行之辩问题的探讨进入了一个新的发展阶段。知行关系成为当时哲学家十分关注和热烈争论的一个重要认识论问题,其范围甚至超过了一般认识论领域,而与国家、社会的治乱兴衰紧密地联系在一起。宋至明清之际,在知行关系学说方面卓有造就或影响深远的,主要有朱熹、王廷相、王夫之以及颜元等人。

两宋时期，提出较为系统而完整知行关系学说的，当首推理学家朱熹。朱熹详细研究了知行关系问题，建立起以"知先行后""行重知轻""知行相须互发"三大主要论点为核心的知行理论。朱熹认为："论先后，知为先；论轻重，行为重。"(《朱子语类》卷九)与孔子、荀子一样，他所说的"知"和"行"，主要是指对伦理道德的认识和践履。这一伦理化了的知行观，包含有"行"当以"知"作指导和"行"是"知"的目的这样两层意思。不仅如此，朱熹还较多地探讨了知行间的相互联结、相互依赖、相互作用与相互促进的关系。在朱熹看来，"知行常相须，如目无足不行，足无目不见。"(《朱子语类》卷九)在说明知行相互依赖、不可分割、不可偏废的基础上，朱熹进一步论述了二者相互发明、相互促进的关系。他说："知之愈明，则行之愈笃；行之愈笃，则知之益明。"(《朱子语类》卷十四)显然，朱熹的知行理论在相当程度上深化了中国古代哲学对知行辩证关系的把握。这一思想亦基本为陆王心学一派的理学家所接受。

明代中叶，在批判程朱、陆王两派流弊的基础上，王廷相发展了知行关系说。他尖锐地指出，程朱、陆王两派的学者，或者是"徒为泛然讲说"(指程朱一派)，或者是"务为虚静以守其心"(指陆王一派)，他们的共同弊端就在"不于实践处用功、人事上体验"(《与薛君采》)。在王廷相看来，这种脱离行、脱离实践与践履而讲知；不于行，不于实践与践履中求知，人为地使知与行处于相互脱离的状态是不可能真正解决知行矛盾的。为此，他十分强调"行""实历""履事"在认识中的重要作用。这显然是王廷相在知行之辩上的突出理论贡献之所在。正是在此基础上，王廷相强调指出，真知来自实际的经历，来自躬行践履，所谓"讲得一事即行一事，行得一事即知一事，所谓真知矣"(《与薛君采》)。由此，他鲜明地指出了"知行兼举"的主张："学之术二，曰致知，曰履事。兼之者上也。"(《慎言·小宗篇》)

明清之际的王夫之，在总结前人知行之辩理论成果的基础上，系统清算了知行关系问题上理学家们的种种谬说，并在这一基础上建立起以"行先知后""行可兼知""知行相资以为用、并用而有功"为基本内容的知行统一学说，达到了中国古代哲学知行观的最高水平。

王夫之认为，程朱的"知先行后说"，要人们知了之后方去行，实际上是割裂了知行间的相互联结，其结果必然是"困学者于知见之中""先知以废行"(《尚书引义》)；而王守仁"一念发动处，便即是行了"(《传习录》下)的"知行合一说"，表面上看到了知行的统一和行的重要性，实则是混淆了知行的区别，以知为行，"销行以归知"(《尚书引义》)。他们殊途同归，都是在脱离行而讲知。王夫之在这个批判的基础上，提出了自己的知行观。这一知行观主要包括如下几方面的内容。

其一，王夫之通过重新注解《尚书》"知易行难"说，明确提出了"行先知后"这一著名命题。对《尚书》里"非知之艰，行之惟艰"这一古老命题，王夫之阐发道："艰者先，先难也；非艰者后，后获也。"(《尚书引义》)可见，在王夫之看来，行与知相比，行较艰难，知更容易；艰难的总在先，容易的总在后。故应是先有行，而后产生知。由此，他得出结论说："君子之学，未尝离行以为知，必矣！"(《尚书引义》)在中国古代哲学史上，王夫之第一个明确提出并详细论证了"行先知后"说。这无疑把古代知行之辩中对知与行之关系的认知向前推进了重要的一步。

其二，在"行先知后"说的基础上，王夫之又提出了"行可兼知，而知不可兼行"的观点。在王夫之看来，这是因为"知以行为功"，"行不以知为功"；"行可有知之效"，而"知不可有行之效”(《尚书引义》)。这即是说,行包含了知,行可以获得并体现知;而知并不包含行,知了不去行,当然就不能说他已经行了。这就好比一个人去做某事了,这本身就说明他对此事是有所知的;但是,一个人知道某事,却并不能就此断定他必能做此事。由此他断言:“知有不统行,而行必统知。”(《读四书大全说》卷六)

其三,在强调“行先知后”“行可兼知”的基础与前提下,王夫之也充分注意到了知对行的反作用以及知行间的相资并进关系。在他看来,就认识的基础来源来说,行是先于知的;但就认识的功能和作用来讲,知又是可以指导行的。王夫之认为,知对行的这种反作用,在于它能够掌握事物之理,预测时机之变,从而指导人们采取正确的行动。由此,他对知行合一的理解是知行须“终始不相离”(《读四书大全说》卷三),它们既相区别,又相资互用,“并进而有功”(《读四书大全说》卷四)。正是通过这种相资互用而又并进有功的不断循环往复中,知行都将进入一个更高的境地。

继王夫之之后值得一提的是颜元的知行观。颜元为反对程朱、陆王的“虚学”而力倡“实学”,进一步强调了行在认识中的决定性作用。为匡正时弊,颜元对“格物致知”这一古老命题赋予新解,阐发了自己对于知行关系问题的看法。他认为,致知的根本方法在于一个“习”字,因此,重“习行”成了他的学术宗旨。他所谓的习行,就是要反复实习、重复践行。为反对当时死读经书、空谈心性、虚浮不实的学风,颜元甚至主张:“为学为教,用力于讲读者一、二,加工于习行者八、九”(《四存编·存学编》卷一);“吾辈只向习行上做工夫,不可向言语文字上着力”(《言行录》卷下)。颜元的“习行论”的确有忽视知对行的指导作用,以及轻视书本知识的狭隘经验论倾向,但在当时的历史条件下,其积极意义无疑是主要的。

如果要对中国古代的知行之辩作一简单的总结,那么我们可以说知行统一的观点构成了中国古代哲学在这一问题上的一个基本传统。这一传统既体现在作为先秦哲学之总结的荀子的知行观上,也同样体现在作为整个古代哲学之总结的王夫之的知行观上。也因此,知行相随、崇尚践行的知行合一观既成为中国传统的治学之道,也成为人们安身立命、为人处世的实践理性原则。这一传统不仅对中国文化的影响极其深远,而且也成为后来马克思实践唯物主义哲学进入中国能够得以迅速传播的文化缘由。

五、形神(身心)之辩

形神之辩,也即身心之辩,它所涉及的问题是人的身体与人的意识、思维和精神的关系问题。在中外哲学史上它都是人类认识自我时必然要探究的一个重要问题。今天对这一问题的科学结论是:意识、思维与精神是人脑这一特殊物质的产物。然而,在中国古代,形神关系却成为一个重大的理论难题困扰着历代哲人。

最初的形神之辩体现在古人灵魂不死的观念上。这一观念可以追溯到原始社会。考古发掘向后人展示了先民的这种原初意识。比如半坡文化的墓地大部分尸体是头朝西,仰卧伸展,也许正反映了先民存在的“灵魂生活于西方冥界”的信仰与观念。这种灵魂不死的观念,正如恩格斯指出的那样:是由于“在远古时代,人们还完全不知道自己身体的构造,并且受梦中景象的影响,于是就产生了一种观念:他们的思维和感觉不是他们身体的活动,而是一种独特的、寓于这个身体之中而在人死亡时就离开身体的灵魂的活动。从这个时候起,人们不得不思考这个灵魂对外部世界的关系。既然灵魂在人死时离开肉体继续活着,那么就没有任何理由去设想它本身还会死亡；这样就产生了灵魂不死的观念……”[①]先民对鬼魂不自觉的、朦胧的理解和想象，后来渐渐发展成为自觉的认识。他们往往把错觉、传闻当作事实，加以夸张、渲染，把人死后变为鬼魂描绘得活灵活现。墨子在《明鬼》篇中甚至列举了大量事实说明人死后鬼魂存在，并具有超人的能力。比如周宣王无辜杀死大臣杜伯。三年后周宣王在圃田大会诸侯，时值中午，杜伯驾乘白马素车，头戴红色衣冠，手拿朱红色的弓箭，射死周宣王。《墨子》所信奉的鬼魂观念正是先民对形神关系非理性思考的必然反映。

然而，脱离肉体的灵魂是否存在毕竟无法被证明。因而在中国古代很早就出现了一批怀疑灵魂、鬼神的哲人。比如在《管子》的作者看来，人的生命是由形体与精神结合而成的，其中天出精气而构成精神，地出粗气而生成形体。所以在形神关系中是先有了气构成形体，然后有了生命，才有了思想意识(《管子·内业》)。这种思想虽然十分原始朴素，但却难能可贵，因为它认识到了人的形体与精神是相互依赖的，看到了形体决定精神，从而否定了先民灵魂不死的观念。当然，《管子》对形神之辩问题的解决又是形神二元论的。

《管子》的思想在荀子那里得以继承和发展。荀子明确提出了“形具而神生”的命题。他认为人的好恶、喜怒、哀乐等精神活动，是人的生理功能，分别依附于人的耳、鼻、目、口、形等生理器官。由此，他的结论是“形则神，神则能化矣”(《荀子·不苟》)。荀子强调精神对形体的依赖，这显然比《管子》形神之说有所进步。荀子在形神之辩问题上的理论贡献还在于他敢于怀疑人死后必为鬼的传统观点。在他看来，鬼神的产生是由于人的错觉造成的。他曾举例说，有一个叫涓蜀梁的人，愚蠢而又事事恐惧。有一天在月光下走路，看到了自己的影子，以为是伏在地上的鬼，抬头看见自己的头发，又以为是站立的妖怪，于是转身疾跑。回到家中，此人由于极度害怕竟气绝身亡。两千多年前的荀子，能够把鬼神视为人的错觉，实际上已把鬼神看成人的主观意识的虚幻产物。这无疑正确揭示了鬼神观念产生的认识根源。

秦汉之际，自然科学的发展，特别是天文学、医学取得了很大成就，推动了人们对于形神问题的深入思考。先哲们凭借自然科学所提供的材料，围绕着生死问题，对形神关系进行了新的探索。比如《礼记》[②]就主张人的精神是一种精气，人死后这种精气离散归于天，人形体埋在地下成为土。因此，如果有“鬼”的话，这个“鬼”不是人们通常所说的活灵活现的鬼魂，而是指人的形体死后腐烂归于土，所谓“鬼”，即是“归”。如果说有“神”的话，也不是那种具有超人智慧的主宰力量，而是一种精气，这种精气在人死后散逸于天空中。可见，《礼记》剥离了鬼魂概念的迷信外衣，把它还原为土或气。这表明了《礼记》对这一问题的思考已大大地进了一步。

这一时期在形神之辩问题上，《淮南子》的形神理论特别值得一提。《淮南子》继承《管子》的思想，主张人的精神是秉受苍天的清阳之气，形体是秉受了大地的重浊之气而成。因而人是先有形体，然后才有性命，有性命然后才有精神：“夫性命者与形俱出其宗，形备而性命成，性命成而好憎生矣。”(《淮南子·原道训》)正是在这一理解的基础上，《淮南子》进而提出了构成生命的三要素说，即形、气、神。形，就是人的形体，是生命的基础；气，是人的气血，

① 《马克思恩格斯选集》(第4卷)，人民出版社1972年版，第219—220页。

② 西汉学者戴圣对秦汉以前的礼仪著作加以辑录，编纂而成，共49篇。它阐述的思想，包括社会、政治、伦理、哲学、宗教等各个方面，其中《大学》、《中庸》、《礼运》等篇于后世广为流传，成为士者必读之书。

它是充实生命的东西；神，就是精神，是生命这一有机体的机能。三者在生命中相互联系，共同作用。如果三者中有一"失位"发生问题，其他均会受到伤害。在《淮南子》的作者看来，诸如残废、泄气、愚昧正是三者不守位而造成的。

东汉哲人桓谭继续着《淮南子》的思路，以形象的比喻，对形神问题作了生动的说明。他借用烛与火之喻，论述了精神对形体的依赖关系："精神居于形体，犹火然（燃）烛矣"；火依赖于烛才能燃烧，如果没有烛，"火亦不能独行于虚空"（《新论·祛敝》）。由此，他认为，人死气绝，形神俱灭。可见，人的精神不能离开人的形体而独立存在。

桓谭之后的王充从理论思维的高度进一步对这一问题作了系统的论证。他从气、形、知三者关系入手，再度肯定了智慧、精神不能离开形体而独立存在的基本事实。在他看来，人所以有聪明有智慧，是因为人体中有含五常之气的五脏。"五脏不伤，则人智慧；五脏有病，则人荒忽；荒忽则愚痴矣。"（《论衡·论死》）进而他把形体比作烛，精气比作火，智慧比作火的光辉，"人之死，犹火之灭也。火灭而耀不照，人死而智不慧。"（《论衡·论死》）相反，如果说人死而有知，就好像说火灭后而有光一样荒谬。由此，他得出如下结论：气、形是人精神现象的基础，"形须气而成，气须形而知""天下无独燃之火"，世间没有"无体独知之精"（《论衡·论死》）。同时，王充又以自然知识和事实效验证明了人死不为鬼的事实：所谓夜鬼哭，那只不过是风吹出的声音。因为人用口喉才能发音，人死后口喉早已腐烂，又怎么会发出声音呢？

在形神之辩问题上，王充的理论贡献在于他明确提出神以形为基础的思想，并以此为据否定了精神独存和鬼神迷信。但他仍然把人的精神看作气，在思维水平上，对《管子》以来的形神二元说还没有根本性的突破。正因为如此，所以一些有神论者甚至对王充的思想加以利用和篡改，特别是利用烛火之喻的漏洞来论证精神不灭。南北朝时期的僧人慧远就是一个著名的代表。慧远认为："火之传于薪，犹神之传于形，火之传异薪，犹神之传异形。"（《沙门不敬王者论》，《弘明集》卷五）在他看来，火可以从此薪传到彼薪，永远不熄灭，而神也可以从此形传到彼形。于是，慧远的结论是，精神是永远不灭的。

面对慧远的挑战，一大批思想家纷纷就形神之辩问题著书立说，展开了与佛教神不灭论的理论论战。在这个过程中真正动摇了神不灭理论基础的是范缜。范缜在总结前人形神关系问题理论得失的基础上，针对当时流行的神不灭论专门写了《神灭论》一书。据史籍记载，此书一出，"朝野喧哗，上下皆惊"，笃信佛教的梁武帝甚至亲自出马，率僧侣权贵 60 多人围攻范缜。范缜面对强大的论敌，"辩摧众口，日服千人"（僧祐：《弘明集》卷九）。范缜的《神灭论》继承了传统的无神论思想，特别继承了"形神相资"的观点，全面论述了"形神相即"的思想："神即形也，形即神也。是以形存则神存，形谢则神灭也。"（《神灭论》）范缜在此基础上还揭示了精神活动的实质，认为精神是由物质形体派生出来的，是物质形体的作用之所在。所以他说："形者，神之质；神者，形之用。是则形称其质，神言其用；形之与神，不得相异也。"（《神灭论》）可见，在范缜看来，形神的关系是体用的关系，二者是不可分割的。由此，他得出形神"名殊而体一"的最终结论。范缜从体用角度论证形神关系，把二者看作是统一体的两个方面，这就克服了形神二元论的弊端。这在古代形神关系的认识史上具有十分重要的解蔽意义。

但是佛教徒对范缜形神为一的观点频频发难。他们认为既然形神名称不同，怎么能为一。范缜则以比喻的形式给予了回击。他以刀刃比喻形体，以刀刃的锋利比喻精神，说明锋利乃为刀刃所派生，锋利与刀刃虽名称不同，即“利之名非刃也，刃之名非利也”，但是二者是绝对不可分开的，即“舍利无刃，舍刃无利”(《神灭论》)。范缜以刀刃和刀的锋利，生动地说明了形与神不相离的关系，这比用薪火说明形神关系显然进了一步。范缜的神灭论思想也因此成为中国古代形神之辩理论的一座丰碑。也因此，范缜的这一思想在中国古代无神论发展史上占有后人难以企及的重要地位。

到了宋明时期，一些哲学家对于形神问题的研究角度发生了变化。他们中的大多数人不再对神灭与神不灭问题感兴趣，而是侧重于从精神的本源角度研究这一问题。周敦颐就认为，先有形体，后有人的精神。他说：“惟人也得其秀而最灵，形既生矣，神发知矣，五性感动而善恶分，万事出矣。”(《太极图说》)所以，在周敦颐看来，人的产生是由于阴阳二气和五行凝结而成。人的形体是由阴气形成，人的精神是由阳气形成。朱熹在解释周敦颐这一思想时，也坚持了形先神后的观点。他认为：“人生初间是先有气，既成形，是魄在先。形既生矣，神发知矣。既有形，后方有精神知觉。”(《朱子语类》卷三)周敦颐与朱熹以形体为本，以精神为形体之产物的思想，有一定的合理性。但他们以所谓先后来论述形与神的关系并不恰当。

明清之际在形神之辩上最有建树的是王夫之。在王夫之看来，人的认识的产生，是由于形、神、物三者相遇而发生的。王夫之所说的形是指人的感觉器官，它有感知的能力；神是指人的精神现象和思维活动；物是指外界客观事物，是认识的对象。形神作为产生认识的条件，相互依存，不可分离。而且，王夫之认为形神二者皆由气而生，“气以成形”，“聚而为神”(《张子正蒙注·动物篇》)。王夫之这一形神皆是气的观点是对张载思想的直接继承。不过，王夫之更为重视“神”的作用：“形为神用则灵，神为形用则妄。”(《张子正蒙注·动物篇》)而且，他也用气聚与气散来解释神鬼现象：“阴阳相感，聚而生人物者为神；合于人物之身，用久则神随形敝，敝而不足以存，复散而合于细缊者为鬼。”(《张子正蒙注·动物篇》)可见，所谓鬼神即归伸之谐音，气归去、散去，即为鬼；气伸展、聚合，即为神。可以肯定地说，王夫之在气一元论的基础上提出“形神不二、相互关联”的主张，这是对中国古代形神理论的丰富和发展。但必须指出的是，王夫之及他以前的如范缜等思想家阐发的形神理论，提出形谢神灭，形神相资，形质神用的观点，对于形神关系的认知进步和反对佛教神不灭论有重要意义。然而他们都有一个共同的缺陷，即强调了“形神不相离”的一面，却没能够看到“形神相异”的一面，[①]因而也就不能科学地揭示形与神、身与心的内在本质。

古代哲人将“形神不相离”混同于“形神不相异”的一个重要原因也许是中国古代缺乏人体解剖学的知识。比如古人一直把“心”视为意识、思维和精神的器官。这种误解一直延续了几千年，直到明代才开始纠正。伟大的医学家李时珍，根据多年的医学实践经验，在《本草纲目》中首次明确指出人脑是“元神之府”和“神灵所集”的观点。同时代的医学家金正希在《本草备要》中也提出“人之记忆皆在脑中”的命题。这一思想在清代王清任那里得到进一步

① 张岱年：《中国哲学大纲》，中国社会科学出版社1982年版，第160页。

的发展，从而才真正解决了人脑是思维器官这一在形神之辩中必须首先解决的根本问题。[①]在王清任看来，人大脑的产生是由于饮食生血气，长肌肉，其中“精汁之清者化为髓”，并沿着背骨而上行进入脑颅而成为脑髓。他认为脑髓是人的意识和精神产生的基础，意识和精神首先通过感官，然后由大脑加工综合而产生。

王清任正确揭示了大脑是思想的器官，从而科学地解决了意识和精神产生的问题。这是中国形神、身心关系理论发展过程的一次质的飞跃。直到这个时候，中国古代形神、身心之辩这一古老的问题才得到较为圆满的解决。

第三节 中国古代哲学影响下的传统文化

中国古代哲学在自己发展的历程中通过天人、动静、名实、知行、形神等关系的探讨所形成的基本认知结论和价值倾向，对整个古代传统文化无疑产生了极为重要的影响和规范作用。我们要了解、学习传统文化并试图开掘这一文化所内含的现代价值，就必须对中国古代哲学对传统文化的影响作一整体的把握。这个把握不仅有助于我们从普遍一般的层面解读中国传统文化的精神内蕴，而且也是我们对传统文化进行批判继承的重要前提。

一、天人合一的理想境界

如果总结一下中国古代哲学在天人之辩中关于天人关系的理论，那么也许可以说发端于《周易大传》的天人合一思想是一个基本的传统。《象传》说：“天地交泰，后以裁成天地之道，辅相天地之宜，以左右民。”这里提出了辅相天地的思想。《文言传》说：“先天而天弗违，后天而奉天时。”这即是说，在自然变化未萌之先加以引导，在自然变化既成之后注意适应，做到天不违人，人亦不违天，即天人合一、相互协调。

这显然是中国古代哲学追求的最高理想。而且，《周易大传》在历史上是以孔子所著的名义而产生影响的，所以这种天人合一与和谐的思想在中国文化史上一直居于主导地位。董仲舒、朱熹等人均继承了这一传统。后来的王夫之提出“相天”之说，更是对这一天人合一的理论作了具体的发挥，他说：“语相天之大业，则必举而归之于圣人……人弗敢以圣自尸，抑岂曰同禽鱼之化哉？……可竭者天也，竭之者人也。人有可竭之成能，故天之所死，犹将生之；天之所愚，犹将哲之；天之所无，犹将有之；天之所乱，犹将治之。”（《续春秋左氏传博议》）传统的观点以为“相天”是圣人的大业，普通人虽非圣人，但也与禽鱼等动物有所不同，因而增加自然所没有的，改变自然所已有的，这正是人的作用。王夫之的“相天”之说可谓是古代哲学思想中“辅相天地”说的发挥。

因此，在中国古代哲学中，虽然也有“天人相分”乃至人对天不必敬畏之类思想的存在，

① 据史书记载，王清任为弄清心为何物，多次进行人体解剖，详尽地观察了心脏及与心脏相连的主动脉、静脉的位置，并绘成脏腑图。在此基础上他提出了“脑髓论”。根据这一“脑髓论”，他认为传统之见把心看作思维器官是错误的，由此他指出“灵机、记忆不在心在脑”（《脑髓论》）的科学结论。

但作为一种主导文化，强调天人相辅相成、和谐统一的天人合一命题，无疑构成传统文化的“道统”思想。而且，这一传统是儒道合流的，老庄为代表的道家讲的自然之天与孔孟为代表的儒家讲的德性之天，在天人合一的基点上是相融相通的。

在中国哲人看来，天地自然与人是一有机整体。由此，人应“上下与天地同流”(《孟子·尽心上》)，天、地、人才相生共存。而且，在古人看来，天地自然及万物皆为有情之存在，即所谓“天地含情，万物化生”(《列子·天瑞篇》)。以天人合一的立场来看，人与自然应处情景交融之中，同时体悟造物之生意，陶冶性情。比如庄子的“观鱼之乐”(《庄子·秋水》)，苏轼的“其身与竹化”(《书晁补之所藏与可画竹三首》)、辛弃疾的“我见青山多妩媚，料青山，见我应如是”(《贺新郎》)。天地自然还有至善之美德。比如孟子说“诚者，天之道也；思诚者，人之道也”(《孟子·离娄上》)。天地自然有真实无欺之德，人也应效仿天地生成同样的德性。事实上，古人之所以视天地自然为至善之存在，是因为它表现了承载和化生万物之德：“天无私覆也，地无私载也，日月无私独也，四时无私行也，行其德而万物得遂长焉。”(《吕氏春秋·无私篇》)

北京天坛公园

在西方传统中，自古希腊哲学以来都是把自然作为人类认知和行为的对象。特别是从16世纪开始发展起来的机械唯物主义自然观。经过培根集其大成，更是提出了“知识就是力量”“人定胜天”“征服自然”等戡天思想。由此，西方哲学家对天人关系的理解基本是建立在人与自然相对立的基础之上的，他们往往以一种功利的眼光去对待、了解和认识自然。中国传统哲学对自然的看法，是建立在人与自然相统一的基础之上。由此，天地自然不是我身外的知识或功利活动的对象，而是与我自身统一为一体的存在。自我生命以及人生至善至美的价值理想，尽可以随宇宙生命的大化流行而得到表现与安顿。因此，天地自然既是道德的领地，又是艺术的王国，圣人的使命便是“原天地之美而达万物之理”(《庄子·知北游》)、“淡然无极而众美从之，此天地之道，圣人之德也”(《庄子·刻意》)。正因为天地自然的一切现象都含有道德审美价值，所以古人的自然价值观内含着对自然的道德与审美的价值追求。古代哲学的这一传统对中国传统人生价值观的构建、文化的传承以及文学与艺术的发展产生了极其广泛的影响。

其一，就人生方面说，正因为在古代哲人眼中天地自然有道德的含义，有至善至美的价值，所以人生应与天地自然相应，与天地自然和谐。比如张载就说“天地之塞吾其体，天地之帅吾其性，民吾同胞，物吾与也”（《西铭》）；朱熹也说“天地以生物为心者也，而人物之生，又各得夫天地之心以为心者也。故语心之德，虽其总摄贯通、无所不备，然一言以蔽之，则曰仁而已矣”（《仁说》）；王守仁更是主张“仁人之心与天地万物为一体，欣合和畅，原无间隔”（《答顾东桥书》）；如此等等，他们所强调的都是人生应“与天地合其德，与日月合其明，与四时合其序”（《易传・文言传》），这样才能领略自然宇宙的生物气象，感悟到天地的仁爱与博大，使人的生命趋于至善，使人的精神得以提升。这种人生与自然相和谐的天人合一境界，一直成为中国传统文化所追求的至善至美之理想人格目标。

其二，就文学与艺术方面说，这一天人合一的哲学理想决定了文学艺术所追求的境界也以天人合一、情景合一为其最高理想。它以有情的宇宙为基础，力求人的创作与这个有情的宇宙相交流与融合，从而把人的感情渗透到自然景物之中，达到主客交融、物我合一、天人无隔的境界。比如陶渊明的“采菊东篱下，悠然见南山”（《饮酒》），李白的“君不见，黄河之水天上来，奔流到海不复回”（《将进酒》），元好问的“寒波澹澹起，白鸟悠悠下”（《颍亭留别》）等著名诗句，以及王羲之的《兰亭集序》等都是中国古代文学创作中“天人合一”的典型。王国维曾称之为“无我之境，以物观物，故不知何者为我，何者为物”（《人间词话》）。文学如此，中国的艺术更是如此。以绘画为例，中国古代的艺术家就非常强调：“凡画山水，是要得山水性情，……自然心情即我情，心情即我性，而落笔不生软矣……自然水情即我情，水性即我性，而落笔不板滞矣。”（唐志契：《绘事微言》）这种“得山水性情”及“水情即我情，水性即我性”等说法，既是主客、情景、天人、物我的合一，也是盎然生命与自然生机的契合与同趣。

其三，就中国古代的科学技术在近代开始落后于西方的情形来说，在一定程度上也是因为受到了中国哲学天人合一思想的影响。由于中国传统哲学对自然宇宙的看法，采取的是一种审美与道德的价值取向，而不是一种对客观自然的认知态度。因而，人与自然以情相感，以心相通，只能产生两相和谐的精神境界，在天地自然中可以涵养人生的德性，激发文学与艺术的灵感，而不可能产生科学知识。这就导致中西哲学两个迥然相异的文化传统：西方科学的发展是认识和控制自然，而中国科学发展是认识和控制自我心性。做学问被片面地理解为只做内心的功课，比如孟子就说：“学问之道无他，求其放心而已矣。”（《孟子・告子上》）朱熹也说：“学者须是革尽人欲，复尽天理，方始为学。”（《朱子语类》卷四）所以，哲学史家冯友兰曾这样批评道：“中国哲学家不需要科学的确实性，因为他们希望知道的只是他们自己；同样的，他们不需要科学的力量，因为他们希望征服的只是他们自己……那么科学还有什么用呢？”[①]可见，古代天人合一的文化传统也有其固有的弊端，它显然不利于科学技术的发展。

但是，就科学技术在当今的发展而论，中国古代这一天人合一的思想却又有了祛除时弊

① 冯友兰：《三松堂学术文集》，北京大学出版社1984年版，第161页。

的启迪作用。它启迪世人,人类应该始终清醒地认识到,人来自自然界且又依赖于自然界。因此,人类以“理性的机巧”(黑格尔语)[①]如科学技术之类的手段来实现对自然的改造时,恰恰要以遵循自然为基本法则,它应该促进人与自然界之间的和谐相处与协调发展,而不会因反自然的行为而最终导致自然界的报复。英国学者李约瑟曾经非常推崇道家哲学中的天人合一之思想。他认为道家哲学的实质就是指不做反自然的事,不做反常或不合事物本性的事,不做违反自然规律而注定要失败的事。[②] 特别值得指出的是,李约瑟是在人类还过度迷信科学技术力量的时代,敏锐地借助中国古代哲学的智慧提出了这一“不做反自然事”之忠告的。当今世界生态环境日益恶化,环境问题已成为全球问题。这可以说是人类反自然行为所导致的恶果。这也许就是为什么今天许多西方学者为自然生态问题所困扰时开始把目光投向天人合一这一中国古代智慧的根本原由。

二、知行合一的安身立命之道

在知行问题上尽管哲人们提出了诸多的命题和学说,并进行了一些不同观点的论争,但作为一种根本的安身立命之道,追求知行合一可以说是中国古代哲学的一个基本传统。

知行合一作为先哲所推崇的一种安身立命之本,也曾被形象地称作“读万卷书,行万里路”。在先哲们看来,要求知自然要“读万卷书”,即广博地学习前人所积累的知识,特别是研习圣贤之说。这实质上要求的是通过博览群书获得间接知识,因而它是一个人闭门苦读的过程。比如孔子年轻时读书就极其刻苦勤奋。显然,求知从“博览群书”开始,实不失为合理之举。因为以个人有限的精力,万事之理是不必也不可能亲身一一发现与经历的。因而明智之举就是通过博览群书把已有的知识、学说纳入自己的胸中,并在学习、研究、借鉴、评说前人学说的基础上,有心得、有见解,有创新,从而自成一家之言。

但古代哲人们同时又认为,做学问仅读书是不够的。博览群书之后,还必须进入“行万里路”的践行阶段,亦即遍游各地,亲见亲历亲行。这在古代哲人那里常被称为“游学”。游学在很久以前就成为读书人的传统。比如孔子曾周游列国;孟子闭门读书多年之后也周游各国,成为当时有名的游士;墨子、荀子也曾四处游学。汉代的司马迁更是在苦读十年之后,背起行囊遍游天下,竟久不思归。在古人看来,游学的益处不仅在于可亲见亲历,增长见识,而且可以在游历中将自己的知识和学说施之于“行”。孔子、墨子、孟子、

山东曲阜“孔子列国行”雕塑

① 黑格尔:《小逻辑》,贺麟译,商务印书馆1980年版,第394页。

② 李约瑟:《道家与道教》,余仲珏译,台北大同出版事业公司1972年版,第185页。

荀子之所以游说列国，就是为了极力劝说君主采用自己的政治伦理学说，以使自己的政治抱负在济世救民的实践中得以施展。可见，游学既可获得新知识，又可验证学来的间接知识，更重要的是还有机会在实际生活中推行自己的见解与学说。无怪乎古人要特别强调“行万里路”了。

在中古时代哲人那里，知行合一中的“知”除了一般的读书求知之外，更重要的还特指德性之知。这就是说，这种“知”更多的不是向外求诸自然的科学认知，而是向内心处做功的德性之知。古代哲人强调读圣贤书的缘由也正在于此。因为圣贤之所以成为圣贤恰恰是他们先有对德性之知的自觉，然后化知识为美德，成为德性崇高之人。读圣贤书就是追求如圣贤那样的至善境界。但是，因为这是德性之知，所以必须求诸内心，即善于做内心的反省和领悟的功课之后，德性之知才可以转化为德行。知行合一才得以实现。这就恰如孟子说的："尽其心者，知其性也；知其性则知天矣。”(《孟子·尽心上》)事实上，“尽心—知性—知天”，这既成为孟子道德哲学的公式，也是他的理论思维模式。在这个模式中，“心”是第一要素，它既是认识的主体，也是认识的客体。由此，注重“心”的作用，加强“心”的修养，几乎成为传统认识论知行合一观的最重要和最永恒的主题。在宋明理学那里更是把“德性之知”或“心性之学”发挥到了极致。

知行合一的哲学传统对中国文化的影响还集中体现在“内圣外王”的做人理想方面。“内圣外王”是儒家推崇的最理想的做人方式。这里讲的“内圣”就是指在内心修养上要学习古代的圣贤，这主要是学与知的过程；“外王”则是指以自己修养所达到的内心德性去推己及人，进而在躬身践行中推广至整个社会，使全社会都达到“王道”的理想境界。可见，“外王”主要表现为践行的过程。这一做人方式显然是《大学》中推崇的“修身、齐家、治国、平天下”之说的另一种表达。

体现知行合一的这一“内圣外王”的做人范式，最早在孔子那里称修己安人："修己以安人”“修己以安百姓”(《论语·宪问》)。孔子在与子路对话时告诉子路，不仅要自己修养，而且要推广到天下百姓，使天下百姓也能拥有德性、安居乐业。孟子则比较注重“内圣”。他认为："天下之本在国，国之本在家，家之本在身。”(《孟子·离娄上》)这就是说，每一个人都能修身养性，那么就能达到太平盛世。比较明确提出“内圣外王”思想的是北宋的张载。他指出，做人必须做到“吾内”与“吾外”的统一。在他看来，一个人可以通过学习而使自己培养出圣贤那样的气质，这是“吾内”的过程；但人生仅有这个过程还不完整，还应该像古代的尧舜那样积极入世、济世安民，这就是“吾外”的过程。他在讲述自己的伟大志向时就曾这样豪迈地说过："为天地立心，为生民立命，为往圣继绝学，为万世开太平。”(《西铭》)

中国古代哲人提出并倡导的这一“内圣外王”的做人理想，其积极之处在于它把人的修养与国家、社会的发展统一起来了。也就是说，在知行合一的基础上，它倡导的是一种刚健有为、自强不息的入世践行精神。儒家的这一“内圣外王”的做人方式几千年来已深深积淀在我们民族的精神意识中，至今仍对中国人的人生理想追求产生着积极而深远的影响。

但需要指出的是，中国古代哲学在知行合一中强调的德性之知，强调在心性方面做功的传统也有其消极的一面，它是整个中国文化内倾性格和泛道德主义产生的认识论根源。从知识论角度来看，这种“以心统物”的认识论会直接导致对自然和社会知识的忽视，它只强调心的作用，主张知识之源皆在本心，无疑就取消了知识论所必需的主体对外在客体反映这一基本条件。由这种认识方法所得到的知识，只能是模糊的而非清晰的，整体的而非分析的，直观的而非逻辑的，伦理的而非科学的。这可以说是中国古代没有形成严格意义上的知识论的文化根源，也是中国近代科学技术落后的又一个重要根源。这一点显然又是我们开掘古代哲学之现代价值时所必须予以扬弃的。

三、践形的实践理性态度

在形神之辩中，中国古代哲学自佛教传入后虽也有神不灭说，但却并没有像西方哲学史那样不仅发展成形形色色的灵魂说，还形成了严整的关于灵魂可以永生和不朽的宗教哲学。正因为如此，哲学史家张岱年先生曾有这样的断言："关于不朽，中国哲学中讨论不多。不朽的问题，是西洋哲学及印度哲学所特重的；而中国哲学则对之不甚注意。这也是中国哲学的一个特色。中国哲学所以不注重不朽问题，主要是因为中国哲学离宗教最远，对于有宗教意义的问题，认为无足重视。关于不朽，中国哲学多从影响贡献来说，而不从灵魂永存来说。"①

因此，如果要对中国古代形神之辩的传统作一个总结，那么我们也许可以说，作为中国古代哲学一大传统的是践形说。在这个践形的理论立场看来，追求虚无缥缈的神不灭、灵魂永存的所谓神道是不明智的，人生所应有的现实理性态度是重人道、重践形。这一践形理论作为形神关系问题上的一种新主张以王夫之、颜元、戴震等人为代表。

王夫之通过对传统的知行、心行、形神之辩的总结，批判了重知不重行、重心不重物、重神不重形的错误倾向，在此基础上他提出了自己的践形主张："形之所成斯有性，情之所显惟其形。故曰：形色天性也，惟圣人然后可以践形。"（《周易外传》）可见，践形的理论在王夫之这里就是人生必须发展形体各方面的机能，使其各得其所。他抵制了不重践形的虚妄之学。王夫之曾以道家的庄子和佛家（释氏）为例予以了批判：庄子说"堕肢体黜聪明"，释氏称身体为臭皮囊，然而，王夫之认为离开了形体去求道，这个道只不过是空幻的存在而已。在王夫之看来，形体与道是一致的。但宋明理学因受老庄及佛学思想的影响，对此道理却没能了悟。由此，王夫之这样总结道："形者性之凝，色者才之撰也。故曰汤武身之也。谓即身而道在也。道恶乎察？察于天地。性恶乎著？著于形色。有形斯以谓之身，形无有不善，身无有不善，故汤武身之而以圣。……性焉安焉者，践其形而已矣。"（《尚书引义》）

颜元与戴震等人继承了王夫之的这一践形理论。在颜元看来，人生之道在于充分发挥形体固有之功能，"内笃敬而外肃容，人之本体也，静时践其形也。'六艺'习而百事当，性之良能也，动时践其形也。矩行而上下通，心之万物皆备也，同天下践其形也"（《年谱》）。这就是说，居处恭谨而严肃，为静时践形；习行'六艺'而百事皆宜，为动时践形；实行普遍之道于天下，而与天地同流，乃是践形之最高境界。由此，在他看来，践形是唯一的生活准则，所谓"神圣之极，皆自践其形也"（《存学编》）。戴震则从达情遂欲的角度强调践形的重要性与必要性。在他看来，"天下必无舍生养之道而得存者。凡事为皆有于欲，无欲则无为矣。有欲而后有为，有为而归于至当不可易之谓理。无欲无为，又焉有理？老庄释氏主于无欲无为，故不言理；圣人务在有欲有为之咸得理。是故君子亦无私而已矣，不贵无欲"（《孟子字义疏证》）。

---

① 张岱年：《中国哲学大纲》，中国社会科学出版社1982年版，第485页。

正是基于这样的践形理论，才形成了中国传统文化对人生不朽的独特看法。这个不朽不是从神不灭或灵魂永存的角度探讨的，而是从践形中的实践理性角度追求的。从中国古代关于不朽的典型理论"三不朽"说来看，强调的正是这样一个实践理性的态度："太上有立德，其次有立功，其次有立言：虽久不废，此之谓不朽。"(《左传·襄公二十四年》)

以中国古代哲人的理解，这"立德""立功""立言"之三不朽中，"德"指的是个人道德品格方面的价值，比如屈原、包拯、岳飞、文天祥一类的人，忠信精诚，品格高尚，使当时的人们景仰敬爱，更使千百年后的人们怀念崇敬，这便是立德的不朽。"功"就是指为国家为百姓建功立业，比如秦皇、汉武、唐宗、宋祖、一代天骄成吉思汗，他们开辟中华疆域新天地，为历史谱写了新纪元，从而为子孙后代造福，这是立功的不朽。"言"则是指言论著作，比如孔子的《论语》、老子的《道德经》，唐诗、宋词的作者们，写《史记》的司马迁，写《红楼梦》的曹雪芹，这是立言的不朽。可见，中国传统哲学主张的这种不朽，不问人死后灵魂能否存在，只问他的人格、他的思想、他的事业有没有永久存在的价值。因此，所谓的不朽就是通过践行的创造活动给后人留下的物质或精神财富，从而被后人所景仰，所效仿，所怀念。一个人生命的价值也就在这个践形的实践理性途径中得到了最后，也是最高、最完美的体现。

如果进一步分析，那么我们还可以看到，从不追求灵魂不灭而只崇尚践形而走向不朽的人生哲学态度，对中国文化产生的影响是多方面的。

其一，在德性的践形方面，在这种人生哲学的影响下，中国传统文化形成了崇尚君子之道和不惜杀身成仁、舍生取义的民族精神。在中国古代思想史上孔子最早探讨了这一君子之道。"君子"原是指西周宗法制度下的贵族，但孔子赋予了它道德的意义。孔子以是否践行仁义的德行为标准划分出了君子与小人。在他看来，君子即是指那些践行仁义、品德高尚的人，不管他原来属于哪个社会阶层，只要恪守仁义者就是君子。这也就是孔子"君子喻于义，小人喻于利"(《论语·里仁》)一语的本义之所在。也是在这个君子之道的恪守方面，孔子讨论了人生的富贵与贫贱问题，"富与贵是人之所欲也，不以其道得之，不处也。贫与贱是人之所恶也，不以其道去之，不去也"(《论语·里仁》)。由此，孔子的结论是："不义且富且贵，于我如浮云。"(《论语·述而》)

在孔子看来，更重要的还在于君子认为在必要时，为践形道义即使牺牲个人的生命也在所不惜："志士仁人，无求生以害仁，有杀身以成仁。"(《论语·卫灵公》)孟子直接继承了孔子的这一思想，提出了"舍生取义"的主张。他曾有这样一段被广为传诵的名言："鱼，我所欲也，熊掌亦我所欲也；二者不可得兼，舍鱼而取熊掌者也。生亦我所欲也，义亦我所欲也；二者不可得兼，舍生而取义者也。"(《孟子·告子上》)显然，这一杀身成仁、舍生取义的思想直接孕育了中国历史上志士仁人那种"可杀而不可辱"的崇高精神。这一崇高精神包括坚守操行、高风亮节、视死如归、不惜以生命来维护道德尊严等内容。我们所熟知的文天祥、史可法等英雄人物正是舍生取义的生动典范。尤其是从文天祥的《正气歌》里，我们更是可以深切地感受到一个坚贞不屈的灵魂是如何因道义的充塞而使生命拥有一股浩然正气的。

中华民族文化中所推崇的这种践形道义的浩然正气对中华民族产生了强烈的精神感召作用，尤其是在外敌入侵、民族危亡之际，总有无数的志士仁人挺身而出，以自己的生命和鲜血，谱写出一曲曲"惊天地，泣鬼神"的"正气歌"，它构成中华民族最宝贵的精神财富。

其二，在功名的践形方面，在这种人生哲学的影响下，中国传统文化从来推崇大丈夫生当有所作为的人生态度。这可以说是一种经世致用的人生态度。孔子就曾说过:"君子疾没世而名不称焉。"(《语论·卫灵公》)孟子讲"不淫""不移""不屈"的大丈夫人格也是以为国为民而立下功名为衡量的。宋明理学因受道佛两家的影响,专注于返身向内,注重"革尽人欲,复尽天理"(《朱子语类》卷四),曾使这一人生哲学传统走向了变异。但是,从明末清初开始,思想家们对宋明理学空谈性理,把哲学变成一味地封闭在内心世界里做功的心性之学的做法提出了尖锐的批评。这一批评的一个重要武器就是他们在发掘先秦儒家积极入世的传统时提出了"经世致用"①的思想主张。作为明清之际思想界的一种主导意识,"经世致用"强调的是寻求治国济民的实践理性途径。

由此,明清时期的一批启蒙思想家纷纷倡导经世之学。顾炎武提出了"博学于文,行己有耻"的为学主张,认为做学问要"博学",还要"知耻",应耻于作八股,耻于空谈性命(《与友人论学书》)。他对自己就曾提出过这样的要求,"凡文之不关于'六经'之旨、当世之务者,一切不为"(《亭林文集·与人书三》)。另一位启蒙思想家颜元则提出"学习"与"践形"两者务必统一的思想(《朱子语类评》),以此来提倡经世致用之学风。明清思想家倡导经世致用的学风,致力于创新,注重调查研究,提出了解决当时社会问题的各种方案,大大地改变了宋明以来思想界空谈心性的风气,其积极影响一直持续至今。中国共产党人倡导的理论联系实际的学风可以说是对这一优秀传统的直接继承。

其三,在精神的践形方面,在这种人生哲学的影响下,中国传统文化形成了悠久的"君子谋道不谋食"(《论语·卫灵公》)、安贫乐道的幸福观。在中国古代哲人看来,做人的根本就是对天道与人道之基本规律进行把握,一旦能把握了"道",那么人生的快乐也就在其中了。中国传统文化中的这一安贫乐道观由孔子最早提出。孔子教导他的弟子"君子食无求饱,居无求安"(《论语·学而》)、"发愤忘食,乐以忘忧"(《论语·述而》)。在孔子看来,人生最重要的不是追求富贵而是探求天下之道,一旦找到了这种"道",那么,一个人无论处于什么样的境遇,都不会怨天尤人,而是能够非常快乐地生活。孔子自己的一生就是安贫乐道的一生。他以"仁"这个根本之道去游说各国诸侯,虽然得不到赏识和重用,但他却无怨无悔。当跟随他的弟子不免有些怨言时,孔子耐心地以安贫乐道之理给予谆谆教诲,从而重新激发起弟子们的信心。孔子所推崇的这一安贫乐道的生活方式,在他的著名弟子颜回那里也得到了最经典的体现,"一箪食,一瓢饮,在陋巷,人不堪其忧,回也不改其乐"(《论语·雍也》)。后人用"孔颜之乐"来概括孔子、颜回的这种安贫乐道的生活方式。

中国古代哲学所推崇的这种"安贫乐道"的人生幸福论,荀子曾这样总结道:"君子乐得其道,小人乐得其欲。"(《荀子·乐论》)这就是说,君子把快乐理解成对道的把握和遵循,而小人则把物质欲望的满足看成是快乐的。可见,古代哲人的"乐道"是一种认知和精神层面上的幸福感受。一旦拥有这种感受,哪怕物质生活再清贫,也能体验到人生的快乐。

"寻孔颜乐处",过一种安贫乐道的生活,也因此成为中国历代志士仁人的精神追求。比如周敦颐就曾这样论及过颜回:"夫富贵,人所爱也,颜子不爱不求,而乐乎贫者,独何心哉?天地间有至贵至爱可求,而异乎彼者,见其大而忘其小焉尔。见其大则心泰,心泰则无不

① "经"在古汉语中有"管理""治理"之意。故经世致用的意思是说,一个人的治理天下之才必须在具体的治国安邦践行过程中才能发挥出作用。

《孔子圣迹图》之“农山言志”

足。”(《通书·颜子》)可见,富贵是人之所爱,颜回却不爱不求,这是因为在颜回看来,对道的遵循比之富贵有更大的价值。可见,“道”作为一种强大的精神支柱可以使人产生一种很充实很平静的快乐感。周敦颐的一生也是践行孔颜之乐的一生,他从不追求本分以外的物质享受,也不为个人名利蝇营狗苟,为官时的俸禄经常用来接济他人。在古代哲人看来,人生的快乐就是在内心保持一种充实平和的状态。所以,“乐道”是对精神世界的一种追求,而非物质欲望的满足。它与追求豪车名牌、美女佳肴的享乐主义人生观完全不同。置身过度推崇物质财富的当今时代,古代哲学崇尚的这种幸福观显然对我们有着积极的启迪作用。这也可以说是中国古代人生哲学理论之现代意义的又一个明证。

第四章

中国古代的宗教传统

中国是一个多宗教的国家。宗教作为一种古老而又普遍的社会文化现象，对古代中国漫长的历史发展有着深刻而广泛的影响。可以这样说，不了解中国古代的宗教，就不可能真正了解古代中国的社会、政治、经济、文化的发展历史，也就不可能真正了解中华民族的文化特质、社会心理、生活态度、价值观念和审美取向。古代宗教在中国的发生、发展和演变的过程是与中国社会经济、政治、文化等因素相互渗透、交错作用的过程。事实上，古代的宗教文化传统作为重要的精神力量，一直支持并规范着当时的社会生活，而且这种影响至今仍未消失。因此，了解中国古代儒、释（佛）、道三教合一的宗教传统对于把握中国传统文化同样是相当重要的。

第一节 中国古代宗教的发展历程

与世界上许多地区和民族的文化发展史一样，宗教在中国也有着悠久的历史。早在远古时期，我国就有了自然崇拜、动物崇拜、鬼神崇拜和祖先的神灵崇拜等原始宗教形式。神话传说及考古学证明，这种远古宗教作为一种原始的、自发性的宗法性宗教在远古时期曾极为盛行，后来的儒、释（佛）、道等宗教形态都与这些远古宗教有着直接或间接的渊源关系。

一、早期宗法性宗教的产生与发展

现在一般人谈到中国宗教，就会想到儒、释（佛）、道三教。其实，早在这三种宗教出现以前，中国的先民们就有了自己的宗教信仰，这就是形成于夏、商、周三代的早期宗法性宗教。这种早期宗法性宗教以天神崇拜和祖先崇拜为核心，以社稷、日月、山川等自然崇拜为辅助，以其他鬼神崇拜为补充，形成一系列的包括郊社制度、宗庙制度在内的祭祀制度。

如果将女娲造人、三皇五帝等的传说暂且不论，在中国古代早期的历史发展过程中，确切有文字记载的是夏代。夏王朝是由部落联盟演变为国家的，在禅让制改为世袭制的过程中，它保留了氏族社会的血缘纽带。君主掌握最高的祭祀权，并以血缘亲疏来分配财富和权力。与此相适应，反映宗法关系的祖先崇拜，以及对天命和鬼神的信仰均得到承袭。所以，《礼记·祭法》说："有虞氏禘黄帝而郊喾，祖颛顼而宗尧。夏后氏亦禘黄帝而郊鲧，祖颛顼而宗禹。"继之而起的殷商从考古发现来看，对列祖列宗、先妣先母的祖先崇拜，对上苍的天神崇拜以及对土、河、岳等的自然崇拜，同时并存。但在祭祀中占最重要地位的是祖先神。而且，在祭祀时，还用祭祖范围的差别来表示血缘的亲疏，比如同一氏族在宗庙祭祀，同一宗族在祖庙祭祀。而且，当时的殷王往往以宗庙兼作治理决策国政的场所。这显然是借助祖先神灵来增加发号施令的权威。

周代在夏商旧制的基础上，把祖先和天神崇拜与王位继承中的"授民授疆土"的分封制度结合起来，从而建立起一套较为完备的宗法等级制度。但祖先崇拜仍是周代宗教的核心。祀祖配天，始于周武王。据史籍记载："昔者周公郊祀后稷以配天，宗祀文王于明堂以配上帝。"(《孝经》)《礼记》还详细记载了一年四季的祭祀名称："天子诸侯宗庙之祭，春曰礿，夏曰禘，秋曰尝，冬曰烝。"不仅如此，古人还认为："禘尝之义大矣，治国之本也。不可不知也。"(《礼记·祭统》)可见，在那个时期，祭祀祖先被古人视为治国的根本。同时，天神崇拜的政治性得到加强。天神"唯德是辅"，周天子必须"以德配天"。因而"敬德保民"是统治者能够"克配上帝"，"授民授疆土"的根据。否则，"天命靡常"，它就要把权力转移到新的有德者身上(《尚书·周书》)。这样，周代宗教对天的崇拜就具有了更多的政治伦理色彩，从而初步形成了一个宗教、政治、道德三者融为一体的思想体系。

刻有铭文的武王征商簋(西周)

可见，夏、商、周三代是中国古代宗教发展的奠基时期。中国宗法性传统宗教的特质在这一时期已经基本形成，中国早期的先民们信天命，尚鬼神，重教化，通过祀祖配天，形成了宗教意义上的天人合一的信仰模式，使宗法性传统宗教初具规模。这为以后几千年以儒家思想为主要代表的中国宗法性传统宗教信仰奠定了基础，对后世产生了深远影响。

二、儒教的创立、发展和完成

中国古代的宗教具有巫术宗教的色彩，古人非常重视以巫术礼仪为基础的祭祀制度。但古代的巫祝并没有发展为独立的祭司或教主阶层。春秋战国时期，社会剧烈动荡，出现"礼崩乐坏"的混乱局面，掌握宗教祭祀知识的贵族和士人流失民间，出现诸子蜂起、百家争鸣的局面。儒、道、法、墨诸家或对宗教权威持否定和批判态度，或在具体内容上成为传统宗教的异端。这一时期古人的宗教信仰开始呈现多元，并出现怀疑宗教的异端思想。

儒家所关心的主要问题是社会人伦的问题，强调政治与伦理的教化。但是，儒家也继承了古代的宗教传统，并在内容和形式上有所改造和发展。儒学[①]正是通过孔子、孟子的创立，董仲舒的完成，直至宋明理学的发展和升华，最终使自己成为"儒教"，即具有礼教性与宗教性二重结构的包括生命论、家族论与政治论、宇宙论在内的博大理论体系。这一理论由于符合了中国古代封建统治者的需要，从而最终成为中国古代文化的"道统"。

儒学始于孔子，但儒学的思想并不全由孔子一人创造。在儒学作为一种完整理论体系出现以前，它有一个先导——原儒。关于"儒"的起源和含义，在学术界一直争论不休。有学者认为，儒在殷商时代就已经存在了。据考证，甲骨文中已有"儒"字，整个字像以水冲洗沐浴儒身之形。这或许是因为古代的儒在祭祖事神，治理丧事，为人相礼等从事宗教活动时都须经常沐浴斋戒。比如《礼记・儒行》就称："儒有澡身而浴德。"澡身，即沐浴；浴德，即斋戒。沐浴、斋戒是用来表示对上帝、鬼神之诚敬。许慎在《说文》中解释："儒，柔也，术士。"所谓术士，亦即古代宗教之教士。这些人专门为他人祭祖事神，办理丧事，专职担任司仪。可见，在历史上"儒"与"士"与"史"类似，与"巫"既有联系又有区别。巫事上帝，交通神鬼；而儒事祖先，交通人鬼。后来，儒逐渐从巫中分化出来，成为一种专门的宗教职业。到西周、春秋时期，儒由主要从事宗教活动的教士发展成为既从事宗教活动又从事文化教育活动的儒士。这就为后来的儒学奠定了礼教性与宗教性的二重结构的基调。这一点从史籍里"儒，以道得民"(《周礼・大宰》)之说中可以得到印证。由此，西汉经学家刘歆曾这样论述儒学的源与流："儒家者流，盖出于司徒之官，助人君顺阴阳明教化者也。游文于六经之中，留意于仁义之际，祖述尧、舜，宪章文、武，宗师仲尼，以重其言，于道为最高。"(《七略》)

可见，儒家在创立者孔子那里，礼教性和宗教性的内容是互相交错在一起的。孔子思想中的礼教性方面为世人所熟识，但其宗教性内容却往往被后人所忽视，甚至否认和曲解。其实，儒家虽然十分重视政治和伦理的教化作用，着眼于教化功能，但教化仍被看成是宗教的作用，宗教也被看成是教化的基础。在孔子那里，其宗教性的思想主要体现在以下两方面。

其一是天命观。据《论语》记载，"子罕言利，与命，与仁"(《论语・子罕》)。这里的"与"是赞许的意思。可见，孔子与他那个时代的大多数哲人一样是认同天命的。关于天命的思想，孔子还有如下一些著名的说法："子曰：不知命，无以为君子也；不知礼，无以立也；不知言，无以知人也。"(《论语・尧曰》)"君子有三畏：畏天命，畏大人，畏圣人之言。小人不知天命而不畏也，狎大人，侮圣人之言。"(《论语・季氏》)"道之将行也与，命也；道之将废也与，命也。"(《论语・宪问》)"子夏曰：商闻之矣，死生有命，富贵在天。"(《论语・颜渊》)这里最后一句"死生有命，富贵在天"虽然是孔子的弟子子夏说的，但从记载此语的语境来考察，应当可以推论是子夏从孔子那里听来的。从这些记载中所反映的思想来看，孔子显然是相信并重视天命的。

而且，孔子还认为自己是承受着天命来到这个现实世界的，"天生德于予"(《论语・述而》)。也因此，孔子有着特别执着的使命感。《论语》中曾记载说："子畏于匡，曰：文王既没，文不在兹乎？天之将丧斯文也，后死者不得与于斯文也；天之未丧斯文，匡人其如予何？"

① 儒学与"儒教"是否等同，历来多有异议。甚至有学者认为，儒教之"教"乃教化之教而非宗教之"教"(参见张岱年、方克立主编：《中国文化概论》(修订版)，北京师范大学出版社2004年版，第240页)。但更多的学者倾向于肯定儒学有着明显的宗教色彩。特别是历代统治者为强化儒学思想的精神统治，进一步将孔子神化，将儒学宗教化，以儒、佛(释)道三教并列，使儒学在中国历史上因此发挥着宗教的社会功能。

(《论语·子罕》)这个故事描述的是孔子周游列国的途中被匡地的人所围困,他颇为自负地对学生说:"周文王死了以后,周代的礼乐文化不都体现在我的身上吗?上天如果想要消灭这种文化,那我就不可能掌握这种文化了;上天如果不消灭这种文化,那么匡人又能把我怎么样呢?"正是这种对天命的自觉担当,所以孔子在周游列国的时候,虽然遭遇的艰难困厄挺多,但他却能够始终无怨无悔。以他自己的话说就是:"不怨天,不尤人,下学而上达,知我者其天乎?"(《论语·宪问》)

其二是"敬鬼神而远之"(《论语·雍也》)的祖先崇拜观念。这里的"远之",应该是"慎终追远"中的"追远"的意思。比如孔子最得意的弟子曾子就说过:"慎终追远,民德归厚矣。"(《论语·学而》)朱熹解释说:"慎终者,丧尽其礼。追远者,祭尽其诚。民德归厚,谓下民化之,其德亦归于厚。"(《论语集注》)可见,慎终就是认真地为父辈或祖辈办丧事;追远就是举行祭祀活动,追念有功有德的先祖。在孔子及其后儒看来,通过"慎终追远"就能起到使"民德归厚"的教化作用。因此,礼丧、祭祖是中国儒家礼俗中的头等大事。孔子重视"丧"礼,礼制中有三年之丧。也因此,孔子重视"孝乎鬼神"。他曾称赞夏禹说:"禹,吾无间然矣。菲饮食而致孝乎鬼神,恶衣服而致美乎黻冕,卑宫室而尽力乎沟洫。"(《论语·泰伯》)这句话的意思是说,对于禹,我没有什么可以挑剔的了。他的饮食很简单而尽力去孝敬鬼神;他平时穿的衣服很简朴,而祭祀时尽量穿得华美,他自己住的宫室很低矮,而致力于修治水利事宜。可见,他推崇夏禹对鬼神的"孝敬",甚至将其放在治水的功德之上。

在孔子关于"孝"的观念中,"生"与"死"、"人"与"鬼"是对应关系。孔子的弟子曾问:"何谓孝?"孔子答:"生,事之以礼;死,葬之以礼,祭之以礼。"(《论语·为政》)可见,孔子主张在父母去世以后,对于已经死去的人,要"敬鬼神而远之"(《论语·雍也》)。孔子尤其要求人们要好好地举行祭祀。孔子甚至说:"非其鬼而祭之,谄也。"(《论语·为政》)也就是说,孔子认为一定要正确地尊敬鬼神。也许正是从这一立场出发,弟子们评价孔子说:"子不语怪力,乱神。"(《论语·述而》)孔子之所以不讨论怪异、暴力一类的事情,是因为他担心这些东西会扰乱人对神的敬畏之心。[①]

此外,孔子晚年删定的《诗》《书》《易》《礼》《乐》《春秋》六经,都源自宗教典章;《易》是卜筮之书;《书》是古代圣王的宗教活动记载;《诗》中不少是祭祀颂歌;《礼》是祭祀礼仪;《乐》是宗庙音乐;而《春秋》所记,也几乎无不与祭祀有关。事实上,从整理文化典籍方面来看,孔子的儒学的确继承了古代的宗教传统。

可见,无论是孔子"畏天命""敬鬼神"的思想,还是他晚年所致力的文化典籍的治理来看,他确实继承了"夏道尊命""殷人尊神""周人尊礼,尚施"(《礼记·丧记》)的中国古代宗教传统。只不过较之"原儒"时代,孔子在自己的学术思想中发展了许多礼教性的成分,充实了许多政治、伦理的内容,但不可否认的是,宗教性依然是孔子创立儒学时的重要基础。

董仲舒作为先秦儒学的继承者和汉代儒学的奠基人,用阴阳五行与"天人合一"思想作为其宇宙论基础,以"三纲五常"为经学伦理的核心,赋予了先秦儒学以新的理论体系和思想

① 对"子不语怪力,乱神"一句,也有解读为:"子不语怪、力、乱、神。"比如朱熹就注解说道:"怪异、勇力、悖乱之事,非理之正,固圣人所不语。鬼神,造化之迹,虽非不正,然非穷理之至,有未易明者,故亦不轻以语人也。"(《论语集注》)朱熹还援引了谢良佐的注解佐证自己的观点。谢氏对此句的注解是:"圣人语常而不语怪,语德而不语力,语治而不语乱,语人而不语神。"(《论语说》)

山东曲阜孔庙大成殿

内容。经董仲舒全面改造的以儒学思想为主干，兼容各派学说的神学目的论体系在“独尊儒术”的旗号下，成为封建统治思想的正统。《白虎通》根据这一体系还规定了统一的祭祀礼仪，具有国家宗教法典的性质，成为这一时期官方宗教信仰的主要体现。

如果追溯一下祭孔的历史，应该说源远流长。孔子卒于鲁哀公十六年，即公元前 479 年，享年七十三岁。孔子卒后，他的弟子在他居住的三间茅草屋里，供奉了孔子生前使用的衣、冠、车、琴、书册等，并且按岁时祭祀。第二年鲁哀公正式到孔庙祭孔，这可谓官方祭孔的开始。后来，汉高祖刘邦过鲁，也曾祭祀孔子。由于当时是将孔子当作先圣先师，所以沿用的只是一般的祭祀规格。汉武帝在采纳董仲舒“罢黜百家，独尊儒术”的治国方略后，专程祭拜孔子庙，开了帝王祭祀孔子的先河。后来，晋明帝下诏四时祭孔子，于是，一年始有四大祭。以后历代加增，每年的大小祭祀活动多达五十余次。主要有“四大丁”，在每年春、夏、秋、冬的丁日举行；“四仲丁”，在大丁后的第十日举行；“八小祭”，在清明、端午、立秋、除夕、六月初一、十月初一、生日、忌日举行。自此之后，祭孔活动延续不断，且规模逐步提升，明清时期达到顶峰，被称为“国之大典”。清代的顺治皇帝定都北京，他在京师国子监立文庙，内有大成殿，专门举行一年一度的祭孔大典，并尊孔子为“大成至圣文宣先师”。

可见，儒家的礼乐传统，以祭礼行教化，一方面继承并改造古代宗教，另一方面又为当局的统治提供政治伦理说明。这正是历代统治者尊孔的缘由之所在。董仲舒提出“独尊儒术”的主张正是基于这一立场。孔子就这样被推为“素王”，成为教主，享有绝对的权威。董仲舒也被称为“汉代孔子”，受到顶礼膜拜。

由魏晋进入南北朝隋唐时期，由于外来的佛教和土生土长的道教的兴盛，唯儒教独尊的局面开始让位于儒、释(佛)、道三教鼎立。这一时期三教之间既互相斗争又互相融摄。在宋明新儒学诞生以前，虽然礼教性与宗教性的二重性结构决定了儒教在礼教性方面占优势，但在宇宙论方面却暴露出了粗糙性和简单性，从而使儒教明显处于劣势。“三教”之争自魏晋南北朝至隋唐，持续了近七百年。到宋代，经过周敦颐、张载、二程、朱熹等人的努力，在原来的儒学理论体系上增加了宇宙论，从而弥补了儒学自身的理论弱点。

宋明新儒学的奠基者当推周敦颐。他的思想集中体现在他所创的《太极图》及《太极图说》中。周敦颐的《太极图说》全文共249字，简洁明快地阐发了他的“无极而太极”宇宙生成论，讨论了人与自然的关系，以及“主静立人极”的德性修养方法等，提出了理学的一系列概念与范畴，对宋明理学解决理气关系、心物关系具有“发端之功”。清代学者黄百家说周敦颐的《太极图说》“儒非儒，老非老，释非释”(《宋元学案·濂溪学案下》)。这从一个侧面证明了理学是儒、释、道三教的融合。朱熹是宋明理学的集大成者。朱熹总结了以往的思想，尤其是北宋周敦颐等人的理学思想，又将道教和佛教的诸多思想融合于儒学之中，建立起庞大的理学体系。后人曾称朱熹的理学，“致广大，尽精微，综罗百代。”(全祖望：《宋元学案·晦翁学案》)朱熹对儒学的功绩为后世所称道，其思想被尊奉为官学，其《四书集注》等甚至被钦定为科举考试的教科书和批阅举子们的答卷标准，其本人则与孔子并提，称为“朱子”。而且，朱熹也是唯一非孔子亲传弟子而享祀孔庙，位列大成殿十二哲[①]中。

这样，宋明新儒学既具有政治上、伦理上的优势，又有足以与佛、道抗衡的理论成就，这不仅标志着儒学理论的升华和新体系的定型，而且使它重又取得“独尊”的地位，从而奠定其后六七百年中国古代封建文化以儒为主，佛、道为辅的基本格局。孔子作为“教主”的绝对权威地位得到进一步加强，被打扮成全能的救世主。在朱熹那里，甚至有所谓“天不生仲尼，万古长如夜”(《朱子语类》卷九三)的说法，而朱熹本人也被神化到了“孔子后一人”的高度。

这样一个由孔子创立，经董仲舒的发展，至朱熹而集其大成的儒教(孔教)在中国历史上一直作为“道统”而最具影响力。尽管后世有儒、释(佛)、道三教合一的说法，但是儒教对中国历史与文化的影响力是佛教和道教所无法比拟的。

三、佛教传入中国及其中国化的历程

与儒教不同，佛教源自古印度。佛教创始人释迦牟尼[②]，俗姓乔达摩，名悉达多，出生于古印度(今尼泊尔境内)的迦毗罗卫城。他与中国春秋时代的孔子、老子等大致是同时代人。相传释迦牟尼于菩提树下悟道后，开始传教，并奠定了原始佛教的基本教义，其内容主要有“四圣谛”“八正道”及“十二因缘”。后来佛教又形成了小乘和大乘两大派系。乘即运载的意思。大乘自称旨在运载一切众生达到涅槃境界，所以称大乘，而那些坚持原始教义，只求自我解脱的教派则被称为小乘。大乘又有显教和密教之分。密教由大乘佛教的一部分派别与印度教结合而成，其特征是，主张身、口、意三密相应修行，以求得出世的果报。其他以语言文字明显表示佛教教义的教派，统称为显教。显教又可分为中观派和瑜伽派。佛教于公元1

① 孔庙中除了祭祀孔子，还将孔门的一些著名弟子及后代对儒家学说有巨大贡献的人物一并祭祀。合称“四圣十二哲”。“四圣”分别为：亚圣孟轲，复圣颜渊，述圣孔伋，宗圣曾参；“十二哲”为闵损(子骞)、冉雍(仲弓)、端木赐(子贡)、仲由(子路)、卜商(子夏)、有若(子若)、冉耕(伯牛)、宰予(子我)、冉求(子有)、言偃(子游)、颛孙师(子张)、朱熹(元晦)。

② 释迦牟尼原是古印度迦毗罗卫国净饭王的儿子。相传他29岁时出家修道，经过7年修行，最后在菩提树下悟得“无上正觉”，成了“佛”。佛即佛陀的简称，是梵文Buddha的音译，意译为“觉悟者”。

藏传佛教中的释迦牟尼佛像

世纪前后传入中华本土。起初，当时的人们只把它看作神仙道术的一种，以为佛有神通，变化无穷。故其最初的影响并不大。

魏晋时期，门阀士族大力推行玄学，成为学术思想的主流。于是，佛教学者往往使用老庄玄学思想和语言来解释佛教般若学。这种方法被称作“格义”。“格义”从义理上融会中印两种不同思想，消除了交流中的文化隔阂。并因此产生了般若学的“六家七宗”说。据史籍记载，当时因为理解般若性空之思想产生种种分歧，主要有六家，所谓的本无宗、即色宗、识含宗、幻化宗、心无宗、缘会宗。本无异宗作为本无宗之支派，又有竺法琛、竺法汰之说。七宗之中，就基本观点而言，以本无宗、即色宗、心无宗三家为当时般若学说主流之所在。后来，僧肇撰《肇论》把魏晋时期的般若学推向一个新的理论高度。僧肇是鸠摩罗什门下最杰出、最有影响的弟子之一，也是众弟子中最年轻且极富有才华的一位。他曾亲自参与其师鸠摩罗什主持的包括著名的《金刚经》在内的大规模译经活动。由于鸠摩罗什全面系统地译出了大乘佛教空宗的理论经典，故而僧肇就有机会完整地吸取关于般若性空的佛教思想，并进行深入细致的研究，写下了一系列的佛教论文，对魏晋以来流行的佛教般若学各派学说进行总结性的评价，完整、有体系地阐述了大乘佛教般若性空的教义学说。《肇论》就是这些论文的汇集。篇名分别为《宗本义》《物不迁论》《不真空论》《般若无知论》《涅槃无名论》。首篇就本无、实相等名相义理加以概述。余四篇分别论证了“法无去来无动转者”“诸法假而不真，故尔是空”“真谛无相，故般若无知”“涅槃无相，故无可言名”等命题。东晋十六国时期，道安对汉译佛典作初步整理，还为僧侣团体制定法规、仪式，为以后汉地佛教的寺院制度打下基础。道安弟子慧远则精通佛、儒之教义，为佛教的中国化作出了相当的努力。也是由此为标志，佛教开始自觉地思考如何更好地与中国传统政治、经济、文化相结合的问题。

南北朝时期，大多数统治者都提倡和支持佛教。但总的来说，南朝偏重义理，北朝崇尚实行。比如南朝梁武帝不仅重视佛教实践、身体力行，而且大力提倡义理之学，依据儒家纲常伦理原则，汲取和改造了佛教的义理，在儒、佛融合的历史进程中作出了重要的贡献。整个南朝，有关涅槃、佛性、渐悟、顿悟等问题的辩论十分激烈，它取代般若学而成为佛学的主流。北朝佛教由于重在实行，所以其规模又远甚于南朝。据史籍记载，至北魏太武末年全国佛寺已达 3 万余所，僧尼达 200 余万人。由于北朝佛教注重修行实践，因此禅观和净土信仰相当突出。这一时期佛教的兴盛也还表现在建造寺宇、凿窟雕佛像方面，比如现存的大同云冈石窟、龙门石窟、巩县石窟、天水麦积山石窟，都系北魏时开凿。

当然，佛教在中国化的过程中也不是一帆风顺的。北朝佛教发展过程中的突出事件是北魏太武帝和北周武帝的两次灭佛运动。这是北朝佛教兴盛过程中的重要曲折。当时几乎所有寺院都遭破毁，损失惨重。灭佛事件从思想原因上看，是儒、释(佛)、道三家斗争的产物，而从经济原因上看，则是由于寺院经济的迅速壮大，损害了王朝的经济利益，加深了与世俗地主的矛盾。灭佛运动对佛教中国化的进程无疑是一个巨大的挫折。

隋唐重新统一南北，建立起强大的封建王朝，佛教在统治阶级扶植下，进入其繁荣鼎盛时期。唐朝统治者在儒、释(佛)、道关系上予以调和，三教一方面鼎足而立，另一方面又趋于圆融一致，从而为宋代理学的形成作了重要的思想准备。唐太宗时，佛教最重要的事件是玄奘西游天竺和归国译经。从出发到返回，玄奘西游历时 18 年，行程 2 万多公里，他不仅将沿途所见所闻写成了著名的《大唐西域记》，重要的还在于经皇帝李世民的安排，他住进西安大慈恩寺进行译经，他前后共翻译的佛经达 1000 多卷。与唐太宗一样，后来武则天执政期间也始终大力支持佛教，她曾与当时的著名法师法藏引对长生殿，敷宣玄义，成《华严金师子章》。再后来，唐玄宗虽说是著名的道教君主，比较推崇道教，但开元盛世保证了最高统治者的文化自信，能够容纳不同类型的意识形态和信仰。所以唐玄宗甚至也曾亲自为《金刚经》作注，并令颁行天下。

西安大慈恩寺南门的玄奘像

“安史之乱”后，徭役和赋税日重，民众纷纷以寺院作为逃避之所。于是，地主阶级中有识之士反佛意识又逐渐上升。韩愈在《原道》中甚至提出“人其人，火其书，庐其居”的口号，至唐武宗时终于付诸实施。唐武宗下敕令灭佛，从会昌初年(841 年)开始，至会昌五年(845 年)达到高潮。其结果共毁寺院 4600 余所，僧尼还俗 260500 人。“会昌灭佛”[①]给了佛教以沉重打击，虽然继之而起的唐宣宗即位又重新尊佛，灭佛活动就此结束，但这一事件使佛教在中国的发展遭受到了严重的打击。佛教在中国发展的巅峰时代也由此结束。

即便如此，隋唐佛教依然可谓成就辉煌。隋唐佛教不仅在中国文化史上占有突出地位，而且还广泛影响到日本、韩国等周边各国，形成东亚佛教文化圈。佛教的发展在这一时期甚至成为中外文化交流史上异彩纷呈的重要一页。

这一时期，佛教自身的发展则呈宗派林立之景象。自魏晋以来，中国佛教只有学派，没有宗派。隋唐的统一和繁荣，使佛教宗派成立的条件日益成熟。隋唐时期出现的佛教主要宗派有：天台宗、法相宗、华严宗、密宗、律宗、禅宗和净土宗以及藏传佛教。其中禅宗和净土宗在中国佛教史上占有重要的地位。尤其是禅宗，它甚至被视为佛教中国化的最经典体现。由此，禅宗又被称为“中国禅”。

禅宗中的“禅”是梵语“禅那”(Dhyana)的略称，意译为“静虑”，它是古印度各种教派普遍

---

① 因唐武宗年号“会昌”，故佛教史上称“会昌灭佛”，又称为“会昌法难”，将它与之前的北魏太武帝灭佛、北周武帝灭佛和后来的后周世宗灭佛并称为“三武一宗”。

戴进《禅宗初祖达摩至六祖慧能图》(明)

采用的修习方式。古印度佛教只有禅而没有禅宗,所以禅宗纯粹是中国佛教的产物,也是中国佛教最主要的宗派。它因主张用禅定概括佛教的全部修习而得名。禅宗的初祖为古印度和尚达摩,传至五祖弘忍,达摩禅已声誉大振。后来五祖传禅宗衣钵于六祖慧能。从严格意义上说,六祖慧能才是中国禅宗的真正创始人。这首先是因为禅宗的主要经典是慧能的《坛经》。在中国佛教历史上虽然高僧大德不少,其著述也卷帙浩繁,但是唯有《坛经》被尊称为经,这足以说明《坛经》在中国佛教史上的重要地位,其次也是因为禅宗在慧能时期佛教中国化的进程无论在广度与深度上都达到了其发展的鼎盛时期。从禅宗的发展来看,五祖弘忍之后,禅宗开始分为"北宗禅"(神秀)和"南宗禅"(慧能),南北禅宗根据如来藏佛性学说,在如何去除烦恼和如何修行的问题上存在着对立与分歧。神秀认为:"身是菩提树,心如明镜台,时时勤拂拭,莫使惹尘埃。"(《坛经·行由品》)这表明,在神秀看来,佛性人皆具有,但为外尘所障,所以要时时拂拭,不断修习,成佛才有可能。慧能则认为:"菩提本无树,明镜亦非台;佛性常清净,何处惹尘埃。"(《坛经·行由品》)可见,与神秀不同,慧能认为心性本净,本来是佛,不必经过繁复形式的修习便可进入佛的境界。北宗禅法注重"息妄修心",循序渐进,是渐修的禅。南宗慧能则主张"先立无念为宗"(《坛经·定慧品》),把修行归结于"顿悟",提倡直觉能力的发挥,刹那自觉自己所具的佛性,即所谓的"一念若悟,即众生是佛"。

以慧能为代表的禅宗为"顿悟成佛"指出了一条简捷方便的成佛道路,把自心等同于佛性,从而有力地破除了对"西方"的迷信和对"佛祖"的顶礼膜拜。后百丈怀海制订"百丈清规",提倡修持与劳动相结合,别立"禅居",使禅宗僧侣直接从一般寺院中分离出来,成为自主独立的部分。至"五家禅"[①]的相继建立,则标志着禅宗进入其发展的鼎盛时期。

净土宗创宗者为善导。据史籍记载,善导曾经去并州拜道绰和尚为师,接受其念佛往生的法门。他以此法门于长安广度民众,念了数万遍《阿弥陀经》,画了300卷的极乐净土图。成为唐朝贞观年间影响极大的一代高僧。净土宗以《无量寿经》《阿弥陀经》为主要经典。它

① 五家禅:六祖慧能之后,其弟子怀让传法给道一,道一传怀海,怀海之后分出两支:一支为沩仰宗,另一支为临济宗,该宗影响久远,流传至今。慧能另一弟子希迁门下也分出两支,一支为曹洞宗,该宗崛起于唐末,传承不绝,影响仅次于临济宗;另一支分出两支,一支为云门宗,另一支为法眼宗。上述五家禅系,在禅宗史上称"五家禅"。

宣扬依阿弥陀佛的愿力，只要一心念“南无阿弥陀佛”，便可被接引去西方极乐世界（“净土”）。可见，与禅宗不同，净土宗的一个最大特点是立足于弥陀本愿名号。[①] 它的特点是依持他力，一心念佛即可修道成佛，其修行方法简单易行。也因此，净土宗在民间尤其在社会底层有着极多的信徒。

唐代以后，佛教的发展大势已去，开始走向衰落。宋元明清之际，佛教在中国的发展的一个重要景象是各宗各派日趋没落，唯有禅宗、净土宗继续流行。这一时期的中国佛教往往以对儒学之道统的依附作为存在形式。比如宋代的智圆和尚干脆自称“以宗儒为本”，在他看来，“非仲尼之教，则国无以治，家无以宁，身无以安”（《中庸子传·上》）。这一特点，尤其以禅宗最为明显。这固然是中国古代宗教儒、释（佛）、道三教合一的传统所使然，但也反映了宋明理学在当时的道统地位的强大。除了上述宗派，还有主要流传在西藏和其他少数民族地区的藏传佛教。藏传佛教作为佛教与西藏原有的本教长期互相影响、互相融摄中逐步形成的一个教派，它也是中国佛教不可分割的重要门派。由于藏传佛教的主要传播地区是全民信教的，所以它对世俗社会的影响也不可小觑。

四、道教的产生、发展和演变

与儒教、佛教不同，道教信仰的核心是神仙信仰。从历史上看，早在远古时代，汉民族中就已广泛地流传着神仙之说。它起源于原始部落的自然崇拜和祖先崇拜。在战国时期，已出现了许多记述神仙传说的著作，最早的当推庄子、列子之书。同神仙信仰相适应，战国末期社会上还出现了专事鬼神的方士和方仙道。方仙道的方术和道家的黄老思想及流行于汉代的谶纬神学，一起成为道教的思想渊源，对道教的形成有决定性的影响。

方仙道[②]（也称神仙家）是在春秋、战国时期形成的一类专门从事方术、方技等道术的人，时称方士。包括具备天文、医学、神仙、占卜、相术、堪舆等技艺并宣传服食、祭祀可以长生成仙的人。方仙道尊奉黄帝，以邹衍阴阳五行学说来解释方术。他们宣称能够有办法使灵魂离开肉体与鬼神交通，认为人通过修炼可以长生不死，可以制作不死之药。他们还宣称有行气、辟谷等方术。据《史记·封禅书》记载，最早的方士是周灵王时期的苌弘。据称他会阴阳之学，明鬼神之事。方仙道和后来的道教不同，本身并没有形成一个组织。

汉代的谶纬神学也是道教的思想渊源。“谶”的本义是应验，《说文》曰：“谶，验也，从言，韱声。”（许慎：《说文解字》）可见，谶是一些方士和巫师制造出来的作为隐语、预决吉凶的神秘预言。宣扬这种神秘预言的书，就叫做谶书。谶书的炮制者为了增强神秘性，往往还在谶书中画有很多古怪的图画，因此谶书也称图谶。谶或称图谶，作为一种“立言于前，有征于后”的宗教迷信，在历史上很早就产生了。《史记·秦本纪》记载：燕人卢生使入海还，以鬼神事，因奏《录图书》曰：“亡秦者胡也。”秦始皇认定这条谶语中的胡就是匈奴，因此派大将军蒙恬发兵30万攻击匈奴。但后来的事实是秦未亡于匈奴，却亡于二世胡亥。这个胡亥之“胡”

① 阿弥陀佛成佛之前叫法藏菩萨。他曾经发四十八大愿，其中第十八愿为：“如果我法藏成佛的话，十方所有一切众生，男男女女，老老少少，有智无智，出家在家，有修行无修行……通通不论，只论一件事——称我名号，称念南无阿弥陀佛，愿生我的净土，信顺不疑，我就能够让他往生。”

② 方仙道的名称出自司马迁的《史记》：“为方仙道，形解销化，依于鬼神之事。”（《史记·封禅书》）方仙道在秦始皇和汉武帝时期较为兴盛。

似乎同样是对这条谶语的应验。于是乎，对此谶语信者大有人在。

可见，以符谶为主要内容的天帝鬼神迷信思想，在秦汉之间便已广为流传了，并有着深厚的信仰基础。但那时的谶纯粹是一种迷信，与儒家、道家的经义也没有任何联系。但从西汉中叶起，情况发生了变化。随着儒家经学地位的确立和儒家经典被奉为神圣，谶开始与儒家逐渐结合。一方面，儒家需要以谶为内容的宗教迷信来为封建主义的皇权统治进行论证；另一方面，谶也需要依傍儒家经义来扩大其宣传效果。于是，两者逐渐合流。与此同时，谶也与道家的思想相结合。近代学者刘师培说："周秦以还，图箓遗文，渐与儒道二家相杂，入道家者为符箓；入儒家者为谶纬。"[①]这个以符箓为主要特征的谶学迷信，在当时甚至成为道教最早一批组织者一概采用的手段。

最早出现的道教组织是"正一盟威道"和"太平道"。东汉顺帝时，张道陵（又称张陵）在四川首创正一盟威道（俗称"五斗米道"）。据《华阳国志》称："汉末，沛国张陵学道于蜀鹤鸣山，造作道书，自称'太清玄元'，以惑百姓。陵死，子衡传其业。衡死，子鲁传其业……其供道限出五斗米，故世谓之'米道'。"汉献帝时，道教领袖张鲁归降曹操，由此，正一盟威道得以流传后世。这就是道教历史上的"三张"，即张道陵、张衡、张鲁。此派教徒又尊张道陵为天师，即后世称谓的张天师（祖天师）。道教起源中的另一支为汉末黄巾农民起义领袖张角创立的"太平道"。张角因信奉黄老之道，奉《太平经》为经典，所创立的道教被称为"太平道"。据《后汉书·皇甫嵩传》记载：张角"畜养弟子，跪拜首过，符水咒说以疗病，病者颇愈，百姓信向之"。后来张角借谶的所谓预言，以"苍天已死，黄天当立，岁在甲子，天下大吉"的口号发动了农民起义，张角自称"天公将军"，史称"黄巾起义"。起义开始后，群众纷纷响应，或入伍为信徒，或送粮送衣，义军发展很快。义军攻克城镇后，往往烧毁官府，杀贪赃官吏，将其财产分给百姓。尤其是那些贪官污吏平时作威作福，一闻义军到来，便如同丧家之犬，四处逃逸。但是，十个月后起义遭到统治者的镇压。"太平道"也由此而转入地下，于民间流传。天一盟威道和太平道的出现，标志着道教已形成了以共同信仰为维系的群体组织，成为名副其实的宗教。正一盟威道和太平道信奉的主要经典有《道德经》和《太平经》，这是道教最古老和最基本的经典。

张道陵木刻像（元）

两晋时，政治腐败，社会动荡，一些士大夫精神空虚，由此而追求神仙信仰。这种追求的结果是：一方面给道教注入了更多的理性因素，进一步丰富和充实了道教的教义，使这一本土宗教日臻完善；另一方面也增加了许多维护封建伦理纲常的内容，打上了士大夫阶层的思想印记。在这一

① 刘师培：《刘师培全集》（第1卷），中共中央党校出版社1997年版，第481页。

历史变革中起重要作用的人物主要有：南朝的葛洪、陶弘景、陆修静和北朝的寇谦之。葛洪自号抱朴子，是南朝著名的道士、炼丹家和医学家。他主张以神仙养生为内，儒术应世为外，极力鼓吹将道教的神仙信仰和儒家的纲常名教结合起来，提出了“道本儒末”的主张。葛洪的思想由于调和儒、道而对道教理论进行建构，因此颇能够得到各个阶层的认同，对后世产生了极大的影响。他死后不久，就被尊为“葛仙翁”，使其在道教中的地位与创教者张道陵、张衡、张鲁相提并论，其书《抱朴子》也因此成为道教的主要理论著作。陶弘景自号隐居先生，他的一生跨宋、齐、梁三代。梁武帝曾对其恩遇有加，《南史》对其甚至有“山中宰相”之誉。在南梁时期，举国崇佛的大环境下，陶弘景作为道教茅山派代表人物，最后以道教上清派宗师的身份，前往鄮县礼阿育王塔，受比丘戒，佛道兼修。陶弘景正式归隐茅山后，便着手整理弘扬上清经法，撰写了大量重要的道教著作，并对天文历算、地理方物、医药养生、金丹冶炼诸方面也都有所著述。据统计，其全部作品多达七八十种。陶弘景还编订了第一部道教神仙谱系《真灵位业图》，包括天神、地祇、人鬼和诸多仙真，大约 3000 名，以 7 个等级排列。陶弘景在道教史上一个最大的贡献是，继葛洪的《抱朴子》之后进一步发展了道教的教义及哲学理论。而且他的思想脱胎于老庄哲学与葛洪的神仙道教，并杂有儒和佛的观点，主张儒、释(佛)、道三教合流，是道教史上主张三教合流的思想先驱。寇谦之是北魏时期的道士，在统治者的大力扶持下，他将早期道教逐渐纳入了儒家忠孝仁义的道德规范，创立了“北天师道”。陆修静的主要功绩则在于广罗道经 1228 卷，加以鉴别整理，奠定了《道藏》的基础。此外，他还吸收佛教的修持仪式，补充完整道教的斋醮仪范，形成了道教的“南天师道”。

杭州西子湖畔的抱朴道院

隋唐对佛、道两教而言都是一个大发展时期。唐朝建立不久，李姓统治者为了抬高自己的社会地位，自称是道家学说创始人老子李耳的后代，所以对道教备加推崇，使道教在唐代得到很大发展。唐玄宗时著名道士司马承祯所著的《坐忘论》，是唐代道教最著名的理论著述之一。司马承祯结合老庄思想，吸取儒家的正心诚意思想，力倡“坐忘”，在道教由“外丹”转向“内丹”的进程中起了重要理论作用。他这样论“坐忘”之旨：“离形去智，同于大通，是谓坐忘。夫坐忘者，何所不忘哉，内不觉其一身，外不知乎宇宙，与道冥一，万虑皆遣。”北宋时期是中国历史上另一个道教发展的鼎盛时期。北宋诸帝中崇道最突出的是宋真宗和宋徽宗。也许是因为有了皇帝的认同和推崇，在北宋年间出现了许多著名的道教理论家，其中以陈抟与张伯端最有影响。陈抟这位宋初时期的著名道士，自号扶摇子。其《无极图》是他论证宇宙生成的图式，也是修炼方法的图式。陈抟的道教思想与修炼方法对后世道教影响很大，被尊为“陈抟老祖”。宋代周敦颐、邵雍理学的理论形式，显然受到陈抟思想的启发。张伯端则是道教南宗的开创者，其主要代表著作是《悟真篇》。在该书的《序》中，张伯端将道教方术分为两类。他称行气、导引、辟谷、房中术等为“易遇而难成”，认为“劳形按引皆非道，服气餐霞总是狂”。他曾这样形象地写道：“休妻谩遣阴阳隔，绝粒徒教肠胃空，草木金银皆滓质，云霞日月属朦胧，更饶吐纳并存想，总与金丹事不同。”由此，他认为，唯有炼金丹，是“难遇而易成”，即难以遇到却易于炼成，而一旦炼成即可成仙。《悟真篇》主张先命后性的丹法，对后世道教的内丹之学的发展影响极大。《四库全书·总目提要》称其：“是专明金丹之要，与魏伯阳《参同契》，道家并推为正宗。”

道教的分宗立派，开始于辽金之后。当时的政治形势南北对峙，道教出现不同宗派，其中以正一派与全真派最为著名。正一派渊源于东汉末年由张道陵创立的“正一盟威道”，此派尊其祖师张道陵为“正一真人”和“祖天师”，故又称“正一道”或“天师道”。因主要在南方传播，时亦称“南方道教”。全真派则由王重阳在山东宁海（今牟平）全真庵创立。宣扬“澄心定意、抱元守一、存神固气”为“真功”、“济贫拔苦、先人后己、与物无私”为“真行”，要求道徒“功”“行”俱全，故名“全真”。其基本特征就是主张儒释（佛）道三教合一。比如，王重阳就竭力主张“三教同源”“三教归一”，他要求自己的道徒以“太上为祖，释迦为宗，夫子为科牌”（《金关玉锁诀》）。他劝人诵奉道教的《道德经》《清静经》，佛教的《般若心经》和儒家的《孝经》。以他的话来说就是：“心中端正莫生邪，三教搜来做一家”“儒门释户道相通，三教从来一祖风”（《示学道人》）。王重阳的弟子丘处机也继承了这一三教归一的传统，“儒释道源三教祖，由来千圣古今同”（《磻溪集》卷一）。后来，丘处机因受成吉思汗召见于大雪山（今阿富汗兴都库什山）面陈清静无为的治国之道，备受元统治者的尊重，死后被元世祖忽必烈封为“长春演道主教真人”，其开创的全真龙门派也因此影响很大。此外，金初还有大道教与太一道，也都一度在北方流传，但历时不久就衰落下去。

内蒙古鄂尔多斯的成吉思汗与丘处机等人的群雕像

虽然明清两代是道教走向衰微的开始，但这一时期也出现了一批道教的思想家、丹鼎家和活动家，其中较著名的有张三丰和王常月等人。张三丰为武当派开山祖师，他堪称明代最有影响的道教人物，明世宗封他为“清虚元妙真君”。张三丰是丹道修炼的集大成者，他主张“福自我求，命自我造”。张三丰著述丰富，诸如《大道论》《玄机直讲》《玄要篇》，被后代收辑成集。而且，张三丰所创的武学流派对后世的影响尤其大。王常月生活于明末清初，他最大的贡献在于让本已衰落的全真龙门派复兴，这可以说是整个道教离现时代最近的一次了不起的复兴。王常月本人也被誉为“中兴之祖”。王常月在北京白云观进行了长期的道教学说研究和传法活动，他在那里留下的讲稿后来被他的弟子收集整理编成《龙门心法》。这是一部对清朝以后的道教及其发展有重要影响的书。王常月的弟子众多，于全国各地形成多个全真道龙门派支派，有的直至现代还颇为兴旺。

第节 儒、释(佛)、道三教的基本精神特质

如果把早期宗法性宗教以及唐代以后陆续传入的早期基督教的一支——景教、伊斯兰教(回回教、清真教)等都包容在内的话，中国古代宗教信仰所包容的内容极为广泛。因此，要完整地梳理中国古代宗教信仰的基本内容那必将是一项宏大的学术系统工程。我们在这里只对其中最有代表性的儒、释(佛)、道三教的基本信仰和精神特质作一简要的归纳，从而使我们能更深刻地理解中国传统文化的内容与底蕴。

一、儒学的基本思想与精神特质

作为中国早期宗法性宗教的直接继承者和发展者，儒学的精神特质与中国早期宗法性宗教可谓一脉相承。它所具有的宗教性与礼教性的二重结构又使得其基本思想的形成表现出不同于一般宗教派别的独特风格。

其一，祖先崇拜和圣贤崇拜是儒学信仰和制度的核心。早在夏、商、周三代时形成的中国早期宗法性宗教信仰中，祖先崇拜就已经成为宗教制度的中心。儒学作为早期宗法性宗教的继承者和改造者，延续了这一传统。由此，孔子主张“敬鬼神而远之”，他认为孝道就是要做到“生，事之以礼；死，葬之以礼，祭之以礼”(《论语·述而》)。在这里，人神统一的纽带是血缘关系。因此，人神关系呈现人伦情感的情趣，礼仪也充分凸显氏族或家庭伦理道德的要求。也因此《礼记》有“神不歆非类，民不祀非族”之说，孔子也说：“非其鬼而祭之，谄也。”(《论语·述而》)

河南洛阳的关林庙

可见，祖先崇拜虽然以鬼神观念为基础，但仍是对人的崇拜。祖宗本身就是氏族功绩和宗法伦理的人格典型。于是，中国古代的祖先崇拜发展到后来，就有了“祖有功，宗有德”的规定：“夫圣王之制祀也，法制于民则祀之，以死勤事则祀之，以劳

定国则祀之，能御大灾则祀之，能捍大患则祀之，非是族也，不在祀典。”（《国语·鲁语》）这就把祖辈中的圣贤突显出来，使其人格得到神化。于是，黄帝、尧、舜、禹、汤、周公等古圣贤，都被隆重地加以祭祀。儒学继承并发展了这一传统。随着儒学被定于一尊，孔子的地位也一日高于一日，封号越来越高，祭孔的规格也愈加隆重，礼仪拟于君主。而且，孔子的弟子及后代大儒也可进入孔庙接受后人的祭祀。这里体现的正是儒教注重祖先崇拜和圣贤崇拜的文化特性。

正是因此，我们可以发现，浸润于儒教思想的古人不以仅是延续生物性的生命为满足，而更重视社会性及由此派生的道义性的生命延续。于是，那些立德、立功、立言而达到三不朽境界的人死后被立庙宇、塑金身，当作不朽的神明祀之，从而在道德教化上又蒙上宗教的意味。这显然更利于让后世的祭祀者产生敬畏心理。至于绝大多数平凡无特殊贡献的人，也有家族及子孙因血统关系而追念不忘，借着祀奉与祭拜祖先，使其人格在子孙追念中也获得某种不朽的意义。重要的还在于，祭祀者也可借此警醒自己和他人：宁可以善行贻子孙效法，绝不可失足以辱子孙后代。

其二，天人合一是儒家道德论和宇宙论的基本图式。在中国古代的宇宙起源论中，整个宇宙的所有组成部分往往都被视为属于同一个有机的整体，全都以参与者的身份在一个自发自生的宇宙生命过程中此消彼长，相互作用。在夏、商、周三代，就有巫觋来觇天命，测天道，卜吉凶，占祸福。天帝干预人事，人事也感应上天。所以，追求天、地、人之间的和谐是中国古代宗教的根本目的。周人“以天为宗，以德为本”，祭祀先祖、克配天帝、敬德宗孝、永保天命，是天人合一宗教观念的深入化与伦理化。儒学继承古代宗教传统，把古代祭祀中神灵与人之间的神秘契合进一步发展成天人合一的宇宙图式。孔子“天生德于予”（《论语·述而》）的思想，子思“天命之谓性”（《中庸》）与孟子“天与贤，则与贤；天与子，则与子”（《孟子·万章上》）的说法，更是把“天”和“人”紧密联系在一起。比如，孟子既承认“天”的主宰意义，特别是其作为道德本源的意义，但同时又积极强调人的主观能动作用。“诚者，天之道也；思诚者，人之道也。”（《孟子·离娄上》）人能“思诚”，就可以存诚尽性，“上下与天地共流”（《孟子·尽心上》），即与天合一。于是，以“诚”作为沟通天人、“天道”与“人道”的桥梁，便导出了天人合一的道德观和宇宙观，即所谓的“尽心”“知性”“知天”。

汉代董仲舒在先秦儒家的基础上进一步吸收融合法、道、阴阳各家，建立起天人感应、天人合类、人副天数、天人合一的神学目的论体系。这可以说是对天人合一之道德观与宇宙观基本图式的完成。这个理论把“天”说成是创造万物的最高主宰，“天者，万物之祖，万物非天不生”（《春秋繁露·顺命》）。天有阴阳二气，二气产生木、火、土、金、水五行，五行相生相胜，周而复始，于是有春（木）、夏（火）、秋（金）、冬（水）四时（土兼四时），和东（木）、南（火）、西（金）、北（水）四方（中央配土），进而产生万物。于是，董仲舒从天道引出人道，论证三纲五常的封建伦理：“君臣父子夫妇之义，皆取诸阴阳之道。君为阳，臣为阴；父为阳，子为阴；夫为阳，妻为阴。”（《春秋繁露·基义》）同时，在董仲舒看来，天人之间的关系则表现为，一方面，“天者，百神之大君也”（《春秋繁露·郊语》）。这就是说，“天”是有意志的，它主宰自然和社会。这主要表现在“符瑞说”和“谴告说”上。人做的事情符合天意，就将受到福佑，此为符瑞说；违反天意，就会遭受祸殃，此为谴告说。另一方面，人道也可以影响天道，人的行为也能感应上天，这是因为“天人合类”“人副天数”。在这一完整的天人感应体系中，天人融为一体，二者在精神与情感上是可以互相沟通、互相联动、互相影响的。

至宋明新儒学的出现，则又使天人合一的道德观、宗教观的基本图式在吸收融合佛、道两家精义的基础上得到进一步升华，其理论更加成熟、体系日趋精致与完备。可以说，朱熹的思想远承孔孟（仁义礼智），近接周程（太极、天理）、张载（气），改铸老庄（道），秉承华严宗（理事）、禅宗（心性）。朱熹将上述范畴融铸为自己理论的最高和最核心范畴——“天理”，把儒学的伦理规范、道德精神提升为宇宙本体，通过理本气末、理一分殊来论证世界万物的产生及其统一性，以“性即理”为中心命题从宇宙本体中推衍出人性和物性，并以天地之性与气质之性来论证人性中的善恶问题，通过居敬穷理的修养工夫达到人性的完善、人性与天理的统一。可见，朱熹的理学思想，是儒学在融通儒、释（佛）、道三家之后的一个新的思想体系。它既标志着儒学发展的新阶段的到来，又把儒学天人合一的道德论和宇宙论思想推向一个新的理论高度。这是儒教在宋明时期能够大行其道的一个重要缘由。

其三，宗教与政治、伦理的紧密结合是儒教的重要特征。早在夏、商、周三代，中国早期宗法性宗教就表现出了政治与宗教不分、祭祀与行政合一的特征，形成一个宗教、政治、伦理融为一体的思想体系。儒家非常重视宗教在政治、伦理上的这一教化作用，比如孔子说：“知禘之说者，治国其如示诸掌。”（《论语·八佾》）此文所谓的禘是古代的一种祭祀，又称殷祭。从史籍记载看，这种祭祀每五年举行一次，它规模宏大，更像是一场有关国家治理、百姓教化的大集会。事实上，经过历代儒者的不懈努力，儒学终于在其宗教性基础上发展出一整套符合封建社会需要的政治和道德理论，从而形成独具特色的礼教性与宗教性的二重结构，既继承了历史传统，又符合现实需要；既有自上而下的统治者的维护，又有自下而上的普通庶民的支持。这是儒学取得“独尊”地位，并延绵不绝的根本原因所在。

值得指出的是，儒家把伦理道德宗教化的做法在历史上所起到的作用是很深远的。因为这样做可以培植起世人对伦理道德的敬畏之心。当世人在守持伦理道德规范缺乏定力的时候，借助天帝、天道、天理等权威而可以寻找回这个“不逾矩”（《论语·为政》）的定力。正是从这个意义上古人说：“祭者，教之本也。”（《礼记·祭统》）其伦理教化作用具体体现为，“夫祭有十伦焉，见事鬼神之道焉，见君臣之义焉，见父子之伦焉，见贵贱之等焉，见亲疏之杀焉，见爵赏之施焉，见夫妇之别焉，见政事之均焉，见长幼之序焉，见上下之际焉。”（《礼记·祭统》）因此，我们在对儒学二重结构的把握中，不能只看到其礼教性的一面而否定其宗教性，也不能以其宗教性而否定其礼教性。因为二者的紧密结合正是儒学作为中国传统文化的正统和主干的原因之所在，也是其基本特征之所在。

从以上对儒学基本思想的概况中可以看出其精神特质中“天人合一”的宇宙论、道德论的基本图式是整个儒家学说的基础。在儒家看来，天与人并非对立，神与人可以相通。正是这种此岸与彼岸的相即性，决定了儒教宗教性与礼教性的二重结构。其中天人合一的宇宙论决定了其宗教性表现为以祖先崇拜与圣贤崇拜作为信仰和制度的核心。祖先崇拜以灵魂不灭和鬼神观念为基础，但仍是对人的崇拜，人神统一的纽带是血缘关系，祖先崇拜是对先辈血亲的神化，并不是神的人格化。与此同时，儒教还把祖辈中的圣贤豪杰进一步凸显出来，使其伦理人格得到神化。儒家崇拜的神灵，来自人世而非彼岸世界，由此产生的宗教观念也带有强烈的世俗性与此岸性，它既超出于日常世界，又立足于当世血亲人情。天人合一的道德论则又决定了其礼教性的一面，所以它重视现实人生和人伦道德。儒学与政治、伦理融为一体，和世俗生活、百姓日常生活紧密结合，终于使自己成为维护中国几千年宗法性传统社会及其思想文化的最重要精神支柱。

二、佛教的基本信仰、教规和特征

佛教的基本信仰，包括伦理宗教理想和宇宙“真实”图景的学说。佛教的伦理宗教理想集中表现在释迦牟尼提出并由后代佛家加以发挥的“四谛”说上。“四谛”即苦谛、集谛、灭谛、道谛。“谛”是真理的意思。“苦”是痛苦；“集”是原因；“灭”是寂灭，是佛教追求的理想境界；“道”是途径、方法。因此，佛家在其教义中揭示的“四谛”就是阐述如下四种真理：人生的痛苦现象、造成人生痛苦的原因、指明解脱人生痛苦的理想境界和解脱痛苦实现理想境界的具体途径。

佛教把宇宙中的有情识的和证悟得道的生命体分为“四圣六凡”。“四圣”是“声闻、缘觉、菩萨和佛”；“六凡”是天、人、阿修罗、畜生、鬼和地狱。人被列为六凡中的一凡，这表明了佛教对待人生的基本态度。佛教又认为人身由色、受、想、行、识“五蕴”和合而成。佛教中的“色”，是物质存在，主要是指肉体等的物质性存在，也包括地、水、火、风这“四大”存在。“受”是指由感官生起的感觉、感情（又曰“情”）。“想”是理性活动与概念作用（又曰“智”）。“行”则专指意志活动（又曰“意”）。最后一个是“识”，它是统一前几种活动的意识综合过程。佛教认为人是这五蕴和合而生，离散而灭。可见，人的生命本质和地、水、火、风这“四大”存在一样是“空”的。由此，佛教断言：“一切诸相，皆悉空寂。”（《法华经》）

佛教断定人生为“苦”，八苦是其最常见的说法，即生苦、老苦、病苦、死苦、怨憎会苦、爱别离苦、求不得苦、五取蕴苦（也称五蕴盛苦）。在佛教教义看来，人生一切皆苦，因此人生苦海无边。这也可以说是佛教人生观的理论基石。佛教又用“十二因缘”说和“业报轮回”说来解释人生痛苦的根源。“十二因缘”也称“十二分”或“十二有支”，即无明、行、识、名色、六入、触、受、爱、取、有、生、老死。上述十二个环节，辗转感应，所以称为因；互为条件，所以称为缘，合称“十二因缘”。在佛教看来，痛苦的最终根源为无明。即所谓的“于无始生死，无明所盖，爱结所系，长夜轮回，不知苦之本际”（《杂阿含经》卷十）。无明又是情欲的产物，所以要灭尽无明，就需斩绝“六根”（眼、耳、鼻、舌、身、意），摆脱“六尘”（色、声、香、味、触、法），否则痛苦的锁链将永远连续。所以，佛陀对弟子有“不应住色生心，不应住声、香、味、触、法生心，应生无所住心”（《金刚经·离相寂灭》）的教导。佛教的“业报轮回”说强调的是个人作“业”的因果，强调一切都是自作自受。“业”指众生的行为和支配行为的意志。有意业（心理活动）、口业（发之于口）、身业（身体行动）三种。

佛教的六道轮回图

在这三种业中，不杀生、不偷盗、不淫欲、不妄语，是善业；杀盗淫妄，是恶业，也称罪业；非善非恶叫无记业。恶业或称罪业之所以不可为，是因为此生的罪恶行为将产生来世的苦果。即所谓的“是人先世罪业，应堕恶道”（《金刚经·能净业障》）。可见，众生所作的善业和恶业都会引起相应的果报，有的当世报，有的来世报，修善的有善报，作恶则有恶报。善业在“六道”中随福业而上升，反之则下降，即所谓“三世业报”。佛教认为，业报最直接的形式是“六道轮回”。六道即六凡，分别为：天道、人道、阿修罗道、畜生道、饿鬼道、地狱道。人道和天道为善道，畜生道、饿鬼道和地狱道为恶道。阿修罗道则介于善与恶之间。佛教认为，世人为了避免沦入恶道，应该积善业，求福报。

佛教追求的理想境界是超出轮回，不再受生，以达到“涅槃”。小乘的涅槃学说，一般称为无余涅槃，把经过修持，消除烦恼，并在死后焚骨扬灰、不留痕迹的消灭状态，作为追求的目标。大乘中观学派的高僧龙树则提倡实相涅槃。龙树主张的实相涅槃有两个要点：其一，龙树认为众生所追求的目标应该是正确认识一切事物的“实相”（本来面目），实相是“涅槃”的内容，世间实相与涅槃是一回事，两者本性都是空，涅槃境界就是对实相的认识和运用。其二，追求涅槃者要普度众生，即使个人可以进入无余涅槃，也决不进入。所谓“以大智故，不住生死；以大悲故，不住涅槃”。这也称为“无住涅槃”。大乘佛教的一些派别，还主张追求和找到人生真正的常、乐、我、净，为人生理想开辟一条新的宗教途径。中观学派把世间与涅槃打成一片，取消现实世界与彼岸世界的鸿沟，从而缩短了人与佛的距离。也因此，大乘佛教学者主张研修为世间服务的知识，如天文、地理、医学、工艺等，这一主张大大影响了佛教的世俗化方向，也促进了佛教文化的发展。

佛教对达到最高理想境界的途径和方法论述很多，尤其是大小乘的讲法也不尽一致。比较典型的是“八正道”、“三学”和“六度”说。所谓的“八正道”是指如下八种修行功课：其一是正见，主张离开邪恶与不是的正确见解；其二是正思维，主张离开世俗的主观分别，离开邪妄迷谬；其三是正语，主张纯正净善的语言，远离一切戏谑之论；其四是正业，主张正当的活动、行为、工作，不作一切恶行；其五是正命，主张正当的生活，远离一切不正当的职业；其六是正精进，主张正确的努力，止恶修善，向解脱精进，反对懈怠与昏庸；其七是正念，主张正确的心念，即忆持正法，明记四谛等佛教真理；其八是正定，主张正确的禅定，身心寂静，洞察人生的真实，获得身心的解脱。所谓的“三学”是指：戒学、定学、慧学，它由“八正道”归结而成。“三学”互相联系，即所谓的因戒而定，因定发慧，因慧成佛。“三学”通常被认为是佛教修持的全部内容。所谓的“六度”，是对“三学”的扩充，为大乘佛教修习的主要内容，具体有布施度悭贪、持戒度毁犯、忍辱度嗔恨、精进度懈怠、禅定度散乱和智慧度愚痴。六度意谓用作由生死此岸渡人到达涅槃彼岸的六种途径和方法，所以又被称为“菩萨行”。

佛教的宇宙“真实”学说，其基本论点有缘起论、无常论和无我论。缘起论是整个佛教教义的理论基石。“缘”是结果所赖以生起的条件，“起”是生起的意思。缘起是指一切事物和现象的生起，都是由相待（相对）的互存关系和条件决定的；离开关系和条件，就不能生起任何事物和现象。佛教缘起论的实质是一种事物间因果关系的理论，主张世界万物处在无始无终、无边无际的因果网络之中，有因必有果，有果必有因，世界万物无一不由因缘和合而生。因果论的中心就是要阐明两种相反的人生趋向：即缘起流转（生死轮回）和缘起还灭（归于涅槃）的两大因果律。佛教大小乘各派都以缘起论作为自己全部世界观和宗教实践的理论基础，各派的思想差异和理论分歧，无非是对缘起的看法不同。

无常论由缘起论派生出来。佛教义理中的无常，是说一切事物都受“缘”的制约处于迁流不停中，没有常住性。因此，过去、现在、未来均处于无常之中，“过去心不可得，现在心不可得，未来心不可得”（《金刚经·一体同观》）。这无疑是一种卓越的辩证思想。当然，佛教主张一切无常又有相对主义的色彩，所谓的“如来所说法，皆不可取、不可说”（《金刚经·无得无说》），主张“不可言，不可说”“不可思，不可议”的“如来”状态。这无疑又使其“无常”说的辩证法睿智大大地打了折扣。

无我论是佛教从缘起论派生出来的又一重要理论。“我”是主宰和实体的意思。佛教认为常人总以为“我”是独立自生的永恒不变的主宰者。佛教认为这是妄见，唯有无我才是真见。所谓无我，就是说一切存在都没有独立的不变的实体或主宰者。无我有两种：一是“人无我”，即从无常必然推出无我，自己不能主宰自己，不能掌握自己的命运；二是“法无我”，一切事物时时刻刻都在变化，没有一定的自体。由此，释迦牟尼断言：“一切法无我。”（《金刚经·不受不贪》）在佛家看来，“有我”乃是众生无明不觉，故于一切法中，不仅妄生我见，还常常执着我见。圆瑛曾经这样解说这一道理：“知一切法无我者，知人无我，则破我执；知法无我，则破法执。”（《金刚经缘启》）可见，佛教认为，于人无人我，于法无法我，我法俱空，这才是得道的真正境界。这种人、法无我的理论是原始佛教的基本学说，也是思想上区别于当时印度其他宗教派别的根本点。

金剛般若波羅蜜經論卷下
無著菩薩造
隋南天竺三藏法師達摩笈多譯
經曰須菩提譬如有人其身妙大須菩提言世尊如來說人身妙大則非大身是故如來說名大身佛言須菩提菩薩亦如是若作是言我當滅度無量衆生則非菩薩佛言須菩提於意云何頗有實法名爲菩薩不須菩提言不也世尊實無有法名爲菩薩是故佛說一切法無衆生無人無壽者
論曰此下第十七爲入證道故經言須菩提譬如有人其身妙大如是等顯示入證道時得智慧故離慢云何得智有二種智故一攝種性智二平等智若得智已得生如來家得決定紹佛種此爲攝種性智得此已能得妙身於中妙身者謂至得身成就身得畢竟轉依故大身者一切衆生身攝身故若於此家長夜願生既得生已便得彼身是名妙身平等智復有五種平等因緣一麤惡平等二法無我平等三斷相應平等四無希望心相應平等五一切菩薩證道平等得此等故得爲大身攝一切衆生大身故於彼身中安立非自非他故經言世尊如來說人身妙大則

論　金剛般若波羅蜜經論卷下　一　受七

《金刚经》书影

佛教的制度和仪轨，其内容主要有丛林、传戒、清规、课诵以及赞呗、忏悔、水陆法会、节日活动等。丛林是借花木生长有序，用以喻示僧众有严格的规矩和制度。中国佛教丛林通常指禅宗寺院。传戒是设立法坛，为出家的僧尼或在家的教徒传授戒法。大小乘戒法均有五种：“五戒”“八戒”“十戒”“具足戒”“菩萨戒”。清规是一种以制度方式确定下来的规矩，中国丛林清规形成于唐代，比如唐代禅宗盛行，就曾有《百丈清规》的厘定。水陆法会，又称“水陆道场”，其全称为“法界圣凡水陆普度大斋胜会”。举行时间最少7天，多则49天，参加法事的僧人可达上百人，诵经设斋，礼佛拜忏，追荐亡灵。这是汉传佛教的一种非常隆重的经忏法事。课诵是读经活动，其中所诵之经总称为佛经。《大藏经》是佛教经典的总汇，由经、律、论三藏组成，“经”是佛的言教，“律”是佛为他的信徒制定的守则戒律，“论”是佛弟子的著述。

中国佛教源自古印度，又有别于古印度，呈现出中国气象和特质。形成中国佛教特点的原因大致上可以归纳为社会根源和思想文化根源这两方面。正是这些原因的综合作用使中国佛教形成了区别于古印度佛教的新学说和新修养方法，形成了中国佛教的特殊性质和特殊文化现象。综观中国佛教的特点，大致可以作如下一些概括。

其一是调和性。这是就佛教与中国传统思想文化的关系而言的基本特征。佛教传入中国后，与中国固有的儒、道及其他本土传统思想有分歧、冲突和斗争，但佛教最后还是采取了调和的立场，对佛教外部的不同思想、不同观点采取妥协、迎合、附会、赞同、推崇、吸取和融

杭州灵隐寺

合的态度。比如东汉三国时，佛教依附于道士、方术，这可以说是佛道调和时期。魏晋时期出现的“格义”就是用中国固有的名词、概念，特别是老庄哲学的概念、范畴比附佛教经典的概念、范畴。南朝梁武帝则大力提倡“三教同源”说，这可以说是儒、释（佛）、道三教合一的开始。隋唐更是结合中国传统思想创立中国化的佛教宗派的时期，比如天台宗、华严宗和禅宗。这些中国化的宗派甚至成为隋唐佛教的主流。隋唐之后，佛教的发展依然承袭了这一传统。比如明代净土宗大师袾宏，就由儒入佛，提出三教“本是同根生，血脉原无间”（《云栖法汇·手著》）的观点。佛教对其他文化的调和，是与中国古代社会思潮的变化相适应的，因此在不同历史阶段又有不同的特点。但无论如何，其调和性则是其不变的一个文化特质。

其二是融摄性。这是就佛教内部关系而言的一个特性。融摄性是指中国佛教往往统摄

佛教各类经典和各派学说，从而具有统一性的特性。由此，中国佛家虽然宗派林立，但基本没有如西方宗教那样出现冲突甚至血腥屠杀的现象。这在隋唐佛教宗派，尤其是天台宗和华严宗中表现得最为突出。唐以后的著名佛教学者也都继续发挥融摄佛教各派信仰的特性，各个宗派之间的互相融摄，愈来愈显著，愈来愈紧密。首先是禅宗与教宗的互相融摄，其次是其他各宗分别与净土的合一，再是以禅净合一为中心的各派大融合。所以，在佛教发展史上，有不少高僧兼修各宗学说于一身，从而逐渐失去了不同宗派的特色。明代"四高僧"之一智旭甚至主张禅、教、律三学统一，汇归净土："禅者佛心，教者佛语，律者佛行。"(《灵峰宗论》卷二之三《法语三》)由此，智旭主张把禅、教、律三学摄归于一念。

其三是简易性。这是指教义和修行方法的简便易行。从中国佛教发展的历史看，其中的一些宗派，如天台宗、唯识宗、华严宗，都因为体系庞大，论证繁复，理论艰涩，从而影响其流传。也因此，中国佛教中真正绵延不绝的是在古印度并没有成宗的禅宗和净土宗。尤其是禅宗，更是成为唐代以后佛教的主流。禅宗主张直指人心、见性成佛，具有简易鲜明的直觉体验的性质。在禅宗看来，"前念迷即凡，后念悟即佛""迷来经累劫，悟则刹那间"(《坛经·般若品》)。它强调"顿悟成佛"，充分地表现了中国佛教的简易性。如果说禅宗的简易性是建立在深刻的理性基础上，即抓住佛教的思想核心予以明快直截的顿悟，那么净土宗的简易性则是建立在简单而浅显的信仰基础上。净土宗宣扬只要反复念诵佛的名号，念念不忘，就可凭借阿弥陀佛的本愿力往升净土，这犹如水路乘船，非常简单明快。净土宗将这一过程称为易行道。正是由此，这种净土法门以其简易方便而为缺乏文化但有信仰的平民教徒所普遍奉行。

三、道教的基本信仰、教规及基本特征

道教奉先秦道家创始人老子为教祖，以《道德经》为首要经典，以"道"为基本信仰。由于它的教义均由"道"衍化而来，故以"道"名教。道教把道家哲学中以道为本体的宇宙论的内容作为自己教理教义的理论依据。道教发挥老子在《道德经》中所说"道生一、一生二、二生三、三生万物"(《老子》四十二章)的道派生万物思想，认为"道"是宇宙的本原，是创生宇宙万物的动力。道教由此演化出"洪元、混元、太初"这样宇宙生成的三个时期。"洪元"即是"道"，也是一，或为元气，此时宇宙混混沌沌，没有阴阳，没有天地。"混元"，即为二，此时阴阳初判，天地生成。最后是"太初"，即为三，阴静阳动，天地人三才并生五行交融，万物生成。道教同时将这三个时期予以神格化而加以崇拜，"洪元"为玉清元始天尊；"混元"为上清灵宝天尊；"太初"为太清道德天尊。这三位天尊为道教的最高神并居于最高天境，号曰"三清"，即代表"道"。正是由此，"道教又从信仰道，进一步演化为

重庆大足石刻的三清像

尊奉三清尊神”①。

与此同时，道教认为“道之在我者为德”(《自然经》)，因而修道与积德是统一的。也就是说，因为对“道”的遵循和感悟，人便生成了“德”。这是一个由“道”而“德”的过程。道教除崇拜“道”，崇拜神格化的三清外，还崇拜由“道”衍生的宇宙万物，崇拜自然，崇拜“得道成仙”的历史人物。这些历史人物是“道”和“德”的完美统一。道教并且认为天界与人间一样有一个以玉皇为首的天上统治体系掌管各类事务。由此，道教创造了一个几乎无所不包的庞杂的神仙体系。这一神仙体系大体分三类：天神，地祇，仙真和人鬼。南北朝时期的著名学者刘勰总结道教的主要思想时说：“上标老子，次述神仙，下袭张陵。”(《灭惑论》)

道教认为要达到与天地共长久的“神仙”境界，就必须逆宇宙生成的方向进行修炼，所谓“归三为二，归二为一，归一于虚无”。其主要修炼方法：一是精神修炼，通过摒去利欲，收心习静等，做到处物而心不染，处动而神不散，本心不起，离乎万境。二是呼吸修炼，基本功为服气法，作深长呼吸，最后达到鼻无出入之气的境界。三是形体修炼，包括按摩、导引、拳术等内容。它强调吐纳在前，屈伸在后，使呼吸运动和躯体运动密切联系起来。四是内丹，它由呼吸修炼和导引修炼的基础上发展而来。道教认为，修内丹能将人体内的精、气、神凝聚起来，使人耳目清明，手脚轻捷，益寿延年。金元以后，此修炼方法逐渐成为道教徒修炼的核心。另外，还有服食外丹、房中术等帮助得道成仙的诸种方法和道术。

同时，道教还形成一套自己的宗教道德规范和清规戒律。早期道教主要继承古代祭祀时的种种斋戒规范，如祭祀前要沐浴，不饮酒、不食荤腥等，并提出了“虚无无为自然图道毕成戒”、“贪财色灾及胞中戒”和“不孝不可久生戒”等。以后，道教的戒律渐趋完善，特别是受儒、佛两家的影响，把儒家的三纲五常也纳入道教教规，并吸收不少佛教的清规戒律，如“五戒”，即不杀生、不偷盗、不邪淫、不妄语、不饮酒。此外，还有其他一些戒律，如八戒、十戒、二十七戒。有的教派戒律多达1200余条。

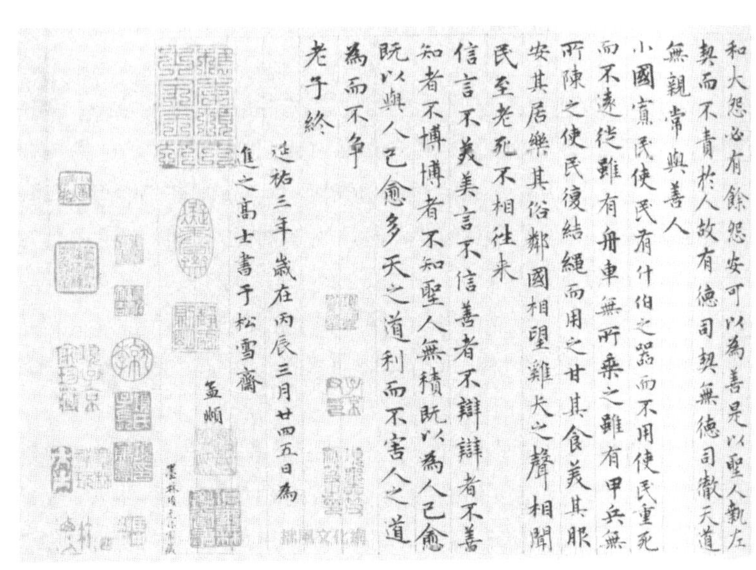

赵孟頫《道德经》手迹

道教的经典，收集在《道藏》中。现存最早记载道经道书之目录的，是晋朝时期葛洪的《抱朴子·遐览篇》，葛洪在此书中共列各种道教经典137种。现存完整的《道藏》是明代的《正统道藏》与《续道藏》，道藏的内容由道家书、方书、道经和有关的传记组成。道教的主要经典有：《道德真经》(即《老子》)、《南华真

① 张岱年、方克立主编：《中国文化概论》(修订版)，北京师范大学出版社2004年版，第233页。

经》(即《庄子》)、《太平经》、《阴符经》、《周易参同契》、《黄庭经》等。

道教作为中国土生土长的传统宗教,不仅与将政治伦理和宗教思想融于一体的儒学不同,而且与佛教等其他宗教学说体系亦有较大的不同。概括地说,它在以下一些问题上构成了自身的信仰追求和文化特质。

其一,在生死问题上佛教以生为空幻,宣扬"四大皆空",认为世界万物"如梦幻泡影,如露亦如电"(《金刚经·应化非真》),包括生命在内的一切现象都归于"缘起性空",故"无常""无我"。道教则以生为真实之自然,以"长生"为教义宗旨。事实上,对生命的尊重是道教思想的根本。魏晋南北朝时期的僧人道安就曾经这样评价道:"道求不死""道法以吾我为真实"(《二教论》)。这的确阐述了佛与道在生死问题上的差异性。道家对生的重视可以说是源于一种自然的本能。所以,早期道教所信仰的成仙,主要指肉体长生,比如传说彭祖寿八百岁、安期生寿三千岁等,被作为上古成仙的范例。葛洪说:"若夫仙人,以药物养身,以术数延命,使内疾不生,外患不入,虽久视不死,而旧身不改。"(《抱朴子·论仙》)故《太平经》总结说:"夫寿命,天之重宝也。"也因此,著名的医家也是著名的道教理论家孙思邈说:"人命至重,有贵千金。"(《千金要方·序》)由此,他主张"无死入圣,肉体成仙"。关于道教长生不老的神仙信仰,在《隋书·经籍志》中曾有这样的记载:"推其(指道教)大旨,盖亦归于仁爱清静,积而修习,渐致长生,自然神化,或白日登仙,与道合体。"因此,在道教看来,"老而不死曰仙"(《抱朴子·释名·释长幼》)。

死意味着生的终结。于是,在道教看来死便成为可畏可悲之事。"生可惜也,死可畏也。"(《抱朴子·地真》)然而,虽然人生值得珍惜眷恋,但死亡终究会如期而至,"百岁光阴石火烁,一生身世水泡浮"(张伯端:《悟真篇》)。也许正是这个缘故,道家祈求长生不老。可问题在于,道教将追求长生不老立为教旨,容易被证伪:从逻辑上讲,既然有生便无不死之理;从经验事实看,千古无不死之人。道教的长生不老说在这里显然没能如佛教、儒教那样自圆其说。

其二,在形神关系上佛教及其他宗教一般都主张"灵魂不死",佛教以通过修持超越生死流转,达到涅槃作为解脱目标。佛教因此反对世人对"自我"与"诸法"的执着。"人我执"和"法我执"是佛教认为要破除的最主要观念,特别是"我执"更是被视为万恶之本,痛苦之源,必须全力破除。但是,道教却认为,"生者神之本,形者神之具"(《云笈七签》卷三二)。这也就是说,在道教徒眼中看来,神即是长生有形的人。东汉时期的魏伯阳认为,修道"近在我心,不离己身,抱一毋舍,可以长存"(《周易参同契》下篇)。可见,道教认为修道做神仙,既不离于肉体,更成就于肉体,即所谓形神并养,要靠"内修"与"外养"或"拘魂制魄"的功夫。(葛洪:《抱朴子·内篇·至理卷第五》)

身体的修炼也由此而成为道教的一个基本追求。比如其成仙中的"仙"就是山中之人的意思。这是祈求于空气清新、食材丰裕的山中修炼形体,以达延年益寿之目的。后来,道教固然有天仙、神仙、地仙、鬼仙、人仙五种仙的划分,但为道教徒所看重的,依旧是生活于人间的人仙。葛洪对此阐述得很明白:"求长生者,正惜今日之所欲耳,本不汲汲于升虚,以飞腾为胜于地上也。若幸可止家而不死者,亦何必求于速登天乎?"(《抱朴子·内篇·对俗卷第三》)这里表达的是道教对形神关系解决的一个基本立场。这个立场显然更为注重真实的身体(形体)的修炼,不关注虚无缥缈的灵魂。

其三，在“入世”和“出世”的问题上，佛教认为人生就是苦海。佛教教义的“四谛”说，第一谛就是“苦谛”。由此，佛教主张以通往“佛国净土”为人生目标，即通过自我解脱和普度众生，由“六凡道”而进入“四圣道”。佛教的这一出家离俗、“无君无父”主张，其出世思想是显而易见的。但是，道教作为中华民族土生土长的本土宗教却表现出一定的“入世”倾向，具有较为强烈的干预世事的愿望。比如道教初创时的“正一盟威道”和“太平道”后来都发展成为政治与宗教合一或军事与宗教合一的组织。中国最早的道教典籍之一《太平经》，其出发点和基本线索，就是“致太平”，力求达到“中和气得，万物滋生，人民调和，王治太平”（《太平经钞》乙部《和三气兴帝王法》）的理想境界。晋代葛洪也提出“佐时治国”的主张，认为修道不能脱离人世，“内宝养生之道，外则和光于世”（《抱朴子·内篇·释滞卷第八》）。由此，他主张真正有才能有道行的人，对于学道与治国应“兼而修之”，“若舍弃妻子，独处山泽，邈然断绝人理，块然与木石为邻，不足为也”。（《抱朴子·内篇·对俗卷第三》）

“山中宰相”陶弘景

正是缘于这种入世精神的追求，所以南朝著名道士陶弘景，辅助梁武帝萧衍治国，在当时即有“山中宰相”之称。也是基于这一入世精神，陶弘景甚至在医学上也贡献颇多。在他生活的年代，本草著作内容散乱，草石不分，虫兽无辨，临床运用颇为不便。陶弘景自觉担负起“苞综诸经，研括烦省”的重任，将当时所有的本草著作分别整理成《神农本草经》及《名医别录》，并以此为基础，再加上个人在这方面的心得体会，著成了著名的《本草经集注》，在古代本草学发展史上作出了不可磨灭的功绩。事实上，在后来的诸如丘处机、张三丰等人那里，无一不体现出道教的这一入世情怀。

第节 儒、释（佛）、道与中国传统文化

宗教作为一种社会意识形态，在人类文明发展的历史与现实中一直占有重要的一席之地。因此如果说不懂得基督教就无法深刻了解西方文化的话，那么我们同样可以说，不了解儒、释（佛）、道，也就无法真正理解中国的传统文化。从中国古代文化史的进程来看，古代传统文化与儒、释（佛）、道的宗教思想表现为一个相互渗透、相互影响和相互作用的过程。

一、儒、释(佛)、道三教合一的文化特质

中国古代文化一直有一种“和合”精神贯穿其间。这种“和合”精神最早可追溯到西周时期。所以早在《国语·郑语》中便有如下的语录:“夫和实生物,同则不继。以他平他谓之和,故能丰长而物归之。”可见,古人很早就懂得和合乃事物存在的原则,缺乏和合的同一是不能为继的。在《易传》中不仅有“天下百虑而一致,同归而殊涂(途)”(《系辞下》)的主张,而且明确提出“保合太和,乃利贞”(《彖传》)的思想。这一和合思想也由此成为儒家文化的一个重要原则。比如,孟子讲“天时不如地利,地利不如人和”(《孟子·公孙丑下》)。也许正是在这种和合精神的熏陶与规范下,中国古代宗教在自己的发生、发展历程中,也形成了独特的平和与宽容精神。

世界上最有影响的一些宗教如基督教和伊斯兰教奉行的都是非常严格的一神制。它们各自把自己所信奉的神看作世界上唯一的绝对的真神,不承认其他任何神的存在,表现出一种非常强烈的排他性。为此,它们不仅对其他宗教持排斥态度,而且在同一宗教的不同教派之间,也经常因为对教义理解的分歧而发生激烈的冲突,甚至导致过大规模的宗教战争。相比之下,中国古代的宗教在处理宗教间的相互关系时,却表现了一种罕见的包容、宽容精神。它们很少因为信仰某一个宗教就敌视和排斥其他宗教,也不会因为崇拜某一个神就禁绝其他神的存在。比如就崇拜对象而言,中国古代宗教从来就没有形成过唯一的“绝对神”的观念。儒家虽然也设立了一个至上神——天帝,但它不是严格意义上的一神教,天帝并不是唯一的神,人们在崇拜和祭祀天帝时,也没有忘记祭拜原来的那些自然神和专职神,而且,同时被作为祭拜对象的还有那些诸神之外的人类祖先和圣贤。道教崇拜的神仙、佛教崇拜的佛和菩萨也都不是唯一的,其形形色色,数目众多。正是由此,我们可以断言中国古代宗教实际上是一种多神教。这一点就如我们在《西游记》里看到的那样,不仅道教自身范畴里的玉帝、太上老君、地公树神等能够融洽相处,而且他们还与佛教的如来佛祖、观音菩萨、力士罗汉等也能够平等交往,共享太平盛世。

中国古代宗教的这种宽容精神最集中体现在儒、释(佛)、道的三教合一上。这种三教合一的融合从历史上看表现为一个既互相斗争又互相融合的过程。至明清时期,以儒为主导,释(佛)、道为辅助,儒、释(佛)、道三教最终趋于合一。

宋明理学内含着大量的释(佛)、道思想,这是三教合一在作为中国传统文化正统和主干之儒学方面的体现。一方面,宋明理学援佛入儒,深摄佛教思想精义。这集中体现在作为其理论根本的“心性”说上。两汉以后“心性”是儒学传承中最为学者所注重的。隋唐时儒学的“心性”说与佛教的佛性论已发生融合,隋唐佛教的佛性论实际上演变为一种佛性化、本体化了的心性理论。与此相关,宋明理学中的根本范畴“天理”“天道”“本心”“良知”“气质之性”“义理之性”等由于受隋唐佛教佛性论的影响,故而也蕴含了佛性化、本体化的意义。由此,当时即有学者明确指出理学是“儒表佛里”,心学是“阳儒阴释”。可见,探讨“心性义理之学”的宋明理学在相当程度上是一种儒学化了的佛性理论。另一方面,宋明理学还援道入儒。道教的思想极大地丰富和充实了“气”这个范畴的内涵,使其具有极为重要的本体论意义。宋明理学家吸收了道教这一重要的思想成果,并将其发展成为理学最重要的哲学范畴之一。比如,朱熹说:“天下未有无理之气,亦未有无气之理。”(《朱子语类》卷一)张载说:“凡可状皆

有也，凡有皆象也，凡象皆气也。"(《正蒙·乾称篇》)王守仁也说："精一之精以理言，精神之精以气言。理者气之条理，气者理之运用。"(《阳明全书》卷二《传习录中·答陆原静书》)另外，在修行方法上，宋明理学强调证悟，实为禅宗式的"明心见性"。所以朱熹有"豁然贯通"之说，自称"半日读书，半日静坐"。他教黄子耕以静养神时说："但跏趺静坐，目视鼻端，注心脐腹之下，久自温暖，即见工效矣。"(《朱子大全》卷四十八)宋明理学特别强调的"存天理，灭人欲"思想，实际上也正是儒、释(佛)、道合一的产物。

道教也在与佛、儒的冲突过程中渐渐与对方融合。元代道教徒牧常晁作《三教同元图》："夫三家者，同一太极，共一性理，鼎立于华夷之间，均以教育为心也。"(《玄宗直指万法同归》卷一)宋元时期的全真道教创始人王重阳本着"红花白藕青荷叶，三教原本是一家"之宗旨，以"三教合一"为旗号，建立"三教金莲会""三教七宝会"等组织。王重阳和七弟子的诗文中，三教合一言论更是俯拾皆是。比如"儒门释户道相通，三教从来一祖风"，"天下无二道，圣人不两心"，"教虽分三，道则唯一"，等等。明初又出现了以融合三教的"武当派"，其创始人张三丰更是力主三教合一。他曾这样说过："予也不才，窃尝学览百家，理综三教，并知三教之同此一道也。儒离此道不成儒，佛离此道不成佛，仙离此道不成仙。"(《大道论》)

作为外来文化的佛教在日益中国化的过程中，也从"导民向善"出发，愿意奉戴儒教思想为正统，并以此为基础提倡三教合一。这一点在禅宗一派中尤为明显。比如明末的僧人"莲池"，就曾在他的《竹窗随笔》《竹窗二笔》《竹窗三笔》里提到"佛儒相资""三教合一"的命题。之后僧人憨山又把莲池的"相资论""合一论"，进一步推演成儒、释、道"三教同源论"。事实上，不仅是憨山，明代其他一些高僧比如云栖袾宏、紫柏真可、蕅益智旭等均主张三教一体，强调"理无二致""三教同宗"。智旭就这样论述儒和佛的关系："儒之德业学问，实佛之命脉骨髓。故在世为真儒者，出世乃为真佛。"(《灵峰宗论》卷二三四《法语四·示石耕》)明末清初的六贤禅师也竭力倡导三教合一。他本人由学习程朱理学转而参禅，在这个过程中他结合理学思想提出了三教"理实唯一"的命题。而且，他的这一三教"理实唯一"思想曾得到了相当多禅师的认同。

正是在这样一个三教合一的文化氛围里，人们可以发现，道教的宫观往往供奉儒教的圣贤以及佛、菩萨，佛教寺庙也往往供奉着道教的神仙和儒教的圣贤。比如所谓的有四大道教名山[①]和四大佛教名山[②]，某种程度上说，其实都是以本教为主、三教合流的场所。所谓的五岳，也是三教合一的文化名山。比如在嵩山，少林寺、中岳庙、嵩阳书院不仅鼎足而立，而且其中的少室山安阳宫主殿洞内祀孔子、老子、释迦牟尼，门上书："才分天地人总属一理，教有儒释道终归一途。"

可见，儒、释(佛)、道三家之教理经过长期的互相冲突与交流融合，彼此兼容并蓄，取同存异，可谓是"结果自然成"。中国宗教也由此达到圆融宏阔的更高境界。事实上，从国家治理的角度看，中国历代的许多统治者也认识到用以儒为主，道、佛为辅的方式处理三者关系，有助于增强对百姓的控制能力。统治阶层的这种认识，客观上更成为儒、释(佛)、道三教合一特有态势形成的一种促进。作为三教合一特有态势形成的基本结果，便是士大夫阶层中

① 四大道教名山为：湖北武当山、四川青城山、江西龙虎山与安徽齐云山。

② 佛教四大名山为：山西五台山、浙江普陀山、四川峨眉山、安徽九华山。

具有三教合一混合信仰的人日益增多；民众心理中错杂糅合三者教义及伦理道德观念的意识也相当普遍，以及教别模糊、偶像并列、法事混同的民间信仰的大量形成等。这可以说是中国古代宗教发展不同于西方宗教的一个非常重要的文化特征。

二、儒教与中国传统文化

可以肯定地说，在儒、释（佛）、道三教中，对中国文化影响最为深刻和久远的是儒教。特别值得指出的是，由儒学发展演变而来的儒教从来不是单纯意义上的宗教，因为它始终有着执着的入世精神和深厚的人本主义传统。只有这样来理解儒教，才能理解它对中国文化所产生的既深刻且久远的影响力。

事实上，在中国古代文化发展中，儒家思想的影响不仅久远深刻而且也极为广泛，它作用于社会的各个方面，渗透到中国人的生活习俗和思想情感之中。儒家思想甚至可以被视为使整个中国封建社会得以超稳定维系的思想文化基础。也许正因为儒学对于中国社会所起的这种作用相当于基督教在西方社会中的作用，再加上儒学本身就具有“神道设教”这种特殊的带有宗教性质的思想，同时又受到佛教和道教的影响，因而儒学才被称为“儒教”或者“孔教”。

其实，儒家在先秦仅仅是诸子百家的一家。但是，这一格局在汉代发生了变化。汉初，在政治上主张无为而治，经济上实行轻徭薄赋，在思想上主张清静无为的黄老学说受到重视。汉武帝即位后，从政治上和经济上进一步强化专制主义中央集权制度已成为封建统治者的迫切需要。公元前134年，武帝召集各地贤良方正文学之士到长安，亲自策问。大儒董仲舒在对策中指出，春秋大一统是“天地之常经，古今之通谊”，现在师异道，人异论，百家之言宗旨各不相同，使统治思想不一致，法制数变，百家无所适从。由此，他建议：“诸不在‘六艺’之科孔子之术者，皆绝其道。”（《举贤良对策》之三）这就是“罢黜百家，独尊儒术”的由来。董仲舒的主张很快被汉武帝采纳，于是儒学被尊为治理国家、教化民众的统一思想。这个传统为历代封建王朝所继承，形成了中国两千多年以儒学为正统的思想局面。儒学经由董仲舒的改造和历代统治者的强化，终于由此而被奉为儒教。

儒家学说被宗教化，儒学的创始人孔子自然也就被视为教主。神权、君权、父权、夫权被贯穿起来，形成了一套完整的神学体系。儒学的这种宗教性质，有上古社会宗教观的基础，又受到其他宗教的影响而逐渐发展，到了隋唐时期，儒学和佛教、道教并称三教。唐、宋之后，儒、释（佛）、道三教相互贯通融合，形成了“三教合一”的局面。在这个过程中，儒学进一步吸取了其他宗教的思想内涵，其宗教性质进一步加深。宋明理学是“三教合一”的集大成者，它杂糅佛家、道家的教义，蕴含佛、道两教的精神实质，从而发展成为一整套有教主、有经典、有祭祀制度的新神学——儒学。这一新神学在具体制度上，以“四书”“五经”作为经典，有着祭天、祭孔、祭祖的祭祀礼仪，而且在全国各地都有孔庙或文庙作为朝拜圣地。

对于中国社会的历史进程和中华民族尤其是汉民族文化的发展和演进，儒学与儒教有着巨大而深邃的影响作用。儒学与儒教的伦理思想不仅深入影响到中华民族的人格与精神内部，而且直到今天它还影响到现代人的道德和价值观念。重要的还在于，在儒学与儒教的作用下形成了中华民族的文化特征，这种文化特征与西方文化或其他文化是截然不同的。即使到了近代，由于西方文明的输入，儒学与儒教的影响逐渐减弱，但仍然有一些思想家提倡"尊孔读经",试图以此恢复儒学与儒教的地位。比如康有为等人就认为儒教是中国的"国魂",主张将儒教定为"国教"。陈焕章在20世纪20年代还在北京创建了"孔教大学",并且坚持进行祭天、祭孔等仪式和活动。儒教的影响也还随着中华文化的辐射影响到东南亚的一些国家和地区,比如新加坡就明确主张"儒教立国",以致于儒家思想文化圈在今天已成为西方一些学者看待中国文化与世界文化关系的一个重要视角。

三、佛教与中国传统文化

佛教起源于古印度,自东汉初年传入中国后经历了近两千年的漫长发展岁月。其间经过了与中国本土文化的互相排斥、互相比附、互相吸纳的过程后,最终与以儒、道为主要代表的本土文化融汇为一,并形成完全中国化了的佛教,成为中国传统文化的一个重要组成部分。这一中国化了的佛教文化对中国的政治、哲学、文学、艺术、民俗等民族文化以及社会生活的各个方面都产生了重大而深远的影响,推动了中国古代文化的发展。

佛教在完成中国化的过程中,不仅与本土文化互相渗透、互相交融,而且也对中国传统文化发生了重大影响。这种影响涵盖了政治伦理以及哲学思想诸方面。佛教自汉代传入中国以后逐渐形成一股强大的社会势力,与政治关系也日益密切。在东晋南北朝时期,大多数统治者都积极利用佛教来帮助维护自己的统治。比如梁武帝热衷于奉佛,力图通过自己信佛来教化文武百官以及黎民百姓也皈依这一信仰,从而达到稳定政局的目的。隋唐时代,各政治集团更是常常利用佛教来为其改朝换代提供辩护。除此之外,佛教教义中诸如宣扬一切皆"空",引导人们超越现实,寻求自我解脱;其因果报应论主张"善有善报,恶有恶报"的思想也可为世俗的社会秩序作论证;禅修和净土信仰更是给逃避严酷社会现实的人们提供了一处精神避难所。这一切都在客观上有利于封建秩序的稳定。这就为历代统治者推崇佛教提供了最直接最现实的依据。

佛教对于中国伦理文化的影响更是极为深刻的。佛教曾用如下四句偈来表达其基本教义:"诸恶莫作,众善奉行,自净其意,是诸佛教。"这也可以说是佛教伦理的全部精义。正是据此教义,中国古代历代的佛教高僧都十分注意调和、吸纳与会通佛教伦理与儒家伦理观念。比如东晋时的慧远出家前就精通儒学经典,出家后曾将佛教的慈悲与儒家的仁爱糅合在一起,加以互相印证。这一思想在当时影响极大。与慧远的做法相类似,历代不断有高僧会通佛教与儒家的孝论,宣扬"戒孝合一"论。此外,中国佛教坚决主张人人都能成佛,这与儒家"人皆可以为尧舜"(《孟子·告子

江苏无锡的开元寺

章句下》)的人性论无疑又是一致的。在伦理道德的修持方法和途径上,中国佛教强调灭除贪欲、无知和妄念,证得真谛,对宋明理学也有重大的启发作用。从某种意义上可以说,理学家"主静""主敬"的道德修养理论,正是对佛教禅定说的汲取与改造。

与此同时,就佛教与中国古代哲学的关系而论也是互相吸纳互相影响。魏晋以来玄学大行其道,佛教学者通过"格义"方法,从义理上融合玄佛两种不同思想。比如般若学的本无派、心无派和即色派,就分别依傍于魏晋玄学的贵无论、崇有论和独化论。这一时期僧肇的《不真空论》不仅是佛教教义本身的一个了不起的发展,而且更是对魏晋玄学的补充和深化。僧肇从缘起性空的角度论证了诸法不有不无的实相。亦即阐述了万物因为因缘条件而生,赋有存在形象,又因为因缘条件而灭,本身无恒久不变的自性。这一"诸法无常"的佛家真谛在当时显然被魏晋门阀制度下热衷功名利禄的世俗社会所遮蔽。僧肇通过论证得出了"真谛独静于名教之外""诸法实相非有非无"的结论,其贡献在于从理论思维的高度回归了佛学与玄学的理论立场。魏晋之后的隋唐佛教多讲心性之学,更是佛教对中国古代哲学的最大理论贡献。禅宗强调自悟成佛,把心性论和本体论、成佛论结合起来,对宋明理学的形成具有重要的启迪意义。华严宗和唯识宗关于宇宙本体的基本主张更是理学程朱派和陆王派的先导。至此,佛教哲学与儒、道等中国传统哲学思想的交融已成基本趋势。此外,佛教对理学家的思想方法也有显著的影响,它使理学家们更加自觉地探讨本体与现象的关系,重视心与物、心与性的关系,注意内心领悟的简易法门,如此等等。

禅宗祖庭河南登封的少林寺

佛教对中国文化的影响还表现在文学艺术方面。从历史上看,佛教在中国的传播和流行,其影响逐渐深入到中国古代文学的各个方面,使中国古代文学发生了一系列重大变化。在诗歌方面,古印度声韵学推动唐以来近体诗的开创。晋、唐、宋之际,空宗"一切皆空"的思潮,在"玄言"成为诗歌基调的诗坛上开辟了优游自得、寂静恬适的新诗境。唐代禅宗兴起,诗人们以禅入诗,王维甚至被称为"诗佛",其诗句中诸如"一生几许伤心事,不向空门何处销"(《叹白发》),"晚年惟好静,万事不关心"(《酬张少府》)之类的禅理随处可见。宋代苏轼亦精通禅理,比如其著名的《题西林壁》:"横看成岭侧成峰,远近高低各不同;不识庐山真面目,只缘身在此山中。"此诗从观山景而悟出世界万物因主体观察角度不同而结果相异的禅理,可谓是体现禅宗"彻悟言外"之思想的经典之作。另外,佛教对说唱文学和小说以及中国古代的文学批评理论,都有很深的影响。据考证,中国古代的变文、宝卷、弹词、鼓词等说唱文学,都是直接导源于佛教的"俗讲";《西游记》《金瓶梅》《红楼梦》等中国古典小说其故事来

王维的《长江积雪图》(唐)

源、艺术构思、思想倾向等都无疑与佛教有很深的关联;古代文论中"但见情性,不睹文字"(《诗式》卷一)的"言外之意"说,更是禅家精义对文学意境营造的直接启迪,它对历代诗论都有很深的启发。至于佛教词汇更是极大地丰富了中国语言的宝库,比如真谛、迷信、无常、净土、慈悲、如是、上乘、有缘、化身、忏悔、生老病死、救苦救难、菩萨心肠、大千世界、不可思议、盲人摸象、在劫难逃、执迷不悟、恍然大悟、借花献佛、当头棒喝、走火入魔,以及一报还一报,无事不登三宝殿,苦海无边、回头是岸……这方面的例子不计其数。

佛教对中国艺术也有极大的影响力。中国古代艺术源远流长,汉魏以后,由于受到佛教文化的新颖刺激而使中国艺术的各个领域更加异彩纷呈,进入了崭新的发展阶段。在佛家看来,艺术是佛教宣传教义最有效的手段和方式之一。佛教通过对艺术手段的运用,借助形象思维的调动,使人们对佛、菩萨产生惊奇、崇敬、向往和信仰,从而产生无限庄严的神秘感和美感。佛寺建筑宏伟庄严,精美华丽;佛教雕塑更是千姿百态,栩栩如生,比如敦煌、云冈、龙门等石窟都是举世闻名的佛教雕塑艺术的宝库。佛教绘画更是佛教学者宣扬佛道的第一方便法门。比如唐人佛画,特别是佛教壁画的发展,在中国艺术发展史上可谓盛极一时。吴道子则集诸画家之大成,为古代佛画第一人,有"画圣"之称。中国佛教音乐家们也逐渐熔宫廷音乐、宗教音乐、民间音乐于一炉,形成了"远、虚、淡、静"为特征的佛教音乐。这一音乐形式已成为中国传统民族音乐的重要组成部分。

此外,佛教传入中国后,对各类民间风俗如衣食住行、婚丧嫁娶、岁时节日、游艺娱乐、信仰巫术等也产生了广泛的影响。佛教主张因果报应、轮回转世、佛国净土、饿鬼地狱,由此派生或影响了阴司、阎王、鬼判、超度、拜佛、打鬼、供献、烧香、还愿、诵经、浴佛、造佛塔、建佛寺、塑佛像、赶庙会、祈求赐福免灾等说法或活动,极大地拓展了我国的民间习俗。它对人们的社会生活、精神心理等造成了多方面的影响。从一定意义上我们甚至可以说,如果不了解佛教文化,也就不可能真正了解中华民族的民俗文化。

四、道教与中国传统文化

道教生长在中国本土，约与佛教同时活跃在中国的历史舞台上。在其发展过程中，道教与儒教、佛教既互相斗争，又互相融摄，从而构成了中国古代宗教几千年的整体文化图景。道教的思想体系及宗教实践对中国的医药、科技、哲学、政治、文学、艺术及民俗风情等传统文化的各个方面都产生了极其重大而深远的影响。由此，鲁迅甚至说过："中国根柢全在道教。……以此读史，有许多问题可迎刃而解。"(《鲁迅书信・致许寿裳》)

道教作为中国传统文化的重要组成部分，在中国文化史上产生的影响作用首先体现在医药、科技方面。从中国古代科技史的发展来看，古代的医学与道教的炼丹术从来就有密切的联系。长生、贵生、恶死是道教追求的主要目标，因此祛病除灾一开始就成为道教传教的主要手段，也是"得道成仙"的主要修炼内容。正是因此之故，在古代历史上有不少道士本身就是著名的医生或医药学家。最著名的道教炼丹家葛洪、陶弘景、孙思邈就是著名的医学家，他们对中国古代医学的发展都曾作出过杰出的贡献。

东晋时期的道士葛洪在其《抱朴子・内篇》的《金丹》《仙药》《黄白》三卷曾详细地记述了炼丹的过程、药物的制作方法。此书被视为中国最早的"丹书"，在世界上也享有盛名。葛洪也是世界上最早发现化学反应中可逆性的人之一。同时，在《抱朴子》中，葛洪还有不少对药物性质与功效的记载，如麻黄可治疗咳喘，松节油可治疗关节炎，雄黄和艾草有消毒作用，等等。流传至今的《肘后备急方》，在中国医学史上更是一部极有价值的医药学著作。据书中记载，早在一千多年前，葛洪对肺结核、马鼻疽、沙虱等传染病的认识与现代医学已基本一致。特别值得一提的是：因创制了新型抗疟药——青蒿素和双氢青蒿素而获得 2015 年诺贝尔生理学或医学奖的我国科学家屠呦呦，当年就是从葛洪的《肘后备急方・治寒热诸疟方》中的记载"青蒿一握，以水二升渍，绞取汁，尽服之"受到的启发。葛洪还是我国第一个记录天花病和提出可用免疫方法治疗狂犬病的人。南北朝时期著名的炼丹家和医学家陶弘景在道教理论、医药、冶炼、天文、地理、生物、数学等方面都有较大成就，同时他也是古代最著名的医药学家之一，其所著《本草经集注》对中国医药发展起了重要的促进作用。比如它首次记述了槟榔可治"寸白"(绦虫)，栝楼可治"消渴病"(即糖尿病)等一些特效药。隋唐时期的道士孙思邈因在医学和药物学方面的卓越成就，被誉为"药王"。据史书记载，孙思邈通百家说，善言老庄，兼好佛典，于阴阳、推步、医药无所不能。二十多岁时已成为远近闻名、具有丰富医学知识和高超医术的医师，其主要医著《千金要方》《千金翼方》更是中医药史上的经典著作，他的医学思想与实践对日本、朝鲜等国医学发展都有很大影响。

此外，道教气功养生术作为道教神仙信仰的产物，也是道教修炼的道术之一。道教推崇的这一气功修炼理论与实践显然也有许多合理的地方。道教气功同印度的瑜伽术、佛教的禅定，被称为世界三大气功流派。

道教对中国文化的影响还表现在思想、文化及社会政治方面。道教吸收了先秦诸子许多方面的思想内容，对这类著作的注释疏证，也极有价值。比如北宋著名的道教学者和内丹家陈抟研究《周易》而推衍出《无极图》，就直接开创了宋、明以来易学研究的新领域。宋明理学家如周敦颐的《太极图说》和程朱理学的天理思想等显然深受陈抟的《无极图》之影响。南宋以后，道教思想家主张调和儒、释(佛)、道，"儒门释户道相通，三教从来一祖风"(《重阳全真集》)的思想，对三者的交流融合，显然更是起了积极的推动与促进作用。

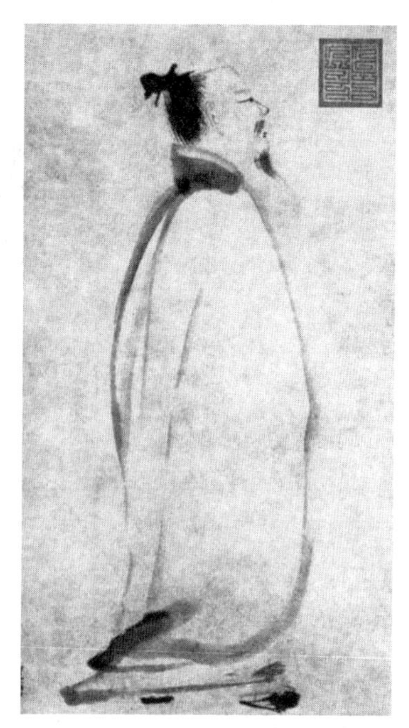

梁楷的《李白行吟图》(南宋)

在政治领域，一方面道教往往成为下层民众的组织形式，农民起义中有很多都与道教有关。比如东汉末年的道教两大派，即以张道陵创立的“正一盟威道”和张角创立的“太平道”就成为农民起义的旗帜。另一方面，道教也往往成为社会改良思潮的旗帜，比如东汉的《太平经》就主张革除社会弊病，缓和阶级矛盾，该书的宗旨就是“帝王良辅，相与合策共理致太平”，故名《太平经》。元初道士丘处机总领道教，位爵“大宗师”，他曾向成吉思汗进言，告以不嗜杀和清静无为之道，受到特别礼遇。与此同时，道教主张的“外示儒术，内用黄老”也常常成为许多封建士大夫“儒表道里”的理想人格追求。

不仅如此，道教的神仙思想和修道成仙的思维方式，也极大地影响了中国古代的文学艺术创作，给文学艺术创作中的创造性想象以极大的启示。道教中的神仙观念，直接促使魏晋时代游仙文学的产生和盛行。有“诗仙”之称的李白就曾留下过极多的游仙之作，在李白这些梦游洞天、神交列仙的自由自在的诗作中，无疑折射出道教思想的深刻影响。道教的这种影响也表现在其他艺术领域。比如道教音乐就大大丰富了古代的音乐艺术。道教的步虚声，是对《楚辞·九歌》音乐的继承和发展，清静幽远。还有，道教的符箓，取象于云行。东晋书圣王羲之信奉正一盟威道，据传他创行书，颇得益于符箓对他的启发。另外，道教宫观殿堂的绘画、雕塑、建筑样式等也都具有很高的艺术水准和独具特色的艺术风格。

除此之外，在民俗、风情方面，道教的影响也随处可见。道教的许多宗教活动随着时间的推移，逐渐转化成了民间风俗，代代相传。比如丧葬要请道士诵经修福，超度亡灵；春节以道观为基地举办庙会，进行民间祈神、游艺、商业等综合性节日活动等。另外，道教中“祛邪扶正”“助人为乐”的神仙人物及神仙故事，道教中如《太上感应篇》那样的劝善书等，对中华民族的道德民风、生活习惯都产生了潜移默化的影响，甚至起着移风易俗的作用。可见，道教对中国传统文化的影响可谓不胜枚举。

第五章

中国古代的伦理道德传统

注重人生、长于伦理一直是中国传统文化的一个基本价值取向。千百年来，伦理道德作为社会生活秩序和自我人生规范的自觉理性约定，构成中国传统文化的一个重要部分。正是在这一伦理型文化的规范和影响下，中国古代的各种文化形态，如哲学、文学、艺术、美学、宗教、史学、教育等都有“尚德”的传统。因此，置身“德治”的重要性日益凸显的现世代，批判地整理和开掘中国古代的伦理道德传统，对于我们今天贯彻“立德树人”的教育主旨加强道德修养，充实自我心性，从而为现代化的实现提供精神和德性方面的保障，无疑有着重要的现实启迪意义。

第一节 中国古代伦理道德思想的发展历程

在中国古代，道德作为人对天道与人道的一种自觉遵循，伦理作为人性对自身自觉设立的一种理性规范，[①]至少在西周时期已经出现并得到重视。当时的西周统治者以殷商的灭亡为前车之鉴，明确提出“以德配天”“敬德保民”的思想，这也可以说是开创了中国古代“德治”传统的历史先河。从这个时候起，中国古代伦理道德思想犹如一条川流不息的历史长河，绵延至今。我们大致可以把中国古代伦理道德思想的发展历程划分为三个历史阶段。

一、中国古代伦理道德思想的全面产生

如果说西周时期的“以德配天”“敬德保民”伦理道德观的提出，还只为中国古代伦理思想的产生奠定大略基础的话，那么，至春秋战国时期诸子蜂起、百家争鸣的出现，则表明中国传统伦理道德思想已全面产生。由于这一时期处于我国古代由奴隶社会向封建社会的大变

① 在古汉语中，“道”与“路”相通，“德”与“得”相通。以朱熹的话说，“道者，人之所共由；德者，己之所独得。”(《朱子语类》卷六)可见，从语义学上解释“道德”就是人对必然之则的一种内心悟得。“伦理”一词也有类似的意思：“伦者，类也”；“理，琢玉也。”(许慎：《说文解字》)可见，“伦理”活动是指人作为类的存在而对自身行为加以理性提升的自觉过程。

动时期，所以在学术思想界也出现了空前繁荣的局面。当时百家争鸣中的一些最主要学派几乎都提出了各自的伦理道德学说。这一时期代表着中国古代伦理道德思想产生的主要有以“仁”为最高道德准则的儒家，以“礼”为最高准则的法家，以“义”为最高道德准则的墨家和以“道”为最高道德准则的道家。①

儒家的创始人孔子站在中国历史的转折点上，通过对殷周时期文化典籍的学习与整理，创立了儒家以仁学为核心的伦理道德思想体系。这个以仁为核心的人道观直接与殷周时期的天道观相对立。在孔子那里，“仁”不是从神秘的天道中推衍出来的，而是从人的内心中萌生的。以孔子的话说就是“为仁由己”(《论语·颜渊》)。从这个前提出发，孔子提出了仁的内涵是“仁者，爱人”(《论语·颜渊》)，仁的基本原则是“己欲立而立人，己欲达而达人”(《论语·颜渊》)。事实上，孔子这一仁学思想的提出是中国古代伦理道德思想由自发走向自觉的基本标志之一。②

继孔子之后，战国时期的孟子进一步发展了儒家的仁学思想。孟子从性善论出发直接论证了仁、义、礼、智这些道德之于人的充分必要性。孟子伦理观的一个独创之处是明确提出了人与动物的区别在于有否道德的思想。他认为：“人之所以异于禽兽者几希，庶民去之，君子存之。”(《孟子·离娄下》)可见，在他看来人和动物的区别之处甚少，唯有对仁、义、礼、智的自觉意识使人成为人。因此，这些人生而有之的道德观念是人所必须用心持有，并须不断将其发扬光大。由此，孟子还从发挥人的主观能动性的方面论述了“尽心知性”(《孟子·尽心上》)、“养心莫善于寡欲”(《孟子·尽心下》)、“养浩然之气”(《孟子·公孙丑上》)等的修养功夫，使孔子的仁学思想更趋完整。而且，有亚圣之誉的孟子的伦理道德学说作为儒家伦理思想发展和完善的重要环节，在思想史上形成了自汉以后被奉为正统的孔孟之道。

孟子像

与儒家不同，以墨子为代表的墨家则以“义”为最高的伦理道德原则。墨子认为：“万事莫贵于义。”(《墨子·贵义》)儒家也讲“义”，但在孔孟的伦理道德思想中“义”只是“仁”的一个必然延伸，亦即所谓的“居仁由义，大人之事备矣”(《孟子·尽心上》)。可见，在儒家那里“义”是受“仁”所规定的。但墨子却赋予了“义”以独特的内涵。在墨子看来，这个“义”的基本原则就是“兼相爱，交相利”(《墨子·兼爱中》)。墨子认为这个“兼爱”原则不仅是人与人之间交往的基本伦理之道，也是国与国之间所必须遵循的基本伦理原则。正是从这样一个“兼爱”的立场出发，墨了还提出了“非攻”“尚贤”“互利”等一系列伦理主张。墨子的这一思想经墨家学派的大肆宣扬和自我践行而成为先秦的“显学”之一。这一学派的思想影响虽然

① 沈善洪、王凤贤：《中国伦理学说史》(上)，浙江人民出版社1985年版，第18—21页。

② 张岱年、方克立主编：《中国文化概论》(修订版)，北京师范大学出版社2004年版，第221页。

后来衰落了，但其中的许多合理成分还是被吸取到儒家思想中，从而也对中国古代的伦理道德思想产生了深远的影响。

以管仲为代表的早期法家则把“礼”作为最基本的伦理道德原则。管仲把“礼、义、廉、耻”定为国之“四维”：“国有四维，一维绝则倾，二维绝则危，三维绝则覆，四维绝则灭。倾可正也，危可安也，覆可起也，灭不可复错也。何谓四维？一曰礼，二曰义，三曰廉，四曰耻。”（《管子·牧民》），可见，管仲把“礼”置于“四维”之首。作为儒家代表人物的孔孟也讲“礼”，但他们更多地把“礼”理解成内心那由仁义而衍生的自觉规范，比如孔子就说：“一日克己复礼，天下归仁焉。”（《论语·颜渊》）但法家则把“礼”理解为外在的法度。正因为管子学派以外在的规范制度来解释“礼”，所以这个“礼”的规范在以后的韩非子等法家那里便被法律化了，因为既然“礼”是一种外在的规范，那么它既可以用伦理教化来维护，也可以用法的手段来实现。后来在韩非子那里伦理道德教化甚至都被视为亡国之术，一切的社会秩序唯有靠国家暴力机器——“法”来维护。众所周知的是，这种极端崇法的理论主张在秦亡之后逐渐被历代统治阶级和思想家所摒弃，绵延几千年的依然是孔孟之道所推崇的强调道德教化的德治主义传统。

以老子、庄子为代表的道家学派则提出了“道”的最高伦理道德原则。老子认为：“孔德之容，惟道是从。”（《老子》二十一章）在老子看来，“道”作为宇宙万事万物包括人事在内的一切存在的最高和最普遍的规律，是人所必须遵循的必然之则。而“道”的本质是无为：“道常无为，而无不为。”（《老子》三十七章）因而作为对“道”的一种自觉遵循，人的德性也应崇尚无知、无欲、无为。《老子》一书阐述的正是这样一个由“道”而“德”的过程。庄子进一步发展了这个以“道”为最高行为准则的道家理论。庄子认为，在人生中恶固不可为，善也无须为，因为一个人为善要为名所累，为恶则为刑所累，因而真正的境界是“至人无己，神人无功，圣人无名”（《庄子·逍遥游》）。从老庄的这些论述中可以发现，道家学派主张的其实是一种以无道德为最高道德的理论。这种理论固然有揭露封建专制统治者讲仁义所固有的虚伪一面，但道家学派因此而否定一切道德规范存在之必要性的做法无疑又走向了另一个极端。

诸子百家中除了儒、墨、法、道四家外，其他的一些如农家、兵家、名家、阴阳家等都对伦理道德问题进行了或多或少的探讨，并提出了一些很有价值的命题与思想。战国末期的吕不韦为代表的杂家则在《吕氏春秋》一书中对先秦各家伦理论作了一定程度的综合。所以，我们可以把这一时期视为中国古代伦理文化传统的全面形成时期。

二、中国古代伦理道德思想的发展与完备

统一了中国的秦王朝由于过于强调“以法为教”“以吏为师”，企图以单纯的暴力机器来维护其统治，结果亡于暴政。这无疑给随之而起的汉统治者一个深刻的历史教训。正是在这样的历史背景下，董仲舒提出了“独尊儒术”，倡导以儒家仁义道德来教化天下的主张，深受西汉统治者的欣赏。从这个时候起，注重德性修养，主张以仁义之术来教化天下的儒家思想开始被定为一尊。儒家思想由此成为封建社会正统之学而绵延几千年。中国古代伦理道德思想的发展也由此而进入了一个新的历史阶段。

因倡导“罢黜百家，独尊儒术”而被汉武帝首肯的董仲舒，在伦理道德观上继承了儒家重视道德教化的传统。他沿袭了孟子的基本观点从人与物的本质区别出发把“仁义”视为人的

本性："天地之性人为贵，明于本性，知自贵于物，然后知仁义。"(《汉书·董仲舒传》)进而董仲舒还把仁、义、礼、智、信列为"五常"之道，把它与"君为臣纲，父为子纲，夫为妻纲"并提，成为中国古代社会处理人与人之间关系的最基本道德原则和规范。董仲舒的思想对其后的整个古代伦理思想史和中国古代的道德实践都产生了极为广泛而深远的影响。

但是，"三纲五常"的道德规范从它确立的时候起就是充满着内在矛盾的。因为"三纲"的要求破坏了人与人之间在道德生活中的平等，即便是统治阶级内部的平等也因"三纲"的规范而被削弱了。显然，比之于孔子讲"仁者，爱人"的思想，比之于墨子讲"兼爱"的原则，董仲舒确定的这一伦理纲常理论有着更多无法克服的矛盾。于是，为了克服这个矛盾，董仲舒只得借助于天的神秘意志。"王者，承天意以从事。"(《春秋繁露·尧舜汤武》)由此，他提出一个著名的论断："道之大原出于天，天不变，道亦不变。"(《汉书·董仲舒传》)

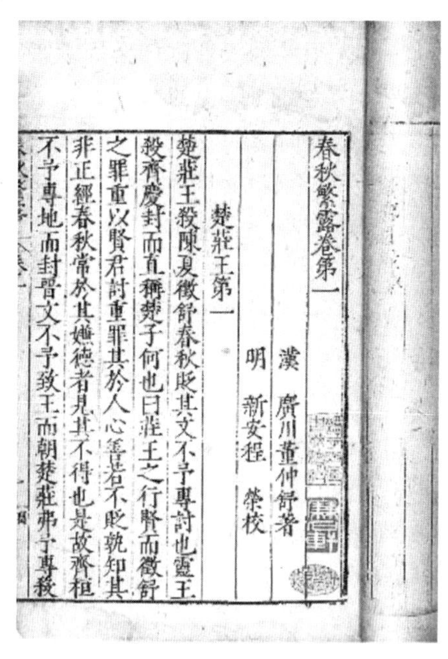

春秋繁露卷第一
漢 廣川董仲舒著
明 新安程 榮校
楚莊王第一
楚莊王殺陳夏徵舒春秋貶其文不予專討也靈王
殺齊慶封而直稱楚子何也曰莊王之行賢而徵舒
之罪重以賢君討重罪其於人心善若不貶孰知其
非正經春秋常於其嫌德者見其不得也是故齊桓
不予專地而封晉文不予致王而朝楚莊弗予專殺

董仲舒《春秋繁露》书影

但对这一神秘的天意理论，东汉的王充予以了深刻的批判。王充在《论衡》一书中以自然主义的立场否定了"天人感应"的"天"："天地合气，物偶自生矣。夫耕耘播种，故为之也，及其成与不熟，偶自然也。"(《论衡·物势篇》)由此，他认为人能利用自然，辅助"自然之化"，但终究不得不听命于自然力的支配。王充的批判不仅使董仲舒借天命来为伦理纲常合理化的做法受到了质疑，而且他还追根溯源直接对孔孟之道及其伦理思想进行了质疑，写就了《问孔》《刺孟》等篇章。这也就为魏晋玄学的兴起提供了某种理论先导。

"有晋中兴，玄风独振。"(《宋书·谢灵运传》)以何晏、王弼、向秀、嵇康等人为代表的魏晋玄学思潮的出现，是对儒家伦理纲常的一次否定。这一思潮以推崇老庄之学为旗帜，他们一方面反对仁义之教，否定"三纲五常"而倡导无君论，具有反叛儒家道德的异端倾向；另一方面则推崇自然人性，倡导任其自为的自然主义人生观。在这种人生观的主导下，一些人甚至主张恣情纵欲，及时行乐。比如在《列子·杨朱》①的作者看来："人之生也奚为哉？奚乐哉？为美厚尔，为声色尔"；"生民之不得休息，为四事故：一为寿，二为名，三为位，四为货。有此四者，畏鬼、畏人、畏威、畏刑，此之谓遁人也。可杀可活，制命在外。不逆命，何羡寿？不矜贵，何羡名？不要势，何羡位？不贪富，何羡货？此之谓顺民也。"可见，在他们看来，人们之所以不敢及时行乐的一个重要原因是怕因为违反伦理纲常而名声不好。可是，名声与钱财、与地位等一样乃身外之事，完全可以不顾及。这显然已走向了否定一切道德规范之约束的纵欲主义。

继玄学之后，源于古印度的佛学理论也在南北朝时开始流行。佛学主张空观大千世界。

---

① 《列子》有《杨朱》等八篇留传后世。但从其反映的思想观念而言，完全是西晋时期门阀士族阶级的处世态度，故不可能是先秦杨朱的作品。由此，学界倾向于认为现存的《列子》一书应当是晋人伪托之作。

因为这个世界的本相为空："色即是空，空即是色。"(《般若心经》)看空、放下、出世而入涅槃是佛家倡导的人生归宿。因此它主张禁欲主义的人生观。由此，佛家宣称人生苦海无边，宣扬善恶因果、灵魂三世轮回等教义。佛学在对生命之多欲导致人生之苦的精致分析、善恶的因果报应的定数之揭示等问题上，对这一时期伦理道德的发展无疑有许多的启迪之处。但由于它倡导的是一种神学禁欲主义，而且竭力主张个人的出世修行，这就决定了佛学伦理不可能成为积极维护当时社会等级秩序的伦理形态。于是，以孔孟之道为核心的儒学伦理的复兴又成为某种历史的必然。

南北朝时期的葛洪开始对玄学思潮进行了批判。他尖锐地批判了魏晋玄学思潮中"唯贵自然"的论调，反对"放达"的人生态度。他明确指出，如果按照《列子·杨朱》的观点去为人处世和安身立命，那么社会就将"风颓教沮"。针对当时追求"通达"的人生时尚，他针锋相对地提出"夫古人所谓通、达者，谓通于道德，达于仁义耳，岂谓通乎亵黩而达于淫邪哉!"(《抱朴子·刺骄》)由此，他大声疾呼社会要恢复仁、义、忠、孝之类的道德规范。身为道士的葛洪的这些思想无疑为儒学的复兴廓清了玄学思潮的迷障。

真正开儒学伦理思想复兴之先河的是唐代的韩愈。韩愈认为当时社会上存在的诸多时弊都是因为人们不重视"先王之道"而导致的，而释(佛)、道之说流行又加剧了这种社会弊端。为此，他著文大肆宣扬恢复儒家的"道统"。他曾这样阐述自己的这一主张："何道也?曰：斯吾所谓道也，非向所谓老与佛之道也，尧以是传之舜，舜以是传之禹，禹以是传之汤，汤以是传之文武周公，文武周公传之孔子，孔子传之孟轲。"(《原道》)由此，他不仅要求文学创作"文以载道"，而且要求世人处处遵循儒家学说为代表的先王之道。韩愈虽然没有给儒家的伦理道德思想提供太多新的东西，更不可能从佛学以及魏晋玄学思潮中合理地汲取有益的成分来丰富自己的伦理思想，但他毕竟在佛学与玄学流行的时代为宋明理学的出现开了思想先河。

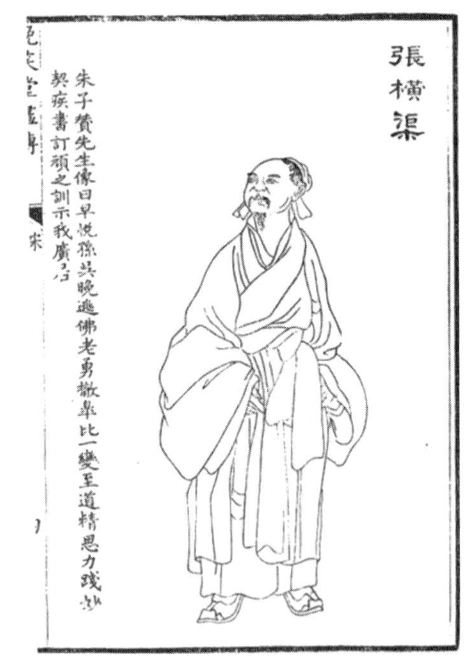

张载像

儒家伦理道德思想的全面复兴是由宋明理学家来完成的。从宋代到明中叶，这是我国封建社会继盛唐之后的又一个繁荣昌盛时期，也是中国古代伦理道德思想全面成熟和完备发展的时期。它的标志就是宋明理学的创立。有学者将宋明理学定义为"回复儒家道统的儒学"。[①] 事实上，宋明理学不仅全面复兴了孔孟之道的儒学精义，而且还糅合了佛学、玄学思想中的一些合理因素，建构了一个庞大而精致的伦理道德思想体系。

宋明理学发端于周敦颐等人，在二程(程颢、程颐)、张载那里基本形成了完整的理论体系，至朱熹时则集其大成。宋明理学内部又有着不同的学派。在北宋时便有张载的"关学"[②]与程颢、程颐的"洛

① 张立文:《宋明理学研究》，中国人民大学出版社 1985 年版，第 93 页。

② 关学之称源于其创始人张载是关中人，故简称"关学"。同理，"洛学"是因为程颢、程颐是洛阳人而得其名。

学”之分，在以后的发展中又形成了强调“天理”为本位的程朱派（二程与朱熹）和强调“心即理”的陆王派（陆九渊与王守仁）的分歧与争论。当然，作为宋明理学的这些主要代表人物，他们在阐发理学的不同方面虽各有特色，但在基本的伦理道德观上又是趋于一致的。

其一，宋明理学家均将“理”置于至高无上的地位，认为人的一切修养都是围绕“理”而展开的。周敦颐从太极的演化而导出天道与人道的一致性，认为“仁与义”是基本的“立人之道”。二程和朱熹则从佛教的有关理论中汲取营养，明确以“天理”的概念来取代周敦颐的“天道”。这个“天理”的内容即是仁、义、礼、智。他们认为，依据天人合一的模式，人必须按照天理行事，所以仁、义、礼、智等又是人所必须遵循的道德规范。只是陆王学派的理学家不同意由“大埋”推及人道的做法，在他们看来，“发明木心”“内心做功”便可明了天理之本身。这是一个洗心涤妄向内心反省觉悟的过程。王守仁因此而提出致“良知”的主张，“夫良知即是道，良知之在人心，不但圣贤，虽常人亦无不如此。若无有物欲牵蔽，但循着良知发用流行将去，即无不是道。”（《答陆原静书》）他认为省察克治“破心中贼”和在行事上磨炼是致良知的主要方法。在王守仁看来，致良知以明心中之理，之所以如此重要，那是因为良知是人区别于动物的最根本之处。他认为，良知不仅是人的道德观念的来源，而且也是人进行道德判断的理性根据。

其二，宋明理学在道德修养问题上都奉行“格物”“致知”“诚意”“正心”“修身”“齐家”“治国”“平天下”的修养模式。这一理论最早见于《大学》：“古之欲明明德于天下者，先治其国；欲治其国者，先齐其家；欲齐其家者，先修其身；欲修其身者，先正其心；欲正其心者，先诚其意；欲诚其意者，先致其知；致知在格物。物格而后知至，知至而后意诚，意诚而后心正，心正而后身修，身修而后家齐，家齐而后国治，国治而后天下平。”唐朝的韩愈为反对佛、道之学率先在《原道》中对这一思想作了阐发。宋明理学家则从不同的角度对这一德性修养模式进行了新的开掘。朱熹在其所著的《大学章句》中，把《大学》提出的“明明德”“亲民”“止于至善”三者称为“大学之纲领”，把“格物”“致知”“诚意”“正心”“修身”“齐家”“治国”“平天下”八项

台湾台南孔庙明伦堂内的《大学》章句壁

称为“大学之条目”。[1] 王守仁也对《大学》这一修养功夫给予了新的阐发：“故夫为大人之学者，亦惟去其私欲之蔽，以明其明德，复其天地万物一体之本然而已耳。”(《大学问》)可见，程朱一派比较注重穷理和格物致知等学问思辨的作用以“明明德”，而陆王一派则比较侧重于从“吾心”中正心诚意以“明明德”。

其三，宋明理学在阐述欲理之辩的立场时，几乎都主张“存理灭欲”说。这一“存理灭欲”说之所以成为理学家们的一致主张，那是因为理学家们对人欲有可能引发的败德行为有着共同的看法。比如，朱熹认为：“圣贤千言万语，只是教人明天理，灭人欲。”(《朱子语类》卷十二)王守仁同样认为：“是故苟无私欲之蔽，则虽小人之心，而其一体之仁犹大人也；一有私欲之蔽，则虽大人之心，而其分隔隘陋犹小人矣。”(《大学问》)由此，他断言：“圣人述‘六经’，只是正人心，只是要存天理，去人欲。”(《传习录》上卷)理学家们指的这个欲具体地说就是好货、好色、好名等私欲，由于它的存在必然影响人的德性修养。因此宋明理学家几乎都一致主张必须革尽人欲才能真正做到“修身”“齐家”“治国”“平天下”。正因为“去人欲”对于德性修养具有如此重大的意义，所以宋明理学家甚至不惜以宣扬“饿死事小，失节事大”之类的禁欲主义的手段来戕灭人欲。这显然是有违人性的道德说教。

可见，如果说春秋战国时期的百家争鸣是中国古代伦理道德思想的全面产生时期，那么自秦汉以来至宋明理学的创立，则意味着中国古代伦理道德思想体系进入其全面成熟和完善时期。这一时期以儒家孔孟之道为“道统”的伦理思想在经历汉代“独尊儒术”的肯定阶段，又经历了魏晋玄学和佛学传入的否定之后，在宋明理学这里重新获得肯定。这否定之后的肯定显然已不再是先秦孔孟和汉代董仲舒之思想的简单回归，而是包容了对佛、道等其他学派思想于其中的对孔孟之道的继承与发展。也正是从这个意义上可以说，以宋明理学的出现为标志，中国古代传统的伦理道德思想体系已趋成熟和完备。宋明理学尽管有着过于拘泥于性命义理，忽视经世致用以及带有浓厚的禁欲主义色彩等弊端，但它毕竟在糅合了儒、释(佛)、道诸家思想的基础上，为中国古代伦理道德思想的发展拓展了新的领域，在心性等问题上的研究也达到了新的深度和广度。因此，宋明理学留给中国古代伦理思想宝库的遗产无疑是丰富的。

三、中国古代伦理道德思想的批判总结

明末清初在中国古代社会发展史上是一个“天崩地解”的大动荡时期。这一时期的封建社会已从它的巅峰状态跌落下来，开始表现出停滞、衰落的征兆。以宋明理学为代表的封建道德在达到了成熟而完备的形态之后开始走上了它的终结之路。这既是思想史发展的辩证规律，更是由历史发展的严峻现实所决定的。在这一历史阶段最值得一提的是市民社会开始产生，资本主义萌芽也随之大量出现，这一方面一定程度上瓦解了封建专制的统治，另一方面促使了启蒙思想意识的产生。在这个反对封建专制主义和理学教条为主要特征的启蒙

① 后人称之为“三纲领八条目”，简称“三纲八目”。“三纲”与“八目”是一个统一体，表现为一个完整的德性修养过程：以修身为本，格物、致知、诚意、正心、修身，即其内在的德智修养，也即是大学三纲领中“明明德”的功夫。齐家、治国、平天下为修养者外发的事业完成，即是第二纲领“亲民”的发扬。物格、知至、意诚、心正、身修、家齐、国治、天下平，表示每一阶段调整得恰到好处的状态，即是第三纲领“止于至善”之境界的完成。

思潮中，新的伦理道德观占有重要的地位。这一时期的启蒙思想家虽然在具体观点上各有所偏重，但作为宋明理学之批判者身份出现的他们，无一例外地把矛头指向以理学为代表的封建专制主义的伦理道德观，从而为中国古代伦理思想史的画卷添上了亮丽的一笔。

明末思想家李贽可谓对宋明理学发难的第一人。李贽从王守仁的心学出发，又摒弃了王学道德良知之心而代之以“真心”“童心”。他以“童心论”为依据，反对宋明理学把天理与人欲对立起来的主张。在他看来，人欲恰恰是绝对纯真且源于本心的东西。由此，他甚至断言：“吃饭穿衣，即是人伦物理。”（《焚书·答邓石阳书》）

及至明末清初的黄宗羲、王夫之、顾炎武等人，则开始对作为整个封建伦理核心的“三纲五常”理论进行猛烈的抨击。黄宗羲明确提出反对封建的君主专制。在他看来，“为天下之大害者，君而已矣”（《明夷待访录》）。与此同时，他又积极倡导“务得于己，不求合于人”（《南雷文案·恽仲升文集序》）的学问之道和人生价值观，在伦理思想史上最早倡导了个性的解放。顾炎武则明确区分了传统伦理道德“忠”之规范要求中的“保国”与“保天下”的不同含义，他反对封建君主制国家，但认为“保天下者，匹夫之贱与有责焉”（《日知录》卷十三）。由此，他倡导“天下兴亡，匹夫有责”的爱国主义道德观。他还对当时统治阶级的荒淫无耻给予了猛烈的抨击，他痛心疾首地指出“士大夫之无耻是同耻”（《日知录》卷十三）。也由此，他主张把“廉耻”作为道德修养的一个中心环节。王夫之作为中国古代最杰出思想家之一，从某种意义上说对整个秦汉以来的古代思想发展作了批判性的总结。在伦理思想观方面，他明确反对宋明理学“存理灭欲”说，主张天理寓于人欲之中：“天理原不舍人欲而别为体。”（《周易内传四上》）“人欲之各得，即天理之大同。”（《读四书大全说》卷四）。但是，他并不主张纵欲，特别是明确反对放纵“私欲”，而主张发扬“公欲”。他这样写道：“人欲之大公，即天理之至正矣。”（《读四书大全说》卷三）“私欲净尽，天理流行，则公矣。”（《思问录·内篇》）与此同时，他也批判和揭露了自秦汉以来确立的伦理道德维护皇帝“一姓之私”“一家之法”的封建专制主义本质。为此他主张“以论天下者，必循天下之公，天下非一姓之私也”（《读通鉴论·叙论》）。由此，他和顾炎武一样也崇尚“以身任天下”的爱国主义道德情怀。

浙江余姚的黄宗羲纪念馆

明末清初的这一启蒙思潮启迪和影响了继之而起的许多进步思想家。戴震就是这其中的一位。作为清代最杰出的启蒙学者，戴震在《孟子字义疏证》一文中批判了宋明理学之“道”与“理”的虚妄性，他明确指出：“气化流行，生生不息，是故谓之道”；“就事物言，非事物之外别有理义也。”戴震还批判了宋明理学空谈义理的虚伪性。他尖锐地指出，宋明理学的所谓天理只是尊者、长者、贵者之理:"尊者以理责卑,长者以理责幼,贵者以理责贱,虽失谓之顺;卑者、幼者、贱者以理争之,虽得谓之逆。"由此,他对宋明理学家的天理、人欲理论也进行了猛烈抨击。他认为天理就是自然,人欲是人的自然本性,天理和人欲不是对立而是一致的,提出"欲,其物;理,其则也"的命题,认为:"凡事为皆有于欲,无欲则无为矣。有欲而后有为,有为而归于至当不可易之谓理。无欲无为,又焉有理?"正是在批判宋明理学的专制主义与禁欲主义的基础上,戴震提出了"归于自然,适完其自然"(《原善》)的新道德观。

可见,中国古代伦理道德思想发展至明末清初,一方面表现了盛极而衰,走向终极没落的历史必然性,另一方面又由于市民社会的产生和资本主义因素的萌生,催生了启蒙思想家对这一封建伦理纲常的批判,以及在这一批判基础上提出了许多颇具启蒙意义的新伦理观。启蒙思想家的新伦理显然为其后康有为、严复、梁启超等为主要代表的改良主义在道德观上"冲决网罗"和以孙中山为代表的革命的民主主义者的道德革命开了先河。中国古代伦理道德思想的历史发展也从此开始了向近现代的艰难演进。

第二节 中国古代伦理道德思想的主要内容

面对卷帙浩繁的伦理思想史资料,我们将以历史与逻辑相统一的方法,对中国伦理思想的内容作一简略的逻辑归纳。而且,这种逻辑归纳无疑也是可能的,因为如果认真研究一下中国伦理思想史,就可以发现它的许多思想、命题、范畴作为德性之知的矛盾运动,其探讨几乎是亘古及今的。这就正如冯契先生指出的那样:"用历史与逻辑的方法相结合来考察哲学史,就可以看到,哲学史体现了认识的矛盾运动……"[①]这个认识的矛盾运动就为逻辑的考察奠定了思想史的基础。由此,我们可以将中国古代伦理道德探究的内容归纳为这样几个问题:其一,作为古代伦理学理论出发点的人性善恶问题;其二,我国古代伦理思想中的义利、欲理(道)、利己与利他、志功、死生之辩问题;其三,作为古代伦理学理论归宿的道德理想人格(成人之道)造就问题。

一、人性的善恶之辩

伦理学的出发点问题,实质上就可以归结为人性是否需要道德规范的问题。因此伦理学首先必须研究和审视人性。事实上,人性善恶问题的探讨在中国古代伦理思想中占有重要的地位。我们甚至可以说,在中国伦理思想发展史上没有一个问题曾经那样引起思想家们如此广泛的讨论和争议,并产生了如此众多的学说。而且,无论是性善论、性恶论,抑或性不善不恶论、性有善有恶论,从逻辑上它们都构成伦理思想家们建构自己道德理论的出发点,并从中引申出道德的必要性和重要性,从而提出修身、齐家、治国、平天下的人生理想。

性善论。孔子最早探讨人性问题。他认为"性相近也,习相远也"(《论语·阳货》)。因而,他是把先天的"性"与后天的"习"相对应而提出来的。孔子认为人的天性是相似的,但这

① 冯契:《中国古代哲学的逻辑发展》(上册),上海人民出版社1983年版,第17页。

相近之性究竟是“善”是“恶”，孔子未作具体的回答。

孔子以后，孟子明确提出了性善说。在孟子看来，人性中生来就有仁、义、礼、智四端，这是人的天性所先天固有，而非后天所习就的。由此，孟子断言：“恻隐之心，人皆有之；羞恶之心，人皆有之；恭敬之心，人皆有之；是非之心，人皆有之。恻隐之心，仁也；羞恶之心，义也；恭敬之心，礼也；是非之心，智也。仁义礼智，非由外铄我也，我固有之也。”(《孟子·告子上》)孟子并且对人天性为善的思想进行了具体的论证：“今人乍见孺子将入于井，皆有怵惕恻隐之心，非所以内交于孺子之父母也，非所以要誉于乡党朋友也，非恶其声而然也。由是观之，无恻隐之心，非人也；无羞恶之心，非人也；无辞让之心，非人也；无是非之心，非人也……人之有是四端也，犹其有四体也。”(《孟子·公孙丑上》)

但问题在于，对孟子这个性善说的论证“今人乍见孺子将入于井”也会有反证。也就是说，在现实的道德生活实践中，肯定也会有人不生恻隐之心。孟子可能也意识到了这一点，所以他对性善说又作了如下两点重要的补充：其一，仁义礼智仅是“善端”。也就是说，在孟子看来，仁义礼智虽为天性，但这种天性只处于萌芽状态，因而必须弘扬光大，否则人就会失去这种“善端”。所以，他说：“凡有四端于我者，皆知扩而充之矣。若火之始燃、泉之始达，苟能充之，是以保四海，苟不充之，不足以事父母。”(《孟子·公孙丑上》)其二，人区别于动物之处极少，“人之所以异于禽兽者几希，庶民去之，君子存之”(《孟子·公孙丑上》)，“人之有道也，饱食、暖衣，逸居而无教，则近于禽兽”(《孟子·公孙丑上》)。可见，孟子同样认为后天的道德教化是非常必要的。

这样，孟子就完成了自己性善说的理论论证：人先天是性善的，但这并不意味人人已成君子而不需要道德教化了，因为这其中的善仅仅只有善端，即还只是一种可能性，因而还有一个后天的“扩而充之”的过程。否则，“逸居而无教”，人就和动物一样了。可见，孟子认为是仁、义、礼、智等这些具体的德性构成人之为人的内在规定性。以孟子为代表的儒家这一性善说，也成为汉代以及宋明理学家们基本的观点。所以《三字经》开篇即有的“人之初，性本善”的说法，它几乎构成我们传统文化对人性善恶问题的一个最基本的看法。

西方文化以人性本恶为理论依据，对人作自私好利的“经济人”设定，所以形成了一系列严整的外在控制手段，这种控制以权威、强制、督促乃至惩罚为手段。与此相反，以儒家为代表的东方文化则从人性本善出发，对人作“道德人”的设定，并由此形成了以道德教化启迪良知为主要实施手段的社会控制之道。在儒家看来，这种社会管理之道不仅治标而且治本，因而是社会管理与控制的根本之道。正如我们看到的那样，中国传统的性善说构成了汉代以来历代统治者“德治”思路的理论基础。这个思路与西方传统的性恶论背景下的“法治”之道形成了鲜明的反差。

性恶论。和孟子相反，荀子则明确主张人性本恶。他认为人之天性是好利多欲的，人性中并无孟子所称的仁、义、礼、智。荀子说：“孟子曰：人之学者，其性善。曰：是不然。是不及知人之性，而不察乎人之性伪之分者也。凡性者天之就也，不可学不可事；礼义者圣人之所生也，人之所学而能所事而成者也。”(《荀子·性恶》)可见，荀子认为仁义礼智是后天形成，是“圣人之所生”，而人性本身是“天之就也”。在他看来，这种“天之就”的性只能是“恶”而不是“善”：“人之性恶，其善者伪也，今人之性，生而有好利焉，顺是故争夺生而辞让亡焉；生而有疾恶焉，顺是故残贼生而忠信亡焉；生而有耳目之欲，有好声色焉，顺是故淫乱生而礼义文理亡焉。……故必将有师法之化礼义之道,然后出辞让,合于文理而归于治,用此观之,然则人之性恶明矣,其善者伪也。”(《荀子·性恶》)荀子还进一步论证人的这种恶之本性的生理根据:“若夫目好色,耳好声,口好味,心好利,骨体肤理好愉佚,是皆生于人之情性者也;感而自然,不待事而后生之者也。”(《荀子·性恶》)

但是,与孟子殊途同归的是,荀子得出的结论也是人必须有道德教化。以他的话说是要“有师法之化,礼义之道”(《荀子·性恶》)。而且,荀子这一从性恶论出发推出自己的伦理教化思想比孟子性善论更为直截了当:“故圣人化性而起伪,伪起而生礼义,礼义生而制法度;然则礼义法度者是圣人之所生也。”(《荀子·性恶》)正是从“化性起伪”的基本观点出发,荀子和孟子一样认为,人人皆可成为圣人,“涂(途)之人百姓,积善而全尽,谓之圣人;彼求之而后得,为之而后成;积之而后高,尽之而后圣。故圣人也者,人之所积也”(《荀子·儒效》)。

可见,从荀子“化性起伪”的基本思想看,虽然孟子言性善,荀子言性恶,孟子主张人性须扩充,荀子认为人性需改造,孟荀两人有“善”“恶”之分,但最终却殊途同归,合而为一,即都建立了如何使人成为君子和圣贤的伦理道德理论。孟子和荀子分别在性善论和性恶论基础上建立起来的道德伦理学说,对以后的中国伦理思想史产生了极大的影响。

性无善恶论。除了孟子的性善论和荀子性恶论之外,一些思想家还提出了性无善恶论。我们从逻辑上可以对这种理论作进一步的划分:一是性无善无恶说,二是性超善恶说。

明确提出性无善无恶学说的是和孟子同时代的思想家告子。在告子看来,性既非善也非恶,而是无善恶。告子认为性之善恶皆后天形成的,所以他主张“性无善无不善也”(《孟子·告子上》)。告子还作了一个极有说服力的比喻:“性,犹杞柳也;义,犹桮棬也。以人性为仁义,犹以杞柳为桮棬。性犹湍水也,决诸东方则东流,决诸西方则西流。人性之无分于善不善也,犹水之无分于东西也。”(《孟子·告子上》)由此,告子有“食色,性也”(《孟子·告子上》)之说。可见,在告子看来,食色等性是人天生就有的,所以无所谓善恶。告子这个思想无疑是深刻的,并具有一定的启蒙意义。因为无论是孟子还是荀子,他们都把“食色”等视为人性中“恶”的存在。孟子斥之为“禽兽之性”,荀子贬之为“淫乱之性”,唯有告子摈弃了这种错误观点。

而且,更重要的还在于,由于主张性无善无恶,告子也就必然承认后天的伦理纲常教育是充分必要的,因为“为善固需教诲,为恶亦待诱导”。可见,没有道德教化的社会和自我人性,势必如决堤之水而不可理喻。正是基于这样的理解,告子也主张对人性进行抑恶扬善的道德教化。

北宋的王安石也认为性本无善无恶。他为了论证自己观点的正确性,在理论上区分了情与性:“诸子之所言,皆吾所谓情也,习也,非性也,……古者有不谓喜怒爱恶欲情者乎?喜怒爱恶欲而善,然后从而命之曰仁也义也,喜怒爱恶欲而不善,然后从而命之曰不仁不义也。故曰:有情然后善恶形焉。然则善恶者,情之成名而已矣。”(《原性》)可见,他的结论是情可言善恶,而性则无善恶;道德规范的教化正是针对情之善恶而制定的。与王安石同时代的苏轼也持性无善无恶说。他认为:“夫善恶者,性之所能之,而非性之所能有也,且夫言性者,安以其善恶为哉?”(《扬雄论》)此外,清代思想家龚自珍也推崇告子性无善恶的学说。在龚自珍看来,先秦诸子中唯有告子“知性”,但告子却未能进一步阐发这一思想。有鉴于此,龚自珍著《阐告子》一文对告子的人性无善恶思想予以继承与弘扬。

性超善恶的观点是战国时期的道家提出来的思想。道家认为性是无法用善恶来言说的，因为性乃是超善恶的东西。这一思想是和道家崇尚自然，反对“人为”的哲学思想相一致的。在道家看来，性乃自然之物，而善恶则皆是“人为”，故两者不能相杂而论。

如果做点理论上的归纳，那么我们可以说，道家性超善恶的思想主要包括如下一些基本观点，其一，人性本身圆满，无须仁义之善，因此顺从人性之自然本性即是至高至善的境界。道家认为，“性”乃“德”之显现，而“德”又是人对宇宙自然之“道”的顺应和领悟，并无善恶之分，“彼民有常性，织而衣，耕而食，是谓同行；一而不党，命曰天放。……毁道德以为仁义，圣人之过也”（《庄子·外篇·马蹄》）。可见，在道家看来，善恶与人性无关，人之本性乃“道德”，即自然的存在。其二，仁义抑或情欲皆非人之本性。《庄子》中有这样一段文字：“请问仁义人之性邪？……夫子亦放德而行，循道而趋，已至矣！又何偈偈乎仁义？”（《庄子·外篇·天道》）道家同样否认了情欲为人之性的观点。比如庄子就明确否认“嗜欲好恶”作为人之本性。而且，在他看来，“其嗜欲深者，其天机浅”（《庄子·内篇·大宗师》）。其三，人之本性并无仁、义、礼、智这些人为东西的存在。庄子显然反感儒家推崇的仁、义、礼、智这些美德。为此，他做过如下的论证：“说仁邪？是乱于德也；说义邪？是悖于理也；说礼邪？是相于技也；说乐邪？是相于淫也；说圣邪？是相于艺也；说知邪？是相于疵也。”（《庄子·在宥》）庄子之所以这样评说儒家的德性理论，正是因为在他看来人之本性是超善恶的。在庄子看来，为达到“至人”（“真人”）之本性，应提倡无善无恶的道德。可见，在道家看来，性乃自然之物，而善恶则皆属人为，所以两者风马牛不相及。

性有善有恶论。性有善有恶论是调和性善论与性恶论的一种理论。但其在理论上又作了进一步的阐发，并且提出了许多新颖独到的观点。如果要做点归纳整理的话，那么，按照性有善有恶论之具体不同的含义，又可将其区分为几种不同的观点：

其一是性兼善恶说。性兼善恶说的观点始于战国时代的世硕[①]。汉代的王充曾提到过这个理论：“周人世硕，以为人性有善有恶；举人之善性，养而致之则善长；性恶，养而致之则恶长……故世子作《养书》一篇。”（《论衡·本性》）对性兼善恶说作了充分论述的是汉代的董仲舒。他这样认为：“性，质也……故性比于禾，善比于米，米出于禾中，而禾未可全为米也；善出于性中，而性未可全为

王充《论衡》书影

① 世硕这个人物，因年代久远，尤其是文献资料欠缺，后人已无法详考其人其事。从王充在《论衡》里专门讨论他的观点看，可以推断世硕在先秦应该是一位比较有名的学者。故《汉书·艺文志》里也有“《世子》二十一篇”的记载。

善也。善与米，人之所继天而成于外，非在天所为之内也。”(《春秋繁露·深察名号》)西汉末年的扬雄论人性，更是明确主张“善恶混”的观点：“人之性也，善恶混。修其善则为善人，修其恶则为恶人。”可见，他认为真实的人性中一定兼含善恶，两者相杂，而非只有善或只有恶。在此基础上，扬雄也提出了自己的伦理教化思想：“学者，所以修性也。视、听、言、貌、思，性所有也。学则正，否则邪。”而所学的结果，扬雄认为无非“天下有三门：由于情欲，入自禽门；由于礼义，入自人门；由于独智，入自圣门”(《法言·修身》)。这事实上也就是扬雄所理解的人生道德修养和德性生成的三个不同的具体境界。

其二是性有善有恶说。性有善有恶说的理论观点显然是新颖的。以前的思想家论人性，无论是言性善，言性恶，言性无善无恶，性超善恶，还是言性兼善恶诸说，皆以为人人同一无二，一切人之本性都是齐等划一的。但是，性有善有恶说的理论则对此提出异议，认为人性并非人人等同，而是表现为一些人性善，另一些人则性不善。

这一思想也源于战国时代，“或曰：有性善有性不善，是故以尧为君有象，以瞽为父而有舜”(《孟子·告子上》)。这种认为有人性善、有人性非善的观点，实际上把人性分为二品。这个思想到东汉则发展成“性三品说”。这种理论把人之性划分三种类型。这三种类型被称为上、中、下三品。东汉的思想家王充最早明确提出性三品说。他作为唯物主义的气一元论者，认为人性是禀受元气自然而成的，“禀气有厚泊，故性有善恶也”(《论衡·率性》)。他把这种厚泊分为三种：中人以上者(性善者)、中人以下者(性恶者)和中人(性善恶混者)。

性三品说至唐代的韩愈，已发展成更为完备的理论。这主要体现在韩愈提出了将人性划分为上中下的性三品与情三品的理论：“性也者，与生俱生者也；情也者，接于物而生者也。性之品有三，而其所以为性者五；情之品有三，而其所以为情者七。曰：何也？曰：性之品有上中下三，上焉者，善焉而已矣；中焉者，可导而上下也；下焉者，恶焉而已矣。其所以为性者五：曰仁、曰礼、曰信、曰义、曰智。上焉者之于五也，主于一而行于四。中焉者之于五也，一不少有焉，则少反焉，其于四也混。下焉者之于五也，反于一而悖于四。性之于情，视其品。情之品有上中下三，其所以为情者七：曰喜、曰怒、曰哀、曰惧、曰爱、曰恶、曰欲。上焉者之于七也，动而处中。中焉者之于七也，有所甚，有所亡，然而求合其中者也。下焉者之于七也，亡与甚，直情而行者也。”(《原性》)由此，韩愈同样认为虽然上中下三品之性不可改变，但通过德性教化，上品之性“就学而愈明”，下品之性“畏威而寡罪”，亦即“上者可教而下者可制”。这样，韩愈也同样强调了道德教化的必要性和重要性。

其三是性善情恶说。性善情恶说是性有善有恶观点的一种特殊表现方式。这种观点认为人性中性是善的而情则是恶的，但由于情又构成性之要素，所以从根本上讲性是有善有恶的。唐代的李翱明确提出了性善情恶说。在他看来，性本至善，一切不善皆源于情：“人之所以为圣人者，性也；人之所以感其性者，情也。喜、怒、哀、惧、爱、恶、欲七者，皆情之所为也。情既昏，性斯匿矣，非情之过也。七者循环而交来，故性不能充也。……情不作，性斯充矣。”(《复性书》)李翱还作过如下的比喻：性如清澈之水，情如泥沙，虽浑沌不清但性乃未失，只要静处而不动，善于内心做功，泥沙自沉，水复清澈。这就是“复性”的过程。所以他认为人性都有一个从“情之所昏”复归到“自睹其性”的过程。这个过程就是道德的自我教育和修身养性的过程。由此，李翱也强调了道德教化对人性向善的重要性。

从对中国古代伦理学家对人性问题的如上归纳中可以发现，在人性善恶之争中，古代思想家们并非为论性而论性，而是为了在人性论的基础上探讨道德教化的出发点问题。也因此，我们发现在人性问题上诸子各家尽管众说纷纭，但其理论指归却是一致的，这就是强调礼义等道德教化的重要性和必要性。正是从这个意义上说，人性论事实上构成了中国古代伦理道德学说的出发点。它是我国古代文化“德治”传统形成的人本学根据。

二、义利、欲(道)理、人我、志功、生死之辩

中国古代的伦理思想其丰富性不仅体现在人性论这一理论出发点问题上，而且也大量表现在对人生如何进行各种伦理抉择的探讨中。显然，人生中存在着许多诸如义与利、欲与(道)理、利己与利他、动机与效果(志功)之类的矛盾，这些矛盾的冲突构成道德冲突的最基本的内容。如何合理地解决这些矛盾与冲突，中国古代的伦理思想家们对此也作出了极为可贵的思考与探索。

义利之辩　在中国古代伦理思想体系中，义一般指仁义道德；利则指物质利益、功利等。义利之辩是中国伦理思想史上讨论和争论最多也最激烈的问题之一。事实上，它也构成中国古代伦理思想史中延续时间最长久的一对范畴。

先秦儒家的义利观是尚义反利。孔子最早探讨义与利的问题：“子路曰：君子尚勇乎？子曰：君子义以为上。君子有勇而无义为乱，小人有勇而无义为盗。”(《论语·阳货》)由此，孔子把义与利对立起来，提出了所谓“君子喻于义，小人喻于利”(《论语·里仁》)的命题。孟子把孔子的义利观进一步发展了。他强调：“大人者，言不必信，行不必果，惟义所在。”(《孟子·离娄下》)据《孟子·梁惠王》篇记载，当孟子游说梁惠王时，梁惠王问他：“何以利吾国？”孟子的回答是：“王何必曰利，亦有仁义而已矣。”孟子尚义反利的另一个重要内容是主张舍生取义的牺牲精神。汉代儒家的最主要代表人物董仲舒也继承了孔孟尚义反利的这一思想传统。《汉书·董仲舒传》中记载了董仲舒提出的“正其谊不谋其利，明其道不计其功”的命题。此命题深得后世儒者的景仰和推崇。比如宋代的朱熹就极推崇董仲舒这样一个思想，认为这一“义利之说，乃儒者第一义”(《与延平李先生书》)。

孔孟这一追求“义利合一”的基本伦理理念还曾漂洋过海，对日本现代企业(即株式会式)制度的创始人涩泽荣一产生了积极的影响。涩泽荣一在他那部著名的《〈论语〉与算盘》中，把孔孟的这一义利观概括为“士魂商才”[①]的做人范式。“士魂”是指由儒家文化熏陶的以家国天下为己任的崇尚道义之精神；“商才”是指实现以家国天下为己任的儒者所应具备的谋利之商业才干。他认为：“以《论语》一书所言为滋养士魂之根本。至于商才的培养之道，亦全在《论语》之中。有人认为道德之书和商才并无关系，其实所谓商才，原应以道德为本，舍道德之无德、欺瞒、诈骗、浮华、轻佻之商才，实为卖弄小聪明，小把戏者，根本算不得真正商才。商才不能背离道德而存在，因此《论语》自当作为培养商才之圭臬。”从涩泽荣一的《〈论语〉与算盘》一书中可以切实地感受到孔子的义利观对后世影响之深远。

作为战国后期儒家的主要代表人物，荀子却和孔孟的尚义反利思想有所不同，他从性恶论和化性起伪的理论出发，明确认为义和利皆为人所固有的两种追求，只不过其中义是第一位的，利是第二位的，“义与利者，人之所以两有也，虽尧舜不能去民之欲利。然而能使其欲

---

① 涩泽荣一：《〈论语〉与算盘》，余贝译，九州图书出版社2012年版，第4页。

利不克其好义也……故义胜利为治世，利克义者为乱世”(《荀子·大略》)。也因此，荀子认为：“不学问，无正义，以富利为隆，是俗人者也”“惟利所在，无所不倾，若是则可谓小人矣。”(《荀子·儒效》)可见，荀子在义利的关系问题上比孔孟的观点要更符合人性存在的本来面目。尤其是他既反对以义反利的片面性，又鄙视“惟利所在，无所不倾”的不道德行为，这无疑是非常合理的。

墨子则明确反对儒家的义利观，提出义利统一和并重的思想。墨于认为义利是统一的，义即利。所以一方面墨子贵义，声称“天下莫贵于义”(《墨子·贵义》)。但另一方面，对什么是“义”的理解，他和同时代的思想家不同，而是主张义即是利。比如他主张考察统治者是否仁义，就应当要“观其中国家百姓人民之利”(《墨子·非命上》)。可见，在墨子看来，百姓人民之利乃是最高的“义”。

墨子这个义利统一的思想到了明清之际发展为义利并重的学说。由于直接秉承儒家尚义反利思想传统的宋明理学，把义与利绝对割裂了，特别是朱熹竭力推崇的“正其谊不谋其利，明其道不计其功”(董仲舒语)之类的立场显然是有悖情理的。于是，明清一大批具有启蒙思想的伦理学家，便在批判宋明理学的基础上提出了义利并重的观点。这其中的主要代表人物是颜元。他在其《四书正误》这部具有启蒙思想的著作中曾这样写道：“后儒乃云正其谊不谋其利，过矣；宋人喜闻之，以文其空疏无用之学。予尝矫其偏，改云：正其谊以谋其利，明其道以计其功。”可以说，这一义利并重的思想，强调在正义明道的前提下追逐功利的思想在当时的历史条件下显然具有相当进步的意义。

道家的态度与儒墨均不相同，既排斥利，亦摈弃义。庄子认为：“死生无变于己，而况利害之端乎?”(《庄子·齐物论》)这一义利皆斥的思想源于道家崇尚自然无为的基本观点。因为义利皆属人为，所以它们均遭道家的排斥和鄙视。

在上述诸种义利之辩观点的梳理中可以发现，义利统一是古代伦理思想家最认可的理想境界。当义利发生冲突时，儒家的尚义反利和重义轻利的传统对我们民族的文化心态影响最大。正因为这一影响，也就使得在我们中国的传统伦理文化中积淀了一种深沉的重义轻利的传统价值观。而且，特别值得指出的是，这样一个传统对已经习惯于市场经济条件下谋求利润最大化的现代人如何进行道德抉择显然是有积极的启迪意义的。

欲(道)理之辩 在中国古代伦理学家那里，欲，即是指欲望、人欲；理，则是指理性的规范或称理智的原则。在古人看来，人有七情六欲，但是人更有着理性、理智的能力。对于人欲是否应该满足它以及如何满足它，这也成为古代伦理思想家们讨论的一个基本问题。这一探讨在中国古代伦理思想史上就具体表现为绵延不绝的欲(道)理之辩。

先秦儒家和墨家都主张节欲。孔子说过：“七十而从心所欲，不逾矩。”(《论语·为政》)孟子则称：“养心莫善于寡欲。其为人也寡欲，虽有不存焉者，寡矣。”(《孟子·尽心下》)因而在孔孟看来，人不可能无欲，但欲又是必须有节制的。这个节制的标准就是“仁义”。比如孟子就说：“生，亦我所欲也；义，亦我所欲也，二者不可得兼，舍生而取义者也。”(《孟子·告子上》)

荀子比孔孟更倾向于承认人之欲。他反对片面去欲或寡欲，认为人的欲望只要善于节制即是合理的：“虽为天子，欲不可尽；欲虽不可尽，可以近尽也；欲虽不可去，求可节也。”(《荀子·正名》)所以荀子对人欲的基本伦理态度是：“进则近尽，退则求节。”(《荀子·正名》)为此,荀子还论述了节欲的必要性。在他看来,每个人都追求自己个人的欲望,于是欲望与欲望之间必然产生矛盾和冲突:“人生而有欲,欲而不得,不能无求,求而无度量分界,则不能不争;争则乱,乱则穷。”(《荀子·礼论》)至于如何节欲,荀子认为必须以道制欲。“以道纠欲,则乐而不乱;以欲忘道,则惑而不乐。故乐者,所以道乐也。”(《荀子·乐论》)

墨子也持节欲的观点。墨子重苦行,庄子就曾说墨子“生不歌,死无服”(《庄子·天下》)。但墨子从经验论出发,同样承认人的基本欲望应该满足。他曾这样说过:“民有三患:饥者不得食,寒者不得衣,劳者不得息。三者民之巨患也。”(《墨子·非乐上》)可见,他主张人之基本的衣食之欲是必须满足的。因而墨子节欲观所反对的是侈欲:“为其目之所美,耳之所乐,口之所甘,身体之所安,以此亏夺民衣食之财,仁者弗为也。”(《墨子·非乐上》)据史书记载,墨子及其弟子的一生正是节侈欲、重苦行的一生,其德行颇受后人的敬仰。

与儒墨两家不同,道家主张无欲。比如老子就认为:“不欲以静,天下将自正。”(《老子》三十七章)当然,老子也无法否认人从根本上讲是有欲的,故他声称“无欲”乃是指人应知足常乐,使欲望降低到最小的程度:“罪莫大于可欲,祸莫大于不知足,咎莫大于欲得,故知足之足,常足。”(《老子》四十六章)庄子也主张人生应当无欲。他认为“其嗜欲深者,其天机浅”(《庄子·大宗师》)。由此,他主张“同乎无欲,是谓素朴,素朴而民性得矣”(《庄子·马蹄》)。

值得注意的是,在中国古代也有放纵欲望的伦理观。《荀子·非十二子》中曾记载过这一主张:“纵情性,安恣睢,禽兽行。是它嚣魏牟也。”由于它嚣、魏牟其人其事已不可详考,所以后人也无法确切地了解他们是如何放纵欲望的。魏晋时代,在“任其自为”的人生观指导下,纵欲说开始不仅在理论上较系统地阐述,而且在实践中被极多的人所奉行。比如在《列子·杨朱》中就有这样的记载:“人之生也,奚乐哉?为美厚尔,为声色尔!……养生,恣耳之所欲听,恣目之所欲视,恣鼻之所欲向,恣口之所欲言,恣体之所欲安,恣意之所欲行。”而且,在《列子·杨朱》的作者看来,世人之所以不敢为所欲为,而要一味地称节欲、寡欲或无欲,此皆为名声性命所累:“生民之不得休息,为四事故:一为寿,二为名,三为位,四为货。有此四者,畏鬼畏人,畏威畏刑,此之谓遁人也。可杀可活,制命在外,不逆命,何羡寿?不矜贵,何羡名?不要势,何羡位?不贪富,何羡货?此之谓顺民也。”这显然已是一种极端的纵欲主义观点了。

继魏晋玄学思潮之后,重新恢复儒学权威的宋明理学在欲理问题上则把儒家的节欲理论发展至极端。开理学先河的周敦颐就倡导“无欲”说。他认为,孟子提倡“寡欲”还不够,而应当寡而至于无,才可以达到“圣人”的境界,“孟子曰:养心莫于寡欲。……予谓,养心不止于寡焉而存耳,盖寡焉以至于无”(《周子全书·养心亭说》)。由此,他还把孔孟的圣人教诲直接概况为一个原则:无欲。他说:“圣可学乎?曰:可。曰:有要乎?曰:有。请闻焉!曰:一为要。一者,无欲也。”(《周子通书》)二程也持无欲的立场:“甚矣,欲之害人也!人之不善,欲诱之也。诱之而弗知,则至于天理灭而不知反。”(《二程集·遗书卷二十五》)“养心莫善于寡欲,不欲则不惑。”(《二程集·遗书卷十五》)朱熹也直接继承了周敦颐和二程在欲理关系上的立场,他明确把“理”与“欲”对立起来:“学者须是革尽人欲,复尽天理,方始为学。”(《朱子语类》十三)因为在朱熹看来,“人欲云者,正天理之反耳,谓因天理而有人欲,则可;谓人欲亦是天理,则不可。盖天理中,本无人欲;惟其流之有差,遂生出人欲来”(《答何叔京》)。由此,朱熹认为“存理灭欲”是一个人德性修养的最重要功夫。

朱熹等宋明理学家如此这般地主张“存天理，灭人欲”，但世人只要凭常识就可以知道，这个存理去欲的学说有一个悖理的地方，这就是人欲的存在是一个客观的事实，否则人之生命将不复存在。为了解决这个矛盾，朱熹只得对存理灭欲说作一个理论补充，他承认最基本的人欲乃是天理。比如，当他的学生“问饮食之间，孰为天理孰为人欲?”时，朱熹也只得答曰：“饮食者，天理也；要求美味，人欲耳。”(《朱子语类》十三)朱熹对存理去欲说的这一补充，貌似使理论完善了，但实质上恰恰暴露了这一“存天理，灭人欲”之伦理主张的虚妄性。

值得一提的是，在宋明理学家中，南宋时的陆九渊反对将天理与人欲的对立。在陆九渊看来理欲是一致的：“天理人欲之言，亦自不是至论。若天是理，人是欲，则是天人不同矣。”(《陆九渊集》卷三十四《语录上》)“天理人欲之分，论极有病”(《陆九渊集》卷三十五《语录下》)这一思想来自理学阵营内部显然是很可贵的。同样可贵的还有来自程朱学派后学的一些学者。比如明代的罗钦顺。他就对前辈不无批评地说，人的欲望是天性所有，有其不可改变的必然性，它不是人所能去掉的。他说：“先儒多以去人欲、遏人欲为言，盖所以防其流者不得不严，但语意似乎偏重。夫欲与喜怒哀乐，皆性之所有者。喜怒哀乐又可去乎?”(《困知记》)可见，在他看来人的欲望与喜怒哀乐一样，都是人本性中所具有的，怎么能去掉呢？但遗憾的是，陆九渊、罗钦顺的这一天理与人欲相一致的观点并非理学的主流。

正是对宋明理学家在欲理问题上所持观点的拨乱反正，清初的王夫之明确提出了天理人欲统一的观点。在《周易外传》中他有了如下一个著名的命题：“有是故有非，有欲斯有理。”这无疑是开了理存于欲说的先河。

理存于欲说的最著名代表是戴震。在《孟子字义疏证》中，他明白了当地声称：“理者，存乎欲者也。”“天理者，节其欲而不穷人之欲也。是故欲不可穷，非不可有。有而节之，使无过情，无不及情，可谓之非天理乎。”他还以大禹治水为例说明欲望不可堵只可疏的道理：“禹之行水也，使水由地中行；君子之于欲也，使一于道义。治水者徒恃防遏，将塞于东而逆行于西，其甚也，决防四出，泛滥不可救。自治治人，徒恃遏御其欲亦然。”(《原善》)特别有启蒙意义的是，戴震在这个理存于欲说的基础上，深刻批判了宋明理学家存理灭欲的实质是“以理杀人”：“圣人之道，使天下无不达之情；求遂其欲，而天下治。后儒不知情之至于纤微无憾是谓理；而其所谓理者，同于酷吏所谓法。酷吏以法杀人，后儒以理杀人。”(《孟子字义疏证》)由此，在戴震看来，宋明理学家即使一般不否认人的饮食男女之欲，但毕竟制欲太甚，使许多人不能达其欲而忧郁致死，而这就是以理杀人。

戴震纪念馆

如果对理欲之辩作一简单的评述，或许可以这样认为，纵欲说、无欲说和存理灭欲说均有悖人性，因而不免失之偏颇。唯有先秦儒家的节欲说从根本上讲是比较正确和合理的，虽然这一学说经过后来宋明理学的改造也变得不近情理，甚至带有浓郁的禁欲主义色彩，但那只是思想史在流变过程中出现的异化现象。我们不应该因此而对以孔孟为代表的节欲理论也通盘地持否定态度。当然，也应该意识到由于宋明理学的缘由，它使我们传统的伦理文化在形成了合理的以理制欲的道德理性原则的同时，也不可避免地带有反人性的禁欲主义色彩。这无疑又是我们必须予以摈弃的。

人我之辩　自我与他人的关系问题，构成人生的一个很重要的事实存在，也是人类道德冲突和纷争很重要的一个根源。中国古代伦理思想家对这样一个问题的探讨，具体就表现在人我之辩中。

墨家明确主张“兼爱天下”的利他主义精神。孟子在谈到墨子时曾这样说过：“墨子兼爱，摩顶放踵，利天下，为之。”(《孟子·尽心上》)这是对墨家利他主义思想的最早最直接的具体描述。而在《庄子·天下篇》中更是对墨家所崇尚的利他主义理论主张作了如下的记载：“墨子称道曰：昔者禹之湮洪水，决江河，而通四夷九州也，名川三百，支川三千，小者无数，禹亲自操耒耜……腓无胈，胫无毛，沐甚雨，栉疾风，置万国。……日夜不休，以自苦为极……虽枯槁不舍也。”可见，墨子极为推崇大禹的自我牺牲精神，并以此为效法对象。而且，他和他的弟子们在自己的生活实践中的确是以“兼爱天下”的胸怀，在“自苦为极”过程中，实现利他主义的道德理想追求的。

浙江绍兴的大禹陵

儒家也积极主张忧国忧民的利他主义精神。孔子一生所积极从事的社会活动，都是这样一个利他精神的具体体现。但儒家似乎不如墨家那样具有“摩顶放踵”“以自苦为极”的积极进取性，而是更倾向于主张“用之则行，舍之则藏，唯我与尔有是夫”(《论语·述而》)。比如，当孔子周游列国，到处碰壁后，便居家隐退，从事教学和整理古籍的活动。孟子把孔子这一“用之则行，退之则藏”的思想进一步阐发了，以他的话说就是“得志，泽加于民；不得志，修身见于世。穷则独善其身，达则兼善天下”(《孟子·尽心上》)。

儒家的这个思想虽然没有墨家那样崇高那样带有理想主义色彩，也可以说这是一种有所保留的利他主义精神，但这种“独善”与“兼善”的态度却更为现实也更符合人生处世的原则。也因此，儒家这一“穷则独善其身，达则兼善天下”的人生态度较之墨家在尔后的中国思想史上发生了更大的影响作用。

而且，儒家尤其要求最高统治者恪守修己利人之道。在儒家看来这其中的道理很简单，因为它可以达到“正一人以正朝廷，正朝廷以正百官，正百官以正天下”的效果。所以朱熹说：“天下之事，千变万化，其端无穷，而无一不本于人主之心者，此自然之理也。故人主之心正，则天下之事无一不出于正；人主之心不正，则天下之事无一得由于正。”(《朱文公文集》卷十一)从中国古代历史上看，这一修己利人之道曾成为汉文帝的人生修养原则。他不仅要求朝廷百官注重以儒术修身，而且自己也身体力行。据《资治通鉴》记载，汉文帝在位二十三年，皇宫财产却没有丝毫增加。有一次，他想建一座观景台，一听造价要一百斤黄金，相当于十户中等人家的财产，就放弃了这个计划。他自己平时身穿黑色的粗丝衣服，他宠爱的慎夫人也不穿拖曳到地上的长裙，宫室内的帷帐不准刺绣绘花。文帝晚年，社会上厚葬成风，为了反对这种恶俗，他把自己的后事安排得很简单：不修高大的坟墓，只顺着山势挖个洞安放棺材，还规定随葬品中一律不准使用金银铜等贵重物品，用的都是瓦器。一个帝王能这样保持修己利人之道，在中国古代历史上的确是难能可贵的。也因此他统治的时期，成了中国古代历史上屈指可数的最好时期之一。

与儒墨的利他主义精神相比，杨朱及庄子在人我之辩中则颇有"为我"的思想。杨朱是战国时代人。据有限的史料记载，他的伦理思想是推崇极端个人主义的。这正如孟子所批评的那样："杨子取为我，拔一毛而利天下，不为也。"由此，孟子愤愤地斥之道："杨氏为我，是无君也。"(《孟子·滕文公下》)先秦诸子中的庄子也颇有"为我"的思想，他认为"为善无近名，为恶无近刑，缘督以为经，可以保身，可以全生，可以养亲，可以尽年。"(《庄子·养生主》)可见，在庄子看来，"恶"固然不为，但"善"也不必为。一个人最要紧的是保身全性以尽天年。这在某种意义上也可以说是一种利己主义的追求。

苏州范仲淹纪念馆

如果对人我之辩作点总结的话，那么也许可以说，在诸家学说中只有儒墨主张的利他主义甚至自我牺牲精神构成了我们的传统伦理价值观。正是在这一主流伦理价值观的熏陶和规范下，中华民族形成了悠久的利他主义、自我牺牲的伦理传统。这种思想传统不仅大量地体现在如"先天下之忧而忧，后天下之乐而乐"(《岳阳楼记》)的范仲淹那样的志士仁人身上，而且也普遍体现在普通民众在生活方式上信奉"推己及人，将心比心"的生存理念上。也因此，与西方文化不同，个人主义在中国传统文化中从来是被"道统"所否定的。

志功之辩　中国伦理思想史上的志功之辩涉及的是伦理学理论中的动机与效果的关系问题。志功之辩所要探讨的问题是道德的标准问题，也就是说，是以"志"还是"功"抑或"志

功合一”去评价一个人是否有德行的问题。

墨子最早提出志功问题。“鲁君谓子墨子曰：我有二子，一人者好学，一人者好分人财，孰以为太子而可？子墨子曰：未可知也。或所为赏誉为是也，钓者之恭，非为鱼赐也，饵鼠以虫，非爱之也。吾愿主君之合其志功而观焉。”(《墨子·鲁问》)这里记载的是，鲁国的国君有两个儿子，一个好学，一个不贪财，他不知道该让谁做太子。于是，他来请教墨子。墨子告诉他：“我也无法知道答案。因为钓鱼的人恭顺，并不是为了给鱼以恩赐；用下了毒药的虫子喂老鼠，并不表明喜爱老鼠。希望主君能结合他俩的主观动机和客观效果来观察他们。”可见，在墨子看来，行为评价的标准只能是“合其志功而观”。这是动机与效果统一的观点。与此同时，当志功无法统一，或者说当功效尚未出现时，墨子也强调动机的重要性。“巫马子谓子墨子曰：子兼爱天下，未云利也，我不爱天下，未云贼也。功皆未至，子何独自是而非我哉？子墨子曰：今有燎者于此，一人奉水将灌之，一个掺火将益之，功皆未至，子何责于二人？巫马子曰：我是彼奉水者之意，而非掺火者之意。子墨子曰：吾亦是吾意，而非子之意也。”(《墨子·耕柱》)可见，墨子认为在“功皆未至”的情况下，则应该注重考察主体的行为动机以作善恶的评价。比如墨子这里举的例子：看见有地方不慎着火了，一个人准备用水去灭火，另一个人却准备火上浇油，虽然都还没有付诸行动，但是，世人责备的肯定是那个想去火上浇油的人。

孔子没有专门论述过志功问题，但他评论他人是否达到“仁”的境界时，主张志功并重，以志为先的基本评价标准。孔子有时强调“功”：“桓公九合诸侯，不以兵车，管仲之力也。如其仁，如其仁。”(《论语·宪问》)但是他更强调“志”：“微子去之，箕子为之奴，比干谏而死。孔子曰：殷有三仁焉。”(《论语·微子》)殷商时期的这三人面对纣王的暴政，微子选择离开，箕子留下来力图劝喻，比干则因谏言而惨遭挖心之刑，三人功异但志同，所以孔子均称其为仁者。这显然又是从动机中评判的。孟子虽尚义反利，但并无尚志反功的观点。相反，在注重仁义之心推崇“尚志”的同时，他也承认“功”在道德评价中的作用。比如孟子曾盛称管仲之“功”：“当今之时，万乘之国行仁政，民之悦之，犹解倒悬也。故事半古之人，功必倍之，惟此时为然。”(《孟子·公孙丑上》)孔孟这种对“功”的肯定，虽受“尚义反利”思想的限制，但毕竟是合理的和有意义的。

宋明理学的思想家没有专门讨论志功问题，因为理学更注重“存天理，灭人欲”的探讨。但据史籍记载，从朱熹和陈亮对汉高祖和唐太宗的不同评价中，后人还是可以发现两人分别有“重志”和“重功”之别。朱熹鄙视汉高祖和唐太宗，这主要是从“志”上予以否定的：“视汉高祖唐太宗之所为而察心，果出于义耶？出于利耶？……吾恐其无一念之不出于人欲也。”(《答陈同甫》)陈亮则从“功”上肯定了汉高祖和唐太宗：“汉唐之君本领非不洪大开廓，故能以其国与天地并立，而人物赖以生息。”(《答朱元晦》)从朱熹与陈亮的“重志”与“重功”之争中，可以看出两人在志功问题上是各有偏重的。显然，相比于墨子及孔子强调的志功并重的思想，宋明理学家们的思想可以说是一种理论倒退。

从对儒墨的志功观的考察中可以发现一个基本的事实，这就是在中国传统伦理文化中有着悠久的动机与效果统一的思想传承。这样一个正确的道德评价标准观的确立，可以使我们比较有效地避免道德行为实践中功利主义的片面性。这也是中国传统伦理思想史上从来没有出现如西方曾有过的动机论和效果论各执一偏的一个重要的认知根源。这一思想对我们今天的道德实践及其评价无疑有着积极的启迪意义。

生死之辩 生死是每一个人在其人生最后都要思考的重要问题。生的价值在死那里丧失了，而死又是不可避免的。因此，如何生才能不畏死，如何死又能转换成为生，即死而不朽的问题，就很自然地在中国古代伦理思想家那里以生死之辩的形式被讨论和探究。

儒家对生死问题一贯持“生则乐生，死则乐死”的态度。比如，孔子对于死的问题就不太注重。曾有学生“敢问死。子曰：未知生，焉知死！”（《论语·先进》）这是一种“人事天命”的理性而务实的心态。孔子的得意门生曾子对死亡有“以死为息”的说法：“曾子有疾，召门弟子曰：启预足，启予手。《诗》云‘战战兢兢，如临深渊，如履薄冰。’而今而后，吾知免夫！小子！”（《论语·泰伯》）由于曾子把人生理解为一种谨慎勉力的重负，因而在他看来，死可以把这一切重负都免去。也由于儒家在死的问题上采取了一种较为洒脱超然的态度，所以在其伦理价值原则和人生至道的追求中因为不畏死而强调“杀身以成仁”（《论语·卫灵公》）、“舍生而取义”（《孟子·告子上》）的壮举。这无疑是有积极意义的。

道家在生死问题上持“生死齐一”的思想。在庄子看来，生死无非是自然之变化：“死生，命也；其有夜旦之常，天也。人之有所不得与，皆物之情也。”（《庄子·大宗师》）可见，与儒家的立场相类似，庄子也认为必须对死采取超脱的态度：“夫大块载我以形，劳我以生，佚我以老，息我以死。故善吾生者，乃所以善吾死也。”（《庄子·大宗师》）尤其独特的是，庄子还提出了生死齐等的观点：“胡不直使彼，以死生为一条”（《庄子·德充符》）；“孰能以无为首，以生为脊，以死为尻，孰知生死存亡之一体者”（《庄子·大宗师》）由此，庄子认为对生死必须有“不知说（悦）生，不知恶死”（《庄子·大宗师》）的洒脱超然之心境。也是缘于这样的道理，在《庄子·至乐》中有庄子妻死，而庄子鼓盆而歌的记载：“庄子妻死，惠子吊之，庄子则方箕踞鼓盆而歌。惠子曰：‘与人居，长子老身，死不哭亦足矣！又鼓盆而歌，不亦甚乎？’庄子曰：‘不然。是其始死也，我独何能无概然！察其始而本无生，非徒无生也而本无形，非徒无形也而本无气。杂乎芒芴之间，变而有气，气变而有形，形变而有生，今又变而之死，是相与为春秋冬夏四时行也。人且偃然寝于巨室，而我嗷嗷然随而哭之，自以为不通乎命，故止也。’”（《庄子·至乐》）这个故事说的是，庄子的妻子死了，好友惠子前去吊唁，庄子却没事般地鼓盆而歌。惠子就责备他说：妻子死了你不哭也就罢了，还鼓盆而歌，这也太过分了。庄子的解释是：人最初本来就没有生命，后来有了生命，最后又变得没有生命，这就和自然界春、夏、秋、冬的更替一样自然。所以没有什么可以悲伤的。

庄子的后学直接继承了庄子的这些思想，提出了一系列颇为深刻的命题：“生之来不能却，其去不能止。”（《庄子·达生》）“生亦死之徒，死亦生之始，孰知其纪？人之生，气之聚也。聚则为生，散则为死。”（《庄子·知北游》）如此等等。庄子及道家学派对生死问题的论述一方面无疑充满了辩证法的睿智，但另一方面他们把生死视为齐一，便也否认了生之价值，这显然又失之偏颇。在这一点上儒家“未知生，焉知死”（孔子语）的观点对人生无疑更有积极意义一些。

在生死问题上中国古代伦理思想传统还有一大特点，这就是以儒家为代表的思想家们一般不相信灵魂不死，由此，哲人们更倾向于探讨死后如何不朽的问题。这事实上是一个死如何向生的转化问题。

在中国古代思想史上，早在《左传·襄公二十四年》中便有“三不朽说”：“太上有立德，其次有立功，其次有立言。虽久不废，此之谓不朽。”这一如何达到不朽的思想直接为尔后的思想家所继承。比如孔子说：“齐景公有马千驷，死之日，民无德而称焉。伯夷、叔齐饿于首阳之下，民到于今称之。”(《论语·季氏》)可见，在孔子看来，齐景公“有朽”，而伯夷、叔齐“不朽”。孟子也从功垂千古这一意义上讲不朽：“君子创业垂统，为可继也。”(《孟子·梁惠王下》)这正是儒家强调通过创业而使自己短暂生命走向永恒与不朽的基本含义。

也正是在这个德行不朽思想的影响下，儒家对生与死有了“生则乐生，死则乐死”的积极坦然态度。同样，也是在这个思想的熏陶下，中华民族形成了“杀身成仁”“舍生取义”的一种英雄主义精神。可以说，儒家这一对人之生死的基本伦理态度，就集中代表着我们传统伦理文化在生死观上的普遍一般心态。

这一生死问题上以不朽为伦理价值取向的心态对中华民族的文化与文明发展显然产生了极为积极的影响作用。事实上，中国古代的圣人贤者孜孜以求的莫不和这一“三不朽”相关。中华民族史上那些至今英名永存的人，比如老子、孔子、墨子、屈原、司马迁、李世民、李白、杜甫、苏轼、文天祥、成吉思汗以及严复、康有为、孙中山、毛泽东等人，无不是以其独特的创造和不懈的奋斗精神，或立德、或立功、或立言、或兼而有之，而使自己的生命永垂不朽的。中国古代的这一通过践形而走向不朽、因而从不追求虚无的灵魂不灭的人生观理论至今仍有着积极的意义，它可以激励我们为中华民族的伟大复兴而励精图治，艰苦创业，从而最终实现名垂史册、流芳千古的人生圆满境界。

浙江余姚王阳明故居“真三不朽”匾

三、理想人格的培养造就

理想人格的问题在道德实践领域里，可归结为道德行为主体所追求的道德理想。任何一种道德理论，归根到底要描绘出一种理想人格的模式和风范，从而为实现这样一个理想人格而展开自己的整个理论学说体系。中国古代哲学注重人生问题的探讨，而这个探讨的中心问题几乎可以说就是理想人格问题，即“人生至道”的追求与实现问题。从先秦时代起，几乎所有的思想家都建构了自己关于理想人格的学说。我们在这里只对其中最主要的理想人格理论作一简单的逻辑考察。

“仁义”的理想人格　这是儒家推崇的人生至道理想。这一道德理想由孔子最先提出，然后经过孟子、董仲舒、朱熹等人的阐发，在中国历史上形成了一套完整的对民族人格与品性产生巨大影响的人格理论。

孔子最早确立了仁义理想人格的基本内涵。孔子把“仁”的内涵规定为：“夫仁者己欲立而立人，己欲达而达人，能近取譬，可谓仁之方也已。”(《论语·雍也》)按照冯契先生的理解，孔子在这里对“仁”的解说包含有两层意蕴：一是人道原则。“仁者，二人”，故“仁”即肯定人的尊严，主张人与人之间的尊重与友爱，不仅“己欲立而立人，己欲达而达人”，而且“己所不欲，勿施于人”(《论语·颜渊》)。二是理性原则。肯定每个人都有仁义之心，而且人同此心，心同此理，即“能近取譬”。[①]

正是基于对“仁”的这样理解，孔子在《论语》中对仁的具体表现做了很多的罗列。比如说仁是爱人：“樊迟问仁，子曰爱人”(《论语·颜渊》)；仁是克己复礼：“颜渊问仁，子曰：克己复礼为仁，一日克己复礼，天下归仁焉。为仁由己，而由人乎哉？颜渊曰：请问其由！子曰：非礼勿视，非礼勿听，非礼勿言，非礼勿动。”(《论语·颜渊》)；仁是能爱憎分明：“惟仁者，能好人，能恶人”(《论语·里仁》)；仁是勇敢：“子曰：仁者必有勇”(《论语·宪问》)；仁是刚毅内秀：“刚毅木讷，近仁”(《论语·子路》)、“巧言令色，鲜矣仁”(《论语·学而》)；仁是不怕牺牲：“志士仁人，无求生以害仁，有杀身以成仁”(《论语·卫灵公》)；如此等等。可见，在孔子那里“仁”具有极多的表现形式，而其中的基本原则就是：“己欲立而立人，己欲达而达人。”(《论语·雍也》)这是“仁”的基本原则和标准。特别值得推崇的是，孔子还进一步认为“仁”是一种优雅快乐的人生境界，“仁者不忧”(《论语·子罕》)。但与此同时，他又强调了“仁”的境界不玄远也不神秘：“仁远乎哉？我欲仁，斯仁至矣。”(《论语·述而》)

林则徐手书的修身格言(拓片)

孟子直接继承了孔子的仁学思想，但他更注重从仁义并举的角度理解道德上的这一仁义理想人格。在他看来：“仁，人心也；义，人路也。舍其路而弗由，放其心而不知求，哀哉！”(《孟子·告子上》)可见，孟子讲“仁”和孔子略有区别：孔子谈“仁”注重行为，孟子则把“仁”理解为内心态度，而这种“仁”的内心态度表现在外就是“义”。所以孟子认为：“人皆有所不忍，达之于其所忍，仁也；人皆有所不为，达之于其所为，义也。”(《孟子·尽心下》)因此孔子讲“杀身成仁”，孟子讲“舍生取义”：“鱼，我所欲也；熊掌，亦我所欲也。二者不可得兼，舍鱼而取熊掌者也。生，亦我所欲也；义，亦我所欲也，二者不可得兼，舍生而取义者也。”(《孟子·告子上》)在这里，孟子事实上已初步探讨了在道德冲突中如何造就理想人格的问题。不仅如此，孟子还非常具体地描述过这种仁义理想人格的风貌：“富贵不能淫，贫贱不能移，威武不能屈。此之谓大丈夫。”(《孟子·滕文公上》)这是一种非常崇

① 冯契：《中国古代哲学的逻辑发展》(上卷)，华东师范大学出版社1997年版，第92页。

高的理想境界。孟子这个充塞仁义的大丈夫人格在中国历史的发展长河中显然产生了极为积极的影响作用。

自孔子孟子之后，许多思想家也都对“仁义”的理想人格作过探讨，其中董仲舒在继承孔孟基本思想的基础上，还提出了一些精辟独到的观点。比如在董仲舒看来，道德上的理想人格塑造要解决的是一个“人与我”的关系：“春秋之所治，人与我也。所以治人与我者，仁与义也。以仁安人，以义正我。故仁之为言人也；义之为言我也。”（《春秋繁露·必仁且智》）可见，在董仲舒看来，仁为爱，而仅爱自我非是仁，唯有同时也爱他人方为仁；义为正，而仅正他人非是义，只有同时也能正己方为义。这样，孔子“己欲立而立人，己欲达而达人”（《论语·雍也》）的人道和理性原则在这里就被进一步具体化了。

作为一种王者之道，儒家还特别要求统治者必须“爱人”，即行仁政。这就如孟子所言：“惟仁者宜在高位。”（《孟子·离娄上》）仁政的具体内容就是孔子曾一再希望的统治者应养民、利民、富民、惠民、教民、博施于众。董仲舒甚至断言：“王者爱及四夷，霸者爱及诸侯，安者爱及封内，危者爱及旁侧，亡者爱及独身。”（《春秋繁露·仁义法》）可见，统治者所爱之面的广狭，直接关系到他统治范围的广狭和统治地位稳固的程度。由此，儒家始终劝勉统治者为政施仁，“以不忍人之心，行不忍人之政”（《孟子·公孙丑上》）。仁政对帝王将相治理国家的积极意义在于能够起到率先垂范的作用。这就正如孔子所言：“政者，正也；子率以正，孰敢不正？”（《论语·颜渊》）“其身正，不令而行；其身不正，虽令不从。”（《论语·子路》）这些关于统治者人格塑造的教谕在中国古代历史上曾产生过积极而深远的影响。

“兼爱”的理想人格　这是墨家学派的人生理想。他们把“兼爱”视为道德上最高的善。这一思想为墨子最早创立，后来经过后期墨家的弘扬，形成了在当时也极有影响的一种成人之道理论。

正如《吕氏春秋》总结的那样：“孔子贵仁，墨翟贵兼。”（《吕氏春秋·不二》）在墨子的伦理学说中，兼爱是其主张的道德之本和人生至道的理想：“兼者，圣王之道也，王公大人之所以安也，万民衣食之所以足也。”（《墨子·兼爱上》）“若使天下兼相爱，爱人若爱自身，……不慈者，盗贼，战争皆亡矣。”（《墨子·兼爱上》）正是从这个意义上，可以认为孔子和墨子的理想人格思想都是充满人道主义精神的。

周文王像

墨子还具体描绘了一个“兼爱”的理想社会和理想人格：“天下之人皆相爱，强不执弱，众不劫寡，富不侮贫，贵不傲贱，诈不欺愚。凡天下祸篡怨恨可使毋起者，以相爱生也。”（《墨子·兼爱中》）当然，与儒家不同的是，墨子又是道德问题上的功利主义者，故他强调“兼相爱，交相利”，认为：“爱人者，人必从而爱之；利人者，人必从而利之；恶人者，人必从而恶之；害人者，人必从而害之。此何难之有？”（《墨子·兼爱中》）可见，墨子非常强调“兼爱”则人己两利的思想。但与此同时，作为人生的最高理想，墨子又提出了一种无功利的“兼爱”情怀：“文王之兼爱天下之博大也，譬之日月，兼照天下之无有私也。”（《墨子·兼爱下》）这种带着博爱情怀的爱犹如日月之光普照大地，而从不企望从中获得些什么私利回报的“兼爱”理想，其实也是墨子自己所躬身践行的一种理想人格。从这一点上讲，墨子的功利主义道德学说与西方的功利主义伦理观相比，显然又带有更多的利他主义特性。

后期墨家在道德理想人格方面继承了墨子“兼爱”的成人之道思想，并作了进一步的阐发。比如墨子讲“兼爱”是不分彼此和远近，在原则上是一律平等的。但在道德的现实生活中，这种一律平等而视的爱只是一种抽象的可能性。于是，与孟子同时代的后期墨家学派人物夷之对这个问题作了进一步的探讨和阐发。他说：“之则以为爱无差等，施由亲始。”（《孟子·滕文公上》）可见，夷之认为虽然讲“兼爱”，但是真正实行的时候应该从最亲近的人那里开始，比如父母和兄弟姐妹。后期墨家的其他思想家对这一问题同样进行了颇多的研究，譬如他们提出的“伦列”思想：“义可厚，厚之；义可薄，薄之；谓伦列。德行，君上，老长，亲戚，此皆所厚也；为长厚，不为幼薄，亲厚厚，亲薄薄，亲至，薄不至。”（《墨经》）这即是说，爱无厚薄，不分彼此，但付诸实施时可分厚薄。因此“兼爱”在具体的实施过程中必然有一个秩序问题。《墨经》中的这一“伦列”思想无疑使“兼爱”的理想由抽象而变得具体了。这显然是理论上的一个进步。

由于儒家和墨家都在道德学说中强调一种人道主义原则，因而儒、墨两家在成人之道的探求和道德理想人格的建构方面常常是相通的。也因此，在儒家所勾画的“大同”理想中，可以看到渗透着墨家的“兼爱”情怀：“大道之行也，天下为公。选贤与能，讲信修睦。故人不独亲其亲，不独子其子，使老有所终，壮有所用，幼有所长，矜寡孤独废疾者皆有所养。男有分，女有归。货恶其弃于地，不必藏于己，力恶其不出于身也，不必为己。是故谋闭而不兴，盗窃乱贼而不作。故外户而不闭，是谓大同。”（《礼记·礼运》）这个大同的理想社会，无疑正是儒家“仁爱”和墨家“兼爱”理想人格的具体实现。从中华民族千百年的历史发展中，我们可以发现，《礼运》的这一以“兼爱”为基础的“天下为公”的理想，对中国历代志士贤人的道德理想人格追求发生了广泛而深远的影响。

孙中山《礼记·礼运》手迹

“无为”的理想人格　在先秦哲学中，除“仁义”与“兼爱”的理想人格理论之外，还有一个极有影响的道德理想学说，这就是道家的“无为”说。老子作为道家学派的创始人，最早勾勒“为而不争”（《老子》八十一章）的“无为”人格风貌。庄子则把这一“无为”理想集其大成，从而在百家争鸣中使道家成为当时非常有影响的一个学派。

事实上，在中国古代早期思想史上，其理论影响最广泛和深刻的除了孔子当推老子。因为他建立了一个以“道”为基础的博大精深的思想体系。在成人之道的探求方面，他创立了独特的“无为”人格理论。老子认为儒、墨在道德上注重人道，强调教化，这在他看来是不自然的。他曾这样写道：“大道废，有仁义；智慧出，有大伪；六亲不和，有孝慈；国家昏乱，有忠臣。”（《老子》十八章）老子认为人的道德无非是对天道的一种顺从：“人法地，地法天，天法道，道法自然。”（《老子》二十五章）而自然本身是无为的。但这种无为却又是“天网恢恢，疏而不失”（《老子》七十四章）。所以在老子看来，这种人格其实是一种无为中的有为。

为了使他的“无为”理想人格具有说服力，老子还进一步论证“有为”对人生的危害性。在他看来，“有为”总带给人许多失败和烦恼：“为者败之，执者失之，是以圣人无为故无败，无执故无失。”（《老子》六十四章）于是，老子断言：“为学日益，为道日损，损之又损之，以至于无为、无为而无不为。”（《老子》四十八章）老子甚至声称人类应复归婴儿：“含德之厚，比于赤子”；“常德不离，复归于婴儿。”（《老子》二十八章）因为在老子看来，婴儿是无为的，因着这种无为，所以婴儿是最有德的。为了达到这种“无为”之境，老子还探讨了基本的方法论原则。老子曾这样概括这个人生处世的方法：“我有三宝，持而宝之：一曰慈，二曰俭，三曰不敢为天下先。慈，故能勇；俭，故能广；不敢为天下先，故能成器长。今舍慈且勇；舍俭且广；舍后且先；死矣。”（《老子》六十七章）

可见，老子在这里宣称的是一种无道德境界的道德境界，人生所追求的成人之道被理解为“无为而无不为”（《老子》三十七章）。由于任何道德追求中的仁义或兼爱均属人为，因而在老子看来，这都不是理想的人格境界。

道家的这一理想人格思想至庄子而集其大成，所以后人合称“老庄理想”。庄子直接继承了老子的思想，明确认为善恶皆“有为”，故对人性皆有所累：“为善无近名，为恶无近刑，缘督以为经，可以保身，可以全生，可以养亲，可以尽年。”（《庄子·养生主》）可见，庄子的观点与老子一样，因为善与恶会被“名”“刑”所累，所以唯有“无为”才构成道德上的最高理想境界。在庄子眼中的成人之道是：“至人无己，神人无功，圣人无名。”（《庄子·逍遥游》）而且，这种无己、无功、无名的理想人格也是庄子自己身体力行的人生最高准则。也因此，我们在史籍中可以读到庄子拒聘为相的记载：“楚威王闻庄周贤，使使厚币迎之，许以为相，庄周笑谓楚使者曰：‘千金，重利；卿相，尊位也；子独不见郊祭之牺牛乎？养食之数岁，衣以文绣，以入太庙，当是之时，虽欲为孤豚，岂可得乎？子亟去，无污我。我宁游戏污渎之中以自快，无为有国者所羁，终身不仕以快吾志焉。’”（《史记·老子韩非列传》）

庄子还对“无为”进行了本体论上的证明：“天地有大美而不言，四时有明法而不议，万物有成理而不说。圣人者，原天地之美，而达万物之理。是故至人无为，大圣不作，观于天地之谓也。”（《庄子·知北游》）庄子正是在这一本体论的基础上，把“无为”的最高理想境界描述为天人合一的理想人格境界。要达到这种境界的一个基本原则是“惟无不忘”：“忘乎物，忘乎天，其名为忘己。忘己之人，是之谓入于天。”（《庄子·天地》）在庄子看来，一旦达到这样一个“忘己入天”的境界，人在自己的人生活动中就不以物喜，不以物悲，不以物挫志，不以物伤情，“喜怒哀乐，不入于胸次。……贵在于我而不失于变。且万化而未始有极也，夫孰足以患心？”（《庄子·田子方》）

可见，庄子不仅直接继承了老子“无为”理想的主要思想，而且还作了重要的阐发，尤其是“忘己入天”与天人合一的思想的提出，更是对道家理想人格理论的一个带有独创性的继承与发挥。

魏晋时期，无为思想又再度兴起。特别是这一时期的无为思想与玄学相结合，使“无为”的成人之道理论披上了神秘玄奥的色彩。这一期间“无为”说的推崇者主要有王弼、阮籍、嵇康、向秀、郭象等人。这些思想家不仅在理论上进一步阐发了无为的学说，而且还在自我人

陈洪绶《竹林七贤图》(明)

生实践上孜孜以求,乐此不疲,形成了后人称之为魏晋风度的人生态度与人格风范。

当然,魏晋时期的无为思想在总体上毕竟没能超出老庄,只是在个别问题的阐述方面提出了一些独到的见地。比如向秀和郭象在《庄子注》中提出一个"无为乃任其为"的观点。在老庄那里,"无为"的理想常被一些人误解为无己、无功、无名等无所作为,但事实上在人的生存活动中这是不可能做到的。比如庄子不仅为了生计还得去编草鞋卖,而且他拒聘为相也是一种"有为"。因此,人生的存在显然是必须"有为"的。于是,《庄子注》的作者对这个问题作了进一步的阐释:"无为者,非拱默之谓也。直各任其自为,则性命安矣。"可见,道家所理解的道德理想人格的"无为",并非不为,事实上是有所为和有所不为。但由于这是一种"顺性而动"之为,所以它乃属"无为"的范畴。也就是说,只要不违背天道自然的本性,任何有为皆是"无为"。所以尧舜禅让是"无为",周武征伐也属"无为"。向秀、郭象的这个思想无疑是对老庄"无为"理论的一个补充和完善,因而在理论上可谓一个不小的进步。

其实,"无为"的理想人格是充满矛盾的。人是有目的存在物,因而必然要有追求某种目的的行动,这原为人之自然本性。道家一味主张人应当"无为",这恰恰违背了人之自然之性。而且,"无为"的理想人格在带给人无为而为的智慧的同时,也容易使道德主体陷于一种貌似豁达解脱,实质却是走向宿命论的迷误之中。比如庄子就有这样的语录:"得者,时也;失者,顺也。安时而处顺,哀乐不能入也。此古之所谓悬解也。"(《庄子·大宗师》)这显然是一种宿命论的人生观。可见,尽管道家的这一人格思想透露着某种超越自我、张扬个性、崇尚自由的理性自觉和主体精神,但其实质上正如有学者指出的那样,它反映了面对强大的社会压迫与桎梏而虚无避世,只能陶醉在消极退缩的自我幻想型隐士人格的追求与慰藉之中的社会现实。[①] 这无疑是道家的道德人格留给传统文化一个消极的应当被扬弃的东西。

"空灵"的理想人格　从汉代开始传入中国的佛教,"源于印度,成于中国"。如果撇开佛家三世轮回、涅槃寂静等多少带有神秘主义色彩的成分,而仅就其教义中内蕴的理想人格方面的思想作一探究,便可发现佛家的学说可以用"空灵"二字概括。

① 余潇枫等:《人格之境:类伦理学引论》,浙江大学出版社2006年版,第76页。

在佛家看来，小千世界、中千世界和大千世界构成“三千大千世界”，[1]这是世界万事万物存在之总括。如何看待这一大千世界？佛家从“色不异空，空不异色，色即是空，空即是色”（《般若心经》）的基本观点出发，认为可以用一个字来概括，这就是以“空”观之。在佛家的智慧看来，只有了悟“空”字之真谛，方能称了悟佛法。也因此，禅宗经典《坛经》中记载了这样一则著名的典故：弘忍欲求法嗣，让诸僧自取本性般若，各作偈语，以验悟性高下，从而付传衣钵。于是，上座神秀在半夜三更，在南廊下中间壁上秉烛题成一偈道：“身是菩提树，心如明镜台，时时勤拂拭，莫使有尘埃。”当时，慧能在碓房舂米，听童子唱诵此偈，就烦请童子带到南廊下，也作一偈，因慧能不识字，就请人在南廊西间壁题道：“菩提本无树，明镜亦非台，佛性常清净，何处惹尘埃。”（《坛经·行由品》）结果慧能因了悟“空”的真谛而得传承弘忍的衣钵。慧能也因此而被尊为禅宗六祖。

可见，佛家的空观说以破除世人对身外之物的贪心执迷为指归。佛门认为，人生因着贪、嗔、痴“三毒”等诱惑而必然造下诸多的业障。在人生“三毒”中，“贪”为贪欲，“嗔”为嗔恨，“痴”为执迷不悟，不知无常、无我之理。佛陀明确告知世人：“诸受皆苦”，但人世间虽有无量的苦，这种无量的苦不是孤立和偶然的，而是有着它产生的缘起。其缘由就是人对身外之物的执迷不悟，只有破除这一世人常有的执迷，才能“化烦恼为菩提”，就如慧能所言：“前念着境即烦恼，后念离境即菩提。”（《坛经·般若品》）

佛家认为只有以“空”观之，人生才会拥有灵性。佛家一直告谕世人，人生如苦海无边，既然烦恼痛苦束缚人生，那么解脱之法何在？据佛经所载，解脱之道多种多样：有“三解脱”“八解脱”“不思念解脱”“有为解脱”“无为解脱”等。虽然看去名目繁多，可是这些解脱说到底，都有一个根本原理，就是看空自我，达到“无我”之境界。芸芸众生因为不懂“无我”原理，执着地在“我”字上下功夫，于是，名利、宠辱、贫富、得失，便就无不成为绳索缰锁，把自我捆缚得严严实实，没有了一丝灵性。禅宗有这样一个故事，青原惟信禅师有一天登上法堂，对众门人说：“老僧30年前未曾参禅时，见山是山，见水是水。到后来参禅悟道后，见山不是山，见水不是水。而今得个休歇处，依然见山是山，见水是水。”他的这段话是禅宗一个有名的公案。其实，他在这里说的是人生悟道三

陈洪绶《无法可说图》（明）

① 佛家认为，月中一昼夜即人间半月，日中一昼夜即人间一年，以一个日月系统作为一个世界的单位，累积一千个日月系列的世界名为一个小千世界，累积一千个小千世界，名为一个中千世界，累积一千个中千世界，名为一个大千世界。佛家的三千大千世界之说强调的是宇宙无垠、众生渺小的道理。

境界：第一种“见山是山，见水是水”，是物我分立的境界，这是一种世俗见解，即处在相对的世界万有事相之中，把假有当实有；第二种“见山不是山，见水不是水”，即参禅时，只知自我，不知外物，即心无外物，处在一种绝对自我的境界中；第三种“依然见山是山，见水是水”的是最高境界，即完全了悟了本体心性之后，空与有、内与外、相对与绝对已达到统一，即达到物我同一的真如境界。

由此，佛家认为世上芸芸众生，要是一旦悟彻“诸法无我”原理，就立时离苦得乐，脱却束缚，获大自在，使个人的精神境界得到前所未有的大升华。圣辉在《佛教为什么要求人们寻求“解脱”》一文中曾这样写道：没有了“我”就不会起贪心，没有了“我”就能节制自己的欲望；没有了“我”就不会把自己的快乐建立在别人的痛苦上；没有了“我”才能心地磊落，胸怀坦荡；没有了“我”才会舍身忘己地为大众服务；没有了“我”才能勇往直前，无所畏惧地走人生的路……一句话，破除了“我”，通达了“无我”，品德才会得到圆满，人格才会得到完善，精神才会得到充实，心灵才会得到净化。如果是这样，人生就无苦可言，有的只是“和平和快乐”。①

如果对中国伦理思想史上几种具有代表性的成人之道或者说理想人格理论作一简单的评价，也许可以说，儒家推崇“仁义”的理想人格思想对中华民族的文化乃至于整个社会历史产生了最广泛而深远的影响。墨家的“兼爱”理想则在我们民族的心态和德性中积淀了诸如友爱、宽厚之类的品行。道家的“无为”理想和佛家的“空观”理想，崇尚“有所不为”和“空灵”的理想人格，则主要在知识阶层（士大夫）中拥有极多的崇仰者。道家和佛家的理想人格虽然在封建专制制度下能给人的心性以一定的自由空间，但毕竟带有比较浓厚的消极无为的特性，比之于儒家的追求仁义、崇尚刚健有为之理想人格的思想而言，其积极性显然要小得多。也因此，我们可以理解为什么儒家以仁义为核心的理想人格思想能成为一种“道统”而产生广泛而深远的影响。

第三节 传统伦理道德遗产的现代价值开掘

20世纪初，在灾难深重的中国开始探索现代化道路时，青年毛泽东就曾有过“道德哲学在开放之时代尤要”②的论断。今天在改革开放和建设有中国特色现代化国家的历程中，已没有人会怀疑伦理道德建设乃至整个精神文明建设在其中的重要作用。问题只在于，我们如何建设一个既体现中国特色又与世界文明相和，从而能为现代化的建设提供德性和心性方面保障的伦理道德体系。这个适应现代化建设之要求的伦理道德思想的构建途径无疑是多维的，其中一个重要的途径就是从中国传统的伦理道德思想宝库中汲取有益的营养成分。正是基于这样的理解，我们认为对中国古代传统伦理道德之现代意义的开掘具有重要的理论和实践价值。

---

① 参见洪丕谟：《中国佛门的大智慧》，浙江人民出版社1991年版，第116—117页。

② 《毛泽东早期文稿（一九一二年六月——九二〇年十一月）》，湖南人民出版社2008年版，第134页。

一、传统伦理道德的清理与开掘

鸦片战争以来的中国近代史，可以说是中华民族遭受空前挫折、蒙受巨大耻辱的历史。我们这个古老的民族在衰落、嬗变与更新的交织中谋求图强救亡之道。面对着西方列强的坚船利炮，以严复、魏源、龚自珍、林则徐等为代表的一些进步知识分子开始反思和批判封建传统文化对国家民族发展的负面影响，并初步提出了向西方学习的口号。但在这个过程中，知识界的一些人也滋生了一种全盘否定传统文化的偏激情绪。正是在这样的历史背景下，中国传统伦理道德文化自近代以来的确遭遇着空前的批判、冷落与否定。在一些人看来，只有抛弃了传统伦理才能重建适应现代社会的新伦理新道德。

其实，正如我们在一些已完成现代化的国家那里所看到的那样，传统伦理与现代化不仅不是截然对立的，而且还是现代化得以实现的历史文化前提。比如在西方，基督教的新教伦理就曾成功地孕育了资本主义现代化所需要的伦理精神。同样，在置身于有中国特色的现代化建设过程中，如果我们能以审慎科学的态度去追溯以孔孟之道为代表的传统伦理文化发展的历史踪迹，取其精华，去其糟粕，那么我们就会发现，成为封建“道统”的儒家伦理道德固然有其封建主义的糟粕，但也不乏优秀而积极的精华成分。这些成分在几千年的文化发展积淀中，已成为中华民族的德性、智慧与力量。它维系着社会的秩序和个人心性世界的平衡。尤其是以儒家为主干的传统伦理思想中那些被称为美德的部分，更是亘古及今地对我们的历史与现实生活产生着积极而深刻的影响。

有学者曾把这一传统美德罗列为十大德目：一是仁爱孝悌；二是谦和好礼；三是诚信知报；四是精忠爱国；五是克己奉公；六是修己慎独；七是见利思义；八是勤俭廉正；九是笃实宽厚；十是勇毅力行。[①] 的确，这些以仁爱为核心而衍生的德性规范，几千年来已成为我们中华民族一以贯之的德性追求。这些美德规范的形成既是伦理思想家的精神创造，更是包括这些思想家在内的无数崇道贵德的志士仁人躬身践行的实践成果。其实，中华民族在儒家伦理规范和熏陶下形成的传统美德远不止这十条德目，比如自强不息、厚德载物的进取精神和博大胸怀；“先天下之忧而忧，后天下之乐而乐”“天下兴亡、匹夫有责”的责任感和使命感；“杀身成仁”“舍生取义”的气节追求；“富贵不能淫、贫贱不能移、威武不能屈”的人格操守以及重视人的现世生活与人伦关系，主张“己欲立而立人、己欲达而达人”“己所不欲，勿施于人”；提倡“博施于民，而能济众”等，都构成中华民族的传统美德。此外，儒家伦理文化注重道德教化和德性的自我修养，强调道德修养过程中的学、问、思、辨、行并重的修养方法，强调道德教育应因材施教、启发诱导，以及重视蒙学家教、整肃门风等思想，也都构成中国传统伦理文化中的优秀遗产，它对于我们建设有中国特色的现代伦理文化无疑有着多方面的启迪意义。

当然，由于以儒家伦理为“道统”的中国传统伦理纲常毕竟是封建专制主义时代的产物，因而在建设适应现代化的新伦理文化过程中，我们不仅需要继承儒家伦理文化中的美德传统，而且也需要认清儒家伦理道德文化的负面价值，清除其消极的影响。比如儒家伦理文化中强调尊卑贵贱、远近亲疏，因而主张爱有等差的思想，以及重群体而轻个体、重义务而轻权

① 张岱年、方克立主编：《中国文化概论》（修订版），北京师范大学出版社2004年版，第212—219页。

利、重道义而轻功利的偏颇等，这些道德观念对我国的现代化建设无疑起着消极的阻碍作用。而且，特别值得指出的是，儒家伦理文化的这一负面价值，直到今天还在不时发挥其消极的影响作用，使我们在新伦理、新道德、新价值观建设的许多方面往往步履艰难。因此，为了建构适应现代化的新的伦理文化，我们又必须下大力气去反对、抵制和消除传统伦理文化中消极因素的影响。这同样是我们今天在弘扬古代传统伦理文化过程中所不容忽视的重要任务。

因此，在对中国传统伦理道德思想的清理和开掘中，我们所必须坚持的基本原则就是：立足于中国现代化建设的基本现实，在清理的基础上既合理吸纳又更新和超越传统伦理文化。只有这样，我们才可能真正建构起适应中国现代化建设的新的伦理道德文化。

正是基于对这一传统伦理道德文化的吸纳与超越之辩证统一的理解，我们不同意自由主义者的全盘西化论的观点。全盘西化论的伦理思潮是从鸦片战争以后开始逐渐形成的。它肇始于鸦片战争所引发的社会危机以及“西学东渐”带来的传统伦理文化危机。当时由于胡适、吴稚晖、张东荪等人的大肆宣扬，使全盘西化论成为颇有影响力的一种伦理价值思潮。在自由主义及全盘西化论看来，传统伦理道德完全是一张束缚人性和个性发展的无形之网，其弊端无穷。比如胡适就认为孔教的伦理纲常是“不近人情的教条”，因此中国哲学的使命就是“从儒学的道德伦理和理性的枷锁中得到解放”。[①] 由此，他竭力主张以美国的实用主义为基本的价值取向建构新道德。吴稚晖竭力主张以自然主义的人性来反对传统礼教，他竭力推崇一种“清风明月式”的吃饭人生观。[②] 张东荪更是在反对传统伦理道德的基础上建构了他那以自由主义为主要特征的所谓“综合伦理学”[③]。这一伦理学反对儒家伦理道德中社会国家为本位的传统观点，主张以自我存在为出发点，以自我的扩充和放大为目的。因此，如果要对自由主义伦理思潮作一概括的话，那么全盘否定传统伦理文化和主张道德革命须全盘西化，无疑是其共同一致的纲领。

值得指出的是，这一主张彻底否定传统、全盘西化的自由主义伦理思潮在20世纪80年代的“文化热”中，依然有其影响。一些学者在演讲和著述中就竭力主张“西体中用”，重提全盘否定以儒家为道统的传统伦理和全盘接受西方个人主义伦理价值的主张。这种思潮割裂传统文化与新文化的血脉关系，否定文化发展的延续性，显然有着严重的片面性。

事实上，一个民族在自己的伦理文化建构中从来是必须从传统伦理中吸纳思想养分的。也就是说，传统伦理文化作为一种渊源于历史的存在，是任何一个继之而起的新的伦理文化所必须对接和承袭的。我们只有在这个基础上，才可能更新和超越，否则新的伦理文化就会成为无源之水。因此，在现时代的伦理文化建设上，我们反对全盘否定传统文化的做法，而主张应当回溯我们民族包括儒家伦理文化中的积极成分在内的所有优秀伦理文化传统，并立足于这个深厚的根基之上去努力开掘其适应现代化的当代意蕴。

与此同时，在对待传统伦理道德遗产问题上，我们也反对以某些新儒家学者为代表的复古主义思潮。作为一个完整的伦理文化思潮，现代新儒家产生于20世纪20年代初，其产生

① 胡适：《先秦名学史》（中译本），上海学林出版社1983年版，第8—9页。

② 吴稚晖：《一个新信仰的宇宙观及人生观》（摘录），中国人民大学出版社1961年版，第125页。

③ 张东荪：《伦理学纲要》，中华书局1933年版，自序。

背景是对“五四新文化运动”激烈反传统的一种保守的理论回应。现代新儒家反对自由主义者的全盘西化论，主张以儒家的道德为本位来建构新的伦理道德学说。新儒学的主要代表人物有梁漱溟、张君劢、熊十力等人。梁漱溟在当时孔子思想受到猛烈抨击的情况下，通过对古代中国、西方和印度三大思想文化的比较分析后得出了以孔学为主干的中国思想文化最有生命力的结论，他由此而阐发了儒家伦理道德的现代价值：“中国文化以孔子为代表，以儒家学说为根本、以伦理为本位，它是人类文化的理想归宿，比西洋文化来得高妙。”（《东西文化及其哲学》）由此，他断言：世界未来的文化，就是中国文化的复兴！张君劢在科学与玄学的论战中，则坚持认为科学不能解决人生问题，只有儒家的心性之学才能解决人生问题，并由此而建立了以儒家伦理学说为核心的人伦伦理学理论。他通过对“体用不二”“理气合一”等范畴的考察，在道德形而上学的层面上建构了一个博大精致的伦理学体系，试图弘扬和阐发儒家伦理学说的现代意义。

值得指出的是，海外新一代的新儒家思潮，自20世纪80年代改革开放以来，又开始直接或间接地影响着我们对古代传统伦理道德文化的态度和看法。一些文章不加分析地对新儒家伦理学说中的心性义理之学大加推崇。这种观点与全盘西化论的自由主义思潮一样，也是片面的。事实上，传统从本质上讲它既是前代人同后代在文化继承上的中介，又要靠后代人根据时代的需要进行自觉的扬弃，才能得以继承和发展。因此，包括儒家伦理文化在内的传统文化并没有超历史的绝对合理性，它们的合理性只存在于继之而起的后人依据现实而对其进行不断选择、不断创造和不断超越的发展之中。

我们之所以主张批判地继承和弘扬包括儒家伦理文化优秀成分在内的古代优秀伦理文化传统，只是因为这个伦理传统文化中的精华部分，构成我们创造社会主义的现代新伦理文化的历史前提。离开了创造社会主义现代化的新伦理文化这个目标指向，包括儒家伦理文化的优秀成分在内的我们民族的传统伦理文化，就会失去其合理性的现实依据。正是从这一点上讲，我们同样反对新儒家的复古主义主张。

因此，在传统伦理道德的现代价值开掘问题上，我们只有立足于有中国特色的现代化建设的现实基础，既清理否定以儒家伦理为主干的传统伦理文化中的封建糟粕，又继承吸纳其中的精华成分。只有这样，我们才能既与自由主义的全盘否定论划清界限，也与复古主义的全盘肯定论分道扬镳，从而真正科学地开掘出传统伦理道德的现代价值。

二、传统伦理道德遗产对当今道德建设的启迪

立足于建设有中国特色现代化国家的实践基础之上，开掘传统伦理的现代价值，这既构成我们对传统伦理道德思想体系进行认识和清理的切入点，也成为区分其精华与糟粕，从而决定取舍的一个具体标准。

如果我们对当前中国正在进行的改革开放和现代化建设的基本社会现实作一概括的话，那么在社会的道德生活中，以商品交换为主导的市场经济与以道义为原则的社会道德建设的冲突可谓一个最基本的现实存在。理论界曾有所谓的历史进步与道德沦丧的“二律背反”来描述这一基本的事实存在，一些人甚至由此而抱怨、诅咒市场经济这只“看不见的手”所带来的如拜金主义、利己主义之类的消极后果。其实，对市场经济与现时代道德建设关系问题的思考，应该立足于这样一个不容置疑的前提之上，这就是：正如走社会主义道路是近

现代中国历史的必然选择一样，建立与发展社会主义市场经济体系同样是当代中国的必然选择。因为历史已用极为沉重的经验教训，证明着我们搞现代化建设无法跨越市场经济这一具体的社会经济形态。当然，历史与现实的考察也表明，以商品交换为基本原则的市场经济与崇信道义的道德建设是有矛盾、有冲突的。马克思在《共产党宣言》中分析资本主义商品经济形态时曾这样指出过："在它已经取得了统治的地方把一切封建的、宗法的和田园诗般的关系都破坏了……它使人和人之间除了赤裸裸的利害关系，除了冷酷无情的'现金交易'，就再也没有任何别的联系了。"[①]虽然我们所从事的社会主义市场经济条件下的商品经济活动，与资本主义的商品交换活动有本质的不同。但是反观当今社会生活，我们依然能感受到商品经济的某些共性。于是，我们可以发现，当前社会道德生活的现状是令人忧虑的：一方面是传统美德以及20世纪50年代确立的社会主义、共产主义道德规范的失范，另一方面是随着国门的再次打开，许多人对西方个人主义价值观为核心的形形色色道德理论颇有好感。正是在这样的现实背景下，不仅出现了拜金主义的价值思想，坑蒙拐骗、假冒伪劣屡禁不止，黄赌毒等丑恶现象沉渣泛起的社会现实，更令人为之不安的是原本只局限于经济领域里的等价交换的商品经济原则，正被一些人演绎成基本的人生信仰和为人处世的生存方式。这正是党风、政风、社会风气出现这样那样问题的深层根源。

但即使如此，我们也仍然反对那种因此而否定市场经济的简单化做法。事实上，当前由商品交换和市场经济所引发的这些道德问题，正为我们现时代的道德建设提供着现实的课题与发展的契机。而且，我们对中国传统伦理道德遗产思想的合理吸纳正是由此而显示出其现实紧迫性的。

在建设适应市场经济和现代化的伦理体系过程中，针对我们如何从传统伦理思想宝库中提取和吸纳那些精华的成分以建构我们新时代的伦理道德思想体系的问题，也许可以依据现代社会公共生活、职业生活和家庭生活这样三大领域的划分，来分别探讨传统道德对公共道德、职业道德和家庭道德建设的现代启迪。

其一，传统伦理道德遗产对公共道德建设的启迪。公共道德又简称为公德，它作为人们在社会公共生活领域里自觉遵循的行为规范原则，对社会风气的好坏起着最直接的影响与制约作用。在中国古代伦理道德思想的发展过程中，尽管有重私德而忽视公德的倾向，但由于中国传统文化向来强调"家国同构"，强调群己合一，因而其私德规范也内在地包容了基本的公德要求在其之中。比如孔子讲的仁、智、勇"三达德"，管子讲的礼、义、廉、耻"四维"，孟子讲的仁、义、礼、智"四端"以及董仲舒集先秦儒家之大成而提出的仁、义、礼、智、信"五常德"的理论等等，其实无不内含了基本的公德规范在其之中。显然，这些规范只要剔除其中的封建糟粕，经过现代改造，对我们今天社会主义市场经济条件下的公德建设无疑有着重要的现实启迪作用。

中国传统伦理道德思想对当代公德建设的价值启迪，从道德修养的方法论来考察，也还体现在诸如"慎独"境界的追求和敬畏之心的培植等方面。中国传统伦理道德非常强调拥有独处时的慎独境界："君子戒慎乎其所不睹，恐惧乎其所不闻。莫见乎隐、莫显乎微，故君子

① 《马克思恩格斯选集》(第1卷)，人民出版社1972年版，第253页。

慎其独也。”(《中庸》)正因如此，在中国古代有极多的诸如杨子“四知”、许衡不食无主之梨[①]的道德佳话流传。在我们的公德建设中，“慎独”境界之所以重要，是因为公共生活通常是与众多陌生者相处，因而公德最需要高度的自律精神去维系。同样的道理，中国古代伦理道德观念中诸如对善恶报应持敬畏之心一类的理论，对我们自觉地遵守公德也是大有裨益的。只不过我们必须剥去其中神秘主义的外衣，而代之以科学的因果必然性观念。事实证明，对扬善惩恶的因果必然性持一份敬畏之心，通常是我们自觉拥有公德心的一个重要心理机制。

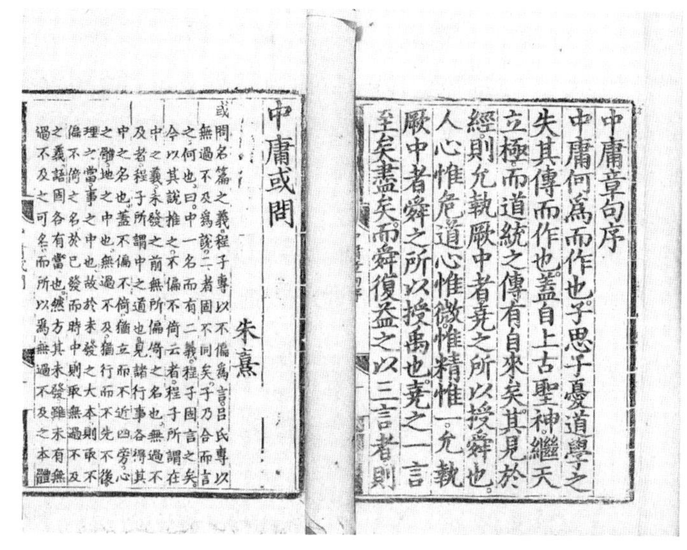
中庸章句序
中庸何為而作也子思子憂道學之
失其傳而作也蓋自上古聖神繼天
立極而道統之傳有自來矣其見於
經則允執厥中者堯之所以授舜也
人心惟危道心惟微惟精惟一允執
厥中者舜之所以授禹也堯之一言
至矣盡矣而舜復益之以三言者則

中庸或問
朱熹
或問名篇之義程子專以不偏為言呂氏專以
無過不及為說二者固不同矣子乃合而言
之何也曰中一名而有二義程子固言之矣
今以其說推之不偏不倚云者程子所謂在
中之義未發之前無所偏倚之名也無過不
及者程子所謂中之道也見諸行事各得其
中之名也蓋不偏不倚猶立而不近四旁心
之體地之中也無過不及猶行而不先不後
理之當事之中也故於未發之大本則取不
偏不倚之名於已發而時中則取無過不及
之義語固各有當也然方其未發雖未有無
過不及之可名而所以為無過不及之本體

《中庸》朱熹注本书影

可见，在当前的公德建设中，不仅可以从传统伦理的具体德目诸如仁、义、礼、智、信这样一些规范中直接吸纳仁爱之心、见义勇为、诚信不欺等合理的思想内容，而且还可以从传统伦理的修养方法如“慎独”境界的生成和敬畏之心的培养等内容中启迪思路，从而使全民族形成高度自觉自律的公德意识和公德习惯。

其二，传统伦理道德遗产对职业道德建设的启迪。职业是社会分工的结果，它是每一个人安身立命的基础。职业除了技能与专业的要求外也必然还有道德方面的要求。这就是职业道德。中国古代伦理道德思想中关于职业道德的遗产也是非常丰富的。比如早在春秋时代的《尚书》中，就记载了官吏的道德规范：“宽而栗，柔而立，愿而恭，乱而敬，扰而毅，直而温，简而廉，刚而塞，强而义。”在《孙子兵法》中对军人的职业道德规范则有如下的规定：“将者，智、信、仁、勇、严。”对医德的记载，从春秋战国的《黄帝内经》中“疏五过”“征四失”到扁鹊“随俗而变”的高尚医德，及唐代孙思邈“不得问其贵贱贫富、长幼妍媸、怨亲善友、华夷愚智”(《太医精诚》)的自我医德的制定，都表明着我国古代职业道德思想的产生几乎和社会分工的出现一样源远流长。

中国传统伦理道德对当前职业道德建设的现代启迪，首先表现在以儒家伦理道德思想为主干的传统伦理中的“义利合一”这一基本原则的现代阐发。众所周知，职业道德与社会公德有一个显著的区别之处就是，职业道德与职业的功利行为直接相关。因而如何在职业谋利行为中又遵循基本的道义原则，使谋利行为与道义行为达到内在的统一，就是职业道德建设中所必须正确处理好的一个最基本的关系。在这个问题上，儒家的传统道德历来主张

① 杨子名震，为东汉时人，曾于某地任太守之职。一日深夜，某人携十斤黄金来访，欲以此金买官。杨子严词以拒。此人心有不甘，说“夜深人静，无人知晓”，杨子答曰：“天知，地知，你知，我知，有此四知，岂能言无人知晓？”许衡为元代文人。一次因逃避战乱而来到一片梨树下，又饥又渴的同伴们纷纷摘取梨子食用，唯许衡端坐不动。同伴劝他说：“无主之梨，食之何妨？”许衡却正色答曰：“梨无主，而吾心岂无主焉？”

义利合一的基本原则。这个原则的基本内涵包括如下两方面的内容：一方面是见利思义，不谋不义之财，亦即所谓的君子爱财，取之有道。以孔子的话来说就是“不义而富且贵，于我如浮云”(《论语·述而》)。另一方面则是当义与利发生冲突时，自觉地恪守义在利先的原则，在必要的情形下做到舍利取义甚至不惜舍生取义。显然，儒家的这一义利合一思想，对于我们确立市场经济条件下的正确义利观，从而有效地改变当前职业道德生活领域里某些唯利是图的不良倾向，有着极富针对性的启迪作用。如果在职业生涯中，每一个人都能够自觉地把义利合一这一原则作为职业道德的基本原则来予以坚守，那么人与人之间的关系一定可以更加和谐和温馨，社会风气也会因此而大大地得以改善。

现代版的《韩愈全集校注》书影

不仅如此，中国传统伦理道德思想对职业道德建设的启迪作用，还体现在许多具体的职业道德规范中。比如为政者的职业道德，孔子就曾这样说过：“政者，正也；子帅以正，孰敢不正?”(《论语·颜渊》)可见，在孔子看来，为政者对职业道德的遵循是尤为重要的，因为它直接影响社会的风气和道德风尚。孔子这一政德思想对于我们为政者形成正直、清廉、刚正、公正的职业道德无疑有着启迪意义。又比如教师的职业道德，韩愈在《师说》中曾把师德概括为“传道”“授业”“解惑”三个基本规范，这三个规范对于我们今天的师德建设无疑是有借鉴意义的。还比如医生的职业道德。中国古代医学著作在记载了丰富的医学知识的同时也记载有丰富的医学伦理规范和医德传统。如“凡为医者，性存温雅、志必谦恭、动须礼节、举乃和亲、无自妄尊、不可骄饰”；“疾小不可云大，事易不可云难，贫富用心皆一，贵贱用药无别”；等等。古代医家对医德的这些概括同样是合理和精当的，它对今天的医德建设显然也有着多方面的启迪意义。

其三，传统伦理道德遗产对家庭道德建设的启迪。由于中国古代是一个以血缘关系为纽带建立起来的宗法社会，家庭生活是社会的最基本生活方式。由此特点就决定了在中国古代的伦理道德传统中向来特别注重家庭道德的建设。在古人看来，最原始的道德关系就产生于夫妇父子的家庭之中，所以在儒家推崇的“五经”之一《易》中就有如下的一段经典论述：“有天地然后有万物，有万物然后有男女，有男女然后有夫妇，有夫妇然后有父子，有父子然后有君臣，有君臣然后有上下，有上下然后礼义有所错(措)。”(《周易·序卦》)也因为这样一个缘由，所以儒家特别重视家庭道德的教化功能，在修身、齐家、治国、平天下的“成人”之道中，“齐家”既被视为“修身”的结果，又被认为是“治国”“平天下”的起点。正是在这样的文化背景下，中国古代形成了以慈、孝、贞、敬、悌等为核心范畴的极为丰富的家庭道德规范。

当前的家庭道德建设当然主要是从当代社会生活的要求出发，其道德规范的形成也主要是从丰富多彩的社会实践中提升而来。但与此同时，对传统家庭美德的继承和弘扬应该是一条重要的途径。而这正是传统伦理道德思想之现代意义的又一印证和体现。比如就传统美德中的慈、孝、贞、敬、悌而言，对现时代的家庭道德建设的启迪就是多方面的："慈"的道德规范在去除了"父为子纲"之类的封建因素之后，在现时代而言可以启迪父母在对子女抚养与教育时既要有一腔的关爱之心，又要遵循爱而不溺的理性原则，否则很可能会如古人告诫的那样，因爱而不智反而以爱溺爱；"孝"的道德规范在摒弃了"父母在，不远游""不孝有三，无后为大"之类的糟粕之后，在现时代而言则可启迪子女对父母、对长辈要有体贴关爱之心，敬重、理解和赡养父母与长辈；"贞"的道德规范剔除了与人性相左的禁欲主义的色彩之后，在现时代而言，可以启迪夫妇双方在两性道德上履行忠诚、忠贞的道德义务；"敬"的道德规范在扬弃了繁文缛节的礼教成分之后，在现时代则可启迪在家庭成员中确立一种彼此平等、相互尊重、宽容和信任的基本德性规范；"悌"的道德规范在去除了"以长为尊"的不平等因素之后，对我们当今在家庭的兄弟姐妹之中形成彼此敬重、相互关爱的道德情感氛围，无疑也是有启迪作用的。

可以肯定地说，中国传统伦理道德思想的现代价值是极为丰富的，因而在建设有中国特色的适应现代化要求的新伦理文化过程中，我们对其开掘的工作永远不会完结。而且，对中国传统伦理文化资源的开掘也还具有一定的世界意义。事实上，早在18世纪的法国思想家眼中，中国以儒家为代表的传统道德就具有理性的启蒙价值。比如伏尔泰就认为孔子的"以德教人"的修身与治国之道比之于求助于神的启示要高明千百倍，他曾经赞美孔子"是唯一有益理智的表现者，从未使世界迷惑，而是照亮了方向"(《哲学辞典》)。孔子的"己所不欲，勿施于人"命题经伏尔泰等人的推崇，被写入法国1789年由制宪会议通过的《人权和公民权宣言》中，深刻地影响了西方的人权理论。事实上，这一时期的其他著名学者诸如莱布尼茨、沃尔夫、魁奈及百科全书派的狄德罗和霍尔巴赫等人都对孔子和儒家伦理思想给予了积极评价。重要的还在于，即便时至今日，孔子的影响在西方依然无处不在。比如1993年在美国芝加哥召开的世界宗教会议上，来自全球的不同宗教派别的6500名代表通过了由孔汉斯先生起草的《世界伦理宣言》，孔子的"己所不欲，勿施于人"原则被作为全球伦理的基石。难怪当年汤因比在"中华文明停滞论"尚甚嚣尘上之时，却在其所著的《历史研究》一书中对中国古代文化尤其是儒家为代表的伦理对未来世界精神文明的积极影响深信不疑。他甚至预言，中国文明与文化将统一世界。这一切都使我们有理由相信，中国古代丰富的伦理道德遗产，不仅将对有中国特色的现代化建设起到广泛而积极的促进作用，而且也将继续对世界文明及文化的发展与进步产生深远的影响。

第六章 中国古代的艺术传统

中华民族在悠久的历史活动中，积累了丰富的艺术审美经验，创造了瑰丽多姿的艺术作品，并由此而形成了世界上独特的艺术传统。中国古代的艺术传统与其他古代文化形态一样，有着自身独特的理论思维方法，有着独特的审美概念和范畴，有着极富东方艺术魅力的诸多具体成就。学习、了解和把握这样一个古代艺术文化传统，不仅有助于我们增强自身的艺术修养和审美能力，而且也是我们感性地了解中国传统文化的一个非常重要的途径。

第一节 中国古代艺术的发展历程

中国古代艺术源远流长，其成就璀璨夺目。早在神话传说中，就有了“葛天氏之乐”等音乐歌舞记载。以后随着时代的变迁和历史的发展，中国古代艺术更是不断推陈出新，从未间断其发展的历史进程。在一定意义上可以说，在中国传统文化诸形态中，中国古代艺术具有最漫长的发展历程。[①] 在长期的发展进程中，中国传统艺术逐渐形成独特、深厚而又富有魅力的文化艺术性格，并因此在世界艺术殿堂上占有重要的位置。

一、中国古代艺术的萌芽

中国是人类的发祥地之一，中国古代艺术的诞生时间也位于世界前列。在漫长的旧石器时代，人们的主要劳动工具是打制的石器，从事着采集和狩猎活动。我们的祖先在打制石器过程中逐步培养起造型技能，逐渐萌芽出艺术审美观念。学者徐复观通过对中国古代艺术精神起源的考证后甚至断言：“人类精神文化最早出现的形态，可能是原始宗教，更可能是

① 学者们依据考古学的成果推断，早在18000年前的山顶洞人使用的装饰品就证明了原始人具有艺术审美观念的萌芽。大约10000—8000年前出现的岩画、彩陶、玉器，则可以被视为中国艺术的开始。参见张岱年、方克立主编：《中国文化概论》（修订版），北京师范大学出版社2004年版，第178页。

原始艺术。”[①]从距今约1万年前开始，中国的古代社会进入新石器时代，当时的主要劳动工具是造型规整的磨制石器。在工艺领域的突出成就则是发明了陶器。这是原始先民在最初的社会分工后所创造的具有划时代意义的文化形式。它标志着古代艺术创造的开始。在新石器时代的许多文化遗址中都发现了陶窑的遗址。陶窑中的陶器有各种类型，有彩陶、黑陶、灰陶、红陶，其中尤以彩陶最能反映古代艺术的基本风貌。

黄河流域的中原地区是彩陶的发祥地。大约在新石器时代的晚期，生活在这里的先民们用手捏制陶坯，然后进行磨光处理，再画上彩色的图案花纹，烧成后陶底呈橙红色，陶身显出深红、黑色、紫色的美丽花纹。这就是彩陶。彩陶最发达的时期，被认为是“仰韶文化”时期。仰韶彩陶质地细腻，造型凝重浑厚，文化和美学内涵极为丰富。比如西安半坡的仰韶彩陶中，鱼图案纹样已非常生动，有静息、回泳、跳跃等多种姿态。属于仰韶彩陶文化的还有河南郑州大河村的阳鸟纹饰。这是一种把太阳和变体鸟纹组合在一起的纹饰。因为在古代神话中，太阳和鸟是合为一体的。彩陶是新石器时代的艺术瑰宝，它的造型和纹饰广泛取材于自然和初民的生活，其图饰设计和陶器形体非常和谐，能够比较自觉地运用形式美的法则。彩陶美饰的重点往往是陶器的显著部位，其对色彩的运用已达到较高的水平。纹饰的题材除狩猎和农业生产外，还包括巫术和初民的娱乐活动，是当时的社会生活和审美活动的真实写照。

仰韶彩陶

原始社会先民的艺术审美萌芽除了体现在陶器制作上，也还体现在原始乐舞上。原始乐舞和彩陶一样属于原始艺术的范畴，它是在生产力极为低下、社会分工尚不明确、先人的精神还沉浸在幻想和神话时的产物。在我国古代原始乐舞是音乐、舞蹈、诗歌的原始综合形态，其社会作用是多方面的。它本身萌芽于生产劳动，用以调节劳动的动作与节奏，并以乐舞的形式传授狩猎或种植技艺，具有一定的认知意义。与此同时，它也是人类自身生产、自娱身心、传达感情和强健体魄的活动方式。先民的最初艺术审美意识就在这些社会活动中逐步发展起来，并使其物态形式得到不断发展。如果说彩陶从造型、色彩、图案等美术功能上开启了艺术审美意识，那么原始乐舞则通过思想感情交流而与语言、音乐一起成为古人艺术审美活动的最初形式。

原始乐舞和原始形态的音乐是结合在一起的。除鼓点、敲击声外，主要是有节奏的呼

---

① 徐复观:《中国艺术精神》，春风文艺出版社1987年版，第1页。

号。当语言尚处于不成熟之际是不可能有长句歌辞的，故《吴越春秋》曾记载有《弹歌》一首："断竹、续竹、飞土、逐肉。"这八个字概括了先民砍伐竹料、弯成弹弓、发射弹丸、猎取禽兽的全过程。其歌词天然质朴，简洁明快，富于节奏感。随着原始形态"鼓"的发明，又把乐舞提高到一个新的水平。鼓的出现可远溯至旧石器时代。有学者考证，最早的鼓可能既是狩猎工具又是乐器。在新石器时代先民还发明了石磬、陶埙、骨哨、陶哨等乐器。这些乐器的发明无疑大大地提高了乐舞的艺术内涵。

我们的先民在漫长的原始社会度过了自己的童年。到了氏族社会后期，乐舞从即兴抒情发展到具有初步稳定的形式，音乐从节奏、呼号到具有简单的旋律和唱词，道具服装从纯自然形态到象征性装饰的出现。这一切都说明，在原始乐舞的发展过程中，古代艺术与审美意识已经得到不断的提高和发展。

中国古代自夏代开始，经商代到西周，属奴隶制社会。由于铜器和铁器的相继发明及推广使用，也由于社会分工的进一步扩大，社会生产力显著提高，各种手工业得到了迅速发展。由此，为礼教服务的青铜艺术在当时的各类艺术中占有了突出的地位。考古发现的一尊尊、一件件色彩斑斓、纹饰精美、造型雄浑的青铜器，凝聚了那个时代的社会风貌和审美意识，代表了奴隶制时代艺术审美文化的总特征。故这一时代又有青铜时代之称。青铜艺术是继彩陶之后我国古代艺术与审美发展之萌芽时期的又一代表。

青铜器是铸造而成的。铸造青铜器的范型是陶制的，根据不同的器形而铸成；先画好纹饰，凡凹入的阴部用刀剔刻，凸出的部分以陶泥塑好后黏上。故青铜器的陶范是多块组合而成的。在陶范中注入青铜液后，待冷却凝固后拆除陶范，然后再整形修琢，以使其完美。整个工艺过程比较复杂。特别是铸造一些大型器件时，往往要分段画纹饰、剔刻、泥塑再铸造，然后最后组合。可见，在整个青铜器制造过程中，已将造型、绘画、纹饰、雕刻等融合一体。就像彩陶是原始社会文化艺术的主要载体一样，青铜器也是奴隶制时代的文化艺术的主要载体。青铜器种类繁多，主要有礼器、用器、乐器、兵器等，其中尤以礼器、用器为大宗。礼器是商、周奴隶主贵族在祭祀、征伐、朝聘、宴饮、始冠、丧葬等礼仪时所用。礼器是青铜器的重器，它往往代表着贵族的身份和等级，是奴隶制社会中权力的象征。据史籍记载，按照礼制形成的"列鼎"一组共有九、七、五、三共四等，"天子九鼎，诸侯七、大夫五、元士三"(《公羊传・桓公二年》)。用器和礼器有时是相互通用的，比如鼎就可以充当炊煮器，也是一种食器。青铜乐器主要有钟、铎、钲等，兵器有斧、戈、矛、刀、剑等。

甲骨文

除了青铜艺术成就外，这一时期在音乐艺术方面则有了以"八音"、"五声"和"十二律"为代表的成就。与此同时，甲骨文、金文的出现则意味着书法艺术有了古朴的发端。这一切都表征着我国古代艺术离全面诞生已为时不远。

二、中国古代艺术的诞生

周平王迁都雒邑(洛阳)以后,史称东周,自此开始了春秋战国时代。由于周平王本人靠的是由各路诸侯们拥立而登上王位的,故东迁后王室势力衰弱的趋势日益加剧,对各路诸侯已不能发号施令,甚至从政治、经济上还不得不依靠强大的诸侯来维持残局。与周王室急剧衰弱相对应的则是各诸侯国之间的称王争霸。尽管春秋战国是个风云激荡、战争频繁的动乱时代,然而它又是一个变法图强、除旧布新、充满活力的时代。正是在这个时代背景上,春秋战国的文化艺术形成了绚丽多彩、蔚然大观的局面。这一切除了社会经济的发展为文化艺术的发展奠定了物质基础外,当时那种"百家争鸣"的文化环境也起了重要的催生作用。尽管这个时代离我们已很遥远了,但它在文化艺术发展上所呈现的瑰丽多姿至今仍流光溢彩。正是从这个意义上,我们把春秋战国时期视为中国古代艺术的全面诞生时期。

绘画艺术在这一时期可谓百花齐放,在壁画、帛画、漆画方面开始奠定了成熟的艺术风格。春秋战国时的壁画已开始注意写实性,并善于刻画特征,比如史籍中就有这样的记载:"孔子观乎明堂,睹四门牖,有尧舜之容,桀纣之像,而各有善恶之状,兴废之诫焉。又有周公相成王,抱之负斧扆,南面以朝诸侯之图焉。孔子徘徊而望之,谓从者曰:此周之所以盛也。"(《孔子家语》)孔子在东周明堂所见到这幅壁画,不仅刻画了尧舜桀纣周公成王各有善恶的容像,而且给人以王朝兴废之告诫,从中可见这幅历史题材的壁画其容量是丰富的。另外,此时绘画的表现手法也趋于多样化。据记载,有位画家用了三年的时间为周君作画,周君初看几乎看不出其画了些什么,后在强烈的光线下,"望见其状尽成龙蛇禽兽车马,万物之状备具"(《韩非子·外储说左上》)。可见,此幅画已注意了色彩形象与光线投视之间的辩证效果,可能已具有某种平面立体感。特别值得指出的是,这一时期绘画从彩锦、青铜器等工艺器载体中走出来后,终于找到真正意义上的、适应绘画艺术的物态化形式——壁画、帛画,直至发展到绢画、纸画等。

起源甚早的漆器工艺在战国时得到了很大的发展,并形成了专门的手工行业。漆器上的彩绘可以发挥用笔运毫的特点,因此人们又把漆器工艺品上的彩绘称为"漆画"。从河南信阳、湖南长沙、湖北江陵等地先后出土的大量精美的战国时代漆器工艺品中,可以窥见当时漆器绘画题材之丰富,技法之多样,既有反映现实生活的狩猎、歌舞、出巡、奏乐、射杀、宴庆等,又有传统的神话传说,如夔龙、凤鸟、飞鹿等。绘画方法既有较写实的线描,又带有变形、抽象的装饰风格。

春秋战国时期在音乐方面的成就主要体现在《乐记》以及一些著名的音乐作品上。孔子对音乐曾有不少的论述,但并没有形成系统的音乐理论。只是到了公孙尼子所撰《乐记》,才形成了一个较完整的音乐理论体系。[①]《乐记》的主要观点,其一是强调了音乐是现实生活的反映:"凡音之起,由人心生也。人心之动,物使之然也。感于物而动,故形于声,声相应,故

① 公孙尼子是战国初期人,相传是孔子的再传弟子。他编写的《乐记》是对儒家音乐理论的发展充实与改造完善。《乐记》作为先秦儒学的音乐思想的集大成者,其丰富的美学思想,对两多千年来古典音乐的发展有着深刻的影响,并在世界音乐思想史上也占有重要的地位。不过,关于《乐记》的成书年代及其作者,历来还有另一种说法,即认为此书是汉儒采用先秦诸家有关音乐的言论编纂而成。

生变，变成方，谓之‘音’。比音而乐之，及干戚羽旄，谓之‘乐’。”其二是论述了音乐的社会功能及与政治的关系：“是故治世之音安以乐，其政和；乱世之音怨以怒，其政乖；亡国之音哀以思，其民困，声音之道，与政通矣。”其三是提出了音乐艺术的最高标准是“德音”，即强调了思想内容的重要性：“德成而上，艺成而下。”《乐记》中的音乐理论对后世的音乐创作产生了极其重要的影响。

这个时期还出现不少著名的音乐作品。比如楚国民歌《下里》《巴人》《涉江》《采菱》等。另外还有屈原所作的《九歌》等大型音乐歌舞，并有以编钟和建鼓为主的大型乐队的伴奏，即是“钟鼓之乐”。此外，春秋战国之际，还出现了不少民间音乐家，其中以歌唱家韩娥与演奏家伯牙最为著名。我们所熟知的“绕梁三日”典故就出自韩娥，“高山流水”的典故则出自民间演奏家伯牙。

从系统的音乐理论的建立，大型音乐歌舞的演出，到民间歌唱家、演奏家的出现，可见春秋战国时期我国的音乐艺术已出现一个与“百家争鸣”相辉映的“百花齐放”的局面。它从一个侧面印证了这一时期的确是中国古典艺术的诞生期。

三、中国古代艺术的全面发展

秦汉时期是中国统一的多民族封建国家建立与巩固时期，也是中国古典艺术风格全面确立与发展的重要时期。“秦汉风采”的艺术审美特征是对力度、雄浑、豪放的崇尚。其内在的美学精神显示了人对客观世界的征服与人对自我力量的肯定。从浩大壮观的秦始皇陵、威武豪迈的兵马俑到汉武帝时大将军霍去病墓前那古拙、肃穆的石雕，都显示出豪迈的气概与勃发的力量，象征着中华民族在那个时代的精神腾飞。

秦代的建筑气势雄浑、规模庞大，比如著名的阿房宫“东西五百步、南北五十丈”（《史记·秦始皇本纪》），雕梁画栋色彩瑰丽，风格豪迈。此外，秦代的动物瓦当及画像砖，其中有的纹饰造型颇为雄浑古朴，构图亦生动多变，从而为汉代的画像石及瓦当起到艺术上的先导作用。比如秦都咸阳第一号宫殿建筑遗址出土的画像空心砖，不仅图案装饰繁缛优美，而且线条简洁准确而自然流畅。

汉代的绘画成就主要体现在帛画、壁画、画像石、画像砖上，另外还有木板画、漆画等。这一时期的帛画以长沙马王堆一号墓出土的帛图最为精彩。汉代的壁画也极为风行，上至皇宫庙堂、贵族宫邸、官吏住舍，下至墓室墓道等都有大量绘制壁画。可惜的是，由于沧桑变化，现在所能见到的汉代壁画，大都是汉墓室壁画。与此同时，画像石、画像砖在汉代也发展到了极盛阶段，形成了一个独特的画像艺术系列，成为整个汉代绘画艺

荷塘渔猎画像砖（东汉）

术中瑰丽的珍宝。画像石、画像砖虽然是将绘画与浮雕融合在一起，但它主要的艺术表现形式还是以绘画为主，线刻为辅。画像石、画像砖主要用于建筑，如殿堂宫苑、石阙墓室及祠堂庙宇等，数量很多，在全国各地都有发现，其中以山东等地出土的最有艺术特色。

汉代绘画艺术的长廊中，瓦当占有独特的地位。瓦当是古建筑中一种特有的附属物，其间运用了图案、纹饰或文字为装饰，从而形成了瓦当艺术。瓦当艺术由秦至汉而进入了它的极盛期，其题材广泛，除了青龙、白虎、玄武、朱雀外，还有植物昆虫、鸟兽动物等。汉瓦当的图案古朴灵动而丰盈稳健，风格凝重肃穆而简约洗练，内蕴着一种幻想的神秘气氛及浪漫主义精神。比如就常见的“四神”青龙、白虎、朱雀、玄武而论，整个画面往往以当中的乳钉为中心，动物围绕着这个中心而绘制，稳重中见变化，具有强烈的动感，气息浪漫，手法夸张。其线条刚健苍劲，画面虚实相应，特别是龙的鳞甲、虎的斑纹、朱雀的羽毛、玄武的龟纹刻画精细，“四神”的足也都表现得极为灵活矫健，非常凸显力度与气势。

秦汉时期的雕塑艺术也得以全面发展。秦代的雕塑作品在秦始皇陵兵马俑未发现前，大都已被历史的风尘所泯灭，仅能从一些古籍记载中知悉一二。20 世纪 70 年代以后，在陕西临潼秦始皇陵东侧连续发掘出了三座规模宏大的兵马俑坑，当这些埋没地下千年的雕塑艺术作品展现在人们面前时，其生动精湛的技艺令人惊叹不已，在世界上亦引起了强烈的反响。秦兵马俑系陶制，故又称陶俑，其大小与真人真马基本相符。秦兵马俑造型生动而多变，气势英武而雄健，真实地反映了秦王朝强大的军事力量。兵马俑中的武士姿态、服饰、动作不一，整个形体塑造准确，比例和谐，雕塑手法洗练简约，有些细部则相当精致。特别值得一提的是，这些数以千计的武士俑，其面部表情几乎无一雷同。这证明了兵马俑雕塑并不是单纯的一种工艺性显示，而是折射出当时人们的审美心态。

汉代的雕塑以陕西霍去病墓前的石雕最为著名。霍去病墓前的石雕现存有马踏匈奴、跃马、卧马、伏虎、卧牛、卧猪、卧象、石鱼、石人、野人食小熊等。这些石雕有一个共同的特征

西安兵马俑

就是利用原料石的大体大面，以粗轮廓的概括手法加以雕琢，因而显得朴拙简约而雄浑遒劲，可谓大朴不雕，大巧若拙。

在我国书法艺术发展中，秦代无疑是个承前启后的重要时代。这其中小篆（秦篆）的笔画线条稳健清丽、秀逸肃穆，结构严谨缜密，均衡对称。秦隶则讲究整齐秀逸，注重结构平衡工稳。如果说秦篆的创立，标志着古文字发展的最高和最后阶段，那么秦隶的创立，则标志着今文字的最初滥觞，亦为今后书法艺术的发展开辟了广阔的空间。

汉代是我国书法艺术辉煌的全盛期。这不仅是因为隶书由秦至汉已达到其巅峰状态，而且其他各种书体的发展也日趋完善，章草、草书、行书、楷书，各体皆备。汉代以后的书法艺术，基本上可以说已不再有书体创新，只是对其的继承、发展与弘扬而已。

在音乐艺术方面，这一时期也获得了全面的发展。这其中最值得一提的是相和歌的出现。其演唱形式是由演唱者自击“节鼓”与伴奏人员相和，即“丝竹更相和，执节者歌”（《宋书·乐志》）。初期的相和歌其曲式较简单，以后逐渐发展成为艳—曲—乱的曲式结构，又称“相和大曲”，成为独立的器乐合奏形式。此外，汉代还盛行一种鼓吹乐，即打击乐器和吹奏乐器的混合表演，这是汉族音乐与少数民族音乐交融的结晶。与音乐、歌辞一起发展的，还有舞蹈艺术。汉代的舞蹈艺术也有较高的成就，不仅出现了像戚夫人、赵飞燕这样著名的舞蹈家，而且民间舞蹈也多姿多彩，并与各少数民族的舞蹈相融合，表现形式趋于多样化。

魏晋南北朝被史家称为社会痛苦、政治混乱的悲剧时代。然而，在文化史家眼中这却是一个精神上自由、解放，最富于智慧、最显示热情的时代。这一时期的文人学士由于常常成为政治斗争的牺牲品，故而远离政治，放浪形骸、论佛谈玄、诗酒自娱、林下风流，形成了一种潇洒飘逸、超然旷达的“魏晋风度”。从画圣顾恺之的《女史箴图》《洛神赋图》到书圣王羲之的《兰亭序》，从敦煌莫高窟、云冈石窟到龙门石窟，从桓伊的《三弄》到嵇康的《声无哀乐论》等，一边是金戈铁马，动乱剧烈，另一边却是铁画银钩，丰盈潇洒，时事之乱与艺术之盛形成强烈的对比与反差。

在魏晋南北朝绘画艺术中占有重要地位的是佛教石窟艺术。佛教石窟艺术主要包括壁画与雕塑。由于佛教是从西域的天竺（古印度）之国传来，所以石窟艺术的大量兴起从新疆开始，然后发展至甘肃，再延伸至山西、洛阳等地。比如新疆的拜城、库车，甘肃的敦煌、天水、永靖、武威，山西的大同，河南的洛阳等地都有规模宏大、风采各异的石窟艺术，而其中尤以敦煌莫高窟为举世瞩目。这些石窟艺术不仅是中国艺术发展史上灿烂的篇章，而且在世界艺术发展史上亦占有独特的地位。

魏晋南北朝在我国书法艺术发展史上也是一个承前启后、流派纷呈的辉煌时期。尽管这个时期大部分地区处于分裂割据、战乱不已的状态，但书法艺术却没有因此停滞不前，楷行草隶各体同步发展，风格多样而臻于精美。特别是晋代出现了彪炳史册的“书圣”王羲之与“小圣”王献之，后人尊为“唐诗晋字汉文章”。

魏晋南北朝时的音乐艺术，在当时特定的历史条件下，既有对汉代音乐的继承，也有自己的时代特征。这一时期由于乐器的发展和演奏水平的提高，音乐家或根据民歌曲调改编，或自己创作出一些器乐独奏作品，优秀的作品有东晋桓伊创作的笛曲《三弄》，采用了“上声弄”“下声弄”“游弄”的曲式结构，使主题旋律在高、中、低三个音乐反复再现，婉约深沉，音韵柔美而节奏明快，展现了梅花傲然开放于风雪之中的英姿，后被改编为著名的《梅花三弄》。其他的器乐演奏曲还有梁武帝的《江南弄》，陈后主的《玉树后庭花》《春江花月夜》等。这些作品虽然大都反映宫廷生活，但所具有的音乐形式之美却具有相当的艺术感染力。

公元 581 年，手掌军政大权的杨坚自立为隋文帝，他结束了 300 多年的分裂混乱局面，统一了全国，有力地推动了思想文化的南北合流。到了唐代，由于经济的繁荣，国家的统一与对外交流的增加，其相应的艺术审美特征是既激情洋溢、豪放雄健，又典雅绮丽、丰韵盎然。从阎立本、吴道子、王维的绘画到欧阳询、颜真卿、柳公权的书法，从“秦王破阵”“霓裳羽衣”的音乐歌舞到丰赡富丽的唐三彩，都展示了唐代艺术特有的风韵情致。

唐代的绘画艺术领域呈现出鼎盛的局面。这一时期的绘画主要有人物、山水、花鸟动物等，并在这些方面涌现出许多著名的画家，如擅长画人物的有阎立本、吴道子、张萱、周昉等，擅长画山水的有李思训、李昭道、王维、张操等，擅长花鸟动物的有薛稷、曹霸、韩幹、边鸾等。值得一提的是，后世以画种来划分画家只是为了突出画家的擅长，实际上当时许多画家的艺术造诣是多方面的，他们不仅擅长人物，亦创作山水、花鸟等。比如有画圣之誉的吴道子就不仅工于人物，而且亦精于山水。唐代绘画艺术的繁荣还表现在宗教壁画上，其中出现了新的美学趋势，即宗教美术的世俗化。画家们所创作的这些宗教壁画，其内容虽然是那么虚幻缥缈，而其表现的方法却是那么的世俗具象，具有鲜明的生活气息。比如在敦煌莫高窟的宗教壁画中，后人见到的佛祖是那么淳厚，菩萨是那么典丽，飞天女是那么的丰腴婀娜。这显然是艺术对宗教的一次理性的改造，其凸显出的正是唐代社会那种勃发强盛而又充满包容力的民族审美心理。

张萱《虢国夫人游春图》(唐，现存为宋摹本)

隋唐时期的雕塑艺术以宗教雕塑为代表，其成就也远远超过前代。隋代的宗教雕塑在莫高窟、龙门、麦积山、天龙山等石窟均有遗存。作为向唐代的过渡，这个时候的宗教佛像雕塑无论在形态造型，还是神态风格上，都出现了走向世俗的趋势。比如佛像的面形已变得饱满丰润而且神情自然雍容，线条流畅圆健，雕工精细华丽。由于唐代国势强大，经济繁荣，社

洛阳的龙门石窟

会相对稳定，更是为大规模的石窟造像提供了充足的人力与财力。特别是在盛唐期间，这种石窟造像曾经极为兴盛，再加上社会文化的发达进步，整个艺术领域里充满了生机。正是在这个社会背景与艺术时空中，唐代的宗教雕塑艺术进入了其发展的黄金时代，同时也标志着我国的雕塑艺术迈上一个历史的高峰。尽管唐代宗教雕塑是在宗教题材制约下进行的，是对彼岸世界的向往与追寻，但这些佛像所呈现的世俗化、情感化、性格化都是现实主义创作精神的表现，是对此岸世界的真实写照，其创作心态与审美意识已完全超越了宗教精神束缚。比如洛阳龙门那尊高达十多米的卢舍那本尊大佛，就堪称中国宗教雕塑中的精品力作。这尊坐像气势宏伟壮观，面部刻画十分生动且带有情感化，显得气质淳厚而又慈祥端庄，尤其是眉宇间蕴含着深邃睿智的气息，但嘴形却呈现了和蔼温馨的微笑。大佛的右手举在前胸，既是稳健与凝重的象征，而且也使整体结构有了变化，增加了造型之美。

唐代的书法是继魏晋以后出现的又一高峰。唐代书法兴盛的社会原因除了国势强盛、文化发展及对前代书法积极继承外，另外一个不能忽视的原因就是“书学”的创立。“书学”是唐代最高学府国子学中的一种，它专门培养书法高级人才。书法也被相应地列入取仕的官制之中。故在这个时期书法成了一个人的文化象征，成了一个民族的文化标志。可见，如果把国势强盛、文化发展、师承前人看作唐代书法繁荣之外因的话，那么将书法视为一种个人文化素养、人格价值予以追求则是其内在的原因。

颜真卿《颜氏家庙碑》拓片

初唐的书法基本是魏晋书法的延续，其总体风格基本上为王羲之书风所覆盖。这一倾向出现的主要原因或许是唐太宗李世民的尊王倾向。他极力推崇王羲之的书法，凡得王家墨迹便要书家临摹。故当时的书法家大都效法王羲之。初唐四大书家虞世南、欧阳询、褚遂良、薛稷基本上走的是取法王字的途径。中唐书法继李邕、孙过庭、张旭、李阳冰等人后，颜真卿登上了书坛，他在广采博取、变通融汇的基础上，创出了丰腴端庄、气势雄浑的“颜体”，从而真正形成了唐代书风。继之而起的柳公权则在颜字丰腴劲健、气势雄浑的基础上，强化其内在骨力，创立了清瘦刚健的柳体，显示了峻挺强健、骨力洞达的形式美感。

唐代的书法艺术固以楷书成就为高，但草书成就也毫不逊色。唐代草书名家有张旭、孙过庭、怀素等，而其中尤以张旭、怀素为卓越代表，世称“颠张狂素”。由他二人所开创的唐代草书风格与颜筋柳骨所体现的唐代楷书风范，都从本质上体现了唐代书法的美学精神，具有同样的审美气质与艺术情趣。有学者这样评述过这一现象：“唐楷的丰腴端庄、气势雄浑从某种意义上讲是从静态的方面体现唐代艺术观念与审美意识，是以正面的笔墨形象造型示人，唐草的丰丽逸放、气势豪放则是从动态方面体现唐代艺术观念与审美意识，是以变幻和笔墨形象造型示人。”①

隋唐时代的音乐也别具风采。隋代建立初期，隋文帝杨坚下诏修订雅乐，兼收并蓄了南北朝的音乐遗风，其中既有汉民族的音乐，也有外来民族的音乐，在此基础上制定为“九部乐”：《清乐》《西凉》《龟兹》《天竺》《康国》《疏勒》《安国》《高丽》《礼毕》，从而使我国的乐部开始系统化与规范化，使音乐艺术从整体上得到了较大的提高。“九部乐”作为一种声乐程式，除了乐曲外还兼有舞蹈、杂技、百戏的表演，从而带有一定的综合性。可见，“九部乐”代表了隋代音乐文化的总体水平。唐代初期的雅乐依然沿袭隋代的“九部乐”。只是在唐太宗贞观十六年(642 年)时增加一部《高昌》，共为十部，基本上是按照不同民族及国家的音乐特点来划分种类，组成声乐系列的。与音乐的发展互为作用，同时也是雅乐一个重要组成部分的唐代舞蹈，也展示了极为辉煌的风貌。比如初唐著名的《七德舞》《九功舞》《上元舞》，舞姿优美生动，节奏跌宕多变，充满豪迈雄健的审美情趣。唐玄宗李隆基创作的《霓裳羽衣曲》虽然是大曲，但却是以歌舞表演形式出现的，其舞姿旖旎婀娜、婉约多姿。此外，如民间舞蹈家公孙大娘的《剑器舞》也是唐舞的代表作，其舞姿刚健英武而飘逸洒脱，时而如腾空蛟龙，时而如拂柳春燕。

北宋的相对统一、宋金对峙及元王朝的建立，其不同时期的政治形式与经济发展对艺术有着不同程度的影响。从北宋时的全景式山水画、南宋的“剩山残水”到“元四大家”的寄情山水、沉湎云烟，其作品时而旖旎多姿，时而萧散隐逸、清雅超然，折射出艺术家们独特的感受。值得一提的是，两宋就国势而论虽不能望汉唐项背，但艺术的精密深邃却超过了前代，而且似乎更注重从艺术本体上来开拓境界。就具体成果而言，在绘画、书法、雕塑、工艺美术等方面都取得了极高的成就。其中宋代的瓷器更是创一代新风，登上了世界烧瓷艺术的最高峰。

宋元时期是我国古代绘画艺术发展的高级阶段。从组织机构上看，北宋开始建立的皇家画院“翰林图画院”为宋代绘画艺术的发展作了组织上的准备与人才的集中。宋代人物画在表现技法上趋于精湛生动，尤为突出人物性格。在表现内容上趋于广泛多样，除了传统的仕女、圣贤外，农耕渔猎、牧童樵夫等下层人物也大量入画，具有浓烈的世俗之情，体现了现实主义的审美倾向。在此基础上，宋代掀起了风俗画的创作热潮，从踏歌、耕织、村牧、捕鱼到七夕夜市、清明上河、杂剧人物等，可谓不拘一格、不分贵贱，画家们都予以了真实而生动

① 王琪森：《中国艺术通史》，江苏文艺出版社 1999 年版，第 267 页。

的展现，从而使绘画具有了绘世事、录民情的社会民俗学价值。

宋元的山水画也达到山水画史上的极盛期，所以人们常称“宋元山水”。宋代山水画家有意识地开拓了山水画的美学内蕴，将个人情感与山水交织成一体，构成统一的审美物象。画家们寄情于山水，抒怀于自然，使山水景物具有人格化、理念化的展现。特别值得一提的是，由于从北宋建立起就面临着辽的威胁，其后金人南下，发生了“靖康之变”，南宋偏安于江南的“剩山残水”。在这种历史背景下，激发了不少山水画家对故国山河的别样热爱，使他们在山水的描绘中浸透了伤感情绪，也更注重于自然美与意境美的统一，并在表现技法上更加丰富多彩。宋代山水画家据史料所载有180多人，其中以李成、范宽、郭熙、李唐、马远、夏圭为卓越代表。元代的山水画除直接继承了两宋的画风外，还由于元代是个阶级矛盾、民族矛盾异常复杂的时代，所以不少画家沉湎于自然山水，借以遣兴抒怀。元代著名的山水画家有赵孟頫、黄公望、王蒙、倪瓒、吴镇等人。赵孟頫是元代著名的艺术家，他诗文、绘画、书法、篆刻都颇有造诣，其绘画则山水、人物、鞍马、花鸟皆工，尤以山水为擅长。黄公望、王蒙、倪瓒、吴镇则并列被称为“元四大家”。作为一个画家群体，他们不仅基本生活在同一时代，而且有着比较相同的美学风格追求。他们时常相互谈画论艺，有时还联袂作画，从而以同道者的群体力量把元山水画推到了一个历史新高度，成为这个时期山水画的集大成者，对明、清两代山水画产生了极大影响。

这一时期还兴起了文人画。我国美学传统历来认为诗与画有着艺术姻缘，在画中赋入诗情，可以增强画的表现力及意境美，而在诗中渗入画意，可以增强诗的生动性及形象美。宋代画院常用一些优美的诗名作入画院的考题，就反映了这种美学倾向。正是这样一个艺术氛围促使了不少文人纷纷拿起画笔，挥毫泼墨，或绘兰写竹，或描菊画梅，文人画由此兴起于宋代画坛。文人画的美学风格，在于构图造型大都较为简单，然而笔致飘逸、气韵生动，意蕴丰盈，具有一种高雅之气。他们往往不太注重技法的工致精湛，这就避免了匠气，而是注重抒情性、趣味性，因而也就增强了浪漫主义气息，从而为绘画艺术提供了一种新的审美意境与创作观念。发展至元代，文人画开始勃兴。这一时期一般的文人士大夫都会写梅画竹，书卷气甚浓。元代有不少画家专事墨梅、墨竹的创作。比如李衎长期与竹为友，观察竹子的各种神态，研究各种表现方法。他画的竹能表现出老嫩荣枯之态与风雨晦明之景，因而有“写竹之圣者”之称。画墨梅以王冕为最著名，他有两句对后世影响颇大的《题梅诗》曰：“不要人夸好颜色，只留清气满乾坤。”这不仅表达了他的审美观念，而且更体现了他的创作方法。他的墨梅用笔劲健郁勃，生机盎然，构图充分利用梅枝干的曲折疏密作纵横穿插，淡逸清丽，质朴自然。

王冕《墨梅图》(元)

宋代书法也有值得一提的成就。这一成就是与苏轼、黄庭坚、米芾、蔡襄(世称宋四大家)的成就与影响分不开的。他们面对着宋代书苑唯帖是崇的倾向,多方取法而不蹈袭前人,在沉闷迟滞的宋代书苑中凸显了可贵的创新意识。苏、黄、米、蔡四大家作为一个富有追求的书法家群体,为宋代书法在古代艺术史上增添了瑰丽的亮色。元代的历史虽然短暂,但其书法亦非寂寞无为,赵孟頫书法注重技法,圆熟精到;鲜于枢的行草用笔劲挺;有“狂怪”之称的杨维桢,其书风更是潇洒跌宕,颇具个性风采。

在音乐艺术方面,宋元时期成就最为卓著的是以诸宫调为代表的说唱艺术。诸宫调是流传于宋元之间一种较高级的说唱艺术,它取同一宫调的几个曲牌联缀成一个套曲,然后把这些不同宫调的套曲组合成系统化的大型长篇说唱,故又称诸般宫调。由于诸宫调不囿于一种宫调演唱形式,而是使之综合相交,从而扩大了它的艺术表现力与叙事能力,显得结构恢宏、套曲多样、调式丰富。宋元时期因此而出现了长篇说唱作品,比如金代佚名作者的《刘知远诸宫调》、董解元的《西厢记诸宫调》、元代王伯成的《天宝遗事》等。这些诸宫调作品,无论在情节组合、人物塑造、演唱对白还是在乐器伴奏上,已自成风格,趋于严整,并为元杂剧的出现提供了丰富的艺术养料。

特别值得称道的是,宋元时期还是我国古代陶瓷艺术的全盛期和高峰期。这一时期陶瓷品造型生动多变,色泽绚丽多彩,品种日趋增多,从而达到了工艺性与艺术性的完美结合。当时全国分布着许多著名的窑场,以各自的工艺特色,制作着风格各异的陶瓷作品。宋代的陶瓷工艺主要分为青瓷、白瓷、黑瓷三大系列,而其中以青瓷艺术品位最高。闻名于世的景德镇窑就建于这一时期。江西景德镇窑中的瓷器作品胎骨匀薄,釉色晶亮清丽,以“影青瓷”著称于世,其造型优美协调,色泽温莹和润,具有很高的艺术性。至元代,景德镇已发展成规模盛大的“瓷都”。瓷器艺人们荟集于此,官窑、民窑遍地皆是,从品种造型、色泽变化、装饰风格上都有创新,如釉里红、青花等,都代表了当时陶瓷工艺最高成就。由于宋、元陶瓷品所有的独特工艺性、实用性和审美性等多种功能,从而使它在当时就获得了世界性的声誉。

四、中国古代艺术的总结

明清两代是中国封建社会的晚期,中国古代艺术的发展至此开始进入了总结期。这一时期中国古代艺术在总体上呈现出大成与嬗变并存的特征:一方面是古代艺术在此期间集其大成,显示了恢宏广博之气象;另一方面传统艺术似乎颓势渐现,表现出某种嬗变的征兆。

明代的山水画主要有两大流派,即浙派和吴派,他们各有自己的创作方法与审美意识。浙派的创始人是戴进。他效法李唐、马远的风格,画风疏朗淡雅,善于运用水墨的浓淡变化表现山情水姿及风雨晦明,大都用笔劈皴,线条跌宕坚劲,从而奠定了浙派山水的基本美学风格。吴派画家崛起明代中叶的苏州,主要画家有沈周、文徵明及唐寅。其中尤以唐寅对后世影响为大。唐寅一生云游名山大川,与诗、画、酒为伴,放浪形骸,自称“江南第一风流才子”。由于他的生活一直非常艰辛,所以他的绘画主题与沈周、文徵明相比,有着较强的社会意义,比如他的《松溪独钓图》《风木图》《骑驴归思》等,都在不同程度上抒发了他忧愤心绪。明代山水画派除了浙派与吴派之外,还有以董其昌为代表的华亭派,以蓝瑛为代表的武林派(也有称其为后浙派),以项元汴为代表的嘉兴派等。

明代的花鸟画以写意为时尚,不少文人画家乐此不疲。他们恣意挥洒、水墨酣畅、笔逸奔放,以简约的构图、朦胧的墨象、丰盈的气韵来显示一种浪漫主义的审美倾向。这其中以

唐寅《风木图》(唐)

徐渭的成就最大。徐渭的写意花鸟画，笔墨豪放酣畅，气势生动超逸，重在个性的抒发与意趣的表达，看似怪诞草率，实则法度内含、功力独到，其晚年作品更是达到炉火纯青的境界。

清代的绘画艺苑呈现着两种不同的创作势态与审美观念，一种是宫廷派画家，一种是在野派画家，由此形成了绘画艺术的分野：宫廷派画家较多注重技法意识的发挥和传统功力的显示；在野派则注重艺术观念的宣泄、情感意趣的自由抒发。由此，宫廷派的绘画艺术风格往往是工稳典雅、精湛华美，在功力技巧上体现得十分完善；在野派画家的绘画艺术风格往往是蓬勃率简、狂放恣肆，在意境内蕴上展现得十分丰盈。比如山水画中，“四王”(王时敏、王鉴、王翚、王原祈)崇尚仿古，精研传统；“四僧”(弘仁、髡残、朱耷、原济)则笔墨奔放，不拘成法。“四王”一派山水深得统治阶层的赏识与推重，被认为是“正统”。清代虽然没有设立宫廷画院，但还是在朝中设立如意馆，专供画家创作。王翚、王原祈都先后应召到宫廷作画。王翚绘康熙《南巡图》，康熙在上亲笔题字“山水清晖”。王原祈也主持过《万寿图》的创作。可见，“四王”典型地代表了宫廷画家的创作风貌。“四僧”一派的山水却在落魄的文人及失意的士人中颇能唤起共鸣，表达了那种浓烈的伤感落寞情绪及不平郁愤之气。这种写意狂放的画风，自然是不能进入宫廷之内的。

郑板桥《竹石图》(清)

清代花鸟画坛也比较繁荣、流派众多，从而风格亦较多样化，出现了审美趋向的多元性。“扬州八怪”(汪士慎、李鱓、金农、黄慎、高翔、郑板桥、李方膺、罗聘)作为一个画家群体，首先有着独特的绘画美学理念，他们超越纯物象的摹拟束缚而去重点突出和表现观念、情感的哲理化境界与象征寓意，使物象具有人格化的显示，从而充分展现了人的主体精神与个性抒发。由此，他们绘画既不像某些宫廷画家那样仅注重功力技法，也不像某些文人画家那样仅追求笔墨气韵，而是以表现画家现实的生活心态为审美特点，这也就使他们创作上获得了较大的自由度与创造力。正因他们的创作心态是开放的，故而其创作是笔墨与情感的外化衍射，或嬉笑怒骂，或伤感郁愤，或抨击嘲讽，都在画中得到表现，具有批判现实主义的创作倾向。“扬州八怪”的创作方法敢于突破前人藩篱，打破传统程式，主张“师其意不在迹象间”(《郑板桥集》)，强调“无法而法”，从而寻求一种崭新的表现形式。而且，“扬州八怪”在“怪”的表现样式上又是各显异彩的。比如李鱓的“纵横驰骋，不拘绳墨，而多得天趣”，金农的“其布置花木，奇柯异叶，设色尤异，非复尘世间所睹”，郑板桥的“长于兰竹，兰叶尤妙，焦墨挥毫，以草书之中竖长撇法运之，多不乱，少不流，脱尽时习，秀劲绝伦”(《国朝画征录》)，充分体现了他们各自的笔墨个性。

这一时期还值得一提的是“海派”画家群体的崛起。在清末画坛上，“海派”画家的出现不仅改变了清代嘉庆、道光以来画道中落的危机，而且为当时的画坛提供了新的审美观念与表现方法，同时也为现代绘画艺术的发展作了铺垫，有着承先启后的重要历史作用。“海派”画家群体主要以上海为创作中心，他们共同的绘画美学精神是：笔墨潇洒豪放，善于兼收并蓄，敢于突破创新。这与上海经济繁荣、文化发达、思想活跃、对外开放有着极大的关系。“海派”画家的先驱是赵之谦，主要成员有任熊、任薰、任颐、虚谷、蒲华、吴昌硕等，其中尤以吴昌硕最为成就卓然。

明清时期的雕塑虽然比较兴盛，但由于缺乏现实主义的美学思想观照，故明清雕塑整体艺术成就并不高，往往是技法意识大于艺术意识，模式性大于创造性，那种雄浑质朴、丰满强健的汉唐之风，往往难以寻觅。然而，这一时期的民间雕塑却出现了蓬勃生机，展现了明清雕塑一种新的艺术走向。明代的民间小型雕刻作品题材广泛，有人物、佛像、山水、花鸟等；材料多样，有玉、牙、木、竹乃至树根、橄榄核等；表现手法各异，或朴实淳厚，或精巧玲珑、或稚拙古雅。这些作品既是优秀的雕刻作品，又是精美的工艺佳品，从而使雕刻艺术与工艺美术相结合，使之雅俗共赏，从而拥有广泛的欣赏阶层。

明清时期的书法艺术虽从整体上显得保守，但依然有一些大家出现。其中明代祝枝山、文徵明、徐渭等或以大气豪放、或以起伏稳健、或以激越奇纵的书风，为这一时期书法艺术的发展增添了光彩。清代书法也在尊帖的沉闷中崛起了“碑学”。这集中表现在魏碑的出现。魏碑体刚健遒劲，从书法艺术本体上强化了笔墨线条的形式美感。同时，由于魏碑体式多变、风格众多，这就为书法家们提供了一个多方取法的广阔天地。与此同时，由于大量金石文物的出土，篆书、隶书在这一时期也有所复兴，从根本上改变了自唐以后篆、隶问津者甚少的局面。这一时期的著名书法家有王铎、傅山、金农、郑板桥、邓石如、伊秉绶、何绍基、赵之谦、吴昌硕等。

明清时期在音乐艺术方面的成就主要体现在城市音乐和民间小调的兴盛。这一时期，弹词与鼓词是明清时期流行于南、北方的两种说唱艺术。弹词又称“南词”，表演者有一至三人，伴奏乐器以三弦、琵琶、月琴为主，弹唱说白互相穿插。弹唱在当时的苏州、杭州、无锡、扬州、南京一带颇为盛行，而其中尤以苏州为突出，并在清乾隆、嘉庆、道光年间产生了王周士、陈遇乾、毛葛佩、俞秀山、陆瑞迁等弹词名家。鼓词的表演通常由一人独自击鼓、打板演唱，一至数人用三弦等乐器伴奏，最初时流行于北方的乡村，后进入北方的城市。鼓词的结构大都以诗词缘起，由说唱表白展开正文，然后再以诗词结束。鼓词的创作题材大都以历史上的战争为题材，带有悲壮激烈的气势，很适合北方人民的审美习惯，具有典型的北方风情。明清时代的民歌与小曲也颇为兴盛，并成为整个时代音乐文化的重要组成部分，其表现形式短小简约、生动活泼、易记能唱，其题材内容广泛多样，散发着浓郁的生活气息。其艺术成就引起了当时那些较有审美品位的文人士大夫注意，他们开始收集民歌，并编成专辑。比如冯梦龙曾编有《桂枝儿》《山歌》专集。

这一时期的成就还表现在工艺美术方面。明清的工艺美术在宋元的基础上获得全面的发展，呈现了繁荣兴旺的势态，无论是陶瓷、丝织，还是漆雕、金属工艺等，都体现了鲜明的时代特色，展现了精美的艺术风貌。明清时期各地的陶瓷产品，都有技艺上的突破与艺术上的创新。其中尤以江西景德镇成就最高。这一时期的景德镇陶瓷除了保持造型精美、胎质坚薄、釉色纯美的传统特点外，还采用了浇釉与吹釉法，陶瓷上施釉更为均匀协调。同时，釉色也趋于多样，有鲜红、宝石红、郎窑红、豇豆红、黄釉、翠青釉、孔雀绿、宝石蓝、茄皮紫等。这一时期的丝织工艺不仅品种繁多，而且生产规模甚大，形成了苏州、杭州、湖州、嘉兴、松江等丝织中心。传统的南京云锦、四川蜀锦、山西潞绸则依然保持特色。明清的金属工艺则以"景泰蓝"最为精美。"景泰蓝"是一种铜胎珐琅工艺，即在铜胎上焊以掐成各种饰纹图案的细铜丝，再填入珐琅釉彩，在露出铜丝的部分再镀以金银，其色彩华丽辉煌，十分豪华典雅。因为此工艺盛行于明代景泰年间，所以俗称"景泰蓝"。"景泰蓝"由明及清，获得了完美的发展，品种造型趋于系列化，大都成为皇宫、贵族收藏或摆设的贵重之品。

鸦片战争后，由于西方殖民主义的入侵，清王朝的急剧衰败，包括工艺美术创作在内的整个古代艺术发展不可避免地陷入了困顿与停滞状态。这种困顿与停滞状态的消弭，只能期望于一个新时代的到来。

第二节 中国古代艺术的具体成就

中国古代艺术不仅有着丰富深邃的思想内容，而且在表现形态上也瑰丽多姿。它不仅是民族智慧的结晶，而且也是后人感受传统文化之魅力的具体承载物。我们选择这其中最能代表中国传统文化内在精神、最具中国特色的艺术形态和艺术成就，概述如次。

一、建筑

中国古代建筑艺术的起源与发展，与其他传统艺术门类一样，与其相应的地域、民族、气候、历史制度、文化背景紧密相连。在其数千年的发展变化中，大体形成了宫殿、陵墓、宗教、园林四大建筑类型。

宫殿建筑　宫殿是中国古代建筑中发展最为成熟、成就最高、规模最大的一类建筑，它鲜明地反映了中国传统文化中注重巩固人间社会政治秩序的特性，体现的是统治者的权威。我国宫殿建筑历史悠久，商代初期就有它的雏形，只是那时候的宫殿建筑相对比较简单，不过是在高台基上，由房屋环绕成一个广场而已。秦始皇统一全国后，为炫耀自己的权势，先后建造了咸阳宫、兴乐宫、阿房宫等。但一直到汉代，宫殿建筑主流形式仍是高台建筑，追求"非壮丽无以重威"(《汉书・高帝记》)之势，建筑群的总体布局没有形成理想的组合方式。至隋文帝营建大兴宫，才将宫殿建筑依纵向排成序列，使空间序列取得了整齐、庄重、威严的艺术效果。这一布局方式直接为唐宋等朝代继承并都有相应的发展，比如大明宫创造了门、阙合一的承天门，宋东京的宫殿中发明了千步廊。明清两代则将以往的实践经验兼收并蓄，创造了一系列宫殿艺术珍品，北京故宫就是其中最辉煌的代表作。

北京故宫又名紫禁城，是明清两代帝王的皇宫。它是中国古代建筑中保存最完整、规模最浩大的古代宫殿建筑，也是世界古代建筑群体的精品。北京故宫从明永乐四年（公元1406年）开始修建，历经十四年，于永乐十八年（1420年）基本建成，中间虽经明清两代多次重修和扩建，但仍保持初时的基本格局。故宫建筑群共有房间9000余间，主要分两大部分，即外朝和内廷。外朝的主要建筑是太和殿、中和殿、保和殿；内廷也有三大殿，即乾清宫、交泰宫、坤宁宫。

北京故宫

故宫是一座辉煌的建筑艺术殿堂，集中体现了中国古代建筑的最高成就。首先，在建筑布局上，它强调所谓"中正无邪"，即中轴对称的方式，宫殿里最尊贵的建筑放到中轴上，较次要的放在两边，成为它的陪衬。北京的皇家建筑从永定门开始，经前门、天安门、端门、午门、太和殿、景山、地安门、鼓楼、钟楼形成一条长约8公里的中轴线，贯穿北京城的南北。故宫在这条中轴线的中部，其中最重要的建筑外朝三殿和内廷三殿都落在这条中轴线上，其余建筑则对称布置左右，形成强烈的反差与对比。其次，故宫建筑群以层层推进，步步深入，给人以深远、悠久之感。同时，修建故宫的匠师们，还把正阳门和太和门之间的1700米距离分成六个空间，采用大小不同、纵横有别的设计，形成了雄伟壮阔的天安门广场、长方形的午门广场及太和殿前气势森严的正方形广场。设计者们通过这一系列的变化来凸现太和殿的威严无比，从而昭示天子在上、臣民在下的封建等级思想。

陵墓建筑　宫殿建筑是为了显示现在帝王的威严，而陵墓建筑则是为了表现已逝帝王的尊严。我国的陵墓建筑已有2000多年的历史。商代以前，陵墓不垒坟，盛行深埋。春秋战国时期，随着高台建筑的增多，陵墓不仅筑土垒坟，而且植树，并设供人祭祀用的殿堂。秦始皇营建骊山墓，把陵墓建筑推向了第一个高潮。受此影响，秦汉时期的陵墓大多规模巨大，皇陵都垒方形截锥体坟台，四面有门阙和陵墓。陵中设庙和寝两部分，仿照皇宫的前朝后寝布局。到了唐宋，陵墓有较大的改变。首先是为了防盗和突出宏伟气势，因山为陵成为定制；其次是陵墓的神道加长，门阙及石像增多，陵区内多设陪葬墓。明代陵墓继承唐宋因山为陵、陵区集中、神道深远的做法，但基本放弃了先前的正方形布局，陵墓型制更为自由，同环境的结合更为密切，地面建筑更加高大，其气势也更加壮阔。清陵大体沿袭明代的传

北京明十三陵

统，不同的是各陵神道分立，后妃另建陵墓。

在古代陵墓建筑方面，最有代表性的要数明十三陵。明十三陵是指明代十三位皇帝在北京建筑的庞大陵区，代表了封建帝陵的最高成就。其主要特色是成团布置的方式。十三陵所在的天寿山在北京以北 45 公里的昌平境内，山岭逶迤相连，呈向南敞开的马蹄形，在马蹄的最北端其山麓下即是明成祖的长陵。以长陵为主体，其他十二陵则错落其东西之间，并共用一条神道，构成一个统一的、规模宏大的陵园。整个陵区周围约 40 公里。十三座陵背山而筑，面向盆地，各陵除面积大小、建筑繁简不同外，在布局、规制等方面基本一样。

十三陵以地面建筑宏伟的长陵最为著名。长陵的主体建筑分为三进院落。最南为陵门，入此门就进入一面积不大的第一进院子，院子的尽头是祾恩门。祾恩门很似紫禁城的太和门。穿过祾恩门便进入第二进院子，迎面为祾恩殿，其形制类似紫禁城太和殿，正面宽度比太和殿还略大，但深度较浅，是我国现存规模第二的大殿。绕过祾恩殿便进入了第三进院子，院内一条甬道直通至一座二层楼的建筑——方城明楼。此建筑上为明楼，下为方城。上层中间立“大明成祖文皇帝之陵”大碑。明楼后即为直径约 250 米的宝顶，即长陵的陵体。宝顶的地下便是安放棺椁的地宫。长陵的建筑数量虽然不多，但处理却很有特点。它前后有两个相连的高潮，即祾恩殿和方城明楼。前者木结构、体量横长，为殿堂；后者砖石结构，体量竖高，作城楼式。二者形成鲜明对比，给人印象深刻。陵区全部建筑用白台红墙朱柱黄瓦建构，再在庭院内外和宝顶上植上松柏，突出其皇家气派和追念之意。

宗教建筑　在我国古代，宗教建筑是仅次于宫殿建筑和陵墓建筑的另一重要建筑类型。在各类宗教中，最具有影响力的是佛教和道教。佛教起源于古印度，而道教是中国本土宗教。佛教的主要建筑有佛寺、佛塔和石窟；道教的主要建筑为道观。

早期佛寺与古印度、西域的佛寺相仿，为四方式院落，主体建筑佛塔位于正中。史书记载中国第一座佛寺——白马寺就是这种样式。至北魏发展为前塔后殿式，即在正方形院落中，除了主体建筑塔外，在其后面还有一座佛殿。后来，伴随着佛教中国化的过程，佛寺也逐渐吸收了中国传统的建筑布局样式，体现出鲜明的民族特色。整个寺院分为若干院落，而主要建筑都布置在中轴线上，从前至后有一至三座殿堂，常见的有天王殿、大雄宝殿、观音殿等。在中轴线的两侧厢房则依次设置客堂、斋堂、云会堂（禅堂）、祖师堂等配殿。现存最古老的佛寺是建于唐代的山西五台山南禅寺和佛光寺。除此以外，河北正定隆兴寺、浙江宁波保国寺、山西大同华严寺等都是宋、辽、金时期保留下来的重要遗存。明清佛寺留存最多，较多集中在山西五台山、四川峨眉山、浙江普陀山、安徽九华山这四大佛山中。除了汉传佛寺外，由于从元代开始藏传佛教的兴盛，藏式佛寺也得到了较大的发展。从建筑学的角度看，藏式佛寺布局相对比较自由，不重视中轴对称，却非常强调“绕旋礼拜”，如拉萨城里围绕大昭寺就有内、中、外三圈朝拜线路。内圈在寺院内部，中圈是以大昭寺为核心的环形八廓街，外圈则将布达拉宫也包括进去。

河南洛阳白马寺

佛塔是佛教建筑中颇具特色的一种建筑类型，它起源于古印度。最初塔是作为藏佛骨（舍利）用的，以后渐渐发展成为一种纪念建筑。佛塔随佛教传入我国后，由于中国文化自身强大的主体地位的影响，塔的内涵和建筑形式都发生了较大的变化。其种类日呈多样，有楼阁式、密檐式、金刚宝座式、窣堵波式等数种，其中楼阁式是中国佛塔的主流形式。楼阁式塔是古印度塔原型与我国古代高层楼阁的完美结合体。楼阁式塔最具代表性的是山西应县的佛宫寺释迦塔，建于公元1056年，是我国现存最古老的木塔，高达67.13米，五层、六檐、八角形，外观极为秀美。木塔外五层，内里还有暗层四级，实际上是九层结构。塔建在4米高的台基上，形成双层套筒式结构，立柱和横梁纵横交错，斗拱与大梁契联拉结，暗层中使用大量的斜撑，使整个建筑具有坚固的整体性与和谐的形式美。由于它的设计合理，虽然历史上曾经多次遭受地震和雷击，但至今仍巍然挺立。可以说，它是中华民族精神的艺术体现，具有极高的审美价值。

中国佛教石窟也是从古印度传入的。实际上它是一种依山开凿的特殊佛寺，因此也称石窟寺。中国最早的石窟在新疆，以后经河西走廊而遍及内地。现存石窟较多集中在北方，如新疆、甘肃、山西、河南等地，南方的四川、浙江、江苏也有一些，但建造年代较晚，规模也较小。由于石窟不同于木结构为主的佛寺，故比较容易留存。我国最著名的石窟群有四处，即甘肃敦煌莫高窟、山西大同云冈石窟、河南洛阳龙门石窟和甘肃天水麦积山石窟。

山西应县佛宫寺释迦塔

石窟的窟室是以掏空方式形成的一种建筑空间，各时期窟室形制有所不同。北朝时以类似于古印度支提窟的中心塔柱式为主，此式石窟实际与北朝盛行的中心塔佛寺的建筑理念是一致的。其特点是在窟洞的中央偏后有一方形石柱塔，在窟内左、右和前壁下部浮雕出一圈带有柱枋斗拱屋顶的廊庑，后壁为一大佛龛。此式以云冈第六窟最具代表性。隋唐两代则多为覆斗形石窟，其石窟的布局实际上与宅院式佛寺相仿，在左、右、后三壁凿龛，或在后壁凿龛，顶作覆斗形。至五代和宋，石窟的代表性窟形为背屏式。与前两种窟式相比，此式可谓对佛殿的直接模仿，其形制特点是平面方形，四壁不再开龛而在窟室中央后置一中心佛坛，在坛的后边留出一面通顶的石壁，即所谓"背屏"。著名的龙门奉先寺石窟就是此类形制。从总体来看，石窟的演变与发展是一个将古印度、西域石窟艺术逐渐中国化的过程，它从一个侧面体现了异域佛教在我国的传播及中国化的过程。

古典园林　中国古典园林的本质是通过对山、水、建筑、植物等要素的有机组合，构成一个富有情趣的、饱含艺术意境之美的环境。它与欧洲或伊斯兰园林等世界其他园林体系相比，有着鲜明的民族特色：其一是中国古典园林重视自然美。在造园的总原则上，必须以天然景物为基础，即使是改造和模拟自然，也必须遵循"有若自然"的原则。其二是中国古典园林追求曲折多变。在布局方面，一般不采用宫殿的中轴对称手法，不追求完整的空间格局，而是在师法自然的基础上，采用灵活多变的自由方式。其三是中国古典园林还特别强调意境的营造。受传统山水画意境的影响，中国园林不仅重视园林的形式美，而且要求能通过外观的景致体现出人的内在精神世界。

中国古典园林一般分为皇家园林和私家园林两大流派。从其发展过程来看，前者发展较快，在秦汉和隋唐就掀起过两次高潮，而后者直至唐宋又有较大的发展。从艺术水准的高低看，集中于江南一带的私家园林更胜于皇家园林。

北京颐和园

皇家园林的特点是规模大、景点多和气势奢豪。北京的颐和园是这方面的杰出代表。颐和园位于北京西郊，建成于清乾隆十五年(1750 年)。19 世纪与 20 世纪之交，颐和园曾先后被英法联军和八国联军侵略者所毁，分别经过两次重修。颐和园占地近 300 公顷，其中水面积占四分之三。园内殿、堂、楼、阁、廊、榭、亭、桥等建筑拥山抱水，绚丽多姿，构成了一幅优美的图画。整个园区由政务活动区、生活区和游览区三大部分组成，其中游览区以北京西山为背景，把自然景色和人工建筑巧妙地结合起来，显示出山外有山、景中添景的美学特征。这一区又可分为万寿山前山、昆明湖、后山后湖三部分。其中万寿山前山最显皇家气势，自山脚的排云殿到山顶的佛香阁，层层推进，层次分明。在着色上，这些建筑都采用金色琉璃瓦屋顶，两侧的建筑则皆为绿色琉璃顶，起陪衬作用，充分显示出皇家园林的特色。

与皇家园林相比，集中于江南的私家园林规模较小，以修身养性、闲适自娱为园林主要功能。园主多为文人学士或退隐官员，园林风格以清高风雅、淡素脱俗为主要追求，充溢着浓郁书卷气或闲适之气。苏州的拙政园、留园、网师园等都是这方面的杰作，其中尤以拙政园最为著名。

苏州拙政园是中国四大名园之一，其规模较大。园子中为一大片水面，约占园面积的三分之一。全园可分东、中、西三部分，其中以中部为主。中部庭园的主体建筑为远香堂。远香堂建在园中心水面的南岸，这里的堤堰简洁明快、坦坦荡荡，如同一只巨大的山石盆景作品，与水面北岸藤萝牵挂的村郊野趣形成鲜明的对比。水面之中，堆土成岛，将水面自然划分成不甚规则的几块空间。与远香堂相对的岛上建雪香云蔚亭，是远香堂的主要对景。水面的设计安排也十分自然流畅，一条沟渠蜿蜒南下至园子的尽端，并在此园子的尽端建水阁“小沧浪”作为收尾。颇显匠心的是，建于空中的“小沧浪”并不截断水流，此处水体仍显活水的动感和连续性。“小沧浪”的北面还架设一道略呈拱形的风雨桥“小飞鸿”，在增加空间层次方面起到绝妙的作用。游人如果从“小沧浪”向北望去，透过“小飞虹”可见深远的水面、宽大的空间，还有北部的荷风四面亭与见山楼遥遥相望的场景，层次之丰富，意境之深邃，令人叹为观止。

二、雕塑

中国古代雕塑艺术是传统艺术的重要组成部分。与其他艺术门类比较，中国古代雕塑艺术有两个鲜明的特点：一是以民间创作为主，一般文人雅士很少染指；二是始终有着较强的实用性，从未获得过纯粹艺术形态的独立发展。尽管如此，中国古代艺匠们凭着自己的智慧和才华，仍构筑了一个全然不同于西方的雕塑艺术世界，并成为世界三大雕塑传统之一。这自成一体的中国古代雕塑就其成果和种类而言主要有明器雕塑、陵墓雕塑、佛教造像等。

明器雕塑　明器亦称冥器、盟器，指古代用于陪葬的代替实物的模型。与古代明器相伴相生的明器雕塑则包括了用雕塑手法制作的人像及动物、建筑和车船模型等。中国古代明器雕塑源远流长，蔚为大观，而成就最高的当属秦汉和隋唐两个时期，尤其是秦、唐两代。

秦朝是我国历史上第一个统一的封建集权国家。这一时期的明器雕塑也得到惊人的发展。被誉为“世界第八大奇观”的秦始皇兵马俑是这一时期明器雕塑的杰出代表。据专家估计，秦陵一、二、三号坑共有武士俑 7000 个左右，驷马战车 100 辆，战马 100 多匹。秦陵兵马俑具有鲜明的写实特征。武士俑形象酷似北方农民，立俑身高为 1.75 米左右。面部特征富有个性，或威武庄重、或沉着刚毅、或木讷老成、或稚气活泼，栩栩如生，且无一雷同。在整体布局上，整个兵马俑组成的军阵具有浑然一体的气势，着力表现统一功业、皇权威严的主题。在雕塑手法上，秦陵兵马俑采用模塑和手塑相结合，大的部件为模塑统一范制，细部则用手作“堆”“捏”“贴”的具体刻画。这种统一性和差异性的有机结合，为后世陶俑的繁复制造与多样表现提供了有益的经验。

唐代是中国明器雕塑的全盛时期。在明器雕塑的题材上，唐人不像汉人那样意欲模仿现实生活中各种事态物象，而是有较强的选择性，即主要表现盛唐时中国作为世界大国的风采。比如唐俑中最常见的贵妇形象，体态丰腴，仪态温婉大方，表情闲适优雅。武士俑的形象则是脚踏夜叉、身着铠甲、表情严肃。这一时期动物明器雕塑中最有代表性的马也往往是膘肥体壮。艺术技巧上，唐代明器雕塑采用写实和夸张相结合的手法，比如大部分贵妇俑，其脸部上小下大，颈部丰硕，五官往中间集中，往往以樱桃小口造型来突出妇俑的富贵相。在工艺上，唐人发明了三彩釉并将它作为明器雕塑上的妆彩，使明器雕塑异彩纷呈。比如在西安附近出土的一批唐三彩女立俑，不仅体态雕刻得动人可爱，其服饰的色彩也颇有讲究，深浅色彩交错，并配以大量白釉，给人以一种清新爽朗的美感。将高超的技法与工艺完美结合的此类唐代明器，实际上代表了中国古代明器雕塑的最高成就。

陵墓雕塑　陵墓雕塑与明器雕塑一样，也是古代厚葬制的产物。它主要是指陵墓周围设立的石人、石兽等仪式性雕塑。中国古代陵墓雕塑早在汉代以前就有记录，但没有实物遗存。汉以后，每个朝代都有自己朝代特色的陵墓雕塑，但就气势和对后世的影响而言，当属汉唐两代为代表。

霍去病墓前马踏匈奴石雕像

汉代盛行厚葬，营造帝王之陵墓可以无所不用其极。然而，世道沧桑，西汉八位皇帝的陵墓其地面建筑已荡然无存，只留存了作为汉武帝茂陵的陪葬墓——霍去病墓前的一组石雕群。这是一组宝贵的民族雕刻艺术遗产，有学者认为其价值足以与秦陵兵马俑相提并论。霍去病墓前石雕群中造型完整的雕塑作品约有十几件，其中有卧象、卧牛、跃马、卧马、蟾、蛙、鱼、野猪、伏虎及“怪兽食羊”“野人搏熊”“马踏匈奴”及无腿胡人等。体积大者高约 190 厘米，长约 280 厘米，小者高约 60 厘米，长约 160 厘米，均是用秦岭山区硬度很强的花岗岩石雕成。置于墓前的“马踏匈奴”是这组石雕群的主题雕刻。马的形象高大直立，四蹄之间框拦一匈奴武士形象，以一块整石将这一马一人雕刻出来，造型与其他动物石雕和谐统一，突出表现了霍将军抗击匈奴的赫赫战功。“马踏匈奴”在艺术表现上既重写实又具浪漫气息，被后人誉为中国古代首件有记功碑性质的石雕精品。它在中国雕塑史上具有标志性的地位。

在国力强盛的唐代，历任帝王及皇亲国戚皆将陵墓雕塑视为纪念功绩和夸耀权威的重要手段。由此，唐代石雕规模空前巨大，气魄宏伟，艺术风格雄浑威猛。在西安附近的“关中十八陵”中，尤以昭陵、乾陵最为著名。“昭陵六骏”是以唐太宗李世民在开创唐帝国时所骑的六匹骏马为原形而雕刻成的浮雕作品。六匹战马姿态各异，或伫立、或缓行、或疾驰，但却都有孔武剽悍的体魄，勇猛不屈的品质。乾陵前的石雕则为数众多，有蹲狮 1 对，文武臣 10 对，马和牵马人 10 对，鸵鸟 1 对，翼马 1 对以及王宾像 61 座，其造型和气势堪称一流。其中踞中雄视的狮子，真实传神的马匹，板状石上的鸵鸟，无一不显得丰硕圆肥、饱满健劲，集中体现了唐代艺术特有的盛世风采。

佛教造像　佛教在中国的兴盛是从魏晋南北朝开始的。佛教在古代即有“像教”的说法。像教是指佛教利用雕塑和绘画的具体感染作用，使人们于生动的形象中受到教育感化，从而更好地领悟佛教义理。事实上，佛教徒通过观察和体味佛的体貌相好净化心灵，这也是修持的一种方法，名曰“观佛”。正是缘于此，佛教造像自魏晋南北朝开始也成为中国雕塑艺术的重要组成部分。

佛教造像包括四个部类。其一为佛部像，即释迦牟尼和由其衍生出的三世佛：阿弥陀佛、卢舍那佛以及弥勒佛等佛的造像；其二为菩萨部像。菩萨在佛经中是修行到了很高程度，具有一定佛性但尚未成佛者。有趣的是中国的菩萨造像与古印度不同，多为饰有璎珞珠串，着飘逸裙衣的女性形象；其三为声闻部像，即闻佛之声而觉悟者——佛的弟子、罗汉等形象塑像，其形象特征往往近于和尚，光着头，身着袈裟；其四为护法部像，指保护佛法的天王、力士（即金刚）等角色的造像。天王的形象特征近于武士，力士则被塑造成上身裸露，肌肉发达的健壮大汉形象。佛教造像的样式很多种，但最主要的是石窟造像和寺庙造像。

龙门石窟的卢舍那佛像（局部）

石窟，又名石窟寺，是佛教寺庙建筑的一种。但就石窟内部设置的佛教造像来说，它又是一种雕塑。中国古代石窟众多，其造像数量难以统计，但主要还是集中在敦煌莫高窟、大同云冈石窟、洛阳龙门石窟和天水麦积山石窟等几大著名石窟中。

从魏晋南北朝直至明清，中国古代石窟造像艺术从兴盛到衰落有一个较长的过程，其风格也在不断地变化。中国早期的石窟造像带有强烈的古印度犍陀罗风格，宗教色彩较浓，神、人距离很远，神秘感很强。且表现手法拙朴，大多是粗线条的刻画。至魏晋南北朝后期及隋唐，石窟造像艺术逐步出现了中国化及世俗化的倾向，神、人亲和，现实性强，且题材丰富，表现手法也日臻成熟，出现了大批诸如洛阳龙门石窟卢舍那大佛之类的优秀石窟造像作品。这些造像往往个性鲜明，形象栩栩如生。宋代以后，随着文化中心南移，石窟造像主要集中在四川、浙江等地。此时造像特点是世俗化倾向更加明显，技巧上则更加圆熟，讲究精细。元代以后，石窟造像则进入衰落期，其成就自然不能与前代相提并论。

佛教造像的另一样式是寺庙造像。寺庙造像生产的年代与石窟造像大致相当，其题材也一致，所不同的是由于寺庙大多为木结构建筑，不像石窟那样可以永久保存，再加上宋代以前历次灭法毁佛的浩劫，故早期的寺庙建筑已毁失无余，现在能见到的寺庙造像也只能是出土文物。这其中建于唐代的五台山南禅寺大殿和佛光寺大殿的泥塑造像是目前留存的最早的地面寺庙造像。南禅寺有 17 尊，佛光寺有 27 尊，这些造像虽经后代妆彩新修，但基本保持了唐代的造像风貌。也许由于是地处偏僻的山村寺庙，其造像的造型、气度甚至服饰表现显然不及同时期的敦煌唐代彩塑。

宋代较为发达的商品经济推动了寺庙造像的发展，寺庙造像众多，技术十分精湛。寺庙造像的题材以罗汉和菩萨像最为常见，其代表性作品是山东长清灵岩寺罗汉群像和苏州甪直镇保圣寺的罗汉群像。前者采用写实手法，刻画极为细腻，后者体现了中国传统雕塑重内在神韵的民族特色。明清时期，虽然留存下来的寺庙造像不少，但由于社会和整个古代艺术的发展已过鼎盛期，其总体水平显然不及前代。相对较有价值的当属山西平遥双林寺的明代造像和昆明筇竹寺的清代罗汉塑像。前者现存1500余尊雕塑，艺术处理富有创造性，后者的写实性极强，但艺术意趣有所缺乏。

三、书法

书法艺术是中华民族文化景观中独具东方艺术魅力的亮丽风景线。它不仅深受我国人民的喜爱，而且也逐渐引起世界各国艺术家的重视。我们也许有理由说，书法艺术是中华民族对世界艺术发展的最重要贡献之一。

书法作为一门写字的艺术，它的发展同字体的演进、书写工具的变化密切相关。在中国古代，书写之所以能成为艺术，一方面在于书写对象是具形体美的各种不同的汉字；书写工具则为刚柔相济、阴阳和谐的柔性毛笔，它能粗能细，能方能圆，能屈能伸；另一方面还在于其书写的内容为数千年文化积淀而成的、具有独特艺术品质的民族语汇。可见，书法在诸艺术门类中最具有中国特性，只有在中国语言文化背景中，书法才成为一门举足轻重的艺术。

中国书法从字体类型上分为篆、隶、楷、草、行五大类，每一类都有自己独特的风貌。篆书出现最早，并有大篆、小篆之分。大篆包括殷代甲骨文、钟鼎文和周代的石鼓文。甲骨文指商代刻在龟甲兽骨上的文字，从书法角度看，甲骨文作为我们已经知道最早较为成熟的文字，已初步具备了用笔、结构、章法三个书法要素：从用笔上看，甲骨文以刀代笔，而刀有钝、有锐，甲骨有坚硬与疏松之别，自然形成笔画精细方圆的变化；从结构上看，甲骨文大小不一，虽有错综变化，但均衡对称，中国书法的美学艺术已初露端倪；从章法上看，一片甲骨文的文字或疏落有致，或谨密严整，或有纵行而无横行，已显露出中国书法章法上的特点。可见，总的来说甲骨文中已透出一种稚朴天真的古拙情趣。钟鼎文则是指商、周时代刻铸在青铜器上的文字，由于当时称铜为金所以又叫“金文”。钟鼎文由于先写字后刻模型，能够斟酌修饰，其线条特征与甲骨文显然不同，它呈现出工整、稳定，体势恢宏而凝重的风格。石鼓文是我国现存最早的刻石文字，其线条刚柔相济，结构齐整匀称，呈现出气势浑厚庄重的风格。

篆书是真正意义上的书法。小篆是在大篆基础上简化和发展而来。李斯是小篆的鼻祖。当时毛笔已经产生，故小篆的书写风貌较之大篆自是不同，其字体更加抽象化与规范化。从现存的李斯秦代刻石《泰山刻石》与《峄山碑》中可以看到，李斯的小篆，笔笔中锋，藏头护尾，行笔不疾不徐，写出的笔线圆匀劲健，刚柔有度，将南方人的审美趣味和流媚的书风融合进端庄、雄浑的秦国大篆中去。自两汉开始，篆书已逐渐失去实用价值，仅应用于特别庄重和特别需要加以美化的场合。于是，书写篆书变成纯艺术的创作。后世篆书名家有唐代的李阳冰，五代的徐铉、徐锴兄弟，明代的李东阳，清代的邓石如、吴昌硕等。

隶书首创于秦，到了汉代由于其简洁的特点而蓬勃地发展起来。汉隶的出现，使笔画上具有波磔之美，为书法艺术的发展开拓了广阔的前景。如果说在此之前，书法主要还是属于语言文字的功能，那么到了汉代，隶书书法除表达文字意义之外，其审美特性逐渐成为人们关注的中心。汉代碑文在全国多有发现，汉代碑刻中最具有典型意义的是阵容庞大、风格各异的隶书碑刻，或方整挺劲、爽利痛快如《张迁碑》；或端庄典雅、法度森然如《礼器碑》《华山

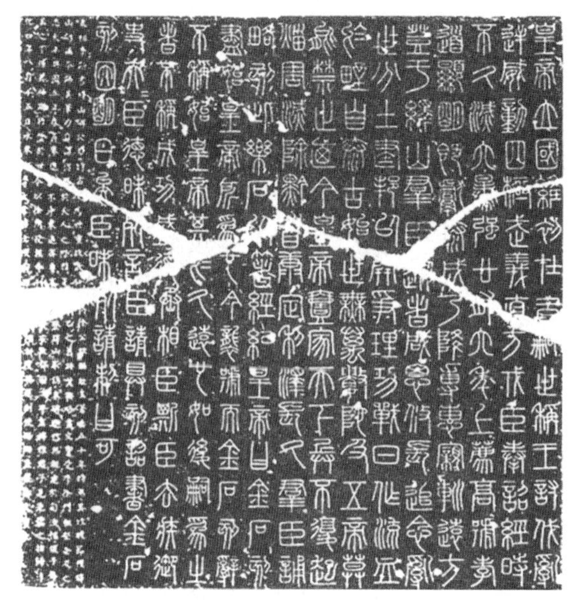

李斯《泰山刻石》碑拓片

碑》；或拙朴厚重、大气磅礴如《衡方碑》《校官碑》，还有舒展、峭拔、奇纵多姿的《石门颂》和茂密朴拙、浑厚雄强的《西狭颂》等，展示了汉代书法的辉煌成就和高超的艺术水平。隶书至清代再现高峰，大家辈出，风格各异，著名者有郑簠、金农、邓石如、伊秉绶等。

草书又分章草和今草。章草是隶书的草体，是因隶书写得简洁而成，虽笔画或省略或连缀，但字字独立。现在可以看到最早的章草作品是西汉史游的《急就章》，其他传世名作有西晋索靖的《出师颂》和陆机的《平复帖》。

今草是章草的进一步"草化"。它上下字之间的笔势往往牵连相通，偏旁作了许多省略假借，即今天通称的草书。今草的创始人是汉末的张芝。张芝的草书笔势连绵奔放、变化莫测。东晋王羲之、王献之父子对于今草的确立和发展也作出了最重要的贡献。王羲之因其书法诸体备精，成就非凡，被尊为"书圣"。他的今草用笔锋藏势逸，流畅俊美；小圣王献之则不同，用笔外拓开阔，锋芒外露，放肆而豪迈。唐代的张旭变今草为狂草，他的草书完全突破了"二王"章法，异军突起，奇状谲态，纵横跌宕，气势雄伟，大大改变了东晋以来温雅妍美的书风，把书法艺术的抒情性升华到前所未有的高度，人称"草圣"。张旭的传世书迹不多，以《古诗四帖》为代表，其笔画丰满、敦厚、淋漓，富有自然的起伏波动，行笔迅急，气势磅礴，笔画连带之中，其字忽大忽小，忽轻忽重，忽虚忽实，线条的飞腾跳跃之间常常出乎意料之外。唐代僧人怀素为张旭之后的又一狂草大家。他的狂草笔墨飞舞奇逸，气势变幻跌宕，富有音乐的节奏旋律之美及舞蹈的翩然多姿之态，传世名作有《自叙帖》。

楷书脱化于隶书和章草。楷书的历史发展颇为复杂，孕育于汉代，开始于三国，盛行于魏晋南北朝，唐代是其鼎盛时期。楷书与隶书相比，点画形式更加丰富，从而引起结构上的变化，极大丰富了汉字结构的艺术性。初唐欧阳询、虞世南、褚遂良、薛稷四大家，均以楷书见长。欧阳询的书法笔力遒劲，结构险中求稳，法度森严，正所谓增一分太长，减一分太短，极尽精致之能事。他的书法在当时的影响就已波及国外，并为后世所推崇，代表作为《九成宫醴泉铭》。虞世南的书法外柔内刚，点画圆润，给人以恬淡之气，代表作《孔子庙堂碑》被后人赞为"有唐第一楷"。褚遂良远肇"二王"，近学虞、欧之法。早期字类虞世南，但体势更为宽博，代表作《孟法师碑》，后期字则日趋俊逸秀美，其代表作为《雁塔圣教序》。薛稷学褚字而笔道遒劲耿直，当时即有"买褚得薛，不失其节"之说，代表作有《信行禅师碑》、《升仙太子碑》等。薛稷曾为慧普寺题名，字径三尺，杜甫曾有诗赞曰："郁郁三大字，蛟龙岌相缠。"（《观薛少保书画壁诗》）唐朝后期最重要的书法大家是颜真卿，他的楷书被称"天下第一"。颜真卿出身于一个书法之家，得到张旭的指导，又广泛学习王羲之、王献之、褚遂良等名家书法，开创了自成一家的“颜体”。宋代朱花文《墨池编》称颜体笔法为:“点如坠石、画如夏云、钩如层金、戈如发弩,纵横有象,低昂有志。”这一概括形象地描写出颜书用笔骨力雄强,筋肉丰实的特点。

颜体书法的出现具有划时代的意义。苏轼曾认为:“诗至于杜子美,文至于韩退之,书至于颜鲁公,画至于吴道子,而今之变,天下能事毕矣。”(《东坡题跋》)颜书的价值在于突破了自“二王”至初唐四百年间流美趋逸的书风,开创了雄强刚健、大气磅礴的新风格。颜真卿的书法艺术,就楷书而言其代表作为《麻姑仙坛记》《颜家庙碑》等。颜真卿之后的楷书家还有柳公权。他的书法笔力险劲似颜真卿而紧凑似欧阳询,后人以“颜柳”并称,代表作有《神策军碑》。唐代之后,经宋、元、明、清各朝,都以楷书作为正书,可谓名家辈出。

行书是介于草书与楷书之间的一种书体。行书是人们日常生活中最常使用的书体,自汉代以来一直风行于世,形成了一个又一个艺术高峰。晋代是行书第一高峰,王羲之是最杰出的代表。作为中国书法史上成就和影响最大的书法家,王羲之的书法吸取了前人诸多的优点,其书法造诣达到了“博精群法,古今莫二”(羊欣《采古来能书人名》)的高度。特别是他的行书代表作《兰亭序》表现出了后人难以企及的境界。这件作品在用笔上如行云流水,潇洒飘逸,骨格清秀,点画遒美,疏密相间,布白巧妙,在尺幅之内蕴含着极丰盈的艺术美。《兰亭序》凡三百二十四字,每一字都姿态殊异,圆转自如。王羲之出神入化,不仅表现在异字异构,而且更突出地表现在重字的别构上。比如出现的二十个“之”字,各有不同的形态及美感,无一雷同。无怪乎后人称《兰亭序》为“章法为古今第一”(董其昌:《画禅室随笔》),被誉为“天下第一行书”。

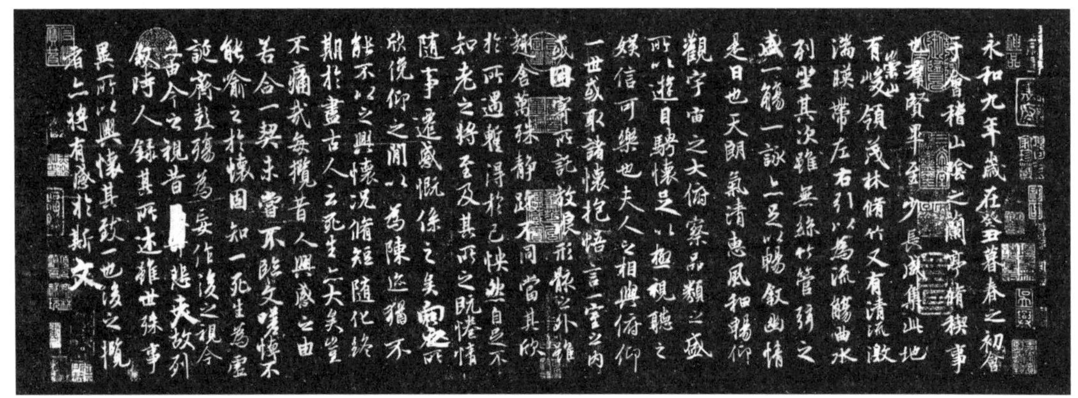

王羲之《兰亭序》碑拓片

唐代是行书发展的第二高峰。唐代书法家在晋代秀妍的基础上,由楷入行,开拓了雄伟壮美、气势恢宏的风格。唐朝前期的李邕善以行楷入碑。他取法“二王”而又有六朝气势,笔力沉雄,结字沉稳,自成一家风貌,代表作有《李秀碑》。唐后期主要有颜真卿,其行书代表作《祭侄稿》,变“二王”之妩媚为挺拔,变“二王”之秀润为苍劲,另辟新径,被称为“天下第二行书”。其他唐人行书精品有欧阳询的《张翰帖》、柳公权的《蒙诏帖》。

宋代书家营造了行书发展的第三高峰,开启了“尚意”的一代新风。代表者是苏、黄、米、蔡四大家。苏轼的行书用笔圆润含蓄,结构自然生动,笔墨浑厚而爽朗有神,特别以气韵见胜,充分展示出一代大文学家兼书法家的高深修养,代表作有《前赤壁赋》《寒食诗》等。黄庭坚的行书运笔起伏逸放，线条遒劲洒脱，且有既酣畅淋漓又沉着稳健的辩证艺术效果，代表作有《松风阁帖》《苏轼寒食帖跋》等。米芾的行书，笔调飘逸洒脱中见雄健宕落，结构欹侧相依中见体势鲜明，节奏强烈而气势磅礴，代表作有《蜀素帖》等。蔡襄行书则以温淳婉媚为特色，代表作有《自书诗卷》等。此后，元代赵孟頫、鲜于枢，并称“元代二妙”，前者行书风格同楷书一样以秀雅见长，后者擅长行草。明代行书主要有文徵明、董其昌两家。尤其是董其昌，书风温雅秀媚，影响了整个清代前期的书法走势。还有清代的刘墉、何绍基、赵之谦等也都是行书名家。

米芾《蜀素帖》(北宋)

中国书法由于其造型和表现对象的丰富性，较之其他艺术种类更能鲜明地表现人的审美理想、气质、灵性和人格，古人甚至将其概括为“书如其人”，比如王羲之超逸俊美的行书，彰显了他飘逸潇洒的风度；颜真卿庄严整肃的楷书，表现了他雍容大度的心怀、刚正不阿的人格；张旭气势磅礴、狂放孟浪的狂草，传递了他的喜悦、忧悲、怨恨、思慕、酣醇、无聊、不平等种种心态。事实上，正如美学家宗白华指出的那样，书法作为一种艺术还反映了古代中国不同时代的审美风貌和文化特征。[①] 晋人尚韵，从以王羲之的行书为代表的书法风貌中可以领会晋人的诗歌、散文、绘画、园林的韵味；唐人尚法，颜真卿、柳公权的楷书可为代表，从中亦可联想到杜甫的诗、韩愈的文、吴道子的画；宋人尚意，苏轼、黄庭坚、米芾、蔡襄可为代表，因其字可以贯通到宋诗的平和、宋画的远逸、宋词的清空；明清尚态，无论是浪漫派的徐渭、帖学派的董其昌，还是碑学派的郑燮，都有明显表现，又与戏曲小说中的市民性、世俗风相契合。

四、绘画

中国传统绘画历史悠久，它以丰富而深厚的文化底蕴和独特的美学追求，成为东方绘画的杰出代表。中国传统绘画在其数千年的发展过程中，就其题材内容上看，主要形成了人物画、山水画、花鸟画三大类。

人物画　人物画在中国绘画领域里历史最悠久，也是与社会生活和文化发展最为密切的绘画形式，它往往体现着“成教化、助人伦”(张彦远:《历代名画记》)的特殊作用。春秋战国楚墓帛图《龙凤图》《御龙图》是我国迄今发现最早的人物画。《龙凤图》画中以一发髻后挽、细腰、侧面的妇女为主角，她两手前伸弯曲作合掌状。妇女头上左部有一龙一凤。整幅

① 宗白华:《美学散步》，上海文艺出版社 1981 年版，第 156 页。

画纯粹用黑线勾勒，手法细腻而传神。对其内涵后人多有猜测，可能是巫女祈求龙凤保佑墓主进入天堂，反映那时人们对死后归宿的一种普遍心理状态。《御龙图》则描绘了一贵族男子乘龙升天的形象，反映了战国时期盛行的神仙思想。它的表现手法比《龙凤图》更胜一筹，由于使用少量色彩，显得更为典雅富丽。这两幅画线条相当流畅，造型也比较准确，充满了现实与幻想相结合的浪漫主义倾向，初步体现出中国传统绘画艺术的风范，也标志着当时人物画已开始趋于成熟。

人物画至魏晋南北朝时期开始兴盛，当时几乎所有的著名画家都是以人物画驰誉后世的。其中最有影响的是顾恺之、陆探微、张僧繇，画史上誉之为“六朝三杰”。顾恺之作为东晋最伟大的画家，他在艺术上的非凡成就是历代画家所公认的。当时的谢安称赞顾恺之的画是“苍生以来，未之有也”(《晋书・文苑》)。著名的《洛神赋图卷》就是顾恺之根据曹魏时诗人曹植的《洛神赋》所作。整幅画以曹植与宓妃情感为主线展开，分段描绘赋意，将不同情节、构图巧妙连接起来。其中一卷画中曹植端坐于榻上，凝视着纤秀的宓妃，而宓妃则回首相望，充满了柔情蜜意而又弥散着一种惆怅之感。整幅画不仅深刻地反映了当时人们反封建礼教、追求个性、向往自由的时代特征，而且其绘画手法精致细腻而简约洗练，色彩艳丽而不媚俗，成为古代绘画的典范之一。《洛神赋图卷》意境典雅绮丽，画风严谨古朴，与《洛神赋》赋文异曲同工，堪称古代艺术的绝世双璧。

阎立本《历代帝王图》(局部)(唐)

隋唐时代人物画发展到了新的高峰。宗教画、肖像画、仕女画、历史画、社会生活画都有大量作品产生，杰出的人物画家辈出，他们以不同风格、卓越的成就留名千古。阎立本是初唐画坛上的大画家。由于他身居高位，常与帝王将相接触，使他的人物画带有强烈的政治色彩且具有深厚的历史意识。比如他的《历代帝王图》共画了从汉至隋的13位帝王。其中在历史上有作为的皇帝大多表现得威严端庄，而一些昏君则被画成形象萎靡之辈。特别值得一提的是，画中每个帝王又都具有自己鲜明的个性和气质，魏文帝曹丕神情端庄、机敏精干，晋武帝司马炎气宇轩昂、深沉大度，陈后主则轻靡浮躁，如此精细传神的刻画，使阎立本的帝王画极具艺术魅力。有“画圣”之称的吴道子的画则气势恢宏，构图丰富生动。他擅长宗教变相人物，他的作品不仅想象丰富，而且因其熟悉人体解剖，因而所画人物形象准确。《送子天王图》是他的代表作之一。画中天王端坐的雄姿，净饭王送子的虔诚，天神跪拜的惶恐，强烈凸显着整幅图的主题立意，显示了吴道子“众皆谨于像似，我则脱落其凡俗”(张彦运:《历代名画记》)的美学追求。张萱与周昉则是仕女画的代表作家。他们笔下的女性大多形体丰满，姿态绰约，反映了那时人们对女性形体的审美情趣。周昉所作《簪花仕女图》最具代表性:画中一群贵族妇女，衣着华贵，神态悠闲，面容丰丽饱满，体形丰腴绰约，以赏鹤戏犬为消遗，描绘了一幅唐代贵族妇女生动的生活画面。作品写实技艺相当高超，细腻的表情描写与色彩的大胆运用，使整幅画色调柔丽、艳而不俗。

人物画至五代两宋，其发展趋势虽不及山水与花鸟，但也有自己的特色。李公麟的白描法，淡毫轻墨，开一代新风；梁楷的减笔法，粗笔泼墨，创写意人物之新法，标志着人物画开始进入更新的境界。北宋人物画的另一重要变化是风俗画风靡一时。张择端的充满生活气息的风俗画《清明上河图》，以鸟瞰式画景法构图，描绘了清明时节京城汴梁从城郊到城内街市的繁华景象。画中有士商工农、医卜僧道、男女老幼 550 多人，百态俱备，姿色各异，为世所罕见。整个长卷循序渐进，如同一首乐章，由慢板、柔板，逐渐进入快板、紧板，最后进入尾声，留下无尽韵味。整幅画既有界面典雅精美的特点，又有写意画神韵毕肖的优点。它在当时及以后都博得了各阶层观赏者的喜爱，在绘画史上享有极重要的地位。

山水画　山水画是中国古代绘画中最兴盛的一个画种，是中国绘画艺术有别于西方绘画艺术的一个显著标志。山水画出现较迟，在魏晋南北朝时期还仅作人物画的背景出现。隋朝展子虔的《游春图》是现存最早的山水卷轴画。这幅画生动地展现了青山绿水间文人们踏青游春的雅兴，构图明丽幽远，层次丰富多变。此画最大的特点是大胆施以青绿色。“青绿山水法”正是由此而创。

唐代山水画开始兴盛，并开创了两大流派：其一是李思训父子继承和发展了展子虔技法，形成了工细巧整、金碧辉映的青绿山水画派；其二是王维用水墨画山水，笔意清润、笔迹劲爽，是水墨山水画派的始祖。李思训的山水气魄豪放，着色浓烈，尤喜施用大青绿，色彩效果以“金碧辉映”著称于世。其子李昭道在继承家学的基础上又自辟蹊径。相传由其所作的《春山行旅图》，峰奇木秀，云雾弥漫，尺幅之间可见气象万千，给人以仙山琼阁之遐想。“二李”山水多被后人取法，对后世绘画产生了极大的影响。王维不仅是才华横溢的诗人和音乐家，也是著名的山水画画家。由于他深厚的文学、音乐造诣，以及禅学的功底，从而形成了他山水画独有的气韵生动、意境丰满、笔致空灵的艺术风格。宋代苏东坡曾将其画的艺术特点概括为：“画中有诗、诗中有画。”(《东坡题跋·卷五·书摩诘〈蓝田烟雨图〉》)这种诗画融合、形成诗情画意的审美情趣，成为后世山水画家孜孜追求的艺术标准与美学境界，王维因此在绘画艺术史上也具有极高的地位。相传由他所作的《辋川图》，笔墨清润婉约，气韵恬静淡雅，画中群山起伏，绿水环绕，树木掩映，将文学意象美和山水形式美融为一体，营造了一种含蓄朦胧、深远空邃、清高幽僻、意出尘外的独特审美境界。

至五代两宋时期，中国古代山水画不仅自身发展已高度成熟，而且逐渐占据了中国画坛的主流地位。这一时期的山水画坛名家辈出，各种风格竞相出现。五代及宋初山水画有南北两大派别：北方派雄强挺拔，得秦陇山水之骨法，以荆浩、李成、范宽、郭熙等为代表；南方派淡墨轻岚，得江南山水之神气，以董源、巨然为代表。《匡庐图》为荆浩唯一的传世之作，以全景式的构图，再现了庐山群峰嵯峨、烟岚缥缈的雄伟景色，不仅突破了隋唐以来山水画大都局限于空勾无皴的技法程式，同时还开创了画高山大壑、长松巨木、飞瀑流泉，气势雄壮的北方派山水画风。董源的《潇湘图》则是典型的南方派山水画。它根据“潇湘帝子游”(谢朓：《新亭渚别范零陵云》)的诗句而作。此画构图，峰峦平缓，灌木繁茂，林梢出没，云雾显晦，极得山川神气，体现了画风清淡天真、境界缥缈、意趣高远的审美境界。它开创的是温润秀丽的山水画风。

元代的山水画是中国古代山水画发展中一个重要的转折点。当时的山水画成为中国画中最大的画科，其艺术成就超过其他画种。赵孟頫是元代画坛极有影响的人物，他的山水画以江南真山真水为描写对象，在工细中透露出潇洒出尘的气息。《秋郊饮马图》是他的代表作之一。画中描绘清秋郊野放牧情景，生动地反映了马的各种矫健之态，有的正在奔驰追逐，有的正在水中嬉戏，显示了色彩凝重华丽、构图疏密有致的艺术特色。赵孟頫同时又是一位著名书法家，故他将书法笔墨气韵融进画中，从而拓展了山水画的表现技法，为山水画增添了文人的学养情愫和审美心态。赵孟頫的山水画开一代新风，师承他的黄公望、吴镇、倪瓒、王蒙（被称元四家）作为元代水墨山水画最杰出的代表，他们的山水画，或苍茫沉郁，或潇散洒脱，或简洁疏朗，或墨气沉厚，各致其极，对后世的影响也极大。比如元代山水画的经典之作《九峰雪霁图》就是黄公望的代表作，画中峰峦起伏，寒林拥雪，银装素裹，透出一派高洁清寒之气。《渔庄秋霁图》则为倪瓒的代表作。图中近景只是几棵树，中间一泓平静的湖水，远处是低矮的山坡，画中有一种安谧静寂、远离尘世的自然美感，让人从简练的构图中感受到一种落寞而又不失清雅超然之意。可见，宋元时期山水画已经达到了极盛期，大家辈出，绘画技法、审美观念日趋完善，明清等后世的山水画大多只表现为对其的模仿和变异。

黄公望《九峰雪霁图》（元）

花鸟画　中国花鸟画形成较晚。花鸟鱼虫成为绘画的独立题材，始于中唐，成于晚唐，盛于五代，从此之后便蔚然成风。唐代是花鸟画奠基时期，其间出现了不少的画家，形成了不同的艺术流派。五代时期，花鸟画有了空前的发展，出现了“黄筌富贵、徐熙野逸”两种风格，使中国花鸟画从此分为两大流派，被后人称为“徐黄二体”。现流传下来的《写生珍禽图》是黄筌教子习画的范本。画中有鸟、蚱蜢、乌龟、蝉、蜜蜂等各类飞禽、昆虫二十余种。不仅造型准确，而且由于着重于色彩表现，几不见墨迹，开了后世“院体画”的“双钩真色”画法的先河。《雪竹图》相传为徐熙所作，描写郊野的雪中竹景。画面构图丰满空灵，笔墨变化自然，充分表现了他创立的“水墨淡彩”的“落墨”画法。

到了宋代，花鸟画逐渐倾斜于画松、竹、梅、兰、菊。尤其是以文同、苏轼等人创造出的极富文人意味的画种——墨竹，开了绘画的新风。宋代最具代表性的作品有《寒雀图》《写生蔬果图》《墨竹图》等。尤其是文同的《墨竹图》，描绘了一竿倒垂竹枝，竹枝随风摇曳，宛若龙翔凤舞。其画用笔遒劲圆浑，墨色停匀而婉媚，对后世竹画有很大影响。

元明清三代是花鸟画的繁荣期。这一时期水墨写意与工整艳丽的画风争胜斗艳，名家辈出，流派纷呈，最著名的作品有《墨梅图》《墨葡萄图》等。《墨梅图》是元代著名诗人、画家王冕的代表作，描绘风姿绰约的白枝梅花，其构图简洁，形象清丽生动，笔墨精炼淡润，画风清绝脱俗，这与王冕胸怀韬略却隐迹山林，常常借画梅表达自己心态密切相关。《墨葡萄图》是明代画家徐渭的代表作之一。该画是水墨大写意，老藤错落低垂，串串葡萄倒挂枝头，整幅画笔墨酣畅，意趣横生，画面上方以草书题诗："半生落魄已成翁，独立书斋啸晚风；笔底明珠无处去，闲抛闲掷野藤中。"表达了这位天才卓异，却一生坎坷的画家的狂放洒脱和愤世嫉俗之情。

花鸟画在清代同样精品迭出。《荷花小鸟图》《悬崖兰竹图》《桃实图》可谓其代表作。《荷花小鸟图》是清代自号"八大山人"的画家朱耷的代表作，它描绘了一只缩颈小鸟，危立于败荷残茎池中的情景。其画构图简洁奇特，造型孤傲夸张，寥寥数笔而神韵绝佳，对后世写意花鸟画的发展有巨大的影响。扬州画派是清代乾隆时期最具生命力、最为活跃的花鸟画派，其代表人物是自号板桥的郑燮。郑板桥在绘画中善画兰、竹、石，尤精墨竹，注重"瘦与节"的结合，其作品往往是自己思想和人品的化身。《悬崖兰竹图》用近乎一半的幅面作一巨大的倾斜石壁，数丛幽兰和几株箭竹，仿佛同根并蒂生于峭壁，迎风摇曳碧空，生动表现了兰竹虽然生于峭岩壁缝，却豪气凌云、不畏艰险的精神。《桃实图》为清朝最后一位也是近代第一位杰出艺术家吴昌硕所画。吴昌硕以写意花卉著称于世，融各家之长，将深厚的书法、篆刻、诗人修养入画，以雄健烂漫的风格一改清末画坛柔媚轻佻之风。《桃实图》左下角为一厚重的巨石，石旁两株硕果累累的桃树冲出画面，处处体现了吴昌硕"奔放处要不离开法度，精微处要照顾到气魄"的绘画准则。从某种意义上可以说，吴昌硕的写意花鸟画是传统花鸟画的一个可贵总结。

朱耷《荷花小鸟图》(清)

五、音乐

我国古代有迹可考的音乐文化的历史有几千年的发展历程。在这个漫长的发展进程中，我们的先人以其非凡的智慧和灵性创造了极其丰富的古代音乐艺术作品。这些杰出的古代音乐艺术作品不仅至今是我们民族精神文化的宝贵财富，而且它也是世界音乐文化宝库中一颗耀眼的明珠。

宫廷音乐　宫廷音乐指的是历代统治者在宫廷内或朝廷仪式中为宫廷统治者演奏的音乐。它具有功利性、礼仪性和旋律节奏"雅化"的特点。其中西周的雅乐、唐朝的燕乐可以说是宫廷音乐发展的两座高峰。

雅乐是礼乐结合的产物。从史籍记载看，雅乐是在前代乐舞和民间音乐的基础上形成和发展起来的。它包括：六代之乐、房中乐、诗乐。其中六代之乐是指黄帝之《云门大卷》、唐尧之《大咸》、虞舜之《韶》、夏禹之《大夏》、商汤之《大濩》、周武王之《大武》。这些规模宏大的典礼音乐，乃综合诗、歌、舞、乐而成。这些乐曲有的是祭祀天地山川，有的是夸耀政治开明。演出时动作缓慢，声调平静，造成一种庄严、肃穆、神秘的气氛，使人震撼并得到伦理道德的感化。房中乐是宫廷内部所演唱的歌曲，只用琴瑟伴奏，由后妃歌唱从民间采来的诗篇，以事奉君王。诗乐则是由专人到各地采集民间歌谣，经加工修饰而作为与典礼配合的诗篇，用"雅""颂"声调歌唱。

唐初的燕乐沿袭隋朝九部乐。唐太宗时增加一部，形成十部乐，其基本上是按照不同民族及国家的音乐特点来划分种类，组成声乐系列。唐玄宗时将十部乐的表演程式分为"坐部伎"和"立部伎"。"坐部伎"就是堂上坐着演奏的音乐和乐伎；"立部伎"则是堂下立着演奏的音乐和乐伎。"坐部伎"音乐具有抒情典雅的艺术特点，而"立部伎"音乐则具有粗犷热烈的艺术风格。唐燕乐中最突出、最辉煌的是大曲。大曲不仅集中地代表燕乐的全部艺术成就，而且将宫廷音乐推向了顶峰。比如唐玄宗创作的《霓裳羽衣曲》就是最有名的一首大曲，全曲共分有 36 段，它集中了唐代及前代音乐舞蹈的艺术精华，曾使无数的诗人赞叹不已，并传到新罗、日本等国，对这些国家乐舞产生了重大的影响。

宗教音乐　宗教音乐指的是由宗教信徒为宗教信仰目的而演奏的音乐，具有仪式性、教义性和神秘性的特点。中国古代宗教音乐主要存在着佛、道两大音乐体系。

佛教音乐包括了唱诵音乐和器乐二种，均服务于法事活动。唱诵音乐有赞、偈、礼拜曲等。赞又称梵呗。梵呗的演唱速度缓慢，曲调平稳，具有庄严肃穆、清畅典雅的气质与风度。偈又称为颂，只有一个基本曲调。礼拜曲是修行法事和纪念法事中的唱曲，包括《三皈依》和《拜愿》，演唱时自己配合着顶礼膜拜的动作。北方佛教音乐重吹打乐器，如管、笛、笙、云锣、手鼓、铛子等；南方佛教音乐则在以上乐器基础上增加了管弦乐器，如箫、琵琶、三弦、二胡等。除此之外，法器也是寺院生活起居及法事中所用的敲击乐器，主要有法鼓、手鼓、大磬、中磬、木鱼、铛子、铃等。由于佛教来自古印度，故佛教音乐明显具有古印度和西域的异国情调。它的传入丰富了中国本土音乐的内容，并和儒家、道家一道，共同形成了中国传统音乐艺术追求"和、静、清、远、古、淡"的审美意境。

奏乐俑(西汉)

道教音乐则是在斋醮和其他法事活动时使用的音乐，主要有独唱、齐唱、散板式吟唱和鼓乐、吹打乐以及合奏等多种形式，用以赞美神仙，表现镇煞驱魔的威严。其所用乐器与佛教音乐有许多相同之处。各地的道教音乐，按其活动范围和演唱风格，可以分为"在家"和

"出家"两大流派。"在家派"的活动范围主要在乡会集镇,以"人"为表演对象,属于宗教外部的活动,演唱风格比较清新活泼、欢快明朗,具有较浓郁的世俗气息。"出家派"的活动范围在道观,演唱对象主要是"神灵",音乐风格偏于庄穆沉静、典雅悠缓。道教音乐通过对宫廷音乐、民间音乐和佛教音乐的吸收融化,形成了别具神韵的道教音乐体系。

文人音乐　文人音乐指的是历代具有一定文化修养的知识阶层创作流行的音乐作品,所表现的是古代知识阶层在不同时代所特有的精神气质和审美情趣,其特点是文学和音乐的高度结合。著名的作品有《阳关三叠》《满江红》等。《阳关三叠》是唐代歌曲,歌词取自唐代诗人王维的七言绝句《送元二使安西》:"渭城朝雨浥轻尘,客舍青青柳色新;劝君更尽一杯酒,西出阳关无故人。"因诗中有"阳关"一词,又称"阳关曲",又因曲中"西出阳关无故人"句重复三次,故称《阳关三叠》。《阳关三叠》使原诗中抒发的依依惜别之情更加深挚、强烈,极富感染力。著名诗人白居易曾赋诗赞道:"最忆阳关道,珍珠一串歌。"(《晚春欲携酒寻沈四著作》)这首歌曲自唐代问世以来,广为流传,至今仍为听众所喜爱。《满江红》是宋代文人根据抗金英雄岳飞的《满江红》词所谱的曲子。曲调淳朴舒展,节奏稳健铿锵,情绪昂扬激越。它以艺术的形式,再现了岳飞原词中所蕴含的精忠报国之心和还我河山的凌云壮志。由于后人深深怀念这位功勋卓著却惨遭杀害的英雄,为他的不幸命运而不平,故它被一代又一代传唱下来,对无数仁人志士的成长起到特殊的激励作用。

民间音乐　民间音乐指的是由庶民百姓集体创作的、真实反映了他们的生活情景、生动地表达了他们感情愿望的音乐作品。它具有创作过程集体性、传播方式口头性以及音乐曲调的变易性等特性。我国古代的民间音乐以器乐艺术作品为主。在漫长的音乐实践中,古人创造了具有显著民族风格的各式乐器约400多种,大体上分吹奏乐器、弹拨乐器、拉弦乐器和打击乐器四大类。所谓的器乐艺术指的就是用中国传统乐器以独奏、合奏形式演奏的音乐作品。它是中国传统音乐艺术中极为重要的组成部分。《高山流水》《广陵散》《十面埋伏》等堪称民间音乐的经典之作。

《高山流水》相传是春秋时期的伯牙所作的古琴曲。伯牙是民间演奏家,古琴演奏技巧细腻传神。据《列子·汤问》记载:"伯牙善鼓琴,钟子期善听。伯牙鼓琴,志在高山,钟子期曰:'善哉,峨峨兮若泰山!'志在流水,钟子期曰:'善哉,洋洋兮若江河!'伯牙所念,钟子必得之。"这不仅反映了伯牙高超的艺术技能,更反映了伯钟二人心心相印的境界。《高山流水》的艺术特色是由静而动,由徐而疾,婉转如歌,起伏奔涌。《广陵散》又名《广陵止息》,全曲共45段,有"取韩""发怒""冲冠""投剑"等分段标题。它以其深沉的乐意、雄浑的气魄,一直吸引着古今琴家。魏晋时的名士嵇康在临刑时,就曾毫无惧色地演奏过《广陵散》,以表现临死不惧的精神境界,使这首名曲更具魅力。《十面埋伏》又名《淮阳平楚》,它是我国古代著名的琵琶大套武曲。它反映的是楚汉相争的历史题材。据后人推断此曲可能是从明代琵琶曲《楚汉》演变发展而来。全曲共有十多段,主要表现列营、吹打、点将、排阵、走队、埋伏、鸡鸣山、小战、九里山、大战、项王败阵、乌江自刎、众军奏凯、诸将争功、取胜回营等情形。此曲演奏时,听众心弦随之被拨动,犹如置身于历史场景之中:两军决战时声动天地;项王战败自刎时则凄惨而悲壮,使人"始而奋,继而悲,终而涕流之无从也"(王猷定:《四照堂集·汤琵琶传》)。乐曲采用具有鲜明特色的音调,加以变奏、展衍、层次分明,结构完整而流畅,一气呵成。在演奏的技巧上充分发挥了煞弦等特有的技法,表现手段丰富多彩,因而成为古典琵琶曲中的经典之作。

除了器乐之外，民间音乐还有民间歌曲、歌舞音乐、说唱音乐、戏曲音乐。民间歌曲又称民歌。它是我国各族人民在长期劳动实践和社会生活中集体创作的一种短小的歌唱艺术，可分为劳动号子、山歌、小调和长歌。比如《信天游》《孟姜女》《走西门》《茉莉花》等。歌舞音乐指的是伴随着民间舞蹈的歌唱和器乐演奏。歌舞音乐有歌舞结合、曲调活跃、节拍规整、节奏明快有力、富于动作性的特点。说唱艺术是说（白）、唱（腔）、表（作）三位一体的艺术。中国说唱艺术十分丰富，全国现存曲种达200多个。比如河北京韵大鼓、苏州弹词、山东琴书、安徽凤阳花鼓、山东快书等。戏曲音乐则是戏曲重要的组成部分，包括声乐和器乐两大部分：声乐主要是唱腔和念白；器乐包括不同乐器组成的小型管弦乐（文场）和打击乐（武场），它对表现戏曲情节、塑造戏曲人物、烘托舞台气氛发挥着重要作用。

六、戏曲

与西方戏曲艺术不同，中国古代戏曲在长期的历史发展中，形成了形式多样、风格各异的戏曲大观园。这其中有代表早期戏曲雏形的古代傩戏、汉代百戏、唐代参军戏，有代表传统戏曲走向成熟的宋元杂剧，还有代表传统戏曲在元杂剧之后进一步发展繁荣的明清传奇，更有以京剧为代表的地方戏曲等。

早期戏曲　中国传统戏曲的起源，最早可以追溯到原始时代的歌舞。原始歌舞最初是集诗歌、舞蹈、音乐为一体的，用以表现对鬼神的祭祀、对祖先的崇敬、对丰收的喜庆以及后来对男女爱情的倾心唱颂。周代以后在祭祀活动中出现了傩戏：傩舞和巫舞。这可以说是最古老的戏曲。傩舞是一种驱鬼的仪式。这种驱逐恶鬼的舞蹈，带着恐怖的假面、奇异的服装、狂野的喊声，遗存着原始时代的一些舞蹈动作。傩舞的表演、装扮及脸谱等都存留于后世戏曲舞台上。巫舞是祭祀时的歌舞。在祭祀时伴以歌舞，既娱神又娱人。巫舞中已具有某些简单的情节性，含有较多的戏曲因素。

在西周末年则出现了由贵族或诸侯豢养，专供他们声色之娱的职业艺人——优。当时的优人分为三类，歌舞表演者为倡优，吹打乐器者为伶优，调笑、滑稽、讽刺表演者为俳优，俳优往往由男性担任。三类艺人中，俳优最接近戏剧艺术，其表演类似于今天的戏剧小品。《史记·滑稽列传》曾记载过一个"优孟衣冠"的故事：春秋时俳优优孟假扮已死楚国宰相孙叔敖的模样，劝谏楚王，使贫困交加的孙叔敖之子得到国王封赠的田产和银两的故事。在几乎所有的中国戏剧史书上，都记载了这则轶事。它的重要意义在于，优孟的扮演行为第一次较为接近了严格意义的角色含义。

汉武帝时设立了"乐府"官署。由于张骞出使西域，使得西域各民族的一些民间技艺陆续传到中原，形成了历史上各民族艺术的汇合，出现了"百戏"繁盛局面。这时的统治者一方面把民间乐曲搜罗到乐府中来，请一些音乐家把它们加以提高；另一方面又把盛行于当时民间的角抵戏和民间多种技艺集合在宫廷前的广场同时演出，时称"角抵百戏"。其中，有一出《东海黄公》的角抵戏，说的是东海人黄公，年轻时有法术，能兴云起雾制蛇御虎。但后来年老力衰，法术失灵，终为虎所杀的故事。这个角抵戏是史书上明确记载、有据可考的第一次由演员饰演的人物，并通过动作表现冲突，按照编好的情节叙述一个有头有尾的独立故事的舞台艺术作品。故它被认为是我国古代短剧之始。汉代"百戏"对于我国戏剧艺术的形成起着关键作用。这是因为由于许多艺人都在同一广场演出，由此，他们之间的艺术交流便是很自然的事情。而且，唱、做、念、打、舞这些综合的戏曲功夫，也正是在“百戏”的发展中逐渐孕育成形的。

中国戏曲的雏形在唐代则完全形成，其标志是唐代的歌舞戏与参军戏。戏曲的特征是演员扮演人物，以歌舞表现故事。无论是唐代的歌舞戏还是参军戏，都具备了这一特征。唐代《踏谣娘》《兰陵王》《拨头》等歌舞戏，都以演员扮演角色，运用歌舞手段表现简单的戏剧冲突。在歌舞戏产生的同时或稍后，出现了以动作和说白为主要表演手段的参军戏。参军戏的演出形式较为固定，一般有“参军”“苍鹘”两个角色，互相问答。它情节简单，即兴表演，以滑稽讽刺为主。被讽刺的角色叫参军，进行讽刺的角色叫苍鹘。歌舞戏和参军戏是中国戏曲形成过程中的两种最初的戏剧形式。歌舞戏一开始就基本具备戏曲的特征，参军戏虽然还不具备戏曲特征，却对戏曲的形成和发展起到重要作用。可见，参军戏和歌舞戏就像两条溪流汇合在一起，终于形成了中国戏曲这条浩荡大河。

宋元杂剧　中国戏曲的成熟是在宋元时期。随着北宋社会经济的发展，城市日趋繁荣，市民阶层不断扩大，因而北宋的一些主要商业城市出现了市民游艺区——瓦舍。瓦舍为各种艺术相互学习与交流提供了有利的条件，为戏曲艺术的全面发展提供了方便。由于瓦舍给艺人们提供了固定的演出场所，许多艺人就可以长年在此以卖艺演出谋生，于是职业艺人出现了。随着瓦舍的出现，同时也产生了书会。书会中人往往是当时不得志的下层文人。这是当时出现的一批职业剧作家。与前代诗人、词人不同的地方是，他们是靠创作谋生的。这些人经常与艺人合作，他们熟悉舞台，懂得舞台艺术的特点和观众的欣赏要求，故他们写出的剧本，不但能增强舞台表现能力，而且更容易直接为观众所接受。同时，艺人们与文人的接近，对于提高艺人的文学艺术修养，提升他们的演出水平与创作能力都有很大帮助。所有这一切都是宋代杂剧产生并发展的重要原因。

北宋杂剧是继承唐代参军戏的传统，又广泛吸收了许多表演、歌唱的技艺，并把它们进一步综合起来而形成的戏曲，故称杂剧。北宋灭亡后，南宋偏安江南，由于社会相对稳定，大量北方人口南迁，杂剧也随之传入南方，并得到了长足的发展与进步。在元代，杂剧更是被认作是代表一个朝代的艺术。元杂剧的剧本体制绝大多数是由“四折一楔”构成。四折，是四个情节的段落，像做文章讲究起承转合一样。楔子则篇幅短小，通常放在第一折之前，这有点类似于后来戏曲中的“序幕”。元杂剧在艺术上是以歌唱为主，结合说白表演的形式，每一折由同一宫调的若干支曲子联成一个套曲，全套只押一个韵，由扮演男主角的正末或扮演女主角的正旦演唱。这种“一人主唱”可以极大地发挥歌唱艺术的特长，酣畅淋漓地塑造主要人物形象。念白部分受参军戏传统的影响，常常插科打诨，富于幽默情趣。可见，将音乐与戏剧统一起来，达到体制上的规范整合，这表明了元杂剧艺术的成熟和完善。因此之故，在中国戏剧史上元杂剧有着辉煌的成就，出现了一批光耀一代的大作家和不朽名作。据记载，这一时期有据可考作家就有700余人，见于书面记载的剧目就有六七百种。元杂剧的奠基人关汉卿是我国戏曲史上第一位伟大的戏曲家。早在19世纪二三十年代，他的名著《窦娥冤》就被翻译介绍到英、法等国。与关汉卿齐名的伟大戏剧家王实甫，他的名著《西厢记》则热情地歌颂青年男女反抗封建礼教、争取自由婚姻的斗争，具有很强的思想意义和艺术价值。这些元杂剧中的经典之作不仅在中国而且在世界文化史上放射出夺目的光芒。

明清传奇　明清时期，中国古典戏曲继元杂剧之后进入了又一个大发展、大繁荣的新时期。其代表形式是传奇。明代传奇在初期由于受到文化专制主义及封建伦理观念的束缚，单调贫乏，少有佳作。到了明代末年，由于商品经济的发展和人文思潮的涌动，传奇的主流变成揭露社会黑暗、反对封建礼教和追求个性解放。这其中以明嘉靖时期的三部传奇为代表：《宝剑记》、《鸣凤记》和《浣纱记》。《宝剑记》取材于小说《水浒传》中林冲被逼上梁山的一段故事，但颇有改动。剧中林冲和高俅的矛盾是由于林冲上本参奏高俅等权臣结党营私、祸国殃民，结果招致高俅的报复陷害后被逼上梁山的，而不像小说起因于高俅的儿子要霸占林冲的美貌妻子。这就给林冲的反叛朝廷赋予了更多的社会意义。《鸣凤记》的故事描写的是严嵩专权时代，一批志士仁人，明知处于"寡不敌众、忠不胜邪"却一个个拼死捐生，不屈不挠地与严嵩父子及党羽进行抗争的故事。剧本写作之时，这场政治斗争实际上还没完全结束。以戏剧的方式及时地表现现实的政治斗争，《鸣凤记》是开风气之先河的杰作。《浣纱记》则取材于中国有名的历史故事越王勾践卧薪尝胆，以西施和范蠡的爱情纠葛贯穿全剧。剧作家在描写西施与范蠡的悲欢离合时，跳出了才子佳人的俗套，使政治原则凌驾于儿女私情之上。在剧中一对有情人被塑造成富于牺牲精神的爱国者，其爱国情怀令人颇为动容。

明代传奇最杰出的作品是汤显祖的《牡丹亭》。《牡丹亭》借杜丽娘为追求爱情死而复生的故事，强烈地表达出对封建礼教的挑战和反叛，发出了被压抑的青春、被窒息的人性的勇敢呼唤。整个作品展现了浪漫主义和现实主义的完美结合，形式与内容达到高度统一。它所达到的思想成就和艺术成就，使汤显祖成为享誉中国乃至世界的一位文化名人。有日本学者曾称他为"中国的莎士比亚"。清代传奇的代表作是洪昇的《长生殿》和孔尚任的《桃花扇》。《长生殿》描写的是唐明皇和杨贵妃的爱情故事。故事以安史之乱为时代背景，借爱情悲剧反映时代悲剧，时代悲剧又铸成了爱情悲剧。《长生殿》的曲词尤其优美，历来为后人所称道。《桃花扇》以明代才子侯方域邂逅秦淮歌妓李香君，两人陷入爱河为主线，揭露了奸臣魏忠贤的亲信阮大铖陷害侯方域，并强将李香君许配他人的罪行。之所以题为《桃花扇》是因为李香君反抗阮大铖血溅诗扇，侯方域的朋友杨龙友利用血点在扇中画出一树桃花。戏曲史家将这两部杰作视为传奇的"压卷之作"，是传奇达到顶峰的标志，也是传奇创作最后的辉煌一页。

地方戏曲　清中叶以后，地方戏开始兴盛起来。地方戏是昆曲之外多种剧种的统称。其中占主导地位的是乾隆年间被称为"花部"或"乱弹"的梆子、皮簧等新兴剧种。昆曲与地方戏有"花、雅"之分，沿袭了中国历代统治者分乐舞为雅、俗两部的旧例。所谓雅是正的意思，当时奉昆曲为正声；所谓花就是杂的意思，指地方戏的声腔花杂不纯，多为野调俗曲。

如果说明清传奇是以文人剧作的繁茂为标识的话，那么花部则恰恰相反，它极少得到文人士大夫的扶植和帮助。这些作品直接取自民间，荡漾着泥土的芳香与生命的激情。花部创作可视为对昆曲雅化倾向的逆反，它文辞欠讲究，甚至文理不通，缺少文学上的规范与格式。但它在舞台演出和个性张扬方面有自己的优势。不论组织戏剧冲突，还是塑造舞台形象，它丝毫不比前代的杂剧与传奇逊色。可以说，花部剧作的艺术性是在舞台上锤炼出来的，而不是在案头上推敲出来的。中国戏曲正是从这个时候开始由以剧本文学为中心向以舞台艺术为中心转移。清地方戏作品主要靠梨园抄本流传或艺人口传心授，刊刻付印的极少。在艺术形式上，花部戏当中的梆子、皮簧等剧种，为了达到通俗易懂，从根本上脱离了曲牌联套的结构。它们以七字句、十字句为主的排偶唱词代替传统的长短句。唱腔音乐则是以上下乐句为基础，突出节奏、节拍的作用；以唱腔板式（如慢板、快板、流水板、散板等）的变化，表现戏剧情绪的变化。板腔体的出现无疑是中国戏曲结构形式的一种新变化。它可以根据作品的内容，需要唱就唱，不需要唱就不唱。而且，不同的作品或作品的不同场次，也可以分别处理成唱功戏、做功戏、武戏等。显然，这非常有利于中国戏曲唱、念、做、打的综合性和整体水平的提高，也使中国戏曲向更自由灵活的形态发展。

在地方戏曲中特别值得一提的是后来被称为“国剧”之京剧的形成。1790 年，为了给 80 岁的乾隆皇帝做寿诞，一个浙江盐务大臣带着皖南艺人组织的戏班“三庆班”入京演出。至嘉庆、道光时，出现了京都舞台“四大徽班”同盛的局面。这拉开了京剧形成的大幕。徽班是进京去演出的，故其剧目和演唱的声腔必须克服审美地域性，去迎合与全国各地有着紧密关联的京都观众。这就迫使他们在艺术上精益求精，善于融会贯通。与此同时，又有一批湖北艺人相继来京，加入徽班。正是在这种特殊背景下，京剧实行着民间精神与宫廷趣味融合，实行着南方风情与北方神韵的交汇。融合交汇的结果无疑把京剧引向了更统一、更规整、更有韵味的境地。时至今日，京剧这一戏曲形式不仅深受国内人民的喜爱，它作为中国传统文化的一种承载形式也深受世界各国人民的喜爱。

中国少数民族的戏曲剧种，在花部崛起的时期也纷纷出现。如贵州侗族的侗戏、布依族的布依戏、云南白族的吹吹腔剧（白剧之前身）、傣族的傣剧以及分布在广西壮族的壮剧等。还有 15 世纪便在西藏地区形成的藏剧，此刻也呈繁荣蓬勃之貌。它们各异的戏曲形态与表演风格，无一不体现着中华民族独特的历史与文化传统。

第三节 中国古代艺术的民族特色与世界意义

如果把中国古代艺术置身于世界艺术发展的大背景下进行考察，那么就可以发现，其特有的民族特色不仅是我国古代艺术的内在本质，而且也是这一艺术具有独特魅力从而得以产生世界性影响的根据之所在。因此，只有了解和把握了中国古代艺术的民族特色，我们才能真正理解中国传统艺术何以能在整个世界艺术发展史上占据独特而重要的地位。

一、中国古代艺术的民族特色

从一定程度上说，艺术的民族特色是艺术的立身之本。如果说世界艺术宝库是一个巨大的百花盛开的花园，那么，各民族各具特色的艺术则是这个百花园中不可缺少的花朵。中国古代艺术在其数千年的发展演变中，虽然流派林立、风格迥异、个性鲜明，但由于其共同的民族生活实践和历史文化背景，仍形成了不同于其他民族的本民族特色，并因此成为东方古代艺术的杰出代表之一。中国古代艺术的民族特色是丰盈的，在这里也许可以对中国古代艺术的民族特色作如下三方面的概括。

其一是天人合一、物我合一的审美境界追求。西方自古希腊以来就强调艺术是人对自然客体的模仿，因而艺术审美的本质就是“摹写”“移情”，这事实上是一种天人、物我相分的艺术审美观。但中国古代艺术从《易经》开始就强调一种包举天、地、人三才于一体的审美理念，因而中国古代艺术从整体上追求的恰恰是天人合一、物我合一的审美境界。

在中国古代艺术家那里固然也讲“心师造化”，但这是与达到“物我合一”之境界密切相关的。由于中国特有的文化精神，这里的“造化”不光是指自然界的万事万物，同时也包括自然界的变化之道。由此，“心师造化”不是简单的西方模仿论，而是用远近俯视、游目四顾的散点透视方式来观察、体悟自然，积累素材，把握事物变化规律。“心师造化”虽然必须面对景物，但不是像西洋画那样去写生，而是对景观察，做到如宋代画家郭熙所说的“饱游饫看”，“历历罗列胸中”(《林泉高致·画意》)。于是，中国古代大画家大多重视游山玩水，用石涛的话来说就是“搜尽奇峰打草稿”(《苦瓜和尚画语录》)。游山玩水的目的是充实自己的心性，以期感悟自然之神气，为更好地在作品中表现山水之精神或变化之道打下基础。

因此，在古代艺术家那里，继师法自然之后，艺术创作更重要的还必须进入神与物游的阶段。神与物游的“游”是指导创作主体的精神、心理活动，具有丰富的想象意义和主观创造功能。也是因此，神与物游专指创作过程中艺术想象的特点：创作主体乘兴而捕捉相应的客体物象，在内心世界游想运思，通过寓意于物象的内游，发现新的审美意象。在这个阶段，艺术家在“心师造化”阶段所积累的各种素材均联翩而至，在脑海中一一浮现。这就恰如陆机所说：“收视反听，耽思傍讯，精骛八极，心游万仞。”(《文赋》)韩拙论画时也说：“默契造化，与道同机，握管而潜万物，挥毫而扫千里。”(《山水诗全集》)张怀瓘论书法时也说：“探文墨之妙有，索万物之元精。以筋骨立形，以神情润色。虽迹在尘壤，而志出云霄。”(《文字论》)由此可见，神与物游的想象阶段是包容万物，并由此获得审美意境的关键性阶段。在经历神与物游之后艺术创作就进入天人合一、或称物我合一的最高阶段。“登山则情满于山，观海则意溢于海。”(刘勰：《文心雕龙·神思》)也就是说，随着情感的移入，创作主体仿佛置身其境，处于忘我状态，或者说自己与外物已合二为一。比如南宋的罗大经就评论说画家画草虫，“不知我之为草虫耶，草虫之为我耶”？(《画说》)“草虫”与“我”实难分清。绘画如此，书法也是如此：“点画如高峰坠石，磕磕然实如崩也；横画如千里阵云，隐隐然其实有形；竖画如万岁枯藤；撇画如陆断犀象；捺画如崩浪雷奔；斜勾如百钧弩发；横折如劲弩筋节；每为一字，各象其形，斯造妙矣，书道毕矣。”(卫夫人：《笔阵图》)可见，在中国书法的笔画中，书家所追求的同样是一种物物相通、物我合一的审美境界。

其二是重言志，追求美善合一的审美旨趣。中国古代艺术思想极为注重艺术作品的伦理教化作用。早在《尚书》中就有“诗言志，歌永言，声依永，律和声，八音克谐，无相夺伦，神人以和”的记载。在这里古人明确提出了文学艺术的“言志”本质，它是表达人的思想感情的工具。《乐记》也强调：“诗，言其志也；歌，咏其声也；舞，动其容也：三者本于心，然后乐气从之。”这更是直接指明了艺术“本于心”的观点。

由于艺术“本于心”，所以中国古代艺术家因此必然强调在艺术创造中注重表现主体的思想感情，抒发情志。由此，写意、抒情也就自然成了中国古代艺术的重要特点。也由此，中国的诗、书、画、乐都主张抒写胸臆，表达内在的精神追求。比如画家郭熙就认为画家首先应以“林泉之心”看山水，以获画意，然后加以艺术表现。故他主张：“人须养得胸中宽快，意思悦适，……油然之心生，则人之笑啼情况，物之尖斜偃侧，自然布列于心，不觉见之于笔下。”

(《林泉高致·画意》)清代大画家石涛说得更直接,他认为在画中“我自发我之肺腑,揭我之须眉”(《苦瓜和尚画语录》)。

而且,由于受中国伦理性文化背景的制约,艺术在古代中国一直被视为道德感化和政治感化的手段。中国古代文人、艺术家特别注重道德,重视从心灵中去体验善。这种从内心体验善的精神,极容易与艺术家的情志、心境相通。孔子就曾说过:“志于道,据于德,依于仁,游于艺。”(《论语·述而》)可见,在孔子看来,艺必须与道、德、仁相通,或者说要以道德精神为内在根据。孟子也说:“充实之谓美,充实而有光辉之谓大,大而化之之谓圣。”(《孟子·尽心下》)可见,在孟子看来,美的基本特性是让心灵充满德性。重要的还在于,在中国传统文化里,不仅美与善可以互通,而且美的对象一定象征着善。《荀子·宥坐》篇曾有如下一段记载:“孔子观于东流之水。子贡问于孔子曰:‘君子之所以见大水必观焉者,是何?’孔子曰:‘夫水,大偏与诸生而无为也,似德。其流也埤下,裾拘必循其理,似义。其洸洸乎不淈,似道。若有决行之,其应佚若声响,其赴百仞之谷不惧,似勇。主量必平,似法。盈不求概,似正。绰约微达,似察。以出以入以就鲜絜,似善化。其万折也必东,似志。’”从这一记载看,孔子之所以赞叹水之美,是因为水有其比德的诸多寓意。这是一种美与善的统一。清代的张潮就堪称是一位极能体会这一古代艺术美善统一之本质的诗人。他说:“梅令人高,兰令人幽,菊令人野,莲令人淡,春海棠令人艳,牡丹令人豪,蕉与竹令人韵,秋海棠令人媚,松令人逸,桐令人清,柳令人感。”(《幽梦影》)这也即是从美的对象中体会善的过程。不管是把外物人格化,还是把人的情志形象化,总之,在中国的古代艺术中美始终是和善紧密地联系在一起的。

由于中国古代艺术中美与善的这种特殊关系,作为艺术创作主体的艺术家往往都把人品、人格看作艺术之本。以《礼记》的话来说就是:“无本不立,无文不行。”王羲之在《学画论》中就曾断言:作品是以画家的人格为基础的,所以画家要经常留意于自我人格心性的修养。由此,我们可以发现,中国历代的艺术家大多重视自身的德性修养。而那些人品不高的人,即使艺术水平不低,其作品也难以被世人所重视。比如宋代的蔡京、秦桧,明代的严嵩,其书法与文学作品皆臻上品,却被后人弃之,湮没不传。这就是极好的明证。

其三是圆融贯通的表现手法。中国古代艺术在自己的发展历程中,各种艺术门类虽然也有自己独立、完善的发展形态,但却从未像西方艺术那样形成严格的门类区分。相反,中国传统艺术一贯强调圆融贯通的表现手法。这一点最有代表性的是书法和绘画。中国古代历来就有“书画同源”之说。“书画同源”说至少有两层意思:一是史实的同源。从文化源头来看,中国的字、书、画本自同根,他们均根植于原始文化的土壤之中。汉字是由象形发展而来,而象形就是对客体的描绘。书写者在书写象形汉字时,常常不可避免地会带着个人的思想情趣甚至人生态度。当书写因此带有情感化和艺术化的倾向时,便进入了“书”的境界。与此同时,绘画也是源自对客体世界的描摹,与象形汉字是同出一源的。比如《周易》八卦中的坎卦这一卦象,即是古文化(水)的原始书写形式,看上去,是字,是书,又是画。也许正是由此古人才断言,书画同根而生,难分你我。二是两者均为线条艺术,其工具也都是笔墨纸砚,因此在表现技法上又相互融通,极具共同特征。这一共同特征突出表现在用笔上。赵孟頫就竭力倡导书画用笔同法论,他曾题画曰:“石如飞白木如籀,写竹还应八法通,若也有人能会此,须知书画本来同。”(《论画》)善画竹的柯九思也曾这样总结道:“写竹干用篆法,支用草书法，写叶用八分法，或用鲁公撇笔法。”(《论画竹石》)可见，书画用笔同法论已渗入了中国画家的观念中，历代画家几乎莫不如此。由此，我们可以发现郑板桥的竹、徐渭的花草等，均有浓浓的书法味渗透在其中。现代画家黄宾虹在评价清代大师吴昌硕时就曾这样说过：“赵孟頫谓：‘石如飞白木如籀’颇有道理。精通书法者，常以书法用于画法上。昌硕先生深谙此理。”(《黄宾虹画语录》)的确，吴昌硕虽年过三十才学画，但由于深厚的书法、篆刻功夫，不仅画中有书法，且书中有刀法。其作品中书法、篆刻、绘画常常融汇一体，使其画风苍劲挺健、自成一体，并因此而成就斐然，名扬四海。

吴昌硕印作《明月前身》

除书法和绘画同源同理、彼此融通外，中国古代音乐和舞蹈、音乐和诗歌、绘画和音乐、绘画和雕塑也都是相伴相生，融通渗透的。特别是中国古代的建筑艺术和戏曲艺术更是善于将各门类艺术和谐地融汇在其中，各司其职，又相得益彰。由此，西方有学者评价中国古代建筑在总体上可称之为“凝固的音乐、立体的绘画”。比如中国古代的园林建筑本身既有诗情画意，同时又使用大量的牌匾、楹联、诗画、书法来点缀，使建筑艺术与其他门类艺术既交相辉映，又浑然一体。中国古代戏曲的突出特点更是其圆融贯通的综合性，其伴奏、唱腔是音乐，举手、投足是舞蹈，脸谱、服饰是绘画。在这里，各相关艺术形式互为补充、水乳交融，最后通过演员的表演构成了韵味无穷的戏曲艺术整体。

二、中国古代艺术的世界意义

中国古代艺术历史悠久，在世界艺术之林中独树一帜。从世界范围来说，中国古代艺术的意义主要体现在两大方面：一是其本身的特异性为世界艺术百花园增色，并成为不可或缺的一道景观；二是以其特有的思想价值和技巧、技法对世界文化艺术发展起到了积极的促进作用。

中国古代艺术不仅以鲜明的民族特色立身于世界艺术之林，而且对世界其他民族艺术的发展起到了重要的推动作用。事实上，在中国古代艺术漫长的历史过程中，它不仅深深影响了日本、朝鲜等国的艺术发展和特色的形成，欧洲和世界其他地区的艺术也受到中国艺术的启发。

早在秦汉时期，中国古代艺术就同其他文明成果一道，从东、南、西三个方向对外传播。在东方国家中，日本受到的影响最大。至隋唐，由于中国出现了太平盛世，国力强大、艺术成就辉煌，与世界各国的政治、经济、文化交流也达到了空前的程度。其中与日本的交流尤其密切，中国使者东渡，日本留学生西来，双向交流极为频繁。在这一过程中，唐代的建筑、书法、工艺瓷器、绘画对日本古代艺术的发展起到了举足轻重的影响作用。建筑上,日本的藤城京、平城京、平安京与唐长安城极为相似,其总体设计思想是体现中央集权的强大,强调以朱雀大街为中轴线,平面布局呈棋盘式格局;书法方面,唐朝人喜爱的王羲之书体在日本风行,日本书法史上三大名家之一的空海和尚的作品,因极具王羲之韵致,被列为日本的国宝;工艺瓷器方面,日本的"奈良三彩"即是模仿著名的唐三彩而烧制的;绘画方面,奈良前期的代表作法隆寺金堂壁画与盛唐壁画如出一辙。除此之外,唐代的音乐、舞蹈、雕塑等对日本也极具影响力。当时日本社会各阶层深受唐代艺术的影响,人们吟诵唐诗,雅好唐乐,发明"唐绘"。可以说,日本对中国唐代艺术进行了系统而全面的汲取。

其他周边国家对唐代艺术的接受也与日本相仿。当时新罗等国积极向唐遣送留学生,使唐代艺术之风不断涌入其国。此外,由于唐代开辟了由南中国海经印度洋到非洲的"陶瓷之路",随着陶瓷大量运到东南亚,甚至远及波斯、叙利亚、埃及乃至非洲东南岸。中国陶瓷中体现出来的艺术风格,特别是唐三彩丰富的色彩、生动的造型深深地影响了当地艺术的发展。从公元9世纪起,埃及制陶业已模仿唐三彩制作多彩陶器。在波斯,所谓波斯三彩、白釉蓝彩陶和青色陶器,也都是在中国陶瓷的影响下定型着色的,是中国陶瓷艺术和波斯风格的结合。

唐三彩

宋元时期,中外文化的交流在深度和广度上都出现了前所未有的规模。在中国科技迅速外传的同时,中国艺术特别是绘画艺术也传播到东亚、阿拉伯和欧洲。宋元时期,日本派了许多僧人来华,这些僧人回国时带去不少宋元名画,对日本禅林影响很大,使日本绘画拥有了中国绘画淡泊、潇洒而又清新的风格。中国元代的统治者在西征的过程中,把中国的美术也带到了中亚和西亚,比如波斯的细密画,就受到中国古代绘画很深的影响。这一时期,在中国陶瓷中逐渐占有主流地位的青花瓷也开始向外流传。在国外,发现元代青花瓷的国家和地区有日本、菲律宾、印度尼西亚、马来西亚、印度、土耳其、伊朗和东非。据一些学者研究,青花瓷之所以行销东南亚、南亚、西非和东非的一些地方,可能与当年伊斯兰文化对白底青花纹饰浓厚的审美情趣有关。而且,这些国家和地区自行仿制青花瓷的艺术明显留下了中国古代陶瓷艺术的痕迹。这是中国艺术对异域艺术产生影响的又一明证。

明清时代的中国不少画家去日本,把中国绘画艺术进一步传到日本。这个时期,中西艺术交流逐渐成为中外艺术交流最重要的内容。伴随着"西学东渐"的历史过程,中国的各种艺术门类却"东学西渐"源源不断地传向西方。16世纪初,随着中国与欧洲各国之间贸易活动的兴起,远销欧洲的中国瓷器、漆器、珐琅等工艺品,引发了欧洲艺术界出现了一股追求

"中国趣味"、崇尚"中国风格"的热潮。有欧洲学者甚至断言，这一时期的欧洲人对中国瓷器、绘画和建筑等艺术品及其艺术风格进行了全面的效仿。①

中国的瓷器是当时欧洲最受青睐的工艺品。有记载说，1611年荷兰的阿姆斯特丹就已普遍使用中国瓷器。在法国，当时有不少专营中国瓷器的商店，生意兴隆。在欧洲的不少国家，人们还在室内装饰和建筑中使用中国瓷器作为时尚和品位的标志。特别是一些宫殿建筑，人们或在室内陈列中国瓷器，或直接将中国瓷器融在本国的民族建筑样式中。相传，法国的国王路易十四不仅在宫廷内辟有中国艺术品陈列室，而且还专门营建了凡尔赛"瓷宫"，将中国的瓷瓶、瓷砖作为装饰物直接纳入法国的建筑样式上。德国当时的勃兰登堡皇帝乔治·威廉则在收藏中国瓷器的数量上声名显赫，其宫中藏有中国瓷器（包括模仿中国的日本瓷器）达3000件之多。随着"中国热"的升温，欧洲人没有简单地停留在欣赏和使用上，他们纷纷仿效中国的工艺制造瓷器。荷兰人捷足先登，其瓷器制造中心德尔夫特1580年以后的200余年时间里竟先后冒出759个瓷窑。驰誉欧洲的德国麦森窑，其特色就是制造中国趣味的各种瓷器。法国人虽起步较晚，但他们后来居上，从17世纪开始成为欧洲的制瓷中心，他们烧制出著名的"尚蒂伊瓷"，很受上流社会的追捧。后人可以很明显地看出这些瓷器艺术品是对中国瓷器的成功模仿。

中国绘画对欧洲绘画艺术的影响，也可追溯到文艺复兴时期。著名的意大利画家达·芬奇的不朽名画《蒙娜丽莎》，其背景就是中国式山水。到了17、18世纪，着力表现中国山水画、风俗画的独特风韵已成了欧洲绘画的一种时尚。荷兰画家扬·丹·凯塞尔的作品《亚洲》，画面上似一修女在向印度或阿拉伯人介绍远东文化，背景是巴洛克式建筑，而在其细节描绘中可以分辨出印有中文的《崇祯历书》、弥勒佛和其他雕像或陶偶，以及昆虫标本和织毯等物。特别有意思的是，画家借用中国技法，在画面靠前部位画了一扎扎各色丝线、桑叶和从幼虫到作茧再变成飞蛾的蚕的各种变化形态，使整幅画散发出浓浓的"中国味"。法国的瓦托是法国绘画史上较早表现中国趣味的画家，其作品《海南岛的女神》，从人物服饰到岩洞假山，都是中国式的。另一位法国画家布歇则设计了由9幅画面组成的中国主题的壁毯。这套设计手稿在对中国事物的描画上虽带有明显的想象成分，但看得出画家是在努力地揣摩东方艺术的风韵。到19世纪后半期，中国画更是普遍引起了西方绘画界的重视，甚至在印象派、后期印象派一些大师的画中也不难发现中国画的影响。

18世纪中叶，正当欧洲大陆的绘画流行"中国风"时，一股带有明显个性倾向的"中国风"更加突出地表现在英国的园林建筑中。其基本特征是崇尚自然主义的田园风味。当时最有名的园林建筑师是曾两度考察过中国的威廉·钱伯斯。他先后写过《中国建筑、家具、衣饰、器物图案》《丘园设计图》和《东方园艺》三本关于中国建筑的书，极力推崇中国园林建筑。他的这一建筑思想在西方影响很大。特别是其《东方园艺》一书几乎成为18世纪末欧洲园林设计所必须借鉴和参考的经典。威廉·钱伯斯甚至这样断言："中国人设计园林的艺术水平确是无与伦比的。欧洲人在艺术方面无法与东方灿烂的成就相提并论，只能像对太阳一样尽量吸收它的光辉而已。"②特别值得一提的是，威廉·钱伯斯不仅是园林理论家，而

① 利奇温：《十八世纪中国与欧洲文化的接触》，朱杰勤译，商务印书馆1962年版，第20—21页。

② 参见武斌：《中华文化在海外的传播》，辽宁教育出版社1993年版，第190页。

且有着成功的园林建筑实践，他亲自为当时英太子妃建造了欧洲第一座中国式的庭园，园中假山、瀑布、曲径、丛林，无不依中国园林样式布局设计，且建有九层宝塔一座。由于当时此园轰动了全欧洲，影响极大，以致后来法、德、荷等国竞相仿效。

在中国儒家哲学被介绍到欧洲的同时，中国古代戏曲也进入欧洲人的视野。中国戏曲对欧洲的影响，首推纪君祥的《赵氏孤儿》。法国耶稣会传教士纳瑟夫·普雷马雷于 1732 年把该剧译为法文，取名为《赵氏孤儿：中国悲剧》。法国著名的启蒙学者伏尔泰于 1755 年将其改编为《中国孤儿》，同年 8 月在巴黎上演；英国戏剧家阿瑟·莫夫改编了该剧，并在德鲁里、莱恩皇家剧院上演；意大利戏曲家皮埃特罗、安东尼奥、麦塔斯塔西奥则把该剧改编为歌剧，题名为《中国英雄》。此外，王实甫的《西厢记》也曾经传入日本、朝鲜和欧洲。18 世纪末日本就出版了冈岛咏舟翻译的《西厢记》；朝鲜不仅翻译了《西厢记》，而且众多学者还对此进行了专门研究；《西厢记》在英、法、德、美各国也曾经引起很大的反响。

在现代社会，中国古代艺术依然深受世界各国人民的喜爱。比如京剧作为中国的“国剧”，在国外就拥有众多的观众。中国很多著名的京剧演员在国外享有很高声誉。德国著名戏剧家布莱希特就曾对梅兰芳的演出赞不绝口，认为中国戏曲是一种更符合人的审美本性与欣赏习惯的艺术。又比如，中国古代著名画家作品现在广被西方世界所珍藏：南宋李唐的《晋文公复国图》，现藏美国大都会博物馆；金代宫素然创作的《明妃出塞图》，现藏日本大阪市美术馆；东晋顾恺之画的《洛神赋图》，被美国弗利尔美术馆收藏。在美国旧金山亚洲艺术博物馆里，该馆甚至收藏有中国 10 世纪到 20 世纪作品 150 件，而明、清两代几乎各大流派大师的作品都有收藏。事实上，美国、日本的博物馆大量搜藏中国古代绘画作品本身是以中国古代艺术的稀有和珍奇价值为根基的。至于书法作为中国独有的艺术，更是为现代世界人民所热爱。不仅日本、朝鲜、东南亚人民对书法兴趣不减，而且，欧洲、美洲、澳洲人士也对它产生了越来越浓厚的兴趣，瑞士、挪威等国还举办大型中国书法展览，使中国书法艺术在当地产生了积极的影响。

当然，在中国古代艺术外传的过程中，也不断受到外来艺术的影响，近代以来尤其受到西方艺术的影响。除书法之外，其余艺术种类从形式到内容无不出现或多或少的变革。这一方面使中国古代艺术不断与其他民族的艺术相融合，焕发出新的审美魅力，但另一方面也对中国古代艺术原有的艺术特色提出了诸多的挑战。值得欣慰的是，在当今世界，随着人们对现代性的反思，人与自然的关系的重新定位，中国古代艺术“天人合一”的意境和人文精神又一次受到了西方社会的重视。比如中国画中所包含的人与自然的和谐关系较之注重感官刺激、张扬欲望的西方现代艺术更显出无穷的感召力。一些学者甚至断言，中国古代艺术中那种超越苦难、欲望、激情和冲突之上的平淡恬静、天人合一、物我两忘的境界有可能成为未来世界艺术发展的主流。从这个意义上我们也许可以自豪地说，中国古代艺术既是传统的又是现代的，既是中国的又是世界的。

第七章

中国古代的教育传统

中华民族有着悠久的历史与灿烂的文化，素以“文明古国”“礼仪之邦”著称。这是与中国古代历来重视教育的文化传统密不可分的。中国古代教育既是中国古代文化赖以延续和发展的基础，又是中国古代文化不断创新的载体。正是依靠古代教育的传承，中华古老而灿烂的文化才得以一代一代流传下来。中国古代教育在其漫长的过程中，形成了独特的民族特点和优良传统，涌现了众多的教育家，积累了丰富的教育经验，对于促进中华民族文化的发展和素质的提高发挥了重要作用。

第一节 中国古代教育的发展历程

中国古代的教育有着十分悠久的历史。早在尧、舜、禹时代，就有了教育的萌芽，至迟在商代起就出现了学校，有了与今天内涵大致相同的学校教育。由此开始的中国古代教育的发展历程，大致可以划分为前后相继、特点各异的三个历史阶段。

一、中国古代教育的兴起与奠基

我国早在远古时代先民就开始了教育活动，据《尚书·舜典》记载，虞时即设有学官。但那时学官所管理的只是简单的有关生产和生活的教育活动。从夏朝起，中国进入了奴隶制社会。由于文字的出现和专门从事精神生产的社会阶层的出现，加之原始社会教育实践的积累，夏朝的教育出现了质的变化，其根本标志是出现了学校。我国许多古籍都提到了夏代有“序”这种学校。“序”起初是教射的地方，后来则成为奴隶主贵族教育子弟的场所。夏代教育的主要特点是重戎、尚武。虽然“序”还不是独立、纯粹的教育机构，但其教育功能已经凸现出来，成为后来学校教育的先声。

中国文字在商代进入比较成熟的阶段。这时有了比较适用的书写工具，文字被大量应用于记述社会各种活动，并开始出现了基本的典籍。于是，文字、书写工具和典籍成为推动商代教育进一步发展的重要条件。根据一些学者对甲骨文的研究，商代确已存在学校这种专门的教育机构了，并有“学”“校”“序”“庠”等多种称呼。各种文献资料还表明，商代的学校已经有类别和层次上的区分，已能根据不同年龄实行不同的教育。商代学校由奴隶主国家管理，当时的教师都是官吏，学生都是贵族子弟。商代教育的目的是培养尊神、善战的未来统治者。可以初步推断，商代的学校教育包含着卜筮之术、宗教知识以及书数、习武和习乐方面的内容。可见，商代已初步具备了“六艺”教育的形貌，为周代教育的进一步繁荣奠定了基础。

西周是奴隶制社会的全盛时期。这一时期文化教育的特征是沿袭商的“学在官府”的旧制，但有了进一步的发展和完善。西周的学校包括国学和乡学两个系统。国学是专为统治阶级的上层贵族子弟而设的，按学生的年龄程度又分设大学与小学。国学设在王城和诸侯国都里，属中央官学；乡学设在乡、州等区域，属地方官学。西周国学、乡学教师皆由士以上现职官员和退休官员担任。可见，当时的教育是官师合一的体制。学校教育主要依循周公旦提出的敬德保民、礼乐之教的主张，讲授的是以礼、乐、射、御、书、数为主体的“六艺”。[①] 可见，西周在夏代尚武、商代敬神的基础上，向文武兼备的方向迈进了一大步，使“六艺”教育臻于完善。在“六艺”教育中，既重视思想道德的教化，也重视实用技能的培养；既重视文化学习，也重视武备训练；既教育学生要符合礼仪规范，又要求学生注重内心情感的修养。这样的教育方式对中国传统教育特点的形成产生了深远的影响。

春秋战国时期，新生的封建制的生产关系在奴隶制的母胎里逐渐成熟起来。社会的大动荡冲破了西周宗法等级制的社会模式，也从根本上改变了贵族垄断文化教育事业诸如“学在官府”的局面。在这个时代，教育最重要的事件就是官学的衰落和私学的兴起。官学衰落的原因是多方面的，最重要的原因是世袭制度造成贵族对教育的轻视和贵族统治力量的衰败。同样，私学的兴起也有着深刻的历史背景和社会根源。春秋战国时期，由于王权衰落和诸侯纷争，使得大批文化职官流落四方，原先深藏于宫廷密室的图书典籍也就散落民间，成为一般平民的读物，出现了“学术下移”的局面。学术下移使民间拥有多种学术人才，又有了供教育所用的各种典籍。这就为私学的兴起奠定了基础。私学出现的另一个重要的原因是士作为一个独立阶层的兴起。士原本是底层的贵族，他们受过礼、乐、射、御、书、数多种教育，能文能武，然而在西周严格的宗法制社

“六艺”图示

① “六艺”是礼、乐、射、御、书、数。其中“礼”是等级伦理教育；“乐”是艺术教育，包括音乐、诗歌和舞蹈；“射”和“御”是军事训练，这是当时最重要的教育内容，因为当时部族冲突频繁，贵族子弟必须维护尚武的传统；“书”是书法习字；“数”则是诸如算术、天文、历法知识的学习。

孔子讲学图(南宋)

会里,他们只是卿大夫的依附。到了春秋时期,士开始成为自由民。他们可以凭自身的知识和才能谋取前途,在政治、军事斗争中发挥着越来越重要的社会作用。当时甚至出现了有识之士的聚散关乎一国的强弱和兴衰的局面。这一切使得社会上兴起了养士之风。但是,要成为士,首先需要从师受教。这自然就使得创办私学、培养士的教育活动应运而生。

春秋战国的私学,在办学方针、教学内容、教育对象上都有别于当时的官学。在教育对象上,私学放弃了官学的入学等级限制,向全社会开放。在教学内容上,私学更注重学术研讨,提倡百家争鸣,按照各个学派的学术主张来办学。当时的孔子、墨子、孟子、荀子等都是著名的私学大师。春秋战国私学的创立是中国古代教育史上划时代的革命。它对于我国古代教育的发展具有十分重要的意义:其一,它使学校从官府中解放出来,从政治活动中逐渐分离出来,开始了学校教育独立化的过程;其二,它扩大了教育对象,促进了我国古代文化的传播和发展;其三,私学的产生,还促使人们更好地研究教育的本质和规律,从而推动了教育理论的产生和发展。与此同时,私学的兴起还直接推动了各种学派的发展和诸学蜂起、百家争鸣的形成。可见,私学的产生,不仅是中国古代教育史上一件大事,也是中国思想文化史上的一件大事。

这个时期教育史上的另一个重要事件是齐国稷下学宫的出现。开明的齐桓公于国都稷门外玄学宫,招揽天下贤士,勉其著书立说,讲学论辩,一时间汇集了道、法、儒、名、兵、农、阴阳诸家之学。稷下学宫先后经历五代君王而不衰,尤其是齐威王时期实行了兼容并蓄、百家争鸣的政策,更是大大促进了稷下学宫的发展,使它成为闻名各国的学术和教育中心,在中国教育、学术和思想史上都留下了辉煌的一页。

私学的发展和百家争鸣,使春秋战国时代出现了一大批教育家。其中最具代表性的有孔子、墨子、孟子、荀子等人。诸子百家在纵论天下的同时,也对教育提出了许多精辟的见解。以孔子、孟子、荀子为代表的儒家将教育培养的目标定位为将来能够领导国家的"仁智统一"的圣贤之士。孔子曾经将这种圣贤之士描述为:"仁者不忧,智者不惑,勇者不惧。"(《论语·宪问》)而且,在仁和智两个方面,儒家更重视仁,智是从属于仁,服务于仁的。这就决定了儒家的教育价值观必然是以伦理为本位,将道德的教育作为教育内容的核心。在先秦时代,墨家是作为儒家的对立面而存在的。墨家以其平民主义、经验主义和功利主义反对儒家的贵族主义、先验主义和非功利主义。由于阶级立场和哲学观的不同,其教育思想也大不相同。和儒家一样,墨家同样重视教育。墨家培养的目标为"兼士"。兼士不以血缘关系论亲疏，而以坚持正义为己任。兼士不仅要有德性，而且必须“辩乎言谈”“博乎道术”（《墨子·尚贤上》），具有实际的才能。从这样的教育目标出发，墨家实行实利教育。不仅重视逻辑方法的训练，更重要的是学习科学和技术、经济、文史方面的知识。墨家教育最大的特色是重视科学教育，突破了传统“六艺”教育范畴，在中国教育史上写下了独具风采的一页。道家依据“道法自然”（《老子》二十五章）的立场，反对后天人为的教育，主张回到无知、无欲、无私和无我的状态，这是一种无教育的教育观。道家培养的目标是能与“道”同“游”的“游士”。“游士”效法自然，无所执着，与时俱化，追求人生逍遥自在的境界。这是一种“至人无己，神人无功，圣人无名”（《庄子·逍遥游》）的境界。法家则将培养勤耕之农和勇战之士的“耕战之士”作为自己的培养目标，以法制教育为自己教育的特色，将道德教育完全寓于法制教育中。

儒、墨、道、法在教育思想上都有各自的特色，既相互对立又相互补充。由于对人性理解和实现的社会政治理想不同，各家的教育特点由此而不同。儒家教育以伦理为中心，兼顾政治和审美，其教育内容比其他三派具有较大的包容性；法家教育重法制，道家教育偏审美，墨家教育偏科学和技术，其教育内容相对儒家而言都显得单一。在教育培养目标上，墨家的兼士、道家的游士和法家的农士，显然都不及儒家的贤士更为封建统治阶级所需要。

秦汉是中国古代教育的奠基时代。秦始皇灭六国统一天下后，出于加强中央集权的君主专制政治需要，推行崇法排儒的文教政策，对私学采取了严厉禁止的政策，推行以法为教，以吏为师。秦始皇规定除博士官学中藏书和医药、卜筮、种树之书外，民间所藏的诗书、百家经典尽数烧毁，甚至发展为坑杀儒生。这就是历史上著名的焚书坑儒。秦始皇的这一文化专制主义政策使中国古代教育出现了一次大倒退，并使中国封建社会教育臣服于中央集权的特点初露端倪。秦至二世而亡，充分证明了秦朝采取的崇法排儒的文化专制主义文教政策的失败。

汉代统治者认真总结了秦至二世而亡的历史教训，除继续采用法家思想外，开始以“清静无为”的黄老之学为治国指导思想。以后为了适应大一统封建统治的需要，又确立了“独尊儒术”的文教政策，从此确立了以儒家为正宗，辅之以法家、道家的思想文化格局。正是在这种意识形态指导下，汉代实行与秦代截然不同的文教政策：其一是重视知识分子作用，尤以汉文帝更为突出，他把全国有名的学者集中到都城长安，封以博士的官衔，同时还下令推举贤良，使知识分子有了施展才华的机会；其二是汉代解除了秦代的“挟书律”，鼓励人们传写、抄录书籍。这些措施为教育发展提供了一种宽松的环境，使汉代的教育出现了前所未有的繁荣景象。

太学讲学画砖（东汉）

汉代全面继承了以往的教育成果，为我国封建社会学校教育制度的发展和完善奠定了基础。汉代的学校同样分为官学和私学。官学又分为中央官学和地方官学两种。

官学的最高学府是太学，它始于汉武帝，设在京师长安的西北城郊。太学的设立有助于统治者利用教育控制人才培养和学术发展方向。太学的正式老师是博士，他们除了从事太学的教学工作，还部分保存了原来作为咨询官吏的职能，参与政府的活动。博士在那时官职并不高，但任职的标准却很高，人数也不多，因而受到社会尊重和朝廷的礼遇。太学的学生称为"博士弟子"。太学所传授的知识均为儒家经典，其教学方法的特点是重师法和家法。太学以汉初经学大师的经说为师法，如果大师的弟子对师说有所发展，能够形成一家之说，被学术界和朝廷承认，便形成家法，所谓"先有师法，而后能成一家之言"(皮锡瑞:《经学历史》)。从这一时期起，中国古代教育初步形成了重经典、重前人之说的传统。学生经考试及格，被任命为政府官吏，可谓"学而优则仕"。私学则有书馆和经馆两类。书馆又称书舍，主要从事识字和书法这些启蒙教育。经馆是较书馆要高一个层次的私学，又称精舍或精庐，实际上是一些著名学者聚徒讲学的场所，程度相当于太学。汉代私学不仅承担了绝大部分基础教育工作，而且它还成为后代书院的渊源。

汉代也出过不少教育家，如董仲舒、扬雄、郑玄等人。汉代占统治地位的是儒家教育思想，其代表人物是被称为"汉代孔子"的董仲舒。董仲舒将儒学神学化，他在"性三品"说的基础上肯定了教育的作用，并以此为根据提出了兴太学以及将"三纲五常"的封建伦理作为教育主要内容的主张，对我国封建时代的教育产生了深远的影响。以王充为代表的"异端"思想家则反对儒家独尊，主张博通百家之言，在学习途径和方法上，反对"生而知之"，主张"学而知之"，具有鲜明的反神学倾向。汉代教育思想的冲突不仅反映了当时在教育问题上的不同观点，而且也成为以后不同教育思想发展和争鸣的重要思想根源。

可见，汉代的教育已确立了中国封建社会教育的基本框架，即不仅确立了儒学在中国封建社会教育中的独尊地位，同时也在教育制度、设施、内容、形式等各个方面都为后来整个封建社会的教育奠定了坚实的基础。

二、中国古代教育的全面繁荣

我国古代教育自秦汉奠基以来，历经魏晋南北朝，至唐代已走向全面繁荣。教育的发达和唐代的文学、艺术交相辉映，共同构成盛唐文化的亮丽景象。进入宋代，我国古代教育更加成熟而精细，达到了更高的发展形态。

魏晋时期，由于战乱不断，加上人们对儒家经学，尤其是对汉代的章句之学普遍失望，导致了经学的相对衰落和玄学的蓬勃兴起，文化呈多元激荡的局面。这一时势也深刻地影响了当时的教育发展。这个时期教育总的特点是官学时兴时废，教育事业的延续主要是依靠私学和家学。魏晋是封建门阀制度高度发展时期，为了保证士族优先做官的权利，魏文帝时期实行了有利于诸姓大族的"九品中正制"，其具体做法是郡设小中正，州设大中正，依据人物的品行定为一至九等。这实际上是按门第高低将人们评定等级，按等选用。这对"学而优则仕"的传统是一个极大的冲击。门阀制度的形成对学校教育产生了极为消极的影响。晋代的中央官学分为国子学和太学。国子学只限于五品以上的贵族子弟入学，其目的是满足士族阶级享有教育特权；太学学生成分则比较复杂，多为平民子弟。可见，魏晋时期重视贵族子弟教育轻视平民教育的倾向是十分明显的。这种教育与选官制度结合，形成了当时"上品无寒门，下品无世族"(刘毅:《请罢中正除九品疏》)的局面。

南北朝时期，在经过近二百年的动乱之后，人们对教育的功能和作用都有了新的看法。为了适应社会发展的需要，南北朝对教育进行了一定的改革，使先秦以来的教育传统有了复苏和新的发展。当时的教育虽以北朝为盛，但从教学内容上看，南朝教育更有特点。宋文帝当政时甚至出现了“元嘉之治”。官学教育也出现了暂时的繁荣，比如宋文帝于元嘉十五年(438年)开儒学馆于京郊，第二年又开玄学馆、史学馆、文学馆。四馆并列，各依其专业招收学生进行教学、研究，开创了儒、玄、史、文四科教育并立的局面。这不仅冲破了自汉以来经学教育独霸官学的局面，体现了教学内容的多样化。但是，这一时期的官学从总体上看依然是不够景气的，且讲究门第，大批学子不能进官学读书。于是，许多绝意仕途、隐居山林的名儒顺势讲学，私学规模迅速扩大，质量和规模都超过官学。南北朝时期，不仅有儒家私学、道家私学，而且出现了佛家私学和儒、佛、道兼综的私学。私学的昌盛打破了晋代教育的僵局，为广大寒门之士敞开了教育大门。这在教育史上无疑是非常有意义的。由此，魏晋南北朝时期的教育，虽在总体上平平无奇，但仍出现了一些值得后世借鉴的特色。南北朝时期教育的另一特色是家庭教育受到前所未有的重视，出现了许多儒家世家，家训、家诫等有关家教的著述大量出现。南朝著名教育家颜之推还写出了我国封建社会第一部系统完整的家庭教科书——《颜氏家训》。它在中国古代教育史上有着独特的意义。可以说，魏晋南北朝时期的教育成果对唐代教育走向全面繁荣奠定了相当的基础。

隋代虽然短暂，但其官制和法律的改革，不仅对唐代政治产生了深远的影响，而且对唐代的教育同样产生了积极的作用。唐代经济繁荣，政治相对开明，各项文化事业都很发达，这为唐代教育的全面发展奠定了厚实的基础。唐代统治者实行宽容的文化政策，在意识形态上奉行儒、释(佛)、道三者并行的政策。儒、释(佛)、道相互争鸣，相互融合，开阔了人们的视野，共同促成了唐代光辉灿烂的文化景象。这一文化格局对教育的发展也产生了重大影响。唐代除了将儒家的经学教育置于核心地位外，另外还有学习道教的崇玄馆，开创了道举取士的用人之道。儒、释(佛)、道三家在教学形式和方法上都既自成体系，又相互吸收，使那时的教育思想呈现出杂糅融合、兼容并蓄的特点。

唐代复兴汉代教育的传统，同时又继承了魏晋南北朝以来的教育成果，使学校教育发展到了新的高峰。唐代官学分中央官学和地方官学两级。在中央设有：国子学、太学、四门学、弘文馆、崇文馆、崇玄馆、律学、书学、算学、医学、天文历学、畜牧兽医学。在地方设有：州学、县学、医学、玄学等，已形成一个较完整的国家教育体系。

隋唐教育和官制中最重要的事件是科举制的实行。所谓科举制，乃是采取分科考试的办法，选拔封建国家所需要的各级官吏的一种制度。隋朝建立后，针对“九品中正制”的流弊，创立了科举制。唐代继承了隋代的科举制，使其发展成当时领先于世界各国的选士制度。科举制经宋、元、明，一直到清末始废除，在我国历史上存在了一千三百多年，对古代教育的发展有重要而深远的影响。

科举考试大体有两种类型，一种是常科，每年定期举行；另一种是制科，由皇帝根据需要下诏举行。常科的科目有秀才、明经、俊士、进士、明法、明字、明算、一史、三史、开元礼、道举、童子等。其中明经和进士科经常举行且又为人们特别重视。考试内容以儒家经典为中心，以《五经正义》为标准，其具体内容则有口试、帖经、墨义、策问和诗赋五种。

科举制与中国古代教育的发展关系十分密切。在科举制产生以前，培养人才和选拔人才基本上是脱节的，而科举制的诞生将两种制度紧密结合到一起。学校培养的学生，经过科举考试，吏部的择优选用，然后取授官职。学校则根据科举考试的要求组织教学活动。科举制的推行不仅对隋唐的教育，而且对唐代文化乃至以后的整个中国文化发展产生了极为重要的影响。因为科举制的实行，使大批中下层地主阶级士子以及自耕农出身的读书人有了从政的可能。这在一定程度上突破了门阀贵族的垄断，促进了政治的革新。而且，唐代科举考试要求考生有比较全面的文化修养，为了适应科举考试的要求，唐代知识分子往往从幼年起就接受广博的文献知识教育和严格的写作技能训练，造就了一代又一代英才，比如李白"五岁诵六甲，十岁观百家"（李白：《上安州裴长史书》）。又比如，王勃年轻时便已是"西南洪笔，咸盛出其词，每有一文，海内惊瞻"（杨炯：《王子安集序》）。当然，科举制的出现也对教育和文化发展产生了不少消极的影响。由于国家往往重科举胜于教育，导致教育成为科举制的附庸。又由于科举考试的内容死板，导致了学校教育中重文辞少实学，重记诵而不求义理，形成了教条主义、形式主义的学习风气。这不仅禁锢了知识分子的思想，而且从此把知识分子推向读书做官的狭窄之路。

北京国子监的状元文化长廊

唐代教育中另一大特点是中外教育交流。当时的统治者非常重视和鼓励中外文化教育交流。唐代周边许多国家先后派来留学生来中国学习经史、法律、礼制、文学和科技，在京都长安的外国留学生甚众，其中尤以日本为最多。这一时期的中日教育交流对日本的教育产生了极为重要的影响。

可见，唐代教育出现了全面繁荣，达到了封建社会教育发展的高峰。以儒家经典为教育内容的经学和以专科知识为教育内容的专科性学校并行，官学和私学并存，利用科举制使教育将选士制度和育士制度紧密结合在一起。这些都构成唐代教育的基本框架，形成了领先于其他国家的较完备的教育体系。隋唐时期，最有影响的教育家有王通、孔颖达、韩愈等人。

宋代虽然民族冲突不断，然而它的文化却达到了中国封建社会的极盛。科技的辉煌和理学的兴起，标志着人们对自然与人生的科学研究和哲学思考都达到了前所未有的高度。宋代的教育就是在这一文化背景中展开的。宋代文化的发达与宋代统治者的文教政策是直接联系在一起的。宋朝建立以后，统治者改重视"武功"为强调"文治"，确立了"兴文教，抑武事"的国策。由此，宋代千方百计削弱手握兵权的将帅的权力，重用文人，通过科举考试以选拔人才。而且，宋代的统治者还逐步认识到，仅仅依靠科举考试选拔人才是远远不够的，还必须广设学校培育人才。为此，宋代出现了"庆历兴学"、"熙宁兴学"和"崇宁兴学"三次著名的兴学运动。在意识形态上，宋代统治者基本上采取与唐代统治者相同的政策，在尊孔崇儒的前提下，也提倡佛道之学，终于孕育出以儒家思想为主体，糅合佛、道思想而成的理学。宋代教育制度基本上沿袭了唐制，但宋代教育有一个最重要的特色，这就是出现了书院。[①] 据统计，宋代先后共建书院 173 所，其中有不少著名书院，比如江西庐山的白鹿洞书院、湖南长沙的岳麓书院、河南商丘的应天府书院、河南开封的嵩阳书院、江苏江宁的茅山书院等。书院的兴起表明，由于当时的学校教育已成为科举制度的附庸，它引起士大夫们的不满，转而寻求书院这一新型的教育形式。

江西庐山的白鹿洞书院

书院既不同于官学，又别于一般私学，它有自己的教学特色：其一是书院提倡日常教学与学术研究的结合，崇尚学术争鸣。这不仅深化了日常教学内容，同时也推动了各种学术观点的交流与传播。著名的“鹅湖之会”就是最好的佐证。1175 年，代表不同学术观点的朱熹、陆九渊等人相逢于江西鹅湖，交流学术观点。陆九渊讽刺朱学“支离”，致使“元晦失色”；朱熹则反驳陆学不重读书的所谓“发明本心”，有流入“空虚”之嫌。双方观点虽极不相同，但并不影响两人的学术友谊。“鹅湖之会”之后，双方交往如故。[②] 其二是书院都以学生自修为主，教师答疑为辅，重在培养学生的自学能力和独立研究能力。由于书院大多有藏书楼，故学生在自修时有足够的参考文献。书院学生在自修的同时也从事学术研究，完成的论文或著述由书院负责出资刻印。书院对中国封建社会后期学术的职业化起了重要的推动作用。可见，书院是中国教育史上富有创造性的一种教育制度。

宋代教育中另一个重要特点是重视蒙学。蒙学就是对儿童进行启蒙教育的学校，蒙学的教材称为“蒙养书”或“小儿书”。我国古代历来关心儿童的启蒙教育。早在商、周时期就已经为贵族子弟设立了小学。春秋战国时期，随着私学的产生，民间也出现了对儿童进行启蒙教育的机构。到了汉代，这种机构已渐趋成熟，被称为“书馆”。宋代是我国古代蒙学发展的一个重要阶段。宋代的统治者非常重视蒙学教育，多次下令在中央和地方设立小学，因此当时的蒙学不仅有民间办的私学，也有政府办的官学。蒙学每日的功课主要是教儿童识字、习字、读书、背书、对课与作文，同时也注重培养他们的道德观念和行为习惯。蒙学的要求是十分严格的，在生活礼节方面，要求儿童居处必恭，步立必正，视听必端，言语必谨，容貌必庄，衣冠必楚，饮食必节，堂室必洁。在学习方面，要求儿童读书必须字字响亮，“不可误一字，不可少一字，不可多一字，不可倒一字”(《童蒙须知》)，且要熟读成诵。这些良好的生活

① 从史籍记载看，书院的名称始于唐朝。但唐朝的书院只是搜寻、整理遗散图书及校对经籍、撰写文章的地方，比如丽正书院、集贤书院。直到五代末期才出现真正具有学校讲学性质的书院。宋代书院在前代基础上进一步发展，才成为集教育、教学和学术研究于一身的教育机构。

② 朱熹在主持白鹿洞书院后还曾主动邀请陆九渊上山讲学，陆九渊则欣然前往。一次，陆九渊的演讲题目为“君子喻于义，小人喻于利”。由于他所讲内容言辞恳切，语言生动，切中学生的内心世界，不少学生被感动得当场流泪。朱熹对此大为赞赏，特意把陆九渊这一演讲内容刻石留念。

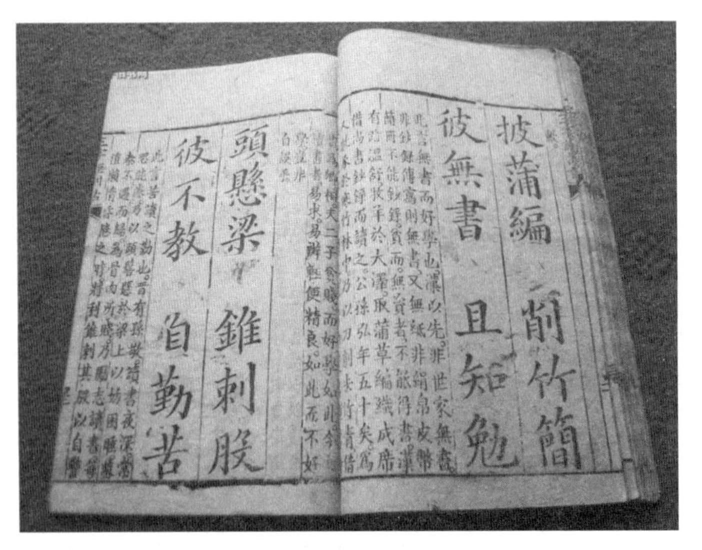

《三字经》刻本书影

和学习习惯养成，使蒙学的学生终身受益。蒙学的发展，使优秀的蒙学教材不断涌现，到宋代为止，在众多的蒙学教材中，以《三字经》《百家姓》《千字文》流传最为广泛，被称为“三、百、千”。

宋代出现了众多的教育家，这从另一个侧面反映了宋代文化与教育的发达。其中最有代表性的有张载、二程、朱熹、陆九渊、陈亮、叶适等人。朱熹从其博大精深的理学出发，把伦理视为教育的核心，提出了“存天理，灭人欲”的教育观，把儒家德性主义教育推到顶峰。而且，朱熹在具体的教育方式、方法上还提出了许多精辟的见解。陈亮、叶适作为宋代著名的思想家，他们的教育思想扬弃了宋明儒学过分偏重心性的流弊。比如陈亮认为教育的目标应当是培养道德和事功能力兼备的人，在教育内容和学风上应突出实学、实用的特点。以陈亮、叶适为代表的教育思想，作为心学、理学教育思想的对立面，上承王充的唯物主义批判精神、王安石等“经世应务”的教育思想传统，下启明清时代黄宗羲、顾炎武、颜元等人的启蒙教育思想，对中国封建社会的教育产生了积极的影响。

元代的教育基本上沿袭了宋代的教育制度，还出现了诸如许衡、吴澄这样的教育家。总体说来，宋元时代使唐代发达的教育更加细致和完善化，它标志着中国封建时代的教育已达到它发展的最高峰。

三、中国古代教育的延续与转型

明代是中国历史上极其重要而复杂的朝代。沉暮与开新是那个时代文化发展最重要的特征。明代开国皇帝朱元璋虽出身贫寒，系“造反”起家，但他从历史的教训和亲身实践中，深刻认识到学校教育对治理国家的重要作用，因此在立国之初就把发展教育置于国家非常重要的地位。由此，明代广设学校，培育人才，重视科举，选拔人才。与宋代不同的是，明代实行“科举必由学校”(《明史》卷六)的制度。也就是说，只有接受学校教育取得士之出身的学子才有资格参加科举考试。这使学校教育和科举相辅相成，比宋代教育有所进步。

明朝的国学，又称国子学或太学。地方有府学、州学、县学。明代还有社学、义学和私学，是府、州、县学教育的重要补充，全国城镇和农村士子，多在这类学校中受教育。明代科举制沿袭宋元，分乡试、会试、殿试三种。考试内容第一类为经义，出题限于“四书五经”，文体多为八股，格式刻板，内容往往空疏无物。考试内容的第二类为诏诰律令，第三类则为经史时务策。这方面的内容则多少还能测出考生的些许见识和才华。总的来讲，明代统治者在科举考试中不仅规定答卷一律以朱熹对“四书五经”的注解为准，而且指令“但许言前代，不及本朝”(顾炎武:《日知录》)，严重钳制了读书人的思想。科举制度的弊端由此日益明显地表现出来。

南京夫子庙里的国子学

此时的书院依旧是明代教育中比较有生气的地方。从明朝立国的一百三十余年间，统治者大力发展官学，书院处于沉寂状态，比如著名的白鹿洞书院，就荒废达八十七年之久。明代中叶以后，由于科举腐败，官学衰落，一些有志于从事学术研究的士大夫纷纷创建书院，授徒讲学，加上有诸如王守仁那样著名学者的倡导，使书院建立和讲学之风再度兴起。在明代众多书院中，名声最大、影响最广的莫过于东林书院。东林书院师生经常举行讲会。讲会之日，必举行隆重的仪式，讲学内容主要为“四书”，讲授结束后则相互讨论，会间还相互歌诗唱和。特别值得推崇的是，东林书院密切关注社会政治，将讲学活动与政治斗争紧密结合起来。东林书院的这个特点，集中体现在东林书院创建人顾宪成为书院题写的一副著名对联上：“风声雨声读书声，声声入耳；家事国事天下事，事事关心。”师生积极参与当时的政治活动，致力于讽议朝政，东林书院成为当时思想舆论和政治活动的重要场所，为此遭到了魏忠贤为首的阉党的迫害。在崇祯即位后，东林党人的冤案才得以昭雪。东林书院是中国知识分子在专制体制下争取思想和政治自由的典范，在中国古代书院发展史上占有特殊的地位。

明代教育是中国古代教育发展中的一个总结阶段。由于明代已到中国封建社会的后期，封建文化日益呈现出僵化的特点，加之明太祖朱元璋或许因出身的内在自卑感而触发的多疑和忌讳，所以明代开国之初就曾经大兴文字狱，推行极端的文化专制主义，严禁学生议政，也不许学生对教师的讲授提出不同意见。统治者重视与专制并重构成了明代教育的基本特色。由此，明代一方面实行“治国以教化为先，教化以学校为本”(《明史》卷六十九)的文教政策，使中央官学、地方官学以及社学都得到空前规模的发展；另一方面明代又在学校教育中实行前所未有的文化专制管理，在科举制度中实行八股取士，使其具有活力的内容逐渐消亡。明代教育和明代社会的其他文化形态一样，集中体现了中国封建社会的高度成熟与衰退的时代特征。明代书院体现了非官方教育发展的状况，实质上反映了知识分子对统治者文化专制的反抗，因而在古代教育史上具有重要的意义。在明代，程朱理学教育理论依然占有统治地位。明代中叶以后，王守仁创立的“心学”教育理论以反传统教育的姿态出现，使明代教育思想出现了多元发展的倾向。以“重实”著称的王廷相，批判理学教育中脱离实际、空疏无用的流弊，反映了明代教育发展的新动向，成为明末清初新教育思潮的先声。

清代是中国封建社会的最后阶段。满汉民族矛盾和中国资本主义生产关系的萌芽，以及中西两大世界对抗和交流构成清代教育的历史背景。清朝作为满族政权，他们要在汉族

康熙书“万世师表”匾

人口居多、汉族文化根基深厚的中原地区维持统治，只有选择尊孔崇儒的意识形态进行统治。由此，清代统治者一方面加封孔子为“大成至圣文宣先师”，康熙皇帝还御书“万世师表”悬于孔庙大成殿内；另一方面，清统治者再度使理学成为支配人们思想行为的最高权威。事实上，清代统治者在文教政策上，几乎全面模仿明朝统治者，故入关定都北京后，就确立了“兴文教，崇经术，以开太平”（《清世祖实录》卷九十一）的文教政策。

清代学校教育制度基本承袭明代旧制。由于清代更加重视科举，致使清代学校的教育较之明代更加衰退，有些学校形同虚设，实际上成了科举的预备场所。清代科举沿袭明代旧制，建立起完备的科举考试制度，成为吸收知识分子入仕参政的主要途径。所不同的是，除常科外又设特科，如山林隐逸、博学鸿词等，以网罗不愿应试的学者；还有翻译科，鼓励满人翻译汉文，充分体现了清朝统治者企图在维护民族压迫的前提下拉拢汉人学者，缓和民族矛盾的良苦用心。

从清朝立国到鸦片战争以前的清代教育，已到了中国封建社会教育发展的末期。由于统治者的重视，顺治、康熙、雍正、乾隆时期，学校教育得到了较大的发展。但是，由于清代和明代一样实行严厉的思想控制，又使用僵化到极点、毫无生命力的科举制制约教育，最终致使科举兴，学校废，人才衰。事实上，明清进步教育思想家中最闪光的思想都是从批判科举制和教育弊端中展开的。明末清初思想家顾炎武在《日知录》中曾这样批判道：“八股之害，等于焚书。而败坏人才有甚于咸阳之郊所坑者。”

在鸦片战争之前清代教育思想中最有意义的是出现了实学教育思潮，朱之瑜、黄宗羲、王夫之、颜元等都是重要的代表人物。他们站在时代的高度猛烈抨击传统的教育思想和制度，揭露科举考试制度的危害，主张培养有道德有真才实用的人才，重视包括科学技术、军事知识在内的经世致用之学，强调学习要联系实际的教学原则和方法。正是从这个意义上，我们可以说实学教育思潮的兴起为中国传统教育历史性的转变准备了条件。明清时期教育家辈出，最杰出的有王守仁、王廷相、黄宗羲、王夫之、颜元、戴震等人。

鸦片战争前夕，中国封建社会已经是百孔千疮，危机四伏。在这种情形下，以龚自珍、魏源为代表的开明知识分子，发出了改革社会，学习“西学”，改造旧的传统教育的呼唤。鸦片战争以后，在“师夷长技以制夷”的思想指导下，中国开始探索新的教育发展的道路，并在西学东渐的过程中，初步形成了“中学为体，西学为用”的基本观念，即在封建主义的旧文化的框架下，接纳西方资本主义新文化的某些新的因素，进而达到改造中国传统教育的目的。洋务派官僚在“自强新政”的口号下兴办洋务学堂，派遣留学生，翻译出版西学书籍。从 19 世纪下半叶开始,中国思想界逐步形成一股改良主义思潮,甲午战争以后,这一思潮终于发展成为声势浩大的救亡图存的资产阶级维新运动。以康有为、梁启超为代表的维新派,严厉地批判科举制,大力倡导资产阶级教育。"百日维新"虽然短暂,但也给封建文化教育以巨大的冲击,促进了中国近代资产阶级教育的发展。从 1901 年起,清政府被迫实行"新教育"。1902 年公布的"壬寅学制",是我国近代第一个比较系统的法定学制。1904 年,清政府又进一步公布了"癸卯学制",是中国近代第一个较完整并贯彻实施的学制。1906 年清政府下令停止科举考试。至此,自隋代起实行了 1300 年的科举制终于退出了历史舞台。至此,我国的古代教育才开始转向现代教育的轨道。

中国古代教育的成就

中国古代教育在数千年的发展中取得了举世瞩目的辉煌成就,出现了许多伟大的教育家和伟大的教育著作,创造出了诸多睿智的教育思想和教育方法。这些成就不仅是中国传统文化宝库中的重要藏品,而且也是世界文明与文化进步的一个具体印证。

一、中国古代的教育家

中国古代教育源远流长,涌现了一大批举世闻名的教育家。这些教育家的教育生涯和思想又促进了古代教育的进展。在这些伟大的教育家中,尤以下列教育家在中国古代教育史上影响最为深远。

孔子 作为中国古代最伟大的教育家,孔子祖辈是贵族,但到其父亲时家道中落。他 3 岁丧父,家境贫寒,但孔母教育有方,使孔子从小养成勤奋好学的习惯。孔子自称"吾十有五而志于学"(《论语·为政》)。《论语》中对孔子的好学有诸多的记载,比如"子入太庙,每事问"(《论语·乡党》)。年轻时他曾做过掌管仓库的"委吏"和管牛羊的"乘田",官职虽低,但孔子尽心尽责。由于年轻时期广泛接触各个阶层,使孔子掌握了多方面的技艺,为他日后的教师生涯创造了有利条件。孔子在鲁国曾经参与过政事,担任过中都宰、司空和司寇的官职,他竭力削弱贵族势力而提升君权,显示了相当的政治才干。但是由于受到排挤,孔子只得率领着弟子离开鲁国,周游列国十四年。在此期间,虽遭遇诸多磨难,但孔子和弟子们照常讲学、弹琴、歌唱,在镇定中度过困厄。孔子也多次听到一些人对他讥讽、惋惜的言论,但是并没有改变自己的主张。孔子 68 岁回到鲁国以后,专心从事教育事业。他对传统的《诗》《书》《礼》《乐》加以整理,用来作为教诲弟子的教材。他虽再未出仕,但鲁国的当权者遇有大事却经常征求他的意见。鲁哀公十六年(公元前 479 年),孔子在弟子们的悲哀声中死去,时年 73 岁,鲁哀公亲致悼词。孔子在世时的言论,后世流传很多,其中最具影响力的是《论语》。

孔子虽做过大夫,但一生主要是从事私人讲学,他是私学教育的创始人,在中国教育史上的影响极为深远。他从 30 岁左右就从事私人讲学,一生以"学而不厌,诲人不倦"(《论语·述而》)的精神从事着教育工作 40 余年。据《史记》载,其弟子多达 3000 人,精通"六艺"

《孔子圣迹图》之“退修诗书”

者 72 人。可见，孔子在政治上虽然不得志，但他对我国及世界教育史的卓越贡献，使他成为我国古代教育思想当之无愧的奠基人。孔子 2500 多年前提出的教育思想对今天的教育理论研究和实践仍有许多借鉴意义。

关于学校教育对象的规定，历来都是教育实践和教育思想的重要组成部分，是不同时代教育家首先要解决的问题。孔子打破了周朝统治阶级“学在官府”的格局，首开私人讲学之风，提出“有教无类”的主张，使那些愿意学习的人，无论贫富贵贱，不问国籍何地，一律享有同等受教育的权利，这就为士民阶层创造了受教育的机会。而且，只要学生诚心求教，潜心求学，孔子都会热心教诲，不论其过去的经历如何，都一视同仁。在孔子的弟子中，既有鲁国当政贵族子弟孟懿子，也有人称“鲁之鄙人”的子张和“贱人”之子仲弓父；有货殖致富、家值千金的子贡，也有蓬户瓮牖、捉襟见肘的原思；有百里负米以养母的子路，有犯人公冶长，也有身着芦衣、为父推车的闵子骞；有卫国的子夏，也有陈国的子张和吴国的子游。

从中国教育史上看，孔子是第一个接触到教育在社会和个人发展中的作用问题的人。孔子认为：“性相近，习相远也。”(《论语・阳货》)这就是说，人的本性本来都很接近，但由于后天的教育和学习使人性产生了差别。基于此，孔子特别重视教育。他认为“好学”是人最优良的品质，又是人获得一切知识能力和美德的重要途径。孔子相信教育的力量，相信教师能使各种人化恶为善，化愚为智。孔子教育的基本目的是培养志道和弘道的志士和君子。由此，孔子教育他的学生要“笃信好学，守死善道”(《论语・泰伯》)。

在教学方法论方面，孔子做了许多开创性的工作。他特别强调教学的双向互动，认为教学过程不仅是教师教的过程，更重要的是学生学与习的过程。孔子把学生的学习过程概括为“学、思、行”三步。孔子还在教学过程中总结出许多教学原则，最主要的有：一是因材施教。了解学生是因材施教的中心问题，只有了解学生，才能因材施教。孔子对弟子们提出的同一问题，会根据每个人的特点予以不同的回答，通过发挥学生的特长以及补偏救弊，成功地促进学生的身心发展。比如子贡利口巧辞，孔子常黜其辩，使子贡有了自知之明；冉求性格柔弱，办事瞻前顾后，孔子鼓励他做事要勇敢；子路平日不加思考行动鲁莽，孔子于是常常教育他不要轻举妄动；如此等等。二是学思并重。孔子重视学，也重视思，主张学思并重，学思结合。孔子有一句名言："学而不思则罔，思而不学则殆。"(《论语·为政》)这表明孔子既反对思而不学，又反对学而不思。三是启发教学。启发式教学和注入式教学的对立，由来已久，纵观中外教育史，便知孔子是启发式教学的首创者。他的至理名言是："不愤不启，不悱不发。"(《论语·述而》)孔子的启发式教学运用得相当成功，甚为学生所赞服，尤以好学的颜渊体会最深，他喟然叹曰："夫子循循然善诱人，博我以文，约我以礼，欲罢不能!"(《论语·子罕》)四是循序渐进。孔子在教学中非常注意由浅入深，由易到难。五是知行一致。在学和习的关系上，孔子以为学是习的基础，习是学的运用。学和习的统一实质上是知行一致的问题。孔子是第一个将知行一致的观点纳入教学过程之中的人。

孔子将毕生贡献于教育事业，为中国古代教育史开辟了新纪元。他在教学上的辉煌成就以及伟大的人格魅力，使其深受弟子及后人的敬仰。当然，由于历史和所处社会地位的局限性，孔子的教育思想中也存在着一些落后的地方。比如孔子提出的"唯上智与下愚不移"(《论语·阳货》)的命题，并且反对学生"学稼为圃"等，对中国古代教育的发展显然产生了不利的影响。

荀子　作为战国末期最大的一位传经大师，荀子在古代教育史上享有重要的地位。他在当时齐国的稷下学宫曾经三次任学宫"祭酒"(即主持人)，可见其学问影响很大。荀子曾到过齐、楚、秦各国，希望实现自己的政治理想，但是均不如意。荀子的学生则儒法分流。李斯、韩非都是中国历史上著名的法家，浮邱伯等人则属于儒家一派。荀子晚年居于兰陵，讲学著书，死后也葬在兰陵。

荀子不仅是出色的思想家，更是杰出的教育家。荀子对先秦诸子百家说进行了概括性的总结，因此他对哲学、逻辑学、政治、经济、军事、文化、音乐，尤其是教育，都作过深入的研究。荀子可以说上承孔孟，旁收诸子，开启汉儒。他的《劝学》《礼论》《修身》《性恶》等著作都被后世奉为儒家教育的经典之作。

荀子的教育思想以其"性恶论"为基础，明显不同于孟子。他认为："今人之性，生而有好利焉"；"生而有疾恶焉"；"生而有耳目之欲，有好声色焉"(《荀子·性恶》)。依顺这种人性，社会就会出现争抢掠夺、残杀陷害、淫荡混乱，最终趋向于暴乱。由此，荀子认为必须有师法的教化，礼义的引导，然后人才能做出辞让的行动，合于文理，归于治顺。故荀子的结论是："人之性恶，其善者伪也。"(《荀子·性恶》)也就是说，人的本性是邪恶的，他们那些善良的行为是教化之后的人为结果。荀子正是基于这个认识，进一步提出："故圣人化性而起伪，伪起而生礼义，礼义生而制法度。"(《荀子·性恶》)也就是说，人只有接受圣人的教化，通过后天的学习而知礼，遵法度，成为善良的人。荀子这个思想后来被概括为"化性起伪"(罗惇曧：《文学源流》)。荀子的"化性起伪"说是他教育思想的理论基础。根据"化性起伪"说，任何人的道德观念和知识才能都不是天生的，而是后天"积伪"的结果。因此，教育不仅能够改变人的本性，也能改变人在社会中的地位。

荀子从打破"世卿世禄"宗法等级制的政治主张出发，认为教育的目的就是要培养"积文学，正身行，能属于礼义"(《荀子·王制》)的贤能之士。从这个教育目的出发，荀子对孔子的

“六经”进行了继承与改造。据清人汪中的考证，《诗》方面，他直接传了《鲁诗》和《毛诗》。《春秋》有三传，其中有两家，是荀子直接传授过的。荀子与《诗》《礼》《春秋》《易》诸经的传授均有直接或间接的关系。秦汉儒生所学习的“五经”及其解说，大都来自荀子。荀子虽然以诸经为教学内容，但他并不盲目崇拜经书的观点。他认为经书存在缺点，不能盲目信奉，必须由教师辨明与讲解。他还认为，诸经各有不同的特点，在培养人才方面亦有不同的作用；荀子在教学过程中，特别重视《礼》在培养人才中的作用，将礼义放在第一位，而把《诗》《书》放在其次。他认为，如果不以明礼义为本，尽管学了一些《诗》《书》的知识，也难以培养出真正的修身治国之人才。

荀子教学思想非常丰富。荀子曾明确地指出，学习的目的不仅是为了积累知识，更重要的是应用知识。他提出：“君子之学也，入乎耳，著乎心，布乎四体，形乎动静。”（《荀子·劝学》）“入乎耳”即感知教材阶段；“著乎心”即理解教材阶段；“布乎四体”即巩固知识阶段；“形乎动静”则是运用知识阶段。这与现代教学理论提倡的学习四阶段论已非常接近。荀子还提出了“专一不二”的学习方法。在荀子看来，客观世界是无限的，以有限之生去求无限的“物之理”，必然会“没世穷年不能遍”（《荀子·解蔽》）。由此，在学习方面他反对那种无亲、无方和以所好而时时改变的治学态度。他说：“多知而无亲，博学而无方，好多而无定，君子不与。”（《荀子·大略》）。正因为如此，荀子特别强调指出，人之为学，虽则言博，必须守约“归于一”，只有“并一而不二”，方能不断向着一个方向积累，达到“通乎神明，参于天地”（《荀子·儒效》）。

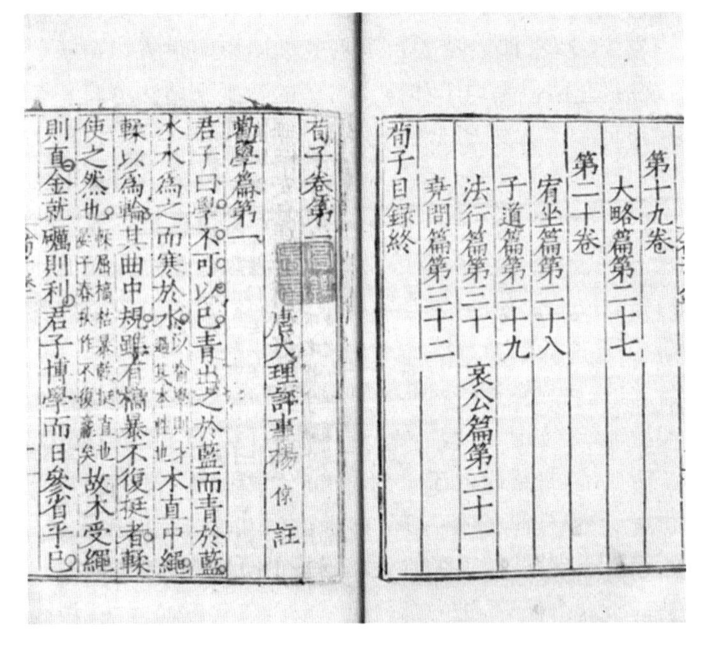
第十九卷
大略篇第二十七
第二十卷
宥坐篇第二十八
子道篇第二十九
法行篇第三十　哀公篇第三十一
堯問篇第三十二
荀子目録終

荀子卷第一　唐大理評事楊倞註
勸學篇第一
君子曰學不可以已青出之於藍而青於藍冰水爲之而寒於水木直中繩輮以爲輪其曲中規雖有槁暴不復挺者輮使之然也故木受繩則直金就礪則利君子博學而日參省乎已

《荀子》书影

荀子在其教育思想中，还特别强调教师在教学活动中的作用。荀子认为教师在教学中起决定作用，应该拥有绝对的权威。荀子认为，“礼”是最高的社会规范，而教师又是传授“礼”和实行“礼”的榜样。只有经过教师卓有成效的教育，才能把“礼法”传给学生，“学莫便乎近其人”（《荀子·劝学》）。由此，在荀子看来，学生学习的捷径就是接受老师当面的指教，接近贤师，仰承师训。荀子说：“故有师法者，人之大宝也；无师法者，人之大殃也。”（《荀子·儒效》）荀子还进一步认为，教师的作用关系到国家的兴衰，礼法的存废，人心的善恶。荀子还在中国古代教育史上首次把教师提高到与天、地、君、亲的同等地位。教师的地位既然如此之高，他因此对教师提出了很严格的要求。他说：“师术有四，……尊严而惮，可以为师；耆艾有信，可以为师；诵说而不陵不犯，可以为师；知微而论，可以为师。”（《荀子·致士》）可见，荀子认为可以成为教师的四个条件是：教师要有尊严，要能使人们敬服；教师要有崇高的威信和丰富的教学经验；教师需要具备有条理有系统地传授知识的能力，而且不违反师说；懂得精微的道理又能加以阐述。

尽管思想史上孔孟并称，但荀子在中国教育史上享有的重要地位是孟子所不及的。孔子选编的“六经”，后来多经荀子的传授，对两千多年的古代教育产生了巨大的影响。由于历史的局限性，荀子的教育思想中也不乏一些片面的成分。比如提倡尊师，却将教师的地位发展到了绝对化的程度，背离了孔子“当仁不让于师”(《论语·卫灵公》)的开明思想，这不能不说是一个倒退。另外，荀子的性恶论和孟子的性善论一样都有一定的片面性。

董仲舒　出生在一个富有藏书家庭的董仲舒，从小受到了良好的教育。据史书记载，他年轻时学习就十分专心刻苦，甚至达到了如痴若愚的境地，“三年不窥园圃，乘马不知牝牡”(《太平御览》卷八九七引)。董仲舒求学以儒术为主，同时也兼习道家和阴阳五行学说及神仙方士之术，并深受其影响。由于勤奋学习，董仲舒成为当时著名的博学君子，声誉甚高，许多读书人都拜他为师，促成他“下帷讲诵”，开始了设学授徒的生涯。由于收授弟子太多，董仲舒难以一一面授，提出了“弟子传以久次相授业”(《汉书·董仲舒传》)的办法，也就是让学习时间长、学业优秀的弟子去辅导初来受业的弟子。实际上这是让学有所成的学生成为教师的助手，参与教学实践。当时的教学实践证明，这不失为一种培养学生的好办法。

汉武帝即位不久，让各地举荐贤良文学之士，董仲舒也在被举之列。汉武帝对他进行了三次策问，董仲舒的三篇对策写得十分精彩，充分显示了他的政治卓识和学术造诣之深，颇受汉武帝赞赏。董仲舒在《贤良对策》中，提出罢黜百家、独尊儒术，置明师、兴太学、重选举、广取士等主张。这些主张不仅对汉代的政治建设，而且对汉代文教政策的改革，起了举足轻重的作用。比如董仲舒兴太学的建议就成功地说服了汉武帝，使其欣然采纳，迅速建立起汉代官学。这是我国封建官学制度确立的标志。董仲舒提出的养士与选才并举的建议，不仅是改革汉代吏治的有效措施，而且也促进了汉代学校教育的顺利发展。

但是，董仲舒仕途坎坷，生前并未受到重用。60岁时以病告退，晚年致仕居家，史书记载他“终不治产业，以修学著书为事”(《汉书·董仲舒传》)。但是，这些著作大部分都散失了，流传下来的只有《春秋繁露》一书。但董仲舒一生从教多年，通过讲学，不仅培养了一批叱咤于汉代政治舞台的卿相大夫，而且更见效于学坛，为发展儒学造就了一批学者儒师，无愧于“汉代孔子”的盛名。

董仲舒和先秦儒家一样，从人性入手分析教育的作用。他综合了先秦的性善论和性恶论，提出了人性有善有恶论。他创造性地将统一的人性分为性与情两个对立的方面，并且提出了性善情恶的观点。正因为“性”中有善端，因此人就具有了接受王道教化的可能；也正因为“情”是恶的，因而人必须接受教育。董仲舒通过他的人性论发展了先秦学者顺性而教与节制情欲的主张，为西汉王朝重德教与兼施刑罚的文教政策提供了必要的理论依据。

董仲舒教学的目的是造就经国治世的人才。由此，他主张以儒家“六经”为教材对学生进行教育。在“六经”中，董仲舒更为详尽地论述了《春秋》的作用，强调了学习历史的重要性。他托子夏之言曰：“有国家者不可不学《春秋》，不学《春秋》则无以见前后旁侧之危，则不知国之大柄，君之重任也。”(《春秋繁露·俞序》)这种学习历史以增强治世的使命感、以古为镜来防微杜渐的教育思想，无疑是很有现实针对性的。事实上，注重学习历史，以史为鉴，这是中国古代教育的一个明显特点，它对人才的培养和中国文化传统的绵延不绝都有很重要的影响。董仲舒在这方面的贡献显然是值得肯定的。

董仲舒实施的教学内容，从培养人才的角度分析，它包括德育、智育、美育几个方面：所谓纲常名教是为德，典章历史之教是为智，文之以礼、治情于乐是为美。除此以外，他还对学生施以养生之道的体育之教。这些说明董仲舒提倡和实施的教学内容，在当时是比较全面和进步的。当然，董仲舒作为经文经学大师，始终是将德育放在第一位，认为其他教育都是为灌输封建伦常的“成德”服务的，因而大大限制了学生多方面的发展。尤其应当指出的是，董仲舒将自然科学知识的传授排斥在智育之外，认为“能说鸟兽之类者，非圣人所欲说也。圣人所欲说，在于说仁义而理之”(《春秋繁露·重政》)。事实上，孔子传《诗》明确让学生“多识于鸟兽草木之名”。与孔子相比，董仲舒这方面的教育思想显然是退步的，他轻视自然科学知识教育的思想，对中国古代教育产生了非常不好的影响。

董仲舒通过自己严谨勤奋的治学，总结出多种学生学习的方法，其中最重要的有两种：一是“多连”与“博贯”。董仲舒总结了自己治《春秋》的经验，并用以教导学生。他告诫学生在治学时必须“精心达思”(《春秋繁露·竹林》)。如何才能做到“精心达思”呢？他提出了“多连”和“博贯”的方法：“得一端而多连之，见一空(孔)而博贯之，则天下尽矣。”(《春秋繁露·精华》)所谓“多连”和“博贯”，就是要求学生在读书时不可就事论事，而应融会贯通。用今天的话说，就是既会类比归纳，又会演绎推理。二是学贵专一。所谓“专一”包含两层意思，一是指学习必须专心致志，二是指治学必须注意专精。董仲舒曾有一个著名的比喻：“目不能二视，耳不能二听，一手不能二事。一手画方，一手画圆，莫能成。”(《春秋繁露·天道无二》)这是说，求学行事必须注意力集中。在谈到学习“六经”时，他指出各经皆有所长，应当“兼得其所长”，但是“不能遍举其详”(《春秋繁露·玉杯》)而要注意专一。学生必须了解自己的优势，加以发扬，形成专长，才足以立身。

董仲舒继承并发展汉初儒家学说，他的对策建议对中国封建社会官学结构和儒学教育体系的建立产生了重大而深远的影响，为汉代的文教政策奠定了理论基础，也使他自己在中国封建教育史上占据了独特而重要的地位。但是，董仲舒的教育理论带有深刻的封建专制烙印，在历史上产生的消极影响也是显而易见的。

颜之推　出身于士族家庭的颜之推，家庭有儒学世承的传统，其祖先乃孔子弟子颜回。儒门传统的熏陶，奠定了颜之推一生的学术思想基础。颜之推博览群书，善于为文，辞情并茂，19岁就进入仕途。颜之推生活的年代，南北冲突，社会动荡，颜之推一生经历了几十年改朝换代的风波。凭他的学问，先后为梁、北齐、北周、隋四个王朝效力，这样的社会经历，使他能比其他人对社会有更深刻的认识，对当时的政治、风俗、学术、教育的腐败和流弊都有更深刻的了解。在颜之推的晚年，他为保持家族的传统以自己的经历和体验来教训子孙，鼓励子孙续承家业，扬名于世，于是写了《颜氏家训》二十篇。此书用历史和现实的事例来说明人生的道理，把封建士大夫的立身治家、求学处事等问题全都包罗在内，成为我国封建时代第一部系统完整的家庭教科书。

在士大夫教育方面，颜之推从儒家人性论，特别是西汉董仲舒的人性三品说出发，从士族阶层的利益出发，特别强调士大夫子弟受特殊知识教育的必要。他认为士大夫主要从事于政治管理和精神文化活动，因此需要学习特殊知识，才能依靠占有的知识来保持社会地位。然而，颜之推指出当时士族教育程度和精神面貌都是极差的。他们的体质十分脆弱，知识非常浅陋，既不参加劳动，又不努力学习。小部分有点知识的士大夫，也存在致命的缺陷，一类是属于玄学的清谈家，另一类是属于儒学的章句家。这两类人的共同特征是脱离社会实际，缺乏任事的实践能力。

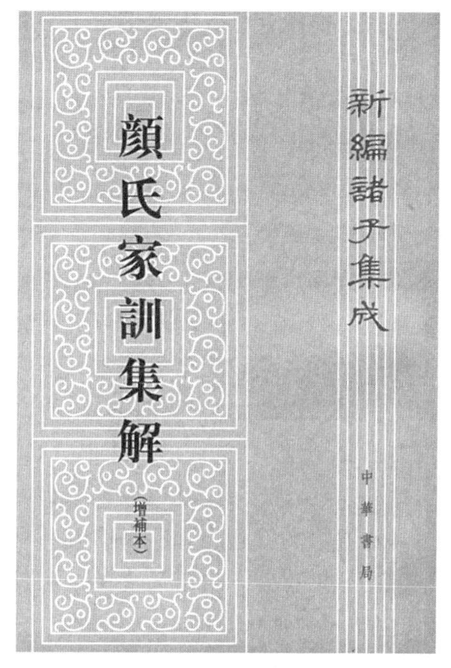

现代版《颜氏家训》书影

颜之推认为，原来的玄学教育必须抛弃，儒学教育也应改革，教育要培养的既不是清谈家，也不是章句博士，而是国家实际有用的人才。从政治家到工程建设管理人员，国家都要培养。这些人才必须“德艺周厚”(《颜氏家训·名实》)。可见，颜之推把德、艺理解为教育的两个主要方面。道德教育方面，他承袭儒家的传统思想强调孝悌仁义。值得注意的是，他认为在道德教育中，不仅古代王侯将相中有贤达可以提供学习的范例，就是劳动人民中间也有楷模人物世人可向其学习，“农工商贾，厮役奴隶，钓鱼屠肉，饭牛牧羊，皆有先达，可为师表，博学求之，无不利于事也”(《颜氏家训·勉学》)。“艺”除了包括经史百家等书本知识之外，还包括士大夫所需要的杂艺，比如书、数、医、画、琴、棋、射、投壶等。颜之推认为，这些技艺在生活中有实用的意义，也有个人保健和娱乐的作用。

特别值得一提的是，颜之推的教育思想中还提出要重视农业生产知识。众所周知，士大夫阶层历来轻视农业生产劳动，认为那是小人之事。颜之推从艰难的社会经历中，体会到农业生产的重要性，认为农业是人民生活的根本。他批评当时的士大夫，不仅从未参加劳动，而且对农事完全无知，只知饭来张口，衣来伸手，不知有耕稼之苦，劳役之勤，既管不好家务，也管不好政务，重要原因是他们脱离农业劳动，脱离社会实际事务。

在颜之推生活的年代，官学教育已经衰落了，士族子弟的教育基本上是依靠家庭来进行的。颜之推撰写《家训》时，实际上把家庭教育放在最首要的地位。他认为一个人的发展，幼年时期是奠定基础的重要阶段。早期教育应当从婴儿能认识外界的人与事时就开始。故他认为：“当及婴稚，识人颜色，知人喜怒，便加训诲。”(《颜氏家训·教子》)在家庭教育中极为重要的一个问题是如何处理爱护与教育两者的关系。他根据多年的观察，了解到多数人没有处理好这两者的关系：“吾见世间无教而有爱，每不能然，饮食云为，恣其所欲，宜诫翻奖，应呵反笑。”(《颜氏家训·教子》)这种不适当的教育继续下去，到了儿童懂事的时候，已经养成骄慢的习惯，然后着急起来，用粗暴手段去管制他，父母既无威信，天天打骂而伤害感情，也得不到积极的效果。到了孩子长大成人，终归成为品德败坏的人。由于家庭溺爱，使子弟养成不良的思想品质，这种教育失败的事很多，论其责任主要在于父母，这是应当引以为戒的。由此，他认为父母对子女自然要爱护，但不能没有教育，只有教育好子女才是最大的爱护。颜之推家庭教育另一重要内容是以孝悌为中心的人伦道德教育。颜之推认为，重要的不在于长篇大论的说教，较为有效的应该是长辈的示范。这种成人道德榜样所发挥的影响，他称之为风化。

颜之推教育思想中关于学习方法的体会同样非常精辟。他提出在学习中，要特别提倡以下几个方面：一是眼学。颜之推对主要凭耳闻而形成的学问持怀疑批判的态度。他认为耳闻未实，眼见为真，在学习上应重视直接观察获得的知识，“谈说制文，必须眼学，勿信耳受。江南闾里，士大夫或不学问，差为鄙朴，道听途说，强事饰辞”（《颜氏家训·勉学》）。但他并不是主张一切都要“眼学”，排斥“耳受”，听闻的知识还是需要的，不过要查实，不能不问原由而轻易地转述。二是勤学。颜之推认为学习主要取决于自己，而不是教师，所以要取得成就应依靠自己勤勉努力。如果不勤学，未能获得好成绩，则不能归过于教师。他认为，人是有差别的，有的比较聪明，有的比较迟钝，迟钝的人只要勤学不倦，差距是可以缩短的。三是切磋。颜之推认为个人孤独地学习，断绝与别人交流经验，会使自己闭目塞听，思想必然会受局限。由此，他提倡打破这种局限，师友相互切磋，以便相互启发，避免谬误差失。认为读书不要闭门，写文章也不要保守，“学为文章，先谋亲友，得其评裁，知可施行，然后出手，慎勿师心自任，取笑旁人”（《颜氏家训·文章》）。

颜之推的教育思想有许多独特的建树，特别是其《颜氏家训》在封建家学发展史上是一个重要的里程碑。由于历史的局限性，颜之推的教育思想中也存在不少错误观点，比如他认为“上智不教而成，下愚虽教无益”（《颜氏家训·教子》），这显然是一种偏见。又比如在家庭教育中，他强调为了达到教育目的，可以将怒责和鞭挞作为重要的手段。这也明显带有封建专制社会的特征。

韩愈　作为唐朝伟大的文学家和著名的教育家，韩愈出生于世代官僚家庭，不幸的是他3岁双亲病故，由伯父、兄嫂抚养成人。长期颠沛流离、寄人篱下的生活培养了韩愈奋发读书的精神。韩愈25岁考取进士，35岁时进入仕途，曾任国子博士、刑部及吏部侍郎等职。韩愈生活在唐中叶以后，唐王朝国势衰微，藩镇割据，佛教泛滥，道教盛行，儒家思想的独尊地位发生了动摇。韩愈站在维护皇权的立场上，主张加强中央集权制，反对藩镇割据，从维护儒家的道统及其独尊地位出发，成为当时复兴儒学运动、新古文运动、师道运动的主要倡导者和积极推行者。他对道家和佛家的思想进行了猛烈的抨击，并在此基础上极力维护儒家的道统及其独尊地位。韩愈是古文运动的一员主将，提出了“文以载道”的主张；他主张文章必须有思想内容，要言之有物，反对形式主义。这对当时的文史教学是有积极意义的，对教育的发展也产生了深刻的影响。

韩愈一生先后做过四门博士、国子博士、国子祭酒，直接从事教育与教学工作。他在任四门博士时，曾请求恢复国子监的生徒，在任国子博士时，曾写作了《师说》《进学解》等名篇；在任国子祭酒时，主张严选教官，坚持每日会讲的制度，积极整顿国学。其主要措施：一是放宽入学等级限制。太学由五品官员之子降为八品官员之子，四门学由七品官员之子改为有才能艺业者皆可入学。二是改革学官选拔标准。韩愈以艺能才学为主要标准，选中者经严格考试合格者才被委任学官，有效地防止了不学无术的皇亲国戚滥竽充数。他任地方官时，仍十分重视兴教办学，不仅写了《子产不毁乡校颂》一文，提倡兴办地方官学，而且还曾从自己的俸禄中拿出一部分来补贴办学。比如他由刑部侍郎贬为潮州刺史时，看到州学荒废、礼教不行的局面后，下令恢复地方官学，并亲自主持聘请州学学官，捐薪以资教学。尤为可贵的是，他在官学衰落，社会上普遍存在耻于从师的风气下，“不顾流俗”（柳宗元：《答韦中立书》），勇为人师，积极教诲后生。凡经他指教过的学生，皆自称韩门弟子，其中有名的弟子包括李翱、李汉、皇浦湜等。韩愈所作的诗文，由其弟子李汉编集成《昌黎先生集》四十卷，后人又陆续增补加注，总称《韩昌黎集》。

韩愈的教育思想非常丰富，最有特色的是英才教育的思想。韩愈认为发展教育是为政之本，并由此提出了教育英才的可贵思想。他认为孟子关于“得天下英才而教育之”，是“极言至论”（《韩昌黎全集》卷十六《上宰相书》）。韩愈认为当时的取士制度是埋没人才的，由于取士制度不合理，致使真正的人才遭到埋没和摧残，不能充分发挥其作用。他认为人才作用的发挥是有条件的。人才作用的发挥有赖于有人去识别，更有赖于良好的培育和合理的使用。他曾以千里马为例说：“世有伯乐，然后有千里马；千里马常有，而伯乐不常有。”（《韩昌黎全集》卷十一《杂说四首》）

韩愈的《师说》是中国古代第一篇集中论述教师问题的名著。他继承了我国古代尊师爱生的优良传统，总结和发展了历代教育家关于尊师爱生的思想，并结合自己的教育实践经验，从教师的作用、任务、择师标准和师生关系等方面，全面论述了教师问题。“尊师重道”是《师说》全文的中心论点，围绕这一中心论点，《师说》提出了如下一些基本观点。

其一，韩愈的《师说》阐明了教师的作用：“古之学者必有师。”他从总结历史的经验中得出一个结论，即自古以来任何一个人的知识学问，都是从老师那里学来的。也就是说，任何一个人如果没有老师的教诲和指导是不能成为有才智之人的。他认为生而知之者是不存在的。在这里，他充分肯定了学习的重要性和教师的作用。基于这种认识，他对当时社会上轻视教师，不尊重教师，耻于从师的不良风气进行了尖锐的批判。他认为圣人与一般人所以有智愚之别，其根本原因在于圣人肯于从师学习。耻于从师学习是一种愚昧的表现。韩愈的这一批判显然是很深刻的。

其二，韩愈的《师说》明确了教师的任务：“师者，所以传道、授业、解惑也。”仅仅十一个字，却把教师的任务概括得很全面。一是“传道”，即传授政治伦理道德理念；二是“授业”，即讲授《诗》《书》《易》《春秋》等儒家的经典；三是“解惑”，即解答学生在学习“道”与“业”过程中所提出的疑难问题。三者中以“传道”为本，以“授业”“解惑”辅佐之。他认为只有完成这三方面的任务，才配称作教师。事实上，在任何时代，作为教师的根本任务，都不外乎这三个方面。只不过是由于历史时代不同，所传之道，所授之业，所解之惑，其具体内容不同而已。这里揭示的显然是教师工作的一条普遍规律。

韩愈像

其三，韩愈的《师说》提出了择师的标准：“无贵无贱，无长无少，道之所存，师之所存也。”他把“道”作为择师的根本标准。他认为可以为师者，不在于其年龄的大小和地位的高低，而在于其懂得“道”。由于他把

"道"作为衡量和选择教师的根本标准,由此,他要求做一个教师首先对"道"要有坚定的信念。

其四,韩愈的《师说》论述了师生关系。他认为:"圣人无常师","孔子曰:'三人行,必有我师'。是故弟子不必不如师,师不必贤于弟子,闻道有先后,术业有专攻,如是而已。"他以孔子为例,得出三条结论:一是"弟子不必不如师",既然学生不一定不如老师,当然学生就完全有可能,而且也应该超过老师。由此,他认为做学生的不能自卑,要立志发愤,敢于超过老师。这是对孔子"后生可畏"的思想的继承和发挥。二是"师不必贤于弟子"。既然老师不一定处处事事比学生高明,当然做学生的对老师就不能求全责备,要善于学其所长。同时,做教师的也不应满足于自己已有的知识,更不要不懂装懂,在业务上要学而不厌,精益求精。这是孔子"学而不厌,诲人不倦"思想的继承与发挥。三是"闻道有先后,术业有专攻"。既然人们闻"道"有早晚,在学业与技能各有所长,自然闻道在先,学有专长,就可以为师。由此,师生的角色关系是可以互换的。正是由此,韩愈认为师生关系应是相互学习的关系。

韩愈的《进学解》是一篇文字优美、感情洋溢的教育散文。它以师生对话的形式,集中论述了学习态度和学习方法问题。关于学习态度问题,韩愈断言:"业精于勤,荒于嬉;行成于思,毁于随。"就是说,要想使学业精益求精,最根本的前提条件是勤学,否则懒惰贪玩,终至学业荒废。要想使品德上有所成就,凡事要三思而行,否则放荡成性,随波逐流,必然品德堕落。由此,他强调无论是进德还是修业,都要严格要求自己。关于治学方法,韩愈突出强调一个勤字,即所谓"口不绝吟于'六艺'之文,手不停披于百家之篇"。基于这一思想,他提出了如下一些可贵的见解:比如"论事者必提其要,纂言者必钩其玄"。这意思是说,读不同性质的书,要采取不同的方法。阅读史籍一类的书,一定要做出提要,提纲挈领,掌握要点。阅读辑录古人言论的书籍,一定要探索其要旨,着重领会书中的精神实质。又比如"贪多务得,细大不捐"。这意思是说,学业的精深要以广博的积累知识为基础,否则知识浅薄,要想达到精深的地步是不可能的。再比如"沉浸浓郁,含英咀华"。这意思是说,读书不能浮光掠影,满足于一知半解,要深入理解它的精神实质。由此,他主张对书中的重要内容要精读,要融会贯通,对书中的精华要仔细地玩味,反复地体会。还比如"宏其中而肆其外"。这是对写文章而论的,意思是说,写文章不仅要内容丰富,而且要文意肆放,要有自己的新意。由此,他主张无论是写文章还是做学问,都要"自树立,不因循",要有自己的见解,不能流于陈词俗套。

朱熹 作为南宋时期理学思想的集大成者和最著名的教育家,朱熹的教育活动和教育思想对我国封建社会后期教育的发展,产生了别人难以企及的重大影响,后人甚至因此称誉他为"宋代孔子"。据宋史记载,朱熹从小聪明好学。他5岁就读《孝经》,10岁左右开始学《大学》《中庸》《论语》《孟子》,18岁即以优异成绩在建州乡试中考取贡生,22岁授泉州同安县主簿,开始了他的仕途生涯。

朱熹一生从政时间虽然短暂,但在任期间,不仅勤于政事,而且每到一地都非常关心当地的教育事业。事实上,朱熹对仕途并不热衷,他一生绝大多数时间都献给了学术研究和教育事业。朱熹早在任同安县主簿时,就对同安县学进行整顿,选秀民为弟子、求名士为教师、以圣贤修己治人之道为教育内容。经过朱熹的整顿,同安县学气象一新。这不仅表明他对学校教育的重视,而且说明他确实具备办教育的实际能力。朱熹曾奏请复兴白鹿洞书院,在遭遇阻力的情况下，利用地方的力量开展修复工作。朱熹亲自督促修复工程。书院初步恢复后，朱熹亲自参与书院的组织管理和教学工作，亲临讲学，质疑问难。特别是他亲手拟订了《白鹿洞书院教条》，成为书院的标准学规。这是书院制度化的主要标志。白鹿洞书院学规，是一个典型的以理学为指导思想的古代高等教育的总纲。南宋之后，元、明、清各代书院差不多都以白鹿洞书院为楷模，白鹿洞书院教条几乎成为各级各类学校的基本教育纲领。朱熹 59 岁任漳州地方官时影响最大的教育活动是开始着手将儒家经典《大学》《中庸》《论语》《孟子》四书及其注释合编为《四书章句集注》。他对《四书集注》自诩为："添一字不得，减一字不得"；"不多一个字，不少一个字。"(《朱子语类大全·饶州刊朱子语录后序》)《四书集注》刊印之后，不久就风行天下，至元朝皇庆二年(公元 1313 年)正式被朝廷规定以《四书集注》取士。从此，《四书集注》成为各级学校的必读教材和科举考试的标准答案，影响中国教育达数百年之久。朱熹一生的主要成就是在学术和教育上。他在四十余年的讲学著述活动中，编著了大量书籍，其门类之广、数量之多，在封建社会的学者中是罕见的。

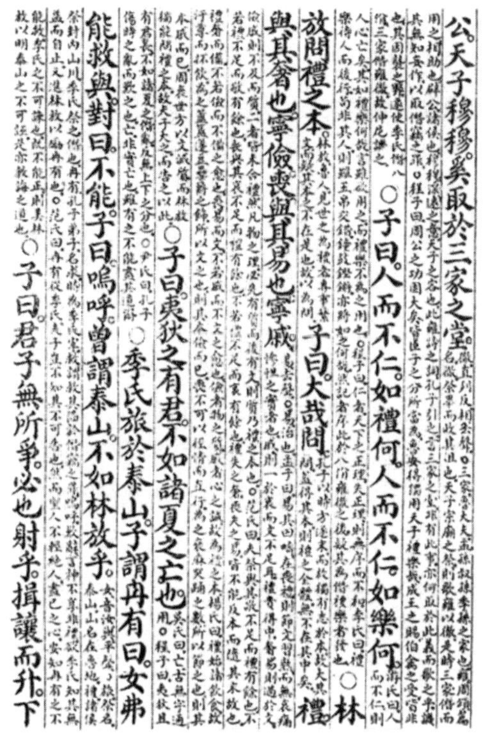

朱熹《四书集注》书影

朱熹十分重视教育的地位和作用。他结合自己多年的教育实践体验，认为办教育的基本指导思想和学校教育的中心任务应以"明人伦为本"，要教人以"德行道艺之实"。但是，当时学校却以章句训诂为业，不明道德之归，忘本逐末，怀利去义。而许多入学者"不过以追时好，取世资为本，至于所谓修身、齐家、治国、平天下之道，则寂乎其未有闻也"(《朱文公文集·送李伯谏序》)。由此，朱熹认为，要使学校教育符合国家"立学教人之本意"，必须认真加以整顿，正本革弊。首先要明确办学目的，端正教育方向，继承古代教育的优良传统，同时要改革教育内容和教学方法，使其具有"道德政理之实"，以明"政事之本""道德之归"。还要认真选择办学人员和教师，"有道德之人，使为学官"，"访求名士以为表率"。他认为，只有这样，才能使"教明于上，俗美于下，先王之道得以复明于世，而其遗风余韵，又将有以及于方来"(《学校贡举私议》)。

朱熹依据古代教育的经验和他对人的年龄、心理和思维特点的认知，主张把学校教育划分为小学、大学两个阶段。朱熹特别重视小学教育，他认为小学教育是基础，好比"打坯模"："古者小学已暗成了，到长来已自在圣贤坯模，只就上面加光饰。"(《小学辑说》)若坯模打坏了，弥补极难，故教育必须从小学抓起。小学教育内容的重点是伦理道德规范的训练和基本知识技能的学习，以"教事"为主。由此，朱熹还专门编写了适合儿童阅读的教材和读物。比如他编写的《童蒙须知》，内有衣服冠履、言语步趋、洒扫涓洁、读书写文字、杂细事宜五节，详细规定了道德规范、行为细则、日常生活习惯、待人接物的礼节、读书写字的常规。

朱熹进而认为，大学教育是小学教育的扩充、深化和完成，教育内容的重点是“教理”。要求受教育者在小学教育基础上，在道德、学问和能力方面有进一步的提高，从而成为符合国家需要的有用人才。

朱熹深刻阐明了小学教育和大学教育的关系，主张小学教育和大学教育都应受到重视。在我国古代，特别是汉代以后，比较重视为国家直接输送人才的大学教育，相对地说比较忽视小学教育。但南宋以后，这一情况有很大变化，小学教育受到重视，并获得较广泛的发展，童蒙教学遍及城乡，童蒙教材大量涌现。应当说，这与朱熹的教育思想和践行有密切关系。

朱熹教育思想全面继承了孔子的教学思想，其原则和方法是对孔子教育思想的深化和发展。在朱熹的教育思想中，最具有创新性的部分是他的读书方法。朱熹一生钟情于读书、教书，由此他对如何读书有深切的体会，提出过许多精辟的见解。在他去世后不久，弟子门人将他的读书经验归纳为六条，后人称为朱子读书六法，即“循序渐进”“熟读精思”“虚心涵泳”“切己体察”“着紧用力”“居敬持志”。在这六法中，“循序渐进”强调的是读书要有计划、有秩序。“熟读精思”强调的是“先须熟读，使其言皆若出之于吾之口；继之精思，使其意皆若出之于吾之心”（《朱子大全·读书之要》）。“虚心涵泳”提倡的是读书时要虚怀若谷，悉心体会作者的本意，反对先入为主；有疑问，要虚心静思，不要匆忙定论。“切己体察”所主张的是读书不能只在纸面上做工夫，必须心领神会、身体力行。“着紧用力”意即读书要抓紧时间，集中精力，“为学正如撑上水船，方平稳处，尽行不妨。及到滩脊急流之中，舟人来这上，一篙不可放缓，直须着力撑上，不得一步不紧。放退一步，则此船不得上矣”（《朱子语类大全》卷八）。“居敬持志”既是道德教育的重要原则，又是读书治学的基本要求。它提倡的是读书不仅要全神贯注，还要有远大的志向和顽强的毅力。朱熹认为这是读书最根本的精神。朱熹的六条读书法是在总结前人的经验和自身的体会后提出的。显然，它已不是单纯的读书法，而是融合了道德修养、治学精神和学习态度的综合要求。朱熹读书法所体现的基本精神和方法，对我们今天的读书做人仍有着极其有益的启迪意义。

朱熹是伟大的教育家，他的教育实践是非常成功的，他的教育思想是博大的。因此，朱熹在中国教育史上的影响也是巨大的。我们在肯定他的教育上的成就的同时也必须清醒地认识到朱熹教育思想的局限性。朱熹教育思想的核心是进行道德教育，教学是为道德教育服务的。朱熹的教学思想可以用“格物穷理”来概括。他所说的“格物”，固然包含了接触客观事物意思，但更重要的是要履行君臣、父子、兄弟、夫妇、朋友等人伦关系。朱熹所说的“穷理”，并不是探明客观事物及其发展规律，主要是指体认“天理”，领会“三纲五常”、仁义礼智等封建伦理，这就必然限制了人的全面的发展。在教育方式上，朱熹把治学概括为“读书穷理”，过分夸大了读书作用，特别提高了读儒家经书的地位，使学习的途径、读书范围受到极大的限制，对造成“万般皆下品，惟有读书高”；“两耳不闻窗外事，一心只读圣贤书”的不良学风，有着重要影响，尤其是在元、明、清时期，程朱理学被奉为官方统治思想，其消极影响就更加明显了。

王守仁　作为明中叶著名的哲学家、教育家，王守仁出身于官僚地主家庭，自幼聪明好学，深受儒家思想影响，向往成为圣贤。28 岁举进士，进入仕途。武宗正德元年（公元 1506 年），宦官刘瑾专权，南京科道官戴铣等上奏，请求惩治刘瑾，被武宗下旨入狱。35 岁的王守仁上疏营救，结果被杖四十，谪为贵州龙场驿丞。刘瑾死后，王守仁才得到朝廷的赏识与重用。正德十四年(公元 1519 年)，明宗室宁王朱宸濠在江西起兵叛乱，王守仁引兵攻下南昌，生擒朱宸濠，一时名震朝野。

王守仁的教育活动是与他的“文政武功”紧密联系在一起的。他在极力维护明王朝的政治与军事活动中，深感要使天下太平，不仅需要使用政治、军事手段，更重要的是要清除人们内心不满的思想念头，即所谓的“破山中贼易，破心中贼难”(《王文成公全书》卷四《与杨仕德薛尚谦》)。由此，他曾明确表示“扫荡心腹之寇，以收廓清平定之功”是“大丈夫不世之伟绩”(《王文成公全书》卷四《与杨仕德薛尚谦》)。他立志要培养一批以“学圣贤”为志的“豪杰之士”，振兴封建道德，维护封建统治，“人伦明于上，小民亲于下，家齐国治而天下平矣。”(《王文成公全书》卷七《万松书院记》)王守仁从 34 岁开始讲学授徒，直至去世，历时 23 年之久。与朱熹不同的是，王守仁专门从事讲学活动，仅是在 50 岁以后回乡的 5 年间，其余都是在从政之余进行的。他在驻足之地，皆建学校，创书院，立社学，并亲自讲学。他在被谪龙场时，创立龙冈书院，又主讲文明书院；巡抚江西期间，立社学，修濂溪书院；在家乡余姚、绍兴，先辟稽山书院，又讲学于余姚龙泉山寺中天阁；总督两广时，兴办思田学校、南宁学校和敷文书院。王守仁的学术思想也与教育实践有着密切的关系。比如他的“知行合一”说就是在文明书院时提出来的，“致良知”说则是在南昌讲学时阐发的思想。由于王守仁的教育活动是与军政活动相伴的，所以不拘形式，随处讲学，随时答疑，就成了王守仁教育活动的一个重要特点。即使在政务繁杂的情况下，他也“论学不辍”。他还经常通过书信，对弟子进行答疑、指导，堪称中国古代最重视“函授”教育的教育家。

王守仁的教育学说，具有明显的教育哲学色彩。他“致良知”的学习论更是其心学的具体运用和发挥。王守仁在 18 岁那年，接触到朱熹的“格物致知”之学，后又遍读朱熹遗书，还与友人按朱熹的学说通过“格”竹子以体认派生万物的“天理”，结果是劳思致疾，一无所获。从此，他对朱熹的“物理”和“吾心”分开的说法产生怀疑。王守仁在被谪龙场期间，面对荒凉的艰苦环境，除了应付差事和做些因俗化导、开办书院、教人读书的事情之外，日夜端居静坐，修心忍性，体验“圣人之道”。据说一天“忽中夜大悟格物致知之旨。……始知圣人之道，吾性自足，向之求理于事物者，误也”(《王文成公全书》卷三十二《年谱》)。从此他开始构建“心外无物，心外无事，心外无理，心外无义，心外无善”(《王文成公全书》卷四《与王纯甫书》)的哲学体系。王阳明这个心学体系虽然具有明显的唯我论的特点，但从文化发展的逻辑看，却具有肯定主体自觉的意蕴，比之朱熹的理学，显然更充分地肯定了人的主体性和能动性。

现代版《王文成公全书》书影

“致良知”是王守仁哲学思想的组成部分，也是他学习论的指归。何为“良知”？王守仁说：“吾心之良知，即所谓天理也。”(《王文成公全书》卷二《答顾东桥书》)“万事万物之理，不外于吾心。”(《王文成公全书》卷二《答顾东桥书》)在王守仁看来，认识不用“外求”，而是体验内心之“良知”，只要真正体悟了“良知”，把心放正了，一切言行自然会符合“天理”。由此，王守仁反复强调学习就是“致良知”。学习的目的在“致良知”，学习的过程就是“致良知”的过程，学习的成效也要看能否“致良知”。

可见，他的学习论主要不是扩充知识，而是消灭不符合当时社会道德规范和统治秩序的思想意识和道德行为。王守仁的这一“致良知”思想在中国教育史上产生了相当积极的影响：一是提倡学习要“自知”“自得”，反对盲从“六经”。王守仁分析了经书与“良知”的关系。他认为，儒家的“六经”只是从不同的角度记录吾心而已，“吾心”才是“六经”之实。故学习不能死抠典籍，盲从典籍，为典籍所束缚，而是要“自知”“自得”，有自己的独立见解。二是反对迷信古圣先贤，提倡“惟是之从”。王守仁认为，“圣人亦是学知”，“人胸中各有个圣人”。又说：“是非之心，人皆有之。”(《王文成公全书》卷三《传习录》下)故他认为不能以孔子、朱熹的是非为是非，每个人都应有独立思考的权利、判断是非的能力。三是反对理学教育对个性的束缚，提倡“点化”“解化”“谏师”。自元代以后，理学被奉为教条，严重地束缚了读书人的思想。王守仁“致良知”的学习论，在教与学的关系上，强调“师友点化”与“自家解化”相结合。他指出：“学问也要点化，但不如自家解化者，自一了百当。不然，亦点化许多不得。”(《王文成公全书》卷三《传习录下》)所谓“点化”，指教师对学生学习的指点和开导，朋友之间的砥砺和切磋。但王守仁更强调“自家解化”，即发挥学生独立思维能力来解决问题，认为这才是“一了百当”的功夫。正因为如此，他在实际教学中，绝少长篇讲述，大多是三两句指点性的答疑，启发学生自己得出结论，体现出王守仁重视学生“自家解化”的教学风格。在师生关系上，王守仁反对传统的师道尊严，提倡师生之间以朋友相待，直言相谏。他认为教师应欢迎学生的批评。“凡攻我之失者，皆我师也，安可以不乐受以心感之乎！”(《王文成公全书》卷二十六《教条示龙场诸生》)由此，他在学生面前，没有理学家那种“道貌岸然”的架子，而是十分随和，师生之间关系非常融洽。

王守仁“致良知”的学习论对打破当时教育领域僵化沉闷的空气起到相当积极的作用。先秦儒家曾有尊重学生人格、注重学生独立思考的风气，自汉代“独尊儒术”之后，这种良好的教育传统逐步消失。至元明时期，孔子更被奉为“至圣先师”，朱熹亦被尊为孔家“圣人”，他们的学说便成为判断是非的最后标准，衡量言行得失的最高法典。这种学风严重禁锢着人们的头脑，使人们丧失了认识新生事物和进行创造革新的能力。王守仁“致良知”的学习论，鼓励独立见解，提倡独立思考，强调“自家解化”，这在当时充满思想专制时代，无疑是十分可贵的。

王守仁关于儿童教育的主张，也是他的教育思想中最精彩的内容。王守仁反对当时“鞭挞绳缚，若待拘囚”的儿童教育法，认为这是造成学童“视学舍如囹狱而不肯入，视师长如寇仇而不欲见”的根源。他认为儿童天性“乐嬉游而惮拘检，如草木之始萌芽，舒畅之则发达，摧挠之则衰萎”(《王文成公全书》卷二《传习录》中)。王守仁根据他对儿童天性的认识，对儿童教育提出了系统的改革主张：一是在教育方法上，以诱导、启发、讽劝的方法，来代替“督”“责”“罚”的方法，使他们“趋向鼓舞，中心喜悦”(《训蒙大意示教读刘伯颂等》)。这就如应时的春风和雨水，吹拂浸润草木，使草木自然发芽抽枝、茁壮成长。二是在教学内容上，发挥

“歌诗”“读书”“习礼”各门课程多方面的教育作用。王守仁为此还独创了“歌诗”的方法，使儿童“非但发其志意而已，亦所以泄其跳号呼啸于咏歌，宣其幽抑结滞于音节也”(《训蒙大意示教读刘伯颂等》)。他认为诗歌不仅激发人的志向，还可把跳号呼啸引向咏歌，将内心的忧闷导向音律，从而调节了情感，在愉悦的气氛中学习知识，增长才干。王守仁在课程安排上也没有主张“学礼”，而是使用了“习礼”一词。王守仁认为：“导之以习礼者，非但肃其威仪而已，亦所以周旋揖让而动荡其血脉，拜起屈伸而固束其筋骸也。”(《训蒙大意示教读刘伯颂等》)显然，王守仁认为，“习礼”的教育意义，不只是为了养成礼仪习惯，起道德教化的作用，还在于通过礼仪动作的练习，达到锻炼身体，健壮体魄，增长发育，凸显了“习礼”增强体质的意义。三是在教学程序上，要动静搭配、体脑交叉。王守仁在《教约》中，把每天的功课作了精心的安排，类似今天的“课程表”。在课业中，把动的课程，如“习礼”“歌诗”排在静的课程“诵书”“讲书”“背书”之间。上午学童背书、诵书疲乏了，通过“习礼”课的“周旋揖让”“拜起屈伸”，以动荡其血脉，舒展其筋骨。下午在诵书、讲书之后，又在悠扬的歌诗声中结束一天课业。王守仁在《教约》中还提倡带有比赛、观摩性质的“会歌”“会礼”活动。可见，王守仁的《教约》已经充分注意到学童的兴趣和学业负担。

王守仁作为著名哲学家和教育家，提倡一种不同于程朱学派的“狂者进取”的学风，打破了程朱理学的独尊局面。王守仁大力办教育从主观上是为了巩固明王朝的统治，带有鲜明的政治特征，但他在长期从事的教育活动中总结提炼出许多独到的教育主张，是合理和带有独创性的。他一生讲学授徒，弟子门人遍布各地。这些“王门弟子”，继承王守仁的讲学传统，亦到处办书院，积极传播王学。明代中叶以后书院教育的发达，与王守仁及其弟子的讲学活动是分不开的。王守仁及其弟子创立的“阳明学派”的教育思想不仅在国内，而且在国外，特别是日本及东南亚地区都有很大的影响。

颜元　作为明末清初杰出的思想家和教育家，颜元出身贫寒，“四岁失父，六岁离母”，自幼饱尝生活艰辛。他 8 岁起受启蒙教育，启蒙教师吴洞云善骑射、剑戟，同时也长于医术和术数。这使颜元从小时起，便受到与众不同的教育。颜元在青年时期，为生活所迫，亲身“耕田灌园”，并曾学做医生，掌握了许多实际的生活知识。21 岁时，阅《资治通鉴》，曾经达到废寝忘食的程度。23 岁时，又学七家兵书，并常练技击之术，其技法之高超，至晚年仍令时人震惊不已。

颜元一生的主要活动是从事教书工作。他从 24 岁起，开设家塾，收徒讲学。把他的书斋、学舍叫做“思古斋”。可见，此时的他还笃信程朱理学。到 35 岁时，由于自己的亲身实践和生活感悟，认为周公和孔子教人之学才是正学，理学一味推崇的静坐读书之法伤身害性、空虚无用，便立志转变学术思想，从“穷理居敬”(《存学编 · 性理评》)，一变而为崇尚“习行”(《颜习斋先生言行录》卷下)。于是，他把“思古斋”改为“习斋”，表达与理学决绝之立场。颜元 42 岁时，制订教条二十则于学舍，称“习斋教条”。教条以阐扬儒家学说中实用实行思想为宗旨，要求学生学习礼、乐、射、御、书、数，以及兵、农、钱、谷、水、火、工、虞等经世之学。晚年，他在直隶肥乡主持漳南书院，书院设文事、武备、经史、艺能等科，充分反映了颜元教育思想的特色。

颜元一生从教，弟子遍天下，有记录可查的就达 100 多人，其教育对象不分种族、贵贱。由于颜元在教学内容上冲破了历来学校以“四书”“五经”为“定本”的积习，因而他的弟子中

颜元画像

多才多艺的人很多，有研究经史的，有精于数学的，有研究天文、地理的，有研究农田水利的，有长于兵法骑射的，可谓人才济济。颜元的弟子中著名的有李塨、王源和程廷祚等。其中最得意的弟子为李塨，后来成为颜元学说最得力的传播者，后人称为“颜李学派”。

颜元教育思想的特点是极为推崇“经世致用”。颜元认为，教育的目的是培养德才兼备的各级官吏和各行业的专门人才。德才兼备的各级官吏要既懂政治又懂经济，要能为国家和百姓办事，上自“君相”下至“百官”概莫能外。颜元认为要“经世”治国，仅有德才兼备的“君相”“百官”还不够，还必须得有“百职”的专门人才。由此，他进一步提出要把士大夫培养成各行各业的专门人才。以道和术的关系而论，古代教育培养“明道”“得道”“悟道”的人才来管理国家政事，这是封建社会一向所重视的，而培养各种生产部门的专门技术人才，在封建社会一向是被忽视的，它甚至被认为是一种下等的卑贱职业。针对人们鄙视专门人才的传统观念，颜元对“圣贤”的观念进行了重新的认识。他认为“圣贤”并非无所不知无所不能之人，“学须一件做成便有用，便是圣贤一流。圣人是肯做工夫的庸人，庸人是不肯做工夫的圣人”(《习斋先生言行录》卷下)。颜元划分“圣人”与“庸人”的唯一标准就是能否勤奋专一。这个思想在当时是离经叛道的，具有启蒙乃至解放思想的非凡意义。

在教学内容方面，颜元旗帜鲜明地反对宋明理学的空疏无用，主张学习实事实物，提出“实文、实行、实体、实用”的教育内容。它有三个特点：一是身与心兼顾，性与形并重。他坚决反对程朱理学“重心轻身”的教育，主张在教学内容的选择上应该身与心兼顾，性与形并重。颜元认为“礼、乐、射、御”的教育，既可以涵养学生的性情德行，又可以增进身体健康，从而获得身心的全面发展。特别值得一提的是，颜元在他的教学活动中，经常教弟子们“举石”(举重)、“习刀”、“超距”(赛跑)、“击拳”等，并主张对儿童要从小进行“身心道艺”的全面教育，不该娇生惯养，“勿美衣饱食，勿怀抱娇脆”(李塨:《恕谷年谱》)。从这个意义上我们可以说，颜元是中国古代体育教育的首创者。梁启超曾经赞扬说：“中国二千年来，提倡体育的教育，除颜习斋外，只怕没有第二个人。”(《饮冰室合集》文集第十四册)二是强调“实学”“实用”。颜元认为，程朱理学的教育局限于书本文字和存性空谈，使学者崇尚浮言，所获得的只是一些无济于事的“虚理”。他主张教学内容应该具有“实学”“实用”的特点。在他晚年主持漳南书院时，设有文事、武备、经史和艺能四科，大体相当于当今理工科、军事科、社会科和技术科。特别值得一提的是，颜元的教学计划中，有众多的科学和技术的内容，它事实上预示了中国教育发展新的方向。三是主张“文武兼备”。颜元认为，由于千百年来“重文”的教育，特别是程朱理学统治六七百年来，读书人只知穷理居敬、静坐读书，缺乏大丈夫的阳刚之气。颜元针对这种“重文轻武”的现实情况，改造“六艺”教育，把礼乐与兵、农并举，作为教育的三大基本内容。比如他在漳南书院设有“文事”与“武备”两斋，来进行“文武合一”的教育，努力造就既能修己治人，又可持干戈卫社稷的文武全才。

在为学的方法上，颜元对程朱理学教学方法及其思想基础都进行了猛烈的抨击。颜元认为，要获得真正有用的知识，必须通过自己亲身的“习行”方能获得。由此，颜元对“格物致知”的命题做了新的阐释。他认为，必须对认识对象“捶打搓弄”（《习斋记余》卷六），才能获得对这事物的认识，这才是真正的“格物”。颜元反对理学家的读书静坐、居敬穷理的教学方式。他认为只有习行才是至关重要的：“吾辈只向习行上做工夫，不可向语言文字上着力”（《习斋先生言行录》卷下）；“心上思过，口上讲过，书上见过，都不得力，临事时依旧是所习者出”（《存学编》卷一）。颜元在此认识的基础上建立了以“习行”为特色的教学法。梁启超对颜元的教学法的评价是“以实学代虚学，以动学代静学，以活学代死学”（梁启超：《清代学术概论》），高度概括了颜元“习行”的教学法的特点：其一是实。颜元认为，无论是培养良好的道德观念，还是获取真正的知识技能，都必须通过亲自的“习行”。他生动地以学琴为例来说明这个问题，“今手不弹，心不会，但以讲读琴谱为学琴，是渡河而望江也”（《存学编》卷三）），由此，他认为必须把讲读琴书与练习琴谱结合起来，才能成为弹琴的“美才”。其二是动。宋明理学家教育有“主静”的特点，在学习上只重修身养性、静坐读书。颜元认为这种“主静”的教育危害很大。他一针见血地指出：“朱子教人半日静坐，半日读书，无异于半日当和尚，半日当汉儒。”又说：“终日兀坐书房，萎惰人精神，使人筋骨皆疲软，以至天下无不弱之书生，无不病之书生，生民之祸，未有甚于此者也。”（《朱子语类评》）它会导致“人才尽，圣道亡，乾坤降”（《习斋先生言行录》卷下）。为此，他针锋相对地提出以“动”为主的教学方法，要求师生在学习过程中，要将讲授与习行结合、讲说与论辩结合、讲与练结合。他豪迈地说：“一身动则一身强，一家动则一家强，一国动则一国强，天下动则天下强。”（《习斋先生言行录》卷下）其三是活。颜元认为，宋明理学家所倡导的读死书和死读书，不但“读书者自受其祸”，而且“使生民被读书者之祸”（《习斋先生言行录》卷上）。读书不是目的，目的是应用，因此，不能把书读死，必须灵活地用书本知识“为生民办事”服务。

在中国封建社会的学校教育，教学除口传耳听的方法之外，简直没有其他任何的活动，到了宋明以后更是只教学者静坐读书，空谈穷理。颜元在这种传统的教学法统治了千百年的情况下，鲜明地提出了以“实用”和“习行”为特色的教学思想，反映了17世纪由于工商业的发展对实用人才的需要，还包含着市民阶层觉醒的某些倾向，具有相当的进步意义，它事实上也是中国古代教育史上的一次思想解放运动。

二、中国古代的教育典籍

中国古代教育家倾心教学过程的同时也是他们形成各自教育思想的历程。许多教育家及其弟子为了弘扬本门学派的教育宗旨，纷纷著书立说。这不仅激活了当时的学术争鸣，客观上营造了学术自由的氛围，促进了各派教育思想的广泛交流与日臻成熟，更重要的是这些教育典籍成为后人了解和研究中国教育发展史最直接、最权威的文献资料，也是世界考察中国文明与文化史的重要窗口。

如果做点与西方的比较研究，那么我们可以发现中国古代教育典籍有三大特色。其一，大多数教育论著都与政治、伦理、哲学、历史等的论述融为一体，集中论述教育的专著不多；其二，虽然中国古代学术流派众多，但在历代朝廷的推崇下，儒学教育思想及其教育典籍成为中国教育思想的主流，成为中华文明的精神内核；其三，虽然中国是多民族国家，文化的多元性成为一道亮丽的风景线，但人口最多的汉民族在文化的渊源性和传统的连续性上占有绝对的优势。由此，汉族的文化教育长期处于相对领先和发达的地位，教育典籍也因此比较丰富。

在我国古代涉及教育的著作很多，其中最重要的有《论语》《劝学》《学记》《颜氏家训》《师说》《朱子全书》《传习录》《存学篇》等。

《论语》 这是我国古代最早的一部语录体专集。由孔子门人及其弟子写成，成书于战国前期。现存《论语》共 20 篇，每篇分若干章，共有 492 章。依《汉书·艺文志》记载："《论语》者，孔子应答弟子、时人及弟子相与言而接闻于夫子之语也。当时弟子各有所记。夫子既卒，门人相与辑而论纂，故谓之《论语》。"论语本无标题，后人为方便取用查阅，以各篇篇首的二字为每篇的标题，如"学而""为政""里仁""公冶长""述而""乡党""先进""颜渊""子路""宪问""卫灵公"等。《论语》在秦王朝时曾遭焚烬，汉代流传着三种本子：在孔家的墙壁里发现的称为《古论语》，主要在齐地的学者中传习的称为《齐论语》，主要在鲁地的学者中传习的称为《鲁论语》。三种版本的篇章稍有不同。今天我们见到的《论语》，基本上是依据《鲁论语》并参考《齐论语》编成的混合本。《论语》是儒家的传世经典，涵盖政治、伦理、道德、哲学、教育、文学等丰富内容，在中国封建社会有着非同寻常的影响，甚至有"半部《论语》治天下"之说。正是由此，历史上对《论语》的注释和研究从未停止过，据统计先后有 3000 多种注释和研究著作。后人的注释各有侧重，有重文字注释的，有重微言大义的，有重理义的。《论语》也是全面反映孔子思想与教育活动的主要资料，是研究其思想与教育活动的基本依据。散见于《论语》中的孔子的教育主张，大多具有原创性，不仅在当时产生了极为积极的影响，而且成为中国古代教育世代承袭的优良传统。从汉代起《论语》就成为士人的必读书目。从元朝直至清代，《论语》升至科举考试的钦定必读教材。士人为求取功名，朝读晚诵，熟记于心。而且，一般平民也把《论语》作为子孙的启蒙读物。事实上，《论语》问世至今，一直浸润濡染着中华儿女的道德理念和人格定位。

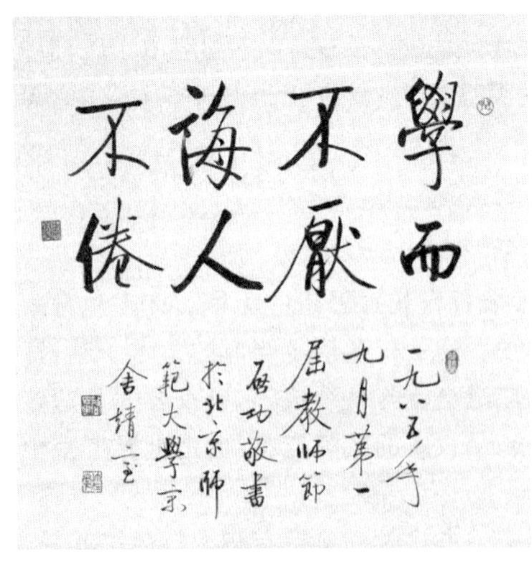

当代书法家启功书写的《论语》语录

《荀子》 又称《孙卿书》或《孙卿子》，约成书于战国后期荀子在世之时。《荀子》一书大致可分为两类，一类是荀子亲手所著，一类是弟子所记录荀子言行，两者都是研究荀况思想的直接材料。《荀子》今存 32 篇，以哲学、政治、经济论述为主，论及教育的有《劝学》《修身》《儒效》《致士》《礼论》《乐论》《解蔽》《性恶》等，其中的《劝学》《解蔽》《性恶》尤为后人详熟。其中《劝学》、《修身》堪称教育专论，书中肯定了环境和教育对人生发展的决定作用；《解蔽》则分析了人们何以在学习和研究中会片面地看问题；《性恶》则论述了荀子教育理论的哲学基础。在荀子看来，由于人性为恶，所以需要后天的教育以"化性起伪""积善成德"。

《礼记》 又名《小戴记》或《小戴礼记》，全书 49 篇，是儒家重要典籍之一。相传它是对孔子删订的《仪礼》各篇的传解。此部典籍由西汉儒生戴圣选编而成。《礼记》全书包括《曲礼》《檀弓》《王制》《月令》《礼运》《学记》《乐记》《中庸》《大学》《内则》《坊记》《儒行》《玉藻》《冠义》《昏义》《杂记》等篇，主要记载了先秦时期的典章、制度及冠、婚、丧、祭、宴、享、朝、聘等礼仪，反映了先秦儒家的政治理想、为人处世准则以及社会活动礼节方面的要求。与此同时，也记述了中国古代的学校制度、人才选拔、教学内容及方法等，尤其是比较详细地记载和阐发了先秦儒家的礼教思想，从而成为研究中国古代教育的一部重要著作。其中的《大学》《中庸》《学记》《乐记》篇，更是全面阐述儒家教育思想的经典名篇，成为古代教育史上继《论语》之后最重要的经典，对后世的教育思想产生了深远的影响。

《礼记》中的《大学》是儒家学者阐发大学教育观的名篇。“大学”这个词的含义，前人有不同的解读，学界大多认为其为“博学”之意。文中揭示了治学与为人的基本道理，简明而完整地概括了大学教育的目的、程序和要求，即“三纲领”和“八条目”。“三纲领”就是“明明德”“亲民”“止于至善”。“八条目”就是“格物、致知、诚意、正心、修身、齐家、治国、平天下”。《大学》论述的“三纲领”和“八条目”因其通俗易解和切实可行，熏陶了汉代以后一代又一代的知识分子和普通百姓，在他们治学为人和处世立命的态度上打下了深深的烙印。

《礼记》中的《中庸》篇，相传是战国时孔子的孙子子思所作，大致成书于战国晚期。书中阐述了先秦儒家的人生哲学和修养问题，把“中庸”作为道德行为的普遍原则，把“诚”看成最高范畴。文章还重点论述了学习过程的五部曲：“博学之，审问之，慎思之，明辨之，笃行之。”

《礼记》中的《学记》被认为是人类历史上最早出现的专门论述教育问题的著作。[①]《学记》是我国古代教育经验和儒家教育思想的高度概括，全文虽只有 1229 个字，却对教育的作用，古代的学校教育制度和视导制度，教育和教学的原则和方法，以及师生关系等问题，作了精辟的论述，成为千古传诵的教育名篇。它所提出的理论、原则和范畴为后代无数的教育家所推崇、实践和发展。它的许多论述非常精辟得当，比如：“学然后知不足，教然后知困。知不足，然后能自反也；知困，然后能自强也。故曰：教学相长也。”《学记》的出现意味着中国古代教育已成为一门独立的学科。由此，《学记》被后人尊为“现代

赵孟頫行书《大学》碑拓片(局部)

① 西方教育史上公认的最早教育学著作是古罗马教育家昆体良于公元 1 世纪左右成书的《论演说家的培养》一书。《学记》比它早三百多年。

教育学的雏形”。

《礼记》中的《乐记》是先秦儒家关于音乐美学教育的专著。相传为战国初期孔子再传弟子公孙尼所撰，经后人不断增选补编，至西汉时出现多种版本。今存《乐记》仅有11篇。《乐记》着重阐述了音乐在乐与礼、乐与德的相互关系中所特有的抒情作用和潜移默化的审美教育作用。

此外，《礼记》中还有一些篇目，如《王制》《文王世子》《内则》和《少仪》等，也从不同角度记述了我国古代教育制度和教育思想，保存有大量珍贵的教育史方面的资料。

《颜氏家训》 系南北朝时期颜之推所著，该书记录了他的思想主张和经验，成为南北朝时期教育的代表性论著。依据从书中所记史事及用词避讳情形来看，大概成书于隋文帝灭陈以后，隋炀帝即位之前。《颜氏家训》七卷二十篇，篇目依序为《序致》《教子》《兄弟》《后娶》《治家》《风操》《慕贤》《勉学》《文章》《名实》《涉务》《省事》《止足》《诫兵》《养生》《归心》《书证》《音辞》《杂艺》《终制》。颜之推在这本著作中，系统地阐释了他关于教育的思想。他主张家教要从幼儿期开始，家教的主要内容是语言、道德和立志，其方法应是以行为教，以学为教，以身为教。《颜氏家训》在教育理论上的贡献是多方面的，对于后来的家庭教育和学校教育产生了重大的影响。

《韩昌黎集》 此文集系韩愈弟子和女婿李汉及后人对韩愈遗文的总汇。文集以诗、文为主，但也收集了《师说》《进学解》《子产不毁乡校颂》《潮州请置乡校牒》等教育论文。其中最著名的是《师说》。它是中国古代教育史上极具分量的教育学文献。《师说》批评当时不重师道的风气，阐发从师学道的必要性。与此同时，《师说》又精辟地提出教师的任务是“传道、授业、解惑”。《师说》还提出了择师不分贵贱长少，而以“道之所存”为标准的可贵思想。也因此，韩愈认为教师虽在教学中占主导地位，但“弟子不必不如师，师不必贤于弟子”，因为教师与学生之间是“闻道有先后，术业有专攻”的关系。《进学解》是韩愈被贬时所作，以师生对话的形式表达怀才不遇的心情。在这其中叙述了许多治学经验，比如“业精于勤，荒于嬉；行成于思，毁于随”；“记事者必提其要，纂言者必钩其玄”；“沉浸浓郁，含英咀华”；等等，不仅在当时是十分新颖的见解，对后人的学习与教育也一直发挥着重要的启迪作用，它们甚至成为许多人一生的座右铭。

《朱子全书》 朱熹学问广博，对经学、史学、文学、乐律、古籍考释及自然科学的研究均有很高的造诣，故他一生著述浩瀚。朱熹逝世后，其季子朱在即开始编定文集，后人又有所增补。[①] 朱熹的教育思想不仅内藏在朱熹所编的《小学》《童蒙须知》《近思录》《四书集注》等理学教材，以及师生教与学的对话实录《朱子语类》中，而且广泛散见在《晦庵先生朱文公文集》中，重要篇目有：《大学章句序》《中庸章句序》《题小学》《学校贡举私议》《白鹿洞书院揭示》《经筵讲义》《衡阳石鼓书院记》等。《白鹿洞书院揭示》为朱熹重建白鹿洞书院时所作，意在明书院宗旨，纠正当时钓名取利的官学学风。这篇揭示文字简短，成语迭出，成为后儒讲学的学规与准则。《学校贡举私议》则是对学校贡举之弊和改革之法的论述，真实反映了宋

① 1994年，国家教育委员会全国高校古籍整理工作委员会批准立项重修《朱子全书》，历8年告竣，由上海古籍出版社与安徽教育出版社于2002年隆重推出，共二十七卷。它是包括《晦庵先生朱文公文集》《朱子语类》《四书章句集注》《小学》《近思录》《太极图说解》《周易本义》等在内的朱熹所有著作之大成，为目前朱熹全部论著的权威版本，实为名副其实的《朱子全书》。

代贡举与官学的状况，从中可以了解宋代书院兴起的原因。与《朱子大全》相似的《朱子语类》是朱熹与弟子问答的语录汇编，分 26 门类，140 卷，内容几乎涉及朱熹所有的研究领域。其中颇多涉及教与学的理论与经验，比如在《朱子语类》中就有对其弟子门人及后世学者提出的“朱子读书法”等内容。还有，朱熹与学者间的书信往来，也蕴藏了他许多教育智慧和真知灼见。此外，《周易本义》《太极图说解》《西铭解》《伊洛渊源录》《家礼》《资治通鉴纲目》等著作也不同程度地折射出朱熹教育思想的博大精深。

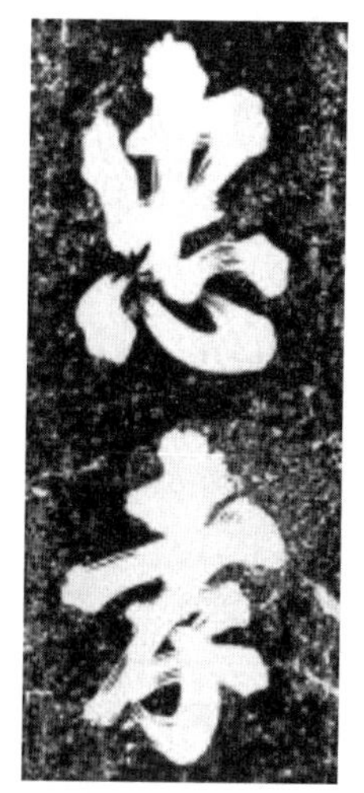

朱熹像与朱熹字迹

《王文成公全书》 此书系王守仁弟子辑纂的王守仁著作合集，又名《阳明全书》。全书 38 卷，收录了王守仁的文录、别录、外集、语录等。其中的《传习录》是王守仁最重要的语录集。它是在王守仁生前及死后陆续编录和刊行的。王守仁的学生徐爱自正德七年(1512 年)开始陆续记录下王守仁论学的谈话，取名《传习录》，记载了王学“心即理”“知行合一”“致良知”的基本理论观点与教学主张。从那时起，经过不断地增补。隆庆六年(1572 年)，谢廷杰在浙江出版《王文成公全书》，其中有《传习录》上、中、下三卷。上卷阐述了知行合一、心即理、心外无理、心外无物、意之所在即是物、格物是诚意的功夫等观点，强调圣人之学为身心之学，要领在于体悟实行，切不可把它当作纯知识，仅仅讲论于口耳之间。中卷强调良知与践行的重要以及儿童教育的方法。下卷的主要内容是致良知，强调本体功夫合一等。全书中的《社学教条》是《训蒙大意》与《教约》的合成，是王守仁为了加强伦理教育而特拟的学校教条。王守仁在其中对教育活动提出了许多具体的措施，比如符合儿童身心发展的教育法，加强日常品德检查等注重传习的思想以及提出分班授课等。

《四存编》 它为清初颜元所著，是《存性编》《存学编》《存治编》《存人编》的合称，反映了颜元从崇信陆、王之学，继而信程、朱，最终反程朱、陆学说的思想转变过程。书中提出了“经世致用”的教育目的和“实用”“实习”的教学要求，还大胆创设了水、火、工、天文、地理、兵法、射御、技击等教学科目，在中国古代教育史上展示了一幅新兴的教育蓝图。其中，《存治编》作于 1658 年，是颜元“四编”的第一编。虽然是他信奉宋儒之学时的作品，却处处体现了他对空虚无用之学的批判以及对实学、实用教育思想的积极倡导。本编论证了学校教育的政

治与经济功能，并托古讽刺了当时学校的空疏无用，主张恢复唐虞三代之学校模式；主张废除八股科举取士，代之以乡举里选制度；反对传统的文字教育，主张实文、实行，力倡实学和实用教育。《存性编》作于 1669 年，颜元在该编中主要运用孟子的"性善说"，驳斥了程朱虚妄的"性善气恶"说，构建了"性行一体"的崇实主义哲学体系，并在此基础上阐发了他的实学教育思想。《存学编》亦作于 1669 年，稍晚于《存性编》。在书里颜元阐发了他对教育目的和内容的理解。《存人编》作于 1682 年，旨在劝诫僧侣还俗。颜元认为，真正的周孔之道是为了维持社会秩序、保证社会稳定。这就要求依封建社会的伦理准则行事，而不是佛教所提倡的避开人世间基本的伦常关系，以"空寂"为最终归宿，体现了颜元积极入世的可贵精神，也为其实学教育思想奠定了伦理学基础。近现代以来，颜元的著作越来越受到重视。① 从一定意义上可以说，颜元的《四存编》中体现出来的实学思想开启了中国教育史由古代向近现代转换的序幕。

三、中国古代的主要教学理论

中国古代教育的目的决定了以道德修养为中心，掌握诗、书、礼、乐等历史文化知识为主要内容，发展应世从政的本领为重要任务。由此，中国古代教育家在长期的教学实践中，积累并总结了丰富的教育经验，对于教学理论提出了许多独到的见解。

《中庸》章句石刻

中国古代教育家很早就认识到：教学过程是师生的双边活动，是教师教导过程和学生学习过程的统一，而且以学生的学习过程为主体。古代教育家通常把这个教学过程具体概括为"学—思—行"三个相互联系的基本环节。《中庸》将其具体化为"博学之，审问之，慎思之，明辨之、笃行之"。中国古代教育家对教育双方的实践都提出了许多宝贵的思想。

在教师之道方面，中国古代教育家在长期的教学实践中提出了许多极有价值的思想见解。概括地说主要有如下一些基本原则。

其一，因材施教。这是根据不同的教育对象实施不同的教学方法，以充分调动每个学生的学习主动性和积极性。在古代教育家看来，要做到这一点，教师先必须全面了解每个学生的个性心理特点。

孔子是最早运用"因材施教"方法的教育家。孔子注重日常观察，掌握每个学生的性格

① 最早对颜元的著述进行整理出版的是上海群学社，于 1928 年出版了《颜习斋集》上卷。此后，颜元的著作不断被编辑出版。进入 21 世纪后，上海古籍出版社于 2000 年 12 月出版了一套"天地人丛书"，将《习斋四存编》列入其中，并将其定位为"问津宋以后儒学演进，下探当代新儒学源流必读的入门书"之一。

特点、知识水平、接受能力和品德才识，进而确定不同的教学内容和教学进度。比如不同性格的学生提出同一个问题时，孔子会给予不同的答案。据《论语·先进》记载："子路问：'闻斯行诸？'子曰：'有父兄在，如之何其闻斯行之？'冉有问：'闻斯行诸？'子曰：'闻斯行之。'公西华曰：'由也问闻斯行诸，子曰有父兄在，求也问闻斯行诸，子曰闻斯行之。赤也惑，敢问。'子曰：'求也退，故进之；由也兼人，故退之。'"子路和冉求问的是同样的问题，但两人的性格不同，子路热情过度，言行偏激，所以孔子劝他听从父兄的意见，三思而行；而冉求往往缺乏热情，所以孔子鼓励他学会做一件事后应该马上付诸行动。朱熹把孔子的这一经验概括为："夫子施教，各因其材。"(《论语集注》)有学者认为，这是"因材施教"原则的最初源头。[①]

孟子对孔子"因材施教"的教法也非常推崇。故孟子说："君子之所以教者五：有如时雨化之者，有成德者，有达财者，有答问者，有私淑艾者。"(《孟子·尽心上》)孔孟之后，许多教育家如程颢、程颐、朱熹、王守仁等都广泛采用了这一教学方法。程颢、程颐兄弟认为："西北东南，人材不同，气之厚薄异也。"(《二程集·遗书·谢显道记忆平日语》)也就是说，学生的个性柔缓刚急各不相同，施教方法不可千篇一律。由此，二程认为："君子之教人，或引之，或拒之，或各因所亏者成之而已。"(《二程集·粹言》)王守仁也曾提出过"随人分限所及"的教学原则，他主张从学生不同年龄的生理、心理特点出发，循序施教，更好地发挥各人所长。"凡授书不在徒多，但贵精熟。量其资禀能二百字者，止可授以一百字，常使精神力量有余，则无厌苦之患，而有自得之美。"(《王文成公全书》卷二《传习录》中)

其二，启发诱导。所谓启发诱导，其核心就是采取有效措施调动学生学习积极性的教学原则。古代教育虽然以道德灌输为主，以注经说文为重，但学者们始终认为教学是教师与学生共同参与的双边交流活动，所以教师必须充分调动学生学习的主动性和积极性，利用各种场合和时机启发学生的心智。比如孔子就说过："不愤不启，不悱不发，举一隅而不以三隅反，则不复也。"(《论语·述而》)"愤"即"心求通而未得"，"悱"即"口欲言而未能"，"启"即"开意"，"发"即"达辞"。可见，在孔子看来，如果学生在学习过程中未能达到"愤""悱"的状态，教师就不能越俎代庖，只有在学生"心愤口悱"时，教师才给予适当启发，学生也才能举一反三。孟子还把启发式教育形象地比喻为"引而不发，跃如也"(《孟子·离娄上》)。《学记》对孔孟倡导的启发式教学作了进一步发挥："君子之教，喻也。道而弗牵，强而弗抑，开而弗达。道而弗牵则和，强而弗抑则易，开而弗达则思。和易以思，可谓善喻矣。"这里已明确提出教师在教学中必须善于启发诱导学生，让学生自己在思考中寻真知。以朱熹的语录来表达就是："读书无疑者，须教有疑，有疑者却教无疑，到这里方是长进。"(《朱子大全·学规类编》)

其三，循序渐进。古人认为，教师的教学需要循序渐进，要考虑到教材的难易程度应与学生的接受能力相一致，教学内容要由浅至深、由近及远、由具体到抽象，逐步推进。比如孔子的学生颜渊就很感叹老师在教学中总是"循循然善诱人"(《论语·子罕》)。孟子以"揠苗助长"的故事来比喻接受教育的过程是一个自然的过程：一方面应尽力耕耘，反对放任自流，另一方面也反对拔苗助长，急于求成。因为对学生来说，知识只能靠点滴积累，"原泉混混，不舍昼夜，盈科而后进，放乎四海"(《孟子·离娄下》)。这也就是荀子所说的道理："不积跬步，无以至千里；不积小流，无以成江海。"(《荀子·劝学》)朱熹继承了孔孟荀的循序渐进教

① 王道俊、郭文安：《教育学》，人民教育出版社 2009 年 5 月版，第 229 页。

学方法，提出："君子教人有序，先传以小者近者，而后教以远者大者。比如登山，人多要至高处，不知自低处不理会，终无至高处之理。"(《朱子语类》卷八)朱熹还把循序渐进作为其读书要诀："读书之法，当循序而有常"(《朱子大全·学规类编》)；"读书须是遍布周满，某尝以宁详毋略，宁下毋高，宁拙毋巧，宁近毋远"(《朱子语类》卷十)。朱熹在这里虽然论述的是读书要有通盘计划，进度要循序渐进，切不可囫囵吞枣的主张，事实上这同样也构成他在对学生引导和教化时所采取的基本原则。

其四，长善救失。如果说因材施教、启发诱导、循序渐进等原则在先秦已经被诸多学者所论及和践行。那么，《学记》在总结先秦时期学校教育的经验时，还提出了先秦诸子尚不曾提出的一些教学原则，比如长善救失就是其中一条。《学记》认为："学者有四失，教者必知之。人之学也，或失则多，或失则寡，或失则易，或失则止。此四者，心之莫同也。知其心，然后能救其失也。教也者，长善而救其失者也。"这意思是说，学习的人可能有四种过失，教学的人必须知道。有人的过失在过多，贪多嚼不烂；有人的过失在于少，学习面窄，不知开阔眼界；有人的过失在于易，轻易对待学业，不知深入研讨；有人的过失在于止，满足现状而不求上进。这四种人心理状态不相同。了解他们的心态，然后人才能挽救他们的过失。所谓教育，就是助长学生的优点而匡救学生的过失。尽管多、寡、易、止是学习中表现出来的缺点，但这些缺点也包含着积极的因素。王夫之就曾说过："多、寡、易、止虽各有失，而多者便于博，寡者易以专，易者勇于行，止者安其序，亦各有善焉。"(《礼记章句》卷十八)可见，在古人看来，"多"与"寡"、"易"与"止"之间是矛盾关系，是可以互相转化的。关键在于教学要得法，即教师必须了解每个学生的学习特点，然后有针对性地帮助学生克服其身上的缺点。"长善而救其失"；"救其失，则善长矣。"(《礼记章句》卷十八)

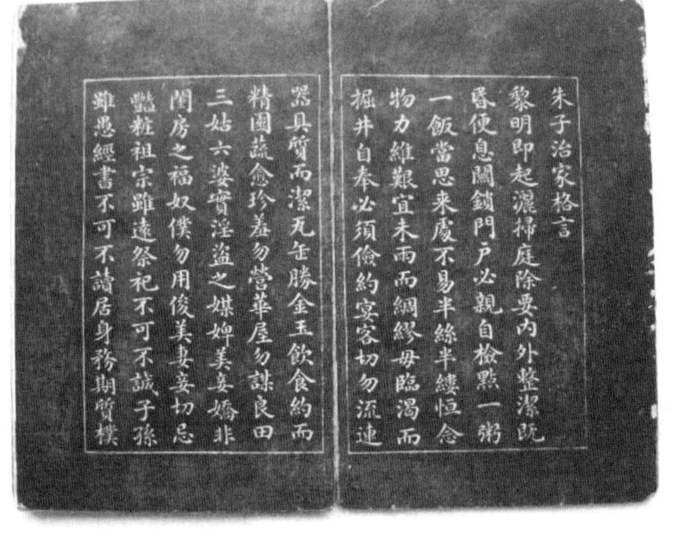
朱子治家格言
黎明即起灑掃庭除要內外整潔既
昏便息關鎖門戶必親自檢點一粥
一飯當思來處不易半絲半縷恒念
物力維艱宜未雨而綢繆毋臨渴而
掘井自奉必須儉約宴客切勿流連
器具質而潔瓦缶勝金玉飲食約而
精園蔬愈珍羞勿營華屋勿謀良田
三姑六婆實淫盜之媒婢美妾嬌非
閨房之福奴僕勿用俊美妻妾切忌
豔粧祖宗雖遠祭祀不可不誠子孫
雖愚經書不可不讀居身務期質樸

朱子治家格言

其五，言传身教。中国古代许多教育家从自己的教育实践中深切体会到教师的言行对学生的影响之大。孔子就曾说过："其身正，不令而行；其身不正，虽令不从。不能正其身，如正人何？"(《论语·子路》)可见，教师的一言一行，即使不是有意的言行，都会对学生产生巨大的潜移默化影响。由此，孔子主张"有言之教"与"无言之教"并用，尤其是当不能用"有言之教"时，教师可通过自己的言行传教学生、影响学生，从而达到教育学生的目的。孔子的这一思想也为后儒们所继承和弘扬。

当然，古代教育家们也知道，教学是教与学的双向交流过程，故学生在学习过程中还必须积极探讨学习之道。关于这方面的原则，古代教育家的思想也是异常丰富的，其中最主要的有如下一些。

其一，学思并重。学习与思考是学习过程中的一对矛盾统一体，学习是思考的基础，求知的起点；思考是学习的深入，心智的开发。离开思考的学习只能是知识的堆砌，而脱离学习的思考则无异于虚妄的空想。中国古代教育家很早就认识到这一点，所以提出了学思并重的主张。以孔子的话说就是“学而不思则罔，思而不学则殆”(《论语·为政》)。孔子还现身说法：“吾尝终日不食，终夜不寝，以思，无益，不如学也。”(《论语·卫灵公》)可见，孔子把学与思看成求仁的重要手段，强调先学后思，学思并重。《礼记·中庸》则把学思并重的思想进一步发展为“博学之、审问之、慎思之、明辨之、笃行之”的过程。孟子同样强调思的重要性，因为在他看来，不重视思考的学习免不了上当受骗，由此，他劝告学生：“尽信书则不如无书。”(《孟子·尽心下》)朱熹对孔孟的学思并重主张更是自有一番解释：“学便是读，读了又思，思了又读，自然有意。若读而不思，必不知其意味；思而不读，纵使晓得，终是飑飑不安。一似请得人来守屋相似，不是自家人，终不属自家使唤。若读得熟而又思得精，自然心与理一，永远不忘。”(《朱子大全·学规类编》)朱熹还在其读书中进一步强调读书致疑的重要性：“如其可取，虽世俗庸人之言有所不废；如有可疑，虽或传以为圣贤之言，亦须更加审择。”(《朱文公文集》卷三十一)

黄宗羲还提出过深思穷源的主张。他认为，要获得真正的知识，必须“深湛之思，贯串之学”(《南雷文约》卷四《寿李杲堂五十序》)。当然，思必须在学的基础上进行，因而黄宗羲特别强调学习原始材料：“夫穷理者，必原其始；在物者，必有其因。”(《南雷文约》卷三《获麟赋》)“经文错互，有此略而彼详者，有此同而彼异者，因详以求其略，因异所求其同，学者所当致思者也。”(《南雷文案》前集《万充宗墓志铭》)由此，他主张面对广博的材料，学习尤须注重深入思考，以补充遗缺，考证疑难。王夫之也提倡“学思相资”：“学非有碍于思，而学愈博则思愈远；思正有功于学，而思之困则学必勤。”(《四书正义》卷六)可见，在王夫之看来，只有感性认知与理性思考两者结合，才能不断提高教学质量，学生也才能真正进步。

其二，温故知新。“温故”和“知新”是相辅相成的学习方法。《论语》开宗明义的第一句话就是：“学而时习之，不亦说乎！”(《论语·学而》)孔子还提出：“温故而知新，可以为师矣。”(《论语·为政》)朱熹进一步解释为：“人而不学，则无以知其所当知之理，无以能为其所当为之事；学而不习，则虽知其理，能其事，然亦生涩危殆，而不能以自安；习而不学，虽曰习之而其功夫间断，一曝十寒，终不足以成其习之功矣。”(《朱子全书》卷十)可见，朱熹认为“故”是“新”的基础，“新”是“故”的发展。只有经常温习才能融会贯通，才会求得新知。“学是未知而求知的工夫，习是未能而求能的工夫。”(《朱子语类·论语二》)由此，朱熹认为要求得知识，只有通过学习；要巩固知识和应用知识，又只有靠经常性的复习和练习，从复习旧知识中推衍出新知识，从练习中获得转化知识的能力。这的确是对学习之道的一个深刻概括。

其三，由博返约。古代许多教育家都非常重视探讨学习的广博与精约之关系，认为博学是精约的基础，强调在博学的基础上去归纳各种知识成果。比如孔子就说过：“君子博学于文，约之以礼，亦可以弗畔矣。”(《论语·雍也》)荀子也认为：“多知而无亲，博学而无方，好多而无定者，君子不与。”(《荀子·大略》)朱熹本人就是一个既博览群书，践履万事，又专一精深的学者和教育家。朱熹特别提倡博学，他认为：“天地万物之理，修己治人之方，皆所当学。”(《朱子语类辑略》)他还以盖房子为例说明博学的重要性：只有“阔开基，广开址”，才能盖起高楼大厦。与此同时，朱熹又强调博学不能“杂而无统”，应该“开阔中又着细密，宽缓中又着谨严”（《朱文公文集》卷三）。由此，他又比喻说读书如吃饭，一味贪多反而嚼不烂，影响消化吸收，对身体有百害而无一利，故朱熹竭力倡导先博后约，博专统一。

不仅如此。中国古代教育家在积累总结丰富的教学经验的过程中，深刻地认识到师生双方要贯彻好教学原则，首要的前提是建立良好的师生关系。良好的师生关系主要包括如下一些原则。

其一，尊师爱生。中国古代的教育家大多直接从教，深知教师的甘苦，并因此而倡导学生敬重教师。韩愈在《师说》中就明确提出，要赢得学生发自内心的尊敬，教师不仅要有高尚的道德品质，还要有丰富的知识、高超的教学艺术以及对教育事业、对学生的一份执着爱心。《吕氏春秋》则把师生关系提升至关系教育成败的高度。“达师之教也，使弟子安焉、乐焉、休焉、游焉、肃焉、严焉。此六者得于学，则邪辟之道塞矣，理义之术胜矣。此六者不得于学，则君不能令于臣，父不能令于子，师不能令于徒。”（《吕氏春秋·诬徒》）可见，教师善教，学生善学，教育实践才可能成功。但是，教师总有不善教的，这类教师当然不可能获得社会和学生的尊敬。《吕氏春秋》在《诬徒》篇中深刻揭示了四类不善教的教师：一是讲授随心所欲，毫无原则，喜怒无常，一意孤行；二是自己遭遇失败或过失，也不肯作自我批评，而是刚愎自用，一味坚持错误；三是不论学生德才如何，只要是有权有势者，就极力阿谀谄媚；四是对于才学出众、品貌兼优的学生，总是无端地压制、刁难。

孔子堪称爱生的典范。他在等级制度森严的时代，招收非贵族出身的学生，使一般民众都有成贤的机会和学得参政的才能。在教学中，孔子时时以一颗真诚的爱心善待每一个学生，不仅关心学生的道德品质和学习长进，而且十分关心学生的日常生活。弟子有病他不忘探望问候，学生有难则主动提供帮助。孔子日常言行所产生的伟大的人格魅力，自然赢得了弟子们由衷的尊敬和爱戴。比如弟子颜渊对孔子曾这样评价道：“仰之弥高，钻之弥坚。瞻之在前，忽焉在后。夫子循循然善诱人，博我以文，约我以礼，欲罢不能。既竭吾才，如有所立卓尔。虽欲从之，末由也已。”（《论语·子罕》）孔子死后，不少学生在孔子墓旁搭起草房，守丧三年。三年之后，子贡依然不忍离开，又独自守丧三年。此后，弟子们克服诸多困难，传播孔子学说，以寄寓对孔子的无限爱戴之情。

在关爱学生方面墨子是继孔子之后的又一个典范。从史籍记载看，墨家师生之间甚至能患难与共，生死相依。荀子则把“贵师重傅”提升到关系国家兴衰的高度：“国将兴，必贵师而重傅，……国将衰，必贱师而轻傅。”（《荀子·大略》）而且，荀子一方面强调教师的威望和对学生的严格要求，另一方面又鼓励学生超越老师：“学不可以已。青，取之于蓝而青于蓝；冰，水为之而寒于水。”（《荀子·劝学》）

正是在这种文化传统的规范与影响下，北宋教育家胡瑗甚至与学生建立了亲如父子、情同手足的师生关系。据史籍记载，胡瑗“视诸生如其子弟，诸生亦信爱如其父兄”（《宋史·胡瑗传》）。对于勤奋好学的学生，胡瑗悉心关怀，对于那些曾有过失的学生，胡瑗也热情劝导，细心教育。“圣人不贵无过，而贵改过，勉勤事业。”（《宋元学案·安定学案》）他的教诲如同冬天的太阳温暖了许多学生的心田。在学生心目中，胡瑗不仅是他们道德和学业上的良师，也是他们为人处世的楷模。胡瑗晚年因病离开京城太学时，出现了学生百里相送的壮观场面。“东归之日，弟子祖帐，百里不绝，时以为荣。”（《宋元学案·安定学案》）

其二，教学相长。在古代教育家看来，“教”与“学”都是相辅相成的。对教师而言，教的过程同时也是学的过程，教即是学。只有通过不断的教学实践，教师才能体会到教学的效果，才能摸索出教学规律，才能发现自己的不足。对学生而言，只有从教师的教学中获取知识，同时在学习中体会知识的价值和学海的广阔，才能在今后发现新知。这就如《礼记·学记》所述：“虽有嘉肴，弗食不知其旨也；虽有至道，弗学不知其善也。是故学然后知不足，教然后知困。知不足，然后能自反也；知困，然后能自强也。故曰教学相长也。”这就是说学习如同品尝佳肴，不吃不知其味之美。求道也是如此，不学不知道之善。重要的还在于，学生只有经历学习实践，才能发现自己知识的不足；教师只有经历教学实践后，才知自己教学能力的局限。学生发现不足才能反省自己并加倍努力学习；教师知道自己的局限后方能督导自己加强学习。可见，教师和学生都通过教学这面镜子发现自己的优势和劣势，从而取长补短，不断提高。

正因如此，孔子才主张“三人行，必有我师”（《论语·述而》）。孔子曾赞扬学生子夏在学问上对自己的启发：“起予者商也！始可与言《诗》已矣。”（《论语·八佾》）他也批评颜回从不对自己问疑责难。“回也，非助我者也，于吾言无所不说（悦）。”（《论语·先进》）颜回是孔子最得意的学生，他对孔子的话默识心通、闻一知十，无所不悦，故而从不怀疑和责难老师的思想。这对希望从学生的怀疑、诘难中得到启发，从而增智进益的孔子来说，自然是一种深深的遗憾。从《论语》的这些记载中，可以真切地感受到孔子这位被后世誉为“至圣先师”的师者，其育人之道的博大与精微。

第三节 中国古代优秀的教育传统与当代社会

中国古代教育传统是中华民族文化传统重要的组成部分。像对任何文化遗产一样，我们对中国古代教育传统也应该采取分析的态度。一方面我们应该清醒地认识到，中国古代教育总体上是在封建社会中发展起来的，教育培养的根本目标是“修己治人”的封建统治社会所需要的人才和温顺的臣民。因此，它的教育思想、教育内容、教育方法等各方面都有明显的旧时代的痕迹，我们不可能全盘接受。但是，另一方面，中华民族是世界上最重视教育的民族之一，中国古代教育家在长期的教育实践中，形成了一系列独具风格的教学思想和教学原则。这些教学思想体现了古代教育家对教学规律的正确认识和精当把握。它不仅是我国古代文明与文化的宝贵精华，也是对世界教育思想宝库的重大贡献。

一、中国古代传统教育观对当代教育的启迪意义

建立在工业文明基础上的当代教育，在教育技术、专业教育和科学技术教育等方面都得到极大的发展。但是随着工业文明的发展，在机器文明制度下形成的将人视为工业流程中的一个部件，将教育过程视为标准化工业流水线式的思维方式也深深地渗透到当下的教育理念中。在应试教育制度中，受教育者变成了考试机器和竞争工具，压抑了人全面发展的天性和创造能力。由于片面突出智育，轻视乃至漠视德育、体育和美育，出现了学生工具理性

过强、道德观念薄弱、价值观念混乱等弊端。

面对教育的现代性困境，国际21世纪教育委员会在1996年指出，21世纪的教育，应围绕四种基本学习来组织实施：学会认识、学会做事、学会与他人共同生活、学会生存与发展，培养德、智、体、美全面发展的“现代人”。这种新教育观显示了对工业化式的教育模式的批判，表现出某种向传统教育“复归”的特征。可见，未来教育需要从传统中汲取营养，需要从前贤先哲的睿智中采掘符合时代需要的思想遗产。特别是中国儒家传统中的智德双修、知行合一、内外兼通的教育理念和教育法则，尤其值得现代人去进行新的时代诠释。

从现代的眼光看，中国古代传统教育至少在以下所述的各方面仍具有重要的启迪意义。

其一，将人格培养置于教育之核心地位的传统。中国古代教育家很早就认识到教育对于国家治理的极端重要性。据《论语》记载：“子适卫，冉有仆。子曰：‘庶矣哉！’冉有曰：‘既庶也，又何加焉？’曰：‘富之。’曰：‘既富矣，又何加焉？’曰：‘教之。’”（《论语·子路》）可见，孔子把人口、财富、教育作为“立国”的三大要素，并把教育放在治国治民的首要地位。《礼记·学记》中更明确地把教育的作用概括为“建国君民，教学为先”“化民成俗，其必由学”。这意思就是说，教育一是为国家培养所需的人才，二是能形成良好的社会道德风尚。可见，接受教育决不是受教育者个人的事，而是有关家庭、社会和国家的大事。

出于对教育这一社会作用的高度重视，出于儒家内圣外王，修身才能齐家治国平天下的政治理论，中国历代教育家都把人格培养置身于教育的核心地位。被誉为“中国古代最早的教育纲领”的《大学》，其开宗明义：“大学之道，在明明德，在亲民，在止于至善。”（《大学》）这其实是一个道德教育的纲领，明确地将君子人格作为学校教育的培养目标。儒家追求的理想人格是圣贤，其基本特征是“内圣外王”。所谓内圣，是要求在个人生命过程内完成最高的道德修养，成为圣人；所谓外王，是指把人的主体修养所得推广到齐家、治国、平天下，为国家和民族建功立业。而且儒家这一理想人格具有仁与智统一的双重品格。从孔孟、董仲舒直至宋明理学，都把培养这一理想人格作为教育的首要目的。孔子把智、仁、勇作为君子应有的三种品德：“智者不惑，仁者不忧，勇者不惧。”（《论语·子罕》）孟子不仅提出了“大丈夫”的人格理想，而且还将“智”与仁义礼并列为人之“四德”。《大学》强调“欲修其身者，先正其心；欲正其心者，必诚其意；欲诚意者，先致其知”。

墨家虽与儒家相对立，但在重视德育和人格培养这一点上却是相同的。墨家培养的理想人格是贤人兼士。墨子对“兼利天下”的贤人兼士提出了三条标准：“厚乎德行，辩乎言谈，博乎道术。”（《墨子·尚贤上》）也就是说，贤良的兼士必须德行敦厚、善辩言辞和道术精深。与儒家讲“爱有差等”不同，贤人兼士表现为“必为其友之身若为其身，为其友之亲若为其亲，然后可以为高士（于）天下，是故退睹其友，饥则食之，寒则衣之，疾病侍养之，死丧埋葬之。兼士之言若此，行若此”（《墨子·兼爱下》）。即是说，对待朋友之身如自己之身，看待朋友的双亲如自己的双亲。故当他看到朋友饥饿时，就给他食物吃；受冻时，就给他衣服穿；疾病时前去服侍，死亡后给予料理后事。可见，在墨家看来，真正的兼士首先必须拥有高尚的思想品质和精深的学问。

我国古代教育还对人格培养的途径进行了科学的探索。其中儒家的人格修养理论和方法最为完备。孔子认为，要培养理想人格不仅需要“内省吾身”“见贤思齐”（《论语·里仁》），而且需要学思结合、“笃实躬行”（《论语·宪问》）。《中庸》则进一步提出“尊德性”与“道问学”的人格修养方法。可见，在儒家那里，人格培养必须内外兼修，德知结合，知行统一。由于我国传统教育坚持将培养理想人格作为教育的核心，造就了读书人所崇尚的“穷天人之际，通古今之变”（司马迁：《史记·报任安书》）的探索精神；“富贵不能淫，贫贱不能移，威武不能屈”（《孟子·滕文公下》）的大丈夫气概；“君子不饮盗泉之水，志士不食嗟来之食”的洁身自重的操守，“穷则独善其身，达则兼济天下”（《孟子·尽心上》）的处世之道；“先天下之忧而忧，后天下之乐而乐”（范仲淹：《岳阳楼记》）的济国忧民情怀；“为天地立心，为生民立命，为往圣继绝学，为万世开太平”的人生抱负（张载：《张子全书·近思录拾遗》）。社会文化心理也把是否顺乎民意、关心民生疾苦当做衡量明君与昏君、清官和污吏的根本道德尺度。这可以说是中华民族特有的人文教育传统教化与熏陶的结果。

事实上，教育对古代中国人来说，远远超过了功利性的范围。对个人而言，教育能使一个人安身立命，被社会所容纳，体现自己人生的价值；以家族而言，具有荫泽后人、荣耀门庭的意义；对社会而言，具有使社会保持一定秩序与发展的作用；对国家民族而言，具有保江山、稳民心的社会教化功能。正是由此，中国古代教育才非常重视德性培养，它提倡理想人格的发愤立志，强调道德责任感和历史使命感的弘扬，推崇不计个人得失成败，不问个人安危荣辱，以天下为己任的伦理精神。

在当代社会，以科学理性为主要形式的工具理性日益发达，而价值理性日渐式微，致使人际关系日益功利化，个人主义大行其道，利己主义颇为泛滥。造成这种状况的原因是复杂的，但是，当代教育重知识轻德育，造成人的知识和才干与人格严重分离是其重要的原因。因此，在当今知识经济的时代，我们依然应该从中华民族古代教育中注重德育、注重理想人格塑造的传统中，获得有益的现代启示。我们要坚持将理想人格塑造置于教育的核心地位，坚持德才兼备、以德统才、以才润德的教育原则。在人格素质方面除了要有现代化的科学知识的灌输，有严守法律法规的法治意识的培植外，还必须有理想、有道德、能崇尚正义公平、能诚实守信的人格教育。也就是说，在现代教育过程中，一方面注重提高全民族的科学文化素质，另一方面仍然需要高度重视全社会特别是青年学子以理想人格塑造为核心的德性与理想教育，使中华民族重视道德修养，崇尚高尚人格的优良传统能够一代代切实地传承下去，使我们的民族能够以独特而高尚的道德风尚屹立于世界民族之林。

其二，重视经典的研读与传承的传统。中国古代教育非常重视对经典的研读和体悟。所谓经典可以说是一个民族文明发展史的缩写，是民族精神和生存智慧的载体。它能够穿越时间的隧道历久弥新。事实上，中国古代的教育史也可以说就是经典的形成、研读、传播的历史。孔子是第一个整理古代文化典籍的人。他以皓首穷经的精神，整理编辑了《诗》《书》《礼》《乐》《易》《春秋》六书作为基本教材，传授予门下弟子，取得了极大的成功，并由此使重视经典研读成为中国古代教育的一个重要传统。其后的教育家无不承袭着这一教育传统。比如北宋著名的思想家和教育家张载，一生遍读各种经典。早年先是在范仲淹的开导下研读《中庸》，后又将目光转向道家和佛教经典，累年尽究其说，仍感无法解决心中的疑团，便重新又转向儒家经典，钻研和造诣极深。张载在 50 岁时辞官归里，更加专心攻读儒家的“六经”。史籍曾经这样记载张载专心致志、勤苦治学的情形：“终日危坐一室，左右简编，俯而读，仰而思，有得则识之，或中夜起坐，取烛以书。其志道精思，未始须臾息，亦未尝须臾忘也。”（《宋史·张载传》）此时的张载家境已相当清贫，“人不堪其忧”，他却每日研读经典，“处

《孔子问礼图》石刻拓片(南齐)

之益安”。张载以其出色的学术和教育活动，在关中地区影响很大，形成了著名的“关学”。明清之际伟大的启蒙思想家和教育家王夫之其经典教学的特点更是非常鲜明。王夫之曾参加反清武装斗争，失败后隐身于“良禽过而不栖”之恶劣荒野的石船山中自筑土室居住，闭门著述，勤恳讲学达四十年之久。王夫之把巨大的学术研究工作与长期的教学活动结合了起来。他许多重要著作如《礼记章句》《周易内传》等，都是为“授徒计”而写的，《春秋家说》《四书训义》也是在教学中形成的。历史文献曾记载了这样一件事：有一天夜里，北风呼啸，寒冷异常，王夫之向学生讲解《礼记》，有盗贼者至，“窃听而异之，相戒无犯焉”。可见，他的经典讲解甚至感动了盗贼。这也形象地证明了经典确有巨大的教化作用。

特别值得一提的是，中国古代不少教育家不仅重视儒家经典，重视道德教育，而且对其他各领域的经典著作亦给予了相当的关注。如北宋时期著名的政治家、思想家和教育家王安石，他读书并不限于儒家经典，而是“自百家诸子之书，至于《难经》、《素问》、《本草》、诸小说，无所不读”(《宋史・王安石传》)。明清之际伟大的思想家、史学家和教育家黄宗羲是一位博览群书、刻苦学习经典的学者。他铭记先父遗教，发愤攻读经史著作，从明十三朝实录到二十一史，“每日丹铅一本，迟明而起，鸡鸣方已，盖两年而毕”(黄启垕:《黄梨洲先生年谱》)。此外，他还广泛阅读了诸子百家之书，以及天文、地理、历法、数学、音乐、佛教、道教书籍。黄宗羲讲学先后近五十年之久，在其思想和学术风格熏陶下，最终形成了著名的浙东学派。

进入近代以来，中国著名教育家的学术与教育生涯依然是与经典相伴的。著名启蒙思想家严复 11 岁师事福建宿儒黄少岩，开始“治经”，学习汉学、宋学，为其“旧学”打下了深厚基础。严复在被派赴英国海军学校学习舰艇驾驶期间，为了寻求救国救民的道路，以极大的热情勤奋攻读西方哲学家的经典著作，对进化论与实证论研究尤其深入。正因为有中西经典著作研究的功底，严复在甲午战争失败后，以极大的爱国热忱开始翻译赫胥黎的《天演论》、穆勒的《名学》、斯宾塞的《群学肄言》、亚当・斯密的《原富》、孟德斯鸠的《法意》等著作。其中《天演论》的出版曾极大地激发了中国人民救亡图存的爱国热情。中国近代著名的民主革命者、卓越的教育家蔡元培，幼年在叔父指导下，阅读了“四书”“五经”等中国经史典籍，打下了深厚的旧学基础。他两度旅欧学习，前后共八年之久，其间又大量阅读了西方历史上特别是近代资产阶级革命过程中的哲学著作和其他有关文献，特别是深得康德哲学之真谛。[①] 蔡元培在辛亥革命后担任教育总长，他于 1912 年 1 月向全国公开发表了他《对于教育方针

① 参见黄见德:《西方哲学东渐史》(上)，人民出版社 2006 年版，第 297 页。

之意见》，提出要对学生进行军民教育、实利主义教育、公民道德教育、世界观教育和美感教育五个方面的教育方针，把中国教育推向一个新的发展阶段。这个教育方针明显地受到儒家经典和德法诸国教育经典的影响。可见，如果没有对学术经典的研读，就没有中国古代辉煌的教育，也没有中国近现代教育的发展。

事实上，中华民族在五千年的发展中，形成了诸如天人合一、以人为本、贵和尚中、刚健有为的民族精神。这些在漫长的历史中积淀成的民族精神，恰恰被记载于古代的经典之中，又通过一代代的教育传承下来。如果没有《周易》《尚书》《左传》《论语》《孟子》《荀子》《老子》《庄子》《孙子》《墨子》《晏子春秋》《管子》《韩非子》《礼记》《论衡》《文选》《资治通鉴》《史记》《明夷待访录》《诗经》《楚辞》《唐诗三百首》《宋词》《古文观止》《三国演义》《红楼梦》《西游记》《黄帝内经》等经典，后人就无从感知民族的文化与精神。可见，我们的文化和民族精神的传承和发扬，离不开对这些经典的反复阅读、思考、体悟和阐发。

然而，在中国自20世纪走向现代化以来，我们的生活与经典渐渐远离，教育也不例外。在当代中国，由于现代文化传媒的快速推进，特别是电视、网络和手机的迅猛发展，一方面给各种知识的传播提供了便捷方式，使得人们的视野空前开阔；另一方面，声讯和光影迅速挤压了文字阅读的空间，“快餐文化”制造的各种时尚文本又以其特有的功利性、实用性、通俗性、娱乐性和刺激性冲击着“经典文化”传统的思想性、学术性、价值性、深层性和精英性。这直接导致人们在接受大量信息的同时，得到的却是碎片化、平面化的知识，经典深邃博大的精神内涵和美好崇高的境界，日益远离人们的生命世界。社会各阶层的学历统计在显著上升，真正的“读书人”却在减少；而能够将读书作为一种境界、一种指向和一种精神的沐浴去对待，更成为少数人的精神孤旅。许多学者坚信，中国当代教育中存在的教育意义的失落和教育人文价值的危机，直接或者间接地都与经典研读的缺失有关。因此，在知识经济和信息时代，我们要振兴民族的文化与教育，就必须在努力接受新的科学技术成果的同时，努力继承和发扬古代教育中注重研读经典的传统。

其三，倡导终身学习的传统。当代社会呼唤终身教育，这与中国古代教育家的思想也是一致的。孔子说自己“发愤忘食，乐以忘忧，不知老之将至”(《论语·述而》)。东汉杰出的思想家、教育家王充就十分强调立志发愤，力学不辍。在他看来，只有终身学习才有成功的希望。王充曾经以河水结冰、积土成山、宝剑炼砺为例说明终身学习的重要性。“河冰结合，非一日之寒；积土成山，非斯须之作。干将之剑，久在炉炭，铦锋利刃，百熟炼厉。”(《论衡·状留》)由此，他主张“宿习”，反对“暴习”。他还以不同树种的生长来比喻求知的长远。比如枫树桐树生长快，但木质不坚固，檀树生长虽慢，但其质材强劲。由此，王充认为在学习的过程中要像大海汇合百川一样，兼容众家，避免浅陋狭窄。“海不通于百川，安得巨大之名？夫人含百家之言，犹海怀百川之流也。……良医服百病之方，治百人之疾；大才怀百家之言，故能治百族之乱。”(《论衡·别通》)

北宋著名的教育家张载也特别强调终身学习：“知学然后能勉，能勉然后日进而不息。”(《正蒙·中正篇》)由此，他劝诫学生只有终身继续不已学习，学问才会“日增日得”，如果时进时辍，就很难取得成就：“学者有息时，一如木偶人，牵搐则动，舍之则息，一日而万生万死。学者有息时，亦与死无异。”(《经学理窟·气质》)张载还特别勉励学生在遇到困难和曲折时，更需要坚持不懈的努力：“今人为学，如登山麓，方其迤逦之时，莫不阔步大走，及到峭峻之处

便止。须是要刚决果敢以进。”(《经学理窟·学大原》下)

南宋事功学派的代表人物陈亮、叶适也提出了自己日积月累的教学思想。他们认为学问道德完全靠扎扎实实地“历练”:“学非一日之积也。”(《叶适集·长溪修学记》)由此,他们强调无论做文章做事,一艺一能都要勤学苦练,不惜精神气力,要倾注毕生精力。黄宗羲也是终身学习的积极倡导者。他认为天下之事,未有不积累而成者。“夫圣学之难,不特造之者难,知之者亦难,其微言大义,苟非功夫积久,不能见本体。”(《南雷文定前集》卷四《移史馆论不宜立理学传书》)黄宗羲在这里明确指出了知识学习和德性培养不但要重积累而且要持之以恒的思想。

荣祖椿《孟母三迁图》(清)

当今世界,科技与生产的急剧变革对各类生产部门的劳动者和管理者都提出了越来越高的要求,知识的飞速更新、职业的频繁变动需要劳动者必须在最短的时间内适应不同的劳动岗位。这就要求学校教育不能只培养劳动者从事一种终身不变的职业能力,而必须培养他们对不同工作的适应能力和自觉学习、终身学习的意识和能力,过去那种“一次受教便能终身享用”的传统教育模式显然已经过时。从这点看,我国古代教育家可以说是主张终身教育的先驱者。

其四,重视社会教育的思想。中国古代在重视学校教育的同时,也非常注重家庭教育和社会教育。孟母“三迁居所”和“抽刀断织”及岳母“尽忠报国”的刺字,都是古代家庭教育中流传千古的佳话。此外,在古代的教育思想中,有许多关于教育环境影响的论述。墨子是较早比较自觉地意识到环境因素对人的影响的古代教育家。他认为“人性”如“素丝”:“染于苍则苍,染于黄则黄。”(《墨子·所染》)由此,他非常向往“尚贤”“非攻”和“兼爱”这样的理想社会出现。因为理想社会的理想环境显然有利于人性的改良。孟子也十分重视社会环境对教育的影响作用。他从性善论出发主张人的天性是善良的,但他认为如果长期生活于恶劣的环境中,其固有的善心就会丢失。由此,孟子还援引孔子的语录作为佐证:“孔子曰:‘里仁为美,择不处仁,焉得智?’夫仁,天之尊爵也,人之安宅也。莫之御而不仁,是不智也。”(《孟子·公孙丑上》)可见,孟子断言选择居住在有仁厚风气的环境才是明智的。王夫之同样也认为社会环境对学生会产生各方面的影响。学生接触的社会环境,王夫之称其为客观的“外物”,他认为“外物”对学生能产生正反两方面的作用。通过人和“外物”的相互作用,“习者亦以外物为习也,习于外而生于内,故曰‘习与性成’”(《读四书大全说》卷八)。由此,王夫之认为,教育的外部环境的改善对人性的教化是非常必要的。

现代社会是一个高度开放的社会,社会的整体化趋势不断增强,学校已成为一个开放系统,同家庭、社会环境不断地进行着各种信息的交流。社会政治、经济和文化的变化,不可避免地将对在校学生产生不同程度的作用,影响着他们未来的发展。因此,培养学生不仅是学校和教师的责任,也同样是家长和全社会的责任。在当代中国,重温中国古代教育家关于社会教育的思想,对于我们造就更有利于学生成长的社会环境无疑具有重要的指引作用。

二、中国古代优秀的教育传统对世界的影响

中国古代的教育传统是世界教育传统的重要组成部分,在其形成和发展过程中,不断融入世界教育传统中。一方面它以其博大的胸怀吸收着外来文化;同时,它又以其独特的教育理念对世界上许多国家尤其是东亚及东南亚有关国家的政治、经济和文化教育产生了不同程度的影响,为人类历史的发展和文明的进步作出了应有贡献。

中国教育传统对日本的影响。中国古代教育对日本的多方面影响,是从汉字尤其是儒学的传入开始的。上古时期日本仅有语言而无文字,日本人约在公元 1 世纪前后接触汉字,3 世纪末不少人开始学习汉字,5 世纪前后许多人已经会运用汉字写作。儒学约于公元 3 世纪传入日本。汉字和儒学经典传入日本后,广泛地影响了日本社会生活的各个方面,尤其是深深地渗透于日本古老的文化传统之中,成为其教育传统的一个重要方面。

1868 年明治维新后,明治新政权采取“文明开化”政策,大力提倡学习欧美的科学技术和政治制度,吸取西方的科学与民主思想。当时的统治者认为,西方的思想比较进步,因而开始轻视甚至排斥儒家思想。然而,伴随而来的是“全盘欧化”思潮的流行和价值观的混乱,社会道德规范的失序与软化,社会呈“品德恶化,风俗紊乱”的态势。1876 年和 1878 年,在明治天皇授意下,儒学“侍讲”元田永孚起草了《教学大旨》,主张以儒学思想重新统合在新形势下的国民精神。1890 年,明治天皇公布了《教育敕语》,标志着儒学在日本重新居于“国教”的地位。这一时期儒学在日本的复兴并非简单的复古,而是根据时代的需要所做出的再解释和再改造。儒学与西方文化的结合,构成了“和魂洋才”的教化格局,不仅推动了产业革命,而且实现了道德和社会生活的整合,取得了举世瞩目的成就。

第二次世界大战后,日本国民沉浸在战败后的虚无情绪之中,倍加感到思想和精神寄托的重要性,于是倾向于接受以美国为代表的西方自由主义,同时对一向信奉的思想观念和价值体系产生怀疑,其中包括对诸如忠君思想和对天皇的崇拜也产生了怀疑。于是,儒学作为伦理道德教育的内容有所削弱。尽管如此,日本从未有过全面否定或彻底批判儒学的历史,他们在充分吸收西方文化的同时,仍承认儒学给予日本民族的恩惠和对该民族所产生的重大影响,其学校也从未间断过儒学教育。正是由此,日本中学的语文、历史、社会、伦理教材中,对儒学的相关内容都有详细介绍,并直接引用诸如《论语》之类的经典原文。直到如今,有些家长给子女取名仍按“仁、义、礼、智、信”的排列顺序,从中择字为名。在现代日本,尽管作为意识形态意义的儒学已不复存在,儒学仅仅作为人文科学研究的对象,成为中国思想史或日本思想史著述的内容,但这并不意味着儒学在日本现代生活中已丧失了影响力。实际上,儒学的一部分价值观、伦理观已积淀为日本的民族心理,并在战后经济高速发展中发挥

着不可替代的推动作用。

中国古代教育传统对古代朝鲜与现代韩国的影响。古代朝鲜作为“东亚儒家文化圈”中的国家，自古以来深受中国传统教育的影响。古代朝鲜的儒学、佛学、道学、气学、实学、性理学、阴阳学等，都是吸收和融会中国相关学说而发展起来的。中华文化教育，尤其是儒学教育思想，在古代朝鲜教育的发展史上起着重要的作用。由孔子厘定的传统经学教材《诗》《书》《礼》《易》《春秋》于公元1世纪传入古代朝鲜半岛，并成为古代朝鲜学校传授的主要知识。在交往中，中国的“五经”“三史”、阴阳五行学说、医药、筮等都传入了古代朝鲜。古代朝鲜越来越多的人能诵读和讲解经书，并能用汉文写作。中国古代教育传统对古代和近代朝鲜的政治和文化教育产生了深远影响。

历史进入20世纪以后，中国古代的教育传统尤其是儒家传统，对韩国现代化依然产生着积极的作用。1946年9月，在抗日独立运动家金昌淑先生的主导、全国乡校财产赞助和全国儒林的协助下，在成均馆旧址重建了成均馆大学。该大学继承传统儒学精神，以“仁、义、礼、智”四德为办校宗旨和基本理念，专心培养全面发展的适应现代化需要的民族人才，现已发展成文理兼备的综合性大学。成均馆大学设立的“成均学术院”、“大东文化研究院”等附设机构，在研究和发展以儒学为核心的东方文化方面，发挥了独特的作用。除了教育之外，韩国在学术上对儒学研究也一直十分活跃，建立了众多研究儒学的机构。这些研究机构不仅出版论文集、会报、学报，还经常召集各类学术研讨会，与此同时还积极参与相关主题的国际学术研讨会。自20世纪五六十年代起，韩国著名儒学学者编写了大量的著作，深化了对儒家思想的研究，扩大了儒家思想在海外的影响。

韩国首尔成均馆大学的明伦堂

韩国在跻身令世界瞩目的“新兴工业国”行列的进程中，尽管所参照的是欧美的价值观和经济模式，但不可否认，曾作为韩国主导文化的儒学，以其潜在的、根深蒂固的力量，深深地影响着韩国人的意识和行为，对韩国现代化发挥了积极作用。韩国人受儒教影响而形成的伦理观念，如热爱国家、重视集体、勤劳朴实、发愤图强等精神，使他们在现代化的进程中有效地避免了欧美国家曾经出现的诸如个人主义过度张扬之类的失误。

韩国在现代化的过程中得益于儒家教育思想，首先表现于注重国民教育，尊重知识和人才，从而为国家现代化打下了智力基础。韩国长期深受儒学“建国君民，教学为先”(《学记》)思想的影响，非常重视对国民的教育，大力普及教育，致力于国民素质的提高。在韩国家庭中，信奉中国“万般皆下品，惟有读书高”(《神童诗》)之古训，特别重视对子女的教育，父母对子女教育的重视胜过对吃、住的关心。许多家庭为使子女受到良好教育，往往不惜一切代价。儒家教育思想对韩国的影响也表现在注重伦理道德教育和国民道德修养方面。儒家历来主张,上自天子下及庶民"一是皆以修身为本"(《礼记》),通过个人修养的自我完善来协调个人同社会的关系,实现整个社会安定和谐。儒学在此基础上提出的一系列道德规范,比如父慈子孝,兄友弟恭,君敬臣忠,官府宽惠,民众易使,为人正直,为官清廉,办事勤敏,朋友有信等,对韩国社会影响深远。韩国社会所通用的伦理道德原则,基本上以儒学为价值标准,即使是信仰基督教、佛教等宗教的人也无例外。首尔大学教授金学圭甚至认为:"自古以来,韩国在政治、经济、文化等各方面所受孔教的影响很大,尤其社会伦理方面的影响,一直到现在特别显著。韩国人当中,信基督教、佛教等异端宗教的人颇多,可是在韩国社会里面通行的伦理道德基本上是皆遵用孔教。换句话说,现在韩国人的生活习惯与对人关系等等,无论其宗教如何,大都是来自儒家的。所以从现代的社会生活情形来看,世界上儒教的伦理保存得最多的国家,我敢说是韩国。"如今的韩国每年春秋两季,都要在成均馆大成殿举行纪念孔子的典礼,政府还要派高级官员参加。其目的就在于培养国民的儒家伦理意识,在反对西方文化过度入侵的同时树立民族自强自立自主的信念。

韩国成均馆大成殿祭孔

中国古代教育传统在新加坡的早期传播与影响。新加坡现代文明的形成和发展,与儒家的文化教育传统有密切关系。儒学在新加坡的传播,可追溯到19世纪初。新加坡自开埠以后,马六甲等邻近地区的华人和中国的福建、广东等地移民纷纷来此从事开垦与建设。这些华族移民的到来,自然就带来了儒家的价值观念和风俗习惯。19世纪中后期,儒家思想通过华文学校、华文报纸、文化社会等途径,在新加坡尤其是占总人口76%的华人社会中广为流传。随着中国南来移民日渐增多,新加坡逐渐形成讲习儒学的风气,华人办起了学堂,以便将儒家思想传授给下一代。19世纪末20世纪初,为加强华人移民对传统文化的认同,新加坡掀起了早期的"儒学复兴运动",促进了儒家思想在社会民间的流传与兴盛。

新加坡建国以后,推行工业化政策,到20世纪70年代末期已经跻身于"新兴工业国"之列。然而,独立后的新加坡所面临的严峻问题之一是缺乏一般国家所具有的共同文化、历史传统与爱国意识,故有必要构建起共同的价值观念。这个共同价值观的构建又涉及与各民族自身文化传统及价值观的关系问题。1963年,新加坡曾试图通过强调共性文化建设,淡化各民族的传统观念,推行中性的英文教育,以求得民族和谐、国家安定,然而其结果是削弱了民族和国家的向心力,出现了许多新的社会问题,比如都市化的趋势,使人际关系日趋冷漠与隔膜；工业化带来了社会组织和社会价值观的蜕变，导致极端个人主义泛滥，社会道德水准下降。新加坡政府开始深切意识到现代新加坡人有可能因此成为没有文化传承之根的“伪西方人”。

面对日益严重的道德危机，新加坡政府于20世纪70年代末和80年代初，改变了以往道德教育强调共性的方针，而是鼓励各民族大力弘扬本民族的传统文化及价值观，尤其是积极倡导中国传统儒家思想，使中国传统儒学逐步得到了新加坡社会的广泛认同。新加坡总理李光耀公开主张要在中学施行儒家伦理课程，并将其作为中学生选修的课程之一。1984年1月，新加坡选定15所中学开始试用《儒家伦理》教材。1985年《儒家伦理》正式出版，成为全国各中学通用的教材。至此，儒学在新加坡的传播与发展，不再限于民间华人社会而是得到了政府的认可与支持。《儒家伦理》的出版和广泛使用，说明了儒家伦理思想在新加坡已经不仅仅为华人所信奉，而且已得到政府提倡并为大多数人所认同。

这一由新加坡伦理委员会审查通过的《儒家伦理》教材，充分地体现了儒家的传统文化与现代化相结合的特色。它所贯彻的基本精神是：把适合新加坡社会的儒家伦理价值观念灌输给年轻的学生，使其成为有理想又有道德修养的人；借华族固有的道德和文化，使学生认识自己的文化根源；培养学生积极的正确的人生观，并教育学生建立起良好的人际关系。《儒家伦理》在内容上具有鲜明的现实性，对儒家传统伦理范畴与规范进行了现代意义上的改造，将封建宗族等级森严的道德规范，改造成具有新加坡特色的新道德。此外，教材还增添了许多儒家传统的伦理思想所缺失的现代价值观。比如恰当地将现代社会中关于民主与法制、权利与义务的观念体现其中。显然，新加坡所推广的儒家伦理，已不完全是传统意义上的儒家思想，而是力图通过对儒学思想的弘扬与重建来弥补现代文明之缺失。

随着新加坡教育儒学化的过程，社会上再次形成了一股儒学复兴的思潮。人们对儒家思想在新加坡后工业社会的作用，特别是教育方面的作用，形成了诸多的共识：其一，就个人修养而言，儒家注重修己而爱人，强调设身处地，讲求自省慎独，目的是要现代人做个堂堂正正的自尊尊人的君子。新加坡青年通过儒家伦理教育，可以把上一代敬德爱人、坚强不屈、谦和通达、自力更生的精神继承下来，以免走到极端个人主义、物质主义以及颓废消沉的道路上去。其二，就经济社会发展而言，一个好的高效率的组织主要依靠两个因素，即人事管理与工作态度。在人事管理方面，儒家主张以礼待人，比如主张上司对下属应宽厚谦和，而下属则应忠于职守。这种强调上下合作的精神，合乎现代企业管理原则。同时，儒家注重学习、敬业乐群、遵守纪律的精神也有助于良好的工作态度的培养。其三，就政府治理而言，儒家推崇的诸如“选贤与能”、“天下为公”(《礼记·礼运》)、“子帅以正，孰敢不正”(《论语》)之类的思想可以被理解为人民有参政的权利。与此同时，儒家主张为政者必须是正人君子，清廉公平，尽心尽力地为人民利益与社会安定作出贡献的思想也非常具有现代性。其四，就文化建设而言，儒家重视精神生活与文化修养的传统对新加坡文化建设的推进发挥着积极的促进作用。因为儒家的文化精髓和精神指归，与新加坡政府倡导在全社会建立起一个人人有修养的高度文明社会是完全一致的。

新加坡是一个华人占人口绝大多数的多民族国家，儒家文化的植根有着深厚的社会心理基础。经过历代华人的传承，特别是近年来朝野的共同倡导，儒学思想通过教育在新加坡社会生活各个层面的作用越来越显著，与此相关，新加坡学界对儒学的研究也不断深入。新加坡作为“儒家文化圈”[①]的成员国，其经济社会发展取得辉煌成功的事实，再一次印证了以儒家为代表的中国传统教育的现代价值。

中国古代教育传统对西方的影响。西方人直接接触中国文化可以追溯到明末清初。据相关史籍记载，中国传统教育思想对欧洲最直接的影响首先是儒家“有教无类”(《论语·卫灵公》)的教育平等思想。孔子首次提出“有教无类”的思想，并亲身实践这一教育思想。在孔子看来，不是只有贵族才能受教育，所有的人都应该获得受教育的机会。孔子这一思想的提出，被欧洲人视为“教育平等”思想的新纪元。他们认为，孔子基于对所有人的信任，期望通过教育提高全民素质，实现德治仁政，对西方具有相当积极的借鉴意义。事实上，近代欧洲的人本主义教育思想，教育平等思想，普及教育思想，民主政治思想，都与中国古代“有教无类”的教育思想有着某种程度的联系。

世界儒学大会

20世纪是欧美资本主义空前发展的世纪，但也面临前所未有的危机。于是，东方哲学尤其是中国古代文化受到了欧美众多有识之士的关注。再加上二战后，日本、新加坡、中国台湾、中国香港、韩国在经济发展上取得了令世人瞩目的成就，尤其在某些方面甚至有超过欧美国家的发展态势，其特有的文化与教育传统开始引起西方学者的关注。经过多年的探讨，西方学者发现了这些国家和地区有这样一个共同点，即其社会基本上是“儒家社会”，都十分重视道德教育。基于此种认识，西方人士对儒家学说包括儒教(孔教)理论发生浓厚的兴趣，同时掀起了一个研究儒家学说的浪潮。这正是海外新儒家思潮兴起的历史背景。

英国著名学者威尔斯在其《世界史纲》中分析了文明兴衰的原因。他认为，文明兴衰的关键在于是否有“知识的阶级，即高尚自由人士”的存在。而这一“知识的阶级”的形成及发展又与这一文明的文字有关。比如儒家的仁字，其内涵的教义非常简洁明了：仁即二人，故君子一定在爱自己的同时要爱他人。他将中国文明的轴线分析为“官吏—知识分子—文字”。他得出的结论是：欧洲中心论是站不住脚的，因为中国的文明与文化在汉唐时远远超过西方，只是在近代才被西方超过。他高度评价了以孔子为代表的儒家学说。孔子从中国的现实出发，致力于其理想人格——“君子”的培养，进而期望产生一个高尚的国家。他认为，与大多数印度和欧洲的道德教诲和宗教教义相比，孔子的教诲对国家有更直接的关注。其他民族从来没有通过内心修养和举止礼貌的途径来取得道德秩序并实现社会稳定，而孔子的做法却在中国取得了显著的效果。他认为，与释迦牟尼相比，孔子是更具有建设性的政

① 儒家文化圈指的是以儒家文化构建基础社会之区域的统称。主要地区包括中国(大陆、香港、澳门、台湾)、朝鲜、韩国、日本、越南、新加坡等地。全球有三大国际性文化圈，即基督教文化圈、伊斯兰教文化圈和儒家文化圈。基督教社会主要分布在欧洲、美洲、澳洲等地，伊斯兰教社会主要分布在亚洲西部、南部和北非等地，儒家文化圈则主要分布在东亚及东南亚部分地区。

治思想家。

值得特别一提的是，西方学者研究中国文化，多将兴趣集中于人文伦理而忽略科学。对儒学的研究也是如此，很少探究它与科学的关联。英国学者李约瑟却有非凡的见解。李约瑟研究中国文明与科学的成果主要体现在其《中国科学技术史》一书中。他在该书中，对作为教育家的孔子努力使教育摆脱特权和社会等级的束缚给予高度的评价。他认为："民主与自然科学在社会学上有着密切的关系。""如果人人都是可教的，那么每个普通人就都能和别人一样地判别真理，而可以增加他判别能力的条件只有教育、经验和才能。这样，他就可以成为观察者群体中的一员。"李约瑟认为，儒家"理解这种知识上的民主"。由此，在李约瑟看来，儒家的民主思想对科学、理性的发展是有积极作用的。李约瑟还认为，西方近代自然科学的发展给人类社会生活带来了威胁，儒学的科学人道主义传统应当被发掘出来，以催生世界范围内的科学人道主义，进而来拯救西方日益加剧的社会危机和人文危机。

美国学者费正清则试图从社会政治角度研究作为意识形态的儒学及其教育思想，并以此为认识现代中国社会的变革提供历史依据。他认为，孔孟所谓"德治""仁政"思想及其后来的统治者基于此而建立起来的一套政治制度，其理论基础在于中国人对于人与自然（天）关系的认识。统治者只有顺应"天时"，广行善事，才能维持人与自然间的普遍协调。天人关系的失调反映的是君王的过错，其政治统治的合法性便会受到动摇。由此，要维持合法的政治统治，君王的德行便成了关键。重要的在于，儒家还认为，君王的德行不是天生的，而是后天培养的结果。因此，教育对于治国是十分重要的。

此外，以杜维明、余英时为代表的华裔学者，正积极地以新儒家的视野来重新诠释儒学的教育思想。他们以强烈的文化使命感和对中华民族乃至全人类未来命运的深切关怀所作的理论探索，不仅是难能可贵的，而且这个探索本身对西方人认识中国古代教育传统，尤其是儒教传统的现代价值无疑产生了积极而深远的影响。

第八章 中国古代的科技文化传统

我国是世界上最古老的科技[1]文化发源地之一。我国古代科学技术不仅在相当长的历史时期处于世界领先水平，而且其成果对世界文明的发展也产生了极其深远的影响。中国古代科技文化传统，一方面对当代科学的发展依然具有相当的启示作用；另一方面，中国古代科技文化传统的某些负面影响至今仍在制约着中国今天科学技术的健康发展。因此，深入了解和全面分析中国古代科技文化传统依然有着重要的现实意义。

第一节 中国古代科技文化的发展历程

中国古代科技文化是我国先民在东亚大陆上一个特殊的地理环境中创造出的一种极具民族特色的文化，也是世界上唯一能与古希腊科学文化模式相媲美的另一种科学文化模式。中国古代科技文化在其漫长的历史发展进程中，经历了一个由萌芽到奠基，进而走向辉煌顶峰的过程，其中也经历了从停滞到转型的阵痛。回顾这一历史过程，有助于我们从整体上把握中国古代科学和技术发展的脉络。

一、中国古代科技文化的产生

从远古到春秋战国，是我国科技文化从孕育、萌芽到初步发展的时期。在距今约180万年前到公元前2000多年的漫长岁月中，我国处于原始社会时期。在这个被现代人视为蛮荒的年代里，我国先民已经创造出了一个又一个的生产技术成果。我国目前发现的最早的石器距今约180万年，这表明最迟从那时起，我国先民已掌握了石器技术。[2] 考古学还表明，距今170万年前元谋人除了会制造各种石器、骨器和木器等原始工具外，还掌握了用火的技

① 从严格意义而言，科学(science)和技术(technology)是两种不同的文化现象，此处使用“科技”一词将两者合称，仅为了照顾国内学界的习惯用法。

② 白寿彝主编：《中国通史》(第2卷)，上海人民出版社1994年版，第3页。

术。这可以说是我国先民支配的第一种自然力。此外，在距今约2.8万年前的原始人遗物中还出现了石镞，这表明那时弓箭已发明。从科技发展史的角度看，弓箭的发明具有非同寻常的意义。它的出现一方面说明我国先民在制造工具方面已具有丰富经验和较高的技能；另一方面弓箭的发明使我们的祖先可以从较远的距离安全有效地猎获野兽，因此它对我们这个民族的生存和发展起到了非常积极的作用。

在距今约1万年前，我国先民进入了新石器时代。这个时期，除了人们制造的生产工具更加精致外，还发展了原始的耕作技术和动物驯养技术。在原始农牧业发展的同时，又出现了制陶、纺织等原始手工业。从陕西半坡村出土的6000多年前制作的彩色陶罐看，其制陶工艺已相当成熟。原始纺织技术，则是母系家族中的妇女从最初的手工编网编席发展而来。这一时期还出现了原始的养蚕制丝技术，传说中黄帝的妻子嫘祖就是一个养蚕制丝的能手。除此之外，我们的祖先还发明了建筑住房的技术和制造原始的舟、车技术。

在原始社会中，除了生产技术的发明外，作为对自然界规律性认识的科学知识，其萌芽也已出现。在新石器时代中期，我们的祖先已开始观测天象，并用以定方位、定时间、定季节，相传黄帝时代已有了初步的历法，史籍称黄帝历。在新石器时代，人们把石斧、石铲、石锛等工具磨制成背厚刃薄的形状，这表明那时的人们已经认识到尖劈越尖越省力的力学道理。仰韶文化遗址中出土的一种小口尖底瓶，是专门用来提水的容器，由于把器形制成为尖底，使瓶子盛水后尽管重心不断变化，但仍能保持瓶口不断进水，这表明了半坡村人已初步认识到了力的平衡知识。由于烧制陶器，以及进一步发展起来的冶炼、酿酒、染色等技术，使人们对一些物质变化的化学知识也得以不断地积累。

轩辕黄帝像

在这些科学知识的萌芽中，医药学知识的萌芽具有特别重要的意义。我国医学知识起源很早，这首先表现在我国先民的饮食上。早在旧石器时代，我们的祖先就已知道熟食，这既防止了许多肠胃道疾病，又使身体能得到更好的营养以助发育。新石器时代，人们还学会了用陶器蒸煮食物，减少食物污染，使营养吸收更全面。随着陶器烹食，我们的祖先那时可能已养成了喝开水的习惯。一些医学史专家认为，许多出土陶器如陶壶、陶杯、陶碗等，可视为饮开水的器具，进一步则可能已发展为饮茶。[①] 远古时代人类的生存环境极其恶劣。我们祖先在艰苦的生活环境中体会到，如果不加强身体的运动必会“气郁瘀而滞着筋骨”，由此他们创造了“为舞以宣导之”（《吕氏春秋》）的体育疗法。在烤火取暖中，先人们还学会了用烧热的石头、砂土包裹起来放在身体上，用于减轻因风寒冷湿而引起的疼痛。这就是最早的“热熨法”。以后我们的祖先又将其进一步改进，这就是灸法的开始。在这以后，我

① 参见马伯英：《中国医学文化史》，上海人民出版社1994年版，第31页。

们的祖先又在发现身体某些部位偶然被一些尖硬器物碰撞，会发生意想不到的疼痛减轻的现象后，有意识地用一些石块来刺身体的某些部位，用来减轻病痛。到了新石器时代，先人们便已能够制造比较精致的刺病用的石器——砭石。这就是针灸法的起源。另外，我们的祖先在采集野果、植物种子和根、茎的过程中，还逐步辨认了某些植物吃了对人体有益，另一些吃了则会引起吐泻、昏迷甚至死亡。古代传说“神农尝百草，日遇七十二毒”(《神农本草经》)，就是这漫长艰苦过程在神话传说中的反映。在此过程中，我们的祖先积累了一些关于植物药的知识。此外，先民还通过渔猎、畜牧和制造工具，初步积累起动物药、矿物药的知识。我国古代伟大的医药学正是从这里迈开第一步的。

佚名《神农尝百草》(辽)

在原始社会里，我们的祖先虽然在技术上取得了不少进步，科学知识也在萌芽，但人类相对于自己的生存的外部环境毕竟还是太弱小了。先民们刚刚成长起来的理性意识还不能理解自然的博大与奥秘，这使他们和世界上其他古老的民族一样产生了原始的宗教和巫术。尽管如此，人们还是借助于幻想，表达了与自然抗衡的愿望，这就形成了我国最早的神话。比如“夸父追日”“精卫填海”等神话传说，正是我国先民征服自然的勇气和愿望的真切体现。这种勇气和愿望也许正是古代科学文化不断发展的原始精神动力。

远古时期之后的夏、商、周时期是我国古代科学技术真正的诞生时期。大约在公元前2000多年前。我国进入了奴隶制社会。夏、商、周三代，不仅农业和各种手工业技术以前所未有的速度发展起来，更重要的是，随着社会财富的增长，出现了脑力劳动者。古人在这一时期不仅创造了文字，还使科学从生产技术中分化出来，初步走上了独立发展的道路。

我国第一个奴隶制国家是夏朝。从此中国社会进入了以家族世袭继承政治地位和财产为特征的奴隶制时代。夏代科技文化的特征是人们的生产工具和生活用具正由石器、陶器向青铜器过渡，农业生产技术则有相当的发展。夏代科学上最大的成果是确立了以正月为岁首的历法。这同时表明了天文学乃是中国古代科学的开端。

夏王朝延续了400多年后为商朝所取代。虽然这是一个迷信占据主导地位的时代，但是商代在技术上还是取得了不少成果。比如商代使夏代开始的青铜器文明达到了高峰。大量的青铜武器戈、矛、刀、斧、箭镞、盔等，以及盛酒的尊、彝，喝酒的爵、觥被生产出来。迷信的殷商人当然也不会忘记用当时最先进的技术祭祀他们的祖先。1939年在河南安阳出土的后母戊大方鼎，就是商王为祭祀其母——戊而铸造的。它高1.33米，重875公斤，其制作工艺十分精良，是现存最大的商代出土铜器，反映了那个时代人们青铜铸造的技术水平。而且，到了商代后期，古人对铁器的开发和利用也逐渐开始了。

由于当时的商王已经懂得集中专门人才(当时称为卜师和贞人)，对王族和贵族子弟进行教育并从事学术研究，使科学的发展有了新的进展。比如商代天文学观察者已开始系统

后母戊大方鼎(殷商)

地观测与记录天文现象和气象,并最先在世界天文史上记录了一颗超新星。商代还在夏代天干纪日的基础上进一步使用干支纪日法,将夏代开始的历法发展成为初步完备的阴阳合历(殷历)。商代数学也产生和发展起来,十进制的位值记数法已经出现,这一时期的古人已有了奇数、偶数和倍数的概念。

继商而起的周代是中国历史上极其重要的朝代,是中国传统科学文化奠基的朝代。伴随着周代巨大的政治经济改革,科学技术也在不断进步。西周近300年,与商代一样同属青铜时代,但冶铸的技术和规模有了更大的发展。农业已发展成为社会经济中最重要的生产部门,手工业种类繁多,分工精细,一些官府手工业作坊作为制作中心因具有相当规模的分工协作,已号称为"百工"。西周科学领域进展最快的是天文学和医学。西周初年,周公在洛邑(今河南洛阳)附近的嵩山之阳建立了观星台。这是我国最古老的天文台,也是世界科技史上最重要的古代遗迹之一。当时的一大批天文学家在这里长期观测天象,有了不少新的发现。与天文学密切相关的数学已发展为独立的学科。西周数学家已发明了用算筹进行简单的四则运算,还能将其用于土方工程计算等生产活动中。医学正经历一个革命性的变化,医疗术开始和巫术分开,出现了专职医生并建立了最早的医事制度。

与西周时代科学技术的具体成就相比,人们自然观的变化对以后的科学发展则具有更重要的意义。在商代,人们尊崇着主宰世界的人格神——天帝,竭尽全力地供奉之。但是商朝的灭亡使周人不能不深深地反省和思索,从而对天帝的认识有所变化。周人在承认"帝"是主宰的前提下,更多地使用"天"的概念,这就使神由有血有肉的形象开始转变为抽象的精神实体,这不仅反映了周人理论思维的进步,同时也反映了这一时期人们的有神论的宗教自然观正在向哲学的自然观过渡。周人还进一步提出"天命靡常"(《诗经·大雅·文王》)和"皇天无亲,惟德是辅"(《左传》)的思想,对科学的发展产生了积极的影响。这一时期还出现了《易经》和《尚书·洪范》,说明周人已试图通过阴阳和八卦的认知框架来把握复杂的自然现象和生活现象。我们有理由断言,中国传统科学的整体辩证性和直觉思辨的思维方式由此而发端。

春秋战国时代是中国古代科技发展的第一个高峰期。随着社会形态的急剧变化,中国古代知识分子作为"士"的阶层而成为独立的社会群体。这一时期在学术上出现了诸子百家争鸣的繁荣景象,揭开了中国文化史上最为光彩夺目的篇章。百家争鸣不仅为中国建立世界文明史上最完备的封建制度奠定了思想基础,也为中国科学文化的发展提供了各种可能性。在诸子百家中孔子创立的儒家,以重血亲人伦、重现世事功、重实用理性、重道德修养的淳厚之风,独树一帜。由于儒家文化在汉代以后的中国传统文化发展中占有统治的地位,所以它对中国古代科学实用化、技术化、伦理化倾向的形成有极大的影响。和儒家相比,道家的文化视野则突破了人生和社会的局限,以更加哲学的方式关注自然变化的法则,并力图以对自然法则的理解来解释人生和社会的变化。老子提出"人法地,地法天,天法道,道法自然"(《老子》二十五章)的哲学见解,以利于减少天在人们心目中的神秘性,从而以较为理性的方式把握自然界。这一时期的儒、道两家对中国古代的科技文化产生了深远的影响。历史上不少儒家学者本着"经世致用"的治学精神和富国强兵的目的,成为科学技术热心的研究者或者推动者。道家则在其思想成为道教的一部分之后,借助宗教的力量在化学、医学和养生学等科学领域发挥出实实在在的作用。当然,由于儒家有"重政轻技"的倾向,而道家也有"重道轻器"的态度,这对中国古代科技的全面发展也产生了一些不良的影响。

事实上,在诸子百家中,对古代科学发展最具积极影响的是墨家文化。墨子本人就是古代杰出的科学家和高级工匠。墨家的知识论以实证为特色,初步形成了"实验—逻辑"的科学认识模式。"无论是从科学认识学说来看,还是从科学思维方法和证明方法来看,墨家都同奠定了古代西方科学智慧殿堂的古希腊人有许多类似之处。"①但令人遗憾的是,在后来的历史发展中,与儒家对立的墨家文化被排挤到非主流的地位,以至于湮没无闻。这对中国古代科学技术的发展显然产生了无法估量的重大损失。

依据《墨经》复原的云梯

春秋战国时代作为中国古代科学技术发展的第一次高潮,技术上的成就首推铸铁技术的出现和铁制工具的使用。我国古代对铁的认识和使用,比其他文明古国要晚,但冶铁技术却发展很快。在春秋战国时期,我国已有了生铁冶铸、块炼铁渗碳钢,生铁经热处理得到柔化等先进技术,从而使我国在钢铁的产量和质量方面都远远超过其他文明古国。一些现代科技史家推测,这是我国先于其他文明古国进入封建社会的重要原因之一。这一时期手工业技术的发展则奠定了古代手工业技术传统的基础,成为后来一系列伟大发明的源头。春秋末年出现的《考工记》记述了 30 项手工业生产的设计规范、制造工艺等技术问题,是一部有关手工业技术规范的总汇集,它反映出当时的人们试图从各种生产技术中总结出某种规律的可贵努力。

春秋战国时代的科学成就方面更是硕果累累。在天文学方面,对行星和恒星观测开始数量化,产生了古四分历。这一历法在当时世界上是十分先进的,它标志着我国历法已经进入比较成熟的阶段。在数学方面,十进位值制的记数法和在这基础上以筹为工具的各种运

① 林德宏等:《科学认识思想史》,江苏教育出版社 1995 年版,第 128 页。

算更加成熟，西汉时被发现的古代数学名著《周髀算经》《九章算术》当时可能已成稿，这标志着具有中国特色的数学体系大体轮廓已经形成。尤其值得一提的是，这一时期墨家“已基本正确地定义了平、直、圆等概念，对点、线、面、体等概念都已经予以了说明，并且还有了类似于极限的概念”[①]。它在中国古代以代数为主体的数学传统中是十分难得的。春秋战国时代，中国古代的医学传统也基本形成，战国晚期成书的《黄帝内经》奠定了中国传统医学的理论基础。这一时期新发展出来的科学学科是物理学和地理学。墨子和他的学生通过实验和思考，对光学和力学的一些原理作了正确的阐述。我国古地理学著作中现存最早的《山海经》《尚书・禹贡》《管子・地员》等均已出现，反映了那时人们随着活动区域扩大，对地理知识有了更加迫切的需要。

二、中国古代科技文化的发展

我国古代科技文化的萌芽较古埃及和古巴比伦稍晚，这一时期的科学文化与古希腊科学成就相比也有距离。但由于我国进入封建社会比西方差不多提前了1000年，而且我国封建社会和世界其他国家的封建社会相比具有更为合理更为稳定的形态。这一独特的社会制度优势，使中国古代科学技术从秦汉开始以不断加速的态势向前发展，取得了令古代西方所无法比拟的成就。

秦汉两代，中国封建社会如日东升，国家空前的统一和中央集权的形成都为生产力迅速发展奠定了基础，从而也促进了科学技术上新的进步。秦汉时代技术上的成就首推冶铁术的成熟。这一时期不仅在农具和武器的制造上铁基本上取代了铜，而且还出现了炒钢技术。它的出现和逐步推广改变了整个冶铁生产的面貌，这是钢铁发展史上有划时代意义的大事。相比之下，欧洲用炒钢法冶炼熟铁的技术直到18世纪中叶才出现，比我国要晚约1900余年。秦汉时代还是建筑、交通及陶瓷、纺织技术迅速发展的年代。万里长城的修筑，不仅显示了秦代建筑技术的高超水平，而且反映了那个时代闳阔的文化精神。秦汉时代还修建了许多驰道与栈道，开凿了灵渠，不仅促进了各地经济文化交流，更直接带动了车、船技术的发展。从东汉开始，瓷器和丝绸一起成为中国举世闻名的特产。汉代出现的中国古代造纸术，对整个人类文明史更是产生了极为深远的影响。

秦汉大一统政治格局的形成，对技术的发展总体上是有利的，而对科学发展的影响则复杂微妙得多。秦始皇焚书坑儒和汉武帝的“独尊儒术”，结束了百家争鸣的时代，在一定意义上阻碍了中国古代以理解自然为目的的纯科学发展的进程。[②] 由此，秦汉时代，一方面正如一些学者指出的那样，“科学知识的进步在整体上没有出现春秋战国时期那样的大繁荣，人们追求科学知识和研究自然的风气已从春秋战国时代向后退了一步”[③]。但另一方面，广阔的社会生活和大一统政治统治的需要又推动着与生产和实际生活联系密切的那一部分学科的迅速发展。这就开始形成中国古代科学重实用重经验的特点和技术化、伦理化的倾向。

---

① 王鸿生：《中国历史中的技术与科学》，中国人民大学出版社1997年版，第35—36页。

② 这是因为：与道家、墨家不同，儒家对科学的理解基本上是人文意义上的，它把学问只视为心性之学。这典型地反映在孟子的如下一个说法中：“学问之道无他，求其放心而已矣。”（《孟子・告子上》）

③ 王鸿生：《中国历史中的技术与科学》，中国人民大学出版社1997年版，第71页。

秦汉时代科学的最大成就是农、医、天、算四大学科的成熟。中国以农业立国，农业历来得到统治者的高度重视。秦汉时代，牛耕技术趋于成熟。汉代还出现了以《氾胜之书》为代表的农书，这标志着农业技术已发展到创立农学的阶段。秦汉时代医学在临床实践经验的总结方面取得了许多重要的成就。被称为“医圣”的东汉人张仲景所著的《伤寒杂病论》奠定了传统中医辨证施治的理论基础；同时代的华佗则以其精湛的外科手术技艺而流誉千古。汉代还出现了我国现存最早的中药学专著——《神农本草经》。汉代天文学也成就非凡，出现了张衡这样享誉全球的著名天文学家。古代宇宙理论在这一时期也有新的进展，除了最早的盖天说，又出现了浑天说和宣夜说。汉朝虽然没有人写出一部全新的数学巨著，但春秋战国时流传的一些已基本成书的著作被整理出来，其中汉代问世的《九章算术》是我国最早的传世数学专著。事实上，它的问世标志着以算筹为计算工具、具有独特风格的中国古代数学体系的完全形成。秦汉时期也还是中国古代化学的奠基时期，炼丹术作为原始形式的化学，自战国时代兴起，到东汉已成为一门独立的学问。除此之外，生物学和物理学的知识也有了新的进步。

从以上所述的科技成果来看，我们完全可以说，在秦汉时代中国古代科学技术已形成自己成熟而独特的体系和研究风格。在同一时期，西方正是希腊科学衰退、罗马文明兴起和发展的时期。因而，正是在这一时期中国科学技术发展超过西方的态势开始得以形成。

三国两晋南北朝是中国历史上社会动荡和政治混乱的时期，也是中国历史上难得的精神比较自由、文化多元化发展的特殊时期。正是基于这样的时代背景，这一时期古代科技的发展也绽放出独特的异彩。

社会动荡，尤其是战争不断，使这一时期的武器制造技术有了较大的发展，从而也带动了机械技术向精巧化方向发展。三国时曹魏的马钧不仅发明了战争中使用的石车，而且将东汉发明的翻车改进为龙骨水车。在水泵发明前它一直是世界上最先进的提水工具之一。与此同时，佛教和道教的蓬勃发展，打破了汉代儒学一统天下的局面。道教以长生成仙为目标，炼丹术的发展不仅推动化学进一步发展，而且带动了医药学的进步。这一时期，著名的道士葛洪和陶弘景同时又是著名的医药学家和养生学家。这一时期的道教文化成为推动中国医药学，特别是养生学发展的重要因素。与此同时，自汉代传入的佛教也开始与中国本土文化相结合蓬勃发展起来，尤其是佛教寺院的大量建造，在一定程度上也提高了我国古代的建筑技术水平。

三国两晋南北朝时期的数学研究和数学教育也有了显著的发展。这一时期撰写的数学书不下数十种，其中一部分被收入有名的《算经十书》，一直流传至今。这一时期还出现了刘徽和祖冲之这样的数学大家，这表明中国古代数学继秦汉之后，又一次出现了高潮。天文学也非常活跃，东晋天文学家虞喜发现了岁差现象，生活于北魏北齐时代的张子信，在海岛上坚持了30多年的观测，从而发现了太阳视运动的不均匀性。这一时期，在恒星观测、历法计算和天文仪器制造等方面也取得了不少新成就。这一时期医学发展的特点一方面是对《黄帝内经》与《伤寒杂病论》的整理研究，另一方面则是内容丰富的临床经验的系统总结。农学最突出的成就是北魏时期贾思勰所著的《齐民要术》的问世。这是现存最早和最完整的一部中国古代农学名著。同时，地理学也有不少新的成就被创造出来，出现了裴秀的制图理论和杰出的地理学著作《水经注》。

在整个中国古代科学技术史上，这个时期科学技术发展最突出的特征是科学非实用趋向的出现。比如这个时代两大数学家刘徽和祖冲之的工作就具有明显的纯理论探讨的性质。与科学的非实用化倾向相呼应，奇器制作也出现了一个高峰。三国两晋南北朝的科学文化之所以在某些方面突破了秦汉时期形成的实用性和经验性的特征，根本原因在于文化的多元化。这同时也表明，中华民族并不是先天缺乏理论建构能力的民族，造成中国科学实用化特性的根本原因在于封建主义大一统的政治专制和儒家“重政轻技”的思想文化禁锢。

三、中国古代科技文化的高峰

从隋唐而至宋元，随着国家的空前统一，封建社会制度的高度成熟和中外文化的广泛交流，中国古代科学技术的发展也达到了它辉煌的顶点。

隋代很短暂，但在中医学、天文学、建筑学史上却留下了几项非常有光彩的记录。尤其是工匠李春所设计的河北赵县的安济桥（即举世闻名的赵州桥），无论是从工程力学角度还是从建筑美学角度看，都是人类建筑史上的一座丰碑。盛唐时代，中国社会发展如日中天，文学艺术的发展放射出灿烂的光芒。但相比之下，科学技术的发展远远不能与盛唐的气象相符。从整体上看，唐代的手工业和农业技术无长足的进步，然而与文化生活密切相关的技术却有了明显的进展。比如长安城的设计和建设、雕版印刷都是这一时期突出的成就。陆羽著的《茶经》则标志着茶学的问世，给那时的农学多少添了一些光彩。陶瓷技术也有了很大的发展，出现了著名的“唐三彩”。唐代技术真正有意义的发明是火药，但当时它在社会上引起的反响还不大。唯独占星术和天文学由于和王朝命运相关，其发展尚能与盛唐气象相一致，出现了李淳风、张遂（僧一行）这样伟大的天文学家。医药学则受到朝廷的重视和扶植，出现了世界第一部由国家颁行的药典——《唐本草》，也出现了中国医药学的集大成者——孙思邈。隋唐时期数学在业已成熟的基础上又有所发展，出现了二次插值法这样比较重要的研究成就。

河北赵县的赵州桥（隋）

宋代是中国封建文化鼎盛时期，社会发展在各个方面都大大超过了前代。在这一背景下，中国科学技术也达到了古代历史发展中的高峰时代。

指南针、活字印刷术和火药在军事上的运用是宋代技术发展最为突出的成果。支撑着这三大发明的古代科技各个门类在整体上有全面的推进：在农学方面，出现了陈旉《农书》，这是现存最早论述南方水稻区域的农业技术和经营的农书。医药学进入了医学争鸣与学派形成的新阶段。金朝时期，中国北方出现了三位著名的医学家刘完素、张从正和李杲，他们和后来元代的朱震亨一起并称“金元四大家”。北宋王惟一著《铜人腧穴针灸图经》，统一了各家对腧穴的不同看法。我国法医学远在秦汉已积累了比较丰富的经验和一些理论知识，南宋宋慈所编撰的《洗冤集录》，则是一部集大成并影响人类法医学发展的法医学专著。它先后被译为朝、日、英、德、俄等多种文字出版，成为许多国家审理死伤案件和研究法医学的重要参考书。宋代还进行了大规模的恒星观测，并使我国天文仪器制造达到了一个新的高峰。宋代数学也取得了多项突破性进展，出现了贾宪、秦九韶、杨辉等杰出数学家，中国传统数学逐步走上了发展的顶峰。

除了传统的四大学科外，科学的其他门类在这一时期也都有不少进展。生物学知识进一步积累和蓬勃发展，出现了大量有相当水平的动植物学者。在地学方面，地方志和域外地理著述不断出现，当时宋中央政府所藏各州府等行政区按定例选送的地图已相当丰富。宋代由于矿冶事业的发展，人们对矿物和地质现象的知识也大为增长。比如北宋杜绾所著《云林石谱》就是一部岩矿学著作，书中对许多地质现象作了相当精确的论述。物理学各学科的知识也在不断地积累，冶金化学发展迅速，始于唐末的胆水炼铜在宋代已具有较大规模。

与科学上辉煌成就交相辉映的是各种技术发明层出不穷，传统技术日渐精湛。瓷器在工艺技术上达到了一个新的高峰，名瓷名窑遍布大江南北。冶金技术进一步发展，传统钢铁技术体系定型。宋代还出现了许多优秀的金属工匠。中国古代建筑以木结构为主的结构形式，发展到宋代，已达到了十分纯熟的阶段。比如北宋东京城(今河南开封)以及山西应县佛宫寺释迦塔，都是那时的建筑杰作。织锦技术也有很大发展，出现了著名的苏州的宋锦、南京的云锦和四川的蜀锦等。

科学的主体是人。宋代一大批杰出的科学家和技术专家的出现，反映了那个时代的人普遍具有较高的知识水准和重视科技研究的价值取向。沈括无疑是那个时代科学家群体的杰出代表。他在天文、地学、数学、物理、化学、生物、医药以及水利、军事、文学、音乐等许多方面都有精湛的研究和独到的见解。他晚年的著作《梦溪笔谈》，反映了我国古代特别是北宋时期科技所达到的辉煌成就，不仅在中国古代科技史上，而且在世界文化史上也有重要的地位。沈括所使用的科学方法也达到了那个时代的最高水平。他非常重视对事物的观察，并勤于记录，在观察的基础上，不仅能对事实进行概括，还能运用逻辑方法进行推理，并提出假说。比如他从太行山上的海生化石而提出海陆变迁的假说就是一个突出的例子。沈括还注重实验，他关于凹凸镜的成像特点，以及声音共振的认识都是通过实验得到的。在沈括的科学实践活动中，中国传统科学以观察和推理为主，辅之以一定的实验和数学计算的基本方法已获得较为完备的形式。

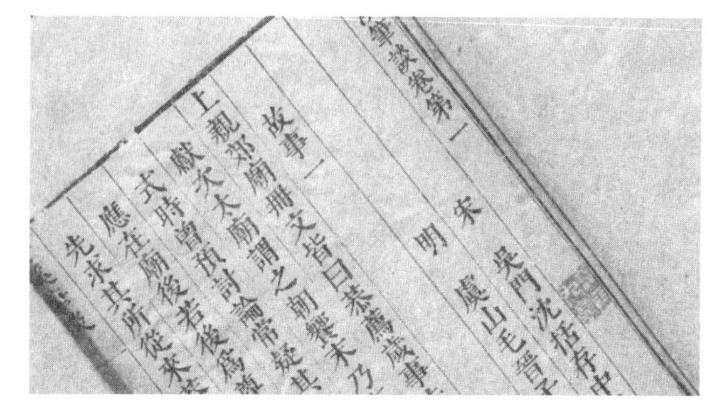
沈括《梦溪笔谈》书影

上海徐汇的黄道婆纪念馆

中国古代科学技术在宋代能达到自己发展的顶峰，领先于世界上其他民族，这绝不是偶然的。它是中国古代社会在长期发展中形成的深沉潜力在那个历史时期迸发的结果。更值得后人推崇的是，宋代也是统治者对知识分子最为宽容，对科学技术最为重视的年代。

继宋而起的元代对宋代的科学技术发展而言是高起点的传承与进步。元代的统治者虽然实行民族压迫的政策，但从对外扩张的战争中深深地体会到技术的力量，这使他们也十分重视科学技术的发展。元朝末代皇帝甚至亲自制造了构思精巧、精妙绝伦的计时器——漏壶和龙舟。这在历代统治者中都是少见的。元代统治者还注重网罗人才，其中不仅有汉人、女真人、阿拉伯人和波斯人，甚至还有像马可·波罗这样的欧洲人。元代地域辽阔，各民族各地区之间交往大大加强。阿拉伯天文学、医学知识的传入，与中国原本发达的科学文化相结合，使得宋代积聚起来的科技文化，在中外文化大交流的时代里，继续放射出夺目的光彩。

元代直接承袭了宋代高水平的农学成就，加之元代的统治者非常重视农事，使元朝虽建朝不到百年就出现了《农桑辑要》《农书》《农桑衣食撮要》这样三部著名的农书。元代的医药学也有突出的成就，不仅产生了“金元四大家”之一的朱震亨，而且中国传统医药学和中亚的医药学还进行了可贵的交流，使得中亚医药学中的一些新药和特殊的治疗方法融汇到中国传统医药学中。由于蒙古族有崇敬上天的习俗，所以元代的统治者同样非常重视天文历法，加上宋朝形成的雄厚的天文学基础，使天文学发展在这一时期盛况空前，出现了像郭守敬这样伟大的天文学家。元代杰出的数学家有朱世杰、李冶、王恂和郭守敬等，可谓人才济济，成果辉煌。元代东西方交流盛况空前，有许多西方旅行家来中国旅行，最著名的有意大利人马可·波罗、鄂多锐等人。与此同时，中国也有不少旅行者西行，人们的地理视野得到扩大，出现了不少著名的游记。元代地图学也成就突出，朱思本绘制的《舆地图》在以后的历史上产生了重要的影响。

与此同时，元代水利事业也十分发达，开掘完成了完整的京杭大运河。元代纺织业最突出的成就是棉纺业的推广，比如松江府上海县人黄道婆从海南黎族地区带回的棉纺技术，使江南棉布生产兴盛起来，松江布获得“衣被天下”的美誉。可见，元代的科学技术不仅实现了中外科学文化的交流，而且也实现了不同民族不同地区的广泛交流，从而显现出博大宏伟的文化气象。

四、中国古代科技文化的停滞与转型

明清时期是我国封建社会的后期，科学技术发展在僵化的封建体制和日益强化的文化专制的双重压迫下，日渐缓慢，在总体上开始落后于西方。然而，商品经济的萌芽，实学思潮的兴起和西学的传播，还是对明清科学技术发展提供了新的动力，使中国古代科技文化出现了转型的趋势。特别值得指出的是，这一时期西学东渐和国门洞开以后，随着整个社会深刻的变革，中国古代科学技术（除个别学科外）结束了自身独立的形态，逐步融入到世界科学技术发展的潮流中去。

中国古代科学技术在明代进入了它的总结阶段。从总体上说明代的科学技术在宋元基础上仍有不少发展。明代研治数学的人为数不少，著述也相当多，但是总体水平并不高。明代地理学发展比较迅速。郑和七下西洋，在这一背景下，域外地理学取得了较大成就。明代还出现了不少旅行家，出现了不少地理学上非常有价值的游记。明代生物学著作也不少，说明那个时代人们在动植物形态和分类、动植物生活习性及其与环境的关系、微生物以及遗传变异等方面的生物学知识更加丰富了。明代的医药学在各个方面也都有新的进展，特别是发明了预防天花的人痘接种技术。这种技术 17 世纪在全国推广，18 世纪初再传到土耳其、英国、法国、印度、日本以及欧洲、非洲的其他许多国家。这是人类第一次通过免疫法获得预防天花的抵抗力，具有里程碑的意义。

明代科学发展最重要的特征是各门学科相继出现大规模的科学总结，出现了一系列具有总结性的科学成果。宋应星于 1637 年撰成的《天工开物》是继战国的《考工记》之后出现的又一部技术巨著，是中国古代农业和手工业技术的百科全书；医药学领域出现了李时珍的《本草纲目》；徐霞客所著《徐霞客游记》在中国地理学史上也具有划时代的意义；徐光启所著《农政全书》则是一部对当时农业技术进行总结的汇集性著作。明代科学发展的总结性特征表明中国古代科学已高度成熟，在原有的框架中已无重大发展的可能性。

明末，随着西方传教士在我国的活动，西方古代和近代科学知识也被有选择地介绍到我国。以徐光启为代表的中国士大夫阶层中的先进分子，敏锐地注意到西方科学所包含的新鲜内容，他们大力翻译、介绍西方的科学著作，初步形成了“西学东渐”的局面。这对中国科学的发展产生了极为积极而深远的影响。更有意义的是，徐光启、李之藻等人通过翻译西学著作，已开始对中国传统科学的不足有所认识。比如徐光启将中西数学作了比较后明确指出，中国传统数学的缺陷是只能言其法（解决实际问题和对经验数据的运算方法），不能言其义（经验现象内在联系的数学原理）（《徐光启集》）卷二《刻同文算指序》）。这是中国人对自己本民族科学文化实用性的第一次批评。徐光启还认识到，西学由“数”达“理”的形式逻辑方法是优越于中国传统科学的根本所在。这就在更深的层面上发现了中国传统科学缺乏构造性自然观的这一根本性的缺陷。为此，徐光启翻译了《几何原本》，并将其基本理论和方法看成是整个科学技术的基础。与徐光启齐名的李之藻也与人合译了第一部介绍西方逻辑学的著作《名理探》，强调“欲通诸学先须知名理探”（《名理探》）。这些工作都为中国传统科学向近代科学转变作了最初的理论准备。徐光启等人还通过历法改革，着手用西方科学的方法对中国传统科学进行改造。当然，由于各种历史条件限制，这次科学文化的转型没有成功，但它却成为中国近代科学文化诞生的先声。

这一时期，正是欧洲近代科学技术诞生和发展的时期。文艺复兴、地理大发现和宗教改革，使欧洲迅速走出中世纪的黑暗向近代资本主义文明飞奔而去。但从这时起，中国却逐步由先进的技术输出国变成了潜在的技术输入国，欧亚大陆两端的东方古代文明和西方文明的天平开始偏向西方。由于当时中国是国力强盛、文化发达的主权国，传教士虽然带来西方先进的科学知识，但还没有居高临下、盛气凌人的心态，中国当时有可能在自尊自立的情况下，实现科学文化的转型，步入近代科学技术的发展阶段。然而，由于中国农业文明固有的顽症，加上社会的大动乱使中国的科学和社会发展失去了这一历史机遇。[①]

其实，清朝的统治者在开国后一段时间内，对西方科学技术还是表现出相当兴趣的。民间的科学研究也没有遭到禁止，故清代的科学技术发展虽然相对欧洲而言已完全丧失了优势，但在继承传统和接受西方新的科学知识的结合上仍有一定的发展。天文学家王锡阐集中西方天文学之长，提出了精确的计算日月食的方法，并发明了计算水星、金星凌日的方法。另一位天文学家梅文鼎则在复兴中国传统的天文学和算学，以及推进中西天文学的融合方面作出了突出的贡献。乾隆时期著名数学家安图证明了 18 世纪初传教士带来的 3 个没有证明的无穷级数展开式，并发明了另外 6 个公式。传统的医药学仍有进步，建立了温病学说。王清任则成为第一个认真研究解剖学的中国医生。他所著的《医林改错》，体现了中国医学开始朝着把治疗和正确认识人体生理结构联系起来的新方向发展。这一时期中国传统技术在吸收外国技术因素的基础上变得更加精巧，出现了许多新的发明。

但康熙之后，清政府闭关自守的政策日益加强，而欧洲社会变革和科学发展却以一日千里的速度前进着。牛顿力学建立，工业革命蓬勃兴起，欧洲已进入资本主义机器大工业时期。1840 年的鸦片战争，国门被迫打开，从此西方文化以居高临下的姿态开始冲击中国。西方工业技术首先传入以上海为中心的各大城市。中国近代工业的兴起，为中国近代科学技术的发展奠定了物质基础；西学著作的翻译和出版成为推动中国近代科技文化产生的直接动力。正是在这样的社会历史条件下，中国科学开始了由古代科学形态向近代科学形态艰难而意义非凡的转变。中国近代科学的出现最重要的标志是西方近代科学知识体系完整的引进、职业科学家群体的崛起以及中国近代科学体制化的初步完成。

正是基于这样的时代背景，浙江海宁人李善兰从 19 世纪 50 年代开始，与人合作翻译了《几何原本》后 9 卷、《代数学》、《代微积拾级》等书，使明末清初传入中国的《几何原本》有了较为完整的中文译本，并使西方近代的符号代数学以及解析几何学、微积分第一次传入我国。江苏无锡人徐寿在江南制造局参加西方科技书籍的编译工作长达 7 年，系统介绍了近代无机化学、有机化学、物理化学、分析化学及工业化学知识，为中国近代化学与化学工业的产生与发展奠定了基础。除此之外，华蘅芳、徐寿之子徐建寅、张福僖等大批学者在将西方科学知识比较完整地引进到中国作出了重要的贡献。正是经过这些科学家的努力，在 20 年间，西方近代科学中，数、理、化、天、地、生各大门类的先进知识都先后被介绍进了中国。这就为中国近代科技文化发展奠定了坚实的理论基础。

这一时期的科学文化转型还表现在不同时代科学家社会角色的变化上。晚清著名科学家李善兰、徐寿、华蘅芳、徐建寅等人在时代意识、知识结构、科学家角色自我认同等各个方

① 关于这一现象的思考科学史界有所谓的李约瑟难题之说。英国著名学者李约瑟(Joseph Needham，1900—1995)在其编著的《中国科学技术史》中正式提出此问题："尽管中国古代对人类科技发展作出了很多重要贡献，但为什么科学和工业革命没有在近代的中国发生？"1976 年，美国学者肯尼思·博尔丁将其称之为李约瑟难题。此后，很多人把李约瑟难题进一步延伸，衍生出诸如"中国近代科学技术为什么落后""为世界贡献了四大发明的中国为什么没有发生工业革命"等问题。对此问题的探索及争论一直非常热烈。

面，都与古代科学家有了明显的区别：其一是对科学职业的选择表现了前所未有的自觉性。这一点在华蘅芳、徐建寅身上表现得尤为鲜明。华蘅芳自幼不爱读“四书五经”，而“于故书中检得坊本算法，心窃喜之，日夕展玩，尽通其义”(《行素轩算稿》)。徐建寅从少年起，就随其父徐寿钻研科学书籍，从事科学实验，尔后终身从事科学研究和管理工作。这一为科学事业终生奋斗并以此为主要谋生手段的自觉，使他们在中国科技史上成为创风气之先的一代新人。其二是在科学活动中表现出鲜明的近代科学风格。比如徐寿等人不仅购买科学书籍及物理、化学仪器，而且还自制多种科学仪器进行实验，融科学研究和技术发明于一身。徐寿父子和华蘅芳等人，根据西方热学理论，通过对蒸汽机工作原理的考察，造出了中国第一台蒸汽轮机。徐寿通过这次实践，进一步研究蒸汽机原理，在此后译出的《汽机发轫》中就掺入了自己的见解。他们的工作完整地体现出近代科学活动中“理论—实验—理论”和“科学—技术—科学”两个加速循环的机制。其三是唯科学为重的求真精神。这在致力于西方科学著作翻译的第一位学者李善兰身上表现得最为充分。李善兰选择主动接触西方人士，寻找科学真理的道路是十分艰险的，常常要冒着蒙受“用夷变夏”恶名的风险。他虽也曾有过仕途之念，但终其一生始终将科学研究作为自己毕生的最重要的事业。他能够坚持真理，当大儒名宦阮元宣传“西学中源说”，贬低哥白尼学说时，李善兰不畏权贵，对其进行了严厉的批评。事实上，李善兰早年也曾相信过“西学中源说”，但他在进一步了解了西方近代科学后，发现自己过去的认识是错误时，果断地将“西学中源说”从自己的著作中加以彻底删除，表现出鲜明的实事求是的科学精神。①

还值得一提的是，中国古代科学家没有自己的社会组织。但随着洋务运动的开展和中国近代工业化的进程，科学家的工作开始成为专门化的社会活动，各种科学工作者的社会组织也应运而生。洋务运动时期，化学家徐寿和他的同事在上海创办了“格致书院”成为中国科学技术学会的雏形，随后又出现了一系列的科学学会和科学刊物。这一切都标志着中国近代科技文化时代的到来，同时也就意味着中国古代科技文化的发展画上了句号。

第二节 中国古代科学技术的伟大成就及其对世界的贡献

我国古代科学技术在数千年的发展过程中，取得了伟大的成就。特别是从公元3世纪到13世纪之间的1000多年里，我国的科学特别是技术水平始终领先于其他国家，尤其是这一时期我国科学技术向世界范围内的广泛传播，对世界许多国家和地区的文明与文化的发展进程产生了重要的影响。

一、中国古代科学所取得的成就

在我国古代科学的发展历程中，取得了许多令人自豪的不凡成就。这些成就显然无法在这里一一列举，我们只能集中就农学、中医药学、天文学、数学这最能够代表古代科学成就

① 参见杨自强：《学贯中西——李善兰传》，浙江人民出版社2006年版，第283页。

的四大学科的一些杰出成就概述如次。

农学　早在大约公元前五六千年，我国的黄河、长江流域就已出现农耕作业。到了西周时期，以农为主、以畜牧业为辅的生产格局已经形成。由于农业是中国社会的经济基础，历来统治者都非常重视农业生产，因此我国很早就形成了独具特色的农学体系。在我国文化典籍中，专门的农书有300余种，其中最著名的有《氾胜之书》、贾思勰的《齐民要术》、陈旉的《农书》、王祯的《农书》和徐光启的《农政全书》。

《氾胜之书》是目前留传下来最早的农书。氾胜之在汉成帝时官拜议郎，曾在包括整个关中平原地区推广农业，教导种植小麦，许多热心于农业生产的人都前来向他请教，关中地区的农业由此取得了丰收。正是在总结农业生产经验的基础上，氾胜之写成了农书18篇，这就是《氾胜之书》。该书总结了我国北方地区主要是关中地区的耕作经验，提出了农业生产六环节理论，即及时耕作、改良和利用地力、施肥、灌溉、及时除草、及时收获六个环节，并对每一个环节都作了具体的说明。

《齐民要术》是现今完整保存下来的最古的农书，其作者是北魏时的贾思勰。贾思勰当时担任北魏青州高阳（今山东临淄县）太守。为了写成此书，他不仅阅读了大量的文献，而且亲自向老农请教。《齐民要术》堪称一部农业巨著。贾思勰在《齐民要术》中建立了较为完整的农学体系，并以实用为特点对农学类目作出了合理划分。该书精辟透彻地论述了黄河中下游旱地农业生产的关键技术问题，规范了耕、耙、耱等基本耕作措施。对动植物养殖技术和农产品加工、酿造、烹调、贮藏也都有详细的论述。《齐民要术》作为一部农学百科全书，不仅奠定了我国农学发展的基础，在世界农业科学发展史中也占有重要地位。

宋高宗时，世居扬州、靠种药治圃为生的全真派道徒陈旉写成了《农书》，这是现存最早的论述南方水稻区域的农业技术与经营之书。陈旉的这部《农书》篇幅不大，共有1.2万余字，分为上、中、下三卷。上卷总论土壤耕作和作物栽培；中卷牛说，讲述耕畜的饲养管理；下卷蚕桑，讨论有关种桑养蚕的技术。其中上卷是全书的主体，占有全书三分之二的篇幅，中卷之所以讨论牛的问题是因为牛是农耕的主要动力，在性质上仍是上卷的一部分，下卷论蚕桑，也是因为蚕桑是农耕的重要组成部分。

元代的王祯曾在安徽、江西两地任过县尹。他不仅廉洁奉公，为百姓做了不少好事，而且极为重视农业生产，他搜罗了历代农书进行研究，并且经常注意观察各地农事操作和农业机具。他所著的《农书》，综合了黄河流域旱地耕作和江南水田耕作两方面的生产经验，全面系统地解释了广义农业生产所包括的内容和范围，在中国农学史上也占有极其重要的地位。

明末杰出的科学家徐光启，从小对农业技术就很有兴趣，在博取功名的漫长时间里，深感程朱理学和陆王心学之弊端，因而竭力主张经世致用，后成为晚明学术界实学思潮的一位有力推动者。徐光启几度宦海沉浮，他利用在家守制、赋闲的时间，在北京、天津和上海等地设置试验田，亲自进行各种农业技术试验。晚年辞官回家，潜心编写《农政全书》，至死方初步编就。全书共60卷、50多万字，主要包括农政思想和农业技术两大方面。具体内容分为农本、田制、农事、水利、农器、树艺、蚕桑、种植、收养、制造和家政等项，不仅对我国古代的农学成就作了系统总结，而且提出了许多新的思想，受到同代和近代学者较高的评价："引先生独得之言，则皆令人拍案叫绝。"（刘献廷：《广阳杂记》）

《氾胜之书》《齐民要术》《农书》《农政全书》被称为中国古代四大农书，代表了中国古代农业科学技术所达到的最高水平。

中医药学　中医药学是中国传统科学中至今依然保持独立形态的唯一学科。它以自成一体、博大精深的理论体系和高超独特的医疗技术著称于世界。

我国医药学萌芽很早，经过漫长的积累，到春秋战国时期开始初步建立了医学体系。扁鹊是我国历史上第一位有正式传记的医学家，是先秦医家的杰出代表。他年轻时曾跟长桑君学医，学成之后长期在民间行医，足迹遍及当时的齐、赵、卫、郑、秦等国。扁鹊精通望、闻、问、切，尤以望诊和切脉著称，留下了许多神奇的故事。扁鹊医术全面，对内、外、妇、儿各科兼通。他还能根据各地的风俗和疾病流行情况辨证地施以医术，其治病的方法多种多样，除用汤药外，还善于运用针灸、按摩、熨帖及手术疗法。更可贵的是，扁鹊还反对迷信，认为医术和巫术势不两立，公开表明自己不给信巫医者治病的态度。他的科学精神、高超医术和高尚医德都对中国古代医学的健康发展产生了重要的作用。

战国晚期成书的《黄帝内经》则奠定了我国中医药学的基础。中医学五大核心理论——阴阳五行学说、脏腑学说、经络学说、形神学说和天人学说在《黄帝内经》中均开始形成。《黄帝内经》认为，人体本身及人与自然是一个整体。男女、寒热、燥湿、高低、内外、脏腑、气血、动静、功能与物质、兴奋与抑制等都可分为阴阳，存在着对立统一的关系。人体内部各重要脏器、组织之间以及人体内环境和外环境各种因素之间，像金、木、水、火、土那样存在着相生与相克的关系。人体存在着五脏六腑，而经络则是运行全身气血，联络脏腑、肢节、筋肉、皮肤，沟通人体上下内外的通道。人是否生病，主要取决于人体正气的强弱和外界致病因素两个方面。人体正常机能与抵抗力旺盛，虽有疾病的流行，亦不罹病；反之，如正气虚弱，邪气便乘虚而入，导致发病。气候的反常变化和内在情志的刺激也是重要的致病原因。《黄帝内经》所提出的病因学说，成为中医审证求因、辨证论治的主要根据。重要的还在于，《黄帝内经》中所提出的望、闻、问、切四诊，也成为后世中医诊断学的渊薮。在《黄帝内经》系统理论的指导下，中医学在诊断学和各临床学科上都取得了辉煌的成就。即使从今天的角度看，《黄帝内经》仍不失其独特的科学价值。

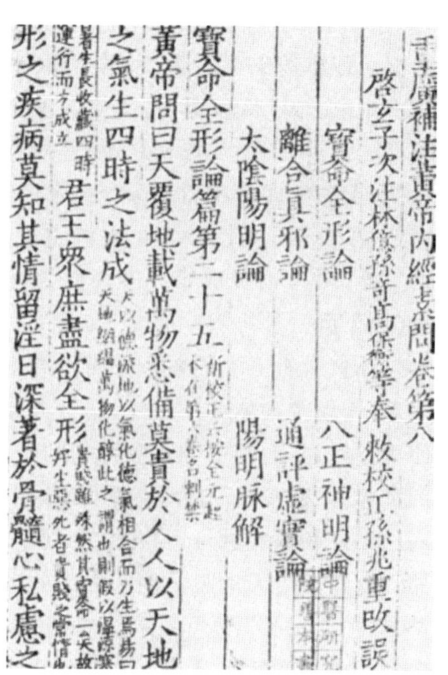
重廣補注黃帝內經素問卷第八
啟玄子次注林億孫奇高保衡等奉敕校正孫兆重改誤
寶命全形論　八正神明論
離合真邪論　通評虛實論
太陰陽明論　陽明脈解
寶命全形論篇第二十五
黃帝問曰天覆地載萬物悉備莫貴於人人以天地
之氣生四時之法成　君王眾庶盡欲全形
形之疾病莫知其情留淫日深著於骨髓心私慮之

《黄帝内经》书影

汉代出现了两大名医，即张仲景和华佗，他们与扁鹊一起被称为中医三大祖师。张仲景生于东汉末年，当时战争频繁，疾病流行。张仲景深有感触，决心学医以帮助人民解决疾病带来的痛苦。他从大量阅读前代古籍入手，在“勤求古训、博采众方”（《伤寒杂病论·原序》）的基础上，经过亲身的临床实践验证，最后终于在3世纪初写成《伤寒杂病论》一书。书中创造性地提出了中医诊断学中的“六经辨证”和“八纲原理”，确立了中医传统的辨证论治的医疗原则，奠定了我国中医治疗学的基础。可见，在我国医学发展史上，《伤寒杂病论》是一部里程碑式的著作。

汉代另一位名医是华佗。民间一直流传着大量关于他的神奇医术的故事。他对古代医学的贡献最突出的是创用麻沸散和精于外科手术。据《后汉书》记载，华佗对针药不能及的腹腔内生病患者，先让其和酒服下麻沸散，待病人醉倒无知觉时，将病人腹腔切开施行手术，手术完毕后将切口缝合，并涂上神奇的膏药，四至五天伤口就能愈合，一个月内完全恢复正常。在那个遥远的年代能成功地进行这样的外科手术，在世界医学史上堪称一大奇迹。华佗对麻醉学的贡献现已得到国际医学界的普遍承认。有些国外研究者甚至认为，阿拉伯的麻醉术可能也是从华佗开创的麻醉术演变而来的。华佗对预防医学和医疗体育也有突出的贡献。比如他根据古代导引术的方法，模仿虎、鹿、熊、猿、鸟五种禽兽的自然动作而编制了“五禽戏”。他的弟子吴普由于一直练“五禽戏”，一直到90岁还耳聪目明，牙齿完好。除此之外，华佗在临床诊断和治疗，尤其在针灸术上也很有成就。

到了唐代，中医学在理论与实践上都发展到比较成熟的阶段。其标志是出现了名医孙思邈。孙思邈少年多病，家里为其治病几乎倾家荡产。由此，他深深体会到医学对人体健康的重要性。从18岁起，他不惜花费百金搜集经方以供自己钻研，并开始临床实践。孙思邈还喜读老子、庄子及百家之说，这使其医学理论更富人文色彩。据史籍记载，50岁前后的孙思邈，其医学理论修养和医疗技术已达到很高水平，声望享誉朝野。孙思邈经过半个世纪的实践，在积累了极为丰富的医药卫生文献资料和调查记录材料之后，于60多岁开始系统总结经验，70岁时撰成第一部医书《备急千金要方》。后又经30多年的努力，编撰了第二部医书《千金翼方》。

孙思邈对医学的各个方面都有突出贡献。在药物研究方面，他强调临床用药必须重视地理、气候及人体体质条件，药针并重，辨证用药。他在《千金方》中收集了800多种药物的使用方法，并对其中200多种药的采集和炮制作了详细论述，在中药学上有极高的价值，被后世尊为“药王”。在医学基本理论上，他发展了张仲景的《伤寒论》学说，对其关于治疗传染病的学说和经验进行了整理，自创了三纲论治传染病的新学说。孙思邈在养生长寿学说上的贡献尤其令人信服。他认为人的寿限最长为100～200岁，为达此目的，应注意养生，在精神上要“十二少”(少思、少念、少欲、少事、少语、少笑、少愁、少荣、少喜、少怨、少好、少恶)，在生理上要注意适当运动。为此他将道家养生术发展成为“静功”，并与古代经华佗加以发展的“动功”结合起来，并辅之以食治、食疗、食养，从而将我国养生之道和延年益寿的学说大大向前推进了一步。正是在这样的养生之道指引下，当时出现了许多的长寿者。孙思邈去世时已达101岁高龄。此外，孙思邈还非常重视医家的道德修养，并身体力行。

与中医学密切相关的中药学同样取得了举世瞩目的成就。汉代的《神农本草经》是中国古代第一部药物学专著，它对春秋战国及秦汉以来的药物知识进行了系统的总结。此书共收载药物365种，在每一种药物下，都载有其异名、气味、出处、功效等内容。该书还在《内经》“君、臣、佐、使”主次配伍原则的基础上，进一步提出七情合和、四气五味等药物学理论。《神农本草经》的成书，不但为我国古代的药物学奠定了基础，而且对后世药物学的发展产生了深远的影响。魏晋南北朝时期，药物学在此基础上又有了很大的发展，道士兼博物学家陶弘景撰《本草经集注》，不仅按照药物的自然属性重新分类，而且书中所载药物也增加到730种，这是继《神农本草经》以后对药物学的又一次规范与提高。隋唐五代药物学更是发展迅速，唐朝组织苏敬等20余人集体编写了《新修本草》并颁行全国。该书载药9类844种，是中国古代第一部、也是世界上最早的药典，比外国最早的药典——1494年成书的意大利《佛罗伦萨药典》早835年。日本很早就有了该书的传抄本，并作为医学生的必修经典。

中国古代药物学的最高成就，是明代李时珍于1578年完成的不朽巨著——《本草纲目》。李时珍生于医生世家，自幼多病，经常由父亲亲自调治。由此，他对病人的痛苦和医生的重要性有切身的感受。按照父亲的意愿，他从5岁起学习儒家经典，然而青年时代的李时珍却在科举场上连连失利。于是，他按照自己的意愿，潜心学医。在多年的临床实践中，李时珍发现历史上本草著作中存在许多错误和混乱的内容。医事是人命关天的大事，故他立志重新编纂一部新的《本草》。为了写好这部书，李时珍放弃了在太医院的职位，返回故里夜以继日地工作。他不但阅读了800多种书籍，而且遍访全国各地药材产地，进行实地调查，还亲自进行各种医药原理的试验。前后花费了30年时间，三易其稿，终于写成52卷、192万字的皇皇巨著《本草纲目》。

《本草纲目》的成就一方面体现在药物学方面，它共记载药物达1892种，成为我国古代本草史上记载药物最多的一部著作。另一方面，《本草纲目》的分类也是很科学的。全书共分为16部60类。以部为纲，以类为目；每一种药又以正名、余名为目；这个纲目分类法，已具有与现代科学双名法相同的性质。正是因此，有的科技史家将其与欧洲林奈的分类法相提并论。李时珍提出科学的生物学分类方法，还触发他产生生物进化论的思想萌芽。这在《本草纲目》动物排列次序上表现得尤为明显。《本草纲目》还涉及矿物、化学、天文、气象、地学以及物候学等多方面的科学知识。可见，它不仅是一部伟大的药物学著作，同时也是一部伟大的博物学、生物学和化学著作。

值得指出的是，李时珍不仅是一位伟大的药学家，而且也是一位伟大的医学家。李时珍在脉学、经络学、中医脏象学等方面都有突出的贡献。尤其是他所著的《濒湖脉学》，其成就超过前人，对后世影响极大，直至近现代，该书仍被视为最重要的医学教科书。

天文学　我国是世界上天文学发展最早的国家之一。在我国古代，天文学不仅直接关系到农业生产这一国家命脉，而且还是统治者了解"天意"、施行政令的重要手段。由此，在官方的大力支持下，中国古代的天文学在天文观测、历法制定、天文仪器的制造和使用等方面一直走在世界文明古国的前列。

中国古代天文学的成就首先表现在天文观测方面。事实上，天文观测是中国古代天文学的主要内容，在恒星、行星、日月和异常天象观测方面，我国古代天文学都有杰出的成就。天象记录方面的连续性、完备性和准确性，是世界上任何其他国家都无法比拟的。

在恒星观测方面，我国有世界上公认最早的星表"甘石星经"，它载有不同方位的恒星数百颗；从敦煌石窟中发现的一幅唐代绘制的星图载有1300多颗恒星。1247年南宋石刻天文图上已刻有1434颗恒星。这一石刻由此成为世界天文学史上珍贵的文物。在行星、日月观测方面，我国古代天文学家也做了不少工作，尤其对日月食的观测记录更具特色。《尚书·胤征》记载，公元前2137年掌管天文的羲和因酗酒失职没有预测出当年发生的日食而受到夏王的征伐。这是世界上最早的日食记录。从汉初到公元1785年，我国共记录有日食925次，月食574次，堪称世界之最。

在异常天象的观测记录方面，目前世界公认最早的太阳黑子记录是《汉书·五行志》中记录的公元前 28 年 3 月的太阳黑子现象。欧洲记录黑子最早的时间是公元 807 年，比世界公认的中国记录晚 800 年。而且，关于太阳黑子的记录也以中国最为丰富。这些记录对当代天文学研究具有重要的科学价值。事实上，德国、美国和日本等国科学家都根据这些记录作出了重要的科学发现。中国最早记录彗星是在周昭王十九年（公元前 1034 年），而欧洲最早记录彗星是在公元前 11 年，比中国晚了 1000 多年。自春秋至清末，中国古代天文学家记录彗星不下 500 次，记录哈雷彗星 31 次。20 世纪 50 年代，法国学者巴尔代在研究了《彗星轨道总表》以后曾这样断言："彗星记载最好的（除极少数例外），当推中国的记载。"①

中国古代天文学对现代天文学贡献最大的是新星和超新星记录。早在公元前 14 世纪殷商时代的甲骨文中就有了新星的记载。从那时到公元 1700 年的 3000 多年中，中国古代天文学者共记载新星 90 颗，其中超新星 10 颗。这一时期的古希腊、罗马和巴比伦却没有任何新星和超新星的记录，在中世纪欧洲编年史上有关的记载也十分罕见。中国古代天文学在古代恒星观测上的这项伟大成就，对现代天文学对新星、超新星的探索显然具有非常珍贵而重要的意义。

中国古代天文学的成就也体现在历法的制定与修订方面。作为一个农业大国，中国历代统治者都极为重视在天象观测的基础上制定历法。中国传统的历法是阴阳合历，既考虑月亮的运动，又考虑太阳的运动。早在 10000 年前氏族社会初期的"人皇氏"时期，就发明了用十天干和十二地支迭相搭配以纪日的方法。这是人类历法的开端。春秋后期，产生了一种取回归年长度为 365 又 1/4 日，并采用 19 年 7 闰为闰周的历法——古四分历。这一回归年数值比真正的回归年长度只多 11 分钟。这是当时世界上最精密的数值。在欧洲，古罗马人采用的儒略历也是用这个数值，但比我国晚了约 500 年。古四分历确立的 19 年置 7 闰的原则，西方是在公元前 433 年由古希腊天文学家默冬宣布的，也比我国晚了 100 年左右。

从古四分历诞生以来，我国历法不断改进。据统计，自春秋末年至清末，前后一共出现了 102 种历法。尤其是元代天文学家郭守敬集历法之大成，于 1280 年参与编定《授时历》，将岁实精确到 365.2425 日，这个数值比地球绕太阳公转一周的实际时间仅差 26 秒，与现代世界通用的公历——格里高利历完全相同。格里高利历制定于 1582 年，比授时历晚了 300 年。明代末年，邢云路在兰州建造历史上最高的木制六丈高表，进一步测得岁实为 365.24190 日，同现代理论计算值只差 2.3 秒，其精确度之高远远超过了当时欧洲所有国家的水平。

中国古代天文学的成就还表现在天文仪器的制造和使用方面。我国天文仪器的制造历史悠久，独具特色。很多文献记载表明，中国远在五六千年以前的黄帝、尧、舜时代，就创制了世界上最早的测天仪器——浑仪。浑仪是由一系列同心圆组成的一种仪器，往往还加上窥管以观测天象。汉宣帝时，天文学家耿寿昌创制了浑象。浑象相当于今天的天球仪。浑象和浑仪又统称浑天仪。原始的浑天仪经过历代不断改进，发展成为具有六合仪、三辰仪、四游仪这样三重结构、多种功能的复杂仪器。到了元代，著名天文学家郭守敬于 1276 年在此基础上制成简化的浑仪——简仪。它领先世界 300 多年，直到 1598 年丹麦天文学家第谷所发明的仪器才能与之相比。天文仪器的另一杰作是北宋时期苏颂、韩公廉等人制成的水运仪象台。它集观测、授时、演示等功能于一体，被认为是世界上最早的天文钟，不仅标志着

① 参见肖寒、朱焯炜：《太空探索》，人民武警出版社 2009 年版，第 16 页。

我国11世纪天文学发展所达到的高度，更直接体现了我国古代机械制造技术的卓越水平。

水运仪象台模型

正是依靠先进的测天仪器，我国古代天文学取得了辉煌的测天成就。早在五六千年以前，先民就开始把天体黄道、赤道附近的恒星分为28个星区，每个星区各取一星为主，称为二十八宿。大约春秋以后，中国古代天文学的二十八宿理论经中亚传入古印度，再传入波斯、阿拉伯等地。

中国古代的天文学成就也还体现在具有东方特色的宇宙理论上。宇宙理论是我国古代天文学的重要组成部分，也是浑天仪制作的理论根据。自远古以来，我国先民就相信宇宙的基本结构是天盖地承。春秋战国时期，这种看法精致化为一种盖天说的宇宙理论。盖天说认为，天和地是两个同心半球，之间相距八万里，北极是天球的中央，日月星辰附着天而平转。盖天说比较直观，但不能很好地解释观测到的天象。由此，春秋战国时又孕育了另外两种宇宙理论——浑天说和宣夜说，并在汉代形成了完整的理论。浑天说认为天是一个完整的球，地球处于天球之中，如同蛋黄居于鸡蛋之中一样，恒星处在天球之上，而日月五星则游离于天球附近。浑天说是一种以地球为中心的宇宙理论，但在当时它比其他宇宙理论能更好地说明天体运动，故在我国古代宇宙理论中居主导地位，影响也最大。宣夜说与盖天说、浑天说相对立，它反对有固定的天球，主张宇宙是充满无边无涯的气体，日月星辰在其中漂浮游动。宣夜说显然已有宇宙无限的观念萌芽，这在哲学上有一定的智慧意义，但它过于玄奥与思辨，无法用其指导天象观测，故其科学价值不大。

中国古代天文学的成就具体体现在灿若星辰的古代天文学家身上。自秦汉以来，我国出现了一大批杰出的天文学家，其中尤以张衡、祖冲之、一行和郭守敬贡献最大。

东汉的张衡是一位具有多方面才能的科学家。他的成就除天文学外，还涉及地震学、数学、机械技术以及文学、艺术等许多领域。他作为一位天文学家，最突出的贡献是系统阐述浑天说和制造漏水转动的浑天仪。这台浑天仪是一种以水为动力的演示天球星象运动的演示仪器，它开创了我国天文学制造水运仪象的传统。他对地震学最杰出的贡献是发明了候风地动仪。[①] 据记载，张衡的地动仪确实探测到了公元138年在甘肃发生的一次地震。国外到19世纪才真正能用仪器观测地震。从这个意义上讲，张衡制造的候风地动仪应是世界各国的地震仪之祖。

南北朝时的祖冲之不仅是一位伟大的数学家，也是伟大的天文学家。祖冲之在天文学

① 中国科技工作者王振铎于20世纪60年代研究后认为：张衡的候风地动仪形似酒樽，樽外附有8条龙，龙首朝着8个方向；龙口含有一粒铜丸；地面上有8只昂首张口的蟾蜍。樽中有一根高而细的铜柱，一旦发生地震，铜柱顺着震动的方向倒向一条龙，该龙口中的铜珠即落入蟾蜍口中，观测者即可得知地震的时间和方位。

上的贡献主要是制定了《大明历》。祖冲之不仅指出了前辈天算历法家的不足，而且在历法制定中颇多创新和改革。他在《大明历》中所推算和采用的一些基本天文常数达到了相当高的精度，从而将我国历法提高到一个新的水平。

唐代僧人一行，俗名张遂。他自小聪颖勤奋，对天文历法有特别的兴趣，后因避权贵，削发为僧。721 年他奉唐玄宗诏行新历法。为此，他和机械专家梁令瓒一起共同创制了黄道游仪等大型天文观测仪器和演示仪器，并组织了一大批朝野天文学家进行系统的天象观测，特别是直接观测太阳在黄道上的运动，获得大量准确的数据，作为制定新历的依据。一行主持编制的《大衍历》以众多的创新充实了传统历法体系的内容，其中最突出的贡献是比较正确地掌握了太阳在黄道上视运行速度变化的规律，对后世历法产生了重大的影响。一行以对天文仪器制造、天文观测、历算等多方面的贡献，在中国天文学史上占有重要的地位。

元代郭守敬是 13 世纪时杰出的学者，元朝最著名的科学家。他在天文学上的巨大贡献首先体现在天文仪器制造方面。据史籍记载，郭守敬一生中创制的天文仪器不少于 22 种，这些仪器大都具有实用、简便、灵巧、精确的特点。人们使用这些仪器，可以使天体测量精度大大提高。郭守敬创制的天文仪器中的简仪更是后来世界闻名的天文测量仪器。宋朝制造的浑仪虽然精致完善，但是构造十分复杂，郭守敬在沈括等人改革的基础上，取消了黄道环，把浑仪分解为两个独立的装置（赤道装置和地平装置），这就是著名的简仪。简仪是当时世界上最先进的天体测量仪器，尤其是其赤道装置，构思奇巧，结构新颖，对近现代天文仪器的发展都有深远的影响。郭守敬在天文学上另一项突出的贡献是参与创制了《授时历》，这部历法是我国古代历法中最优秀的历法典范。

数学　在中国古代数学被称作“算学”，侧重于解决实际应用问题。与其他文明古国的数学相比，它自成体系和特色，创造了许多世界一流的研究成果。

这些成果首先就体现在十进位制的创制上。史载“黄帝历法，数有十等”（《数学记遗》）。至商代甲骨文中已用一、二、三、四、五、六、七、八、九、十、百、千、万等 13 个数字记 10 万以内的任何自然数。这表明中国远在四五千年以前就使用了十进位值制。著名科技史学家李约瑟对此曾作了高度的评价：“如果没有这种十进位制，就几乎不可能出现我们现在这个统一化的世界。”（《中国科学技术史・数学卷》）

《九章算术》也是中国古代数学的代表性成就之一。汉代发现的《九章算术》，早在公元前 2 世纪以前就已存在，经过历代学者修改、补充，于公元前 1 世纪定型问世。全书 9 章共 246 个数学问题，广泛涉及了分数计算法、比例计算法、面积体积计算法、开方术以及方程中的正负数运算等，是那个时代世界上最先进的算术理论。《九章算术》对于中国古代数学有着奠基的意义。它所开创的体例和风格一直为后世沿用，中国古代数学家正是在对它的注释、补充和完善中推动古代数学发展的。魏晋南北朝时期我国数学发展迅速，出现了享誉后世的数学家刘徽和祖冲之父子。刘徽生活于曹魏和西晋时期，他在其名作《九章算术注》中第一次提出了极限思想，并创立了“割圆术”这一新的数学方法。由圆内接正 192 边形计算出圆周率为 3.1416，它揭示出圆内接正多边形的边数之限愈增加，其周长就愈逼近圆周长的道理。祖冲之与其子祖暅，则通过计算圆内接正 6144 边形和正 12288 边形的面积，确定圆周率在 3.1415926 与 3.1415927 之间，其计算结果精确到小数点后 7 位。直到 1000 多年以后，阿拉伯数学家阿尔・卡西格才求出更精确的数值。祖冲之父子还应用“缘幂势既同，则积不容异”的原理，解决了刘徽未能求出的“牟合方盖”体积问题，得出了球体体积的正确公式。这一原理和17世纪意大利数学家B.卡瓦列里所提出的“卡瓦列里公理”的含义相同，但提出时间却早于其1000多年。

中国古代数学的成就在宋元时期则以“宋元四大家”为代表。中国古代数学在宋元时期达到其繁荣的顶点，涌现了一大批卓有成就的数学家，其中秦九韶、李冶、杨辉和朱世杰成就最为突出，被誉为宋元数学四大家。他们的研究成果，代表了当时世界最先进的数学水平。南宋人秦九韶多才多艺，尤其在数学上有杰出的贡献。他著的《数学九章》是中国古代数学史上一部重要著作。书中提出的“大衍求一术”和“正负开方术”遥遥领先于当时世界的数学水平。欧洲数学家欧拉和高斯的同类研究比秦九韶晚了500多年。生活在金元时期的李冶，出身于学问世家，其父为人正直及好学的精神对李冶颇有影响。元世祖忽必烈慕其名曾多次召见，许以高官，都被他婉言谢绝。李冶潜心著术讲学，研究领域涉及数学、文学、历史、天文、哲学、医学，但投入精力最多的是数学。他所撰写的《测圆海镜》是一部惊世之作，书中提出的“天元术”(一元高次方程)标志着我国传统数学中符号代数学的诞生，它与欧洲的同类研究相比提前了300年。南宋时期的杨辉是东南一带有名的数学家和数学教育家。他在沈括隙积术基础上发展了垛积术，并探索纵横图(幻方)规律，给出三、四阶乃至十阶纵横图的构成规律，这一成就对后世数学家深有影响。他还讨论了勾股容方问题，提出了一条重要的面积定理，后人称之为杨辉定理。杨辉还特别注意社会上的数学问题，毕生致力于改进计算技术，在捷算法方面取得了相当的成就。元代的朱世杰则以数学为业，游学四方。他不仅继承了当时北方数学以天元术为中心的主要成就，而且还吸收了南方各种日用、商用数学的成就，这使朱世杰成为宋元时期数学发展的总结性人物。朱世杰最重要的科学成果是他撰写了《四元玉鉴》。该书讨论了高次方程组的解法、高阶等差级数的求和以及高次内插法等。这在当时世界上可谓首屈一指。欧洲数学家直到18世纪才得出同样的结论。20世纪美国著名的科学家G.萨特评价朱世杰是“汉民族的、他所生存时代的、同时也是贯穿古今的一位最杰出的数学家”①。

二、中国古代技术的伟大成就

与中国古代科学发展的成就一样，古代技术发展的成就也是硕果累累。而且，古代技术以闻名遐迩的“四大发明”为主要代表取得了比科学更辉煌的成就，对世界文明与文化发展的贡献也更大。

造纸技术　纸的发明是人类文字载体的一次重大革命。在植物纤维纸出现之前，包括汉民族在内的世界各古老民族普遍只能采用各种原始粗重的书写材料，给人类文化知识的积累和传播造成了很大的困难。正是有鉴于此，我们的古人在处理茧丝的过程中，发明了絮纸。秦汉时期，人们在制作麻料衣服时又发明了植物纤维纸，由于它原料普遍而便宜，很快便流行起来。至东汉时期，宦官蔡伦在改进造纸技术方面作出了重要的贡献。他与造纸工匠经反复琢磨，最后采用树皮、麻头、破布、渔网作原料制造纸张。这一新技术不仅使原料来源更为广泛，而且纸的质量也大大提高。蔡伦所发明的这种纸具有古埃及纸草、古希腊羊

① 参见杜石然:《中国古代科学家传记》(下册)，科学出版社1993年版，第708页。

皮、古巴比伦的泥板、古印度树皮无法与之比拟的优点。它的发明为人类文化的保存和传播，提供了至今依然不可或缺的信息存贮和传递手段，故这一造纸技术发明后以很快的速度向世界各地传播。

印刷术　中国不仅是纸的故乡，而且与纸相伴的印刷术的出现也非常早。隋朝时，中国已发明了雕版印刷术。唐朝时它已经在相当程度上流行。比如唐懿宗咸通九年（公元868年）印刷的《金刚经》就是目前世界上最早印有出版日期的印刷品。欧洲最早印有确切日期的印刷品是德国南部1423年的《圣克利斯托菲尔》画像，晚于我国近600年。雕版印刷术在宋代达到了极高的水平，但它每印一部书就要雕一次版，费力耗时的缺点也日益暴露出来。宋庆历年间（1041—1048年），聪明的刻字工人毕昇终于发明了活字印刷术：用胶泥刻成单字烧硬，再拼版印刷。活字印刷术克服了雕版印刷的缺陷，实现了印刷史上一次重要的技术革命。后来元代著名农学家王祯创造了木活字印刷术，改进了泥活字容易破损的缺点。这是印刷技术的又一次重大进步。王祯还创造了转轮排字架，大大提高了排字效率，减轻了排字工人的体力消耗。此后，我国古代的印刷术又发展为各种金属活字印刷，流传全世界。

火药技术　火药的主要原料是木炭、硝石和硫黄。早在商周时期，我国已经在冶金中广泛使用木炭。春秋战国时又发现了天然的硫矿和硝石（硝酸钾）。尽管这些基本原料很早就被发现了，但把它们放在一起制成火药，却是道教炼丹家的功劳。炼丹家在炼制丹药的过程中，逐步认识到硫黄和硝石的若干化学特性，并将其混合在一起来观察其产生的效果。据史籍记载，早在公元3世纪，中国古代炼丹家就将硝石和硫结合以期炼出人造金。东晋著名的炼丹家葛洪发明了把硫、硝石、云母等原料混合、加热而成为“紫粉”的配方。唐代初期著名炼丹家、医药学家孙思邈和唐代中期炼丹家清虚子，又分别提出“伏硫黄法”和“伏火矾法”，由于当时还没有自觉地加入炭，这些配方的制造物易于燃烧，但还未能形成真正的爆炸。公元850年，唐代中期丹书《真元妙道要略》中记载了原始火药的第一个配方。可见，火药实际上在唐代就已发明，但它的广泛运用则是在宋代。

香港特区发行的纪念古代四大发明的邮票

火药发明以后，主要被用在军事上。火药使火箭、大炮等武器在战争中显示了前所未有的威力。南宋时期出现了用毛竹筒制成的突火枪，这已是近代枪炮的前身。随后又出现了用金属管代替竹筒的铳枪和用铜和铁铸成的筒式火炮，这是当时世界上最先进的武器。至于宋元之际出现的火药箭，和现代火箭的发射原理已经非常相近。明代又创造了自动爆炸的地雷、水雷和定时炸弹，其中一种名叫“火龙出水”的火箭已经有两级火箭的雏形。这些在当时都堪称世界上最先进的武器。

指南针和航海技术　早在战国时代，我国就有了关于磁石性能的认识，而且已发明了磁性指向工具，当时被称为“司南”。它由天然磁石磨制而成，其形状像一把汤匙，放在平滑的底盘上，勺柄会自动转向南方。可见，司南是世界上最早的指南针。但天然磁石在强烈震动和高温时容易失去磁性，司南的指向也不太精确。到了宋代，人们便用人造磁钢片代替天然磁石，制成了指南鱼、指南龟，直至名副其实的指南针。宋代科学家沈括在《梦溪笔谈》中最早记载了指南针的制造技术。沈括在该书中还说到磁偏角。这是磁学史上一个非常重要的发现，欧洲人直到400年后才有关于这一现象的记载。正是因为指南针的发明和改进，才使中国古代的航海事业在中世纪达到了世界的最高水平。

陶瓷技术　中国瓷器驰名世界，西方的“中国”(China)一词又指“瓷器”，这充分反映了陶瓷技术在中国古代科技中的重要地位。考古学已证明，早在10000年前，我国先民就开始制造陶器，最初单用陶土烧制的陶器表面粗糙，后来人们发明了“釉”，也就是一种矽酸盐，涂在陶坯表面再烧制，陶器表面便变得十分光洁。如果在矽酸盐中加入带颜色的金属氧化物，陶器表面就能显示美丽的色彩，著名的“唐三彩”就是这种技术发展的成果。

瓷器是由陶器发展而来的。原始的瓷器在商代早期已经出现，汉代瓷器技术发展迅速，三国两晋南北朝时期，中国烧制瓷器的技术已完全成熟，当时南方以青瓷为主，北方以白瓷为主，间有黑色瓷等。隋唐时期，中国陶瓷技术进入一个新的阶段。陶器技术在汉代铅釉基础上，选用多种金属的呈色作用创制出了举世闻名的唐三彩。唐三彩不仅色彩丰富，而且在造型艺术上也有很高的成就，至今仍是享誉中外的具有独特中国风格的著名工艺品。五代宋代时期的瓷业主流仍然是“南青北白”，制瓷技术继唐之后有所发展。比如后周世宗柴荣御窑出产的青瓷器，有“青如天，明如镜，薄如纸，声如磬”(《清秘藏》)之誉。五代、宋代时期陆续形成了定窑、磁州窑、钧窑、耀州窑、景德镇窑、越窑、龙泉窑和建窑等八大窑系，以及定、汝、官、哥、钧五大名窑，出现了瓷器技术百花齐放的局面。到了元代，北方诸窑相继衰退，而南方景德镇则异军突起，成为全国最重要的瓷器生产地。明代瓷器技术更是进入了一个崭新的历史时期，景德镇成为当时全国制瓷业的中心，彩瓷制作进入其黄金时期。比如明代青花瓷成为景德镇生产的主要产品，就曾大量输出国外，永乐、宣德青花瓷，以其质地精细、色泽浓艳、造型优美而闻名于世。成化时期的斗彩，更是彩瓷的代表作。它开创了釉下青花和釉上多种彩色相结合的新工艺，呈现鲜红、油红、鹅黄、杏黄、姜黄、水绿、叶子绿、松绿、孔雀绿、孔雀蓝、葡萄紫等绚丽色彩，使瓷器艺术发展到了一个崭新的高度。清代作为中国制瓷史上的黄金时代，以康熙青花瓷为历代青花瓷器之冠。在康熙五彩的基础上，又出现粉彩，各种色泽趋于清逸淡雅，柔和亲切。康熙初期还创制了珐琅彩瓷器，其珐琅彩料多来自外国，画法不仅极为工细，而且吸收了西洋画法，具有油画效果，精美异常，故它成为康熙、雍正、乾隆三朝极为名贵的宫廷御器。

丝织技术　中国是世界上最早养蚕和织造丝绸的国家。在新石器时代晚期，我们的祖先就已开始利用蚕丝织作。商周时代，丝织技术已有了很大的提高，出现了提花技术，从而能够织作比较复杂和华美的提花织物。到了汉代，我国丝织品已十分丰富。比如从长沙马王堆汉墓中发掘出的大量丝织品来看，当时的丝织品从品种上讲，有绢、罗纱、锦、绣、绮；从颜色上讲，有茶褐、绛红、灰、黄棕、浅黄、青、绿、白；从制作方法上讲，有织、绣、绘等。而且，这些丝织品的图案亦很丰富，有动物、云彩、花草、山水以及抽象的几何图案。

唐代在丝绸染色、印花和纺织机械方面都有很大的改进，所生产出的丝织品更为精美。唐代诗人白居易曾这样赞道：“缭绫缭绫何所似？不似罗绡与纨绮。应似天台山上明月前，四十五尺瀑布泉，中有文章又奇绝，地铺白烟花簇雪。”（《缭绫》）发展至宋代，织锦术发展更呈加速度的态势。南宋时锦的品种已有40多种，著名的苏州宋锦和南京云锦都是这个时期出现的。宋代还发展出一种缂丝技术，它可以用简单工具，在一根纬线上分段设色，然后用各色小梭分别织造，织出与原作几乎完全相同的织物。缂丝织制品多以唐宋名画作底本，有很高的艺术性。元代则发展出了“织金锦”。继元之后明清两代又发展出了“妆花”技术，可谓异彩纷呈，美不胜收。

建筑技术　建筑最能反映一个民族的科技水平和审美情趣。我国建筑技术很早就形成了以木构架为主体的建筑风格。秦代发明了烧制过的砖之后，到汉代古代建筑技术已有了长足的发展，至唐代已大体成熟。高水平的中国古代建筑技术创造了许多杰出的建筑精品。比如秦始皇统一中国后，为防止外族的侵略而修建的长城，在当时堪称杰作。明代又对长城进行了大规模的重建。今天我们见到的万里长城，全长4200公里，大都修建在地形极其恶劣的地方，至今依然雄伟坚固，令人惊叹不已。隋朝石匠李春在河北省赵县城南的交河上，修建了一座单孔弧圈桥，人称赵州桥。它最大的特点是具有“敞肩拱”的结构，在主跨两肩上各造两小拱，以便于洪水来袭时增加泄水量，还减轻了桥体自重。赵州桥历经一千多年而保存完好，足见其结构的合理性。欧洲直到14世纪才在桥梁建造中采用这种“敞肩拱”的结构。佛塔的建筑同样体现了中国古代高超的建筑技术。现存我国最早的佛塔是建于北魏时期的嵩岳寺塔，经历1400多年，地震和风雨都未能摧毁它。山西应县佛宫寺的释迦塔建于北宋年间，是世界上现存最高的古代木结构高层建筑，高达67.31米，经历900多年的风风雨雨和元明两代多次地震而不毁。中国古代宫殿也充分体现了高超的建筑水平，尤其是明代在北京修建的故宫，是传统木结构建筑技术的最后也是最高的体现。

河南登封的嵩岳寺塔

茶叶技术　我国是茶的祖地，是茶树资源最为丰富的国家，更是世界茶文化的发祥地。现在世界各国引种的茶树，使用的栽培管理方法，采用的茶叶制作技术，直至茶的品饮、习俗等，莫不源于我国古代。

我国对茶的发现和利用始于原始母系氏族社会，迄今已有五六千年的历史。从文献记载看，我国古代最迟至周朝就有人工种茶，迄今已有 2700 多年的历史。我国古代的茶叶技术主要分为栽培技术、采制技术两大类。唐代陆羽在《茶经》中第一次较为系统地记述了茶树栽培技术。从那以后，古籍中关于茶的栽培技术的记载开始逐渐增多。经过宋、元、明以至清代，在《四时纂要》《东溪试茶录》《大观茶论》《北苑别录》以及著名农学家王祯的《农书》等重要文献中，都对茶叶栽培技术进行了多方面的论述，形成了完整的关于茶的栽培技术的知识体系。古人在这个过程中，渐渐认识到茶叶作为一种自然生物，要为人类所品用必须经过一定的加工。人们最初是"采茶作饼"。自唐至宋，由于贡茶兴起，推动制茶技术更快地发展，出现了龙凤团茶。唐宋时代以蒸青茶为主，但也开始萌发了炒青茶的技术。到了明代，炒青制法日趋完善，大体包括了高温杀青、揉捻、复炒、烘焙至干这样几个过程。制成的茶均呈绿叶，冲泡后为绿汤，故称绿茶。比如西湖龙井、洞庭碧螺春等，在当时都是绿茶的著名品种。由炒青工艺变异，还可形成黄茶和黑茶。如果以日晒代替杀青，使茶叶萎凋，再进行揉捻，使茶叶色泽变红，经发酵、干燥，可制成红茶。后来到清代时，我国茶农还发展出一种独特的乌龙茶，它是介于不发酵的绿茶和全发酵的红茶之间的一类茶叶。咸丰、光绪年间，福建政和乡的茶农还利用白茸毛多的茶树品种制成了白茶。中国古代茶叶技术的发展，创造了名目繁多的各类名茶，不仅对促进我国人民的身体健康产生了积极的作用，而且还发展出别具一格的茶文化，丰富了我国人民的精神生活。

三、中国古代科技的传播和影响

中国古代科学技术在很长的历史时期内在世界上处于领先地位，中国古代科学技术向周边亚洲国家以及经阿拉伯向欧洲的传播对世界文明的进程产生了重要的推进作用。特别是在 17 世纪之前，中国科学对欧洲的贡献远远大于西方科学对中国的影响。

其一是天文学的传播和影响。中国古代数千年来的历史文献中大量的天象观测记录传入欧洲后，由于与《圣经》不合，引起人们的震惊和学者的兴趣，法国著名学者伏尔泰甚至将其作为反对《圣经》权威的武器。欧洲学者对中国古代天文学的研究，不仅开阔了他们对世界史的研究视野，而且利用中国大量的天象观测记录更深入地探索天体的演变规律。比如，18 世纪法国天文学家潘格雷和 19 世纪拉普拉斯等人在当时的天文学研究中就引用了不少中国古代的天文学文献。①

其二是医药学的传播和影响。《黄帝内经》的问世，开创了中医学独特的理论体系，它不仅对中国医学发展影响极大，对世界医学的发展亦有不可忽略的影响。历史上朝鲜、日本等国都曾将其作为医学教科书，该书的部分内容还曾被译成日、英、德、法等国文字。尤其是《黄帝内经》的问世还标志着经络学说的创立。它传入欧洲后，有学者认为中国人早就认识到血液循环现象，并就中医和哈维血液循环学说的关系进行了探讨。汉代以后，我国名医和医书层出不穷，尤其是针灸术发展迅速，不仅造福于我国人民，而且传到朝鲜、日本、东南亚和中亚各国。宋元明清时期随着海路航运事业的发展，针灸疗法又逐渐被介绍到欧洲，英、法、德、荷、奥等国的医学家纷纷把针灸应用于临床和研究。李时珍伟大的科学成就，不仅在国内，而且在国外也有深远的影响。明万历年间《本草纲目》传至日本，以后逐步传向欧洲，

① 韩琦：《中国科学技术的西传及其影响》，河北人民出版社 1999 年版，第 82 页、第 91 页。

被译为德文、法文、英文、拉丁文、俄文等。英国生物进化论奠基人达尔文甚至在其著作中曾经多次引用《本草纲目》的内容。20世纪70年代美国出版《科学家传记辞典》中，李时珍的伟大成就被充分地肯定。此外，中医的脉学、种痘术、法医成果及道家养生术都对欧洲医学的发展产生了不同程度的影响。

其三是数学的传播和影响。《九章算术》对世界的数学发展曾有很大影响，朝鲜和日本曾用它作教科书。《九章算术》中一些内容（如“盈不足”）还经过印度、阿拉伯传入欧洲，对欧洲代数的复兴起到了推动作用。

其四是“四大发明”的传播和影响。据记载，中国造纸技术大约在3世纪首先传入越南，4世纪传入朝鲜，5世纪传入日本，7世纪传入印度，8世纪从中亚传入阿拉伯，12世纪传到欧洲。在蔡伦造纸1000多年以后，西班牙和法国于12世纪建立了造纸厂，随后意大利和德国也于13世纪建立造纸厂。到了16世纪，整个欧洲都学会了造纸。可见，造纸术是中华民族对世界文明的伟大贡献。对此，美国学者德克・卜德评价道：“世界受蔡侯的恩惠要比受许多更有名的人的恩惠更大。”①

据记载，我国雕版印刷术在公元8世纪传到日本，10世纪传到朝鲜，13世纪末从土耳其传到伊朗，以后从伊朗传到埃及和欧洲。中国的活字印刷术大约在14世纪传到朝鲜和日本，15世纪传到欧洲。公元1450年，德国人仿造中国活字印刷术制成了用铅、锑、锡合金为材料的欧洲拼音文字的活字，开始了欧洲活字印刷的历史。特别值得一提的是，中国印刷术在欧洲文艺复兴中发挥了重要的作用。金属活字很适合欧洲人使用的拼音文字的特点，大量印本代替了昂贵的手抄本，从而推动了欧洲教育发展和文化的传播。那时凡是作为印刷中心的城市都有大学，同时集聚了大批学者。教育的发展还促进了知识的世俗化，打破了教会对知识的垄断，有力地推进了人文主义的发展，为近代科学的诞生和传播创造了条件。

火药问世后，更是掀起了人类武器技术史上一场革命。中国的火药技术通过战争而外传，阿拉伯人首先掌握了火药武器的制造。大约公元1280年，阿拉伯人哈森・阿拉马就曾把火箭称为“中国箭”。14世纪初，阿拉伯人又将火药技术传到欧洲。于是，欧洲人在14世纪末的战争中开始使用火箭。火药的传入对欧洲社会发展产生了重要的推进作用。当时，欧洲虽然已出现了资本主义的生产关系，但是却到处被封建城堡之类的壁垒所阻挡。火炮的应用敲响了封建城堡的丧钟，为资本主义制度的建立铺平了道路。火器的出现促进了人们对弹道学的研究，而这方面的研究是近代力学的基础性工作。此外，火器大规模使用也开了近代技术标准化、规范化之先河。② 火药和火器的发展还有力地推动了近代科学技术的发展。由此，著名的科技史学家李约瑟甚至断言：火箭是中国对人类作出的最大的技术贡献。③

早在宋元时期，中国商船就已到达大西洋沿岸，欧洲人和阿拉伯人在航海时与中国人接触，获得了航海磁罗盘。这一技术的掌握使欧洲人最终开辟新航线，不断发现新大陆，终于建立了统一的世界市场。不仅如此，中国古代指南针技术的广泛传播和应用同时还推动了近代地理学、磁学的发展。

---

① 参见张岱年、方克立主编：《中国文化概论》（修订版），北京师范大学出版社2004年版，第134页。

② 参见吴国盛：《科学的历程》（上），湖南科学技术出版社1995年12月版，第296、297页。

③ 罗伯特・K. G. 坦普尔：《中国：发明与发现的国度——中国科学技术史精华》，陈养正、陈小慧、李耕耕等译，21世纪出版社1995年12月版，第488页。

其五是传统工艺技术的传播和影响。我国瓷器从唐代通过“丝绸之路”或东方的海路传到西亚和南亚，再由这些国家传到欧洲各国。随着瓷器的西传，造瓷技术也于11世纪传到波斯和阿拉伯世界，1470年传到意大利及欧洲，使欧洲得以在此基础上生产出了具有自己民族特色的瓷器。我国瓷器外传对一些国家和民族的精神生活及风俗习惯也产生了一定的影响。比如在东南亚的一些古代民族中，中国瓷器被奉为崇拜物，蒙上了浓厚的宗教色彩。一些国家和地区饮食不用器皿，输入瓷器后才改变这一习惯，从而提高了生活习惯和卫生水平。东非海岸的伊斯兰教国家，有许多宫殿、墓柱及清真寺的建筑装饰，大量采用中国瓷器，使其成为这个地区伊斯兰文明的一个重要特征。

中国被誉为丝绸之国，有资料证明我国的丝绸早在春秋战国时期就已经西传，那时希腊人就用“塞里斯”(即丝国)称呼中国。汉代形成了著名的“丝绸之路”，使我国丝绸大量西传直到罗马帝国。西方史书曾记载，罗马的恺撒大帝曾经穿着一件中国丝袍到剧院看戏，结果引来全场一片啧啧称赞之声。由于当时丝绸价格十分昂贵，故只有皇帝和少数贵族才能享用。随着丝织品的外传，我国的养蚕法和丝织技术也相继传到了世界各地。公元6世纪传到东罗马帝国，12世纪末传到意大利，14世纪传到法国，16世纪末传到英国，19世纪再传到美国，从而在世界文明史上写下了独具风采的篇章。

我国茶叶技术产生后，由海陆两路传向世界。南北朝时期，随着中国佛教传入朝鲜半岛，饮茶风俗也随之传入当地。唐玄宗开元年间，大批日本僧人来我国求学，也不断将我国茶树种子和制茶技术带回国。1893年，中国茶学家刘峻周还应聘去俄国传授种茶与制茶技术，经过多年的努力，也使俄国植茶成功。我国近邻印度的植茶、制茶技术也都是由我国从陆海两路传过去的。1780年，美国东印度公司的商人从广州将我国茶籽带到印度栽植。1788年，美国科学家班克斯将我国植茶方法编成小册子介绍到印度。到了1828年，东印度公司的福顿以旅行家身份，不仅购买了大量的茶籽、茶苗，还雇用了8名我国制茶名师到印度传授植茶、制茶技术，使印度成为产茶大国。可见，以中国为中心向世界传播的茶叶的生产技术和制作方法，是中国古代技术文化对人类文明的又一伟大贡献。

第三节 中西科学传统的比较与互补

在世界上诸多古老的科学文化中，只有以古希腊实证科学为源头的西方科学文化和中国古代源于先秦的东方科学文化对当今世界影响最大。因此，中西科学传统的比较不仅能帮助我们更深刻地理解中国古代科技文化的特点，同时也能使我们进一步认识中国古代科学传统对当代科学发展的借鉴意义。

一、中西科学传统的比较

在四大文明古国中，古代中国和古代希腊的科学传统最具有典型性，对后来科学的发展影响也最大。因此，中西科学传统的比较，从某种意义上说也就是中国古代科学和古希腊科学传统的比较。

其一是独立性和融合性的差别。古代中国科学传统和古希腊科学传统的差别首先表现在其起源上。中国古代科学文化是在半封闭的大陆型地理环境中独立发展起来的,故中国古代科学文化有非常强的独立性、内向性和延续性。古希腊科学文化是在开放的海洋型地理环境中形成的,并且一开始就是建立在其他东方民族科学文化基础之上的,故具有明显的混合性、超越性和开放性。

其二是求知性和实用性的差别。中国古代科学传统和古希腊科学传统的重要差别更表现在科学研究动机的取向方面。中国古代科学传统在形成初期就显示了明显的实用性倾向,缺乏为"求知"而科学的传统。古人科学研究的直接目的不是为了探索自然的奥秘,而是为了满足生产实践和国家统治的需要。我们从中国古代科学技术发展中可以清楚地看到,中国科学技术发展所具有的不平衡性,即凡是与生产生活和国家事务关系密切的学科和技术就发展迅速,反之发展就缓慢。但是,实用性在带来技术高度发展的同时,也必然造成理论科学相对落后的状态。古希腊科学从毕达哥拉斯学派开始,就显露出对实用无关的自然之谜的兴趣。由此,古代希腊科学家醉心于对自然的研究,而不是对生产和生活经验的研究。研究的目的不是为了实用而是为了摆脱无知,增进智慧。于是,希腊人形成了一种以兴趣为导向,以"求真"为目的的科学研究方式和为"科学而科学"的传统。但是古代希腊人轻视工艺,技术发展相对落后。可见,与中国古代形成了实用主义的科学传统不同,古希腊科学构成了科学发展中理想主义的一极。

这种科学的理想主义对西方科学文化产生了极为深远的影响。古希腊以兴趣为动机的科学研究方式,在逻辑上为科学发展开辟了无限的发展空间。近代以来,由于培根等人的努力,人们日益重视科学的物质价值,科学实用主义传统终于开始形成,到工业革命时期,学者传统和工匠传统开始互补。科学理想主义与科学实用主义形成张力平衡的结构,但科学的理想主义仍是基础。基础科学、应用科学和技术的良性互动保证了西方科学技术的健康发展。相比之下,中国科学实用主义的传统则大大限制了自己发展的空间和深度。

其三是原子论和元气论的差别。根据当代科学哲学家劳丹的观点,任何科学研究的传统都包含着两个核心要素:本体论的预设和方法论的规则。中西科学在研究过程中也存在着重要的差别,集中体现在自然观和科学思维方式与方法上的不同。古希腊哲学和科学的发展,确立了原子论的自然观。原子论认为,整个宇宙是由原子和虚空所构成的。原子是宇宙的基本实体,虚空则是实体运动的场所。原子运动的基本形式是机械位移和排列组合,原子的分合聚散是万物生化的根本原因。从原子论的观点看,宇宙是被机械法则支配的无生成无目的无生命的整体。古希腊这种原子论与近代力学的机械论的世界观是一脉相承的,有利于形成牛顿力学的质点、刚体等基本概念,并在此基础上建立起近代科学理论的大厦。中国古代思想家则逐步建立和完善了以"天人合一"为基础的元气论。元气论认为,世界的本原是元气,元气充塞宇宙,流动有序,变化无穷,连续不断,阴阳对立而又统一,聚则成形,散则无象。元气论无法形成牛顿力学的质点、刚体等基本概念,更难以对其作定量的研究。

其四是原子论和元气论的差别,使西方科学与中国科学形成了还原论和系统论两种不同的思维方式。古希腊科学在最初也和中国古代科学一样,经历了一个整体直观、思辨推理的阶段。原子论建立后,还原论的思维方式逐步形成,并占据了统治地位。还原论认为,世界是由实体所构成的,而作为整体的实体当然是由部分所构成的。由此,人们要正确地认识世界，就必须将高级运动形式转化为低级运动形式，把整体分解为部分加以认识。在西方科学中，最能反映还原论思维方式的是物理学。中国古代科学在漫长的发展过程中则一直保持整体直观、思辨推理的思维方式，并将其不断强化、完善，形成了古代最完备的系统论的思维方式。与还原论不同的是，它认为整体不仅是由部分所构成的，而且是由部分之间的关系所构成的，这种关系比实体更重要。系统论思维认为，世界就是由许许多多的关系所构成的。部分与整体、内在与外在、源与流、结构与功能以及天与人之间，无不处于生灭循环的关系过程中，都禀受天道而息息相通。由此，人们只有将认识对象作为整体的一部分加以把握，从事物之间的关联中去加以认知，才能达到对一个事物的本质认识。最能反映中国系统论思维方式的是中医学。中医学将人体视为一个有机整体，认为任何局部的病变必然会影响到全身的气血运行和阴阳平衡关系。由此，中医认为医家固然要注意局部病变的治疗，但更重要的是不能忽视整体的调治。中医学还进一步把人体与宇宙看成一个整体，深入探讨了人体健康与外界环境的内在联系，从而为中医的诊断和治疗奠定了全面的理论基础。

中西科学不同的思维方式还孕育了各具特色的科学方法："分析—实验"方法和比类取象、直观外推的方法。早在古希腊时期，由于地理环境、生产方式和航海活动的影响，人们很早就孕育出了"天人对立"的自然观，并把整个宇宙视为无生命的，可以任意由人变动的世界。正是在这样的文化传统中，阿基米德在物理学研究中，已经形成了后来在近代广泛运用的将观察、实验、逻辑推理和数学运算结合在一起的科学方法。近代科学诞生以后，经典力学的奠基人伽利略将科学研究程序分为：直观分解、数学演绎、实验证明，从而建立了完整的"分析—实验"法。这个近代经典科学方法论的建立，使西方科学突飞猛进，最终使其在近代成为世界科学文化发展的主流。中国古代则是在农业文明的基础上，形成了"天人合一"的有机自然观和整体思辨的思维方式，形成了中国人特有的比类取象、直观外推的科学方法论，其研究程序为：观物、取象、比类、体道。这种方法主张在观察的基础上，根据事物的现象性质特点进行综合归纳、分门别类，又将同类事物通过类比建立起有机的联系，从而力求达到对事物本质和规律的认识。在这个过程中，主要不是依靠逻辑分析，而是依靠联想和体悟。

中医的理论和实践，正是这种科学方法最成功的运用。中医基础理论认为，人体五脏之肝、心、脾、肺、肾，在五行中相应于木、火、土、金、水，在五时中相应于春、夏、长夏、秋、冬，由于五行存在着木生火、火生土、土生金、金生水、水生木的相生关系，中医气功学在修炼五脏时，要求的顺序是肝、心、脾、肺、肾，不能随便颠倒次序。由此，保养的重点顺序是：春天在肝、夏天在心脾，秋天在肺、冬天在肾。由于四季变化是春生、夏长、秋收、冬藏，人的活动规律也应与之相符。又由于五行中存在着木克土、土克水、水克火、火克金、金克木的相克关系，五脏也存在着相应的相互次序。如诊断为肝病，则认为肝克脾，肝病可能传之于脾，于是在治疗用药上，便注意先实其脾气，防止疾病的转变，如此等等。

中国古代科学特别是医药学能够有相当的发展，充分证明了这种极具特色的科学方法论有其一定的合理性。但由于这种比类取象、直观外推不是建立在确切的事实基础上，又缺乏严密的推理，故它所得出的一些结论，带有主观化、个性化、神秘化的特点，因而对中国科学的发展与进步显然产生了不利的影响。

其五是经验性和理论性的差别。中国古代科学的实用性传统，使中国古代科学缺乏探索自然本身规律的动力和建构理论体系的兴趣，致使科学发展从总体上看一直处于经验的层次上。比如，中国古代积累了大量珍贵的天文观测文献资料，然而这些资料所起的作用不外乎“历象日月星辰、敬授民时”(《尚书·尧典》)，始终没能产生像托勒密地心说和哥白尼日心说那样系统的天文学理论体系，原因就在于中国古代天文学对天体运动轨迹的几何模式不甚关心。古希腊科学完全呈现出另一种景象。在毕达哥拉斯“数”的审美主义的影响下，古希腊人形成了对“纯”知识追求的兴趣，科学家不满足于对经验的理解，试图超越具体个别的现象而进入一般的认识，他们要探索现象背后能用数学表达出来的本质世界。尤其是在亚里士多德形式逻辑的影响下，希腊人更是热衷于用逻辑构造成体系的学问，逐步形成了重视数学证明，重视理论建构的特点。

其六是学者与工匠的差别。中西科学文化传统的差别还表现在科学技术研究的主体方面。西方科学研究一直有学者传统和工匠传统的区别，近代以降，学者传统与工匠传统融化，使技术革命得以发生。但是，在西方科学文化传统中，一直是学者传统统辖着工匠传统，特别是第二次技术革命[①]以后，科学引领着技术发展的态势从未发生过变化。在古代中国情况则相反。这一点正如日本著名的科学史家薮内清所说：如果与欧洲的近代科学的发生相比较来研究的话，可以说在中国的文明中，工匠的传统比较强而学者的传统比较弱。因为中国学者都倾心于儒教，很少有人去建立成体系的科学理论。中国古代科学技术的主体是工匠，中国古代辉煌的成绩大多数是与他们联系在一起。[②] 可见，由于科学主体不同，中西科学的成果系统形态的区别也是明显的。

中西科学文化的差别有着深刻的地理环境和经济、社会、政治与文化的原因。古希腊地理环境不适合发展农业，因此很早就发展起商业和航海业。航海不仅培养了古希腊人的勇敢进取精神，而且使他们具有较强的空间定位能力，这成为古希腊人几何学发达的重要原因。航海还使古希腊人有机会接触其他文明，形成了善于吸收外来文化的良好传统。经济的高度发展和商业的繁荣，使古希腊学者能够在很大程度上超越现实生活的压力，“惊异”于自然之谜。古希腊的民主制，锻炼了古希腊人的辩论本领，并从中发展了抽象思维能力和尊重理性的传统。这一切造成了西方科学源头与东方科学大相异趣的特点。中国古代科学是建立于高度发达的农业文明和手工业的基础之上的。人们过着“日出而作，日落而息”(《击壤歌》)的生活，不需要很强的空间定位能力，故中国古代几何学不发达，代数学却得到了高度的发展。中国人勤勉务实，不喜玄想，宗教意识淡漠，重视现实利益，遵从生活经验，加之中国社会长期处于大一统的社会形态中，知识阶层最关注的是如何维护社会秩序，而不是探究自然的奥妙。再加之中国封建社会长期实行文化专制主义，人们不能在大胆的辩论中发展逻辑思维能力和尊重理性的传统，而是在“意之所随者，不可以言传也”(《庄子·天道》)的氛围中发展出直觉的思维能力。正是在这众多原因的综合作用下使得中国古代科学文化不可避免地具有实用性、经验性和技术化的特点。这种独特的科学文化传统在推动中国古代技术和应用科学高度发展的同时，也成为阻碍科学向更抽象化、更体系化发展的文化障碍。

---

① 科学史家将人类科技进步大致划分为三个主要阶段：18 世纪 60 年代以蒸汽机发明为标志的第一次科技革命实现了工业生产的全面机械化，使工场手工业成为遥远的过去；19 世纪中叶以电机的发明为起点，以电力的广泛应用为标志的第二次科技革命，带来了电气、石油、化工、汽车、航空等新兴工业部门的勃兴；20 世纪 40 年代开始以核技术、电子计算机技术、空间技术为主要标志的第三次科技革命，又称新技术革命。目前它正在深刻地改变着当今的世界。

② 参见薮内清：《中国·科学·文明》，梁策等译，中国社会科学出版社 1988 年版，第 69 页。

可见，从某种意义上也许可以说，希腊是古代科学文化最杰出的代表，中国是古代技术文化最杰出的代表。事实上，技术的主导性一直是中国科学文化与西方科学文化最根本的区别，在中国当代的科学技术发展中我们仍能感受到这一传统的深刻影响。

二、中国科技在近代落后的原因

中国古代科学技术取得了许多成果，特别在技术上的成就是辉煌的，在很长的一段历史时期中，它曾处于世界领先水平。但是在进入明清以后，中国古代科学技术发展势头渐缓，已失去宋元时期的磅礴气势，整体水平开始落后于西方的发展水平。这也是中国在近代以来国力衰微、落后挨打的一个重要原因。因此，我们反思中国科学技术在近代落后的原因无疑有着重要的现实意义。

中国古代科学技术在近代落后最根本的原因首先在于中国古代科学技术内在的缺陷。西方近代科学诞生以后，出现了古代科学从未有过的崭新内在结构：构造型的自然观，受控实验系统和开放性的技术体系。在构造性自然观的指导下，近代西方科学理论具有很强的证伪性和预见性。这种科学理论能很好地接受科学实验的检验，并指导新的科学实验，这就使科学理论和实验之间出现了加速循环的机制。再加上西方新兴的资本主义生产方式，又极大地刺激了技术的发展，冲破了古老技术自我封闭的状态，实现了科学和技术的相互转化以及不同技术系统之间的交流，使科学和技术之间也出现了循环加速的机制。西方近代科学结构中出现的这两个循环，科技与新兴资本主义生产方式以及整个社会中有利于科技发展的政治、经济和文化的相互促进，使西方的科学技术发展渐渐赶上和超过了曾经大大领先于它的中国。

中国古代科学理论则是建立在有机自然观基础之上的，其特点是以人的特性行为外推来解释自然现象，比如东汉科学家王充就以元气呼吸，“随月盛衰”（《论衡》）来解释潮汐周期。这就使我国古代科学理论具有直观性、思辨性的特点，它可以解释很多自然现象，但很难接受科学实验的检验，也就难以指导实验发展。故在中国古代科学技术系统中，实验特别落后，基本上处于可有可无的状态。由于离开了实验检验的推进作用，中国古代的科学理论常常一旦形成就很难有根本性的发展，这在医学领域中表现得特别明显。与此同时，中国古代的科学与技术不是相互区别和相互促进的关系，而是基本融为一体。这种科学和技术一体化的状态，一方面造成了科学理论技术化的倾向，另一方面，由于科学理论自身缺乏不断更新的能力和对技术的超前性，最终也无法指导技术发展从而促使其出现相应的重大革新。[①]

可以肯定的是，中国科学技术在近代落后的原因，除了自身的缺陷外，更重要的还在于中国封建社会政治、经济和文化方面的因素制约。

西方近代科学技术是建立在资本主义生产方式基础上的。但是在中国封建社会里自然经济占有统治地位，统治阶级又往往采取“重农抑商”的政策，严重限制工商业的发展和小手工业进一步向工场手工业的转化。这就使中国科学技术发展不可能获得脱胎换骨转变的社会动力。尤其是在封建社会里占统治地位的儒家学说，作为一种政治伦理学说，虽然并不排斥为现实生活服务的某些科学理论和技术成果，但却不可能赋予科学技术研究以独立的价

① 参见中国科学院《自然辩证法通讯》杂志社编：《科学传统与文化——中国近代科学落后的原因》，陕西科学技术出版社1983年版，第9—34页。

值。中国封建社会专制的政治制度、思想统治对科学技术的束缚和阻碍作用就更为严重了。从秦始皇焚书坑儒,汉武帝“罢黜百家,独尊儒术”,明太祖把程朱理学奉为绝对正宗,一直到清代的文字狱,对知识分子自由思想都严加防范和百般摧残。这显然严重地制约了作为科学和技术主体的知识分子的创造力。与此同时,从隋唐开始,中国封建统治者就推行科举制,它驱使中国一代又一代知识分子为进入仕途而在研究儒家经典方面投入毕生精力。这导致了中国古代的知识分子一直将修身、齐家、治国、平天下视为人生最高的目标,而将从事科学研究仅仅视为业余爱好或是不得已而为之的选择。一些知识分子甚至还片面地将科学研究作为“穷天理,明人伦”(《晦庵先生文集》卷三九)的手段,从而使中国古代科学文化具有严重伦理化的倾向,甚至成为中国封建政治的附庸。比如中国古代的天文学不仅是科学,而且更是政治学和神学。此外,封建统治者还对重要的科学项目实行垄断,民间科学研究受到遏制,比如明代甚至出现了“造历者殊死”(《野获编》卷二〇)的禁令。在这种政治制度下,自然很难形成一支独立的科技人员队伍。

可见,正是由于中国封建社会各种因素的制约,具有实用性、经验性、技术化特点的中国古代科学没能转变为新的形态的科学,最终造成在近代落后于西方的现实。今天,阻碍中国科学技术发展的社会基础已不复存在,社会主义制度和改革开放为中国科学技术的发展提供了良好的社会条件。由此,中国现代科学技术正以前所未有的速度向前发展,我们在一系列科学技术研究领域里都取得了举世瞩目的成就。

然而,我们同时也应清醒地看到,一些传统的社会文化因素至今仍对我国当前的科学技术发展产生不良的影响。比如由于传统的实用主义科学观的影响,人们习惯将科学和技术视为同一个事物,忽略了科学自身的本质和特征,无视科学的精神价值,将技术发展的实用性原则取代科学发展的求真性原则,对中国今天基础科学的发展显然产生了非常不利的影响。在社会价值观方面,“重政轻技”和“官本位”的观念仍十分流行,这些对于造就一支现代化的科技人才队伍,对于中国科学技术事业的现代化都是非常不利的。可见,反思历史,应使我们清醒地认识到,在当今中国新的科学文化观的构建是一个尚没有完成的任务,我们依然任重道远。

三、中国传统科学文化的现代价值

当代社会由于人类生存环境的日益恶化,西方科学思维方式的局限性以及科学和社会文化的不平衡性,使当代人开始重新审视和评价东方文化,中国传统科学文化的现代价值也日益凸显出来。

在当代社会,中国某些古老的科学分支仍在某些领域保持着独特的魅力,比如中医药学在当代的发展就是一个明证。近数百年来,随着西方医学逐步昌明于世界,埃及、印度、阿拉伯等国的传统医学都相继衰落,唯独中医药学在理论和临床实践上还在继续向前发展。不仅东方国家如日本、朝鲜以及东南亚等地区人民喜爱中医,而且随着中西文化交流,中国医药学也正在逐步进入欧美世界。特别是改革开放以来,中医药学在一些欧美国家的地位发生了根本的变化。当代医学界越来越清楚地认识到,中医药学是现代医药学有益的补充,中医学术思想和临床治疗方法中蕴藏着的丰富哲理,有待现代科学进一步的探索和发掘。

中国传统科学文化的价值更重要的还体现在自然观和思维方式方面。毋庸讳言的是,当代科学的发展日益暴露出西方在系统科学产生以前,以还原论为主,追求简单性为美的科学思维方式有其内在的局限性。从多侧面、多层次、全息地把握世界的复杂性和有机统一性，成为新的科学文化建设的目标。比如在物理学家探索世界奥秘的第三个方向——探索复杂性的过程中，中国传统科学思维方式就启迪了当今科学家的思维。这就正如耗散结构理论的创始人普里高津所说的那样："中国传统的学术思想是侧重于研究整体性和自然性，研究协调与协和，近10年物理和数学的研究，如托姆的突变理论、重正化群、分支理论等，无疑更符合中国的哲学。"由此，他进一步预言："我相信我们已经走向一个新的综合，一个新的归纳，它将把强调实验及定量表述的西方传统和以'自发的自组织世界'这一观点为中心的中国传统结合起来。"①

当代西方一些著名的科学家还对中国古代直觉顿悟的科学思维方式给予了新的评价。这些科学家甚至认为它与强调逻辑分析和抽象化的西方科学思维方式，可以在科学实践中互相校正和补充。李约瑟很早就肯定过中国古代的这一思维特点。他认为："当希腊人和印度人很早就仔细地考虑形式逻辑的时候，中国人则一直倾向于发展辩证逻辑。与此相应，在希腊人和印度人发展机械原子论的时候，中国人则发展了有机宇宙的哲学。在这些方面，'西方'是初等的，而中国是高深的。"②李约瑟将这一思维称之为辩证逻辑。还有，因提出介子理论而荣获1949年诺贝尔物理学奖的日本著名科学家汤川秀树，从中学时就对老庄学说发生了浓厚的兴趣。③ 汤川秀树认为，由于理论物理的理论离日常生活世界非常之远，抽象思维已不能单靠自身解决问题和理解问题，必须伴之以直觉和想象，否则现代科学文明就会成为人类文化的异己力量。汤川秀树在基本粒子的研究中甚至还把他的创造性思考与庄子的寓言联系起来。

特别有意义的还在于，中国古代科学文化不仅对完善现代科学思维方式具有重要的作用，而且在改善人类与自然关系上有着特殊的价值。中西科学传统的不同首先表现为两种不同的人与自然的关系。古老的文明都有着神话或宗教式的自然观，古希腊人则在世界文明史上最早形成了与宗教、神话分离的自然观。早在希腊神话中，就已出现了人神分离的倾向，这种观念进一步发展出人与自然对立的科学观念。与古希腊人的自然观相比，中国古代"天人合一"的自然观却始终占主导地位。在古代中国的哲学与科学思想中，人与自然是和谐统一的。儒家"天人合一"观念和道家"道法自然"(《老子》二十五章)的生态智慧，都是当代科学的生态文化建设所不可缺少的重要内容。因此，正如一些学者断言的那样，未来的科学文化，将是东西文化互补、融合、升华的新文化。也因此，有越来越多的人坚信中国传统科学文化的精华，将在21世纪新的科学文化发展中重放其绚丽而夺目的光彩。

但是，在探索中国古代科学文化的现代价值中，我们应该清醒地看到，中国古代科学文化本质上是农业社会的产物，不宜将世界科学发展对东方文化的重新审视和某种吸收，看成是西方科学文化的"衰落"和向中国传统文化的全面的"复归"。对我们而言，中国古代科学负面的影响，特别是实用主义的影响依然是制约我国科学发展的重要因素，批判与继承古代科学文化传统和认真学习外国优秀的科学文化仍然是摆在我们面前的主要任务。

---

① 普里高津：《从存在到演化》，曾庆宏等译，上海科学技术出版社1986年版，中译本序。

② 李约瑟：《中国科学技术史》(数学卷)，科学出版社1978年版，第337页。

③ 汤川秀树因为对老庄之学的推崇，与同样推崇老庄的英国著名科技史家李约瑟一起被认为是当今西方"新道家"学派的鼻祖。

结束语

1840年爆发的鸦片战争，让闭关锁国沉醉于“唯我华夏独尊”的国人领教了船坚炮利背后西方文化的厉害。从这个时刻起，对传统文化的怀疑乃至否定便几乎是近代中国一种历史的必然。“西学东渐”则是这种历史必然性的自然衍生。于是，“西化”的主张甚至由此而成为近现代中国历史上一个挥之不去、却之又来的时尚话题。置身在这样的时代背景下，传统文化的境遇自然是可想而知了：从五四运动“打倒孔家店”的口号，到改革开放初期柏杨《丑陋的中国人》一书的流行，再到中央电视台电视政论片《河殇》的热播，无不凸显着这样一个反传统的主题。

值得深思的是，而此时的西方社会则逐渐对中国传统文化表现出一种空前的认同甚至欣赏的心态。有“世纪智者”之誉的英国哲学家罗素不仅看到我国古代文明的历史价值，而且认识到这一文明、文化的现实及未来的存在价值。罗素认为，儒家文化带给中国人以中庸、谦和及敦厚的气质，它使人彬彬有礼、和平友善、宽以待人和乐于反省。由此，罗素曾这样断言：“一个具有如此坚韧能力和永存不灭的思想体系必定有它的伟大价值，而且必定是值得我们重视并加以研究的。”[①]与此形成鲜明对比的是罗素对西方文化的失望：“我们欧洲没有走上幸福之路——我们提倡竞争、开发、无休止的变化、不知足和破坏。导致破坏的效率只会带来毁灭，而我们的文明正在朝这个趋势进发。如果我们不虚心学习一些我们所轻视的东方智慧，我们的文明将走向毁灭的结局。”[②]罗素坚信，经历现代文明洗礼的中华传统文化智慧，在世界未来的发展中必将逐步扬弃其愚昧成分，日渐显露出特有的东方魅力。

重要的还在于，20世纪下半叶东亚经济的崛起使得以儒家为代表的传统文化的现代意义获得了新的证明。因为从地域文化看东亚属儒家文化圈。于是，继中世纪末叶的马可·波罗时代之后，世界再次把惊异的、渴求的目光投向追求仁智会通、德业双修、天道与人道统一之圆融和谐的东方文化。一些西方学者因此而提出了“两种现代化”理论：西方式的现代化和东亚的现代化；前者的文化根源在基督教，后者的文化根源在儒教（孔教）。他们认为，如果西方的个人主义适合于工业化的初期发展，儒家的集体主义或许更适合于大量工业化

① 《罗素论中西文化》，杨发庭等译，北京出版社2010年版，第4页。
② 《罗素论中西文化》，杨发庭等译，北京出版社2010年版，第37页。

万里长城

的时代。比如英国学者 R.多尔就指出,儒教主张的“非个人主义”伦理观在履行契约和达到目标方面能发挥极大的作用。①

事实上,当今世界文明发展的大趋势已日益现出如下一个态势:人类正试图从东方文化与西方文化的比较与综合中,寻觅人类全面协调,持续稳定的发展路径。海外新儒学思潮方兴未艾,孔夫子主义(Confucianism)大行其道,“道”(Tao)流行于日常生活以及管理理念中,“中国禅”不仅日益成为一些西方人人格修炼的基本功课,而且它还为西方的精神分析心理学所认同,“以佛疗心”成为精神分析治疗的一大时尚。还有,万里长城、孙子兵法、中国功夫等成为流行的话题,无一不是中国传统文化之世界意义的明证。

我们显然不能因为一些西方学者对东方文化的期待而盲目乐观,更不能断定西方世界等着东方文化的拯救。正如我们也不应该因为另一些西方人对东方文化的贬低而自卑或愤懑。这是一个地球村的时代,是西方走向东方、东方走向西方的时代。在这双向互动中,东方文化的智慧并没有过时,其生命力将在文明对话中得到证明,并得到进一步的展示和发展。事实上,正如我们在本书中试图揭示的那样,传统文化的现代意义不仅丰盈而且多维。这或许正是许多西方学者认同和推崇中国传统文化的根由之所在。

我们知道,19—20 世纪的人类曾过分地迷信科学的力量。但人类在进入 21 世纪后已愈来愈清楚地明白:科学的发展本身并不能解决人类所面临的诸多难题。这些难题本身还需要文化的发展来给予解决。有学者曾这样概括过这些难题:一是由于人与自然的对立而造成的自然生态环境的严重破坏,从根本上危及人类的生存;二是由于西方原子结构论和笛卡尔、牛顿力学思维方式的局限而造成当代科学发展的危机;三是由于极端个人利己主义和享乐主义的膨胀,造成人际关系失衡,人格为物欲、金钱所扭曲,人际关系冷漠、疏远;四是由于东方经济的起飞以及它对西方管理模式的挑战,迫切需要建构东方式管理思想体系,以推动经济发展;五是由于现代人的物质生活与精神生活的失衡而造成价值体系瓦解、心理障碍、

① 参见罗荣渠:《现代化新论续篇——东亚与中国的现代化进程》,北京大学出版社 1997 年版,第 84 页。

道德滑坡和社会无序，人为物欲所异化。[①] 对这些问题的解决，中国传统文化所内蕴的智慧都给出了很好的思维路径。也就是说，我们传统文化中倡导的天人合一、人我合一、情理合一、义利合一、知行合一等基本原则，无疑从最高的价值观上给现代人指出了清明的出路。

不仅如此，中国传统文化的现代意义也还凸现在民族精神的熔铸方面。在中国传统文化中，孕育着中华民族世代相传的民族精神，诸如“修齐治平”的经世价值取向，“天下兴亡，匹夫有责”的忧患意识和爱国主义，“兴利除弊”的社会改革精神，吸收异质文化的“会通”精神，不畏强暴的抗争精神，“民贵君轻”的民本主义思想，“先天下之忧而忧”的无私奉献之人生境界，注重人格修养和民族节操的道德风范，“己所不欲，勿施于人”的仁爱精神，等等。这些宝贵的民族精神，通过不同的传播渠道，早已深层地积淀于现代亿万中国人民的心灵之中，它不仅成为中国人抵御外族侵略、捍卫民族独立、维护国家统一的强大的精神支柱，而且也已成为每一位中国人待人接物甚至安身立命的根本价值观。

传统文化的现代意义也还体现在对我们民族思维能力的提升方面。比如“天人合一”“道法自然”思维模式对于保护当代生态平衡；道家的“无为而治”、“有无相生”和“正言若反”的求异思维以及儒家的伦理智慧对于克服西方管理思想体系的弊病、建构东方式的管理模式；兵家的“以奇用兵”的思维至今成为现代企业的基本经营谋略；儒家的和谐原则、中庸之道以及道家的“淡泊名利”和“忘我”境界的生命取向，对于协调人际关系以及解决现代人的物质生活与精神生活的失衡等问题，都有极为重要的启迪意义。我们对传统文化学习的现代价值正是从中得以凸显的。

如果说 19 世纪是以英国为代表的欧洲时代，20 世纪是以美国为代表的美洲时代，那么，21 世纪就是中国为代表的亚洲时代。可见，21 世纪将是我们谋求中华民族伟大复兴的时代。这个复兴理所当然地内含了我们民族文化的伟大复兴。正是由此，我们可以断言：努力寻求传统文化与当代社会发展的契合点，发掘与揭示传统文化的现代价值，将是一项具有战略意义的课题。我们必须出色地完成这一时代课题，从而迎接中华民族伟大复兴这一新纪元的到来。

① 葛荣晋：《儒道智慧与现代社会》，中国人民大学出版社 1996 年版，第 3 页。

主要参考文献

[1] 白寿彝总主编. 中国通史(1—12 卷)[M]. 上海:上海人民出版社,1989—1999

[2] 陈光崇. 中国史学论丛[M]. 沈阳:辽宁人民出版社,1984

[3] 杜石然等. 中国科学技术史稿(上、下)[M]. 北京:科学出版社,1982

[4] 方立天. 佛教哲学[M]. 增订本. 北京:中国人民大学出版社,1991

[5] 方立天. 中国古代哲学问题发展史[M]. 北京:中华书局,1990

[6] 费正清. 费正清文集:中国的思想与制度[M]. 张理京,等译. 北京:世界知识出版社,2014

[7] 冯契. 中国古代哲学的逻辑发展(上、中、下)[M]. 上海:上海人民出版社,1983—1985

[8] 冯契. 中国近代哲学的革命进程[M]. 上海:上海人民出版社,1989

[9] 冯友兰. 三松堂学术文集[M]. 北京:北京大学出版社,1984

[10] 顾建华. 中国传统艺术[M]. 长沙:中南工业大学出版社,1998

[11] 黑格尔. 历史哲学[M]. 王造时,译. 上海:上海书店出版社,2001

[12] 黄济,郭齐家. 中国教育传统与教育现代化基本问题研究[M]. 北京:北京师范大学出版社,2003

[13] 李约瑟. 道家与道教[M]. 余仲珏,译. 台北:大同出版事业公司,1972

[14] 罗素. 罗素论中西文化[M]. 杨发庭,等译. 北京:北京出版社,2010

[15] 毛礼锐,沈灌群. 中国教育通史(1—4 卷)[M]. 济南:山东教育出版社,1987

[16] 钱穆. 国学概论[M]. 北京:商务印书馆,1997

[17] 沈善洪,王凤贤. 中国伦理学说史(上)[M]. 杭州:浙江人民出版社,1985

[18] 史景迁. 大汗之国:西方眼中的中国[M]. 阮叔梅,译. 桂林:广西师范大学出版社,2013

[19] 斯塔夫里阿诺斯. 全球通史:从史前史到 21 世纪[M]. 修订版. 吴象婴,等译. 北京:北京大学出版社,2005

[20] 薮内清. 中国・科学・文明[M]. 梁策,等译. 北京:中国社会科学出版社,1988

[21] 孙培青,李国钧. 中国教育思想史(1—3 卷)[M]. 上海:华东师范大学出版社,1995

[22] 汤因比,池田大作. 展望 21 世纪—汤因比与池田大作对话录[M]. 荀春生,等,译. 北京:国际文化出版公司,1997

[23] 唐凯麟,王泽应. 20 世纪中国伦理思潮问题[M]. 长沙:湖南教育出版社,1998

[24] 王鸿生.中国历史中的技术与科学[M].北京:中国人民大学出版社,1997
[25] 王琪森.中国艺术通史[M].南京:江苏文艺出版社,1999
[26] 王耀华主编.中国传统音乐概论[M].福州:福建人民出版社,1999
[27] 袁行霈.中国文学概论[M].北京:高等教育出版社,1990
[28] 张岱年,方克立主编.中国文化概论[M].修订版.北京:北京师范大学出版社,2004
[29] 张岱年.中国哲学大纲[M].北京:中国社会科学出版社,1982
[30] 周燮藩,等.中国宗教纵览[M].南京:江苏文艺出版社,1992

修订版后记

这本《中国传统文化概论》的编写原本只是对教育部《关于在高等学校开设传统文化课的通知》的一个回应。让我们始料未及的是，当它于 2000 年由上海人民出版社公开出版之后，得到了校园内外许多读者的认同和赞誉，甚至在台湾、香港的一些大学也将它选作相关课程的参考教材。更令我们感动的是，在这期间我们听到了许多积极的建议以及对本书差错和讹误的批评意见。于是，我们曾经于 2005 年做过一次修订，接受了来自读者的诸如增配图片、改进版式之类的建议，并由主编负责对全书差错和讹误做了勘正。令我们欣慰的是，它于 2005 年经由浙江大学出版社再度公开出版之后，同样得到了校园内外读者相当积极的肯定。

光阴荏苒，转眼间 10 年时间匆匆而逝。这期间，一方面是国内外学术界关于中国传统文化及其当代价值研究的新成果、新结论、新见地大量涌现；另一方面是我们这些一直从事中国传统文化课教学与研究的作者，也在课堂互动和课外研究过程中积淀了诸多的心得体会。于是，我们在出版社相关领导的积极支持和责任编辑的具体指导下，于 2015 年初开始再度对本书进行了修订并于 2016 年正式出版。相比于 2005 年那次修订而言，这回可谓全方位的修订。我们不仅在体系编排上做了较大的调整，而且在叙述的内容上改写、增写甚至重写了相当的篇幅。此外，为了方便读者诸君进一步地学习和思考，我们要求作者在这次修订中对援引的原始资料和名家语录均尽可能地标明出处。

2016 年版推出时，恰逢中国共产党强调以文化自信来构筑中国特色社会主义强国的发展时期，对中华优秀传统文化的学习、继承和创新被摆到了更加突出的位置。正是基于这一现实语境，我们的教材一方面得到了更多的认可和选用，另一方面我们也倾听和收集到了更多的批评指正意见。由此，我们于 2020 年底着手新一轮的修订工作。

本书是集体智慧的结晶。具体分工如下：导论由浙江大学的张应杭撰写；第一章由浙江工商大学的黄寅、浙江大学的张应杭撰写；第二章由浙江工业大学的颜桂珍和丽水学院的朱晓虹撰写；第三章由福建医科大学的林焰锋、浙江大学的张应杭、浙江大学 2018 级在读博士研究生邱涵撰写；第四章由杭州电子科技大学的郑建功撰写；第五章由湖州师范学院的朱小芳和浙江大学的张应杭撰写；第六章由浙江大学的黄伊宁、浙江广播电视大学的杨忠苗和杭州师范大学的徐建芬、王康、蔡海榕撰写；第七章由浙江中医药大学的杨金凤和杭州师范大学的蔡海榕撰写;第八章由杭州师范大学的蔡海榕撰写;结束语由浙江大学的张应杭撰写。

作为本书最初的策划者和此次修订的主持者,我们所做的工作一方面是组织好基本的作者队伍,并拟定初步的修订思路和提纲;另一方面则是在撰稿之外承担起全书的统稿和润稿工作。在这个过程中尽管已十分注意协调各章的内容铺排以避免重复,观点与文字表述也尽可能地做到统一,但毕竟由于学识和精力方面的限制,肯定会有一些不周甚至是差错之处,只能以俟日后再修正时完善了。

作为本书的主编,我们在此要特别诚挚地感谢学界诸多的师长和同道,因为我们在本书中大量地参考和汲取了他们在相关领域里精深研究的成果,我们已尽可能地在本书所附的"主要参考文献"中一一列出。此外,我们还要特别感谢本书的责任编辑李海燕同道,没有她的鼓励、指导与督促,这个修订本也是不可能问世的。

置身民族精神重建和谋求民族伟大复兴的现时代,我们将肩负使命用心守望在中国传统文化的教研领域里,以更加敬业的精神劳作来回报前辈时贤以及读者诸君对我们的理解、支持与厚爱。

二十大报告提出了"把马克思主义基本原理同中华优秀传统文化相结合"的重大命题。这无疑为马克思主义中国化时代化开辟了一个重要的实现路径,即传统文化的批判性继承与创新性发展。为此,我们将不忘初心,用心守望在中国传统文化的教研领域里,以愈加踔厉奋发的精神劳作来回应并履行时代赋予我们的这一份神圣使命。

是为后记。

张应杭　蔡海榕

2022 年 12 月 28 日于杭州